PAUL MORAUX

DER ARISTOTELISMUS BEI DEN GRIECHEN

I. BAND

PERIPATOI

PHILOLOGISCH-HISTORISCHE STUDIEN
ZUM ARISTOTELISMUS

IN VERBINDUNG MIT
H. J. DROSSAART LULOLFS, L. MINIO-PALUELLO, R. WEIL

HERAUSGEGEBEN VON

PAUL MORAUX

BAND 5

1973
WALTER DE GRUYTER · BERLIN · NEW YORK

DER ARISTOTELISMUS
BEI DEN GRIECHEN

VON ANDRONIKOS
BIS ALEXANDER VON APHRODISIAS

ERSTER BAND
DIE RENAISSANCE DES ARISTOTELISMUS IM I. JH. V. CHR.

VON

PAUL MORAUX

1973

WALTER DE GRUYTER · BERLIN · NEW YORK

ISBN 3 11 004361 0
ISBN 978-3-11-004361-7

© 1973 by Walter de Gruyter & Co.,
vormals G- J. Göschen'sche Verlagshandlung · J. Guttentag, Verlagsbuchhandlung
Georg Reimer · Karl J. Trübner · Veit & Comp., Berlin 30
Satz und Druck: Walter de Gruyter & Co.

DVLCI · MEMORIAE · MATRIS
QVAE · NOBIS · DECESSIT
A · D · V · ID · APR · MCMLXXIII

INHALTSVERZEICHNIS

Vorwort XIII

Erster Teil

Wiederentdeckung des Corpus Aristotelicum
Erste Ausgaben

1. Das Schicksal der Bibliothek des Aristoteles 3

Das Problem, 3. Der Nachlaß des Aristoteles, 5. Die Lehrschriften
nicht ganz unzugänglich nach Aristoteles' Tod, 8. Der Nachlaß Theophrasts, 11. Die Bibliotheken Stratons und Lykons, 16. Der Keller in
Skepsis. Strabon und Plutarch über die Wiederentdeckung des Corpus,
18. Apellikon. Das Zeugnis des Poseidonios, 27.

2. Tyrannion von Amisos 33

Apellikons Bücher in Rom. Tyrannion, 33. Useners These, 36. Kritik.
Aristoteles-Schriften in Rom und in Italien vor 46 v. Chr. Die Bibliothek Sullas, 38. Die Bibliothek des Lucullus, 39. Angaben aus De
oratore, 41. Auch nach 46 v. Chr. keine direkte Benutzung der Lehrschriften bei Cicero, 42. Keine Beweise für eine maßgebende römische
Aristoteles-Tradition, 43. Ergebnisse, 44.

3. Andronikos von Rhodos 45

A. Ort und Zeit seiner Tätigkeit 45

Rom oder Athen ?, 45. Spätdatierung, 46. Frühdatierung, 48. Aus dem
Schweigen über ihn darf nichts geschlossen werden, 50. Vergleich der
Angaben Strabons und Plutarchs, 51. Die Diadoche im Peripatos, 52.
Weitere Argumente für die Frühdatierung, 57.

B. Edition und Pinakes 58

Das Zeugnis des Porphyrios, 59. Bestätigung durch die Schriftenverzeichnisse, 60. Die Pinakes, 63. Die neuplatonischen Einleitungen zu
Aristoteles, 67. Die Einteilung der Aristoteles-Schriften, 70. Die
Logik als erste philosophische Disziplin, 78. Die Vorfragen der Interpretation, 81. Das Schriftenverzeichnis des Ptolemaios, 85. Vergleich
mit der neuplatonischen Klassifizierung der Aristoteles-Schriften, 89.
Ergebnisse, 93.

Zweiter Teil

Die ältesten Kommentatoren

1. Andronikos von Rhodos 97

   A. Paraphrase der Kategorien 97

   Keine direkte Benutzung bei Simplikios, 97. Kritische Paraphrase, 98. Verhältnis der Paraphrase zum Aristoteles-Text, 99. Zahl der Kategorien, 103. Prädikationsregeln, 104. Quantität, 105. Relation, 107. Qualität, 108. Tun und Erleiden, 110. Zeit und Ort als selbständige Kategorien, 111.

   B. Die Physik 113

   Definition der Bewegung, 113. Das Bewegte ist nicht rein passiv, 114. Die zwei Teile der Physik, 115.

   C. Die Athetese der Hermeneutik 117

   D. Über das Teilen 120

   Das Zeugnis des Boethius, 120. Boethius De divisione, 121. Quellenfrage, 122. Vorporphyrisches Material, 124. Anteil des Porphyrios, 127. Nachwirkung, 128.

   E. Psychologie 132

   Über Xenokrates' Definition der Seele, 132. Eigene Definition des Andronikos, 133. Definition des Affekts, 135.

   F. Unechtes 136

   Paraphrase der EN, 136. περὶ παθῶν, 138.

2. Boethos von Sidon 143

   A. Die Naturphilosophie als erste Disziplin 143

   B. Kommentar zu den Kategorien 147

   Gelobt von Simplikios, 147. Verteidigt Aristoteles, 147. Orthodoxie und gelehrte Interpretation, 148. Gegenstand der Kategorienschrift, 148. Die Homonyme, 150. Nachricht über Speusippos, 151. Die Legomena, 151. Das Akzidens, 152. Prädikation und Differenzen, 153. Die Monade, 155. Die Substanz und das Allgemeine, 155. Die Relation, 157. Die Korrelate, 159. Tun und Erleiden, 160. Liegen, 161. Wann, 161. Haben, 162. Bewegung und Ruhe, 163.

   C. Zur ersten Analytik 164

   Vollkommenheit der zweiten und dritten Figur, 165. Voraussetzungsschlüsse, 168.

D. Zur Physik 170
   Materie und Substrat, 170. Die Zeit, 170.

E. Seelenlehre 172
   Das Zeugnis des Simplikios, 172. Die Schrift des Porphyrios, 174.

F. Ethik 176
   Definition des Affekts, 176. Das erste Naturgemäße, 178.

3. Ariston von Alexandrien 181

A. Chronologie 181

B. Kommentar zu den Kategorien 182
   Umkehrbarkeit der Relation, 183. Die sog. zweite Definition der
   Relation, 185.

C. Syllogistik 186
   Die subalternen Modi. Zweite Figur, 186. Erste Figur, 187. Vertrautheit mit Theophrasts Syllogistik, 189. Eine Konjektur Prantls, 190.

D. Zweifelhaftes 192

Dritter Teil

Die innere Opposition

Xenarchos von Seleukeia 197

A. Leben 197

B. Gegen die fünfte Substanz 198
   Die Einwände gegen De caelo, 198. Das Zeugnis Iulians, 203. Keine
   transzendente Ursache für Naturphänomene, 204. Das Zeugnis des
   Proklos, 206.

C. Seelenlehre 207
   Seelendefinition, 207. Der potentielle Intellekt, 207.

D. Ethik 208
   Das erste Naturgemäße, 208. Die Gegensätze der Tugend, 210.

E. Philosophiegeschichtliche Stellung 210
   Benutzung aristotelischer Schriften, 210. Destruktive Kritik, 211.
   Eigene Anschauung, Antiplatonismus, Sympathie für die Stoa, 211.

F. Nachwirkung 212

Vierter Teil

Ausläufer des hellenistischen Aristotelismus

1. Staseas von Neapel 217

Datierung, 217. Güterlehre, 218. Hebdomadenlehre, 220.

2. Kratippos von Pergamon 223

Lebensdaten, 223. Pflichtenlehre, 228. Vorsehungslehre, 228. Weissagungslehre, 229. Seelenlehre, 229. Vergleich mit De philosophia, 231.
Das prophetische Organ, 232. Poseidonios, 234. Wahrheit der Mantik,
235. Kratippos' Mantiklehre und die Parva Naturalia, 237. Die EE,
239. Platonisierende Tradition?, 241. Dikaiarch, 243. Kratippos als
Quelle Ciceros?, 247. Reinhardt über Kratippos, 249. Zusammenfassung, 255.

Fünfter Teil

Gesamtdarstellungen und Abrisse

1. Areios Didymos 259

A. Allgemeines 259

a) Die Fragmente des Areios in der modernen Forschung . . 259

Identifizierung der Fragmente, 259. Zeugnisse über sein Leben, 260.
H. Diels, 262. E. Howald, 263. M. Giusta, 264. Problem der Epitomierung, 268. Titel des Werkes, 270.

b) Zur Problematik der Darstellung der peripatetischen Philosophie 271

Stoische Einflüsse, 271. Verwandtschaft mit Cicero De finibus V, 272.
Verhältnis zu Aristoteles, 273. Schulkompendium als Hauptquelle,
273. Theophrast, 274. Jungperipatetisches Kompendium, 275. Die
Form der Schrift, 276.

B. Der Abriß der aristotelischen Naturphilosophie 276

a) Physik 277

Materie und Form, 277. Das Eidos, 279. Die Mischung, 280. Die
Größen, 283. Die Zeit, 284.

b) Kosmographie 285

Geozentrisches Weltbild, 285. Himmelstheorie, 286. Sonne und
Gestirne, 287. Tage und Nächte, 287. Sonnenfinsternisse, 288.

c) Meteorologie 289

Atmosphärische Niederschläge, 290. Wirbelwinde usw., 291. Erdbebentheorie, 291. Atmosphärische Spiegelungen, 294. Regenbogen, 296.
Parhelien usw., 296. Gewässer, 297.

d) Psychologie 299

Wahrnehmung, 299. Gemeinsinn, 299. Vorstellungsvermögen, 301.
Kriterien der Vorstellung, 302. Medium der Wahrnehmung, 302.
Bewegungsvermögen, 305.

C. Das Aristotelische in den Prolegomena zur Epitome der Ethik 305

Pathos, 305. Eudämonie-Definitionen, 308. Skopoi, 312. Teloslehre des
Eudoxos, 313. Einteilungen der Güter, 314. Habitus und Tätigkeit, 315.

D. Der Abriß der aristotelischen Ethik 316

a) Oikeiosislehre 316

Charakterisierung, Aufbau, 316. Ursachen der Tugend, 318. Urtriebe,
319. Äußere Güter, 320. Leibliche Güter, 323. Seelische Güter, 324.
Nützlichkeit der Güter, 327. Selbstmord, 327. Telos- und Eudämonielehre, 328. Verfehlungen, 330. Problem der Einheitlichkeit dieses Teiles
des Abrisses, 332. Quellenfrage, 332. Antiochos?, 334. Stoische
Elemente?, 338. Ursprung der Oikeiosislehre, 339. v. Arnim, 340.
Dirlmeier, 341. Pohlenz, 343. Brink, 347. Steinmetz, 348. Ergebnisse,
349.

b) Teilgebiete der Ethik 350

1. Eudämonielehre 353

Hilfsmittel zur Eudämonie, 353. Definitionen, 355. Eudämonie an sich
unabhängig von den Hilfsmitteln, 356. Glückseligkeit Gottes, 357.
Eudämonie und Glücksgüter. Kakodämonie. Mittlerer Zustand, 357.
Freitod, 358. Weitere Merkmale der Eudämonie, 359.

2. Telos und Skopos 359

Erste Bedeutung, 359. Zweite Bedeutung, 360. Die drei Definitionen
des Telos, 362. Wertindifferente Dinge, 363. Distanzierung von der
Stoa, 364.

3. Güterlehre 365

Frühere Angaben, 365. Das Erstrebenswerte, 366. Definition des
Guten, 367. Einteilungen der Güter, 367. Vergleich dieser Diäresen, 371.
Diskrepanzen, 372. Quellenproblem, 376.

4. Tugendlehre 377

Erster Abschnitt, 378. Zweiter Abschnitt. Das Theophrastzitat.
Eigenart der Darlegung, 379. Die Kalokagathie, 380. Merkmale der
ethischen Tugend, 381. Auf uns bezogene Mitte, 381. Nochmals das
Theophrastzitat, 382. Phronesis und ethische Tugenden, 385. v. Arnims
These, 387. Wörtlichkeit des Theophrast-Referats?, 388. Kompilatorischer Charakter des Abschnitts, 390. Dritter Abschnitt. Definitionen der Tugend, 390. Die untergeordneten Tugenden, 394. Kalokagathie, 395. Ergebnisse, 396.

5. Affekte und Antriebe 396

Einteilung der Affekte und Antriebe, 396. Die Freundschaft, 400. Die
Dankbarkeit, 401.

6. Lebensformen 403

Eigenart des Abschnitts, 403. Anstöße am ersten Satz, 403. Gesell-
schaftstrieb, 406. σύνθετος βίος, 406. Lebensform und Tugend, 407.
Eudämonie, 408. μέση ἕξις, 408. Zur Interpretation des Abschnitts,
409. Eigentümlichkeiten doxographischer Berichte, 410. Vita activa
und vita contemplativa in akademisch-peripatetischen Kreisen, 411.
Benutzung spätperipatetischer Quellen, 412. Die Diskussion über die
Lebensformen in der kaiserzeitlichen Philosophie, 417.

c) Ökonomik und Politik 418

Keine direkte Benutzung der Politik des Aristoteles, 419. Ökonomik,
419. Die Hausgemeinschaft, 420. Die Verwaltung des Hauses, 422.
Politik. Die Polis, 423. Die Staatsformen, 425. Wandel der Verfassungen, 428. Die beste Verfassung, 428. Ämter, 429. Aufstände, 429.
Organe des Staates, 430. Aufgaben des Staatsmannes, 431. Ergebnisse
der Analyse, 432.

E. Gesamtergebnisse 435

Die Epitome und das Corpus aristotelicum, 435. Keine direkte Benutzung des Corpus, 435. Arbeiten des Andronikos nicht berücksichtigt,
436. Vielfalt der Darstellungsformen in der Epitome, 437. Vielzahl der
Quellen, 438. Der philosophische Gehalt der Epitome, 439. Zum sog.
Eklektizismus des Areios, 440. Zur Datierung von Areios' Quellen, 443.

2. Nikolaos von Damaskos 445

A. Leben und Werk 445

Nikolaos und die Philosophie, 445. Lebensdaten, 446. Schriften, 447.

B. Über die Götter 451

Inhalt und Tradierung, 451. Xenophanes, 452. Diogenes von Apollonia,
458.

C. Über das Weltall 462

Verhältnis zu De caelo und anderen physikalischen Schriften des
Aristoteles, 462. Nicht identisch mit der pseudaristotelischen Schrift
Von der Welt, 463.

D. Über die Philosophie des Aristoteles 465

Zeugnisse, 465. Das syrische Fragment, 465. Disposition, 466. Organon
nicht behandelt, 467. Abweichungen von Aristoteles in der Anordnung
des Stoffes, 468. Orthodoxie in der Lehre, 469. Beispiel einer Paraphrase, 469. Physik, 471. Metaphysik, 473. De caelo I—II, 475. De
caelo III—IV und De generatione et corruptione, 476. Meteorologie,
477. Biologische Schriften, 480. Seelenlehre, 481. Noetik, 485.

E. Über die Pflanzen 487

Tradierung, 487. Quellenfrage, 489. Probleme der lateinischen Übersetzung, 491. Gliederung, 493. Die Pflanze als Lebewesen, 493.
Geschlechtlichkeit, 497. Die Pflanze als unvollkommenes Lebewesen,
499. Die Teile der Pflanzen, 502. Klassifikation, 503. Entstehungsarten, 504. Ankündigung spezieller Untersuchungen, 505. „Ursachen"
der Pflanzen, 505. Ernährung und Wachstum, 506. Digressionen:
Erd- und Seebeben, schwimmende Körper, Bildung des Sandes,
Salzhaltigkeit des Meeres, 508. Boden, Lage, Klima, 510. Urzeugung,
511. Einzelfragen, 511. Aristotelisch-theophrastisches Gedankengut,
512. Die Pflanzenschrift des Aristoteles, 513.

Literatur 517

Korrekturnachträge 521

Indices 525

VORWORT

Die von Aristoteles gegründete Schule schien dazu prädestiniert, sich zu einer Art Universität zu entwickeln, in der Forschung und Lehre auf den verschiedensten Gebieten gleichzeitig ihren Platz finden würden. Aristoteles hatte sich nämlich nicht nur als Einzelforscher und -denker betätigt und mehreren philosophischen und wissenschaftlichen Disziplinen einen beachtenswerten Aufschwung gegeben; er hatte es auch verstanden, das Interesse seiner Mitarbeiter auf bestimmte Spezialgebiete zu lenken und vor allem die Forschung in der Schule zu organisieren; auf seine Anregung hin waren umfangreiche Materialsammlungen angefertigt worden, die sich nicht nur auf die Philosophie, sondern auch auf die Literatur, die Zoologie, die Entwicklung der Staatsverfassungen, die Geschichte der musischen und sportlichen Wettkämpfe etc. bezogen und für die jeweiligen Spezialisten eine hervorragende Dokumentation darstellten. Die Pflanzenbücher Theophrasts und die verschollene Geschichte der Astronomie des Eudemos sind zweifellos dieser Vorliebe für die auf Tatsachen, Beobachtungen und präziser Dokumentation beruhende wissenschaftliche Forschung entsprungen. Leider wurde dieser vielversprechende Weg ziemlich früh nach Aristoteles' Tod verlassen. Aus welchen Gründen auch immer, hörte der Peripatos, der in Straton wohl seinen letzten großen Gelehrten hatte, bald auf, eine angesehene Stätte philosophischen Denkens und wissenschaftlichen Forschens zu sein, um sich immer mehr der Populärethik und der leichteren Literatur zuzuwenden. Selbst wenn Kritolaos eine rühmliche Ausnahme bildete, haben Entartung und Verfall das Lykeion der zwei Jahrhunderte nach Theophrasts Tod derart gekennzeichnet, daß die Schule nur noch ein Schattendasein zu führen schien. Da F. Wehrli die Reste der peripatetischen Produktion aus diesen dunklen Jahrhunderten gesammelt und kommentiert und ferner die Haupttendenzen des nacharistotelischen Peripatos bis zum Ende des 2. Jh. v. Chr. in einem vorzüglichen Überblick dargestellt hat, wird es hier nicht unsere Aufgabe sein, auf diese Periode des griechischen Aristotelismus erneut einzugehen.

Im ersten vorchristlichen Jahrhundert aber erwachte die Schule aus ihrer langen Lethargie, und von da an zeigt sich bei Peripatetikern und Nicht-Peripatetikern ein sehr lebhaftes Interesse für die aristotelischen Studien. Allem Anschein nach hat die vom Rhodier Andronikos besorgte Neuausgabe des Corpus oder eines Teiles davon nicht wenig zu dieser Renaissance beigetragen. Allerdings sind es nicht mehr die einst von Aristoteles gesteckten Ziele, die von nun an die Tätigkeit der wiederaufblühenden Schule bestimmen. In ihr spielt die eigene Erforschung der Natur, der Literatur und der schönen Künste, des Verhaltens des Menschen als Individuum oder in Gemeinschaften so gut wie keine Rolle mehr; sogar auf selbständiges philosophisches Denken scheint man fast völlig verzichtet zu haben. Das Interesse gilt in erster Linie und fast ausschließlich den sogenannten Lehrschriften des Aristoteles selbst. Diese Schriften werden herausgegeben, auf ihren Inhalt, ihre Form, ihre Disposition, ihre gegenseitigen Beziehungen hin untersucht. Kommentare, Paraphrasen, Zusammenfassungen, Gesamtdarstellungen dieser Schriften oder Monographien zu Einzelproblemen aus ihnen machen jetzt den wichtigsten Teil der Produktion der Peripatetiker aus. Dieses starke Interesse an den Schriften des Schulgründers und die intensiven Bemühungen um ihre Deutung prägen die Physiognomie des Aristotelismus jener Epoche.

In keiner anderen philosophischen Schule der Kaiserzeit läßt sich eine solche Orientierung beobachten. Gewiß, auch die Platoniker haben sich mit den Dialogen Platons oder genauer gesagt mit einigen von ihnen eingehend beschäftigt. Ihr Hauptanliegen scheint es jedoch gewesen zu sein, so grundverschieden ihre jeweiligen Tendenzen dabei auch gewesen sein mögen, aus dem Schrifttum Platons ein philosophisches System wiederzugewinnen. Dies hing zweifellos mit der Beschaffenheit der Dialoge zusammen. Die Zwanglosigkeit dieser Gespräche und die Vielseitigkeit ihrer Thematik ließen es als notwendig erscheinen, zerstreute Angaben zu vergleichen, zu koordinieren und zu einem philosophischen Lehrgebäude oder Teilen davon systematisch anzuordnen. Der Umstand, daß die Platoniker hauptsächlich um eine Systematisierung der platonischen Philosophie bemüht waren, bedeutet natürlich nicht, daß sie auf das Durchinterpretieren einzelner Dialoge völlig verzichteten; wir wissen, daß z. B. der viel gelesene Timaios oder besonders schwierige Passagen aus ihm zum Gegenstand gelehrter Kommentare gemacht wurden; auch zu anderen Dialogen, etwa Theätet, Parmenides, Gorgias oder Sophistes, wurden gelegentlich Kommentare verfaßt. Die Kommen-

tare und sonstigen exegetischen Schriften zu Aristoteles übertreffen jedoch durch ihre Zahl und ihren Umfang alles, was bis zum Ausgang der
Antike an Kommentaren zu Platon oder irgendeinem anderen Philosophen geschrieben wurde. Man denke z. B. an die zahllosen, erhaltenen
oder verschollenen, herausgegebenen oder noch ungedruckten Katego-
rienkommentare, die in der griechischen Welt zwischen Andronikos und
dem Fall Konstantinopels verfaßt wurden!

Diese beispiellose Verbreitung der Aristoteleskommentierung, die
sogar auf andere Schulen übergriff (denn auch Stoiker und Platoniker
lieferten ihre Beiträge zur Exegese der Pragmatien), erfolgte nicht ohne
einen tieferen Grund. Während man bei Platon bewußt oder unbewußt
das systematisch Dogmatische vermißte und deswegen um die Konstruktion eines den Anforderungen des Unterrichts und der philosophischen Systematik entsprechenden Platonismus bemüht war, schien
Aristoteles solchen Anforderungen in viel höherem Maß gerecht geworden
zu sein. Bei ihm fand man z. B. eine ausschließlich der Logik gewidmete
Schriftenreihe; die allgemeinen Prinzipien und Phänomene der Natur,
die Kosmologie, die Lehre der sublunaren Meteora, die Seelenlehre etc.
waren jeweils auf besondere Traktate oder Komplexe von Traktaten
verteilt worden. Die Systematisierung oder wenigstens gute Ansätze
dazu schienen im Corpus aristotelicum durchaus vorhanden zu sein.
Zwangsläufig mußte also das Bedürfnis, die Struktur und den Zusammenhang des Lehrgebäudes ausfindig zu machen oder überhaupt zu bestimmen, viel schwächer sein, als dies hinsichtlich Platons Werk der
Fall war. Demgegenüber stieß man beim Lesen einzelner Schriften des
Aristoteles auf beträchtliche Schwierigkeiten: Die Verwendung einer von
Neuprägungen, sonderbaren, nicht immer gleichbedeutenden Fachausdrücken und allerlei stilistischen Härten durchzogenen Sprache sowie die
Dichte des Gedankengehalts, bisweilen auch der nur schwer überschau-
bare Gang der Beweise, das Vorhandensein echter oder vermeintlicher
Diskrepanzen innerhalb eines Buches oder zwischen verschiedenen Büchern, ja sogar auch die scheinbar unglückliche oder wenigstens nicht
deutlich angegebene Disposition ganzer Abhandlungen, all das erschwerte den unmittelbaren Zugang zu Aristoteles außerordentlich; Anfänger
und Unerfahrene waren weitgehend auf sachkundige Hilfe angewiesen,
wenn sie sich anhand der Originaltexte mit der Philosophie des Stagiriten
vertraut machen wollten. Unter den traditionellen Problemen, die die
neuplatonischen Kommentatoren in ihren Einführungen zu Aristoteles
zu erörtern pflegen, findet sich die Frage, warum die Ausdrucksweise des

Aristoteles so dunkel gewesen sei. Die Erklärungen, die sich die Neuplatoniker ausgedacht haben, mögen durch ihre Unzulänglichkeit und ihre Naivität enttäuschen; symptomatisch ist trotzdem die Tatsache, daß diese Frage überhaupt aufgeworfen wurde. Die Feststellung, daß Aristoteles schwer zu verstehen ist, war zweifellos ausschlaggebend für die Tätigkeit der zahlreichen Kommentatoren, die sich immer wieder um die Interpretation seiner Schriften bemüht haben.

Im vorliegenden und in den beiden später folgenden Bänden wollen wir uns mit der Periode befassen, die mit der Renaissance des Aristotelismus unter Andronikos von Rhodos beginnt und etwa bis zur Mitte des dritten Jahrhunderts n. Chr. dauert. Der Aristotelismus dieser Zeit charakterisiert sich hauptsächlich durch eine Tendenz, die man als „Willen zur Orthodoxie" bezeichnen kann. Wichtigstes Anliegen der meisten Kommentatoren der Zeit, sofern sie sich zum Aristotelismus bekennen, ist es, die sogenannten Lehrschriften, und an erster Stelle die rein philosophischen unter Ausschluß etwa der Tierschriften, der Politik, der Rhetorik und der Poetik zu verstehen, zu untersuchen und zu erklären. Die Lehre des Aristoteles erscheint nicht etwa als eine Lehre, die man sich anzueignen hätte, um weiterzukommen; sie stellt nicht etwa den Ausgangspunkt für eigenes Philosophieren dar; sie wird vielmehr als Quelle der Wahrheit überhaupt angesehen. Es gilt also, sie richtig zu interpretieren, sie gegenüber anderen Schulen genauer abzugrenzen und sie auch gegen gelegentliche Einwände oder systematische Angriffe zu verteidigen. Diese Tendenz zur Orthodoxie, die in Alexander von Aphrodisias ihren berühmtesten Vertreter hatte, behauptete sich rund drei Jahrhunderte lang.

Nach dieser Zeit ändern sich Ziele und Tendenzen des Kommentierens aristotelischer Schriften. Der Neuplatoniker Porphyrios versucht, wie bereits einige Mittelplatoniker vor ihm, bestimmte Teile der aristotelischen Philosophie für die Platoniker nutzbar zu machen. Den Platonikern konnte z. B. die aristotelische Logik große Dienste leisten. Porphyrios kommentierte also logische Schriften des Aristoteles „ad usum Platonicorum". Von da an rückt der Aristotelismus mehr und mehr in das Interesse der Neuplatoniker. Anstatt ihn zu bekämpfen, was Plotin des öfteren tat, nehmen sie ihn jetzt fast ohne Beanstandung an. Nach Porphyrios sind die meisten Interpreten des Aristoteles nicht mehr Aristoteliker strikter Observanz, sondern merkwürdigerweise Neuplatoniker. Ihren Höhepunkt erreicht die neuplatonische Interpretation des Aristoteles mit Ammonios Hermeiu und seiner Schule im 5. und 6. Jh.

n. Chr. In seinen äußerst gelehrten Kommentaren vertritt z. B. Simplikios die These, daß es zwischen Aristotelismus und Platonismus keinen
wesentlichen Unterschied gebe; selbst den Frontalangriffen des Aristoteles etwa auf die Ideenlehre oder auf die Kosmogonie des Timaios will er
keinen zu großen Wert beimessen: Diese Kritik, meint er, sei nicht gegen
Platon selbst gerichtet, sondern gelte nur einer inadäquaten, ohnehin
abzulehnenden Interpretation des Platonismus.

Auch der christliche Glaube hat schon bei den Griechen die Interpretation des Aristoteles und die Haltung der Kommentatoren Aristoteles
gegenüber beeinflußt. Ioannes Philoponos ist sich z. B. dessen bewußt,
daß der Glaube an die Unsterblichkeit der Seele oder Moses' Bericht
über die Erschaffung der Welt im Widerspruch mit den Thesen des
Aristoteles stehen. Auf die Problematik dieser späteren Aristotelesinter-
pretation wollen wir aber nicht eingehen.

Die Periode der Orthodoxie, auf die wir uns in diesem Werk beschränken, war zweifellos reich an Kommentaren und exegetischen
Schriften zu Aristoteles. Von dieser umfangreichen Produktion ist uns
relativ wenig in Originaltexten erhalten. Zu erwähnen sind vor allem der
Abriß der peripatetischen Ethik des Areios Didymos, größere Teile des
Kommentars des Aspasios zur Nikomachischen Ethik und fünf vollständige oder zum Teil erhaltene Kommentare Alexanders von Aphrodisias sowie einige selbständige Schriften desselben Kommentators. Auch
die pseudo-aristotelische Schrift „Von der Welt" stammt wahrscheinlich
aus dieser Periode. So gut wie alle Kommentare der Vorgänger Alexanders und die wichtigsten Kommentare von Alexander selbst (etwa zur
Physik, zu De caelo und zu De anima) sind verschollen und nur durch
spätere Zitate und Zusammenfassungen belegt. Dieser enorme Verlust
an alten aristotelischen Kommentaren erklärt sich wohl nicht allein
durch den bloßen Zufall oder durch jene Schicksalsschläge, die uns
manche wertvollen antiken Texte für immer entzogen haben. Ein anderer Umstand war hier verhängnisvoll. Wie sich heute noch feststellen
läßt, ist fast jeder Kommentator bemüht gewesen, die Arbeiten seiner
Vorgänger zu berücksichtigen. Ist er mit den Ausführungen eines Vorgängers einverstanden, so übernimmt er sie einfach, bisweilen ganz wörtlich und meistens ohne jede Quellenangabe; in solchen Fällen begnügt er
sich hier und dort mit kleineren eigenen Zusätzen. Hält er die Ansicht
seines Vorgängers für unbegründet oder falsch, dann bekämpft er sie,
meistens mit Namensnennung, bevor er seine eigene Interpretation darlegt. Gerade deswegen schienen jüngere Kommentare die älteren über-

flüssig zu machen; über den „letzten Stand der Forschung" konnte man sich in den jüngsten Kommentaren informieren, und es erschien zwecklos, die ältere, für überflüssig geltende Aristoteles-Literatur abschreiben zu lassen.

Die Gewohnheit der Kommentatoren, ihre Vorgänger auf Schritt und Tritt zu berücksichtigen, hat aber wenigstens eine erfreuliche Konsequenz gehabt: Ihr verdanken wir es, daß in den jüngeren Kommentaren, und ganz besonders in denen des 5. und 6. Jh., eine riesige Anzahl von Fragmenten und Testimonien über Aristoteliker aus früheren Zeiten begegnet. Viele Kommentare, die im Originaltext verschollen sind, haben auf diese Weise Spuren hinterlassen, und in den günstigsten Fällen sind diese Spuren so zahlreich, daß sie uns eine ziemlich genaue Vorstellung des verschollenen Werkes vermitteln.

Über Andronikos selbst und die ältesten Kommentatoren sind unsere Nachrichten leider sehr spärlich. Auch über die Rolle, die Apellikon, Andronikos und Tyrannion bei der Wiederentdeckung und der Verbreitung der Lehrschriften des Aristoteles spielten, verfügen wir nur über sehr lückenhafte, in ihrem historischen Wert nicht unumstrittene Informationen. Dies sei hervorgehoben als Entschuldigung dafür, daß hier ein einfacher Bericht über ihre Leistungen oder eine nur referierende Darstellung ihrer Lehrmeinungen schlechtweg unmöglich war. Deswegen wurde auch auf den ursprünglich vorgesehenen, wohl etwas zu anspruchsvollen und nicht ganz adäquaten Titel „ Geschichte des Aristotelismus bei den Griechen" verzichtet. Die Beschaffenheit des Quellenmaterials, die Dürftigkeit und die Ungenauigkeit mancher Testimonien sowie die stark auseinandergehenden Ansichten moderner Gelehrter über hier angesprochene Probleme machten oft längere Textinterpretationen unentbehrlich; es schien auch sinnvoll, bei umstrittenen Fragen die Argumente pro et contra zu referieren, bevor eine eigene Stellungnahme gewagt werden konnte.

Der weitgehende Verzicht auf philosophische Originalität zugunsten der Aristotelestreue zeigt sich, wie gesagt, sowohl in den Kommentaren als auch in den persönlichen Schriften der Aristoteliker der frühen Kaiserzeit. Wir haben es hier mit einer Art scholastischer Literatur zu tun, in der viel weniger über philosophische Probleme nachgedacht als nach der wahren Ansicht des Aristoteles oder nach der besten Interpretation seiner Äußerungen gefragt wird. Nicht selten fühlt sich heute der Philosoph enttäuscht, wenn er mit den Resten dieser Aristotelesexegese konfrontiert wird, denn die Kommentatoren lassen sich oft des längeren und

breiteren über wenig bedeutende Details aus und übergehen Wesentliches
mit Stillschweigen. Für den Historiker sind solche Kleinigkeiten jedoch
nicht ganz uninteressant, vor allem weil sie oft von Generation zu Generation zum Gegenstand erneuter Diskussionen geworden sind, so daß es
auch bei ihnen gilt, die verschiedenen Stellungnahmen der Kommentatoren so genau wie möglich zu untersuchen. Dabei wird sich herausstellen,
daß der Einfluß, den der Aristotelismus dieser Zeit auf die spätere Philosophie ausgeübt hat, viel stärker gewesen ist als gewöhnlich angenommen.
Wie Porphyrios berichtet, pflegte Plotin in seinen philosophischen Semi-
naren die Kommentare von Aspasios, Adrastos, Alexander und anderen
Peripatetikern heranzuziehen. Seit einigen Jahren haben Plotinspezia-
listen in der Tat auf mehrere Aspekte des Nachwirkens Alexanders auf
den großen Neuplatoniker hingewiesen. Andererseits zeigt die Erforschung des kaiserzeitlichen griechischen Aristotelismus immer deutlicher,
daß zahlreiche Probleme und Thesen der westlichen mittelalterlichen
Philosophie, von Boethius bis Wilhelm von Ockham, sich weitgehend
auf die ältesten griechischen Kommentatoren zurückführen lassen.

Trotz des bisweilen oberflächlichen Charakters der Exegese und der
Lücken in unserer Information läßt sich in einigen Fällen die philosophische Persönlichkeit eines Kommentators mit seinen eigenen Über-
zeugungen und Abneigungen hinter den kommentierenden Äußerungen
mit ausreichender Deutlichkeit wiedererkennen. Der Rahmen des Aristotelismus war breit genug, um Platz für verschiedene Akzente und Perspektiven zu bieten. Nicht selten haben die Kommentatoren Aristoteles
offenbar mit der Optik ihrer eigenen Anschauungen gelesen und interpretiert.

Eine Darstellung des griechischen Aristotelismus in der frühen Kaiserzeit wäre allzu einseitig, wenn sie sich nur mit den Schriften und Fragmenten der eigentlichen Aristoteliker befaßte. Nicht nur bei den Platonikern, sondern auch bei den Stoikern war das Interesse für den
Aristotelismus so groß oder wegen der Erfordernisse des Schulkampfes
so zwingend, daß auch sie bestimmte Traktate des Aristoteles kommentierten, allerdings meistens mit polemischen Absichten. Andererseits
wurden philosophisch gebildete Gelehrte wie etwa der Arzt Galen oder
der Astronom Ptolemaios vom Aristotelismus so entscheidend beeinflußt, daß die Frage nicht übergangen werden kann, was Aristoteles und
seine Schule für sie bedeutet haben. Schließlich hat es die Auseinandersetzung mit anderen Schulen bei den Aristotelikern selbst oft mit sich
gebracht, daß Probleme, die der Stagirit nur beiläufig oder überhaupt

nicht angeschnitten hatte, das Interesse späterer Aristoteliker immer
stärker auf sich lenkten. Es wird also auch eine unserer Aufgaben sein,
die Wechselbeziehungen zwischen dem Aristotelismus und anderen Schulen zu untersuchen.

Den Leser bitten wir um Verständnis dafür, daß nicht alle Fragmente
und Testimonien, mit denen hier gearbeitet wird, in extenso in den Fuß-
noten angeführt werden konnten. Hätten wir nicht darauf verzichtet,
wäre der vorliegende Band noch umfangreicher und viel teurer geworden.
Da sich aber der größte Teil des herangezogenen Quellenmaterials in den
Commentaria in Aristotelem Graeca (CAG) und im Supplementum
Aristotelicum (SA) befindet, hoffen wir, daß es dem Leser nicht allzu
große Mühe machen wird, die betreffenden Bände aufzuschlagen, wenn
er die Belege im Original konsultieren will. Eine Fragmentsammlung der
Peripatetiker der Kaiserzeit gibt es nicht. Der Umstand, daß die maßgeblichen Texte in CAG und SA bequem zu finden sind, macht eine
solche Sammlung ohnehin weitgehend entbehrlich. In den Ausführungen
zu den einzelnen Kommentaren aus der Periode der Orthodoxie wurde
versucht, soweit wie möglich auf alle Texte zu verweisen, die als Fragmente und Spuren dieser Kommentare anzusehen sind.

Es ist mir eine angenehme Pflicht, an dieser Stelle allen Kollegen und
Freunden herzlich zu danken, die mir bei der Entstehung, der Redaktion
und der Drucklegung dieses Bandes mit Rat und Hilfe zur Seite gestanden haben. Mein Dank gilt auch den Hilfsassistenten, studentischen
Hilfskräften und Sekretärinnen des Seminars für Klassische Philologie
an der Freien Universität Berlin, die größere Teile meines Manuskripts
ins Reine geschrieben haben. Er gilt nicht zuletzt meinen drei Mitarbei-
tern am Aristoteles-Archiv, die sich die zeitraubende Aufgabe teilten,
das Manuskript vor der Drucklegung durchzusehen und mit mir Korrektur zu lesen. Ihrer Genauigkeit und ihrem kritischen Sinn verdanke ich
es, daß mancher Fehler noch rechtzeitig ausgemerzt werden konnte.

Berlin-Zehlendorf, im September 1973

ERSTER TEIL

WIEDERENTDECKUNG DES CORPUS ARISTOTELICUM.

ERSTE AUSGABEN

1. Das Schicksal der Bibliothek des Aristoteles

Über das Schicksal der zweifellos sehr umfangreichen Bibliothek des Aristoteles und die Umstände der Publikation seiner Schriften nach seinem Tode sind uns sonderbare, romanhafte Anekdoten überliefert worden, so daß die Frage aufgeworfen werden muß, in welchem Zustande die Gelehrten der hellenistischen Zeit das Corpus aristotelicum vorgefunden haben, ja ob sie es überhaupt benutzen konnten[1]. Bei dem heu-

---

[1] Über das Problem der Benutzung der aristotelischen Lehrschriften in der hellenistischen Zeit gibt es eine umfangreiche Literatur. Definitive Ergebnisse sind jedoch noch nicht erzielt worden. Man vergleiche unter anderen: C. A. Brandis, Über die Schicksale der aristotelischen Bücher und einige Kriterien ihrer Echtheit, in: Rh. Mus. I (1827) 236—254; 259—286. J. Kopp, Nachtrag zur Untersuchung über die Schicksale der aristotelischen Schriften, in: Rh. Mus. III (1829) 92—106. A. Stahr, Aristotelia II, 1832, bes. 80—114. V. Rose, De Arist. librorum ordine et auctoritate comm., 1854, 29—31. E. Heitz, Die verlorenen Schriften des Arist., 1865, 10sqq. E. Zeller, Über die Benutzung der arist. Metaphysik in den Schriften der älteren Peripatetiker, in: Abh. Berl. Akad., phil.-hist. Kl., 1877, 145—167 = Kl. Schr. I 191—214. F. Susemihl, in: Jahresber. 9 (1877) 338; 17 (1879) 253 Anm. 5.; Gesch. gr. Litt. Alex. II, 1892, 296sqq., bes. 299 Anm. 324. R. Shute, On the history of the process by which the Aristotelian writings arrived at their present form, 1888, bes. Chap. 2 (S. 19—45) und 3 (S. 46—65), mit F. Susemihls Kritik in: Jahresber. 67 (1891) 78—81. W. Jaeger, Stud. z. Entst. d. Metaph., 1912, 143—148. E. Bignone, L'Aristotele perduto, 1936, passim, u. a. I 41 Anm. 3. K. O. Brink, Art. Peripatos, RE Suppl. VII (1940) 934—938. O. Regenbogen, Art. Theophrastos 3, RE Suppl. VII (1940) 1374—1375. I. Düring, Notes on the history of the transmission of A.'s writings, 1950. P. Moraux, Les listes anciennes des ouvrages d'Aristote, 1951, 2—5. F. Grayeff, in: Phronesis I (1955/6) 105—122. I. Düring, Aristoteles. Darstellung und Interpretation seines Denkens, 1966 (= Arist. 1) 35—37; Art. Aristoteles, RE Suppl. XI (1968) (= Arist. 2) 193—194. Zur besonderen Frage der Berücksichtigung der aristotelischen Pragmatien bei Epikur vgl. W. Schmid, Epikurs Kritik d. platon. Elementenlehre, Leipzig 1936, 22—26; 31—34; 56. R. Philippson, in: Gött. Gel. Anz. 199 (1937) 473—485. G. Capone-Braga, Aristotele, Epicuro e Diogene di Enoanda, in: Atene e Roma 42 (1940) 35—47, bes. 42—47. Ph. Merlan, Studies in Epicurus and Arist., 1960, 31 und Anm. 40. G. Arrighetti, Epicuro. Opere, Turin 1960, 549—556. W. Schmid, Art. Epikur, in: Reallex. f. Ant. u. Christentum V (1961) 699—700 und 717—718.

tigen Stand der Wissenschaft läßt sich eine restlose Lösung des Problems
kaum erhoffen; dennoch darf nichts unterlassen werden, was mehr Licht
auf die ziemlich dunklen Anfangszeiten des Aristotelismus werfen
könnte.

Drei Wege scheinen zum Ziel zu führen: die kritische Analyse der antiken Nachrichten über die Geschichte des aristotelischen Schrifttums
in der fraglichen Periode, die Erforschung der antiken Schriftenverzeichnisse auf ihren Inhalt und ihre Herkunft hin[2] und schließlich die

---

[2] Die antiken Verzeichnisse der Aristotelesschriften habe ich eingehend behandelt
in Les listes anciennes des ouvrages d'Aristote, wo man Hinweise auf die frühere
Literatur finden wird. Die Ansicht, daß das bei Diogenes Laertios und mit
einigen Abweichungen beim Anonymus Menagii (= Hesychios) erhaltene
Schriftenverzeichnis einen vorandronikischen Zustand widerspiegelt und wohl
auf das Ende des 3. Jh. v. Chr. zurückgeht, ist von der Kritik als gesichert
anerkannt worden. Umstritten bleibt dagegen die Frage, ob es aus der peripatetischen Schule (Ariston?) stammt, wie ich meine, oder den Bestand an Aristotelesschriften in der alexandrinischen Bibliothek (Hermippos) wiedergibt, was
der vor meinen Untersuchungen meist vertretenen Ansicht entspricht. I. Düring,
Ariston or Hermippus?, in: Class. et Mediaev. 17 (1956) 11—21; Aristotle in the
ancient biographical Tradition, 1957, 67—69; 90—92; Aristoteles 1, 1966, 36—37;
Aristoteles 2, 163; 184; 187 plädiert sehr energisch für die Hermippos-These.
Bedenken gegen die Ariston-These sind ebenfalls angemeldet worden von
H. J. Drossaart Lulofs, in: Mnemos., S. IV, 9 (1956) 349—350. G. Verbeke, in
Rev. Philos. de Louvain (1952) 90sqq., bes. 97—98. D. A. Rees, in: Class. Rev.
68 (1954) 27—28, der allerdings zugibt, daß die Hermippos-These „very question-
able" ist. Die Ariston-These wird jedoch von anderen Kritikern befürwortet:
J. Croissant, in: Ant. Class. 22 (1953) 166—167. H. D. Saffrey, in: Rev. des
sciences philos. et théol. 37 (1953) 337—338. R. Weil, in: Revue philosophique
(1953) 465—466. C. Ducret, in: Revue thomiste (1954) 437—444. G. Soleri, in:
Riv. di Studi classici 3 (1955), 1sqq. W. D. Ross, Aristotle's Physics², Oxford
1960, 18. J. J. Keaney, Two notes on the tradition of A.'s writings, in: Amer.
Journ. of Philol. 84 (1963) 52—63, der (S. 58—63) Dürings Einwände gegen
die Ariston-These widerlegt und diese mit neuen Argumenten bekräftigt.
Eine dritte Hypothese, die meines Wissens keinen Anklang fand, wurde von V.
Masellis, Tradizione e cataloghi delle opere aristoteliche, in: Riv. di Filol., N. S.
34 (1956) 337—363, bes. 354—356, aufgestellt: Das anonyme Verzeichnis sei
älter und besser als das des Diogenes Laertios; ihre gemeinsame Quelle sei
Krates von Mallos, der seit etwa 168 v. Chr. in Pergamon wirkte. — „Da der
Versuch von Paul Moraux, die Herkunft des in der Aristotelesbiographie
des Diogenes Laertios überlieferten Verzeichnisses der Aristotelesschriften zu
bestimmen, als gescheitert anzusehen ist", versuchte schließlich R. Stark,
Aristotelesstudien, zweite, überarbeitete und erweiterte Aufl. aus dem Nachlaß
hrsg. v. P. Steinmetz, 1972, 160—164, das Problem „auf einem anderen Wege" zu
lösen: Die bei Diogenes überlieferte Liste sei nichts anderes als eine Aufstellung

Untersuchung der philosophisch-wissenschaftlichen Literatur der zwei-einhalb Jahrhunderte nach Aristoteles' Tod, um dort eventuelle Spuren der Bekanntschaft mit dem Corpus aufzufinden. Hier wird es unsere Aufgabe sein, die Berichte über das Schicksal der Schriften des Aristoteles auf ihre Glaubwürdigkeit zu prüfen.

Als Metöke durfte Aristoteles in Athen keinen Grundbesitz, wohl aber bewegliche Güter erwerben[3]. Bei seinem Tod hinterließ er Geld, Sklaven, Hausgeräte und eine sicher sehr ansehnliche Bibliothek, die er allerdings in seinem Testament nicht erwähnte. Wir wissen aber, daß er einer der ersten unter den Privatleuten war, die eifrig Bücher sammelten[4]; wir erfahren, daß er für ziemlich viel Geld einige Bücher aus Speusippos' Besitz — oder eigene Werke des Speusippos — nach dessen Tod erwarb[5]; es heißt sogar, daß er die Richtlinien für die Organisation der großen alexandrinischen Bibliothek entwarf[6], aber die Nachricht beruht vielleicht auf der Tatsache, daß sein Freund und Schüler Demetrios von Phaleron bei der Einrichtung dieser Bibliothek behilflich war[7]. Fest

der von Aristoteles hinterlassenen Schriften und Materialien, also seines wissen-schaftlichen Apparats; wahrscheinlich habe Aristoteles gegen Ende seines Lebens selbst noch eine solche Aufstellung veranlaßt; möglich sei auch, daß es sich um eine Aufnahme des nach der Flucht nach Chalkis im Lykeion verbliebenen Nach-lasses handele. Eine ähnliche Hypothese hatte bereits P. Gohlke, Aristoteles und sein Werk, 1948, 124—131 (den R. Stark übrigens nicht zitiert) formuliert: Die Diogenes-Liste sei eine erste, von Aristoteles selbst herrührende Aufstellung, die Hesychios-Liste sei eine in Chalkis vorgenommene Überarbeitung der älteren.

[3] K. O. Brink, RE Suppl. VII 905—907. Über die Testamente der Peripatetiker und die rechtliche Stellung der Schule vgl. C. G. Bruns, Die Testamente der gr. Philos., in: Ztschr. d. Savigny-Stiftung, Roman. Abt. 1 (1880) 1—52. A. Hug, Zu den Test. d. gr. Philos., in: Festschr. z. Begrüßung der 39. Vers. deutscher Philol., Zürich 1887, 1—22. U. v. Wilamowitz, Antigonos v. Karystos, 1881, 262sqq. I. Düring, Biogr. Trad. 61—65. A. H. Chroust, The miraculous disappearance and recovery of the Corpus Aristotelicum, in: Class. et Mediaev. 22 (1961) 51 Anm. 5; Ar.'s last Will and Testament, in: Wiener Stud. 80 (1967) 90sqq. — Die sehr förderliche Untersuchung von H. B. Gottschalk, Notes on the Wills of the Peripatetic Scholars, in: Hermes 100 (1972) 314—342 erschien während der Drucklegung und konnte leider nicht mehr gebührend berücksichtigt werden.

[4] Strab. XIII 1, 54, 608 ὁ γοῦν Ἀριστοτέλης ... πρῶτος, ὧν ἴσμεν, συναγαγὼν βιβλία καὶ διδάξας τοὺς ἐν Αἰγύπτῳ βασιλέας βιβλιοθήκης σύνταξιν ... Auch bei Athen. I 4, 3a wird Aristoteles unter den Privatleuten genannt, die eine ansehnliche Bibliothek besaßen.

[5] Gell. III 17. Diog. Laert. IV 5. Vgl. E. Mensching, Favorin von Arelate, 1963, 75—77 (,,Diese vermutete Geschichte ... scheint unhistorisch'').

[6] Vgl. Anm. 4.

[7] Vgl. F. Wehrli, Schule des Arist., IV, Demetrios, fr. 63 und 66 mit Kommentar.

steht auf jeden Fall, daß Theophrast die Bibliothek des Aristoteles erbte[8] und sie testamentarisch seinem Studiengenossen Neleus, in dem er wahrscheinlich seinen Nachfolger als Scholarchen sah, zuteil werden ließ[9]. Was Neleus und seine Erben damit anfingen, werden wir bald hören.

Vorher wollen wir uns fragen, was mit den Manuskripten der eigenen Werke des Aristoteles eigentlich geschah. Daß ein Teil seiner Schriften für die Publikation bestimmt war und noch zu seinen Lebzeiten veröffentlicht wurde, wissen wir ganz genau. Es handelt sich um literarisch ausgearbeitete Schriften, Dialoge und Abhandlungen, die Aristoteles selber als „herausgegeben" oder „exoterisch" bezeichnet und die heute bis auf wenige Bruchstücke verschollen sind[10]. Daneben gab es aber eine gewaltige Masse von Vorlesungskonzepten, Materialsammlungen, Exzerpten und Aufzeichnungen jeder Art, die die Früchte der philosophisch-wissenschaftlichen Bemühungen des Meisters und seiner Mitarbeiter enthielten und nur für den internen Gebrauch der Schule, nicht für eine buchmäßige Veröffentlichung oder für eine Verbreitung durch den Handel gedacht waren. Es leuchtet ein, daß dieser Teil der aristote-

---

[8] Strab. XIII 1, 54, 608 ... ὁ τοῦ Κορίσκου υἱὸς Νηλεύς, ἀνὴρ καὶ ᾿Αριστοτέλους ἠκροαμένος καὶ Θεοφράστου, διαδεδεγμένος δὲ τὴν βιβλιοθήκην τοῦ Θεοφράστου, ἐν ᾗ ἦν καὶ ἡ τοῦ ᾿Αριστοτέλους· ὁ γοῦν ᾿Αριστοτέλης τὴν ἑαυτοῦ Θεοφράστῳ παρέδωκεν, ᾧπερ καὶ τὴν σχολὴν ἀπέλιπε ... Vgl. Plut., Sulla 26: In der Bibliothek des Teiers Apellikon befanden sich τὰ πλεῖστα τῶν ᾿Αριστοτέλους καὶ Θεοφράστου βιβλίων.

[9] Diog. Laert. V 52 (Testament des Theophrast) τὰ δὲ βιβλία πάντα Νηλεῖ. Strab. a. O. (vgl. Anm. 8). Plut., Sulla 26: Die älteren Peripatetiker kannten nur wenige Schriften des Aristoteles und Theophrast διὰ ⟨τὸ⟩ τὸν Νηλέως τοῦ Σκηψίου κληρο{νόμο}ν (ᾧ τὰ βιβλία κατέλιπε Θεόφραστος) εἰς ἀφιλοτίμους καὶ ἰδιώτας ἀνθρώπους περιγενέσθαι. Athen. I 4, 3a—b. Vgl. H. v. Arnim, Neleus v. Skepsis, in: Hermes 63 (1928) 103—107. K. v. Fritz, Art. Neleus 4, RE XVI 2. H. B. Gottschalk, Notes on the Wills 336—337 lehnt allerdings v. Arnims Hypothese ab und meint, Theophrast habe die Absicht gehabt, seine und des Aristoteles Bücher von Neleus, seinem „Fellow" und persönlichen alten Freund, für die Herausgabe vorbereiten zu lassen.

[10] Das schwierige Problem der exoterischen Schriften und ihrer Beziehungen zu den Akroasen hat seit über einem Jahrhundert eine umfangreiche Literatur hervorgerufen. Status quaestionis und Literatur bei P. Moraux, Listes anciennes 167—172; Sur la justice 16—22. F. Dirlmeier, Ar. Nikom. Ethik 274—275. I. Düring, Biogr. trad. 426—443; Arist. 1, 556; Arist. 2, 197—198. — A. Iannone, I logoi essoterici di Aristotele 1955 (= Atti dell' Istituto Veneto di Scienze, Lettere ed Arti 113) ist wertlos.

lischen Produktion nur zu Unterrichts- und Forschungszwecken diente[11]. Daß die Hörer gelegentlich einen Blick auf das Konzept des Meisters werfen wollten, und vor allem, daß die Spezialisten der verschiedenen Disziplinen die reichhaltigen Untersuchungen und Materialsammlungen über Geschichte, politische Wissenschaft, Zoologie und dgl. des öfteren heranzuziehen hatten, versteht sich von selbst. Dazu war aber keine eigentliche Publikation erforderlich; es genügte schon, wenn der Meister seine zahlreichen stichwortartigen Notizen, seine flüchtigen Entwürfe, seine zwar systematischeren, jedoch mit vielen Tilgungen, Änderungen, Ergänzungen versehenen Vorlesungskonzepte in Ordnung brachte, ihnen die Form einer leserlichen kontinuierlichen Darlegung verlieh und dann wohl von einem Sekretär ins Reine schreiben ließ. Interessenten konnten dann diese Werke in der Bibliothek der Schule konsultieren oder, wenn sie es wirklich für nötig hielten, sich eine Kopie davon anfertigen lassen. An größere Auflagen, ja an eine Verbreitung durch den Buchhandel überhaupt zu denken, verbieten uns der stark spezialisierte Charakter dieser Schriften und ihr fast absoluter Mangel an literarischen Ansprüchen. Diese Situation ist selbstverständlich bereits den antiken Historikern des Aristotelismus aufgefallen. Viele weisen darauf hin, daß der Unterricht des Aristoteles und demzufolge auch sein Werk in zwei Teile zerfallen. In dem einen wende er sich an ein breiteres, nicht besonders vorbereitetes Publikum; er bemühe sich, die Dinge klar und einfach darzulegen und begnüge sich mit einer oberflächlicheren, nur auf das Wahrscheinliche hinzielenden Argumentation. Der andere sei für den viel engeren Kreis der Schüler gedacht; er setze ganz andere Vorkenntnisse voraus und strebe eine tiefgehende Erkenntnis der Wahrheit über den Weg einer apodiktischen Beweisführung an[12]. Trotz ihrer schematisierend-

---

[11] Vgl. bereits E. Zeller, Über den Zusammenhang der platonischen und der aristotelischen Schriften mit der persönlichen Lehrtätigkeit ihrer Verfasser, in: Hermes 11 (1876) 84—96 (über Aristoteles S. 91—96). In seinen Stud. Metaph., 1912, 131—148 hat W. Jaeger die Erkenntnis ins richtige Licht gerückt, daß die Aristotelischen Traktate keine literarischen Werke, sondern Lehrschriften sind, und daß sie ursprünglich nicht durch den Buchhandel, sondern nur durch Abschriften oder Exzerpte unter den Schülern verbreitet wurden. Zur Frage der ‚Mündlichkeit' bei Aristoteles vgl. jetzt F. Dirlmeier, Merkwürdige Zitate in der Eudemischen Ethik des Arist., S.-Ber. Heidelberg 1962, bes. 11—18.

[12] Die wichtigsten Texte sind Cic., Fin. V 12. Galen., De subst. fac. nat. IV 758 Kühn. Themist., Orat. XXVI, p. 385 Dindorf. Syrian., Schol. in Hermog. IV 297 Walz = II 59, 21 Rabe. Ammon., Cat. 4, 18. Philop., Cat. 3, 16; 4, 12. Simpl., Phys. 8, 16. Olympiod., Cat. 7, 5. Elias, Cat. 114, 32.

vereinfachenden Form enthalten diese Nachrichten ein doch ziemlich ge-
naues Bild des historischen Tatbestandes. Anders steht es allerdings mit
den Anekdoten, die von einer geheimen, für wenige Eingeweihte reser-
vierten Lehre des Aristoteles sprechen. Man fingierte z. B. einen Briefwechsel zwischen Alexander dem Großen und seinem ehemaligen Hauslehrer. Während des Feldzuges in Asien habe Alexander seinem Lehrer
geschrieben, um sich zu beklagen, daß dieser seine Geheimlehren veröffentlicht habe; darauf habe Aristoteles geantwortet, von einer eigentlichen Veröffentlichung könne man doch nicht reden, da nichteinge-
weihte Leser außerstande seien, den Inhalt der herausgegebenen Bücher
zu verstehen[13]. Lassen wir diesen Schwindel auf sich beruhen.

Das echte Problem liegt, wie wir bereits wissen, anderswo. Es fragt
sich, ob Aristoteles selber seine Aufzeichnungen in Ordnung gebracht
und sozusagen konsultierbar gemacht hatte, ob seine Mitarbeiter und
Schüler nach seinem Tod dafür sorgten oder ob dies erst etwa 250 Jahre
später, anläßlich der Wiederentdeckung seines Nachlasses, erfolgte. Was
Aristoteles selber in dieser Hinsicht geleistet haben mag, läßt sich nicht
genau feststellen; wahrscheinlich war es nicht wenig. Dagegen besitzen
wir einige Nachrichten darüber, daß auch seine Nachfolger sich in diesem
Sinne bemühten. Interessant ist vor allem der Fall der Metaphysik. Bereits antike Kommentatoren hatten beobachtet, daß diese Schrift weniger einheitlich und weniger systematisch angeordnet ist als andere Traktate, ferner, daß sie häufige Wiederholungen und sogar Teile aus anderen
Werken enthält[14]. Nebenbei bemerkt treffen diese Beobachtungen zu.
Wie Jaeger nachgewiesen hat, kann die jetzige Disposition und Zusammensetzung der Metaphysik unmöglich vom Verfasser herrühren[15]. Um
diese Mängel des Philosophen zu entschuldigen, erzählte man folgendes:
Als er mit der Redaktion fertig war, schickte Aristoteles den Text der
Metaphysik an seinen Freund Eudemos (der sich damals offensichtlich

---

[13] Plut., Alex. 7. Gell. XX 5. Clem. Alex., Strom. V 9. Simpl., Phys. 8, 16—30.
Vgl. K. Praechter, in: Philologus 85 (1930) 97—100. I. Düring, Biogr. trad. 286
und 433—434. M. Plezia, Arist. Epistularum Fragmenta cum Testamento, 1961,
42—43 und 127—130.

[14] Asclep., Metaph. 4, 4—16 (= Eudemos fr. 3 Wehrli).

[15] W. Jaeger, Stud. Metaph., 1912. Selbst wenn man nicht alle Ansichten Jaegers
teilt, braucht man nicht deswegen (wie etwa G. Reale, Il concetto di filosofia
prima e l'unità della Metafisica di Aristotele³, 1967; Aristotele. La Metafisica,
2 Bde, 1968) die entwicklungsgeschichtliche Analyse für unfruchtbar zu erklären
und die Metaphysik als ein einheitliches, gut zusammenhängendes und tadellos
gegliedertes Werk zu betrachten.

in Rhodos, seiner Heimat, aufhielt). Dieser meinte, der Text sei zu lang und nicht gut geeignet für die Publikation. Nach Aristoteles' Tod gingen Teile des Manuskripts verloren, und seine Nachfolger (μεταγενέστεροι), die wenig begabt waren, wagten es nicht, den Torso zu ergänzen; sie begnügten sich damit, die erhaltenen Teile so gut es ging zusammenzusetzen und Auszüge aus anderen Traktaten einzuarbeiten[16]. Nicht alles ist glaubwürdig in dieser Erzählung. Abgesehen davon, daß eine regelrechte Publikation kaum beabsichtigt wurde, kann man sich unmöglich vorstellen, daß Aristoteles am Ende seines Lebens die Begutachtung seines Textes durch einen jüngeren brauchte und daß er ein fertiges, wertvolles Manuskript nach Rhodos schicken konnte, ohne wenigstens eine Kopie davon zu behalten. Ob gewisse Partien der ursprünglichen Metaphysik tatsächlich verloren gingen oder ob diese Behauptung aus dem unbefriedigenden Zustand des überlieferten Textes erschlossen wurde, läßt sich ebenfalls nicht mit Sicherheit entscheiden. Wie dem auch sei, die Anekdote hängt nicht völlig in der Luft. Es unterliegt gar keinem Zweifel, daß die heutige Disposition der Metaphysik nacharistotelisch ist und einen wenig geglückten Versuch darstellt, ziemlich disparate Bestandteile in ein Corpus hineinzuzwingen. Wenn der Name des Eudemos im Zusammenhang damit erwähnt wird, so sehr wahrscheinlich deshalb, weil er nach Aristoteles' Tod, in seiner Schule auf Rhodos[17], ein Exemplar (nicht unbedingt das einzige!) des in rohem, unfertigem Zustand hinterlassenen Textes der Metaphysik besaß und sich um dessen Ausbesserung und Gestaltung bemühte. Gerade an eine solche Beteiligung des Eudemos an der Redaktion der Metaphysik denkt

---

[16] Asclep. a. O. — F. Wehrli, Schule des Arist. VIII 78 (zu fr. 3), hält diesen Bericht für nicht historisch; er „verträgt sich in der vorliegenden Form schlecht mit dem unliterarischen Charakter der Metaphysik, darf aber immerhin als Zeugnis für Eudemos' hohes Ansehen gelten". Th. Birt, Ant. Buchwesen 458, 2 glaubte, daß die Nachricht bei Asklepios, Aristoteles habe den Eudem mit der Edition der Metaphysik beauftragt, gewiß ebenso ersonnen sei wie der angebliche Brief Alexanders bei Gellius XX 5. Die Nachricht bei Ps.-Alex. Aphrod., Metaph. 515,11 Hayduck, die voraussetzt, daß Eudem die Metaphysik ediert hatte, könne aus Asklepios hervorgegangen sein.

[17] Nach Gellius XIII 5 (= Eudem fr. 5 W.) befand sich Eudem in Athen, als Aristoteles starb. Aus Simpl., Phys. 923, 8—16 geht andererseits hervor, daß er danach Athen verließ; wahrscheinlich kehrte er in seine Heimat zurück, als Theophrast die Leitung der Schule übernahm. Ob er sich schon vor Aristoteles' Tod wenigstens vorübergehend auf Rhodos aufhielt, was die Nachricht bei Asclep., Metaph. 4, 9—10 voraussetzt, ist allerdings nicht ganz sicher. Vgl. F. Wehrli, Schule des Arist. VIII 78 zu den fr. 5 und 6.

Pseudo-Alexander von Aphrodisias, wenn er notiert, daß im 7. Buch
der Metaphysik die Antwort auf einen möglichen Einwand zu spät
gegeben wird: Das entspreche nicht den Gepflogenheiten des Aristoteles,
Eudemos sei es also gewesen, der Einwand und Lösung voneinander getrennt habe[18]. Auch ein Exemplar der aristotelischen Physik besaß Eudemos auf Rhodos, als Theophrast Scholarch des Lykeion war. Simplikios hat noch Kenntnis von einem Briefwechsel zwischen Eudemos und
Theophrast über einen Passus des 5. Buches. Eudemos vermutete, daß
sein Exemplar Fehler aufwies, worauf Theophrast ihm seine Ansicht darüber und ein wörtliches Zitat mitteilte[19]. Simplikios erwähnt auch gelegentlich eine Variante aus der eudemischen Rezension der Physik des
Aristoteles[20].

Aus diesen Hinweisen geht also hervor, daß bereits unter der ersten
Schülergeneration einige „Lehrschriften" des Aristoteles abgeschrieben
worden waren und auch außerhalb Athens, etwa in der Eudemos-Schule
in Rhodos, konsultiert werden konnten. Übrigens wird diese Feststellung dadurch bestätigt, daß die eigene wissenschaftliche Produktion der
ersten Generation des Peripatos einen unmittelbaren Zugang zu den
Werken des Aristoteles voraussetzt[21]. Schon jetzt darf die These zurück-

---

[18] Ps.-Alex. Aphrod., Metaph. 515, 3—11 (= Eudem. fr. 124 W.). Vgl. E. Zeller,
Abh. Akad. Berlin 1887, 157. E. Rohde, Kl. Schr. II, 1901, 441, 2. W. D. Ross,
A.'s Metaph. I, XXXI. F. Wehrli, Schule d. Arist. VIII 111 (zu fr. 124): „Alexander [vielmehr ps.-Alex.!] ... glaubt an eine Bearbeitung von Aristoteles' Metaphysik durch Eudem. Da andere Zeugnisse für eine solche fehlen, kann es keine
Fassung der Metaphysik gegeben haben, die unbestritten als Werk Eudems galt,
denn eine solche hätten die Kommentatoren ebenso wie die Physik Eudems
benutzt. Man glaubte also nur allgemein zu wissen, daß Eudem an der Redaktion
der Metaphysik beteiligt gewesen sei, und eine solche Überlieferung läßt sich
mindestens nicht widerlegen."
[19] Simpl., Phys. 923, 7—16 (= Eudemos fr. 6 W.).
[20] Simpl., Phys. 522, 24—26. Zur eudemischen Rezension der aristotelischen
Physik vgl. H. Diels, Abh. Akad. Berlin, philol.-hist. Kl., 1882, bes. 36—40.
Th. Birt, Das antike Buchwesen 458, 1 weist mit Recht darauf hin, daß solche
Nachrichten das Vorhandensein einer Edition der Physik ausschließen und
Privatabschriften des Textes zu bloßen Lehrzwecken voraussetzen.
[21] C. A. Brandis, Gr.-röm. Philos. II 2, 114. E. Zeller, Philos. d. Gr. II 2[4], 138.
Nuancierter O. Regenbogen, Art. Theophrastos 3, RE Suppl. VII 1374: Die
sicheren Zeichen der Benutzung der aristotelischen Lehrschriften betreffen die
Generation Theophrast — Eudemos — Straton. „Was aber Poseidonios, Panaitios
u. a. betrifft, so scheint mir eine sichere Bürgschaft für eine unmittelbare Benutzung der Lehrschriften nicht gegeben, und mit der Möglichkeit, daß vieles
aus den veröffentlichten Schriften, aus Schülernachrichten und aus der philoso-

gewiesen werden, nach welcher die Lehrschriften nur im „unveröffentlichten" Originalexemplar existiert hätten, bis der wertvolle Nachlaß zu Beginn des 1. Jh. v. Chr. wieder entdeckt und herausgegeben wurde. Daß
sie keine große Verbreitung fanden, lag ja in der Natur der Dinge, aber
völlig unbekannt und unbenutzt waren sie sicher nicht. Epikur selber
hat z. B. die aristotelische Analytik, die Physik und De caelo benutzt und
exerpiert[22]. Den Interessenten waren also diese Werke nicht ganz unzugänglich, bloß gab es damals verständlicherweise nur ganz wenige Leute,
die sich zu solcher Lektüre angeregt fühlten.

Seiner Freundschaft mit dem mächtigen Demetrios von Phaleron
verdankte Theophrast eine Ausnahmeregelung, die es ihm ermöglichte,

phischen Diskussion überhaupt zu schöpfen war, muß gerechnet werden...
Wenn... Schriften des Peripatos in Alexandria lagen... so ist damit keineswegs
gegeben, daß eben diese Schriften allgemein zugänglich waren."

[22] Philodem, Adv. Soph. (Pap. Herc. 1005), Fr. 1³, Z. 7—14 Sbordone... ol]δαμ[εν
εἶναι] πισ[τ]όν] Κράτη[τ]ος, [καὶ 'Αρ]ιστίππου τὰς πε[ρί τινων το]ῦ Πλάτωνος
[διατριβ]ά[ς], καὶ 'Αριστοτέ[λους τ'] ἀναλυτικὰ καὶ [τὰ περὶ] φύσεως, ὅσαπερ
ἐ[κλέγ]ομεν. Da Epikur in einem etwas weiter unten zitierten Brief aus den
siebziger Jahren des 3. Jh. um die Zusendung einiger Schriften des Demokrit
bittet, vermutete W. Croenert, Kol. und Mened. 174, daß er auch an dieser
Stelle den Adressaten beauftragte, Bücher zu bestellen. E. Bignone, Arist.
perd., II 106, fand darin ein Argument zugunsten seiner These, nach welcher
Epikur lediglich die exoterischen Schriften des Aristoteles gekannt und
bekämpft habe; durch Platoniker sei Epikur darauf aufmerksam gemacht
worden, daß Aristoteles die Ideenlehre nicht immer vertreten habe; um dies zu
überprüfen, habe er sich also die Analytik und die Physik bestellt, die er noch
zehn Jahre vor seinem Tod nicht kannte. Eine genauere Analyse des Zusammenhanges zeigt aber, daß der Text eine solche Schlußfolgerung nicht zuläßt
(dazu Sbordone in seiner Ausgabe, Neapel 1947, 127): Erst ab Zeile 14 wird
anhand von Briefzitaten auf angebliche Mängel in Epikurs wissenschaftlicher
Information hingewiesen; in dem uns interessierenden Passus dagegen erwähnt
Epikur Werke, die er benutzt und exerpiert hat (das läßt sich für Krates den
Kyniker und Aristippos nachweisen) und über deren Wert er sich völlig im
klaren ist. Ferner hat Epikur die Ausführungen des Aristoteles über das
Kontinuum in Phys. VI zweifellos gekannt, obwohl er sich nicht von ihnen
beeinflussen ließ. Dazu bereits H. v. Arnim, S.-Ber. Wien 57 (1907) 389 und
vor allem J. Mau, in: Philologus 99 (1955) 99sqq. Das letzte Wort der oben
angeführten Stelle ist unterschiedlich ergänzt worden: ἐ[γκρί]νομεν Usener
(Epic. 401), Croenert. ἐ[γγράφ]ομεν Bignone, Arist. perd. II 106, 1. ἐ[φεύρ]ομεν
Vogliano (ap. C. Diano, Epicuri Ethica 1946, Fr. 165). ἐ[κλέγ]ομεν Sbordone.
Über die Benutzung von De caelo im 14. Buch von Epikurs περὶ φύσεως vgl. W.
Schmid, Epikurs Kritik d. platon. Elementenlehre, 1936, 20 sqq. R. Philipp-
son, in: Gött. Gel. Anz. 199 (1937) 473sqq.

ein Grundstück in Athen zu erwerben[23]. Bei seinem Tod wurden laut seiner testamentarischen Verfügungen „der Garten, die Halle und die Häuser am Garten" zum gemeinsamen Besitz von zehn Mitgliedern der Schule (darunter Straton und Neleus)[24], während Neleus allein die ganze Bibliothek erhielt[25]. Diese Klausel des Testaments ist etwas merkwürdig. Theophrast besteht nämlich ausdrücklich darauf, daß sein Grundbesitz weder verkauft noch zum Privatbesitz gemacht werden darf, und vermacht ihn denjenigen von zehn namentlich genannten Mitgliedern der Schule, die dort gemeinsam forschen (oder lehren?) und philosophieren wollen (συσχολάζειν καὶ συμφιλοσοφεῖν); denn, fügt er hinzu, es ist wohl nicht jedem möglich, hier für immer zu bleiben (ἀεὶ ἐπιδημεῖν). Er scheint also zu befürchten, daß nach seinem Tod einige seiner Kollegen Athen verlassen werden, wie es bereits bei anderen Gelegenheiten vorgekommen war, und will es vermeiden, daß diese dann Anspruch auf einen Teil seiner Erbschaft erheben. Neleus allein bekommt die Bibliothek, wahrscheinlich weil Theophrast ihn schon als den dritten Scholarchen des Lykeion betrachtete[26]. Theophrast hatte sich aber verrechnet: Straton wurde zum Leiter der Schule gewählt, und Neleus, der von nun an keine Lust mehr hatte, in Athen zu bleiben, kehrte nach Skepsis, seiner Heimatstadt in der Troas, zurück[27].

Nahm er die ganze Bücherei mit, oder verkaufte er schon einen Teil davon, bevor er Athen verließ? Wir wissen es nicht ganz genau. Fest steht auf jeden Fall, daß der ägyptische König Ptolemaios Philadelphos für die kurz vorher gegründete alexandrinische Bibliothek einen beträchtlichen Teil des Nachlasses des Aristoteles von Neleus erwarb[28]. Daß

[23] Diog. Laert. V 39. Vgl. Wilamowitz, Antig. v. Kar. 269. H. B. Gottschalk, Notes on the Wills 329.

[24] Diog. Laert. V 52—53.

[25] Diog. Laert. V 52 τὰ δὲ βιβλία πάντα Νηλεῖ.

[26] H. v. Arnim, in: Hermes 63 (1928) 105. F. Wehrli, Die Schule des Arist., V 46, zu den Fr. 4—7. Andere Erklärung bei H. B. Gottschalk, vgl. oben Anm. 9.

[27] K. v. Fritz, Art. Neleus 4, RE XVI 2, 2280.

[28] Athen. I 4, 3a—b . . . Ἀριστοτέλην . . . τὸν φιλόσοφον ⟨καὶ Θεόφραστον⟩ καὶ τὸν τὰ τούτων διατηρήσαντα βιβλία Νηλέα· παρ' οὗ πάντα . . . πριάμενος ὁ ἡμεδαπὸς βασιλεὺς Πτολεμαῖος, Φιλάδελφος δὲ ἐπίκλην, μετὰ τῶν Ἀθήνηθεν καὶ τῶν ἀπὸ Ῥόδου εἰς τὴν καλὴν Ἀλεξάνδρειαν μετήγαγε. Von einer „ersten, unvollständigen Edition" der aristotelischen Lehrschriften, die von seiten der alexandrinischen Bibliothek besorgt worden sei (Vermutung von Th. Birt, Ant. Buchwesen 458), ist in unseren Quellen gar keine Rede. Wenn die Verzeichnisse des Diogenes und des Anonymus auf Hermippos zurückgehen, so stellen sie dennoch nicht unbedingt den Bestand einer regelrechten Ausgabe dar

er nicht alles erhielt, geht daraus hervor, daß bis zum Beginn des 1. Jh. v. Chr. ein Teil der Aristoteles-Bücherei in Skepsis aufbewahrt wurde. Allem Anschein nach verkaufte ihm Neleus vorwiegend nicht-aristotelische Werke, also solche Bücher, die Aristoteles und Theophrast gesammelt hatten. Ob Abschriften oder gar Originale der eigenen Werke von Aristoteles und Theophrast auch mit dabei waren, wissen wir nicht. Wir wissen lediglich, daß in dem Teil, den Neleus für sich behielt, Aristoteleswerke vorhanden waren. Die Vermutung liegt daher nahe, daß Neleus die wertvollen Original-Handschriften der Aristotelesschriften dem Sammeleifer der alexandrinischen Käufer entzog[29]. Dies bedeutet

(dies gegen E. Heitz, Verl. Schriften 41—47 und Th. Birt, Op. cit. 458, 2; richtig O. Regenbogen, Art. Theophrastos 3, RE Suppl. VII 1374); die stichometrischen Angaben können von einer für die Bibliothek angefertigten Abschrift herrühren. — Neleus selbst verkauft die Bücher, nicht seine Erben (so irrtümlich K. v. Fritz, Art. Neleus 4, RE XVI 2, 2280—2281).

[29] Athen. a. O. berichtet über Leute, die Bücher sammelten und große Bibliotheken besaßen, und in diesem Zusammenhang erwähnt er, daß Neleus die Bücher des Aristoteles verkaufte: Gemeint sind also sehr wahrscheinlich die Bücher, die Aristoteles für seine Bibliothek erworben hatte. Andererseits wissen wir, daß Neleus' Erben einen Bücherfonds aufbewahrten, der persönliche Werke des Aristoteles enthielt. Es fragt sich daher, ob Ptolemaios auch persönliche Schriften des Aristoteles von Neleus kaufte. Mehrere Forscher meinen, daß Neleus die Büchersammlungen von Aristoteles und Theophrast verkaufte und die eigenen Werke der beiden Philosophen behielt, so daß Strab. XIII 609 dem Bericht von Athen. I 4, 3a—b nicht widerspricht. Hätte also Ptolemaios überhaupt keine Aristotelesschriften von Neleus erhalten? Stahr, Arist. II 54—55 hält es für möglich, daß Ptolemaios diese Schriften nicht kaufte, weil sie bereits in Alexandrien vorhanden waren oder weil Neleus sich weigerte, die Originalhandschriften oder auch nur Kopien davon abzugeben; er schließt jedoch nicht aus, daß Ptolemaios Abschriften der in Alexandrien noch fehlenden Werke erhielt. Andere, wie z. B. F. Ravaisson, Essai I 11—18, vermuten, daß Neleus Abschriften verkaufte und die Originale für sich behielt; Strabon räume übrigens ein, daß bereits vor Apellikon ein Teil des Corpus bekannt war; andererseits hätten die Ptolemäer keine Fälschungen angenommen, wenn sie gewußt hätten, daß das ganze Corpus sich in Skepsis befand. R. Shute, History 29—33 vermutet, daß Neleus nicht alle Aristoteles-Schriften, sondern wohl nur die publizierten (Dialoge und Historien) nach Alexandrien verkaufte; selbst nach Neleus' Rückkehr nach Skepsis muß der athenische Peripatos den Text der Lehrschriften, der für den Vorlesungsbetrieb unentbehrlich war, behalten haben. I. Düring, Notes 60 meint, daß Neleus sowohl die Büchersammlungen als auch die herausgegebenen Schriften des Aristoteles und des Theophrast verkaufte und nur die Originale behielt; Arist. 1, S. 36, glaubt er, daß Neleus nur die persönlichen Handexemplare des Aristoteles und Theophrast nach Skepsis mitnahm. Sehr

aber nicht, daß die alexandrinische Bibliothek keine oder nur wenige
Werke des Aristoteles besaß. Wir wissen, daß schon bei Theophrasts Tod
wenigstens ein Teil der Lehrschriften in mehreren Exemplaren existierte,
und man sieht nicht ein, warum die Ptolemäer keine Kopien davon
hätten erhalten können, wenn sie es so wünschten. Daß sie Wert darauf
legten, ist um so wahrscheinlicher, als die Beziehungen zwischen Ptole-
mäerhof und Peripatos sehr gut waren. Als Demetrios Poliorketes sich
im Jahre 307 Athens bemächtigt hatte und der ganz auf der Seite des
Demetrios von Phaleron stehende Peripatos die kritischste Zeit seiner
Geschichte erlebte, war Demetrios von Phaleron nach Theben und von
dort nach Alexandrien geflüchtet[30]. Bei dieser Gelegenheit versuchte
Ptolemaios Soter, die markantesten Persönlichkeiten des Lykeions für
Alexandrien zu gewinnen. Theophrast, der Scholarch, hielt es für seine
Pflicht, in Athen zu bleiben, und lehnte den Ruf ab[31]. Eudem war nicht
mehr in Athen[32], aber Straton von Lampsakos sagte zu und wurde zum
Erzieher des jungen Philadelphos[33], während Demetrios sich mit der Or-
ganisation der Bibliothek befaßte[34]. Unter solchen Umständen wäre es

skeptisch über den Wert der Nachricht bei Athenaios äußert sich H. Usener,
Kleine Schriften III 153, 63; er bezeichnet sie als „ein so grobes Mißverständnis,
daß man es kaum dem Athenaios zutrauen kann, auch wenn er nur aus dem
Gedächtnis hier geschrieben haben sollte". Auch O. Regenbogen, Theophrastos
1377 meint, dieses kurze Résumé sehe nicht sehr genau und zuverlässig aus;
es lehre nur, daß es in Alexandria Bücher von Aristoteles und Theophrast gab.
H. B. Gottschalk, Notes on the Wills 339—340 sieht in Athenaios' Bericht eine
direkte Stellungnahme gegen Strabons Erzählung über die Bücher des Aristoteles;
er hält es für unwahrscheinlich, daß Neleus einen Teil des Nachlasses habe
behalten können: Die Agenten der Ptolemäer hätten sicher darauf bestanden,
die ganze Bibliothek für Alexandrien zu erwerben; auf keinen Fall lasse sich
Athenaios' Bericht mit Strabons Erzählung vereinbaren.

[30] Diodor. XX 45, 2. Plut., Demetrios 9; De adulat. et amico XXVIII 69c; De
exilio VII 601f. Cic., Fin. V 53 (= Demetr. v. Phaleron, fr. 50. 51. 59. 61. 62
Wehrli).

[31] Diog. Laert. V 37 (Einladung Theophrasts nach Alexandrien).

[32] Vgl. oben S. 9 Anm. 17.

[33] Diog. Laert. V 58. Suidas Σ 1185 Adler (Straton als Hauslehrer des Ptolemaios
Philadelphos).

[34] Über Demetrios und die Gründung der alexandrinischen Bibliothek: E. A. Parsons, The Alexandrian Library, 1952, 83—105 (leider kaum mehr als eine un-
kritische Materialsammlung). C. A. van Rooy, The problem of the origin of the
large Alexandrian library, in: Acta Classica, Cape Town, 1 (1958) 147—161
(peripatetische Einflüsse auf die Organisation der alexandrinischen Bibliothek).
Vgl. auch Müller-Graupa, Art. Museion, RE XVI 801sqq. K. O. Brink, Peripatos
928.

sehr zu verwundern, wenn man in Alexandrien gar kein Interesse für den Aristotelismus gehabt hätte. In der Tat hören wir, daß Ptolemaios Philadelphos sehr erpicht auf Aristoteles-Handschriften war und durch diese seine bekannte Leidenschaft sogar Fälschungen anregte; die große Bibliothek soll z. B. zwei Bücher der Kategorien und 40 der Analytik besessen haben[35], und es fehlt nicht an Beweisen dafür, daß die alexandrinische Wissenschaft von den bahnbrechenden Arbeiten des Aristoteles umfangreichen Gebrauch gemacht hat[36].

Ein halbes Jahrhundert nach Aristoteles' Tod gab es also in der griechischen Welt mindestens vier Städte, die Lehrschriften des Philosophen besaßen: Skepsis in der Troas, Alexandrien, Rhodos, wo die von Eudem ins Leben gerufene philosophische Tradition weitergepflegt wurde, und sicher auch Athen, denn es wäre völlig unvorstellbar, daß nach Neleus' Weggang der Peripatos überhaupt keine Kopien der wichtigsten Werke

[35] Ammon., Cat. 13, 20—25. Simpl., Cat., 18, 16—21. Olympiod., Proleg., 24, 14—20. Philop., Cat., 7, 26—29; 13, 1—5. Philop., An. Pr., 6, 7—10. Elias, Cat., 133, 15—17. Diese Nachricht geht wohl auf Adrastos zurück, wie aus Simpl. a. a. O. hervorgeht. Einige Zeugen sprechen allgemein von ‚alten Bibliotheken', andere erwähnen ausdrücklich die alexandrinische.

[36] Hier kann nur an das Wichtigste erinnert werden. Aristophanes von Byzanz verfaßte eine Epitome der zoologischen Schriften, von der viele Fragmente erhalten sind (vgl. die ausführliche Untersuchung der zahlreichen Spuren einer Benutzung der zoologischen Schriften vor Andronikos bei I. Düring, Notes, bes. 40—64). In seinen literarhistorischen Werken zog Eratosthenes gelehrte Arbeiten des Aristoteles, insbesondere seine Olympionikai und seine Didaskalien, heran (F. Susemihl, Gesch. gr. Litt. Alex. I 422—427). Sowohl die ὑποθέσεις des Aristophanes von Byzanz zu den Dramen der drei großen Tragiker als auch die Scholien zu den Tragikern und Homer, die auf Aristophanes von Byzanz und Didymos zurückgehen, enthalten Beobachtungen und Urteile über die Kunst des Dichters, die mit der Kunstlehre des Aristoteles übereinstimmen oder sogar von ihr abzuhängen scheinen (A. Trendelenburg, Grammaticorum graecorum de arte tragica iudiciorum reliquiae, 1867. F. Susemihl, Arist. über die Dichtkunst[2], 1874, 20 und Anm. 3). Eine direkte Benutzung der Poetik läßt sich jedoch nicht mit Sicherheit nachweisen (Rudolf Kassel machte mich freundlicherweise auf die folgenden Arbeiten aufmerksam, die ich vor der Drucklegung leider nicht mehr einsehen konnte: L. E. Lord, Literary criticism of Euripides in the earlier scholia, and the relation of this criticism to Aristotle's Poetics and to Aristophanes, Diss. Yale Univ., Göttingen 1908. G. Eggerking, De Graeca artis tragicae doctrina, Diss. Berlin 1912, bes. 42—56 excursus: quantum valuerit Aristotelis auctoritas in scholiastarum de arte tragica observationibus). Gut belegt ist die Benutzung der Politien in der Alexandrinerzeit (E. Zeller, Philos. d. Gr. II 2[4], 152 Anm. 1). Auch die Meteorologie, aus der mehrere Gelehrte der vorandronikischen Zeit schöpften, dürfte in Alexandrien nicht unbekannt gewesen sein.

des Aristoteles mehr besessen hätte. Ein Gelehrter wie Straton war an
Logik und Naturwissenschaft außerordentlich interessiert und konnte die
Vorarbeiten des Aristoteles auf diesen Gebieten sicher nicht entbehren[37].
Viel mehr läßt sich nicht dazu sagen. Es ist nämlich kaum möglich festzustellen, ob die erhaltenen Fragmente Stratons und der späteren Peripatetiker eine direkte Benutzung der aristotelischen Pragmatien voraussetzen[38]. Andererseits würden wir über einen entscheidenden Beweis
für die Erhaltung größerer Teile des Corpus in Athen gegen Ende des
3. Jh. verfügen, wenn wir sicher wären, daß die ältesten Verzeichnisse der
Aristotelesschriften nicht, wie oft behauptet wurde, den Bestand der
alexandrinischen Bibliothek wiedergeben, sondern im Peripatos selbst
entstanden sind. Die Frage nach der Herkunft dieser Schriftenverzeichnisse bleibt aber sehr umstritten[39]. Wie dem auch sei, die Dekadenz des
Peripatos war bereits in Stratons letzten Jahren vorauszusehen. Der
dritte Scholarch machte sich offensichtlich große Sorgen um seine Nachfolge. Halb resigniert, halb enttäuscht stellt er in seinem Testament fest,
daß unter seinen Kollegen und Schülern die einen zu alt, die anderen zu
beschäftigt sind, um die kraft- und zeitraubende Leitung der Schule zu
übernehmen. Deswegen entscheidet er sich für Lykon, einen Dilettanten,
der gewiß nicht unbegabt war, das wissenschaftliche Format seiner drei
Vorgänger jedoch nicht im entferntesten besaß[40]. Als hätte er schon ge-
ahnt, daß sein Nachfolger der schwierigen Aufgabe nicht gewachsen sein
würde, bittet Straton die anderen Mitglieder seines Stabes, dem Lykon
zur Seite zu stehen. Demselben Lykon überläßt er auch die ganze Bibliothek, mit Ausnahme der Bücher, die er, Straton, selber geschrieben hat.
Was aus diesen wurde, wissen wir leider nicht[41]. Wichtig ist auf jeden
Fall, daß die Aristoteles- und Theophrasttexte, die Straton sehr wahrscheinlich besaß, dank dieser Verfügung noch unter Lykon im Peripatos
vorhanden waren. Das Schicksal der Bibliothek Lykons nach seinem Tod

---

[37] E. Zeller, Philos. d. Gr. II 2⁴, 143sqq.; 901sqq.

[38] Vgl. oben Anm. 1.

[39] Vgl. oben Anm. 2.

[40] Diog. Laert. V 62 (Stratons Testament) καταλείπω δὲ τὴν μὲν διατριβὴν
Λύκωνι, ἐπειδὴ τῶν ἄλλων οἱ μέν εἰσι πρεσβύτεροι, οἱ δὲ ἄσχολοι (Fortsetzung
dieses Textes in der nächsten Anm.).

[41] Diog. Laert. V 62 καλῶς δ' ἂν ποιοῖεν καὶ οἱ λοιποὶ συγκατασκευάζοντες τούτῳ
(= Λύκωνι). καταλείπω δ' αὐτῷ καὶ τὰ βιβλία πάντα, πλὴν ὧν αὐτοὶ γεγράφαμεν ... U. v. Wilamowitz, Antig. v. Kar. 286 vermutet, daß mit πλὴν ὧν
αὐτοὶ γεγράφαμεν „Handexemplare gemeint sind, welche bei der Hauptmasse
des Erbes blieben, weil sie keinen wissenschaftlichen Wert hatten".

ist leider nicht ganz klar. Wie bereits Theophrast, hinterließ Lykon den „Peripatos" einem Kollegium von Freunden, die den Fähigsten unter sich als Scholarchen zu wählen hatten[42]. Seine Bücher aber teilte er in zwei Gruppen: Die ἀνεγνωσμένα (d. h. bereits gelesenen) vermachte er seinem Freigelassenen Chares; die ἀνέκδοτα (d. h. die noch nicht herausgegebenen) gab er Kallinos, einem der Erben des Peripatos, mit der Bitte, sie sorgfältig zu edieren[43]. Aber was versteht er unter „meine Bücher, die bereits gelesen worden sind"? Sind es die Bücher aus seiner Bibliothek, die Bücher, die er selbst gelesen hatte, also seine Handexemplare von verschiedenen Autoren[44]? In diesem Falle hätte alles, was er von Straton erhalten und selbst gekauft hatte, also auch seine Aristotelesexemplare, den Peripatos verlassen. Ich halte es für viel wahrscheinlicher, daß er mit diesem Ausdruck seine eigene Produktion meint: Von den bereits fertigen und durch öffentliche Lektüre „herausgegebenen" Büchern erhält Chares die Originale, während Kallinos für die Edition des noch nicht herausgegebenen Teiles des Nachlasses zu sorgen hat. Ist diese Deutung richtig, d. h. hat Lykon in seinem Testament nur seine eigenen Werke ausdrücklich erwähnt, so dürfen wir vermuten, daß seine eigentliche Bibliothek mit dem Peripatos dem Erbenkollegium zufiel und dann vielleicht zum Besitz des gewählten Scholarchen, Ariston von Keos, wurde.

---

[42] Diog. Laert. V 70 (Lykons Testament) τὸν δὲ περίπατον καταλείπω τῶν γνωρίμων τοῖς βουλομένοις (es folgen 10 Namen). προστησάσθωσαν δ᾽ αὐτοὶ ὃν ἂν ὑπολαμβάνωσι διαμενεῖν ἐπὶ τοῦ πράγματος καὶ συναύξειν μάλιστα δυνήσεσθαι.

[43] Diog. Laert. V 73 καὶ Χάρητα ἀφίημι ἐλεύθερον· καὶ θρεψάτω Λύκων αὐτόν. καὶ δύο μνᾶς αὐτῷ δίδωμι καὶ τὰ ἐμὰ βιβλία τὰ ἀνεγνωσμένα· τὰ δ᾽ ἀνέκδοτα Καλλίνῳ ὅπως ἐπιμελῶς αὐτὰ ἐκδῷ.

[44] Wilamowitz, Antig. v. Kar. 286: „Der Kammerdiener erhält die Handexemplare; der schriftliche Nachlaß geht an einen der Erben mit der Verpflichtung der Herausgabe; wofür ihm dann der Ertrag zugefallen sein wird." In demselben Sinn F. Wehrli, Schule des Arist. VI 24. — Th. Birt, Ant. Buchwesen 437 und Anm. 2 schreibt: „Die ‚Anekdota' sind klar: es sind unedierte Manuskripte Lyko's wissenschaftlichen Inhalts; dem Schüler Kallinos werden sie zur Edition anvertraut. Der Gegensatz nötigt also, daß die ‚gelesenen Bücher' eben ἐκδεδομένα sind, die gekauft werden um als Lektüre zu dienen. Chares war wohl ἀναγνώστης, dem jetzt gehört, womit er seinen Herrn bisher unterhalten hat." Ähnlich I. Düring, Aristoteles 2, 175. H. B. Gottschalk, Notes on the Wills 336—337 hebt hervor, daß Kallinos „senior Fellow of the Peripatos" und ein alter persönlicher Freund des Scholarchen Lykon war und deswegen mit der Herausgabe der unedierten Schriften testamentarisch beauftragt wurde. Wahrscheinlich habe Neleus einen ähnlichen Auftrag von Theophrast erhalten.

In Skepsis verliefen die Dinge ganz anders. Neleus selbst befaßte sich vielleicht noch mit dem Teil des aristotelischen Nachlasses, den er behalten hatte, aber seine Erben, die überhaupt keine geistigen Interessen hatten, sekretierten die Bücher und ließen sie unbenutzt und ungepflegt daliegen. Es heißt sogar, daß sie sie in einem unterirdischen Raum versteckten, um sie dem Sammeleifer der pergamenischen Könige zu entziehen, die auf der Suche nach Büchern für den Aufbau ihrer Bibliothek waren, und daß die ganz unsachgemäß gelagerten Rollen stark unter Nässe und Würmern zu leiden hatten[45]. Das geschah wohl, nachdem Pergamon im Jahre 189 zu einem Großreich geworden war und die Stadt Skepsis sich in der Macht der Attaliden befand[46]; gerade unter Eumenes II. (197—158) wurde der Aufbau der Bibliothek vorangetrieben[47], was in der zweiten Hälfte des Jahrhunderts den eifersüchtigen Ptolemaios II. Euergetes dazu veranlaßte, die Papyrusausfuhr nach Pergamon zu verbieten[48].

Einige Jahrzehnte später, am Anfang des 1. Jh. v. Chr., konnte der Teier Apellikon den wertvollen Nachlaß zu einem sehr hohen Preis erwerben. Er versuchte, wie Strabon berichtet, die stark beschädigten Manuskripte zu ergänzen, was ihm nicht besonders gut gelang, und ließ neue Abschriften davon anfertigen. Nach seinem Tod brachte Sulla seine Bibliothek nach Rom, wo der Grammatiker Tyrannion sie bearbeitete und wenig gewissenhafte Buchhändler fehlerhafte Abschriften der Aristoteleswerke verbreiteten[49]. Plutarch, der in seinem Leben Sullas Ähnliches berichtet, fügt hinzu, daß Tyrannion den Rhodier Andronikos mit Kopien versorgte und daß dieser eine Ausgabe machte und die noch erhaltenen Verzeichnisse aufstellte[50].

Die Berichte von Strabon und Plutarch über die angebliche Wiederentdeckung des aristotelischen Corpus und dessen erste Ausgaben gehören selbstverständlich zu unseren wertvollsten Dokumenten über die dunkelste Periode in der Geschichte des Aristotelismus, die Zeit zwischen Theophrasts Tod und der aristotelischen Renaissance im ersten Jahr-

---

[45] Strab. XIII 1, 54, 608.

[46] Strab. a. a. O. ἐπειδὴ δὲ ᾖσθοντο τὴν σπουδὴν τῶν Ἀτταλικῶν βασιλέων, ὑφ' οἷς ἦν ἡ πόλις κτλ.

[47] Strab. XIII 4, 2, 624. Vgl. Dziatzko, Art. Bibliotheken, RE III 414.

[48] Plin., N. H. XIII 70 *mox aemulatione circa bibliothecas regum Ptolemaei et Eumenis, supprimente chartas Ptolemaeo, idem Varro membranas Pergami tradit repertas.*

[49] Strab. XIII 1, 54, 608.

[50] Plut., Sulla 26.

hundert vor der Zeitwende. Ihre Interpretation wirft aber eine solche Menge von schwierigen Fragen auf, daß wir etwas länger dabei verweilen müssen. Über die Quellen dieser Texte ist man sich nicht im klaren. Es fragt sich, ob wir es hier mit zwei selbständigen, daher um so gewichtigeren Überlieferungen zu tun haben, ob die beiden Berichte auf eine gemeinsame Quelle zurückgehen oder ob der eine den anderen nur zusammengefaßt und überarbeitet hat. Es fragt sich ferner, auf wen diese Geschichte letzten Endes zurückzuführen ist und inwiefern unsere Berichterstatter die Originalversion durch eigene Deduktionen und sonstige Ergänzungen modifiziert haben[51]. Damit hängt das Problem der

[51] Daß die Berichte von Strabon und Plutarch auf Andronikos zurückgehen, meinen unter anderen F. Ravaisson, Essai, I 7—10. H. Usener, Unser Platontext 205 (= Kl. Schr. III 153). F. Littig, Andron. II 19, 1 (der unter Useners Einfluß seine frühere Position revidiert). L. Robin, Aristote, 1944, 11 (échos d'une tradition qui remonte à Andronicus). D. J. Allan, The philosophy of Aristotle, 1952, 11 (Possibly this story about the discovery of precious new manuscripts goes back ultimately to a kind of advertisement issued by Andronicus). O. Regenbogen, Theophrastos 1377. Andere glauben dagegen, daß Andronikos als gemeinsame Quelle nicht in Frage kommt: C. A. Brandis, in: Rhein. Mus. 1, 239—242. E. Zeller, Philos. d. Gr. II 2⁵, 139, 2. F. Susemihl, in: Jahresberichte 79, 81—83. K. O. Brink, Peripatos 940. — Umstritten ist auch das Verhältnis der beiden Berichte zueinander. E. Heitz, Verl. Schriften 10 behauptet, Plutarch habe für seinen Bericht über Apellikons Bücherfund eine von Strabon unabhängige Quelle gehabt. Auch C. Franklin, in: Jahrb. f. Philol., Suppl. N. F. 11 (1884) 124sqq. und F. Jacoby, F Gr Hist. II C Nr. 91, S. 294 (8) sind der Ansicht, daß Plutarchs Bericht nicht auf Strabon zurückgeht. H. B. Gottschalk, Notes on the Wills 338 hält es für möglich, daß Plutarch aus Andronikos schöpft, während Strabon wenigstens teilweise über Informationen aus erster Hand verfügt. Demgegenüber sind mehrere Autoren der Meinung, daß Plutarch wenigstens teilweise auf Strabon zurückgeht: J. Kopp, in: Rhein. Mus. 3, 93—94. F. Susemihl, in: Jahresber. 75, 10. F. Littig, Andron. I 11. E. Zeller, Philos. d. Gr. II 2⁵, 139, 2. Die Angabe über Andronikos sei aber von Plutarch selbst hinzugefügt worden: H. Diels, Dox. 216. A. Gercke, Art. Andronikos 25, RE I 2, 2167. E. Zeller, Philos. d. Gr. II 2⁵, 139, 2. F. Susemihl, in: Jahresber. 88, 42—43; Lebenszeit 225. Für die einen stellt sie eine eigene, ganz unzuverlässige Kombination Plutarchs dar, und man brauche daher nicht unbedingt anzunehmen, daß die Arbeiten des Andronikos auf das Material von Tyrannion zurückgehen: F. Susemihl, Lebenszeit 225. Diels, Dox. 216. Andere meinen jedoch, Plutarch habe seine Information über Andronikos den etwas weiter unten zitierten ὑπομνήματα ἱστορικά Strabons entnommen: Stahr II 23. Littig I 11. Zeller II 2⁵, 139, 2. K. O. Brink 940. I. Düring, Biogr. trad. 394; Aristoteles 1, 40 Anm. 250. Was Strabons Quelle angeht, hat man nicht nur an Andronikos gedacht (vgl. oben), sondern auch an Poseidonios (C. Franklin, in: Jahrb. f. Philol., Suppl. N. F. 1884, 124sqq.), an Tyrannion oder Boethos (Grote, Aristotle I 54. H. B. Gottschalk, Notes on the Wills 338),

2*

Glaubwürdigkeit der Überlieferung als ganzes und die Frage nach der Zuverlässigkeit der einzelnen Punkte zusammen[52].

an Boethos und Xenarchos (Schwartz, Art. Diogenes 40, RE V 1, 756. A. H. Chroust, in: Class. et Mediaev. 22 (1961) 63—66 vermutet sogar, daß Strabon die Angaben über Andronikos, die ihm vorlagen, absichtlich gestrichen habe, weil er, Strabon, zur Faktion des Boethos und Xenarchos gehörte, die gegen Andronikos gerichtet war und dessen Verdienste nicht anerkennen wollte!)

[52] Selbst die Kritiker, die wie E. Heitz, Verl. Schriften 9sqq.; 20; 29sqq. Grote, Aristotle I 50sqq. Grant, Ethics of Arist. I 5sqq.; Aristotle 3sqq. diese Berichte für im wesentlichen zuverlässig halten, räumen ein, daß sie in einzelnen Punkten Unrichtigkeiten aufweisen. V. Masellis, in: Riv. di Filol. N. S. 34 (1956) bes. 362 spricht sich für die Historizität der beiden Berichte aus, ohne jedoch auf Einzelheiten einzugehen. Zugunsten von Strabons Glaubwürdigkeit könnte man natürlich anführen, daß er bei Tyrannion gehört hat (Strab. XII 3, 16, 548. Daran erinnern u. a. Brandis, in: Rh. Mus. I 238—239. E. Bignone, Ar. perd. I 33 Anm. 1. I. Düring, Biogr. trad. 392. H. B. Gottschalk, Notes on the Wills 338); daß er wie Tyrannion aus dem Pontos stammte (Bignone a. a. O.); daß seine These über die Tendenzen des nachtheophrastischen Peripatos durch die Fragmente und andere Zeugnisse bestätigt wird (Hinweis von Brandis a. a. O. K. O. Brink, Peripatos 939. Daß Antiochos wohl der erste gewesen sei, der den Peripatos als degeneriert bezeichnete, vermutet I. Düring, Biogr. trad. 392—394); daß er den Unterschied zwischen exoterischen Schriften und Akroasen kannte (Brandis a. a. O.); daß die Kommentare von Aristoteles-Schriften tatsächlich erst mit Andronikos einsetzen (Brandis a. a. O. — Allerdings hat R. Harder, Ocell. Luc. 97sqq. einen alten Kommentar zu De gener. et corr. erschlossen, den er ins 2. Jh. v. Chr. datierte). W. Speyer, Bücherfunde in der Glaubenswerbung der Antike, 1970, 142—143 hebt ferner hervor, daß bei der Beschreibung unechter Funde oft der hervorragende Erhaltungszustand der Bücher unterstrichen wird. „Wenn die hinterlassenen Schriften des Aristoteles vielmehr in einem schlechten Zustand zutagegetreten sein sollen, so ist dies ein günstiges Zeugnis für die Wahrheit der antiken Angaben." Diese z. T. aprioristischen Überlegungen reichen jedoch nicht aus, um die gute Qualität von Strabons Dokumentation nachzuweisen. Seit mindestens anderthalb Jahrhunderten hat die Kritik versucht, die etwaigen historischen Bestandteile des Berichtes von willkürlichen Kombinationen zu trennen. Bereits Brandis, in: Rhein. Mus. 1, 251sqq. und Stahr, Arist. II 24—30 schränkten den historischen Kern des Berichtes auf drei Punkte ein: 1. Neleus erbte den Nachlaß des Theophrast. 2. Neleus' Nachlaß wurde später in Skepsis verkauft. 3. Sulla brachte Apellikons Bibliothek nach Rom. Die übrigen Punkte, wie z. B. die Erzählung von der Aufbewahrung der Bibliothek in Skepsis, die Konsequenzen der Unkenntnis der aristotelischen Schriften für die Geschichte der Schule und die Angaben über die mangelhafte Gestaltung des Textes in den Editionen, stellten nur persönliche Schlußfolgerungen der Gewährsmänner von Strabon und Plutarch dar. Ähnlich urteilten E. Zeller, Philos. d. Gr. II 2³, 141 und K. O. Brink, Peripatos 939. Letzterer meint, Strabons Nachricht scheine in drei Beziehungen Überlieferungswert zu haben: 1. Auffindung von Teilen des

Vergleichen wir zunächst einmal die beiden Texte miteinander, so können wir ihre enge Verwandtschaft nicht abstreiten. Die gemeinsamen

Aristoteles-Nachlasses in Skepsis. 2. Herausgabe des Aristotelestextes durch Apellikon und Tyrannion (sic). 3. Geringe Achtung, die der mittlere Peripatos besaß. Sonst ist der Wert dieser Berichte oft von den Interpreten in Frage gestellt worden. H. Diels, Dox. 216 sah in Strabons Erzählung eine Mischung von Wahrheit und Irrtum; vor dem Skepsis-Fund waren nämlich die meisten Lehrschriften des Aristoteles in der peripatetischen Schule bekannt, sie wurden jedoch selbst zu Ciceros Zeiten nur sehr wenig benutzt. Ähnlich R. Shute, History 32—33. E. Zeller, der den Spuren der Benutzung der Lehrschriften vor Andronikos nachgegangen ist, weigert sich anzunehmen, daß die Schriften des Aristoteles außer im Keller zu Skepsis nirgends zu finden gewesen seien (Philos. d. Gr. II 2⁵, 142). Noch entschiedener äußert sich Th. Birt, Ant. Buchwesen 458 Anm. 2: „Daß die Akroasen bis auf Tyrannion unbekannt waren, ist falsch, somit auch die ganze Geschichte vom Keller in Skepsis." Auch E. Howald, Die Schriftenverzeichnisse des Aristoteles und des Theophrast, in: Hermes 55 (1920) 204—221 bemerkt (S. 218), die Nachrichten über den Fund des Apellikon seien „bekanntlich höchst mißtrauenerweckend". H. B. Gottschalk, Notes on the Wills 339—342 bemerkt, daß die Nachricht über den Kauf der Aristoteles-Bücher in Skepsis durch Apellikon nur eine einzige Quelle haben kann, nämlich Apellikon selbst, wenn sie nicht gänzlich, etwa in Rom, erfunden wurde. Nun sei Apellikon von vornherein sehr unzuverlässig und die Nachricht über den Kauf in Skepsis stehe im Widerspruch zum plausibleren Bericht des Athenaios über den Verkauf der Aristoteles-Bücher nach Alexandrien. Mit gutem Grund dürfe man daher vermuten, daß Apellikon Bücher aus dem Lykeion gestohlen und die fantastische Erzählung vom Kauf in Skepsis erfunden habe, um seinen Diebstahl zu tarnen. — Was die Kenntnis und die Verbreitung der Lehrschriften vor dem Kauf des Neleus-Nachlasses durch Apellikon betrifft, sollte Zellers These jedoch nuanciert werden. O. Regenbogen, der bereits einen wichtigen Beitrag dazu geliefert hat (Theophrastos 1374), schreibt, daß in Strabons Bericht, „der der Wunderlichkeiten sicher nicht entbehrt, verschiedenes dennoch beweisbar richtig" ist (z. B. Neleus' Erbe, Apellikons Beschäftigung mit diesem Nachlaß, Tyrannion). „Fabulos ist in Strabons Bericht die Verbindung mit der Geschichte des Verfalls des Peripatos . . . Übertrieben ist sicherlich auch die Bedeutung der Erwerbung des Apellikon und die Vorstellung, als seien nur durch diesen Fund die Schulschriften wieder ans Licht gekommen." Was Plutarch angeht, meint Regenbogen, daß er „eine sehr erwünschte Ergänzung und einen Bericht auf höherem Niveau liefert" und daß er „überhaupt vorsichtiger redet als Strabon" (Theophrastos 1376—1377). Wie wir schon oben sahen, halten aber mehrere Kritiker die Angabe Plutarchs über Andronikos für eine willkürliche, nicht zuverlässige Ergänzung der Hauptquelle durch Plutarch selbst. — Gegen Strabons Glaubwürdigkeit hat sich F. Susemihl am entschiedensten geäußert. Seiner Meinung nach beruht Strabons Erzählung auf einer mündlichen Tradition, die im ganzen unzuverlässig ist (Gesch. Gr. Litt. Alex. II 142 Anm. 197; Jahresber. 79 (1892) 81—83; Jahrb. f. kl. Philol. 151 (1895) 225—234); die Erzählung vom totalen Verlust des Corpus

Züge sind sehr charakteristisch, und die Ähnlichkeiten erstrecken sich sogar auf das Sprachliche. Ich möchte nur das Wichtigste hervorheben. Beide Autoren wissen, daß Neleus von Skepsis die Bibliothek Theophrasts erbte; beide bezeichnen Neleus' Nachfahren als ungebildete Leute[53]; beide weisen darauf hin, daß der von Apellikon erworbene Nachlaß Bücher des Aristoteles und des Theophrast enthielt[54]; beide er-

Aristotelicum sei wohl nichts anderes als eine Lüge des Andronikos (Jahresber. 79, 81—83). In diesem Zusammenhang ist es bemerkenswert, daß mehrere Forscher in den fraglichen Berichten eine Art Echo der Propaganda der Aristoteles-Herausgeber zu finden glauben. Bereits F. Ravaisson, Essai I 7—10 meinte, Strabon habe übertrieben, um die Verdienste seiner Lehrer zu verherrlichen. Auch nach Littig, Andron. I 13 wollte Strabon seinen Lehrer Tyrannion, der für die schlechte Qualität der Aristotelestexte verantwortlich sei, verteidigen, indem er die Schuld den Buchhändlern und Kopisten zuschob. W. Leaf, Strabons Geogr., 1923, 282 glaubt, daß Leute wie Apellikon und Tyrannion gute Gründe hatten, die Wichtigkeit des neuentdeckten Materials hervorzuheben. L. Robin, Aristote, 1944, 11, der in den Berichten eine von Andronikos stammende Tradition sieht, spricht von dem „prospectus fantaisiste d'un éditeur dont le peu de jugement paraît assez bien prouvé par ailleurs, et destiné, en authentifiant sa publication, à mettre en bonne lumière les difficultés et l'importance du travail accompli." Auch I. Düring, Biogr. trad. 420—425 scheint mit der Möglichkeit einer Reklame des Andronikos für seine Edition zu rechnen. Mit solchen Hypothesen lassen sich aber die sehr negativen Urteile sowohl über den Peripatos als auch über die Aristoteles-Ausgaben bei Strabon und Plutarch unmöglich vereinbaren, wie wir gleich sehen werden. Diese Schwierigkeit scheint F. Grayeff, in: Phronesis 1 (1956) 106—107 erkannt, jedoch nicht überzeugend beseitigt zu haben. Auch er meint, die Erzählung sei erfunden worden, um die Authentizität der Tyrannion-Andronikos-Ausgabe zu bestätigen; im Hinweis auf die Fehler des Textes vernimmt er dagegen ein Echo der Opposition, auf welche die Andronikos-Ausgabe in Rom selbst stieß. Ähnliche Vermutungen bei A. H. Chroust, in: Class. et Mediaev. 22 (1961) 64—67. — Über den Umfang des Skepsis-Fundes s. unten Anm. 61.

[53] Strabon:

ὁ δ' εἰς Σκῆψιν κομίσας τοῖς μετ' αὐτὸν παρέδωκεν, ἰδιώταις ἀνθρώποις, οἳ κατάκλειστα εἶχον τὰ βιβλία οὐδ' ἐπιμελῶς κείμενα.

Plutarch:

. . . διὰ τὸ τὸν Νηλέως τοῦ Σκηψίου κλῆρον . . . εἰς ἀφιλοτίμους καὶ ἰδιώτας ἀνθρώπους περιγενέσθαι.

[54] Strabon:

ἀπέδοντο οἱ ἀπὸ τοῦ γένους 'Απελλικῶντι τῷ Τηΐῳ πολλῶν ἀργυρίων τά τε 'Αριστοτέλους καὶ τὰ τοῦ Θεοφράστου βιβλία.

Plutarch:

(Sulla) ἐξεῖλεν ἑαυτῷ τὴν 'Απελλικῶντος τοῦ Τηΐου βιβλιοθήκην, ἐν ᾗ τὰ πλεῖστα τῶν 'Αριστοτέλους καὶ Θεοφράστου βιβλίων ἦν.

Das einschränkende τὰ πλεῖστα bei Plutarch geht auf Strabon zurück: τοῖς μετὰ Θεοφράστου οὐκ ἔχουσιν ὅλως τὰ βιβλία πλὴν ὀλίγων (vgl. Anm. 56).

wähnen, daß Sulla die Bibliothek Apellikons nach Rom brachte, wo sie
von Tyrannion bearbeitet wurde[55]; beide behaupten, daß die älteren
Peripatetiker nur einen kleinen Teil des aristotelischen Corpus besaßen,
was die Qualität ihrer Philosophie beeinträchtigt habe[56]. Es scheint, als
habe Plutarch Strabon oder genauer dessen unmittelbare Vorlage gekürzt; ihm liegt hauptsächlich daran zu erzählen, wie Sulla, die Haupt-
figur seiner Biographie, Apellikons Bibliothek nach Rom brachte und
was dort aus den Büchern wurde, während Strabon, der über Skepsis berichtet, den Akzent auf die Aufbewahrung der Bücher in dieser Stadt
legt. Die Einzelheiten über die Angst vor dem Sammeleifer der pergamenischen Könige, den Verbleib der Bücher im Keller, die dadurch entstandene Beschädigung der Manuskripte und die mißlungenen Bemühungen der Editoren, diese Schäden zu beseitigen, das alles interessierte
Plutarch offensichtlich nicht besonders[57]. Demgegenüber erwähnt
Plutarch die editorische Tätigkeit des Andronikos, die Strabon, bzw.
seine Quelle, nicht genannt hat oder nicht nennen wollte.

In Strabons Fassung und etwas weniger deutlich bei Plutarch läßt
sich beobachten, daß die gemeinsame Vorlage nicht sehr viel von den

[55] Strabon:

εὐθὺς γὰρ μετὰ τὴν ᾿Απελλικῶντος
τελευτὴν Σύλλας ἦρε τὴν ᾿Απελλι-
κῶντος βιβλιοθήκην... δεῦρο δὲ
(= n. Rom) κομισθεῖσαν Τυραννίων τε ὁ γραμματικὸς διεχειρίσατο...

Plutarch:

λέγεται δὲ κομισθείσης αὐτῆς
(= τῆς βιβλιοθήκης) εἰς ᾿Ρώμην
Τυραννίωνα τὸν γραμματικὸν
ἐνσκευάσασθαι τὰ πολλά...

[56] Strabon:

συνέβη δὲ τοῖς ἐκ τῶν περιπάτων
τοῖς μὲν πάλαι τοῖς μετὰ Θεόφραστον οὐκ ἔχουσιν ὅλως τὰ
βιβλία πλὴν ὀλίγων, καὶ μάλιστα
τῶν ἐξωτερικῶν, μηδὲν ἔχειν φιλο-
σοφεῖν πραγματικῶς, ἀλλὰ θέσεις
ληκυθίζειν· τοῖς δ᾿ ὕστερον κτλ.

Plutarch:

Οἱ δὲ πρεσβύτεροι Περιπατητι-
κοὶ φαίνονται μὲν καθ᾿ ἑαυτοὺς
γενόμενοι χαρίεντες καὶ φιλόλογοι,
τῶν δὲ ᾿Αριστοτέλους καὶ Θεοφράστου γραμμάτων οὔτε πολλοῖς
οὔτε ἀκριβῶς ἐντετυχηκότες...

[57] Abgesehen von seinem ganz anderen historischen Vorhaben scheint Plutarch die
strengen Urteile Strabons mildern zu wollen. Man vergleiche z. B. die Äußerungen
über die älteren Peripatetiker in den beiden Texten: Strabons Ton ist durchaus
abschätzig, sogar etwas spöttisch. Plutarch dagegen will nicht so radikal negativ
sein; vielleicht aus eigener Vertrautheit mit ihren Schriften bezeichnet er sie als
χαρίεντες und φιλόλογοι und formt Strabons Urteil so um, daß die Mängel der
Schule nicht in ihrer Philosophie, sondern lediglich in der Lückenhaftigkeit und
Ungenauigkeit ihrer Dokumentation zu bestehen scheinen.

Leistungen der Peripatetiker und von der Qualität der greifbaren Ausgaben des Aristoteles hielt. Die neuentdeckten Aristotelesmanuskripte stellt sie als stark beschädigt dar; Apellikons Kopien seien durch willkürliche Ergänzungen und zahlreiche Fehler entstellt; die römischen Ausgaben seien noch viel schlechter, weil die dortigen Kopisten sehr nachlässig gearbeitet und ihren Text nicht kollationiert hätten. Zwar hören wir, daß Tyrannion das Material aus Apellikons Bibliothek durcharbeitete, es wird jedoch nicht einmal angedeutet, daß wenigstens er sich um die Ausbesserung des Textes verdient gemacht habe. Nicht günstiger fällt das Urteil über die peripatetische Schule aus. Die älteren Generationen konnten, wie es heißt, nicht ernsthaft philosophieren, weil sie den größten Teil des aristotelischen Corpus ignorierten; seit der Wiederentdeckung des Corpus gehe es etwas besser, allerdings seien die Peripatetiker durch die Verderbtheit der Texte gezwungen, sich in vielen Fällen mit nur wahrscheinlichen Aussagen zu begnügen. Man wird gewiß nicht annehmen können, daß Leute wie Tyrannion oder Andronikos sich in dieser Weise geäußert hätten. Strabons Erzählung läßt sich unmöglich als Propaganda für einen neu herausgegebenen Text erklären. Welcher Editor würde frohen Herzens proklamieren, daß er nur schlechte Kopien einer durch wüste Konjekturen und unzählige Fehler entstellten Abschrift aus sehr lückenhaften und stark beschädigten Originalen als Grundlagen für seine Edition heranziehen konnte? Wenn Tyrannion oder Andronikos ihre Ausgaben je empfehlen wollten, so durften sie zwar auf die Unzulänglichkeit der Arbeiten ihrer Vorgänger hinweisen, mußten aber vor allem das Neue, das Positive, das Zuverlässige in den eigenen Leistungen hervorheben, und das hätten sie nicht gekonnt, wenn sie das ihnen zur Verfügung stehende Material derart herabgesetzt hätten. Die ziemlich negativen Urteile über den Peripatos verbieten es sogar, an die peripatetische Herkunft dieser Nachrichten zu denken. Wo die Originalfassung des Berichtes auch entstanden sein mag, die Gesamttendenz der Quelle war sicher nicht besonders peripatosfreundlich. Ohne die Schule ganz offen und massiv anzugreifen, gab sie sehr geschickt, fast unvermerkt, zu verstehen, daß Bücher und Lehre der Peripatetiker keinen sehr hohen Grad der Zuverlässigkeit besaßen.

Es ist vielleicht nicht unwichtig hinzuzufügen, daß in der Perspektive dieser Quelle das Philosophieren keine selbständige schöpferische Betätigung darstellt, sondern eher einer interpretierend-kommentierenden Beschäftigung mit den Lehrschriften der Schulgründer gleichkommt: Besitzt man diese Schriften nicht, so kann man nicht sachlich philosophieren; besitzt man sie, aber in minderwertiger Textgestaltung, so wird auch dadurch die Qualität der Philosophie beeinträchtigt. Eine solche Anschauung setzt voraus, daß die damaligen Aristoteliker, und vielleicht auch Anhänger anderer Schulen, sich keine wichtigere Aufgabe stellten, als eben die Werke des Meisters zu kommentieren.

Zur Beurteilung der Quelle darf vielleicht noch auf folgendes hingewiesen werden. Es ist keine seltene Erscheinung in der antiken literarischen Kritik, daß etwa philologische Anstöße an einem Text oder irgendwelche auffälligen Eigentümlichkeiten eines Werkes auf ein biographisches Ereignis zurückgeführt werden, das an sich nicht unglaubwürdig ist, eine gültige, ganz befriedigende Kausalerklärung für die beobachteten Zustände jedoch kaum darstellen kann. Die Unfertigkeit der Metaphysik und ihre textlichen Schwierigkeiten fallen — nicht zu Unrecht — den antiken Exegeten auf: Sie erklären sie durch die Anekdote, daß Eudem das Manuskript zu begutachten hatte und daß nach seinem Tod Teile des Manuskripts verloren gingen und durch Auszüge aus anderen Werken ersetzt wurden[58]. Die alexandrinische Bibliothek besaß 40 Bücher der Analytik: Fälschungen, hieß es, zu denen Ptolemaios' hohe Preise für Aristotelesmanuskripte angeregt haben[59]. Lukrezens Gedicht entsprach nicht den stilistischen Forderungen seiner Kritiker: Man erklärte also, daß der Dichter durch einen Liebestrank wahnsinnig geworden sei. Euripides' abfällige Urteile über die Frauen begründete man durch sein eheliches Mißgeschick, usw.

Die Unzulänglichkeit solcher Kausalerklärungen besteht nicht etwa darin, daß die Historizität der miteinander kombinierten Tatsachen ausgeschlossen ist, sondern vielmehr in der naiv-vereinfachenden Weise, in der ein ziemlich unwichtiges biographisches Detail als einzige Erklärung für eine kompliziertere, sicher aus sehr vielseitigen Ursachen entstandene Situation in Anspruch genommen wird. So verhält es sich auch mit unserem Text. Die internen Schwierigkeiten des Aristotelestextes, der weitgehende Mangel an stilistischer Gestaltung, die fast bis zur Unverständlichkeit getriebene Gedrängtheit des Ausdruckes, ja auch bisweilen die Korruptheit der Überlieferung waren den Lesern aus dem 1. Jh. v. Chr. zweifellos aufgefallen, und es lag nahe, daß man nach einer Erklärung für diesen sonderbaren Zustand des Corpus suchte. Einer Erklärung schienen wohl auch die besondere Orientierung des nachtheophrastischen Peri-

[58] Vgl. oben S. 8-9.
[59] Vgl. unten S. 83-84.

patos und der jahrhundertelange Verfall der Schule zu bedürfen[60]. Es wird uns nicht wundern, daß man als einzige Ursache dafür den vorübergehenden Verlust der aristotelischen Lehrschriften nennen zu können glaubte.

Sobald man aber die Beschaffenheit des Aristotelestextes in Zusammenhang mit der Wiederentdeckung von Neleus' Nachlaß in Skepsis brachte, mußte man sich dazu bewegen lassen, die Bedeutung des Fundes zu übertreiben. Nicht nur die Folgen der Entdeckung eines Handschriftenfonds in Skepsis schätzte man zu hoch ein, sondern gleichzeitig auch ihren wirklichen Umfang[61]. Wenn Apellikon möglicherweise nur spärliche

[60] Bereits V. Rose, De Arist. libr. ord. 33—34 wies darauf hin, daß nicht die Unkenntnis der Schriften des Aristoteles, sondern die besondere Orientierung des nachstratonischen Peripatos den Mangel an Interesse für die philosophischen Werke des Stagiriten erklärt.

[61] Die meisten Gelehrten, die sich mit dem Problem befaßt haben, sind sich darüber einig, daß Umfang und Wert des Apellikon-Fundes viel geringer waren, als Strabon und Plutarch zu verstehen geben. C. A. Brandis, in: Rhein. Mus. 1 (1827) 242—243 hob hervor, daß man im Aristotelestext keine Spuren der angeblichen Verderbnisse und Lücken findet; er meinte, der Bericht gelte wohl nur für einen kleinen Teil des theophrastischen Corpus. J. Kopp, in: Rhein. Mus. 3 (1829) 93—94 vertrat die Ansicht, der größte Teil des Corpus aristotelicum sei schon vorher herausgegeben worden; die Erzählung vom Skepsis-Fund gelte daher nur für die wenigen noch nicht edierten Werke des Aristoteles. Auch F. Ravaisson, Essai I 19—21 glaubte, Apellikon habe nur einen winzigen Teil des Corpus wiedergefunden; sonst wäre es ihm zeitlich kaum möglich gewesen, die Texte abzuschreiben und die Lücken auszufüllen; zur Korrektur der gefundenen Manuskripte habe er wahrscheinlich andere Manuskripte herangezogen. — Nachdem die bei Ibn Abī Uṣaibiʿa und Ibn al-Qifṭī erhaltenen Schriftenverzeichnisse des Aristoteles in der 2. Hälfte des 19. Jh. herausgegeben und untersucht worden waren (Bibliographie bei I. Düring, Biogr. trad. 183—184), war man nicht mehr wie früher auf bloße Vermutungen angewiesen. In diesen Dokumenten begegnet nämlich ein Titel, der das griechische βιβλία ὑπάρχοντα ἐν τῇ ᾽Απελλικῶντος βιβλιοθήκῃ (vgl. u. a. A. Baumstark, Syr.-arab. Biographien des Arist., 1898, 69, Nr. 84 bzw. 97a; 88—89. I. Düring, Biogr. trad. 230) wiedergibt. Wahrscheinlich handelt es sich nicht um eine Überschrift für die darauf folgende Sektion, die Briefe, hypomnematische Schriften und Ähnliches enthält, sondern vielmehr um eine globale Bezeichnung der nicht einzeln aufgezählten Schriften aus dem Apellikon-Fund (vgl. Baumstark a. O. 89). Wie dem auch sei: Fast alle Kritiker stützen sich darauf, um zu behaupten, daß der Fund weder sehr umfangreich noch sehr wichtig war. Man vergleiche z. B. F. Littig, Andronikos II 26. F. Susemihl, Gesch. gr. Litt. Alex. II 299 und Anm. 324 (neu entdeckt sei nur ein Teil der sog. hypomnematischen Schriften). Dziatzko, Art. Apellikon, RE I 2, 2694. E. Howald, in: Hermes 55 (1920) 218. K. O. Brink, Peripatos 940 (aus der Angabe im Ptolemaios-Index habe man richtig erschlossen, daß es sich nicht um

Stücke aus dem Corpus erworben hatte, so machte man daraus fast eine Wiederauffindung des einzig erhaltenen Exemplars des gesamten Corpus des Aristoteles und des Theophrast. Wenn unsere bisherigen Beobachtungen richtig sind, liegt also dem Strabon-Bericht eine philologisch-philosophiegeschichtliche Deduktion zugrunde, die erst nach der Entstehung der kommentierenden Aristoteles-Exegese und wahrscheinlich in nicht-aristotelischen Kreisen gemacht worden ist.

Damit sind aber noch nicht alle Schwierigkeiten des Berichtes aufgehoben. Bei näherer Betrachtung des Textes fällt nämlich auf, daß Strabon zuerst von der Bibliothek (also von den Büchersammlungen) des Aristoteles und des Theophrast spricht[62] und ohne jede Einschränkung hinzufügt, daß Neleus diese Bibliothek erhielt und nach Skepsis brachte. Was die Nachfolger den Pergamenern zu entziehen versuchen, sind also nicht oder nicht nur die Originalwerke der beiden Philosophen, sondern auch ihre Büchersammlungen.

Dasselbe gilt für den Kauf des Apellikon. Er erwirbt, so lesen wir, „die Bücher des Aristoteles und des Theophrast"; der Ausdruck ist zweideutig, gewiß, jedoch für den unbefangenen Leser, der den ersten Teil des Berichts soeben angesehen hat, kann nur die ganze Bibliothek gemeint sein. Die darauf folgenden Hinweise auf die Korrektur der Bücher durch Apellikon und seine Abschriften sowie auf die Folgen des Mangels an Büchern für den Peripatos und die römische Ausgabe beziehen sich aber offensichtlich nur auf die Originalexemplare der Aristoteles- und Theophrastwerke. Dank der Zweideutigkeit des Ausdruckes „die Bücher

die Pragmatien handele). H. B. Gottschalk, Notes on the Wills 342 (wenn Apellikon Bücher in Skepsis überhaupt gekauft hat, was alles andere als sicher ist, kann es sich nur um Unbedeutendes gehandelt haben). Ohne nennenswerte Argumente anzuführen vermutet I. Düring, Notes 69 (vgl. auch Aristoteles 1, 39—40; Aristoteles 2, 198), daß Alpha elatton, Rhet. III, Part. an. I, Meteor. IV und eine Briefsammlung als neues Material in Skepsis gefunden worden seien. — J. Bidez, Naufrage, der stark unter dem Einfluß von Bignones Thesen steht, gibt S. 24—25 die Erzählung über Apellikon kritiklos wieder. Auch V. Masellis, in: Riv. di Filol. N. S. 34 (1956) bes. 354—356 nimmt Strabons Bericht en bloc als historisch an. — Wenn der Skepsis-Fund in der Tat nur wenig neues Material ans Licht gebracht hat, dürfte man als sicher annehmen, daß Andronikos, selbst wenn er über Tyrannion Kopien der neu gefundenen Schriften erhielt, was übrigens fraglich ist, andere Manuskripte für seine Ausgabe heranziehen mußte.

[62] Strab. XIII 1, 54, 608 ὁ . . . Νηλεύς . . . διαδεδεγμένος . . . τὴν βιβλιοθήκην τοῦ Θεοφράστου, ἐν ᾗ ἦν καὶ ἡ τοῦ Ἀριστοτέλους· ὁ γοῦν Ἀριστοτέλης τὴν ἑαυτοῦ Θεοφράστῳ παρέδωκεν, ᾧπερ καὶ τὴν σχολὴν ἀπέλιπε, πρῶτος, ὧν ἴσμεν, συναγαγὼν βιβλία καὶ διδάξας τοὺς ἐν Αἰγύπτῳ βασιλέας βιβλιοθήκης σύνταξιν.

des Aristoteles" ist Strabon unvermerkt von einem Bericht über das Schicksal der Bibliothek auf einen solchen über das Schicksal der Originalexemplare übergegangen[63]. Nun besitzen wir gerade ein älteres Zeugnis, nach welchem Apellikon die Bibliothek des Aristoteles erworben hätte; es handelt sich um einen wertvollen wörtlichen Auszug aus dem Geschichtswerk des Stoikers Poseidonios[64]. Mit diesem wichtigen Text werden wir uns bald beschäftigen. Aber schon jetzt dürfen wir feststellen, daß in der hellenistisch-römischen Zeit zwei sich widersprechende Erzählungen über Aristoteles' Bibliothek umliefen: Nach der einen (höchstwahrscheinlich alexandrinischen Ursprungs) habe Neleus die ganze Bibliothek unter Ptolemaios Philadelphos nach Alexandrien verkauft[65]; nach der zweiten — bezeugt durch Strabon und Poseidonios — sei dieselbe Bibliothek mehr als zwei Jahrhunderte nach Aristoteles' Tod vom Teier Apellikon für viel Geld erworben worden[66]. Der Widerspruch der beiden Fassungen läßt sich nicht ganz aufheben. Was Strabon im zweiten Teil seines Berichtes über die geringe Verbreitung der Aristoteleswerke zu erzählen hat, gehörte an sich nicht ursprünglich dazu und darf also nicht herangezogen werden, um die beiden Fassungen miteinander zu versöhnen. Wir müssen uns damit abfinden: In Alexandrien glaubte man die ganze Bibliothek des Aristoteles zu besitzen, und später erzählte man von Apellikon, daß er dieselbe Bibliothek erworben hatte. Wer hatte recht? Wo ist die Wahrheit? Wir werden es wohl niemals wissen.

Athenaios hat uns einen langen Auszug aus Poseidonios über die abenteuerliche Karriere des Athenion[67] aufbewahrt. Als Sohn eines Schülers des Peripatetikers Erymneus[68] und einer Sklavin geboren,

---

[63] Darauf hat bereits R. Shute, History 29 aufmerksam gemacht.

[64] Athen. V 47, 211d — 53, 215b (= FGrHist. 87 F 36). Schöne Interpretation von K. Reinhardt, Art. Poseidonios 3, RE XXII 1, 636—638.

[65] Athen. I 4, 3a—b (vgl. oben Anm. 28).

[66] Strab. XIII 1, 54, 609. Poseidonios ap. Athen. V 53, 214d.

[67] Athen. V 47, 211d sqq. Vgl. Geyer, Art. Mithridates 12, RE XV 2, 2171sqq.

[68] Dieser Erymneus ist nur hier erwähnt. Da man aber weiß, daß Andronikos der elfte Scholarch des Peripatos gewesen ist (Aristoteles ist mitgezählt, deswegen nennen andere Quellen, die Aristoteles nicht mitzählen, den Boethos als elften Scholarchen) und uns einige Namen für die 2. Hälfte des 2. und die 1. Hälfte des 1. Jh. v. Chr. fehlen (zwischen Diodor von Tyros und Andronikos), liegt die Vermutung nahe, Erymneus als Nachfolger des Diodor zu betrachten. Es würde zu den Angaben des Poseidonios gut passen, wenn Erymneus die Schule etwa seit Beginn des letzten Viertels des 2. Jh. geleitet hätte. Vgl. F. Susemihl, Gesch. gr.

wurde der junge Athenion beim Tode seines Vaters freigelassen und ungesetzlich zum athenischen Bürger gemacht. Da er eine gute Ausbildung genossen hatte, wirkte er zunächst als Sophist und Lehrer, erwarb damit ein ansehnliches Vermögen und widmete sich dann der Politik. Es gelang ihm, die Freundschaft des Mithridates zu gewinnen und die Athener dazu zu überreden, es sei in ihrem Interesse, auf der Seite des Mithridates gegen die Römer zu stehen. Zum Strategen ἐπὶ τῶν ὅπλων gewählt, agierte er in Athen als echter Tyrann und versuchte unter anderem sich des Schatzes des delischen Gottes zu bemächtigen. „Auf die Insel schickte er also", fährt Poseidonios fort, „den Teier Apellikon, der athenischer Bürger geworden war und sich durch seine Abenteuerlust und seine Wankelmütigkeit bemerkbar gemacht hatte. Als er nämlich peripatetische Philosophie trieb, hatte er die Bibliothek des Aristoteles und viele andere gekauft, denn er war sehr reich; er hatte auch aus dem Metroon die Originale der alten Beschlüsse unter der Hand erworben und ebenfalls aus den anderen Städten alles, was sich an Antiquitäten und Seltenheiten auffinden ließ. Er wurde aber in Athen erwischt; wäre er nicht geflüchtet, so hätte er sich in einer gefährlichen Lage befunden. Nicht lange danach konnte er aber zurückkommen, weil er sich bei vielen beliebt gemacht hatte. Er ließ sich in die Partei des Athenion eintragen mit der Begründung, daß er derselben philosophischen Sekte angehörte[69]". Die Expedition gegen Delos endete aber mit einer schmählichen Niederlage des militärisch ganz unerfahrenen, dazu noch sehr leichtsinnigen Apellikon. Dem Römer Orbius war es nicht schwer, das Expeditionskorps seines amateurhaften Gegners im Handumdrehen zu besiegen. Apellikon selber gelang es, heimlich aus Delos zu entfliehen[70].

Litt. Alex. I 154 Anm. 810; II 301 Anm. 326. E. Zeller, Philos. d. Gr. II 2⁵, 934 Anm. 3; III 1⁵, 642 Anm. 5. Martini, Art. Diodorus 44, RE V 1; Erymneus, RE VI 1.

[69] Athen. V 53, 214d—e, insb. ὅτε μὲν γὰρ (Apellikon) ἐφιλοσόφει {καὶ} τὰ περιπατητικά, καὶ τὴν Ἀριστοτέλους βιβλιοθήκην καὶ ἄλλας συνηγόραζε συχνὰς (ἦν γὰρ πολυχρήματος) ... Das Interesse Apellikons für Aristoteles und den Aristotelismus ist anderweitig belegt. Durch Aristokles bei Eus., PE XV 2, 13, S. 349, 3—5 Mras = Aristokles Fr. 2, S. 40 Heiland = I. Düring, Biogr. trad. 375 erfahren wir, daß er sich in seinen Schriften mit dem Freundschaftsverhältnis zwischen Hermias und Aristoteles beschäftigte und diesbezügliche Verleumdungen widerlegte: περὶ μὲν οὖν Ἑρμίου καὶ τῆς Ἀριστοτέλους πρὸς αὐτὸν φιλίας ἄλλοι τε πολλοὶ συγγεγράφασι καὶ δὴ καὶ Ἀπελλικῶν, οὗ τοῖς βιβλίοις ὁ ἐντυχὼν πεπαύσεται βλασφημῶν αὐτούς.

[70] Athen. V 53, 214f — 215b. Über Orbius vgl. F. Münzer, Art. Orbius 2, RE XVIII 879.

Was dann aus ihm wurde, wissen wir nicht genau; er scheint ziemlich bald danach gestorben zu sein[71].

Die Strategie des Mithridates-Agenten Athenion und die Expedition des Apellikon gegen Delos fallen ins Jahr 88. Andererseits wissen wir, daß Poseidonios in seinem Geschichtswerk die Ereignisse bis kurz nach 85 behandelte und daß er bereits um 60 als Historiker berühmt war[72]. Sein Zeugnis erscheint also als das Zeugnis eines Zeitgenossen, ja eines bestens informierten Zeitgenossen. Bemerkenswert ist darin die völlig verächtliche Beurteilung der beiden Peripatetiker Athenion und Apellikon. In den Augen des Poseidonios sind sie nur Karikaturen von Philosophen, Karikaturen von Staatsmännern, und die Athener waren recht leichtsinnig, solchen Abenteurern ihr Schicksal anzuvertrauen[73]. Daß Poseidonios die literarisch-philologischen Verdienste des Apellikon nicht überschätzt, dürfen wir deswegen von vornherein annehmen. Hätte er den geringsten Zweifel über Herkunft und Echtheit der von Apellikon erworbenen Büchersammlungen gehegt, so hätte er diese Gelegenheit sicher nicht verpaßt, sich einmal mehr über die Großtuerei des Mannes lustig zu machen! Er nimmt aber als unanfechtbare Tatsachen folgendes an:

1. Als er noch als peripatetischer Philosoph wirkte, d. h. vor dem Beginn seiner politischen Laufbahn, hatte Apellikon die Bibliothek des Aristoteles gekauft. Das wird also in den neunziger Jahren gewesen sein. Poseidonios sagt leider weder wo noch von wem er diese Bibliothek kaufte. Da er nicht nur in Athen, sondern auch in anderen Städten auf der Suche nach Raritäten war, ist Skepsis sicher nicht auszuschließen.

2. Poseidonios betont, daß Apellikon sich für altertümliche und seltene Dokumente interessierte, viel Geld dafür ausgeben konnte und sich auch vor wenig ehrlichen Anschaffungs-Praktiken nicht scheute. Inwieweit ihn echte wissenschaftliche Bestrebungen oder lediglich die Sammlermanie des Antiquars dazu bewogen, läßt sich leider nicht sagen. Wahrscheinlich hat Strabon recht, wenn er ihn als „Bücherfreund eher als Gelehrten" kennzeichnet. Wie dem auch sei: Die Bibliothek, die er als die des Aristoteles erwarb, enthielt sicherlich alte, wertvolle Texte, und es

---

[71] Gestorben war er schon, als Sulla seine Bibliothek nach Rom überbrachte: Strab. XIII 1, 54, 609 εὐθὺς γὰρ μετὰ τὴν Ἀπελλικῶντος τελευτὴν Σύλλας ἦρε τὴν Ἀπελλικῶντος βιβλιοθήκην . . .

[72] K. Reinhardt, Art. Poseidonios 3, RE XXII 1, 630—631.

[73] Vgl. die o. Anm. 64 zitierte Würdigung des Fragments durch K. Reinhardt.

ist nicht auszuschließen, daß einige dieser Dokumente als Originaltexte des Aristoteles angesehen werden konnten.

Im großen und ganzen stimmen also die Angaben des Poseidonios über Apellikon und die Aristoteles-Bibliothek mit denen überein, die uns im ersten Teil des Strabon-Berichtes begegnet sind.

3. Bemerkenswert ist aber der Umstand, daß Poseidonios nicht die geringste Anspielung auf eine angebliche Wiederentdeckung des Aristoteles-Corpus durch Apellikon macht, ja nicht einmal seine philologische Bearbeitung des Aristotelestextes erwähnt. Hat er davon gewußt und es nicht erwähnt, weil er die Verdienste des Mannes verschweigen wollte? Ist es nicht viel wahrscheinlicher, daß er überhaupt nichts davon gewußt hat, aus dem einfachen Grund, weil es eine solche Wiederentdeckung niemals gegeben hat? Für Poseidonios, der selber Aristoteles hoch schätzte, wäre eine plötzliche Wiedergewinnung auch nur eines Teiles des aristotelischen Corpus zu seinen eigenen Lebzeiten sicher ein epochemachendes Ereignis gewesen; er hätte sie mit großer Wahrscheinlichkeit erwähnt, eventuell verbunden mit einem neuen Seitenhieb gegen den gehaßten Entdecker. Sein Schweigen bestätigt eher die bereits oben angedeutete Hypothese, daß der zweite Teil von Strabons Bericht auf einer späteren, wenig glaubwürdigen Kombination beruht. Wenn man trotzdem annimmt, Apellikon habe, wie Strabon erzählt, die schadhaften Stellen der von ihm erworbenen Manuskripte zu heilen versucht, die Texte dann abgeschrieben und herausgegeben, so wird man einräumen müssen, daß es sich nicht um eine *editio princeps* des ganzen Corpus aristotelicum oder des größten Teils davon handeln kann.

2. Tyrannion von Amisos

Wenn wir Strabon glauben, hatte Apellikon die Bücher des Aristoteles und des Theophrast erworben; um die Lücken der stark beschädigten Originale auszufüllen, ließ er neue Abschriften davon anfertigen und besorgte schließlich eine sehr fehlerhafte Ausgabe[1]. In Anbetracht seiner leidenschaftlichen Bibliophilie dürfen wir vermuten, daß er die kostbaren Rollen aus dem Neleus-Nachlaß sorgfältig in seiner Bibliothek aufbewahrte, während die revidierte Abschrift als Vorlage für die Edition benutzt wurde. Wie dem auch sei, als Sulla nach der Eroberung Athens die Bibliothek des Teiers nach Rom bringen ließ, gab es bereits eine athenische Aristoteles-Ausgabe. Wenn der Hinweis Strabons zuverlässig ist, bedeutet er also, daß weder Tyrannion noch Andronikos als Urheber einer *editio princeps* angesehen werden dürfen.

In Rom befaßte sich Tyrannion mit der ehemaligen Bibliothek Apellikons, die sich nunmehr in den Händen von Sullas Erben befand. Die ziemlich unpräzisen Angaben von Strabon und Plutarch[2] ermöglichen es kaum, Natur und Tragweite seiner Bemühungen näher zu bestimmen. Die Bibliothek war nach Strabons Vorstellung nicht jedem zugänglich,

---

[1] Strab. XIII 1, 54, 609 (ὁ ᾽Απελλικῶν) ζητῶν ἐπανόρθωσιν τῶν διαβρωμάτων εἰς ἀντίγραφα καινὰ μετήνεγκε τὴν γραφήν, ἀναπληρῶν οὐκ εὖ, καὶ ἐξέδωκεν ἁμαρτάδων πλήρη τὰ βιβλία. — An eine Ausgabe Apellikons will I. Düring, Aristoteles 1, 38 Anm. 242, nicht glauben: „Es mag wahr sein, daß er Abschriften herstellen ließ, aber wir dürfen nicht an eine ‚Ausgabe' denken. Er war ja nur ein Dilettant. Gegen die Ausschmückungen in Strabons Bericht muß man mißtrauisch sein." Vgl. auch Aristoteles 2, 194. Anders Th. Birt, Ant. Buchwesen 458, der meint, daß eine erste, unvollständige Edition der aristotelischen Schulschriften von seiten der alexandrinischen Bibliothek besorgt wurde und daß Apellikon eine zweite, vielleicht ergänzende Edition unternahm.

[2] Strab. a. a. O. εὐθὺς ... μετὰ τὴν ᾽Απελλικῶντος τελευτὴν Σύλλας ᾖρε τὴν ᾽Απελλικῶντος βιβλιοθήκην ὁ τὰς ᾽Αθήνας ἑλών, δεῦρο (= nach Rom) δὲ κομισθεῖσαν Τυραννίων τε ὁ γραμματικὸς διεχειρίσατο φιλαριστοτέλης ὤν, θεραπεύσας τὸν ἐπὶ τῆς βιβλιοθήκης, καὶ βιβλιοπῶλαί τινες γραφεῦσι φαύλοις χρώμενοι καὶ οὐκ ἀντιβάλλοντες. Plut., Sulla 26 λέγεται δὲ κομισθείσης αὐτῆς (= die Bibliothek Apellikons) εἰς ῾Ρώμην Τυραννίωνα τὸν γραμματικὸν ἐνσκευάσασθαι τὰ πολλά ...

denn um sie benutzen zu dürfen, mußte Tyrannion die Gunst des Haus-
bibliothekars durch Bestechung oder irgendwie anders erwerben (θεραπεύσας τὸν ἐπὶ τῆς βιβλιοθήκης). Wie er mit der Bibliothek sodann um-
ging, das bezeichnet Strabon mit dem Verbum διαχειρίζω „unter den
Händen haben" (τὴν βιβλιοθήκην ... διεχειρίσατο). Das bedeutet sicher
nicht, daß er die Verwaltung der Bibliothek übernahm oder die Bibliothek ordnete; das Verbum hat nämlich ein zweites Subjekt, jene Buchhändler (βιβλιοπῶλαί τινες), die schlechte Kopisten beschäftigten und
nicht kollationieren ließen. Daraus kann man erschließen, daß Tyrannion, wie die wenig sorgfältigen Buchhändler, gewisse Texte aus der Bibliothek für den eigenen Gebrauch (Medium!) abschreiben ließ, was sich
durch sein Interesse für den Aristotelismus erklärt (φιλαριστοτέλης
ὤν)³. Plutarch bezeichnet die Tätigkeit Tyrannions mit einem anderen
Verbum: ἐνσκευάσασθαι τὰ πολλά: „er rüstete sich mit den meisten
Werken aus"⁴. Das kann nur bedeuten, daß er für sich selbst Kopien der
meisten Werke anfertigen ließ und dadurch imstande war, Andronikos
mit Abschriften zu versehen (παρ' αὐτοῦ τὸν ῾Ρόδιον ᾿Ανδρόνικον εὐπορήσαντα τῶν ἀντιγράφων ...).

Von einer Aristoteles-Ausgabe durch Tyrannion ist also gar keine
Rede⁵. Mit dem Einverständnis des Bibliothekars konnte sich Tyran-

---

³ Die Deutungen von διεχειρίσατο gehen stark auseinander. Hier einige Beispiele: „Der Gelehrte Tyrannion (war) mit dem Vorsteher der Büchersammlung
bekannt und leistete ihm gute Dienste bei der Ordnung und Aufzeichnung der
Rollen. Selbst im Besitze einer sehr ansehnlichen Bibliothek, vermehrte er sie
durch Abschriften von diesen Rollen ..." (Littig, Andron. I 12). „Tyrannion
(wird) den Bibliothekar leicht haben bestimmen können, ihm ... den Nachlaß
der Stifter des Peripatos auszuliefern." (C. Wendel, Art. Tyrannion 2, RE A 2,
1813). „Tyrannion (hat) den Vorsteher der Bibliothek zu gewinnen und deren
Schätze nutzbar zu machen gewußt." (H. Usener, Platontext 203). „διεχειρίσατο
implies that Tyrannion ‚worked on, revised, dealt with' Aristotle's books."
(Düring, Biogr. trad. 394). διεχειρίσατο = behandelte (Regenbogen, Theophrastos
1376). „Tyrannio came to Rome, he gained access to Apellicon's (now Sulla's)
library by cultivating the librarian, and put Aristotle's papers in order."
(H. B. Gottschalk, Notes on the Wills 338).

⁴ Anders z. B. Regenbogen, Theophrastos 1376: „d. h. doch wohl, er habe das
meiste hergerichtet oder in Ordnung gebracht." Düring, Biogr. trad. 394:
„ἐνσκευάσατο means ‚he repaired, put in order, rearranged' the manuscripts."

⁵ Usener, dem vielfach vorgeworfen wurde, eine Aristoteles-Ausgabe durch Tyrannion erschlossen zu haben, drückt sich in Wirklichkeit vorsichtiger aus: „(Tyrannion) hat die gröbste Arbeit verrichtet, den vielfach zerstörten Rollen ihren
Wortlaut abzugewinnen, er hat sogar ihre Lehre auf sich einwirken lassen; aber
die letzten Früchte mühevoller Arbeit hat er nicht selbst gepflückt: die Anordnung

nion eine Abschrift der Aristotelestexte, die er noch nicht besaß, anschaffen: Mehr sagen unsere Berichterstatter nicht[6]. Ihren Angaben zufolge hat es also damals noch keine Aristotelestexte im römischen Buchhandel gegeben; das Sulla-Exemplar sei die einzige Quelle gewesen, auf welche Gelehrte wie Tyrannion angewiesen waren. Für die Vervielfältigung und die Verbreitung der Texte sorgten, erzählt Strabon, nachlässige römische Buchhändler, denen es gelungen war, wie Tyrannion seinerseits, Abschriften der sullanischen Exemplare zu erwerben. In diesem Punkt weicht Plutarch von Strabon bedeutend ab. Die wenig sorgfältigen Buchhändler, die unabhängig von Tyrannion den sullanischen Aristoteles herausgaben, erwähnt er nicht; statt dessen nennt er die Edition des Rhodiers Andronikos, dem Tyrannion Kopien der Aristotelestexte angeblich besorgt hatte. Mit dieser wichtigen Nachricht werden wir uns später befassen. Vorher wird es sich lohnen, Tyrannions Wirken in Rom genau zu betrachten. Die Hauptpunkte seiner Biographie sind uns bekannt[7]. Er stammte aus Amisos im Pontos, hatte auf Rhodos noch bei dem betagten Aristarcheer Dionysios Thrax gehört und war sicher bereits ein berühmter Gelehrter, als er bei der Eroberung seiner Heimatstadt durch Lucullus im Mithridatischen Krieg (71) die Freiheit verlor und vom Feldherrn dem Legaten L. Murena abgetreten wurde. Dieser nahm ihn mit nach Rom[8], schenkte ihm die Freiheit und ließ ihm das Bürgerrecht verleihen. In Rom gelangte Tyrannion in wenigen Jah-

---

und Herausgabe überließ er dem Rhodier Andronikos." (Platontext 206 = Kl. Schr. III 154). Andere Gelehrte nehmen jedoch an, daß Tyrannion eine Aristoteles-Ausgabe besorgte. So z. B. Th. Birt, Ant. Buchwesen 459. K. v. Fritz, Art. Neleus 4, RE XVI 2281. K. O. Brink, Peripatos 939—940. A. H. Chroust, in: Class. et Mediaev. 22 (1961) 53;56; 62—66. H. Erbse, in: H. Hunger et al., Gesch. der Textüberlieferung I 231.

[6] Dziatzko, Art. Bibliotheken, RE III 416, erwähnt „die Bibliothek des Grammatikers Tyrannio, in welche durch Sulla auch die Aristotelesbibliothek gelangte". Diese Hypothese hängt völlig in der Luft; wir haben keinen Grund anzunehmen, daß Tyrannion die Bibliothek Sullas gekauft oder als Geschenk erhalten hatte. Vorsichtiger schreibt derselbe Dziatzko a. O. 409, daß Tyrannion diese Bibliothek benutzte.

[7] Die wichtigsten Nachrichten über Tyrannion sind: Varro bei Sergius, in: Keil G. L. IV, S. 529, 10. Strab. XII 3, 16, 548; XIII 1, 54, 609. Cic. (vgl. unten Anm. 9—14). Plut., Sulla 26; Lucull. 19. Suidas s. v. Τυραννίων. und Διονύσιος Ἀλεξ. Θρᾷξ. In der modernen Literatur vgl. bes. C. Wendel, Art. Tyrannion 2, RE VII A 2 (1943) 1811—1819. I. Düring, Biogr. trad. 393—395; 412—413.

[8] Wohl im Jahr 68: J. van Ooteghem, L. Licinius Lucullus, 1959, 103 Anm. 4 (= Mém. Acad. Belg. LIII, 4).

3*

ren zu einem Ansehen, das ihm die Häuser des Atticus und Ciceros öffnete. Als er in hohem Alter im Jahre 26/5 starb, hinterließ er eine riesige Bibliothek von mehr als 30 000 Rollen. Bereits im Frühjahr 59 nennt Cicero den Amisener in einem Brief an Atticus[9]. Im Jahre 56, vielleicht schon vorher, unterrichtet Tyrannion den Sohn von Quintus Cicero. Über die Fortschritte seines Neffen kann Cicero Mitte März 56 berichten, weil er Tyrannion gerade bei sich hat[10]; dieser ist beauftragt worden, die Reste der Bücherei Ciceros in Antium in Ordnung zu bringen, eine Aufgabe, die er zur vollen Zufriedenheit des großen Redners zu lösen vermag[11]. Im Oktober 54 denkt Quintus daran, neue Bücher für seine Bibliothek zu kaufen: Marcus hält Tyrannion für den besten Mann, den man zu Rate ziehen kann[12]. Was der Inhalt der im Mai 46 geplanten Besprechung mit Atticus und Tyrannion sein sollte, ergibt sich leider nicht aus der kurzen Anspielung Ciceros[13]. Wir erfahren aber, daß Tyrannion einige Monate später, gegen Ende des Jahres 46, eine Abhandlung über Akzentlehre verfaßt und Atticus gewidmet hatte; obwohl er das Thema offensichtlich nicht für ganz wichtig hält, bittet Cicero seinen Freund Atticus um Zusendung des Traktates[14]. Es ist hier nicht der Ort, auf Tyrannions Lehre, die zweifellos einen großen Einfluß auf die römische Philologie, insbesondere auf Varro, ausgeübt hat, einzugehen. Mit Scharfsinn und Kühnheit zugleich hat bekanntlich Usener versucht, „ein altes Lehrgebäude der Philologie", in dem peripatetische Philosophie mit aristarcheischer Grammatik kombiniert war, zu rekonstruieren

---

[9] Cic., ad Att. II 6, 1.

[10] Cic., ad Q. fr. II 4, 2 *Quintus, filius tuus, puer optimus, eruditur egregie. hoc nunc magis animum adverto, quod Tyrannio docet apud me.*

[11] Cic., ad Att. IV 4a, 1 *perbelle feceris, si ad nos veneris. Offendes designationem Tyrannionis mirificam librorum meorum, quorum reliquiae multo meliores sunt, quam putaram.* 8, 2 *postea vero quam Tyrannio mihi libros disposuit, mens addita videtur meis aedibus.*

[12] Cic., ad Q. fr. III 4, 5; 5, 6.

[13] Cic., ad Att. XII 2, 2 *sed quid multa? iam te videbo, et quidem, ut spero, de via recta ad me; simul enim et diem Tyrannioni constituemus et si quid aliud.*

[14] Cic., ad Att. XII 6, 2 *venio ad Tyrannionem. Ain tu? Verum hoc fuit? Sine me? At ego quotiens, cum essem otiosus, sine te tamen nolui? Quo modo ergo hoc lues? Uno scilicet, si mihi librum miseris, quod ut facias etiam atque etiam rogo. Etsi me non magis liber ipse delectabit, quam tua admiratio delectavit; amo enim* πάντα φιλειδήμονα *teque istam tam tenuem* θεωρίαν *tam valde admiratum esse gaudeo. Etsi tua quidem sunt eiusmodi omnia; scire enim vis, quo uno animus alitur. Sed, quaeso, quid ex ista acuta et gravi refertur ad* τέλος? *. . . sed ad prima redeo: librum si me amas, mitte; tuus est enim profecto, quoniam quidem est missus ad te.*

und Tyrannion als Urheber des zurückgewonnenen Systems nachzuweisen[15]. Daß nicht alle Teile dieses großangelegten Versuchs überzeugend sind, hat die Kritik bei aller Anerkennung für Useners positive Ergebnisse mit Recht hervorgehoben. Aber nicht die grammatische Lehre
Tyrannions, sondern seine Verdienste um die Verbreitung des aristotelischen Corpus sollen hier untersucht werden, und dies kann nicht ohne
eine Auseinandersetzung mit einigen Thesen Useners erfolgen. Nach dem
Tode Sullas (78) befand sich die Bibliothek des Diktators in den Händen
seines Sohnes Faustus[16]. Als dieser arg verschuldet war, ließ er einen Teil
seiner Habe[17], vielleicht auch seiner kostbaren Bibliothek, versteigern.
Aus Cumae schreibt Cicero an Atticus (am 22. April 55), „er weide sich
an Faustus' Bücherschätzen"[18]. Allerdings wissen wir nicht, ob er diese
Bücher gekauft oder als Leihgabe erhalten hatte. In den Bürgerkriegen
stand Faustus auf der Seite des Pompeius. Als er nach der Niederlage bei
Thapsus (April 46) nach Mauretanien und von dort aus nach Spanien
flüchten wollte, wurde er mit L. Africanus zusammen von Caesarianern
gefangen und getötet. Gerade aus dieser Zeit soll nach Usener das erste
wörtliche Zitat aus einer Lehrschrift des Aristoteles stammen. Für seine
Abhandlung über die Akzentlehre, die Atticus im Sommer 46 gelesen und
bewundert hatte, verwies Tyrannion in der Frage des Mitteltons auf
Theophrast und nicht etwa auf das 3. Buch der aristotelischen Rhetorik[19]. Demgegenüber finden sich in Ciceros Orator, der in derselben Zeit
zur Kopie bei Atticus war, mehrere Spuren der Benutzung von Arist.
Rhet. III 8[20], also von einem Buch, das Cicero für seinen Dialog De

[15] H. Usener, Ein altes Lehrgebäude der Philologie, in: S.-Ber. d. Bayr. Akad. 1892,
582—648 (= Kl. Schr. II 265—314). Siehe auch Unser Platontext, in: Nachr.
G. Göttingen, 1892, 2, S. 25—50; 6, S. 181—215 (= Kl. Schr. III 104—162),
bes. 202—206 (= 150—154 der Kl. Schr.).
[16] Münzer, Art. Cornelius 377, RE IV 1515—1517.
[17] Plut., Cic. 27, 874d; Reg. et imp. apophth. 205c.
[18] Cic., ad Att. IV 10, 1 *ego hic pascor bibliotheca Fausti*. Dazu bemerkt Usener,
Kl. Schr. III 153: „Dort mochte sich eine erlesene Bibliothek befinden, die
Apellikonische war sicher in Rom, sie enthielt nicht Lektüre für einen Landsitz."
[19] G. L. IV 530, 9sqq. Vgl. H. Rabe, De Theophrasti libris περὶ λέξεως, Diss. Bonn
1890, 27sqq. H. Usener, Lehrgebäude 634 (= Kl. Schr. II 304).
[20] Usener a. O. 636 (= Kl. Schr. II 306) verweist auf Orator 192sqq.; 214; 218; 228,
fügt aber hinzu: „Tatsächlich hat er auch, als er den Orator schrieb, das dritte
Buch der Rhetorik nicht selbst gelesen und ausgezogen; das zeigen seine mit
unserem Aristoteles (III 2) unvereinbaren Angaben über die Lehre von der Meta-
pher (Or. 27, 94) ... aber für seinen Zweck genügte es, wenn ihm das achte Kapitel
aufgeschlagen oder etwa eine vorläufige Abschrift desselben mitgeteilt wurde."

oratore nachweislich nicht herangezogen hatte[21]. Daraus ergibt sich nach
Usener, daß das 3. Buch der Rhetorik genau in der Zeit zugänglich wurde,
als Cicero noch an seinem Orator arbeitete. Dies sei also auch die Zeit, in
der Tyrannion — dessen περὶ προσῳδιῶν soeben erschienen war — Zugang zur sullanischen Bibliothek fand. Das Schicksal des Besitzers würde
den Entschluß des Hausbeamten erklären, dem gelehrten Leserpublikum
die Bibliothek zu öffnen und die Abschrift von unveröffentlichten
Büchern zu gestatten[22]. Das Jahr 46 sei also das Jahr gewesen, in
dem der Text der aristotelischen Pragmatien in Rom bekannt wurde. Von
nun an wird sich Cicero, der vorher Aristoteles' Darstellungskunst gelobt hatte, der Schwierigkeit der aristotelischen Schriften bewußt[23].
Ferner ist im Jahre 44 der Text der Topik in seiner Tusculum-Bibliothek
vorhanden[24]: zwei Umstände, die nach Usener die Annahme völlig bestätigen, mit der Eröffnung von Sullas Bibliothek im Jahre 46 seien die
Lehrschriften des Aristoteles den römischen Gelehrten zum erstenmal
zugänglich geworden.

So bestechend Useners Kombination auf den ersten Blick erscheint,
so ist sie doch bei näherer Betrachtung nicht ganz überzeugend[25]. Auch
wenn wir annähmen, daß der Orator wörtliche Zitate aus der Rhetorik
enthält und daß diese Zitate eine unmittelbare Benutzung des aristotelischen Traktats durch Cicero voraussetzen[26], wäre damit noch nicht
bewiesen, daß das herangezogene Aristoteles-Exemplar aus der Sulla-

---

[21] Usener a. O. glaubt trotz De orat. II 160 nicht, daß Cicero bereits im J. 55 die
Rhetorik des Aristoteles gelesen hatte. Er denkt an die Theodekteia als mögliche
Quelle (vgl. ebd. Anm. 113).

[22] Usener a. O. 637—638 (= Kl. Schr. II 307).

[23] Cic., Hortensius Fr. 29 Müller = 29 Ruch: *magna etiam animi contentio adhibenda
est explicando Aristoteli, si leges.*

[24] Cic., Top. 1, 1 und 3.

[25] Man vergleiche z. B. die Einwände von F. Susemihl, in: Jahresber. 88 (1896)
39—41.

[26] Zur Frage der Benutzung der Rhetorik bei Cicero schreibt E. Pahnke, Studien
über Ciceros Kenntnis und Benutzung des Aristoteles, Diss. Freiburg i. Br.
1962, 90: ,,Für Orator 192—194 (Lehre vom Rhythmus) hat Cic. das Kapitel III 8
der Rhetorik aufgeschlagen und frei übersetzt (Münscher, Der Abschnitt vom
Rhythmus in Ciceros Orator, Charites für Leo, 1911, S. 341 ff.; Kroll RE Sp. 1100
und RE-Art. Rhetorik Suppl. Bd. 7, 1940, Sp. 1065). Was er sonst aus der
Rhetorik anführt, habe er nach Kroll — trotz de inv. II 4 ff. und de orat. II 160,
wo ja auch sie genannt wird — ihr nicht direkt entnommen (RE Rhetorik Sp.
1065), was übrigens wohl nicht ganz wörtlich zu nehmen ist, da Orat. 114 in
völlig selbständigem Zusammenhang auch der Anfang derselben zitiert wird.''

Bibliothek stammte und daß Cicero es dank Tyrannions Vermittlung benutzen durfte. Bereits im Frühjahr 55 hatte Cicero die Möglichkeit, Bücher aus der Bibliothek des Faustus Sulla nach Herzenslust zu lesen[27]; Useners Behauptung, es handele sich nicht um die große römische Bibliothek, sondern um eine kleinere, auf dem Landsitz Sullas befindliche Büchersammlung, ist bloße Vermutung; wenn sie zuträfe, wäre es völlig unwahrscheinlich, daß Faustus, der nicht sehr viel von Büchern verstand, Cicero den Zugang zu seiner römischen Bibliothek versperrt hätte. Unumstößlich bleibt die Tatsache, daß Cicero sich bereits im Jahre 55 „an Faustus' Bücherschätzen weiden" konnte. Dafür gibt es nur zwei Erklärungen: Entweder war die Bibliothek noch im Besitz des Faustus und Cicero hatte die Erlaubnis erhalten, sie zu benutzen, oder sie war kurz vorher versteigert worden und Cicero (oder jemand aus seinem Freundeskreis, z. B. Atticus) hatte einen Teil davon erworben. Fest steht auf jeden Fall, daß es bereits im Jahre 55 Cicero möglich gewesen wäre, den Aristotelestext Sullas zu benutzen, wenn er es wirklich für nötig gehalten hätte.

Dazu kommt noch, daß Sullas Bibliothek sicher nicht die einzige war, die Aristotelestexte enthielt. Nicht unmöglich, aber vielleicht etwas umständlich wäre es gewesen, sich ein Exemplar aus Athen oder Alexandrien zu bestellen, aber das war wohl nicht einmal nötig, denn auch in Italien war Aristoteles noch anderswo als im Apellikon-Nachlaß vorhanden. Interessant ist in dieser Hinsicht das Einleitungsgespräch des 3. Buches De Finibus. Cicero befindet sich auf seinem Landhaus in Tusculum; er hat sich dorthin begeben, um Bücher aus der umfangreichen Bibliothek des jungen Lucullus auszuleihen[28]. Bei Lucullus trifft er ganz zufällig M. Cato, der auch in der Bibliothek zu tun hatte und sich unter anderem danach erkundigt, was Cicero, selbst Besitzer einer großen Büchersammlung, wohl noch aus Lucullus' Schätzen brauchen könne: „Ich bin hierher gekommen", antwortet Cicero, „um gewisse aristotelische *commentarii* zu entleihen, von denen ich wußte, daß sie hier sind, und die ich lesen möchte, solange ich Muße habe, was mir allerdings nicht oft vergönnt ist[29]". Die 5 Bücher De Finibus sind in den Monaten März—Juni

[27] Cic., ad Att. IV 10, 1 (vgl. o. Anm. 18).
[28] Cic., Fin. III 7 *Nam in Tusculano cum essem vellemque e bibliotheca pueri Luculli quibusdam libris uti, veni in eius villam, ut eos ipse, ut solebam, depromerem.*
[29] Cic., Fin. III 10 *Tum ille* (= M. Cato): *Tu autem cum ipse tantum librorum habeas, quos hic tandem requiris? Commentarios quosdam, inquam, Aristotelios, quos hic sciebam esse, veni ut auferrem, quos legerem, dum essem otiosus; quod quidem nobis non saepe contingit.*

45 niedergeschrieben worden, aber das im 3. Buch wiedergegebene Gespräch spielt im Jahre 52[30]. Wenn Cicero keinen Anachronismus begangen hat, war es schon damals möglich, daß aristotelische Texte in einer umfangreichen Bibliothek vorhanden waren. Cicero hat die Bibliothek des Lucullus oft benutzt, er weiß über ihren Inhalt gut Bescheid. Wenn die Erwerbung der *commentarii aristotelii* unter ganz außergewöhnlichen Bedingungen erfolgt wäre, hätte er sicherlich die Gelegenheit nicht verpaßt, die interessante Anekdote in seine Erzählung einzuflechten. Statt dessen nimmt er das Vorhandensein dieser Werke bei dem jungen Lucullus als eine Selbstverständlichkeit an. Ebensowenig zeigt sich Marcus Cato davon überrascht, er bedauert bloß, daß Cicero nicht wärmer mit den Stoikern sympathisiert.

Was waren aber diese *commentarii aristotelii*? Cicero selbst erläutert es im 5. Buch derselben Schrift. Von den Peripatetikern, heißt es dort, gibt es zwei Arten von Büchern über das höchste Gut: Die einen, die sie „exoterisch" nannten, sind für das Publikum geschrieben, die anderen, die sie in der Form von *commentarii* hinterlassen haben, zeichnen sich durch stärkere Gedrängtheit aus[31]. Die *commentarii* sind also zweifellos die nicht für das breite Publikum gedachten Lehrschriften, im Gegensatz zu den Dialogen und sonstigen exoterischen Werken.

L. Lucullus hatte den größten Teil seiner Bücher als Beute aus seinen Feldzügen in Kleinasien mitgebracht[32]. Seine sehr reichhaltige, prunkvoll eingerichtete Bibliothek war schon zu seinen Lebzeiten, wie Plutarch berichtet, allen Forschern und Gelehrten, besonders den Griechen, zugänglich[33]. Sie war bekanntlich sehr reich an philosophischen Schriften, was sich durch Lucullus' Vorliebe für die Akademie und durch seine Freundschaft mit Antiochos erklärt, und enthielt, wie wir soeben ge-

---

[30] Philippson, Art. M. Tullius Cicero, Philos. Schr., RE VII A 1, 1135 sqq.

[31] Cic., Fin. V 12 *De summo autem bono . . . duo genera librorum sunt, unum populariter scriptum, quod* ἐξωτερικόν *appellabant, alterum limatius, quod in commentariis reliquerunt.* — V. Masellis, in: Riv. di Filol. N. S. 34 (1956) 337—363, der in dem in Anm. 29 zitierten Text eine Bestätigung für die Historizität von Strabons und Plutarchs Erzählung über Apellikon, Tyrannion und Andronikos zu finden glaubt, will die *commentarii* mit den hypomnematischen Schriften identifizieren.

[32] Isid., Etym. VI 5, 1 Lindsay *Romae primus librorum copiam advexit Aemilius Paulus, Perse Macedonum rege devicto; deinde Lucullus e Pontica praeda.*

[33] Plut., Lucullus 42, 1—2. Über die Bibliothek des Lucullus vgl. Dziatzko, Art. Bibliotheken, RE III 1, 415. Gelzer, Art. Licinius 104, RE XIII 1, 411. F. G. Kenyon, Books and readers in ancient Greece and Rome, 1932, 79. C. Wendel, Gesch. d. Bibliotheken im gr.-röm. Altertum, in: Handb. d. Bibliothekswiss. III[2], 1955, 112—113. J. van Ooteghem, L. Licinius Lucullus, 1955, 184—185.

sehen haben, auch Werke des Aristoteles. Unter diesen Umständen konnte Cicero, der gerne dort arbeitete, ohne Schwierigkeit die Schriften des Stagiriten konsultieren; auf die Vermittlung Tyrannions war er zweifellos nicht angewiesen, und er brauchte auch nicht bis zum Jahre 46 zu warten, um bei Bedarf den Aristoteles lesen zu können. Dazu kommt noch, daß die Bibliotheken des Sulla und des Lucullus nicht die einzigen waren, die eine solche Möglichkeit boten: In seiner Schrift περὶ οἰκονομίας hat der Epikureer Philodem sehr ausführliche, z. T. wörtliche Auszüge aus der aristotelischen Ökonomik (die er für theophrastisch hielt) eingearbeitet und kritisiert[34], ein Beweis mehr dafür, daß das Corpus aristotelicum in Italien in der ersten Hälfte des 1. Jh. nicht völlig unbekannt war.

Wichtig sind ferner einige Äußerungen in Ciceros De oratore. Die Gespräche, die hier wiedergegeben sind, sollen im Jahr 91 stattgefunden haben. Für die Gesprächspartner erscheint es als eine Selbstverständlichkeit, daß Traktate des Aristoteles damals zugänglich waren. Q. Lutatius Catulus, selbst ein guter Kenner und ein großer Bewunderer des Aristotelismus, weiß z. B. von der Existenz einer Abhandlung des Aristoteles über die *loci* (es handelt sich wohl um die Topik), und er nimmt an, daß Antonius diese Schrift gelesen und durchgearbeitet haben könnte[35]. Obwohl er von der Philosophie nicht sehr viel hält, will Antonius ein Buch gelesen haben, in dem Aristoteles die *dicendi artes* seiner Vorgänger referierte (also die τεχνῶν συναγωγή, die Cicero auch De inventione II 6 erwähnt), und ferner jene Bücher, in denen Aristoteles seine eigene Ansicht über die Redekunst darlegte (gemeint ist die Rhetorik, nicht der Dialog Gryllos)[36]. Auch Crassus spielt auf die aristotelische Rhetorik an und entnimmt ihr sogar Vorschriften über die metrischen Klauseln[37]. Selbst wenn hier ein gewisser Anachronismus nicht auszuschließen ist, wird man zugeben müssen, daß im Jahre 55, in dem Cicero seinen Dialog schrieb, die Benutzung von Lehrschriften des Aristoteles keine besondere Schwierigkeit zu machen schien.

Ob Cicero von diesen vorhandenen Möglichkeiten tatsächlich Gebrauch gemacht hat, ist eine andere Frage[38]. Useners These, daß der

---

[34] Philodemi περὶ οἰκονομίας qui dicitur libellus, ed. Chr. Jensen, Leipzig 1906.
[35] Cic., De orat. II 152.
[36] De orat. II 160.
[37] De orat. III 182—183.
[38] Über Ciceros Benutzung aristotelischer Werke orientieren R. Shute, History 53—65 (z. T. überholt) und E. Pahnke, Studien über Ciceros Kenntnis und

Orator eine direkte Benutzung der Rhetorik voraussetzt, während frühere
Werke Ciceros eine ungenaue Kenntnis des Aristotelismus dokumentieren, läßt sich bei unvoreingenommener Untersuchung des ciceronischen Corpus schwerlich aufrechterhalten. Gewiß, die aristotelische Topik befand sich im Jahre 44 in Ciceros Bibliothek, aber nicht einmal diese
Schrift, deren Inhalt er angeblich für Trebatius zusammenfassen und
umformen will, hat er im Urtext herangezogen. Ob sie nun wirklich aus
dem Gedächtnis redigiert wurde[39] oder nicht, die ciceronische Topik beruht auf einem nacharistotelischen Handbuch, das zwar einiges Aristotelische enthält, jedoch auf keinen Fall als getreue Darstellung der Topik
des Stagiriten gelten kann[40]; Cicero hat schwerlich mehr als den ersten
Satz davon gelesen[41] — wenn überhaupt! — und es ist ihm entgangen,
daß der Stil dieser Schrift nicht dieselben Merkmale der *dicendi incredi-
bilis copia* und der *suavitas* aufwies, die er sonst — wohl auf Grund seiner
Vertrautheit mit den Dialogen — mit dem Namen des Aristoteles zu verbinden pflegte[42]. Nach 46 scheint Cicero ebenso wie vorher den größten
Teil seiner Information über Aristoteles lediglich späteren Darstellungen,
Handbüchern und Doxographien zu verdanken. Mehr oder weniger wörtliche Zitate aus den Lehrschriften gibt es in einigen Schriften Ciceros,
aber keines erscheint in einem Zusammenhang, aus dem man auf direkte
Benutzung schließen könnte. Im Gegenteil gewinnt man bei allen den
Eindruck, daß sie einer oft handbuchmäßigen Zwischenquelle entnommen worden sind; die einzigen Aristotelestexte, die Cicero anders als
in Exzerptensammlungen, Résumés, Doxographien oder späteren Darstellungen benutzt hat, waren, wenn ich mich nicht irre, die *Exoterica*
und die συναγωγὴ τεχνῶν. Daß er, als Nicht-Peripatetiker, es nicht für

---

Benutzung des Aristoteles, Diss. Freiburg i. Br. 1962. Vgl. auch O. Gigon,
Cicero und Aristoteles, in: Hermes 87 (1959) 143—162.

[39] Cic., Top. 5 *Itaque haec, cum mecum libros non haberem, memoria repetita, in ipsa
navigatione conscripsi tibique ex itinere misi.*

[40] Status quaestionis und Literatur bei E. Pahnke 87—89.

[41] Cic., Top. 2 *Disciplinam inveniendorum argumentorum, ut sine ullo errore ad ea
ratione et via perveniremus, ab Aristotele inventam, libris illis contineri.* Vgl.
Arist., Top. A 1, 100a 18—21 ἡ μὲν πρόθεσις τῆς πραγματείας μέθοδον εὑρεῖν
ἀφ' ἧς δυνησόμεθα συλλογίζεσθαι περὶ παντὸς τοῦ προτεθέντος προβλήματος ἐξ
ἐνδόξων καὶ αὐτοὶ λόγον ὑπέχοντες μηθὲν ἐροῦμεν ὑπεναντίον.

[42] Cic., Top. 3 *Quibus* (denjenigen, die Aristoteles ignorieren) *eo minus ignoscendum
est, quod non modo rebus iis, quae ab illo dictae et inventae sunt, allici debuerunt,
sed dicendi quoque incredibili quadam cum copia, tum etiam suavitate.* Vgl. dazu
E. Bignone, Arist. perd. I 33sqq.; 162sqq.

nötig hielt, sich in die schwierigen Lehrschriften des Aristoteles einzuarbeiten, überrascht um so weniger, als andere Philosophen und Gelehrte,
wie etwa Seneca, Quintilian, Lukian oder Plutarch, sich ebensowenig
wie er mit diesen Schriften im Original befaßten, obwohl es im 1. Jh. n.
Chr. an Aristoteles-Ausgaben nicht fehlte[43].

„Es läßt sich anderweitig beweisen", behauptet Usener[44], „daß es seit
Tyrannion und Andronikos eine besondere römische Überlieferung des
Aristoteles und Theophrast gab im Gegensatz zur alexandrinischen. Benutzung der alexandrinischen wird sich schwerlich über die Zitate des
Athenaios hinaus verfolgen lassen: die römische blieb Siegerin, sie hat
den Aristoteles im Morgen- und Abendland getragen, und wie sie den
Kommentatoren des Aristoteles vorlag, so ist sie unsere Quelle geworden". Gegen Useners These darf aber schon jetzt hervorgehoben werden,
daß aller Wahrscheinlichkeit nach Andronikos in Athen, nicht in Rom,
gewirkt hat[45]. Sichere Spuren einer römischen Aristoteles-Überlieferung
liegen nicht vor. Das meiste, was Cicero über Aristoteles berichtet,
stammt aus griechischen Kompendien. Wenn er einer Dialogfigur — wie
etwa Piso im 5. Buch De Finibus — eine Darstellung peripatetischer
Thesen in den Mund legt, so betont er, daß diese Kenntnis auf die Lehre
des Antiochos zurückgeht. Der berühmte Peripatetiker Kratippos, bei
dem sein Sohn Marcus hört, wirkt in Athen, nicht in Rom. Die ganze
philosophische Literatur lateinischer Sprache weist, selbst noch im 1. Jh.
n. Chr., nur eine sehr oberflächliche Information über den Aristotelismus
auf: Seneca und Quintilian hätten zweifellos viel präziser von Aristoteles gesprochen, wenn es in Rom eine lebendige aristotelische Tradition gegeben hätte. Alle namhaften Aristoteles-Kommentatoren der
ersten Generationen stammen aus Griechenland oder aus dem griechischen Osten. Die Übersetzungen aristotelischer Traktate ins Lateinische setzten verhältnismäßig spät — kaum vor dem 4. Jh. — ein, und
bis zur Schließung der athenischen Schule hat Athen als Zentrum der
aristotelischen Studien eine ganz andere Resonanz als irgendeine Stadt
im Westen. Trügen diese verschiedenen Indizien nicht, so dürfen wir

---

[43] Hinweis von I. Düring, Notes, 40—41. Cicero selbst wundert sich nicht, daß ein
gelehrter Rhetor seiner Zeit die Topik und die Aristotelesschriften überhaupt
nicht kennt; den meisten Philosophen gehe es nämlich nicht anders: *Quod quidem
minime sum admiratus eum philosophum rhetori non esse cognitum, qui ab ipsis
philosophis praeter admodum paucos ignoretur* (Cic., Top. 3).
[44] Platontext 204 (= Kl. Schr. III 151).
[45] Vgl. unten S. 49 sqq.

kaum mit einer alten, für die Verbreitung des Aristotelismus maßge-
benden römischen Tradition rechnen. Daß Usener mit einem so wenig
stichhaltigen Argument seine Tyrannion-Hypothese zu untermauern
glaubte, erklärt sich wohl nur aus seiner Überschätzung der Rolle Roms
(durch Atticus) für die Verbreitung der griechischen Klassiker.

Aus dem bisher Dargelegten ergibt sich also folgendes Bild. Unan-
fechtbar erscheint die Nachricht, nach welcher sich Tyrannion Abschriften von Aristotelestexten aus der bei Sulla aufbewahrten Büchersammlung des Apellikon anfertigen ließ. Weder Strabon noch Plutarch sprechen von einer Aristoteles-Ausgabe durch Tyrannion, und wir haben gar
keinen Grund, eine solche zu erschließen. Die ganze Erzählung Strabons
beruht auf der Annahme, die von Apellikon erworbenen Aristotelestexte seien die einzige Quelle für die spätere Überlieferung des größten
Teiles des Corpus gewesen; auch in Rom sei die Sulla-Bibliothek die einzige Fundgrube für aristotelische Traktate gewesen; um sie zu benutzen,
habe Tyrannion die Gefälligkeit des Bibliothekars gebraucht. Andere,
weniger romanhafte Dokumente lassen die historische Wirklichkeit ganz
anders erscheinen. Aus mehreren Äußerungen Ciceros geht deutlich
hervor, daß aristotelische Traktate nicht ganz unzugänglich waren. Von
der angeblichen Geheimnistuerei Sullas weiß er nichts. Ältere Gelehrte,
wie der Redner Antonius und der Philosoph Philodem, konnten Lehrschriften des Aristoteles heranziehen. Allem Anschein nach ist also das
aristotelische Corpus nicht nur und nicht erst mit der Erschließung der
Bibliothek Sullas in Rom bekannt geworden.

Damit fällt auch Useners Versuch einer genauen Datierung für Tyrannions erste Benutzung der sullanischen Bibliothek, zumal das Jahr 46
keineswegs einen Einschnitt in Ciceros Haltung gegenüber Aristoteles
bedeutet.

3. Andronikos von Rhodos

A. *Ort und Zeit seiner Tätigkeit*

Mit der Ausgabe des aristotelischen Corpus durch den Rhodier Andronikos beginnt zweifellos eine neue Epoche in der Geschichte des Aristotelismus. Ohne das Vorhandensein eines zuverlässigen und verhältnismäßig leicht zugänglichen Aristotelestextes wäre die Tätigkeit der Kommentatoren, die schlagartig kurz vor der Zeitwende einsetzt, beinahe undenkbar gewesen. Es ist eben das Verdienst des Andronikos, diese Wiederbelebung der aristotelischen Studien angeregt, ja überhaupt ermöglicht zu haben. Leider ist unsere Kenntnis dieser so bedeutenden Persönlichkeit sehr lückenhaft. Die wenigen Nachrichten, die wir über Andronikos und sein Werk besitzen, haben in der modernen Philologie zu weit auseinandergehenden Schlußfolgerungen geführt. Nicht nur der Umfang und die Anlage der Edition sind fraglich; auch über die Lebenszeit des berühmten Herausgebers und den Ort, wo er gewirkt hat, herrscht große Meinungsverschiedenheit. Hat er in Rom oder in Athen, vor oder nach Tyrannion gearbeitet? Hat Cicero seine Ausgabe benutzen können, oder hat er sie nicht mehr erlebt? Das sind einige der Fragen, die wir leider nicht mit Sicherheit beantworten können. Auf die Gefahr hin, die Dinge etwas zu schematisch darzulegen, möchte ich sagen, daß sich in der Buntheit der einzelnen Thesen zwei Haupttendenzen abzeichnen. Einige Forscher neigen dazu, Andronikos' Tätigkeit in Athen in der ersten Hälfte des 1. vorchristlichen Jahrhunderts anzusetzen[1]. Gegen diese Frühdatierung vertritt eine zweite Gruppe die

[1] Unter den Vertretern einer Frühdatierung ist vor allen F. Littig, Andron. I 1—8 zu nennen. Das Wirken des Andronikos in Athen setzt er in die Jahre 78—47 v. Chr., seine Geburt um 125. Mit Useners Spätdatierung setzt er sich im Teil II seiner Abhandlung, 5—10, auseinander. Littigs Datierung fand — abgesehen von kleineren Korrekturen und Einschränkungen — die Zustimmung von F. Susemihl, Gesch. gr. Litt. Alex. II 305 und Nachtr. z. Anm. 340, S. 691; Die Lebenszeit des Andronikos, in: Jahrb. f. class. Philol. 151 (1895) 225—234; in: Bursians Jahresber. 88 (1896) 41—42. E. Zeller, Philos. d. Gr. III 1⁴, 642. Überweg-Praechter, Philos. d. Altertums¹² 559. W. Jaeger, Stud. Metaph. 176. L. Robin, Aristote 11.

These, Andronikos habe in Rom verhältnismäßig spät gewirkt, allem Anschein nach zwischen 40 und 20 v. Chr., also nach Ciceros Tod[2].

Von großer Bedeutung für die Diskussion ist zunächst einmal die Bewertung einer kurzen Erwähnung des Andronikos in Plutarchs Biographie Sullas. Dort heißt es: „Man erzählt, daß, nachdem sie (die Bibliothek des Apellikon) von Sulla nach Rom gebracht worden war, der Grammatiker Tyrannion den größten Teil der Werke (des Aristoteles?) bearbeitete und daß der Rhodier Andronikos von ihm mit Kopien gut versorgt wurde, eine Ausgabe besorgte und die jetzt umlaufenden Verzeichnisse anfertigte"[3]. Betrachtet man diese Angabe als völlig zuver-

---

K. O. Brink, Peripatos 938 (Brink lehnt die „überscharfe und wenig fruchtbare Argumentation Useners" zugunsten der Spätdatierung ab). M. Plezia, De Andron. stud. 2 schließt sich ohne Diskussion der Frühdatierung an. E. Mensching, Favorin von Arelate 79 Anm. 106 meint (gegen Düring), daß Andronikos' Edition kaum in die Zeit nach Cicero fällt. Daß Andronikos in Athen wirkte, nimmt auch H. B. Gottschalk, Notes on the Wills 338 Anm. 7 an.

[2] Bereits R. Shute, History 51—52 vertrat die Ansicht, die Aristoteles-Renaissance des 1. Jh. v. Chr. sei von Rom ausgegangen. Die Spätdatierung des Andronikos wurde von H. Usener (vgl. oben, S. 36-38; 43) und A. Gercke, Art. Andronikos 25, RE I 2, 2167 vertreten (Gercke setzt die Aristoteles-Ausgabe um 40 v. Chr. oder noch später an. Andronikos habe die Schulleitung in Athen wahrscheinlich erst in den dreißiger Jahren, vielleicht nach dem Tode des Kratippos, übernommen). Der Spätdatierung schloß sich I. Düring in seinen großen Arbeiten über Aristoteles an; in seinem Aristoteles 1, S. 37; 40—41 und Anm. 250 behauptet er, Andronikos sei offenkundig erst nach Ciceros Tod nach Rom gekommen; dort habe er zusammen mit Strabon und Boethos Vorlesungen Tyrannions gehört; seine Aristoteles-Ausgabe sei in Rom etwa zwischen 40 und 20 v. Chr. hergestellt worden. In den letzten Jahren wurde Dürings These fast zur communis opinio. Vgl. u. a. Pahnke 18. A. H. Chroust, in: Class. et Mediaev. 22 (1961) 54 Anm. 20; 63. J. Moreau, Aristote et son école, 1962, 281 Anm. 1. P. Steinmetz, Phys. Theophr., 1964, 222 (Andronikos hat in der Mitte des 1. Jh. in Rom die Schriften des Aristoteles und des Theophrast neu herausgegeben. Daher war es dem Vitruv nicht sonderlich schwierig, die Schriften des Theophrast zu erreichen). G. Movia, Anima e intelletto, 1968, 185. F. E. Peters, Aristotle and the Arabs, 1968, 14. G. E. Lloyd, Aristotle, 1968, 13. — In seiner Besprechung von Düring, Notes, in: Anz. f. Altertumswiss. 8 (1955) 68—70 zeigt sich H. Hunger von der Spätdatierungsthese beeindruckt; ihm scheint jedoch „eine einwandfreie Klärung dieser Frage mit den uns zur Verfügung stehenden Mitteln derzeit nicht möglich". Auch H. J. Drossaart Lulofs, Nic. Damasc., 1965, 23 meint, daß unser Material keine Beantwortung der Frage ermöglicht. O. Rieth, Grundbegriffe der stoischen Ethik, 1933, 4—5 läßt die Datierungsfrage unentschieden.

[3] Plut., Sulla 26 λέγεται δὲ κομισθείσης αὐτῆς (die Bibliothek des Teiers Apellikon) εἰς ῾Ρώμην, Τυραννίωνα τὸν γραμματικὸν ἐνσκευάσασθαι τὰ πολλά, καὶ παρ᾽

lässig, so darf man daraus erschließen, daß Andronikos gleichzeitig mit
Tyrannion oder nach ihm wirkte und daß seine Ausgabe auf den Vorarbeiten des Tyrannion beruhte; ferner dürfte man meinen, daß sich
Plutarch die Tätigkeit des Andronikos in Rom vorstellt. Diese Schlußfolgerungen halten einige Forscher für um so beweiskräftiger, als sie gerade in Andronikos die gemeinsame Quelle der Parallelberichte von
Strabon und Plutarch sehen[4].

Zugunsten der Spätdatierung hat man ferner darauf hingewiesen, daß
vor dem Jahre 46 Cicero nur eine ganz unpräzise, ja unrichtige Vorstellung vom wissenschaftlichen Werk des Aristoteles hatte; erst im Orator
finde sich ein wörtliches Zitat aus der aristotelischen Rhetorik; in diesem
Jahr sei also das aristotelische Corpus Cicero zugänglich geworden;
dies sei kein bloßer Zufall, denn gerade am Anfang dieses Jahres sei der
Sohn Sullas, der Besitzer der Apellikon-Bibliothek, den Caesarianern in
die Hände gefallen und von ihnen getötet worden, so daß Tyrannion
freie Hand bekommen habe, den Interessenten die Schätze der Bibliothek zur Verfügung zu stellen[5].

Dazu komme noch, daß Cicero Tyrannion öfter, Andronikos aber
niemals erwähne, was er bei seinem Interesse für Aristoteles sicher getan
hätte, wenn er die epochemachende Ausgabe des Rhodiers noch erlebt
hätte[6]. Als bedeutenden Peripatetiker seiner Zeit nennt Cicero hauptsächlich Kratippos, der zwischen 50 und 47/6 in Mytilene, dann bis nach
43 in Athen wirkte, wo Ciceros Sohn bei ihm hörte[7]. Sein Schweigen über
Andronikos scheint also die Vermutung zu bekräftigen, dieser sei damals
noch keine markante Persönlichkeit des Peripatos gewesen.

Auf der anderen Seite könne die Tätigkeit des berühmten Herausgebers nicht zu spät angesetzt werden: Sein Schüler Boethos von Sidon

αὐτοῦ τὸν ʽΡόδιον ʼΑνδρόνικον εὐπορήσαντα τῶν ἀντιγράφων, εἰς μέσον θεῖναι
καὶ ἀναγράψαι τοὺς νῦν φερομένους πίνακας.

[4] Daß die Berichte Strabons und Plutarchs auf Andronikos zurückgehen, vermuten
u. a. F. Ravaisson, H. Usener, F. Littig und L. Robin. Vgl. oben, S. 19 Anm. 51
[5] Dies ist die These H. Useners, in: S.-Ber. Bayr. Akad. 1892, 582—648. Vgl. oben
S. 36 sqq.
[6] R. Shute, History 50 meinte, die neue Edition von Tyrannion und Andronikos
stelle ein Lebenswerk dar; der größte Teil davon sei noch unveröffentlicht
gewesen, als Cicero schrieb. Obwohl er sich für die Frühdatierung des Andronikos
ausspricht, gibt K. O. Brink, Peripatos 938 zu, daß Ciceros Schweigen über
Andronikos eine der Schwierigkeiten bleibt, die er nicht aufklären kann. I. Düring,
Aristoteles 1, 40 bemerkt ebenfalls, daß Cicero von Andronikos noch nichts weiß.
[7] Über Kratippos vgl. unten S. 223 sqq.

habe nämlich zusammen mit dem Geographen Strabon peripatetische
Philosophie getrieben. Wenn Boethos tatsächlich Studienfreund des um
64 geborenen Strabon gewesen sei, so müsse er auch um die Mitte der
sechziger Jahre geboren sein; sein Lehrer Andronikos sei daher mindestens zehn Jahre älter als Strabon und Boethos gewesen. Die Geburt
des Andronikos habe man also am Anfang der siebziger Jahre oder in den
achtziger Jahren anzusetzen. Nun sei Tyrannion, von dem Andronikos
laut Plutarchs Bericht sein Material für die Aristoteles-Ausgabe erhielt,
um 26 v. Chr. gestorben. Aus diesen Indizien gehe also hervor, daß Andronikos seinen Aristoteles-Text im Zeitraum zwischen Ciceros Ermordung und den ersten Jahren nach Tyrannions Tod herausgegeben habe.

Soweit in aller Kürze die Argumentation der Anhänger der Spätdatierung. Sie beruht, wie gesagt, hauptsächlich auf der Annahme, daß
die Nachricht über Andronikos bei Plutarch, Sulla 26, zuverlässig ist. Dagegen sind aber von verschiedenen Seiten schwerwiegende Bedenken erhoben worden. Wir haben schon gesehen, daß Andronikos als gemeinsame Quelle von Strabon und Plutarch nicht in Frage kommt. Allem
Anschein nach hat Plutarch Strabons Bericht gekürzt und leicht überarbeitet[8]. Der Satz über Andronikos erscheint daher als eine ergänzende Bemerkung Plutarchs; er besitzt nicht unbedingt den hohen Grad
der Glaubwürdigkeit, die die Anhänger der Spätdatierung ihm zumes-
sen[9]. Es ist z. B. ganz unwahrscheinlich, daß Tyrannion das von ihm zu-
sammengebrachte Material einem anderen Herausgeber einfach überlassen hätte. Noch unwahrscheinlicher klingt die Annahme, Andronikos
verdanke seinen Aristotelestext einzig und allein der von Tyrannion
bearbeiteten Apellikon-Bibliothek[10]: Stammte doch Andronikos aus
Rhodos, wo Eudemos die peripatetischen Studien eingeführt hatte und
wo zweifellos Abschriften der aristotelischen Pragmatien vorhanden
waren. Wie der Hinweis auf die νῦν φερομένους πίνακας zeigt, wußte
Plutarch — wenn vielleicht auch nur vom Hörensagen — von einer
Aristoteles-Ausgabe des Andronikos[11]. Andererseits las er bei Strabon
oder in dessen Vorlage, daß die Bibliothek des Apellikon, die Tyrannion
in Rom bearbeitet hatte, die einzige Quelle für den Text der meisten
Schriften des Aristoteles sei. Es ist daher nicht auszuschließen, daß er

---

[8] Vgl. oben S. 21 sqq.
[9] In diesem Sinn äußern sich z. B. E. Zeller, H. Diels, F. Susemihl, K. O. Brink.
Vgl. oben S. 19 Anm. 51.
[10] Das hat unter anderen K. O. Brink, Peripatos 940 richtig hervorgehoben.
[11] F. Susemihl, in: Jahrb. f. class. Philol. 151 (1895) 225—231.

die beiden Nachrichten einfach kombinierte und daraus folgerte, Andronikos habe sein Material nur von Tyrannion erhalten können. Auf keinen Fall, so behaupten die Anhänger der Frühdatierung, sei man durch Plutarchs fragliche Kombination gezwungen anzunehmen, daß Andronikos bedeutend jünger als Tyrannion gewesen sei und daß er in Rom gewirkt habe.

Übrigens fehlt es nicht an Indizien, die für eine andere örtliche und zeitliche Einordnung des Andronikos sprechen. Wenn es von ihm heißt, er sei der elfte Scholarch ab Aristoteles gewesen, so hat er sicherlich den athenischen Peripatos geleitet. Als Terminus ante quem für sein Scholarchat könnte die Zeit um 46—43 festgesetzt werden, denn gerade in diesen Jahren sei, so berichtet Cicero, der Pergamener Kratippos der berühmteste Peripatetiker in Athen gewesen. Auf den Wert dieses Zeugnisses kommen wir noch zu sprechen[12]. Wichtig ist aber eine andere Nachricht über Kratippos. Wir hören, daß er und ein anderer Antiochos-Schüler namens Ariston ursprünglich Akademiker waren und dann zum Peripatos übertraten. So verwandt die beiden Schulen in der Perspektive des Antiochos auch erscheinen mochten, so wäre doch der Schulwechsel der beiden Akademiker völlig sinnlos gewesen, wenn der Peripatos, der zu Antiochos' Zeit keinen besonders hohen Ruhm genoß, nicht inzwischen an Glanz und Anziehungskraft gewonnen hätte. Nur die Neuausgabe des Andronikos und der starke Impuls, den sie den Aristotelesstudien gab, erklären die Tatsache, daß die Schule, die bis dahin in Verfall begriffen war, plötzlich wieder an Ansehen gewann[13]. Soweit wäre also die Tätigkeit des Andronikos noch vor der Mitte des Jahrhunderts anzusetzen. Es ließe sich sogar vermuten, daß Andronikos den sich ebenfalls zum Peripatos bekennenden Apellikon in Athen persönlich kannte und daß der Kauf aus Skepsis nicht ohne Einfluß auf die Entscheidung des Andronikos geblieben ist, eine Ausgabe des Corpus oder eines Teiles davon anzufertigen[14]. Das alles würde also zu dem Schluß führen, An-

---

[12] Vgl. unten S. 227 sqq.

[13] F. Littig, Andron. I 6—8. Ähnlich K. O. Brink, Peripatos 938. I. Mariotti, Aristone d'Alessandria, 1966, 31 (Die ‚Apostasie' wird wohl um 75—65 stattgefunden haben. Selbst wenn er noch nicht Scholarch war, hatte sich Andronikos bereits eine erstrangige Stellung erworben).

[14] In diesem Sinn F. Susemihl, Die Lebenszeit des Andronikos, in: Jahrb. f. class. Philol. 151 (1895) 225—234, der dazu neigt, Andronikos' Ausgabe vor den Arbeiten Tyrannions anzusetzen, und vermutet, Tyrannion habe keine neue Ausgabe des Skepsis-Fundes besorgt, sondern vielmehr Berichtigungen zu den Ausgaben des Apellikon und des Andronikos verfaßt.

dronikos sei ein Zeitgenosse von Apellikon gewesen und seine Lebenszeit müsse man sich etwa von 125 bis 47 v. Chr. denken[15]. Spricht aber nicht Strabons Hinweis auf Boethos, den Schüler des Andronikos, dagegen? Keineswegs, behaupten die Anhänger der Frühdatierung. Wenn Strabon schreibt, daß er gemeinsam mit Boethos peripatetische Philosophie getrieben hat (συνεφιλοσοφήσαμεν), so meint er damit, daß er Schüler (nicht Schulfreund!) des Boethos gewesen ist. Boethos war also Scholarch in den vierziger Jahren; sein Lehrer und Vorgänger Andronikos war damals schon gestorben[16].

Bevor wir zu entscheiden versuchen, welche der beiden Chronologien die größere Wahrscheinlichkeit besitzt, möchten wir einmal mehr hervorheben, daß einige Argumente, die zugunsten der einen oder der anderen herangezogen wurden, praktisch keine Beweiskraft haben. Mit dem Mangel an wörtlichen Aristoteleszitaten bei einem bestimmten Autor oder in einer bestimmten Zeit kann z. B. nicht operiert werden. Die unmittelbare Benutzung der Lehrschriften setzt nämlich einen Grad der Spezialisierung voraus, den Cicero ebensowenig wie nach ihm Seneca und andere angestrebt haben kann. Ein Nicht-Peripatetiker, der für ein zwar kultiviertes, aber nicht fachmännisch vorbereitetes und in das peripatetische System keineswegs eingearbeitetes Leserpublikum schrieb, empfand gar kein Bedürfnis, sich mit den Lehrschriften des Aristoteles auseinanderzusetzen. Daß Cicero es nicht tat, ist also ziemlich normal, zumal er bekanntlich seine meisten philosophischen Werke in großer Eile aufzeichnete. Aus dem nicht immer ganz exakten Charakter seiner Äußerungen über Aristoteles darf also nicht gefolgert werden, daß die Lehrschriften ihm unzugänglich waren, sonst wäre dieselbe Schlußfolgerung auch für den Moralisten Seneca notwendig, was zweifellos absurd wäre. Auf der anderen Seite sprechen kleine, vereinzelte Zitate oder Anklänge an die Lehrschriften ebensowenig für das Vorhandensein einer regelrechten Ausgabe des Corpus in der betreffenden Zeit. Kompendien, Doxographien, Handbücher und sonstige Darstellungen der peripatetischen Philosophie gab es zweifellos vor Andronikos wie nach ihm, und es darf nicht von vornherein ausgeschlossen werden, daß diese philosophische Literatur gelegentlich mehr oder weniger präzise Exzerpte aus zweiter

---

[15] F. Littig, Andron. I 8.
[16] Zum Scholarchat des Boethos vgl. F. Littig, Andron. I 5 und Anm. 3. A. Gercke, Art. Andronikos 25, RE I 2 (1894) 2167; Art. Boethos 9, RE III 1 (1897) 603, der Boethos' Blütezeit unter Augustus ansetzt.

oder dritter Hand herübergerettet hatte, die auf diese Weise zu Cicero und anderen gelangten.

Wenn solche Indizien sich als irrelevant herausstellen, so fragt es sich, ob es überhaupt möglich ist, das Andronikos-Problem zu klären. Vielleicht läßt sich aus Plutarchs Bericht mehr gewinnen als man bis jetzt gesehen hat. Vergleicht man nämlich diesen Bericht Punkt für Punkt mit der ausführlichen Parallelerzählung bei Strabon, so sieht man, daß die Nachricht über Andronikos bei Plutarch keinen eigentlichen Zusatz darstellt, sondern vielmehr den Hinweis auf die wenig sorgfältigen römischen βιβλιοπῶλαι ersetzt. Nach Tyrannions Benutzung des Apellikon-Nachlasses wurde eine Aristoteles-Ausgabe laut Strabon von römischen Buchhändlern, laut Plutarch von Andronikos besorgt. Wenn die beiden Autoren dieselbe Quelle benutzen, fragt es sich, ob Strabon oder Plutarch es gewesen ist, der sie modifiziert hat. Bei Strabon ist der Hinweis auf die römischen Buchhändler organischer Bestandteil der allgemeinen These über den fehlerhaften Zustand des Aristotelestextes; er paßt so gut mit der Tendenz des ganzen Berichts zusammen, daß man ihn nur schwerlich aus der eventuellen Vorlage wegdenken kann. Bei Plutarch dagegen ist der tendenziöse Charakter des Berichts weitgehend beseitigt worden; nur an einigen Spuren läßt sich noch erkennen, daß die Vorlage sich ziemlich abschätzig über die Peripatetiker äußerte und die Mängel dieser Schule auf den unbefriedigenden Zustand des Corpus aristotelicum zurückführte. Daraus geht hervor, daß Plutarch seine Quelle abgekürzt und deren antiperipatetischen Ton gemildert hat, während Strabon sich viel enger an diese Quelle hielt. Nur so läßt sich die bei Strabon ziemlich auffallende Färbung des Berichts erklären. Es ist fast undenkbar, daß Strabon, der zu den Peripatetikern, besonders zu Boethos, gute Beziehungen hatte, eine „neutrale" Angabe über den Neleus-Nachlaß aus eigener Initiative mit allerlei Seitenhieben gegen den Peripatos versehen hätte. Vielmehr macht es der Ton des Passus wahrscheinlich, daß Strabon seine Vorlage ohne große Änderungen wiedergibt. Anders steht es mit Plutarch. Die Art und Weise, wie er von Andronikos spricht, zeigt, daß ihm das Werk des Rhodiers bekannt war, insbesondere daß sein Verzeichnis der aristotelischen Schriften von Plutarch und seinen Zeitgenossen als eine einmalige, noch nicht veraltete Leistung angesehen wurde.

Die Nachricht über Andronikos, die in der Vorlage fehlte, geht also wahrscheinlich auf Plutarchs eigene Information zurück. Hat aber Plutarch aus der Kombination seiner Vorlage mit seiner eigenen Information über Andronikos erschlossen, daß dieser Kollationen von Tyran-

4*

nion erhalten hatte, oder hat er einen Hinweis darauf bei Andronikos
selbst, etwa in einer Praefatio, vorgefunden? Wir wissen es nicht, und
die Beantwortung dieser Frage ist vielleicht weniger wichtig, als man
auf den ersten Blick annehmen könnte. Denn aus unseren bisherigen
Beobachtungen geht folgendes hervor:

1. Die Andronikos-Ausgabe kann keineswegs als *princeps* angesehen
werden. Dies gibt Strabon selbst zu, indem er eine Apellikon-Ausgabe
erwähnt, und es fehlt nicht an Indizien dafür, daß bereits vor Andronikos wenigstens ein Teil des Corpus aristotelicum den Spezialisten zugänglich war.

2. Infolgedessen ist es völlig unwahrscheinlich, daß die von Tyrannion besorgten Kopien die einzige Grundlage der Andronikos-Ausgabe
ausgemacht haben. Nehmen wir an, daß die Nachricht bei Plutarch ein
zuverlässiges Zeugnis darstellt, so dürfen wir vermuten, daß Andronikos
von der Sulla-Bibliothek hörte, als er bereits seine editorischen und exegetischen Arbeiten über Aristoteles in Angriff genommen hatte; er bat
dann Tyrannion, ihm das römische Material zugänglich zu machen, und
verwendete es für seine Edition zusammen mit den ihm sonst noch greifbaren Textgrundlagen. Es ist aber die Möglichkeit nicht abzuweisen,
daß die durch Plutarch bezeugten Beziehungen zwischen Andronikos und
Tyrannion erschlossen wurden. In diesem Fall ist die Tätigkeit des Andronikos ganz unabhängig von der des Amiseners gewesen. In der einen
wie in der anderen Hypothese läßt sich das Datum der Andronikos-Ausgabe anhand des Plutarch-Berichtes nicht näher bestimmen.

Ebensowenig beweist dieser Bericht, daß Andronikos seine Ausgabe
in Rom vorbereitete und veröffentlichte. Abschriften der aristotelischen
Traktate kann ihm Tyrannion nach Rhodos oder Athen geschickt haben.
Es ist sogar wahrscheinlich, daß Andronikos nicht in Rom arbeitete,
sonst wäre er nicht auf Tyrannions Vermittlung angewiesen gewesen und
hätte selbst die Texte in der sullanischen Bibliothek kollationieren
können.

Um die Lebenszeit des Andronikos festzustellen, stehen also nur zwei
Reihen von Indizien zur Verfügung: das Schweigen Ciceros über ihn und
die — allerdings ziemlich dürftigen — Angaben über seine Schüler.

Neuplatonische Kommentatoren wußten noch, daß Andronikos der
elfte διάδοχος der Schule seit Aristoteles gewesen ist[17]. Leider kennen

---

[17] Ammon., De interpr. 5, 28: niemand hat die Echtheit der Hermeneutik angezweifelt, πλὴν 'Ανδρονίκου τοῦ 'Ροδίου, ὃς ἐνδέκατος μὲν ἦν ἀπὸ τοῦ 'Αριστοτέλους ... Elias, Cat. 113, 18; 117, 21. Anonym., De interpr. in: Schol. in Arist.

wir einige seiner Vorgänger nicht, so daß dieser Hinweis keine chronologischen Rückschlüsse ermöglicht; er bestätigt nur die Vermutung, daß Andronikos wenigstens einen Teil seines Lebens in Athen verbracht hat. Andererseits hören wir, daß er der Lehrer des Boethos von Sidon gewesen ist[18]; letzterer wird auch als elfter Scholarch bezeichnet, und zwar von demselben Ammonios, der an anderer Stelle Andronikos für den elften Scholarchen hält[19]. Diese kleine Diskrepanz erklärt sich am wahrscheinlichsten dadurch, daß Aristoteles selbst bald mitgezählt wurde und bald nicht[20]. Fest steht auf jeden Fall, daß Boethos Schüler und Nachfolger des Andronikos gewesen ist[21]. Nun hat Strabon mit Boethos peri-

94 a 21 Brandis = CAG IV 5, XXIII Mitte (Über diesen anonymen Scholiasten, der jünger war als Philoponos, vgl. Busse CAG IV 5, XIX—XXIII).

[18] Philop., Cat. 5, 18.

[19] Ammon., Anal. Pr. I, 31, 12.

[20] Die *Vita Aristotelis Menagiana* 13 enthält ein Verzeichnis von 11 Diadochen des Aristoteles, das mit Kritolaos abschließt. K. Zumpt, Abh. Berl. Akad. 1842, 91—93 hatte bereits darauf hingewiesen, daß es zwischen Ariston und Kritolaos kaum Platz für fünf Schulhäupter gibt; da Diodor von Tyros und Erymneus auf Kritolaos folgten, müsse man drei Namen aus der Liste streichen, um Andronikos, der wohl auf Erymneus folgte, den elften Platz in der Diadochie geben zu können. E. Zeller, Philos. d. Gr. III 1[5], 642 Anm. 5 meint, daß in der Liste der uns bekannten Schulvorsteher (Aristoteles Theophrast Straton Lykon Ariston Kritolaos Diodor Erymneus Andronikos) nur zwei Namen fehlen, und zwar wahrscheinlich zwischen Erymneus und Andronikos. Je nachdem ob man von Aristoteles an gerechnet hat oder nicht, konnte sowohl Andronikos wie auch Boethos der elfte Diadochos genannt werden. Vgl. auch Susemihl, Gesch. gr. Litt. Alex. II 301 Anm. 326. Überweg-Praechter[12] 663 Anm. Gegen Susemihls Erklärungsversuch (Gesch. gr. Litt. Alex. I 150 Anm. 779) spricht sich E. Howald, in: Hermes 55, 91 aus. Zum Problem der διαδοχή im Peripatos vgl. K. O. Brink, Peripatos 908—910. — I. Düring, Aristoteles 1, 39 (auch Biogr. trad. 419—420) glaubt allerdings nicht, daß Andronikos je Scholarch gewesen sei: „Auch über Andronikos gibt es eine *fable convenue*: er soll das elfte Schulhaupt der peripatetischen Schule gewesen sein. Das ist sicher nicht wahr." Ebd. Anm. 248: „Die einzige Stütze für das Scholarchat des Andronikos ist eine Notiz des notorisch unzuverlässigen Neuplatonikers Elias." Dagegen ist hervorzuheben, daß die Nachricht über das Scholarchat des Andronikos nicht nur bei Elias begegnet, und ferner, daß sie in einem Zusammenhang steht, der trotz gelegentlicher Ungenauigkeiten zweifellos auf eine gut dokumentierte Quelle zurückgeht. Auch K. O. Brink, Peripatos 908 und H. B. Gottschalk, Notes on the Wills 338 Anm. 7 halten das Scholarchat des Andronikos für einen festen Punkt in der Überlieferung.

[21] Da Kratippos als der berühmteste Peripatetiker in Athen in den Jahren 45—44 genannt wird (vgl. unten S. 224 und 227 sqq.), meinen einige Autoren, Boethos könne nicht der Nachfolger des Andronikos gewesen sein; er sei anderswo —

patetische Philosophie getrieben[22]; leider wissen wir weder wo noch wann, und selbst die Bedeutung des Wortes, mit dem Strabon seine Beziehungen zu Boethos bezeichnet, ist nicht ganz klar: Will Strabon mit συνεφιλοσοφήσαμεν sagen, daß Boethos und er bei demselben Lehrer der Philosophie zusammen gehört haben[23] oder daß er Schüler des Peripatetikers Boethos gewesen ist[24]? In der ersten Hypothese war Boethos ein Zeitgenosse Strabons (geb. um 64/3 v. Chr.). In der zweiten war er zumindest zehn Jahre älter, vielleicht bedeutend mehr. Für die zweite Hypothese spricht der Umstand, daß συμφιλοσοφεῖν τινι praktisch nur vom Schüler, der bei einem Meister hört, gesagt wird oder das Verhältnis der Mitglieder einer Schule zum Leiter dieser Schule bezeichnet. Der Ausdruck begegnet meines Wissens niemals mit der Bedeutung 'mit jemandem zusammen bei einem Lehrer hören'[25]. Strabon wird sich kaum

---

vielleicht in Rom — Lehrer der Philosophie gewesen. In diesem Sinn K. Zumpt 95 (der Kratippos als den Nachfolger des Andronikos betrachtet). Zeller, Philos. d. Gr. III 1[5], 646 Anm. 2. Susemihl, Gesch. gr. Litt. Alex. II 301 Anm. 326; 306 Anm. 343 (Boethos hat wahrscheinlich gar nicht der athenischen Schule vorgestanden; Kratippos ist wohl nicht lange nach 46 der Nachfolger des Andronikos in Athen gewesen).

[22] Strab. XVI 2, 24, 757 καθ' ἡμᾶς δὲ ἐκ Σιδῶνος μὲν ἔνδοξοι φιλόσοφοι γεγόνασι Βόηθός τε, ᾧ συνεφιλοσοφήσαμεν ἡμεῖς τὰ ᾿Αριστοτέλεια, καὶ Διόδοτος, ἀδελφὸς αὐτοῦ.

[23] Als Studienfreund des Boethos betrachten ihn Gercke, Art. Boethos 9, RE III 1, 603. E. Honigmann, Art. Strabon 3, RE IV A 80. I. Düring, Biogr. trad. 393; 413. H. B. Gottschalk, Notes on the Wills 338 Anm. 5.

[24] Für einen Schüler des Boethos halten ihn Zumpt, Abh. Berl. Akad. 1842, 94—95. Zeller, Philos. d. Gr. III 1[5], 606 Anm. 1 und 646 Anm. 2. Martini, Art. Diodotos 12, RE V 715. Susemihl, in: Philol. 57, 332sqq.; Gesch. gr. Litt. Alex. II 305 Anm. 340; in: Jahrb. f. Philol. 151, 225—234. K. O. Brink, Peripatos 939 und 946.

[25] συμφιλοσοφεῖν ohne Objekt bezeichnet in der Regel die gemeinsamen philosophischen Diskussionen und Untersuchungen von gleichberechtigten Freunden. Vgl. z. B. Arist., EN I 12, 1172 a 5: Freunde leben gern zusammen. Gemeinsame Tätigkeiten wie συμπίνειν, συγκυβεύειν, συγγυμνάζεσθαι, συγκυνηγεῖν und συμφιλοσοφεῖν werden von Freunden gern ausgeübt, weil sie das συζῆν ersetzen. Im Testament des Aristoteles (D. L. V 52) werden Garten, Halle und Häuser den Freunden überlassen, die dort συσχολάζειν und συμφιλοσοφεῖν wollen. Das Verbum beim Dativ hat dagegen eine speziellere Bedeutung: Im Dativ steht der Name des Meisters, unter dem man Philosophie studiert oder der die Philosophieschule leitet, deren Mitglied man ist. Niemals bezeichnet der Dativ den Studiengenossen, mit dem zusammen man bei einem Meister hört. Vgl. das Testament Epikurs bei D. L. X 17; 18; 20, wo die συμφιλοσοφοῦντες ἡμῖν die Mitglieder der Schule in ihrem Verhältnis zu Epikur sind. Philodem ap. D. L. X 3 (drei Brüder des Epikur wurden von ihm zur Philo-

vor seinem 16. oder 17. Lebensjahr mit peripatetischer Philosophie beschäftigt haben. Wenn er, wie von den meisten Fachleuten angenommen, zwischen 67 und 63 v. Chr. geboren wurde, so kann er bei Boethos frühestens ab 51—46 gehört haben. Wo dies geschah, läßt sich allerdings nicht genau feststellen. Allem Anschein nach ist Strabon niemals nach Athen gekommen[26]. Trifft dies zu, so muß er Boethos anderswo gehört haben, entweder in Rom[27] oder in Alexandrien[28] oder, was noch wahrscheinlicher ist, irgendwo in Kleinasien noch vor seinen großen Weltreisen. Die letzte Hypothese läßt sich mit dem sonst über Andronikos und Boethos Überlieferten ohne weiteres vereinbaren. Nach seiner Studienzeit bei Andronikos wird sich Boethos einige Jahre außerhalb Athens aufgehalten haben und gerade während dieser ersten Jahre seiner Lehrtätigkeit zählte er Strabon zu seinen Schülern. Möglicherweise kam er noch vor dem Tod des Andronikos nach Athen zurück und konnte dort die Nachfolge seines ehemaligen Lehrers antreten[29].

Gegen die ausdrücklichen Zeugnisse, die Andronikos als Schulhaupt des Peripatos (in Athen) bezeichnen, hat man allerdings bei Cicero gewichtige Argumente zu finden geglaubt. Einerseits hält Cicero den Pergamener Kratippos für den bedeutendsten, ja beinahe für den einzigen Peripatetiker von Format, den Athen in den Jahren 46—43 aufzuweisen hatte[30]. Ein solches Urteil, so dachten einige Forscher, wäre kaum möglich gewesen, wenn gerade in diesen Jahren Andronikos oder Boethos

sophie ermahnt und συνεφιλοσόφουν αὐτῷ). Dion. Halic., Ant. Rom. II 59, 3 (Numa konnte nicht mit Pythagoras συμφιλοσοφῆσαι, sein Schüler sein, weil Pythagoras viel jünger war). Plut., Cic. 24 (Cicero hat seinem Sohn brieflich geraten, συμφιλοσοφῆσαι Κρατίππῳ). Lucian., Dial. mort. 18, 2 (Menippos erzählt Hermes von der Vergänglichkeit menschlicher Schönheit; Hermes verabschiedet sich, weil er keine Zeit zum συμφιλοσοφεῖν mit ihm hat, d. h. er will seinen philosophischen Unterricht nicht anhören).

[26] E. Honigmann, Art. Strabon 3, RE IV A 80, der auf B. Niese in: Hermes 13 (1878) 43 und E. Pais, Italia Antica I, 1922, 307 verweist.

[27] Strabon kam noch vor dem Tod des Servilius Isauricus im J. 44 zum ersten Mal nach Rom und hielt sich dort längere Zeit auf.

[28] Ein längerer Aufenthalt Strabons in Alexandrien während der zwanziger Jahre bis etwa 13 v. Chr. ist gut bezeugt.

[29] Im alten Peripatos wurde das neue Schulhaupt aus dem Kreis der in Athen anwesenden Schüler und Mitarbeiter des verstorbenen Meisters gewählt. Beispiele für die Berufung eines Scholarchen aus dem Ausland kennen wir nicht. Nur wenn diese Gepflogenheit bis ins 1. Jh. aufrechterhalten wurde, hätten wir an eine Rückkehr des Boethos nach Athen vor dem Tod des Andronikos zu denken.

[30] Vgl. unten S. 227 sqq.

die peripatetische Schule geleitet hätte. Andererseits werden Andronikos, seine editorische Tätigkeit und seine Schüler kein einziges Mal von Cicero erwähnt, obwohl dieser vielfache Beziehungen zum Peripatos hatte. Aus Ciceros lobender Erwähnung des Kratippos schlossen daher Anhänger einer Frühdatierung des Andronikos, daß Kratippos und nicht etwa Boethos als Nachfolger des Andronikos anzusehen sei[31]. Ciceros Schweigen über Andronikos schien andererseits die Anhänger einer Spätdatierung des Rhodiers in ihrer Ansicht zu bekräftigen: Andronikos und Boethos hätten nach Kratippos gewirkt und gerade deswegen hätte Cicero sie überhaupt nicht erwähnen können[32]. Ferner sei es nicht einmal sicher, daß Andronikos und Boethos die athenische Schule je geleitet hätten.

Solche Kombinationen hängen jedoch völlig in der Luft. Wie wir schon sahen, dürfen die ausdrücklichen Testimonien über Andronikos und Boethos als Schulhäupter des Peripatos auf keinen Fall bagatellisiert oder als *fable convenue* abgetan werden. Auch die Argumente aus Ciceros Schweigen über Andronikos und aus seiner Bewunderung für Kratippos sind keineswegs stichhaltig. Als Cicero seinen Sohn Marcus nach Athen schickte, wollte er ihn zweifellos an jener Form der philosophisch-rednerischen Bildung teilhaben lassen, die er selbst so sehr bewunderte und in der brillantesten Weise illustrierte. Das philologische Spezialistentum des Andronikos und seiner Schule lag ihm in jeder Hinsicht fern. Kratippos, den er übrigens persönlich kannte, und nicht der mit der bescheideneren Kleinarbeit eines Editors und eines Exegeten beschäftigte Andronikos schien ihm seinem Ideal am ehesten zu entsprechen. Ob er Andronikos überhaupt gekannt hat, wissen wir natürlich nicht. Aber selbst wenn er ihn gekannt haben sollte, hätte er sein Lob auf Kratippos aufrechterhalten und an seinem Entschluß nichts geändert, lieber diesem als dem Andronikos die philosophisch-humanistische Ausbildung seines Sohnes anzuvertrauen.

[31] K. O. Brink, Peripatos 946 schreibt: „Als Nachfolger (des Andronikos) ist sein Schüler Boethos . . . durch die Nachrichten in den neuplatonischen Kommentaren der Ammoniosgruppe gut bezeugt; stutzig machen die Verhältnisse in Athen, die als Scholarchen eher Kratippos (s. v. Arnim Art. Kratippos Nr. 3) erwarten ließen . . ., der wiederum nirgends als solcher genannt ist. Die gewöhnlich ergriffene Ausflucht, Kratippos habe in Athen gelehrt, Boethos dagegen nur in Rom . . . widerspricht der Überlieferung."

[32] Gercke, Art. Andronikos 25, RE I 2167 will das Scholarchat des Andronikos in Athen nach dem Tode des Kratippos etwa in die dreißiger Jahre setzen; Boethos sei Andronikos' Nachfolger gewesen (Art. Boethos 9, RE III 603). Ähnlich auch G. Movia, Anima e intelletto, 1968, 204—206.

Es sei noch hinzugefügt, daß mehrere Momente für eine Frühdatierung des Andronikos sprechen. Strabon, der Andronikos unter den berühmten Rhodiern erwähnt, bezeichnet ihn nicht als eine Persönlichkeit aus seiner Zeit (καθ' ἡμᾶς), was sehr wahrscheinlich der Fall gewesen wäre, wenn er ihn noch erlebt hätte[33].

Unter den Schülern des um 68 v. Chr. verstorbenen Antiochos befand sich der Alexandriner Ariston, der in der zweiten Hälfte der 80er Jahre mit Antiochos in Alexandrien weilte; er muß etwas jünger als Antiochos gewesen sein, wurde also wohl im letzten Jahrzehnt des 2. Jh. geboren, so daß er Altersgenosse von Cicero war. Nun wissen wir von ihm, daß er einen Kommentar zu den Kategorien geschrieben und sich mit den Figuren und Modi des Syllogismus befaßt hatte[34]. Die Kommentierung der Lehrschriften des Aristoteles setzte also bereits in der ersten Generation nach Antiochos ein.

Dieser Ariston und sein Studiengenosse Kratippos aus Pergamon waren anfänglich Akademiker, dann traten sie zum Peripatos über[35]. Diese Bekehrung fand noch vor dem Jahre 50 statt, denn Kratippos galt schon als Peripatetiker, als Cicero ihn auf der Hinfahrt nach Kilikien in Mytilene besuchte. Es ist also nicht zu bezweifeln, daß die peripatetische Schule in den ersten zwei Jahrzehnten nach dem Tod des Antiochos eine außergewöhnliche Anziehungskraft ausübte; gerade in dieser Zeit begann man, die Kategorien und andere logische Werke des Aristoteles zu kommentieren. Des Antiochos Sympathie für den Peripatetismus mag zu dieser Neubelebung der Schule beigetragen haben; sie allein hat es aber nicht bewirkt, daß Akademiker zum Peripatos übertraten. Vielleicht könnte man sogar fragen, ob es nicht die Renaissance des Peripatos gewesen ist, die mehr und mehr das Interesse des Antiochos auf die mit der Akademie konkurrierende Schule lenkte. Setzt man Andronikos und seine editorische Tätigkeit erst nach Kratippos an, so bleibt das Aufblühen des Peripatos im zweiten Viertel des 1. Jh. v. Chr. um so unerklärlicher, als Athenion und Apellikon schlechtes Licht auf den Namen Peripatetiker geworfen hatten und Sullas scharfe Maßnahmen verhängnisvoll für alles Peripatetische hätten werden können. Die Katastrophe wurde dadurch vermieden, daß eine starke Persönlichkeit ziemlich bald nach dem Tode Apellikons und der Beschlagnahme seiner Bibliothek die Schule in eine ganz neue wissenschaftliche und auch politische Bahn

[33] Strab. XIV 2, 13, 655.
[34] Vgl. unten S. 182 sqq.
[35] Vgl. unten S. 181 Anm. 3.

lenkte. Keinem anderen als Andronikos läßt sich dieser neue Kurs zuschreiben; als Rhodier, d. h. als Bürger eines Staats, der seit langer Zeit
für seine römerfreundliche Gesinnung bekannt war, konnte er die anti-
römischen Unternehmungen der Mithridates-Agenten wiedergutmachen;
dadurch, und nicht zuletzt auch durch seine hervorragenden wissenschaftlichen Leistungen, rettete er die Schule vor dem drohenden Untergang und verlieh ihr einen Glanz, den sie jahrhundertelang behalten
sollte.

Andronikos muß also ungefähr Altersgenosse des Antiochos gewesen
sein und die Leitung der Schule um 80—78 übernommen haben. Als Antiochos starb, hatte der Peripatos ein solches Ansehen erworben, daß
zwei namhafte Akademiker, Ariston aus Alexandrien und Kratippos aus
Pergamon, die eigene Schule verließen und unter Andronikos' Leitung
zu arbeiten begannen[36].

B. Edition und Pinakes

In seinem kurzen Bericht über das Schicksal der Bibliothek Apellikons erwähnt Plutarch[1] die von Andronikos besorgte Edition der Schriften des Aristoteles und des Theophrast sowie die Pinakes, d. h. die
Schriftenverzeichnisse, die der Rhodier aufgestellt hatte und die noch zu
Plutarchs Zeiten erhalten waren. Wenn wir Plutarch glauben, handelte es
sich dabei um „die meisten Bücher des Aristoteles und des Theophrast"
(τὰ πλεῖστα τῶν ᾿Αριστοτέλους καὶ Θεοφράστου βιβλίων). Diese seien vorher ziemlich unbekannt gewesen. Selbst die älteren Peripatetiker hätten
nur über wenige dieser Traktate verfügt. Nachdem Apellikons Bibliothek
nach Rom gebracht worden war, sei aber Andronikos von Tyrannion mit
Kopien reichlich versehen worden; er habe diese herausgegeben und die
Pinakes verfaßt. Einige Einzelheiten dieses Berichts gehen wahrscheinlich auf eine sehr fragwürdige Kombination Plutarchs zurück; es klingt
z. B. höchst unwahrscheinlich, daß Andronikos die Vorlagen zu seiner
Edition lediglich von Tyrannion erhielt[2]. Aber selbst wenn man solchen

---

[36] R. Philippson, in: Philol. 87 (1932) 464 vermutet sogar, daß Ariston und Kratippos von Antiochos abfielen, weil sie nach der Wiederentdeckung der aristotelischen Schriften und nach ihrer Ausgabe durch Andronikos erkannten, daß
Antiochos die peripatetische Ethik nicht richtig dargestellt hatte.

[1] Sulla 26.

[2] Vgl. oben S. 48.

Angaben recht mißtrauisch gegenübersteht, darf man die Tatsache nicht anzweifeln, daß Andronikos eine Aristoteles- und Theophrastausgabe wirklich besorgte. In seinem Leben Plotins weist Porphyrios nämlich darauf hin, daß er in seiner Plotin-Ausgabe dem Beispiel des Aristoteles- und Theophrast-Herausgebers Andronikos gefolgt ist: ,,Da er (= Plotin) uns beauftragt hatte, seine Schriften zu ordnen und zu korrigieren, und da ich es ihm noch zu seinen Lebzeiten versprochen und den anderen Schulfreunden meine Bereitschaft dazu mitgeteilt hatte, hielt ich es zuerst für richtig, das Durcheinander einer sich nach der Entstehungszeit der Schriften richtenden Edition zu vermeiden; ich ahmte den Athener Apollodor und den Peripatetiker Andronikos nach: Der erste trug die Produktion des Komikers Epicharm zusammen und verteilte sie auf zehn Bände, der andere teilte die Werke des Aristoteles und des Theophrast in Pragmatien auf, indem er die verwandten Stoffe zusammenbrachte. Auch ich verteilte also die 54 Schriften Plotins, die ich hatte, auf sechs Enneaden; es war mir dabei eine Freude, auf die Vollkommenheit der Sechszahl und auf die Enneaden zu kommen; jede Enneade setzte ich aus verwandten Materien zusammen; die leichteren Probleme stellte ich dabei an den Anfang[3]". Andronikos hat sich also nicht darauf beschränkt, daß er die ihm zugänglichen Texte durchsah und herausgab; laut Porphyrios' Zeugnis bemühte er sich auch, inhaltlich verwandte Schriften zu vereinigen bzw. zu gruppieren und eine systematische Anordnung in das Corpus aristotelicum einzuführen.

Nach welchen Prinzipien er dabei verfuhr, geht allerdings aus Porphyrios' Angaben nicht hervor. Littig vermutet zwar, die Einteilung des plotinischen Corpus durch Porphyrios sei ,,auch sachlich, in der Gliederung des Stoffes selber, ... der von Andronikos getroffenen Anordnung der Hauptschriften des Aristoteles gefolgt, soweit dies bei dem verschiedenen Inhalt der Schriften des Plotinus nur irgend anging[4]". Einen Beweis dafür sieht er in dem Umstand, daß die porphyrische Anordnung keineswegs den Grundsätzen Plotins entspricht und dessen Abhandlungen in eine Form zwingt, die ihnen geradezu Gewalt antut. Die Vertrautheit des Porphyrios mit den Arbeiten der Aristoteles-Kommentatoren der ersten Generation läßt gewiß diese Vermutung durchaus möglich erscheinen. Mehr als eine Möglichkeit ist sie jedoch nicht. Es muß daher

---

[3] Porphyr., Vit. Plot. 24. Vgl. H.-R. Schwyzer, Art. Plotinos, RE XXI 1 (1951) 486—487.
[4] Andronikos I 15.

gefragt werden, inwiefern Andronikos' Gruppierung der Aristoteles-
Schriften sich aus anderen Quellen wenigstens teilweise rekonstruieren
läßt.

Daß Andronikos Schriften, die vor ihm selbständig waren, zu neuen
Komplexen vereinigte und neue Gruppierungen vornahm, kann auf alle
Fälle als gesichert gelten. Der Vergleich der antiken Schriftenverzeichnisse ist in dieser Hinsicht besonders lehrreich. Wir besitzen nämlich ein
erstes Verzeichnis aristotelischer Schriften, das zweifellos vor Andronikos entstanden ist und in zwei leicht voneinander abweichenden Fassungen überliefert wurde[5].

Ein anderes Verzeichnis, das nur arabisch erhalten ist, gibt sich für
den Pinax des Ptolemaios[6] aus und ist zweifellos nachandronikisch; mög-

---

[5] Diog. Laert. V 22—27 (jetzt bei I. Düring, Biogr. trad. 41—50). Anonymus
Menagii (= Hesychios) 10 (jetzt bei Düring, Biogr. trad. 83—89). Über Entstehungszeit und Herkunft dieses Verzeichnisses vgl. oben S. 4 Anm. 2. Die
Hypothese, daß es auf Andronikos zurückgeht (V. Rose, De Arist. libr. ord.
38—39. J. Bernays, Die Dial. des Arist. 133—134. H. Diels, in: Arch. f. Gesch.
d. Philos. 1 (1888) 484. Gercke, Art. Andronikos 25, RE I 2, 1894, 2165), widerspricht allem, was wir über Andronikos wissen, und hat heute keine Anhänger
mehr.

[6] Identität und Datierung dieses Ptolemaios sind umstritten. Da die Araber ihn
als Ptolemaios den Fremden bezeichnen, was dem griechischen Π. ὁ ξένος entspricht, vermutete W. v. Christ, Gesch. d. gr. Lit. I⁶, 723 Anm. 4, er sei kein
anderer als der im 1. Jh. n. Chr. lebende Ptolemaios Chennos; der Fehler der
Araber erkläre sich durch die Verwechslung von Χέννος mit Ξένος. Diese Hypo-
these ist ziemlich allgemein anerkannt worden. A. Busse in: Hermes 28 (1893) 264;
DLZ (1916) 1446sqq. hatte jedoch Bedenken angemeldet. In meinen Listes
anciennes 293 hielt auch ich diese Identifizierung für wenig wahrscheinlich.
Vor einigen Jahren hat sich A. Dihle mit dem Problem sehr ausführlich beschäftigt
(Der Platoniker Ptolemaios, in: Hermes 85 (1957) 314—325). Wie bereits V. Rose,
De Arist. libr. ord. 45sqq. hält er den Pinakographen für identisch mit dem
Platoniker Ptolemaios, von dem Iamblich (b. Stob. I 39, S. 378, 6—11 W.) eine
Ansicht über die Seele erwähnt und der sich auch über eine Detailfrage aus dem
platonischen Timaios geäußert hatte (Procl., In Tim. I 20, 7 Diehl); er datiert
ihn etwa in die Zeit des Iamblich. Diese Datierung ergibt sich nach Dihle einerseits aus der Nachricht des Iamblich, andererseits aus dem Umstand, daß Elias
als erster auf die pinakographische Tätigkeit des Ptolemaios anspielt, während
die anderen Neuplatoniker nur Andronikos als Gewährsmann für die Katalogi-
sierung und Anordnung der Aristotelesschriften nennen. Ptolemaios' Neu-
fassung des Andronikos-Katalogs, meint Dihle, hatte sich in den neuplatonischen
Kreisen anfänglich nicht durchsetzen können, möglicherweise wegen der ganz
unplatonischen Seelenlehre, die Ptolemaios vertrat. — Diese Argumentation
ist jedoch nicht zwingend. Vergleicht man Elias' Einleitung in die Philosophie

licherweise stammt sogar der Grundstock von Andronikos selbst. Ohne
hier auf alle Probleme einzugehen, die Komposition, Ursprung und Datierung dieser Dokumente aufwerfen, können wir einige besonders charakteristische Unterschiede hervorheben. Die sogenannten Lehrschriften,
die im vorandronikischen Pinax sehr spärlich vertreten sind, erscheinen
nicht nur fast vollständig in der Liste des Ptolemaios; hier haben sie
auch Titel, die den uns geläufigen entsprechen, und ihre Bucheintei-
lung ist auch diejenige, die wir kennen. Einzelne Bücher der Topik begegnen z. B. im älteren Dokument mit selbständigen Titeln[7]. Daneben
erscheint auch der ganze Traktat, allerdings in einer Form, in der das
1. Buch als selbständige Einleitung fungiert[8]. Die Soph. Elenchi sind
entweder nicht erwähnt oder sie erscheinen unter dem Titel περὶ ἐριστι-
κῶν in zwei Büchern[9]. Bei Ptolemaios sieht es ganz anders aus: Er
kennt die Topik als einen Traktat in 8 Büchern und unabhängig davon
die Sophistischen Widerlegungen in einem Buch. Im älteren Verzeichnis
begegnet Metaph. Δ als eine selbständige Schrift mit dem Titel περὶ τῶν
ποσαχῶς λεγομένων ἢ κατὰ πρόσθεσιν α΄, und es ist nicht ausgeschlossen,

---

des Aristoteles mit den anderen Fassungen dieser Einleitung (vgl. unten S. 67 sqq.),
so kann man folgendes feststellen: 1) Alle Fassungen gehen letzten Endes auf
dieselbe Quelle zurück. 2) Individuelle Unterschiede zwischen den einzelnen
Fassungen ergeben sich daraus, daß jeder Zeuge nach Belieben hier und dort
abkürzt, nur einen Teil der in der Quelle vorhandenen Beispiele anführt, eigene
Bemerkungen und Erklärungen hinzufügt etc. 3) Elias selbst scheint einiges
beibehalten zu haben, was die anderen nicht erwähnen. Er gibt z. B. an, daß
bereits Proklos die Einleitung in zehn Punkten kannte, und er ist offenbar
bemüht, mehr Einzelheiten anzugeben als seine Vorgänger. 4) Elias änderte
aus eigener Initiative wesentliche Teile der herkömmlichen Einleitung. Unter
diesen Umständen halte ich es für durchaus möglich, daß die gemeinsame Quelle
der Neuplatoniker die Arbeiten des Ptolemaios kannte, daß die meisten Zeugen
es aber vorzogen, nur den ältesten Gewährsmann, d. h. Andronikos, namentlich
zu erwähnen. Ptolemaios kann ein Zeitgenosse des Iamblich gewesen sein, er
kann aber auch viel früher gewirkt haben.

[7] Buch IV = περὶ εἰδῶν καὶ γενῶν. V = περὶ ἰδίων. II und III bilden ein einziges
Buch, περὶ τοῦ αἱρετοῦ καὶ τοῦ συμβεβηκότος. VI—VII = τοπικῶν πρὸς τοὺς
ὅρους α΄ β΄. I = συλλογιστικὸν καὶ ὅροι, möglicherweise auch τὰ πρὸ τῶν
τόπων. VIII bildete zwei Bücher mit dem Titel ⟨περὶ⟩ ἐρωτήσεως καὶ ἀπο-
κρίσεως α΄ β΄.

[8] ὅροι πρὸ τῶν ⟨τοπικῶν α΄⟩· τοπικῶν α΄ β΄ γ΄ δ΄ ε΄ ϛ΄ ζ΄. Jaegers Ergänzung
⟨τοπικῶν α΄⟩ ist unbedingt erforderlich: vgl. die Parallele bei Hesychios,
ὅρων βιβλίον α΄. τοπικῶν ζ΄.

[9] Über die Topik und die Sophistici Elenchi bei Diogenes Laertios vgl. Moraux,
Listes anciennes 54—69.

daß auch andere Teile der Metaphysik ebenfalls selbständig erscheinen[10].
Die Vorlage des Diogenes kannte wahrscheinlich auch eine Metaphysik
in 10 Büchern: Diese wird nämlich in der Hesychios-Fassung genannt;
bei Diogenes dürfte sie rein zufällig ausgefallen sein[11]. Ptolemaios erwähnt dagegen eine Metaphysik in 13 Büchern, also die unsere [12]. Die
vorandronikische Liste kennt nur eine Ethik in 5 Büchern[13]. Bei Ptolemaios begegnen die Eudemische und die Magna Moralia in der uns vertrauten Form, und wohl nur durch Zufall ist die Nikomachische ausgefallen. Die Erste Analytik zählt im älteren Dokument 9 Bücher, offenbar
weil der Text in kürzere Abschnitte eingeteilt war[14]. Ptolemaios kennt
diesen Traktat mit der heute noch üblichen Teilung in 2 Bücher. Vor Andronikos bestand die τέχνη ῥητορική aus zwei Büchern, offenbar dem
ersten und dem zweiten der heutigen Fassung; das heutige dritte war
noch selbständig; es war in zwei Bücher eingeteilt und hatte den Titel
περὶ λέξεως[15]. Bei Ptolemaios begegnet unsere Rhetorik in drei Büchern.
Auch das 10. Buch der Historia animalium war vor Andronikos selbständig, und zwar unter dem Titel ὑπὲρ τοῦ μὴ γεννᾶν[16]. Es ist schließlich nicht ausgeschlossen, daß Teile unserer Physik sich unter den vorandronikischen Titeln περὶ φύσεως α'β'γ' und φυσικὸν α' verbergen[17].
Der Vergleich solcher Angaben im Schriftenverzeichnis des Diogenes
Laertios und des Hesychios mit dem Mittelteil des Ptolemaios-Pinax, wo
beinahe unser ganzes Corpus aristotelicum mit den noch heute gebräuchlichen Titeln und der noch gültigen Bücherteilung erscheint, läßt keinen
Zweifel darüber, daß in der Zwischenzeit ein ziemlich tiefgreifender Prozeß der Vereinigung früher selbständiger Abhandlungen stattgefunden
haben muß.

Diese Beobachtungen bestätigen also das Zeugnis des Porphyrios
über die Eigenart der editorischen Tätigkeit des Andronikos. Allerdings
zeigen sie auch, daß der Rhodier es nicht mit einem Haufen völlig un-
geordneter Aufzeichnungen zu tun hatte, die er als erster systematisch
sortierte, ordnete und als Bauteile für größere Pragmatien verwendete.

---

[10] Ebd. 73—74; 82—83.

[11] Ebd. 188 Anm. 8; 196—197.

[12] In der herkömmlichen Bücherzählung entspricht N der Dreizehn, obwohl das
Buch N wegen des kleinen Alpha in Wirklichkeit das vierzehnte ist.

[13] Moraux, Listes anciennes 80—81; 203.

[14] Ebd. 87.

[15] Ebd. 97; 103.

[16] Ebd. 107.

[17] Ebd. 104—105.

Schon lange vor ihm, in einigen Fällen vermutlich sogar seit der Zeit des
Aristoteles und seiner unmittelbaren Schüler, waren aristotelische Vorlesungskonzepte zu umfangreicheren Traktaten in mehreren Büchern
vereinigt worden. Als das Schriftenverzeichnis, aus dem Diogenes
Laertios und Hesychios schöpfen, aufgestellt wurde, bildeten z. B. die
8 Bücher der Politik einen einzigen Komplex[18], und die Vereinigung der
Topik-Bücher konnte nicht sehr weit zurückliegen, denn dem Pinakographen lagen noch die einzelnen Bücher als selbständige Abhandlungen
vor, er kannte aber auch schon einen aus den meisten dieser Bücher zusammengesetzten Traktat. Andronikos dürfte also einen Prozeß fortgesetzt haben, mit dem bereits vor ihm begonnen worden war und der
einer sich bei Aristoteles selbst deutlich abzeichnenden Tendenz entsprach.

Neben der editorischen Tätigkeit des Andronikos erwähnt Plutarch
die zu seiner Zeit noch erhaltenen Pinakes des Rhodiers. Es fragt sich
natürlich, ob alle Schriften des Aristoteles, die Andronikos in seinen Pinakes aufzählte, auch von ihm herausgegeben worden waren. Wir wissen
nicht, ob er eine Edition des Gesamtwerks besorgte, also die Dialoge und
die anderweitig bereits verbreiteten Schriften neu herausgab und sich
auch mit einer Publikation der enormen Masse der sogenannten hypomnematischen Schriften beschäftigte. Sehr wahrscheinlich ist das nicht;
vermutlich beschränkte er sich auf die sogenannten Lehrschriften, auf
wichtige wissenschaftliche Sammlungen und auf einige vor ihm noch unbekannte Privatdokumente[19]. Aber selbst wenn er nur einen Teil der in

---

[18] Ebd. 95—96.

[19] Aus den zur Verfügung stehenden Indizien läßt sich allerdings nichts Sicheres
erschließen, denn es ist durchaus möglich, daß Andronikos in seinen Pinakes
bestimmte Schriften erwähnte oder verwendete, die er weder selbst entdeckt noch
herausgegeben hatte. Wir wissen z. B. nicht, ob er die Hypomnemata ediert hatte,
die er im 5. Buch seiner Pinakes aufzählte (vgl. das Schriftenverzeichnis des
Ptolemaios, Titel Nr. 97 bei I. Düring, Biogr. trad. 230). Durch die Vita Marciana
49 erfahren wir, daß „sein Buch", wohl die Pinakes, das Testament des Aristoteles
enthielt; es handelte sich aber nicht unbedingt um eine *editio princeps*. Andererseits soll er Briefe des Aristoteles „entdeckt" haben (vgl. Ptolemaios, Titel Nr. 96
bei I. Düring a. a. O. Olymp., Cat. 6, 11—13). Aus seiner Sammlung der Aristo-
teles-Briefe stammen die Fälschungen, die Gellius XX 5, 7—13 und Simpl.,
Cat. 8, 20—29 zitieren. Wenn die Edition des Rhodiers solche Fälschungen in der
Tat enthielt, beruhte sie sicher nicht ausschließlich auf Originaldokumenten aus
Skepsis. M. Plezia, Arist. epistularum fragm. cum testamento, Warschau 1961,
85—87 meint sogar, daß Andronikos sich in seinem Corpus der Briefe nur mit
bereits vor ihm bekanntem Material befaßte und keine Ausgabe von bis dahin

den Pinakes aufgezählten Schriften herausgegeben hatte, liegt es auf der Hand, daß Pinakes und Edition doch eng miteinander zusammenhingen. Man kann sich nicht recht vorstellen, daß seine Bemühungen um Klassifizierung und Neugruppierung der Pragmatien gar keine Spuren in seinem Katalog hinterlassen hätten. Vielmehr wird man annehmen können, daß die Gesichtspunkte, die bei der Gestaltung der Edition maßgeblich waren, auch in den Pinakes zur Geltung kamen.

Es ist heute communis opinio, daß der arabisch erhaltene Pinax des Ptolemaios weitgehend auf der analogen Arbeit des Andronikos beruht. Gegen Ende seines Katalogs (Nr. 97) nennt Ptolemaios hypomnematische Schriften, zählt sie aber nicht einzeln auf, sondern vermerkt, man werde ihre Zeilenzahl und ihre Anfangsworte dem fünften Buch des Andronikos „über das Verzeichnis der Aristoteles-Schriften" entnehmen können[20]. Er erwähnt ferner (Nr. 92) die Bücher, die sich in der Bibliothek Apellikons befanden. Neben der Briefsammlung in 8 Büchern, die ein gewisser Artemon besorgt hatte[21] (Nr. 93), kennt er eine andere Briefsammlung in 20 Büchern, diejenigen Briefe nämlich, die Andronikos entdeckte (Nr. 96, in Rückübersetzung καὶ ἐπιστολαὶ ἄλλαι, ἃς εὗρεν Ἀνδρόνικος, ἐν κ′ βιβλίοις). Daraus erhellt nicht nur, daß Ptolemaios die Arbeit seines berühmten Vorgängers kannte und benutzte, sondern auch und vor allem, daß sein eigener Katalog das viel umfangreichere Werk des Rhodiers keineswegs ersetzen sollte. Ptolemaios hatte offenbar vielmehr die Absicht, eine kürzere, leichter benutzbare Liste der aristotelischen Schriften neben die andronikische zu stellen; für nähere ausführlichere Information blieben jedoch die Pinakes des Andronikos unentbehrlich. Die nackte Aufzählung von rund hundert Titeln, die die Araber

---

unedierten Texten besorgte. Die Angabe des Ptolemaios-Katalogs versteht er übrigens so, daß dort nicht 20 Bücher Briefe, sondern nur 20 Briefe erwähnt werden. I. Düring, Biogr. trad. 224; 244—245 will in den Titeln Nr. 29—56 des Ptolemaios-Katalogs ein Verzeichnis der von Andronikos herausgegebenen Schriften erkennen. Diese These beruht lediglich auf der Tatsache, daß diese Titel im großen und ganzen tatsächlich den in unserem Corpus aristotelicum enthaltenen Schriften entsprechen. Ob Andronikos aber diese und nur diese Schriften edierte, ist gerade der Punkt, den es zu klären gilt.

[20] In griechischer Rückübersetzung lautet die Rubrik etwa καὶ ὑπομνήματα, ὧν εὑρήσεις τὸν ἀριθμὸν τῶν στίχων καὶ τὰς ἀρχὰς ἐν τῷ πέμπτῳ Ἀνδρονίκου περὶ πίνακος τῶν Ἀριστοτέλους βιβλίων.

[21] Über diesen Artemon, der wahrscheinlich mit Artemon aus Kassandreia zu identifizieren ist, vgl. J. M. Rist, Demetrius the stylist and Artemon the compiler, in: Phoenix 18 (1964) 2—8.

als „Verzeichnis der Aristotelesschriften aufgrund der Angaben des
Ptolemaios in seinem Buch an Gallus" wiedergeben, mag natürlich nur
eine gekürzte Fassung des griechischen Originaltextes des Ptolemaios
sein. Aber selbst wenn dieser ursprünglich etwas detaillierter war, steht
fest, daß er den Umfang seines Modells, des Andronikos-Katalogs, nicht
erreichte. Bei Andronikos fand man nämlich nicht nur die Titel der einzelnen Schriften, sondern auch ihre Incipit sowie stichometrische Angaben, wie aus den oben angeführten Belegen hervorgeht. Ferner
setzte sich Andronikos gelegentlich mit Problemen der Echtheitskritik
auseinander. Seine Athetese der Hermeneutik war berühmt, blieb jedoch ohne Einfluß auf die spätere Gestaltung des Corpus[22]. Die sogenannten Postprädikamente, d. h. die Kapitel 10—15 der Kategorien, betrachtete er als nicht zur eigentlichen Kategorienschrift gehörig; möglicherweise hielt er sie sogar für unecht; er meinte, die Postprädikamente
seien von jemandem an diese Stelle eingefügt worden, der die Topik
gleich auf die Kategorien folgen ließ und mit den Postprädikamenten
eine Art von Überleitung zur Topik herstellen wollte[23]. Wichtig ist auch
eine von Simplikios überlieferte Nachricht, laut welcher Andronikos im
dritten seiner Aristoteles-Bücher die ersten fünf Bücher der Physik als
φυσικά, die letzten drei als περὶ κινήσεως bezeichnete. Der Briefwechsel
zwischen Theophrast und Eudem, die Selbstzitate des Aristoteles in der
Physik und die Stelle aus der Eudem-Biographie, die laut Simplikios die
Ansicht des Andronikos unterstützen, stammen allem Anschein nach
aus dem Werk des Rhodiers, das Simplikios noch benutzen konnte oder
von dem er Auszüge in seiner Quelle vorfand[24].

Aus diesen verschiedenen Nachrichten — so dürftig sie auch erscheinen mögen — lassen sich einige Eigentümlichkeiten der andro-

---

[22] Ammon., De interpr. 5, 24—6, 4 (vgl. unten S. 117 Anm. 3). I. Düring, Biogr.
trad. 416, zu 75j, meint, Ammonios gebe in diesem Text die Kriterien an, deren
sich Andronikos bei seinen Diskussionen über Echtheitsprobleme bediente. Das
läßt sich jedoch aus dem Bericht des Ammonios nicht erschließen, denn die drei
Punkte, die Ammonios nennt (Überzeugungskraft der Ausführungen, kunstvolle,
der aristotelischen Gepflogenheit entsprechende Disposition der im Traktat
vermittelten Lehren, Übereinstimmung mit den anderen Pragmatien), stellen in
Wirklichkeit die Argumente dar, die von den Anhängern der Echtheitsthese
angeführt wurden. Den uns vorliegenden Nachrichten zufolge nahm Andronikos
Anstoß an einem seiner Meinung nach falschen Verweis auf De anima und sprach
sich deswegen gegen die Echtheit der Hermeneutik aus. Darüber unten S. 117 sqq.
[23] Darüber unten S. 99 sqq.
[24] Vgl. unten S. 115 sqq.

nikischen Pinakes wiedergewinnen. Mit seinen fünf Büchern[25] war das
Werk viel zu umfangreich, um eine bloße Aufzählung der Aristoteles-
schriften zu enthalten. Andererseits war es viel zu kurz, um Raum für
eine Edition des Corpus oder einiger Teile davon zu bieten. Die Vermutung drängt sich auf, daß der Rhodier die von ihm getroffene Anordnung
des Corpus begründete; er legte die Prinzipien dar, nach welchen er die
Schriften nach literarischen Kategorien und Sachgruppen geordnet
hatte; daß er dabei weitgehend den Gepflogenheiten der alexandrinischen
Pinakographie folgte, liegt auf der Hand[26]; selbstverständlich berücksichtigte er auch die Hinweise über die Reihenfolge bestimmter Schriften, die hier und dort im Corpus selbst begegnen. Ferner erhielten mehrere Schriften, darunter die sogenannten Lehrschriften, eine eigene Notiz. Dort ging Andronikos auf den Titel der jeweiligen Schrift ein; da er
in mehreren Fällen neue Bezeichnungen für die von ihm geschaffenen
Pragmatien vorschlug, führte er sowohl die aristotelischen Selbstzitate
wie auch die anderweitigen Testimonien an, die seine Vorschläge untermauern sollten. Er befaßte sich auch mit der Echtheitsfrage, sei es um
die Authentizität einer Schrift anzuzweifeln, wie z. B. bei der Hermeneutik, sei es um den Nachweis zu liefern, daß die fragliche Schrift als
zweifellos aristotelisch zu gelten habe. Zur bequemen Identifikation der
genannten Werke waren die Anfangsworte jeweils zitiert; stichometrische
Angaben vermittelten eine genaue Vorstellung vom Umfang der aufgezählten Schriften. Auch die Gliederung bestimmter Werke und die Zusammengehörigkeit ihrer verschiedenen Teile dürften in diesen Notizen
erörtert worden sein.

Nun fragt sich natürlich, ob die Reihenfolge, in welcher Andronikos
die Aristotelesschriften geordnet hatte, wenigstens in ihren großen
Zügen rekonstruiert werden kann. Die Beantwortung dieser Frage hängt
mit der anderen Frage zusammen, ob sich uns noch erhaltene Dokumente irgendwie auf Andronikos zurückführen lassen oder ob sie
völlig unabhängig von seinen Arbeiten entstanden sind. Es handelt sich

---

[25] Wahrscheinlich umfaßte sein Werk nicht mehr als 5 Bücher. Im fünften behandelte
er laut Ptolemaios' Bericht die Briefe des Aristoteles. Nun wissen wir durch zahlreiche Parallelfälle, daß die Pinakographen Briefe und ähnliche Privatdokumente
regelmäßig an das Ende ihrer Kataloge stellten. Andronikos' fünftes Buch war
also das letzte seines Werkes, es sei denn, er hätte danach ein oder mehrere Bücher
für die Pseudepigrapha reserviert.

[26] O. Regenbogen, Art. Pinax 3, RE XX 2 (1950) 1409—1482 gibt einen ausge-
zeichneten Überblick über die Reste der antiken Pinakographie.

dabei zuerst um den Pinax des Ptolemaios, den uns zwei arabische Autoren — wahrscheinlich in verkürzter Fassung — vermittelt haben und von dem wir schon wissen, daß er auf Andronikos verwies. Andererseits findet sich bei neuplatonischen Kommentatoren eine „Einteilung der Schriften des Aristoteles", in welcher man Spuren der andronikischen Einteilung zu erkennen geglaubt hat. Dieser neuplatonischen Einteilung des Corpus aristotelicum wollen wir uns jetzt zuwenden.

Ihren Kommentaren zu den Kategorien schicken fünf Neuplatoniker, Ammonios, Simplikios, Philoponos, Olympiodor und Elias, eine allgemeine Einleitung in das Studium des Aristoteles voran, in der sie zehn Probleme erörtern. Trotz kleinerer Abweichungen, besonders in der Reihenfolge und in der Beantwortung dieser Probleme, leuchtet es ein, daß diese Einleitungen auf eine gemeinsame Quelle zurückgehen, die jeder der fünf Autoren nach eigenem Ermessen bald gekürzt, bald etwas abgeändert, bald um neue Betrachtungen bereichert hat[27]. Die zehn Probleme lauten:

1. Woher stammen die Namen der wichtigsten philosophischen Schulen?

2. Wie lassen sich die Schriften des Aristoteles einteilen?

3. Mit welcher Disziplin soll man beim Studium der aristotelischen Philosophie anfangen?

4. Welches ist das Ziel der aristotelischen Philosophie?

5. Welche Mittel führen zu diesem Ziel?

6. Was kennzeichnet die Art der Darstellung bzw. den Stil des Aristoteles?

7. Wie ist die Unklarheit des Aristoteles zu rechtfertigen?

8. Welche Qualitäten soll der Interpret des Aristoteles besitzen?

9. Welche Qualitäten soll der Student der aristotelischen Philosophie besitzen?

10. Welche Hauptpunkte sind vor der Interpretation eines jeden Aristotelestraktats zu klären?

---

[27] Über die neuplatonischen Einleitungen zum Studium des Aristoteles vgl. u. a. A. Busse, Die neuplatonischen Ausleger der Isagoge des Porphyrios, Progr. Berlin 1892. F. Littig, Andron. I 43—58; II 16—18. O. Regenbogen, Art. Pinax 3, RE XX 2, bes. 1442—1444. P. Moraux, Listes anciennes 145—185. I. Düring, Biogr. trad. 444—456. A. Dihle, in: Hermes 85 (1957) 314—325. L. G. Westerink, Anonymous Prolegomena to platonic Philosophy, 1962, XXVI—XXVII und XXXII. P. Moraux, in: Mélanges Mansel (im Druck).

Im ersten Teil seines Programms über Andronikos stellte F. Littig
die These auf, die Behandlung des zweiten dieser zehn Probleme gehe
auf Andronikos zurück; die neuplatonische διαίρεσις spiegele die vom
Rhodier durchgeführte Einteilung des Corpus aristotelicum wieder. Entscheidend erschien ihm dabei der Umstand, daß die vier von ihm angeführten Neuplatoniker letzten Endes aus dem großen, heute verschollenen Kommentar des Porphyrios zu den Kategorien schöpften und daß
Porphyrios selbst, wie Littig aus dessen Testimonium in der Vita Plotini
zu verstehen glaubte, sich für seine Plotinausgabe den Prinzipien des Andronikos angeschlossen hatte. Einige Jahre später rekonstruierte A.
Baumstark den griechischen Pinax des Ptolemaios so, daß die dort gebotene Einteilung des Corpus ziemlich genau mit der neuplatonischen
übereinstimmte; obwohl er sich zu der Frage nach der Quelle des Ptolemaios nicht äußerte, erschien seine Untersuchung als eine Bestätigung
der These Littigs: Die Anordnung der Pinakes war eben dieselbe, die
auch bei den Neuplatonikern bezeugt ist. Bedenken gegen Littig meldete
aber K. Praechter an: Es schien ihm unwahrscheinlich, daß die Neuplatoniker dem Andronikos einfach und in allen Punkten gefolgt seien, nachdem in der Zwischenzeit so viel Neues und Wichtiges für die Aristotelesstudien geleistet worden war[28]. Auch M. Plezia glaubte nachweisen zu
können, daß die neuplatonische Anordnung nicht identisch mit der des
Andronikos war: Bei diesem stand die Topik hinter der Zweiten Analytik, bei jenen, meinte Plezia, hatte sie ihren Platz unmittelbar hinter den
Kategorien[29]. In meiner eigenen Abhandlung über die antiken Schriftenverzeichnisse wagte ich einen noch kühneren Schritt als F. Littig: Die
Anordnung, die mir in den Katalogen des Diogenes Laertios und Hesychios trotz aller Unsicherheitsfaktoren noch deutlich genug wahrnehm-
bar erschien, hielt ich, wenigstens was die Hauptrubriken anbetrifft, für
identisch mit derjenigen der neuplatonischen διαιρέσεις; auch für den
Pinax des Andronikos (= Ptolemaios) schien mir dieselbe Art der Einteilung grundlegend gewesen zu sein; diese vorandronikische Einteilung
ergab sich einerseits aus den Traditionen antiker Pinakographie, andererseits aus Hinweisen des Aristoteles auf die Gliederung seines Lehrgebäudes. Andronikos hätte also einen bereits bestehenden Rahmen benutzt, um die von ihm neu hergestellten Pragmatien nach sachlichen und
literarischen Gesichtspunkten zu gruppieren[30]. Den etwa gleichzeitig er-

[28] Byz. Zeitschr. 18 (1909) 529.
[29] De Andron. stud. 5.
[30] Vgl. Moraux, Listes anciennes 145—193.

schienenen Artikel 'Pinax' von O. Regenbogen konnte ich leider nicht mehr verwenden. Was das hier erörterte Problem angeht, hält es Regenbogen „für möglich, daß Andronikos in seiner Schrift zu Einführungszwecken in die Lektüre des Aristoteles mindestens die Ansätze einer systematischen Einteilung schuf, wie sie uns bei den Kommentatoren vorliegt"[31]. Ganz entschieden lehnt I. Düring die Vermutung ab, die neuplatonische Einteilung könnte auf Andronikos zurückgehen[32]: Es gebe darüber keine antike Nachricht; die Prolegomena, in denen sie stehe, seien stark neuplatonisch gefärbt; sie setze eine scholastische Behandlung des Aristoteles voraus, die nicht vor dem 4. oder 5. Jh. existiert habe; schließlich weise sie einen spekulativen Charakter auf, der für die Zeit des Andronikos undenkbar sei. Düring ist geneigt, Ammonios selbst als den wirklichen Initiator solcher scholastischen Einführungen in das Studium des Aristoteles zu betrachten.

A. Dihle konnte, als er sich mit dem Problem der Identifizierung des ‚Platonikers' Ptolemaios beschäftigte, diese sehr skeptische Position Dürings noch nicht berücksichtigen[33]. Für ihn blieb der angeblich von Brandis gelieferte Nachweis gültig, daß die neuplatonischen Kategorien-Kommentare, in denen die Frage der systematischen Einteilung der aristotelischen Schriften behandelt wird, letztlich auf dem großen, sieben Bücher umfassenden, heute verlorenen Kategorien-Kommentar des Porphyrios fußen[34]. Ferner stand für ihn fest, daß bereits vor Porphyrios

---

[31] Art. Pinax 3, RE XX 2 (1950) 1444. — Daß die neuplatonische Einteilung kein Schriftenverzeichnis ist, „sondern vielmehr ein eisagogisches Verzeichnis, nach dem systematische Aristoteles-Lektüre und Interpretation betrieben werden soll" (ibid. 1443), wird man schwerlich zugeben: Die neuplatonische Einteilung hat nämlich ganz offensichtlich nichts mit didaktischen Intentionen zu tun, sie gibt sich keineswegs für ein Programm der Aristoteles-Lektüre aus; sie will nur die Schriften des Corpus nach inhaltlichen und literarischen Gesichtspunkten ordnen und läßt die Frage nach der pädagogischen Anordnung, die in anderen Punkten der Einleitung erörtert wird, völlig unberührt. Direkt falsch ist Regenbogens Behauptung, daß die dialogischen und anderen Frühschriften aus der neuplatonischen Einteilung ausgeschlossen seien, was beweise, daß Vollständigkeit im bibliothekarischen Sinne nicht angestrebt werde. Die Dialoge erscheinen nämlich in allen fünf Fassungen der Einteilung: Ammon., Cat. 4, 18—27. Simpl., Cat. 4, 21. Philop., Cat. 4, 10—22. Olymp., Cat. 7, 3—21. Elias, Cat. 114, 15—115, 13.

[32] Biogr. trad. 444—445: „Littig and, more recently, Moraux are certainly wrong in assuming that the elaborate neoplatonic classification of Aristotle's writings goes back to Andronicus."

[33] A. Dihle, Der Platoniker Ptolemaios, in: Hermes 85 (1957) 314—325.

[34] Ibid. 317. Vgl. unten Anm. 83.

eine intensive Beschäftigung mit der Systematik der aristotelischen
Schriftkataloge stattgefunden hatte; dabei dachte er hauptsächlich an
Alexander von Aphrodisias. Für diesen wie auch für Porphyrios und die
älteren von ihm abhängigen Neuplatoniker gelte aber lediglich Andronikos als Gewährsmann für Biographie und Schriftenkatalog des Aristoteles[35]; die Erwähnung des Ptolemaios bei Elias, in den späten Viten und
bei den Arabern hielt Dihle daher für einen Zusatz zum tralatizischen
Gut der Kommentarreihe; er datierte Ptolemaios entsprechend spät, etwa in die Zeit des Jamblich[36].

Die von Düring hervorgehobene starke neuplatonische Färbung der
Zehn-Punkte-Einleitung in das Studium des Aristoteles und ihr scho-
lastischer Charakter sind so evident, daß sie nicht nachgewiesen zu wer-
den brauchen. Daraus geht jedoch nicht unbedingt hervor, daß alles, was
diese Einleitung enthält, auf Ammonios und nicht weiter zurückgeht. Im
Gegenteil berichtet Elias, daß Proklos sagte, man müsse zu Beginn der
Beschäftigung mit den Aristotelestraktaten die oben genannten zehn
Punkte der Einleitung behandeln[37]. Ob Proklos selbst der Initiator der
Gliederung in zehn Punkte war oder sie übernommen hatte, mag
hier dahingestellt werden. Sicher ist auf jeden Fall, daß einzelne
Punkte der Einleitung lange vor dem 5. Jh. zur traditionellen Pro-
blematik der Einführung in das Studium des Aristoteles gehörten.
Dies gilt insbesondere für die Punkte 2 (Einteilung des aristotelischen
Schrifttums), 3 (Mit welcher Disziplin soll man das Studium des Aristoteles beginnen?) und 10 (Welche Vorfragen soll man vor der Interpretation der einzelnen Traktate klären?), die für unsere Untersuchung von
eminenter Bedeutung sind.

Wir beginnen mit der Einteilung der aristotelischen Schriften. Das
Klassifizierungsschema ist bei den fünf Kommentatoren praktisch dasselbe. Die Unterschiede beziehen sich auf die Erläuterungen zu den einzelnen Rubriken. Ferner weicht Elias bisweilen stark von den übrigen
vier ab, besonders in der Einteilung der sogenannten physiologischen
Schriften; wie er selber schreibt, ist er bemüht, die herkömmliche Einleitung in 10 Punkten nicht nur wiederzugeben, sondern auch aus eigener

---

[35] Ibid. 321—322.
[36] Ibid. 323.
[37] Elias, Cat. 107, 24—26 ταῦτα πάντα (d. h. die zehn Punkte) τοῦ Πρόκλου λέγοντος δεῖν προλαμβάνειν ἀρχομένους τῶν Ἀριστοτελικῶν συνταγμάτων ἐν τῇ
συναναγνώσει (σύνταγμα δὲ τοῦτο [τούτου libri] Πρόκλειον), καὶ τὴν αἰτίαν μὴ
προστιθέντος . . .

Initiative durch ein dihäretisches Verfahren zu begründen[38]; gerade deswegen hat er hier und dort versucht, das traditionelle Schema zu verfeinern. Die Klassifizierung der aristotelischen Schriften kann durch das folgende Schema veranschaulicht werden:

Ἡ διαίρεσις τῶν Ἀριστοτελικῶν συγγραμμάτων

μερικά
μεταξύ
καθόλου
   ὑπομνηματικά
     μονοειδῆ
     ποικίλα
   συνταγματικά
     διαλογικά (ἐξωτερικά)
     αὐτοπρόσωπα (ἀκροαματικά)
       θεωρητικά
         θεολογικά
         μαθηματικά
         φυσιολογικά
       πρακτικά
         ἠθικά
         οἰκονομικά
         πολιτικά
       ὀργανικά (λογικά).

Zunächst einige Bemerkungen zu diesem Schema. Wir haben es hier zweifellos nicht mit dem Versuch zu tun, alle einzelnen Aristotelesschriften in einem nach Sachgruppen gegliederten Katalog aufzuzählen. Einige Titel, und nicht immer dieselben bei allen Zeugen, werden als Beispiele angeführt, aber die Kommentatoren denken offenbar nicht daran, alle ihnen bekannten Schriften unterzubringen. Ihnen kommt es lediglich auf eine möglichst vollständige Aufstellung der Schriftenklassen und auf deren Charakterisierung an. Bei der Ausarbeitung des Klassifizierungsschemas waren tatsächlich zwei Faktoren ausschlaggebend, nämlich alte, wahrscheinlich aus der alexandrinischen Praxis stammende Traditionen der Pinakographie einerseits, Angaben des Aristoteles über die Gliederung der philosophischen Disziplinen andererseits. Darauf kommen wir gleich zurück. Ferner haben wir es hier weder mit einem

---

[38] Elias, Cat. 107, 24—108, 14. Vgl. auch 113, 6—16.

Lektüreprogramm noch mit einer Anordnung der einzelnen Gruppen nach Wert und Bedeutung zu tun: Die Schriften des Organon erscheinen z. B. an letzter Stelle, obwohl die Kommentatoren sich darüber einig sind, daß das Studium des Aristotelismus mit der Logik anzufangen habe; die dialogisch-exoterischen Schriften sind aufgenommen worden, obwohl sie nach einhelliger Meinung der Zeugen nicht für die Spezialisten bestimmt sind. Die hypomnematischen Schriften, die als unfertige Notizensammlungen galten, gehörten zweifellos nicht in das Interpretationsprogramm der Schulen usw. Bei der vorliegenden διαίρεσις kommt es also nur auf die Systematik der Gliederung an; der didaktische und der axiologische Gesichtspunkt spielen dabei keine Rolle.

Die Frage, mit der wir uns jetzt zu befassen haben, lautet: Gibt es in dieser Einteilung Elemente, die nachweislich älter sind als Porphyrios, dem unsere Kategorien-Kommentatoren einen beträchtlichen Teil ihrer Information — natürlich über mehrere Zwischenquellen — verdanken? Besitzen wir vielleicht sogar Indizien dafür, daß einige dieser Elemente auf Andronikos zurückgehen könnten?

Beachtenswert ist zuerst eine Bemerkung des Elias; er bezeichnet seine Einteilung als „Einteilung der aristotelischen Schriften, die tausend an der Zahl sind, wie Andronikos, welcher der elfte Schulvorstand ab Aristoteles war, angibt[39]". Natürlich beweist dieser Hinweis nicht, daß die darauf folgende Einteilung von Andronikos stammt. Wichtig ist jedoch der Umstand, daß Elias sich in der Aufzählung der 10 Punkte der Einleitung genau derselben Formel bedient hatte, bloß mit der Angabe eines anderen Gewährsmanns, nämlich des Ptolemaios[40]. Elias — oder seine Quelle — hat höchstwahrscheinlich den Katalog (ἀναγραφή) aristotelischer Schriften des Ptolemaios benutzt und darin eine dem Andronikos zugeschriebene Bemerkung über die Zahl dieser Schriften ge-

---

[39] Elias, Cat. 113, 17—19 δεύτερον ἦν κεφάλαιον τῶν προτεθέντων τὸ εἰπεῖν τὴν διαίρεσιν τῶν Ἀριστοτελικῶν συγγραμμάτων χιλίων ὄντων τὸν ἀριθμόν, ὡς Ἀνδρόνικος παραδίδωσιν ὁ † ποιτου ἐνδέκατος γενόμενος διάδοχος. Anstelle des überlieferten ὁ ποιτου möchte ich ἀπ' αὐτοῦ lesen. In der Sprache der Kommentatoren wird Aristoteles, der Meister schlechthin, oft mit αὐτός bezeichnet (hier besonders deutlicher Rückverweis auf Ἀριστοτελικῶν). Littig schlug ἀπὸ τούτου vor, Busse dachte an ὁ περιπάτου, Düring (Biogr. trad. 418) schreibt ὁ Ῥόδιος.

[40] 107, 11—14 δεύτερον τίς ἡ διαίρεσις τῶν Ἀριστοτελικῶν συγγραμμάτων πολλῶν ὄντων, χιλίων τὸν ἀριθμόν, ὡς φησι Πτολεμαῖος ὁ φιλόσοφος (Φιλάδελφος codd.) ἀναγραφὴν αὐτῶν ποιησάμενος καὶ τὸν βίον αὐτοῦ καὶ τὴν διαθήκην (διάθεσιν codd.).

funden. Das zeigt, daß Ptolemaios' ἀναγραφή sich auf die analoge Arbeit des Andronikos stützte, und macht es wenigstens wahrscheinlich, daß sie denselben Anordnungsprinzipien folgte.

Die Schriften werden zuerst in individuelle (μερικά), mittlere (μεταξύ) und allgemeine (καθόλου) eingeteilt. Unter individuellen Schriften verstehen die meisten Zeugen diejenigen, die an einen Adressaten gerichtet sind. Simplikios und Elias korrigieren diese Definition und heben hervor, auch der spezielle Charakter des behandelten Themas kennzeichne die μερικά. Als typisches Beispiel von μερικά werden von allen Zeugen die Briefe genannt; Olympiodor spricht sogar von „den Briefen, die Andronikos und Artemon gesammelt haben[41]", und Elias von den Briefen, „die ein gewisser Artemon, der nach Aristoteles lebte, in 8 Büchern gesammelt hat[42]": Diese Angaben decken sich genau mit den Titeln 86 und 88 des arabisch überlieferten Pinax des Ptolemaios. Andererseits gehört es zu den reichlich bezeugten Gewohnheiten antiker Pinakographie, daß die Briefe und ähnliche Schriften privateren Charakters eine Gruppe für sich bilden und am Ende der Kataloge, gesondert von den übrigen Schriften, erscheinen. Zahlreiche unabhängig entstandene Schriftenkataloge, vor allem bei Diogenes Laertios, weisen diese Eigentümlichkeit auf[43]. Die Konstituierung einer Sondergruppe mit μερικά ist zweifellos keine neuplatonische Erfindung; es handelt sich um eine sicher vorandronikische Gepflogenheit, die bis auf Kallimachos zurückgehen könnte.

Etwas problematischer erscheint die Bildung einer Gruppe von μεταξύ zwischen den Privatschriften und den allgemeinen. Ihre Definition — Schriften, die weder privater noch allgemeiner Natur sind — deutet auf eine Verlegenheitslösung hin: Es gilt offensichtlich, Schriften unterzubringen, die man weder zu den μερικά noch zu den καθόλου zählen konnte. In den Resten antiker Pinakographie lassen sich keine sicheren Parallelfälle ermitteln. Die Beispiele, die die Kommentatoren anführen, helfen jedoch weiter: Es sind einerseits die rund 250 Staatsverfassungen, „die Aristoteles schilderte, um ihre Vorzüge und ihre Schwächen aufzuzeigen und auf diese Weise den Nachkömmlingen klarzumachen, was sie davon übernehmen oder ablehnen sollten[44]", andererseits die Tierge-

---

[41] 6, 12.
[42] 113, 25.
[43] Darüber P. Moraux, Listes anciennes 150—153. O. Regenbogen, Art. Pinax 3, 1428—1434 und passim.
[44] Ammonios, Olympiodor, etwas anders Elias.

schichte[45]. Diese Beispiele sind deswegen aufschlußreich, weil im vorandronikischen Schriftenkatalog (Diogenes Laertios und Hesychios)
die 258 Staatsverfassungen unmittelbar vor den Briefen begegnen und
zu einer Gruppe gehören, die man als die der dokumentarischen Sammlungen bezeichnen kann[46].

In der Gruppe der „allgemeinen" Schriften unterscheiden die Kommentatoren zwischen hypomnematischen und syntagmatischen Schriften. Was die hypomnematischen angeht, berichten sie, sei es bei den
Alten vor der Abfassung eines Traktats üblich gewesen, die Hauptpunkte summarisch zu notieren und viele Exzerpte aus älteren Werken
zu machen; so seien die Hypomnemata entstanden. Später hätten die Autoren diese rohen Materialien geordnet und stilistisch ausgearbeitet und
zu Traktaten (Syntagmata) geformt[47]. Besonders interessant sind die
Ausführungen des Simplikios und des Elias. Der letztere definiert die
hypomnematischen Schriften als solche, in denen nur die Hauptpunkte
aufgezeichnet sind und die weder Proömium noch Epilogos noch den für
die Publikation angebrachten Stil aufweisen; den Hypomnemata des
Aristoteles ließen sich keineswegs die authentischen Lehrmeinungen des
Philosophen entnehmen, denn diese Materialien seien noch revisionsbe-
dürftig gewesen; die Hermeneutik habe man für ein Hypomnema gehalten, bis Ammonios nachwies, daß diese Schrift ein Proömium, eine
Schlußbetrachtung und den angemessenen Stil besitzt. Daraus geht
deutlich hervor, daß die Unterscheidung zwischen Hypomnemata und
Syntagmata bereits vor Ammonios diskutiert wurde. Die Zuordnung der
Hermeneutik zu den Hypomnemata kann durch die von Andronikos vorgeschlagene Athetese dieser Schrift angeregt worden sein und einen Versuch darstellen, die Anstöße des Rhodiers zu beseitigen: Als hypomne-

---

[45] Olympiodor. Simplikios und Elias fügen die Pflanzengeschichte hinzu; Philoponos nennt nur περὶ ζῴων γενέσεως, was möglicherweise auf eine Verwechselung
zurückgeht.

[46] Titel 129—143 bei Diogenes Laertios. Vgl. Moraux, Listes anciennes 122—133.
Die Kategorien und die Hermeneutik (Titel 141—142) sind in diesem Zusammenhang offenbar fehl am Platz; sie stellen wahrscheinlich einen Nachtrag dar
(vgl. Moraux, Listes anciennes 131 und 187). In der Ptolemaios-Liste sind die
zwei Erwähnungen von Staatsverfassungen, einmal vor den Hypomnemata,
einmal zwischen den beiden Briefsammlungen, wahrscheinlich an falsche Stelle
geraten (vgl. Moraux, Listes anciennes 303, und hier unten, S. 88.).

[47] So Ammonios, Olympiodor und Philoponos. Simplikios definiert die Hypomnemata knapper, und zwar als ὅσα πρὸς ὑπόμνησιν οἰκείαν καὶ πλείονα βάσανον
συνέταξεν ὁ φιλόσοφος.

matische Schrift könne die Hermeneutik eben nicht die Vollkommenheit eines ausgearbeiteten Traktats aufweisen. Auch Simplikios bemerkt, die Hypomnemata schienen nicht in jeder Hinsicht sorgfältig ausgearbeitet zu sein, und man könne sie deswegen nicht als zuverlässige Quelle für die Ansichten des Philosophen benutzen. Dann fügt er hinzu: „Alexander behauptet, die Hypomnemata seien aus gemischten Materialien zusammengesetzt und bezögen sich nicht auf ein einziges Ziel. Deswegen nenne man im Gegensatz zu ihnen die anderen Schriften die syntagmatischen". Alexander hat also die Unterscheidung ὑπομνήματα — συντάγματα vorgefunden und gegen die Ansicht Stellung genommen, alle Hypomnemata oder wenigstens ein Teil von ihnen seien μονοειδῆ, d. h. einem einzigen Gegenstand gewidmet. Wichtig ist auf jeden Fall die Tatsache, daß die Gegenüberstellung von Hypomnemata und Syntagmata im Corpus aristotelicum bedeutend älter ist als Porphyrios und bereits Ende des 2. — Anfang des 3. Jh. von den Kommentatoren erörtert wurde. Daß sie bereits bei Andronikos begegnete, geht aus unseren Quellen zwar nicht ausdrücklich hervor, diese Vermutung hat jedoch sehr viel für sich. Einerseits hatte Andronikos, wie aus dem Katalog des Ptolemaios (Titel 97 Düring) hervorgeht, eine Anzahl von Hypomnemata im 5. Buch seines Werkes aufgezählt und ihre Zeilenzahl und Anfangsworte angegeben. Andererseits darf man nicht aus dem Auge verlieren, daß es bereits in der alexandrinischen Zeit nicht ungewöhnlich war, Exzerpte zu sammeln und sie sogar fast ohne jede Überarbeitung herauszugeben; man denke z. B. an die ναυμασίων συναγωγή des Kallimachos oder an die ἱστοριῶν παραδόξων συναγωγή des Antigonos von Karystos. In der Kaiserzeit hatte sich daraus eine regelrechte literarische Gattung entwickelt, und wir wissen noch von mehreren Autoren, die solche Kompilationen herausgaben; die bekanntesten sind wohl der ältere Plinius und Gellius[48]. Schließlich kann es kein Zufall sein, wenn in mehreren Bücherkatalogen verschiedener Provenienz, die bei Diogenes Laertios überliefert sind, die Hypomnemata als eine besondere Gruppe erscheinen, meistens gegen Ende der Pinakes[49]. Schon sehr früh muß also die antike Pinakographie die hypomnematischen Schriften von den anderen unterschieden und ihnen eine besondere Rubrik reserviert haben. Daß Andronikos nicht anders verfahren ist als zu seiner Zeit üb-

---

[48] Auch Hegesandros von Delphi, Pamphila und andere wären zu nennen. Vgl. Moraux, Listes anciennes 156—162.
[49] Moraux, Listes anciennes 162—164.

lich war, dürfen wir mit guten Gründen annehmen. Jedenfalls muß die
Konstituierung der Klasse der Hypomnemata in der Einteilung der
Aristotelesschriften auf eine Zeit zurückgehen, in der es noch möglich
war, an den Schriften selbst den Unterschied zwischen den Lehrschriften
einerseits und den Sammlungen von Lesenotizen, Entwürfen, Exzerpten
und ähnlichen nicht ausgearbeiteten Materialien andererseits zu beobachten. Die Epoche des Andronikos kommt dafür viel eher in Frage als
die der Neuplatoniker, welche die Hypomnemata wohl kaum anders als
dem Namen nach gekannt haben.

Auch die Unterscheidung zwischen dialogisch-exoterischen Schriften
und αὐτοπρόσωπα bzw. Akroasen innerhalb der syntagmatischen Werke
ist zweifellos alt. Alexander von Aphrodisias wird nämlich vorgeworfen,
er habe die Bezeichnung der Dialoge als exoterische Schriften damit begründen wollen, daß Aristoteles in ihnen Ansichten vertrat, die nicht zu
seiner eigenen Zielsetzung passen; das soll Alexander getan haben, um
nicht zugeben zu müssen, daß Aristoteles die Seele für unsterblich hielt.
Er meinte, in den Dialogen habe Aristoteles Thesen dargelegt, denen er
sich nicht anschloß. In Wirklichkeit, erklären die neuplatonischen Kommentatoren, sind diese Schriften exoterisch genannt, weil sie nicht für
Fachleute der Philosophie geschrieben wurden und nicht mit apodik-
tischer Argumentation, sondern eher mit Wahrscheinlichkeitsbeweisen
und Berufung auf anerkannte Meinungen operieren[50]. Die Gegenüberstellung von exoterischen und akroamatischen Schriften ist aber viel
älter als Alexander: Cicero[51] und Strabon[52] kennen sie schon, ersterer
vielleicht durch Antiochos, und Andronikos selbst zitierte einen Briefwechsel zwischen Aristoteles und Alexander dem Großen, in dem die
ἀκροατικοὶ λόγοι als Gegenstück zu den ἐκδεδομένοι erschienen[53].

Während die bisherigen Rubriken sich aus formalen Kriterien ergeben, beruht die Einteilung der akroamatischen Schriften auf dem jeweiligen Inhalt dieser Schriften. Die Unterscheidung von Theorie, Praxis

---

[50] Olymp. 7, 5—21. Elias 114, 15—115, 13, beide mit namentlicher Erwähnung
Alexanders. Ähnlich Ammonios 4, 18—27, der auch Alexanders These kritisiert,
allerdings ohne ihn zu nennen. Philoponos 4, 11—22 hebt hervor, daß die Dialoge
zwar für ein breiteres Publikum und mit leichter zugänglichen Argumenten geschrieben sind, jedoch die authentischen Meinungen des Aristoteles enthalten.

[51] Ad Att. IV 16, 2; De fin. V 12.

[52] XIII 1, 54, 609.

[53] Gell. XX 5. Simpl., Phys. 8, 21—29. Die meisten Zeugnisse über die ἐξωτερικοὶ
λόγοι hat Düring gesammelt und kommentiert, Biogr. trad. 426—443.

und Poiesis bei Aristoteles selbst[54] ist bekannt, hier haben wir es jedoch mit einer etwas anderen Dreiteilung zu tun: Theorie, Praxis und Logik bzw. „Organika". Diese Dreiteilung stimmt ziemlich genau mit der überein, deren sich z. B. Cicero bedient, wenn er die platonisch-peripatetische Philosophie darstellt[55]. Sie war bereits in der hellenistischen Zeit verbreitet: Stoiker[56], Epikureer[57] und andere[58] operierten mit ihr, und sie wurde sogar auf die systematische Zusammenfassung der platonischen Philosophie übertragen[59]. Man kann sie als einen Gemeinplatz betrachten, der zu Andronikos' Zeit fast obligatorisch in einer Klassifizierung der Schriften des Aristoteles begegnen mußte. Interessanter und charakteristischer sind dagegen die Ausführungen der neuplatonischen Kommentatoren über Funktion und Platz der Logik. Nachdem sie erklärt haben, die Theorie beziehe sich auf das Wahre und das Falsche, die Praxis auf das Gute und das Schlechte, weisen die Kommentatoren darauf hin, daß diese Begriffe nicht unumstritten seien und man deswegen ein Instrument benötige, um sie richtig aufzufassen; dieses Instrument sei der apodiktische Beweis; dieser spiele in der Philosophie dieselbe Rolle wie die Meßinstrumente, welche Architekten und Baumeister benutzen, um gerade Linien von krummen oder gerade Winkel von anderen zu unterscheiden. Die logischen Schriften, die sich eben mit der Handhabung dieses ὄργανον διακριτικόν befassen, werden infolgedessen als ὀργανικά bezeichnet[60]. Über die Entstehung der typisch peripatetischen Auffassung der Logik als Organon der Philosophie erfahren wir Wertvolles in den ausführlichen Berichten des Alexander von Aphrodisias[61], des Ammonios[62], des Philoponos[63] und des Olympiodor[64]. Sie ist hauptsächlich gegen die Stoiker gerichtet, die die Logik als einen Bestandteil (μέρος) der

[54] Metaph. E 1; K 7, 1063 b 36—1064 b 6; Top. VI 6, 145 a 14—18; VIII 1, 157 a 10; EN I 1, 1094 a 1—7; X 8, 1178 b 20—21. Verweis auf die ἐξωτερικοὶ λόγοι, in denen diese Unterscheidung begegnete, EN VI 3, 1140 a 2—3.
[55] Tusc. V 68—72; De fin. IV 4—13; V 9—11. Vgl. Sext., Adv. Math. VII 16.
[56] SVF II S. 15—17, Fr. 35—44. Cic., De fin. III 72—73. Diog. Laert. VII 39—41. Sext., Adv. Math. VII 16—19.
[57] Cic., De fin. I 17—26; 63—64.
[58] Skeptiker: Cic., Lucull. 116—142.
[59] Cic., Acad. I 19. Attikos ap. Euseb., PE XI 2, 1, S. 7, 3—11 Mras. Albinos, Didask. 3, S. 153, 21—25 H. Sext., Adv. Math. VII 9; 16. Augustin, Civ. D. VIII 4—9.
[60] Ammon. 4, 30—5, 4. Olymp. 7, 26—28. Philop. 4, 27—36. Elias 117, 9—13. — Simpl. 4, 23 und 29 nennt die logischen Schriften ὀργανικά, ohne darauf näher einzugehen.
[61] Anal. pr. 1, 3—4, 29.   [62] Anal. pr. 8, 15—11, 21.   [63] Anal. pr. 6, 19—9, 20.
[64] Proleg. in Cat. 14, 18—18, 12.

Philosophie betrachteten, aber auch gegen einige Platoniker, die sich auf
die platonische Konzeption der Dialektik stützten und der Logik die Aufgabe zuschrieben, zur Erkenntnis der höchsten Wesenheiten zu führen.
Alexander bemerkt sogar ausdrücklich, daß die ἀρχαῖοι, also die alten
Peripatetiker, die Logik als Instrument und nicht als Bestandteil der
Philosophie erklären[65]. Man wird also mit Recht annehmen können, daß
diese Stellungnahme aus den ersten Generationen der Peripatetiker
stammt[66]. Übrigens hatte Aristoteles selbst die propädeutische Rolle der
Logik und deren Mitbeteiligung an der Klärung sowohl praktischer als
auch theoretischer Probleme mehrmals unterstrichen[67]. Wir besitzen
zwar keine ausdrückliche Nachricht darüber, daß Andronikos die Logik
als ὄργανον bezeichnete, noch daß er es war, der „alle logischen Schriften
zu einem Corpus organisierte, dem er den Titel Organon gab[68]", für diese
Hypothese läßt sich jedoch ein wichtiges Indiz anführen.

Im dritten Punkt ihrer Einführung in das Studium des Aristoteles erörtern die Neuplatoniker die Frage, mit welcher Disziplin dieses Studium
anzufangen habe. Sie berichten dabei über vier verschiedene Ansichten,
die sie zum Teil mit den Namen ihrer jeweiligen Anhänger verbinden. Für
die Physik als erste Disziplin ließ man z. B. gelten, daß sie sich mit
Dingen aus unserer Umwelt befaßt, die uns bekannt und leicht zugänglich sind. Diese Ansicht vertrat z. B. Boethos von Sidon, der Schüler und
Nachfolger des Andronikos[69]. Zugunsten der Mathematik wurde Platons
bekannter Spruch erwähnt, der den Zugang zur Schule ohne geometrische
Vorkenntnisse verbot, und man berief sich auch auf die exemplarische
Strenge der mathematischen Beweise[70]. Die Neuplatoniker geben zu, daß

---

[65] Anal. pr. 3, 2—4.

[66] Ähnlich C. Prantl, Gesch. d. Logik I 532. H. Usener, Lehrgebäude 589 = Kl.
Schr. II 271. Vielleicht findet sich ein Echo dieser Auffassung in einem Wort
Ciceros, der nicht Redner, sondern Philosoph von seinen Freunden genannt
werden wollte: φιλοσοφίαν γὰρ ὡς ἔργον ᾑρῆσθαι, ῥητορικῇ δ᾽ ὀργάνῳ χρῆσθαι
πολιτευόμενος ἐπὶ τὰς χρείας (Plut., Cic. 32, 877 c, Hinweis von Usener a. a. O.).

[67] Z. B. Top. I 11, 104 b 1—12; De part. anim. I 1, 639 a 1—6; Metaph. Γ 3,
1005 b 2—5; 4, 1006 a 5—7; Eth. Nic. I 4, 1094 b 23—27. Zur Angabe des Diog.
Laert. V 28, die Logik sei ὡς ὄργανον προσηκριβωμένον, vgl. P. Moraux, in:
Rev. Philos. de Louvain 47 (1949) 8—10.

[68] Wie I. Düring, Biogr. trad. 423 etwas unvorsichtig behauptet.

[69] Olymp., Proleg. in Cat. 8, 37—39 ohne Namensnennung. Philop., Cat. 5, 16—18.
Elias, Cat. 117, 21—22; 118, 9—13, beide mit Erwähnung des Boethos.

[70] Olymp., Proleg. in Cat. 8, 39—9, 1 mit Verweis auf Platons Spruch. Elias, Cat.
118, 13—19 mit Nennung der Platoniker und Hinweis auf die mathematischen
Beweise.

die dritte Ansicht, nach welcher man mit der Ethik beginnen sollte, sehr viel für sich hat: Vor jeder Beschäftigung mit der Philosophie müsse die Seele unbedingt eine gute moralische Beschaffenheit besitzen[71]. Sie sprechen sich jedoch für eine vierte Ansicht aus, die sie mit der dritten zu kombinieren versuchen: Das Studium der aristotelischen Philosophie, erklären sie, soll mit der Logik beginnen, denn sowohl die Ethik als auch die theoretischen Wissenschaften bedienen sich der syllogistisch-apodiktischen Beweisführung; diese ist das Instrument, mit dem in den philosophischen Wissenschaften gearbeitet wird; wie in den anderen Künsten soll man sich also auch hier zuerst mit der Handhabung des Instruments vertraut machen. Wenn nicht die Ethik, sondern die Logik in ihrer Eigenschaft als Instrument die erste philosophische Disziplin ist, die der Anfänger zu pflegen hat, so schließt das jedoch nicht aus, daß der Anfänger eine auf richtiger Meinung beruhende, sozusagen vorphilosophische Sittlichkeit besitzen sollte; später, wenn er sich mit der Apodiktik vertraut gemacht hat, wird er sich einer echt philosophischen Ethik widmen können[72]: Auf diese Weise vereinbaren die Neuplatoniker die peripatetische Organon-Auffassung der Logik mit der platonischen Forderung nach ethischer Formung des Menschen als Voraussetzung für jedes Philosophieren. Nun ist uns in diesem Zusammenhang besonders wichtig, daß zwei unserer Zeugen, Philoponos[73] und Elias[74], den Rhodier Andronikos ausdrücklich als Anhänger einer mit der Logik einsetzenden Anordnung der philosophischen Disziplinen nennen. Aus dieser Nachricht geht nämlich hervor, daß er die Frage πόθεν ἀρκτέον τῶν Ἀριστοτελικῶν συγγραμμάτων aufgeworfen hatte, und daß der größte Teil der späteren Tradition, selbst bei den Neuplatonikern, denen eine andere Lösung wohl mehr zugesagt hätte, diese Frage im Anschluß an Andronikos beantwortete, indem man die Logik als Instrument betrachtete und ihr im Unterricht den ersten Platz zusprach[75].

[71] Olymp., Proleg. in Cat. 8, 32—37. Simpl., Cat. 5, 16—6, 5. Ammon., Cat. 5, 31—6, 8. Philop., Cat. 5, 23—33. Elias, Cat. 117, 24—118, 8. Bei Elias Hinweis auf die Platoniker.

[72] Ammon., Cat. 5, 31—6, 8. Simpl., Cat. 5, 21—6, 5. Olymp., Proleg. in Cat. 9, 5—13. Philop., Cat. 5, 23—33. Elias, Cat. 118, 25—119, 12.

[73] Cat. 5, 18—23.   [74] Cat. 117, 22—24.

[75] Selbst I. Düring, der die hier erörterte διαίρεσις τῶν ἀριστοτελικῶν συγγραμμάτων für eine rein neuplatonische Leistung hält, nimmt an, daß der ganze Abschnitt bei Elias (118, 20 — 119, 12) über das Organon als allgemeine propädeutische Vorlesung aus Andronikos' Einführung abgeleitet wurde (Biogr. trad. 447).

Wenn wir unsere bisherigen Beobachtungen zusammenfassen wollen, können wir festhalten, daß nahezu alle Rubriken der analysierten διαίρεσις lange vor den Neuplatonikern belegt sind und daß einige von ihnen nachweislich aus Andronikos selbst übernommen worden waren. Selbstverständlich dürfen wir nicht daraus erschließen, daß alle Einzelheiten der uns vorliegenden διαίρεσις auf Andronikos zurückzuführen sind: Wie der Vergleich der einzelnen Fassungen zeigt, konnte jeder Kommentator den einen oder anderen Punkt modifizieren; dies erscheint besonders deutlich bei Elias, der auch für die ganze Einleitung eine neue Begründung vorschlägt. Auch die gemeinsame Quelle, aus der unsere Zeugen mittelbar oder unmittelbar schöpfen, allem Anschein nach Porphyrios, hatte sich nicht damit begnügt, ihr Modell einfach abzuschreiben. Dennoch zwingt uns der von Düring unterstrichene scholastisch-neuplatonische Charakter mancher Züge der διαίρεσις keineswegs dazu, die alten, übernommenen Elemente einfach zu ignorieren. Daß wir es hier vielfach mit einer jahrhundertelangen Überlieferung zu tun haben, kann nicht abgestritten werden, und die bisherige Kritik hat das auch mit vollem Recht erkannt. Aber vielleicht wird man einwenden, daß die Gesamtgliederung der διαίρεσις in ihrer späteren Form nicht unbedingt alt ist, selbst wenn jede der einzelnen Rubriken sich auf eine alte, z. T. sogar vorandronikische Tradition zurückführen läßt. Darauf läßt sich folgendes antworten: Die Reihenfolge der Rubriken und ihre Abhängigkeitsverhältnisse sind für unsere Untersuchung viel weniger wichtig als die Unterscheidung bestimmter Gruppen im Corpus aristotelicum überhaupt. Wir brauchen nicht unbedingt zu wissen, ob Andronikos z. B. die διαλογικά und die αὐτοπρόσωπα als Unterteilungen der συνταγματικά betrachtete, auch nicht ob er die ὑπομνηματικά für eine Gruppe innerhalb der καθόλου, neben den συνταγματικά, hielt. Es tut wenig zur Sache, wenn unser kompliziertes, stark verzweigtes Schema als solches eine neuplatonische Konstruktion darstellt. Wichtig ist dagegen die Erkenntnis, daß eine alte Tradition, die wir mit Andronikos verbinden können, im Corpus Gruppen von Privatschriften, Dokumentsammlungen, Hypomnemata, Dialogen, Lehrschriften usw. unterschieden hatte. Andererseits ist die Reihenfolge, in welcher die Neuplatoniker diese Gruppen aufzählen, zweifellos nicht diejenige, in welcher Andronikos diese Gruppen in seinen Pinakes bzw. in seiner Edition angeordnet hatte: Die Schriften des Organon muß er z. B. an den Anfang gestellt haben, während die Platoniker sie als letzte erörtern. Ein Blick auf die erhaltenen Schriftenkataloge wird noch weitere Unterschiede ans Licht bringen.

Ein anderer Punkt der neuplatonischen Einleitung in das Studium des
Aristotelismus scheint, wenigstens teilweise, auf Andronikos zurückzugehen. Die Neuplatoniker geben eine Liste von sechs Fragen an, die ihrer
Ansicht nach vor der Interpretation der einzelnen Aristotelestraktate
geklärt werden müssen. Es sind die Fragen nach dem Ziel (σκοπός, πρόθεσις) des Traktats, nach seinem Nutzen (χρήσιμον), seiner Einordnung
(τάξις), der Begründung seines Titels (τῆς ἐπιγραφῆς αἰτία), seiner Echtheit (γνήσιον, συγγραφεύς) und seiner Einteilung in Kapitel (εἰς τὰ κεφάλαια, εἰς τὰ μόρια διαίρεσις)[76]. Es gibt natürlich Fälle, bemerken die
Kommentatoren dazu, in denen die Erörterung des einen oder des anderen Punktes sich erübrigt, oder auch solche, in denen zwei oder drei
dieser Punkte zusammen behandelt werden können. Titel wie etwa περὶ
οὐρανοῦ, περὶ ψυχῆς oder περὶ γενέσεως καὶ φθορᾶς sind an sich klar genug[77]. Andere wie etwa κατηγορίαι oder περὶ ἑρμηνείας werfen aber
Fragen auf, und das Verhältnis zwischen Überschrift und Inhalt leuchtet
nicht überall ein[78]. Der Nutzen ist besonders dort zu erörtern, wo man
vermuten könnte, daß ein Traktat keinen direkten Beitrag zur Philosophie enthält (Topik) oder gar schädlich ist (Sophistische Widerlegungen)[79]. Bisweilen genügt es aber, das Ziel des Traktats zu bestimmen, um
seinen Nutzen nachzuweisen oder seinen Titel zu erläutern[80]. Auch die
Echtheit ist nicht überall umstritten oder problematisch[81].

In seiner erstarrten systematischen Form scheint sich dieses Schema
erst mit Ammonios durchgesetzt zu haben. Die meisten Kommentare,
in deren Einleitung es begegnet, stammen aus der Schule des Ammonios
oder sind von ihr irgendwie beeinflußt worden[82]. Dennoch gehen die

---

[76] Ammon., Cat. 7, 15—8, 10. Simpl., Cat. 8, 9—9, 3. Philop., Cat. 7, 1—8, 21.
Olymp., Proleg. in Cat. 12, 18—14, 9. Elias, Cat. 127, 3—129, 1. Vgl. auch David,
In Porph. Isag. 80, 5—83, 6.

[77] Ammon., Cat. 8, 1. Philop., Cat. 7, 14—15. Elias, Cat. 127, 9—11.

[78] Philop., Cat. 7, 11—14. Olymp., Proleg. in Cat. 12, 37—13, 2. Elias, Cat. 127,
11—13. 24—34.

[79] Olymp., Proleg. in Cat. 12, 25—31. Elias, Cat. 127, 13—24.

[80] Simpl., Cat. 8, 31—9, 2. Philop., Cat. 8, 7—21. Olymp., Proleg. in Cat. 13, 2—3.

[81] Simpl., Cat. 9, 2—3.

[82] Neben den Einleitungen zu den Kategorien bei Ammonios 8, 20—15, 2. Simpl.
9, 4—20, 12. Philop. 8, 23—13, 32. Olymp. 18, 14—25, 23 und Elias 129, 4—134, 12
seien noch folgende Kommentare genannt, in denen das Schema vorkommt:
Ammon., De Int. 1, 12—8, 23. Ammon., Anal. pr. 1, 3—7, 25. Olymp., Meteor.
1, 18—6, 30. Simpl., De caelo 1, 2—6, 27. Simpl., Phys. 1, 3—6, 30. Philop., Anal.
pr. 1, 5—6, 19. Philop., Meteor. 1, 23—3, 19. David, In Porph. Isag. 80, 5—94, 10.
Asclep., Metaph. 1, 6—5, 32. Eustrat., Anal. post. 1, 4—6, 36.

Hauptelemente dieses scholastischen Einleitungsschemas zweifellos auf eine viel ältere Tradition zurück. Vielleicht ist sogar das Schema nicht erst von Ammonios oder Proklos, sondern von Porphyrios selbst ausgearbeitet worden. Da wir aber den großen, Gedalios gewidmeten Kategorien-Kommentar nicht mehr besitzen, muß das eine Vermutung bleiben[83]. Fest steht jedoch, daß Porphyrios am Anfang seines kleinen katechetischen Kommentars zu den Kategorien die Fragen nach dem Titel, dem Ziel und der Einteilung der Schrift in einer Form behandelt, die den Parallelstellen bei späteren Kommentatoren sehr ähnelt[84]. Der Iamblicheer Dexippos befaßt sich mit σκοπός und ἐπιγραφή der Kategorien[85]. Bei Alexander von Aphrodisias weisen die Einleitungen der erhaltenen Kommentare niemals das scholastische Schema auf, der Exeget ist jedoch bemüht, den jeweils zu kommentierenden Traktat in einen größeren Komplex einzuordnen und seine Gliederung anzugeben (also τάξις und διαίρεσις des späteren Schemas); bisweilen hebt er sogar das Interesse der Schrift hervor (was dem χρήσιμον im Schema entspricht), und er be-

---

[83] Bereits C. A. Brandis, Über die Reihenfolge der Bücher des Aristotelischen Organons und ihre griechischen Ausleger, in: Abh. Akad. Wiss. Berlin 1833 vermutete, daß der große Kategorienkommentar des Porphyrios eine der Hauptquellen für die neuplatonischen Kommentare gewesen sei, die neuplatonischen Einleitungen führte er jedoch nicht ausdrücklich auf Porphyrios zurück, wie A. Dihle, Hermes 85 (1957) 317 anzunehmen scheint. Die These, Porphyrios sei die Quelle dieser Einleitungen, wurde besonders von F. Littig vertreten. W. Kroll, Art. Ioannes 21, RE IX (1916) 1774—1775 versuchte, diese These mit neuen Argumenten zu erhärten; das „wahlverwandte Proömium" zu Alexanders Soph. El. läßt jedoch nicht auf Alexander als ältere Quelle schließen; Kroll hat nicht berücksichtigt, daß der Kommentar zu Soph. El. sicher nicht von Alexander von Aphrodisias, sondern sehr wahrscheinlich von Michael Ephesios stammt. C. W. Müller in: Rhein. Mus. N. F. 112 (1969) 120—126, der die Angaben der Neuplatoniker über das Problem der Echtheit aristotelischer Schriften untersucht, kommt jedoch zu dem Schluß, daß Porphyrios als gemeinsame Quelle kaum in Frage kommt. Über die Benutzung der sieben Bücher an Gedalios in den Kategorienkommentaren von Simplikios und Dexippos vgl. K. Praechter, Nikostratos der Platoniker, in: Hermes 57 (1922) 481—517, dort 503—507. P. Henry und H.-R. Schwyzer, Plotini opera III, 1973, X—XIV (was Plotin von Simplikios und Dexippos zugeschrieben wird, in den Enneaden jedoch nicht begegnet, stammt aus Porphyrios' Kommentar, in dem Nachrichten über den mündlichen Unterricht Plotins enthalten waren). Vgl. auch P. Henry, Trois apories orales de Plotin sur les Catégories d'Aristote, in: Zetesis. Album amicorum E. de Strycker, Antwerpen — Utrecht 1973, 234—265.

[84] Porph., Cat. 55, 3—60, 10.

[85] Dexippos, Cat. 5, 16—10, 32.

faßt sich auch mit der Überschrift (ἐπιγραφή) und mit dem Vorhaben (πρόθεσις) des Aristoteles im Traktat[86]. Durch mehrere Zeugnisse wissen wir sogar, daß ältere Kommentatoren auf die Fragen der Zielsetzung, des Titels, der Einteilung und der Echtheit der kommentierten Schriften eingingen[87].

In Zusammenhang mit den Diskussionen über die Echtheit bestimmter Traktate begegnen Nachrichten, die offensichtlich auf viel ältere Quellen zurückgehen. Wir hören z. B., daß die alexandrinische Bibliothek (bzw. die ‚alten' Bibliotheken) vierzig Bücher der Analytik und zwei der Kategorien besaß; nur vier der Analytik-Bücher und eines der Kategorien seien von der Kritik als genuin anerkannt worden[88]. Es wird ferner überliefert, daß der Rhodier Pasikles, ein Neffe des Eudemos, als Verfasser des kleinen Alpha der Metaphysik galt[89]. Die „tüchtigsten unter den Freunden des Aristoteles" sollen die Kategorien für echt gehalten haben[90]. Aus einer alten Überlieferung muß ebenfalls die Angabe

---

[86] Interessant sind in dieser Hinsicht die Einleitungen zu den Anal. pr. 4, 30—9, 2, der Meteorologie 1, 5—4, 11 und De sensu 1, 3—2, 24. Es sei ferner darauf hingewiesen, daß Alexander auf den Titel der Kategorien einging (Dexipp., Cat. 5, 30—6, 6) sowie auf deren Ziel (Philop., Cat. 8, 29—33. Simpl., Cat. 10, 8—19. Olymp., Cat. 19, 27—36. Elias, Cat. 129, 9—10), daß er sich ebenfalls mit dem Ziel von De caelo befaßte (Simpl., De caelo 1, 2—24) und schließlich daß er die These vertrat, das vierte Buch der Meteorologie gehöre nicht zu diesem Traktat, sondern solle mit De generatione et corruptione verbunden werden (Alex., Meteor. 179, 3—11. Olymp., Meteor. 6, 19—23).

[87] Über das Ziel der Kategorien äußerten sich Boethos (Porph., Cat. 59, 17. Simpl., Cat. 11, 23—29), Alexander von Aigai (Simpl., Cat. 10, 19—20), Sosigenes (Dexipp., Cat. 7, 4—27) und Herminos (Porph., Cat. 59, 20—27. Simpl., Cat. 13, 16. Olymp., Cat. 19, 16—17. Elias, Cat. 129, 11). Mit ihrem Titel beschäftigte sich unter anderen Adrastos (Simpl., Cat. 15, 30—16, 4. — Elias, Cat. 132, 26—27 verwechselt Adrastos mit Archytas. Auf Adrastos wird ohne namentliche Nennung angespielt bei Porph., Cat. 56, 18 und Ammon., Cat. 14, 18—20. Vgl. unten Bd. II). Auch mit dem Titel der Physik hatte sich Adrastos beschäftigt (Simpl., Phys. 4, 11—16; 6, 4—30).

[88] Ammon., Cat. 13, 20—25. Simpl., Cat. 18, 16—21, dessen Nachricht auf eine Angabe des Adrastos zurückgeht. Olymp., Cat. 24, 14—20. Philop., Cat. 7, 26—29; Anal. pr. 6, 7—10. Elias, Cat. 133, 15—17.

[89] Asclep., Metaph. 4, 20—22. Ähnliche Angabe in einem Scholion des Ms. E (*Paris. gr.* 1853) f. 234, vgl. P. Moraux in: Scriptorium 21 (1967) 38, und des Ms. Toledo, *Bibl. del Cabildo* 94—12, f. 52 v. Bei Philop.,In Arist. Metaph., transl. lat. Fr. Patricii, Ferrara 1533, S. 7, ist der Name zu Pasikrates entstellt worden, vgl. K. O. Brink, Art. Pasikles 5, RE XVIII 2061.

[90] Simpl., Cat. 18, 13.

6*

stammen, daß der Sammeleifer der Ptolemäer die Buchhändler zu vielen Fälschungen anregte[91].

Was Andronikos selbst angeht, hat er sich selbstverständlich über den Platz der einzelnen Traktate innerhalb der größeren Komplexe, zu denen sie gehörten, geäußert, um die von ihm empfohlene Anordnung zu begründen[92]. Er befaßte sich nachweislich mit Echtheitsfragen. Auch über die Titel der Traktate muß er seine Ansicht dargelegt bzw. neue Vorschläge gemacht haben[93]. Schließlich ist es zumindest wahrscheinlich, daß er auch die Gliederung der Traktate in ihre Hauptteile erörterte. Seine Äußerungen über die Postprädikamente[94] zeigen, daß er diese Kapitel von dem Rest der Kategorien trennte. Die Vermutung liegt daher nahe, daß die später vielfach bezeugte Dreiteilung dieser Schrift[95] auf ihn zurückgehen könnte. Die Subsumierung der zehn Kategorien selbst unter zwei Hauptrubriken, Substanz und Relation[96], läßt sich vielleicht auch durch sein Bemühen erklären, eine übersichtliche Gliederung des Mittelteils der Schrift zu gewinnen. In der Physik unterschied er zwei Hauptteile, die er aufgrund von Angaben des Aristoteles und seiner Schüler als φυσικά (Bücher I—V) und περὶ κινήσεως (Bücher VI—VIII) bezeichnete[97]; diese Angabe hatte natürlich ihren Platz in der Notiz über die διασκευή der Physik. Adrastos von Aphrodisias, der rund zwei Jahrhunderte später „Über die Anordnung der Aristotelestraktate" schrieb, schloß sich dieser Ansicht an[98].

[91] Simpl., Cat. 8, 22—24. Philop., Cat. 7, 22—26. Olymp., Cat. 13, 10—20. Elias, Cat. 128, 5—9. Siehe hierzu C. W. Müller, Die neuplatonischen Aristoteleskommentatoren über die Ursachen der Pseudepigraphie, in: Rhein. Mus. N. F. 112 (1969) 120—126, der mit Galen, In Hipp. de nat. hom. XV 105 Kühn (= CMG V 9, 1, 55) vergleicht.

[92] Vgl. I. Düring, Biogr. trad. 416, Nr. 75h.

[93] Das geht u. a. daraus hervor, daß die seit der Andronikos-Zeit gebräuchlichen Titel der Lehrschriften des öfteren von denen abweichen, die im Katalog des Diogenes Laertios und des Hesychios begegnen. Ferner erfahren wir durch ein Scholion (Text bei Düring, Biogr. trad. 414, Nr. 75d), daß er das 7. Buch von Theophrasts Historia Plantarum als περὶ φυτῶν ἱστορίας bezeichnete, während Hermippos es περὶ φρυγανικῶν καὶ ποιωδῶν nannte.

[94] Vgl. unten S. 99sqq.

[95] Vor den Kategorien = 1, 1a 1—15. Die Kategorien selbst = 1, 1a 16—10, 11b 16. Nach den Kategorien = 10, 11b 17—15, 15b 32. Darüber Porph., Cat. 59, 34—60, 10. Ammon., Cat. 14, 3—17. Simpl., Cat. 19, 9—26. Olymp., Cat. 25, 5—9. Philop., Cat. 13, 6—29. Elias, Cat. 133, 28—134, 9.

[96] Vgl. unten S. 103sqq.

[97] Vgl. unten S. 115sqq.

[98] Vgl. unten Bd. II.

Wenn diese verschiedenen Nachrichten und Indizien nicht täuschen, behandelte Andronikos in seinen Notizen zu den einzelnen Lehrschriften jene Fragen, die bei den Neuplatonikern als πρόθεσις bzw. σκοπός, τάξις, ἐπιγραφή, γνήσιον und εἰς τὰ κεφάλαια διαίρεσις bezeichnet sind. Über Adrastos, der allem Anschein nach seinem Beispiel folgte, und Ptolemaios, dessen ἀναγραφή wenigstens zum Teil auf Andronikos' Arbeiten beruhte, kam die Substanz einiger dieser Notizen zu den neuplatonischen Kommentatoren, die ihrerseits den Einleitungen eine schematische Form gaben und sie um mehrere neue Beobachtungen bereicherten[99].

Da sich nun herausgestellt hat, daß mehrere Bestandteile der neuplatonischen Einleitung in das Studium der aristotelischen Philosophie altes Gedankengut enthalten und sogar auf Andronikos zurückgehen, bleibt uns noch übrig, die Frage zu erörtern, ob auch das Verzeichnis der aristotelischen Schriften von Ptolemaios im wesentlichen auf den Pinakes des Andronikos beruht.

Sehr fragwürdig erscheint zunächst Littigs Annahme, daß die anhand der Ankündigungen, Rückverweise und Übergangsformeln rekonstruierte Anordnung des Corpus aristotelicum eben diejenige sei, die Andronikos ausgearbeitet habe[100]. Als Kriterium für die andronikische Herkunft des Ptolemaios-Verzeichnisses kann diese Anordnung des Corpus auf keinen Fall herangezogen werden, denn es läßt sich nicht nachweisen, daß die soeben erwähnten Ankündigungen und Rückverweise von Andronikos stammen. Es soll vielmehr untersucht werden, ob Disposition und Inhalt des ptolemäischen Pinax mit dem vereinbar sind, was uns sonst über Andronikos' Ansichten überliefert wurde.

In der Form, in welcher er von den Arabern wiedergegeben wurde, enthält der ptolemäische Katalog folgende Abschnitte[101]:

1. 8 Dialoge. Kein erkennbares Anordnungsprinzip. Diese Sektion entspricht offenbar den dialogisch-exoterischen Schriften der neuplatonischen διαίρεσις.

2. Rund 20 alphabetisch geordnete Titel (Nr. 9—28). Inhaltlich bilden diese Schriften keine einheitliche Gruppe. Abhandlungen über den Platonismus (9. 15. 16. 16a. 16b. 16c) und über die Pythagoreer (10. 22)

---

[99] Trotz seiner Abneigung, andronikisches Gedankengut bei den Neuplatonikern wiederzufinden, gibt I. Düring, Biogr. trad. 449 zu, daß die Disposition der neuplatonischen Prolegomena zu den einzelnen Schriften recht alt („fairly old and well established") sein muß.

[100] Andronikos I, bes. 22—36.

[101] Numerierung der Titel nach I. Düring, Biogr. trad. 222sqq.

stehen neben ethischen (12. 14. 17. 28), logischen (13), naturwissen-schaftlichen (19. 24a) und poetischen (21) Schriften, und es begegnen auch Werke, deren Echtheit strittig ist, wenigstens wenn sie mit den heute unter demselben Titel erhaltenen identisch sind (11. 18. 20. 23. 24. 25. 26). Die τεχνῶν συναγωγή (27) gehört ebenfalls zu dieser Gruppe. Weder mit den μεταξύ noch mit den ὑπομνηματικά der neuplatonischen Klassifizierung läßt sich diese gemischte Gruppe identifizieren. Daß wir es hier mit einer Liste von Schriften zweifelhafter Echtheit zu tun haben, wie Baumstark vermutete, läßt sich auch kaum nachweisen, denn Werke wie De bono (9), De ideis (15), De Pythagoreis (22) oder die Poetik (21?) sind m. W. nie angefochten worden und ihre Echtheit dürfte durch ari-stotelische Selbstzitate gesichert sein.

3. 28 Titel, die — mit ganz wenigen Ausnahmen — erhaltene Lehr-schriften bezeichnen und im großen und ganzen unser Corpus darstellen. Nur die 7 Bücher ἀνατομῶν (48) sind verschollen; die zwei Bücher περί φυτῶν (55) entsprechen wahrscheinlich dem nacharistotelischen Pflan-zenbuch.

Die systematische Anordnung dieses dritten Teils ist ohne weiteres evident; sie deckt sich weitgehend mit der neuplatonischen Einteilung der αὐτοπρόσωπα bzw. ἀκροαματικά. Zuerst kommen die logischen Schriften (29—33), dann sogenannte πρακτικά (Ethik, 35—36, und Politik, 37), auf welche Poetik und Rhetorik (38—39) folgen (ποιητικά?). Die Sektion der θεωρητικά umfaßt naturwissenschaftliche Schriften (φυσιολογικά, 40—55) und die Metaphysik (56). In den naturwissen-schaftlichen Schriften lassen sich wiederum Untergruppen deutlich un-terscheiden: die klassisch gebliebene Gruppe der „allgemeineren" Schriften (Physik, De caelo, De generatione et corruptione, Meteorolo-gie, 40—43), die psychologischen Schriften (De anima, De sensu, De memoria, De somno, 44—46 a), die zoologischen Schriften (De motu ani-malium, Anatomie, Historia animalium, De partibus animalium, De generatione animalium, De incessu animalium, 47—52), zwei kleine biologische Abhandlungen (De longitudine vitae, De vita et morte, 53—54) und die zwei Pflanzenbücher (55).

4. Den vierten Teil bildet eine Reihe von Sammlungen, in der die al-phabetische Anordnung noch sehr deutlich zum Vorschein kommt. Am Anfang, d. h. bei den Nummern 57—80, ist die alphabetische Reihen-folge ziemlich rein erhalten geblieben: Wir haben es hier mit Gruppen von ἀπορήματα, διαιρέσεις, ἐπιχειρήματα, ἐνστάσεις, θέσεις, ὅροι und Ver-wandtem, προβλήματα, παραγγέλματα und ὑπομνήματα zu tun. Auch

weiter unten begegnen Titel von Schriften, die nach Form und Inhalt wohl zu derselben Klasse gehören: προβλήματα Ιατρικά (81), προτάσεις (84. 85), ὑπομνήματα (87) und ἐπιχειρήματα (89). Dazwischen finden sich aber Titel, die man wenigstens auf den ersten Blick für nicht zur Reihe gehörig halten könnte. Es sind περὶ διαίτης (82), γεωργικά (83, mit den Überschriften der einzelnen Unterteile der Sammlung), περὶ τῆς [...] πρός τι (90) und περὶ χρόνου (91). Man könnte natürlich an spätere, willkürlich eingeschobene Interpolationen denken. A. Baumstark hat jedoch eine viel bessere Hypothese vorgeschlagen[102]. Zuerst hat er mit großer Wahrscheinlichkeit nachgewiesen, daß die einzelnen Rubriken in diesem vierten Hauptteil des Pinax eine Überschrift tragen, in der die Anzahl der ursprünglich in der Rubrik angeführten Einzelschriften angegeben ist, wobei natürlich damit gerechnet werden soll, daß hier und dort Einzeltitel ausgefallen sind. Wenn dem so ist, läßt sich die Anwesenheit der störenden Titel ziemlich leicht erklären; περὶ διαίτης und γεωργικά sind nichts anderes als Einzeltitel der Rubrik προβλήματα. Diese sehr plausible Hypothese wird dadurch bestätigt, daß wir andererseits Titel wie παραγγέλματα, γεωργικά (Theophrast), ὑπομνήματα γεωργικά (Bolos) und παράδοξα γεωργίας (Diophanes) kennen. Ähnlich sind wohl die Titel ἐπιχειρήματα, περὶ τῆς ... πρός τι (von Baumstark als περὶ τῆς ⟨μεθόδου· ἄλλο περὶ τοῦ⟩ πρός τι restituiert) und περὶ χρόνου als Bestandteile der allgemeineren Rubrik ὑπομνήματα anzusehen. Auf diese Weise läßt sich eine streng alphabetische Reihenfolge der Rubriken wiedergewinnen. Nur die παραγγέλματα δ΄ (79) und die ὑπομνήματα β΄ (80) stören noch. Möglicherweise waren sie durch Versehen ausgelassen worden und gerieten an eine falsche Stelle, nachdem sie am Rand nachgetragen worden waren.

Wir haben es also in diesem vierten Teil des Pinax (57—91) mit Sammlungen von ἀπορήματα, διαιρέσεις, ἐπιχειρήματα, ἐνστάσεις, θέσεις, ὅροι, παραγγέλματα, προβλήματα, προτάσεις und ὑπομνήματα zu tun. Die Existenz solcher Repertorien erinnert an die von Aristoteles selbst ausgesprochene Empfehlung, man solle Listen von Sätzen, Thesen u. dgl. aufstellen, und zwar so, daß man alle diejenigen gruppiert, die sich auf ein und dasselbe Thema (z. B. das Gute, das Lebewesen) beziehen, mit dem τί ἐστι beginnt und auch individuelle Lehrmeinungen mit dem Namen ihres Urhebers notiert[103]. Es ist also klar, daß wir hier vor Hilfs-

---

[102] A. Baumstark, Syrisch-arabische Biographien des Aristoteles, Leipzig 1898, 78—88. Vgl. ebd. die Tabelle S. 102—104.

[103] Top. I 14, 105 b 12—18.

mitteln stehen, die besonders in den dialektischen Übungen der Schule
benutzt wurden; sie enthielten aber auch wertvolle Informationen über
Teilgebiete der Wissenschaft und der Philosophie und waren deswegen
äußerst nützlich etwa bei der Vorbereitung eines Kollegs oder bei der
Abfassung einer wissenschaftlichen Abhandlung. Alles in allem entspricht dieser Teil des Pinax der Klasse von Schriften, die in den neuplatonischen διαιρέσεις als ὑπομνηματικά bezeichnet sind.

Eine große Schwierigkeit bleibt allerdings bestehen: Die 171 Staatsverfassungen, die unter Nr. 86 genannt sind, haben offensichtlich in der
Klasse der ὑπομνηματικά nichts zu suchen. Auf dieses Problem werden
wir bald zurückkommen.

5. Vorher müssen wir aber noch einen Blick auf den fünften Teil des
Katalogs werfen. Er enthält 8 Titel: Bücher aus der Bibliothek Apellikons (92). Die von Artemon besorgte Briefsammlung, 8 Bücher (93).
Ein anderes ὑπόμνημα(?) (94). Zwei Staatsverfassungen (95). Die Briefsammlung des Andronikos, 20 Bücher (96). Hypomnemata, die Andronikos im 5. Buch seines Werkes aufzählte (97). 10 Bücher homerischer
Probleme (98). Ein Buch über die Heilkunst (99). Daß die ursprüngliche
Disposition dieses Teils nicht mehr erhalten ist, erkennt man schon
daran, daß die beiden Briefsammlungen voneinander getrennt sind. Es
ist daher sehr verlockend, die Artemon-Briefe unmittelbar vor die An-
dronikos-Briefe zu stellen und somit eine Klasse der μερικά zu rekonstruieren. Unmittelbar davor stehen nun die 2 Staatsverfassungen (95),
d. h. ein Werk, das ständig als Beispiel für die Klasse der μεταξύ zitiert
wird, und noch davor (94) ein ὑπόμνημα, das wohl noch zur Klasse
der ὑπομνηματικά gehören dürfte. Was die zwei Bücher Staatsverfassungen anbetrifft, so ist wieder einmal eine Vermutung Baumstarks sehr
bestechend: In πολιτεῖαι β' erkennt er[104] einen Rest des bei Diogenes
Laertios vollständig erhaltenen Titels πολιτεῖαι πόλεων δυοῖν δεούσαιν
ρξ', während er (S. 80) die πολιτεῖαι πόλεων ροα' (Nr. 86) als Interpola-
tion ausschaltet. Eine Entscheidung über die restlichen Titel läßt sich
kaum treffen. Vielleicht darf man vermuten, daß die Bücher aus der Bibliothek Apellikons einen Nachtrag zur Gruppe der ὑπομνηματικά darstellen. Sie können aber ebensogut als ein zu keiner bestimmten Kategorie gehöriger Nachtrag angesehen werden[105]. Noch schwieriger ist die
Zuordnung der letzten drei Titel. In den von Andronikos aufgezählten

---

[104] Op. cit. 88.

[105] Baumstark 88 meint, sie seien vom Pinakographen den μεταξύ zugeordnet
worden. Das scheint wenig plausibel.

Hypomnemata (97) wollte Baumstark die Überschrift einer alphabetisch geordneten Gruppe von Schriften zweifelhafter Echtheit sehen; die ἀπορήματα Ὁμηρικά (98) und die ⟨ἀξιωμάτων ἰατρικῶν συναγωγή ἢ⟩ περὶ ἰατρικῆς (99) seien die ersten Titel dieser Liste, deren Fortsetzung in den Nummern 11—28[106] vorliege. Diese Hypothese kann gewiß nicht von vornherein abgelehnt werden: Wenn der Pinakograph gerade die hypomnematischen Sammlungen im 4. Teil des Katalogs alphabetisch ordnet, ist nicht undenkbar, daß er mit den von Andronikos aufgezählten Hypomnemata ähnlich verfahren ist; andererseits lassen sich tatsächlich mehrere Schriften des zweiten Teiles (11—28) als Hypomnemata charakterisieren: Man denke z. B. an De lineis insecabilibus (11), De ideis (15), die Epitomai aus Platon (16—16 c), die Mirabiles auscultationes (18), die Probleme der Mechanik (20), De Pythagoreis (22) und die drei Bücher Probleme (24). Selbst wenn dieser Teil des Katalogs an eine falsche Stelle versetzt wurde, wie Baumstark annimmt und was an sich nicht unmöglich ist, hängt die Vermutung, daß es sich dabei um ἀντιλεγόμενα handelt, d. h. um Schriften, deren Echtheit angezweifelt wurde, völlig in der Luft: Im Katalog selbst findet sich nicht die geringste Andeutung, daß die Authentizität der Hypomnemata, die Andronikos aufzählte, umstritten war[107]. Wir müssen also zugeben, daß die Anordnung des Schlußteils des Katalogs in mancher Hinsicht unerklärt bleibt; die Unterscheidung einer Gruppe von μεταξύ und einer anderen von μερικά erscheint zwar als plausibel, dieser Teil ist aber derart in Unordnung geraten, vielleicht infolge mehrerer späterer Nachträge, daß die Wiederherstellung der ursprünglichen Disposition ein hoffnungsloses Unterfangen bedeuten würde.

Vergleicht man diese Beobachtungen am Ptolemaios-Katalog mit den Angaben der Neuplatoniker über die Einteilung der aristotelischen Schriften, so leuchtet es ein, daß Katalog und Einteilung sich nicht auf ein und denselben Urheber zurückführen lassen. Gewiß, im Katalog lassen sich einige der Rubriken wiedererkennen, die in der διαίρεσις begegnen. Niemand wird bestreiten, daß der Pinakograph die dialogisch-

---

[106] Baumstark 90—96.

[107] Baumstarks Argumentation (S. 90) überzeugt nicht. Seine griechische Retroversion der arabischen Angaben über die andronikischen Hypomnemata lautet zwar (S. 104): ἔστι δὲ καὶ ὑπομνηματικά τινα, ἃ ἀθετοῦσι (Baumstark schreibt ἀτεθοῦσι) μέν τινες, εὑρήσεις δ' αὐτῶν τάς τ' ἀρχὰς κτλ., darin sind jedoch die Worte ἃ ἀθετοῦσι μέν τινες eine rein willkürliche Ergänzung, für welche die arabischen Vorlagen gar keinen Anhaltspunkt bieten.

exoterischen Schriften, die Lehrschriften, die Hypomnemata, möglicherweise auch die μεταξύ und die μερικά jeweils unter einer Rubrik zu gruppieren versucht hat oder daß seine Klassifizierung der Lehrschriften wenigstens zum Teil mit der neuplatonischen übereinstimmt. Daß die Reihenfolge der Gruppen und der Unterteile nicht dieselbe im Katalog und in der διαίρεσις ist, wird auch nicht besonders stören, denn die διαίρεσις will eine rein logische Systematisierung sein. Ihr Ziel ist es nicht gewesen, die Schriften nach dem Grad ihrer literarischen Ausarbeitung oder nach ihrem Platz im Unterrichtsprogramm zu ordnen. Diese Gesichtspunkte haben aber bei der Abfassung des Katalogs offenbar eine gewisse Rolle gespielt.

Bedeutsamer sind andere Unterschiede zwischen Einteilung und Katalog.

1. In den Hypomnemata unterscheidet die διαίρεσις zwischen einthematischen (μονοειδῆ) und mehrthematischen (ποικίλα). Der Pinakograph scheint diesen Unterschied nicht zu kennen oder nicht zu berücksichtigen: Er ordnet die Hypomnemata alphabetisch an.

2. Als Beispiel für die μεταξύ nennen die Neuplatoniker die Tier- und Pflanzengeschichten neben den Staatsverfassungen. Im Katalog begegnet die Tiergeschichte unter den akroamatischen Schriften (Nr. 49).

3. In der Rubrik der theoretischen Schriften bilden die Mathematika den Neuplatonikern zufolge eine besondere Untergruppe, für welche die μηχανικά, einmal wahrscheinlich auch περὶ ἀτόμων γραμμῶν als Beispiele angeführt werden[108]. Im Katalog fehlte die Untergruppe Mathematik. Mechanik und De lineis erscheinen jedoch im zweiten Teil des Katalogs (hypomnematische Schriften?) unter den Nr. 20 und 11.

4. In der διαίρεσις werden Rhetorik und Poetik als Bestandteile des Organon angeführt. Im Katalog erscheinen sie hinter den praktischen Schriften: Der Pinakograph hat sie entweder als eine spezielle Gruppe (ποιητικά) behandelt oder — was weniger wahrscheinlich ist — den praktischen Schriften zugeordnet. Bei solchen Unterschieden wird man kaum annehmen können, daß die beiden Dokumente aus derselben Quelle stammen. Es ist auch kaum möglich, der Behauptung Dürings beizupflichten, daß der Dozent, der die διαίρεσις vortrug, eine Liste der aristotelischen Schriften vor sich liegen hatte, wahrscheinlich den Katalog des Andronikos, der uns durch Ptolemaios und die arabische Tradi-

---

[108] Simpl., Cat. 4, 25—26. Philop., Cat. 5, 4—6. Olymp., Cat. 7, 33. Elias, Cat. 116, 11—12.

tion überliefert wurde, und daß seine Kommentare sich direkt auf diese Liste bezogen[109]. Zumindest müßte man dann annehmen, daß die Neuplatoniker sich in nicht unwesentlichen Punkten vom Katalog distanziert, neue Gruppierungen vorgenommen und sich andere Beispiele für die einzelnen Rubriken ausgedacht haben. Das Kernproblem bleibt jedoch von dieser Erklärung unberührt. Es fragt sich nämlich, ob der Katalog im wesentlichen auf Andronikos zurückgeht. Um nachzuweisen, daß Ptolemaios die Liste des Andronikos mit geringfügigen Änderungen wiedergibt, haben mehrere Gelehrte auf eine weitere Eigentümlichkeit des ptolemäischen Katalogs hingewiesen, bei der wir etwas länger verweilen wollen.

5. In der διαίρεσις werden die Schriften des Organon in der bis heute üblichen Reihenfolge angeführt: Kategorien, De interpretatione, Erste und Zweite Analytik, Topik, Sophistici Elenchi. Auch in den speziellen Einleitungen zu den Kategorien und anderen logischen Schriften wird diese Reihenfolge angegeben bzw. vorausgesetzt. Bei Ptolemaios dagegen findet man die Anordnung Kategorien, De interpretatione, Topik, Erste und Zweite Analytik, Sophistici Elenchi[110]. Littig scheint dieser Eigentümlichkeit des Katalogs keine besondere Bedeutung beigemessen zu haben. Erst Baumstark machte darauf aufmerksam. Zur merkwürdigen Stellung der Topik schrieb er[111]: „Was die τοπικά anlangt, ist immerhin daran zu erinnern, daß auch Andronikos — und zwar nach dem Vorgange noch älterer Peripatetiker — sie unmittelbar vor die Ἀναλυτικά gestellt zu haben scheint, wenn er, die Echtheit von περὶ ἑρμηνείας verwerfend, für die κατηγορίαι den Titel πρὸ τῶν τόπων verteidigte". Derselben Beobachtung bediente sich Plezia, um Littigs These zu widerlegen, nach welcher Andronikos selbst dem Ptolemaios nicht vorgelegen habe, sondern von diesem nur indirekt benutzt worden sei[112]. Andronikos, so erklärt Plezia, stellte die Kategorien vor die Topik, andererseits athetierte er De interpretatione. Sein Organon umfaßte also Kategorien, Topik, Erste Analytik, Zweite Analytik, Soph. El. Ptolemaios kannte die spätere Anordnung (Cat., Int., Anal. pr., Anal. post., Top., Soph. El.), wollte jedoch von seiner Vorlage Andronikos nicht zu stark abweichen; er begnügte sich also damit, die nunmehr für echt gehaltene Schrift De inter-

---

[109] I. Düring, Biogr. trad. 445.
[110] So Ibn Abī Uṣaibiʿa. Bei al-Qifṭī, der oft Lücken hat, sind die Kategorien und die Topik ausgefallen.
[111] Syr.-arab. Biogr. 75.
[112] Vgl. Littig, Andron. I 34; II 25.

pretatione zwischen Kategorien und Topik einzuschieben[113]. Diese Erklärung macht sich Düring zu eigen. Diese scheinbar unwichtige Kleinigkeit, schreibt er, zeigt, wie eng Ptolemaios sich dem Andronikos anschloß[114].

Leider bricht die hübsche Kombination zusammen, wenn man
die Texte genauer ansieht. Niemals hat Andronikos den Titel πρὸ τῶν
τόπων für die Kategorien verteidigt, niemals hat er eine Placierung der
Topik gleich hinter den Kategorien befürwortet! Unsere Quellen berichten lediglich, daß er die Meinung vertrat, die Postprädikamente
seien an ihrer merkwürdigen Stelle, hinter den Kategorien, von jemandem
eingeschoben worden, der die Kategorien als πρὸ τῶν τόπων bezeichnete.
Urheber des Titels ist zweifellos nicht Andronikos, sondern jemand, den
er kritisiert und für den Einschub der Postprädikamente verantwortlich
macht[115]. Wir wissen ferner, daß die Disposition Kategorien — Topik,
die Andronikos bereits kannte und kritisierte, später von keinem geringeren als Adrastos befürwortet wurde und daß derselbe Adrastos die
Kategorien als πρὸ τῶν τοπικῶν bezeichnete[116]. Da nun Adrastos ein
Buch über die Anordnung der Philosophie des Aristoteles geschrieben
hatte, in dem er die Topik hinter die Kategorien stellte, dürfte man vielleicht vermuten, daß Ptolemaios aus Adrastos schöpfte, sich von diesem
aber dadurch absetzte, daß er die Hermeneutik zwischen Kategorien und
Topik einschob. Diese Hypothese befriedigt jedoch nicht ganz. Adrastos
hielt περὶ ἑρμηνείας zweifellos für echt. Wo placierte er diese Schrift?
Kann man andererseits annehmen, daß er die Sophistischen Widerlegungen von der Topik trennte und sie hinter die Zweite Analytik stellte,
d. h. dorthin, wo sie bei Ptolemaios stehen? Dies ist äußerst unwahrscheinlich. Die Befürworter der Reihenfolge Kategorien — Topik scheinen nämlich ihre Disposition des Organon mit folgender Überlegung begründet zu haben: Zuallererst müsse sich der Schüler die Kenntnis der
einfachen Termini durch die Kategorienschrift aneignen. Dann sei es sinnvoll, noch vor der apodiktischen Methode und den ihr notwendig vorausgehenden Syllogismen und Sätzen die Methode zu lernen, die mit dem Anerkannten und dem Glaubhaften operiert[117]; Dialektik und Sophistik sollten

---

[113] M. Plezia, De Andron. stud. 5.
[114] Biogr. trad. 244.
[115] Näheres darüber unten S. 99 spp. Bereits C. A. Brandis, Abh. Akad. d. Wiss.
Berlin 1833, 268 und 273 hatte dies richtig erkannt.
[116] Simpl., Cat. 15, 27—16, 16. Vgl. Brandis, Op. cit. 277 und unten Bd. II.
[117] Simpl., Cat. 16, 3—13.

vor der Apodiktik vermittelt werden, die Beschäftigung mit dem Notwendigen und dem Wahren habe auf die Beschäftigung mit dem Glaubhaften zu folgen[118]. Wenn aus dieser Begründung auf die von Adrastos empfohlene Disposition des Organon geschlossen werden darf, kann diese nur die folgende gewesen sein: Kategorien mit Postprädikamenten, Topik, Sophistici Elenchi, De interpretatione, Erste Analytik, Zweite Analytik. Sie weicht aber von der ptolemäischen so stark ab, daß man sie kaum als deren Quelle betrachten kann.

Wir können jetzt die Hauptergebnisse der Untersuchung zusammenfassen.

Die Angaben des Porphyrios über die editorische Tätigkeit des Andronikos haben sich im großen und ganzen als richtig erwiesen. Den antiken Verzeichnissen aristotelischer Schriften lassen sich nämlich Indizien entnehmen, die diese Angaben in wesentlichen Punkten bestätigen. Andronikos hat z. B. kleinere, vor ihm noch selbständige Abhandlungen zu größeren Traktaten vereinigt, und manche dieser Traktate hat er mit neuen Titeln versehen. Der Umfang seiner Ausgabe läßt sich allerdings schwerlich bestimmen. Neben den Lehrschriften hat er wahrscheinlich nur vorher noch unbekannte Privatdokumente herausgegeben. Sicher ist auf jeden Fall, daß zumindest Teile des Corpus schon vor ihm zugänglich waren und daß seine Ausgabe nicht als *editio princeps* des Corpus und nicht einmal aller Lehrschriften angesehen werden kann. Andronikos stellte auch Pinakes der Schriften des Aristoteles auf; es handelte sich allem Anschein nach um ein systematisch gegliedertes Verzeichnis aller ihm irgendwie bekannten Schriften des Stagiriten. In besonderen Notizen war die Disposition des Verzeichnisses erläutert und begründet. Gelegentlich fanden sich auch Bemerkungen über Titel, Echtheit, Inhalt und Aufbau der einzelnen Schriften.

Die Analyse der neuplatonischen Einteilungen des Corpus aristotelicum hat gezeigt, daß wir es dabei nicht mit einer getreuen Wiedergabe der von Andronikos durchgeführten Klassifizierung zu tun haben, daß es aber auch verkehrt wäre, diese Einteilungen für rein neuplatonische Elaborate zu halten. Obwohl diese διαιρέσεις erst in neuplatonischer Zeit ihre jetzige Form erhalten haben, wurzeln sie in einer viel älteren Tradition; das hohe Alter mehrerer ihrer Bauelemente läßt sich noch einwandfrei nachweisen, und von einigen von ihnen kann man sogar mit gutem Grund annehmen, daß sie in den Pinakes des Andronikos begegneten.

[118] Ps.-Alex. = Michael Ephes., Soph. El. 3, 16—19.

Der bei arabischen Autoren erhaltene und einem gewissen Ptolemaios zugeschriebene Katalog der Aristotelesschriften ist sicher später als die analoge Arbeit des Andronikos, auf die er verweist, entstanden. Daß er aber nur eine verkürzte Fassung des Andronikos-Verzeichnisses sei, wie oft angenommen wurde, scheint zumindest sehr fraglich zu sein. Trotz späterer beabsichtigter oder rein zufälliger Entstellungen ist die Disposition des Ptolemaios-Katalogs noch einigermaßen erkennbar. Nun weist diese Disposition nur entfernte, wenig charakteristische Ähnlichkeiten mit den neuplatonischen Einteilungen auf, und ihre Berührungspunkte mit dem, was wir sonst über Andronikos' Verzeichnis wissen, sind so allgemeiner Natur, daß sie nicht auf ein Abhängigkeitsverhältnis schließen lassen. Selbst die Aufzählung der Lehrschriften bei Ptolemaios kann kaum auf Andronikos zurückgehen, es sei denn, daß man rein hypothetisch mit einer Anzahl von Zwischenquellen rechnet, die zwischen Andronikos und Ptolemaios Disposition und Inhalt dieser Rubrik völlig geändert hätten. Ebensowenig stellt die Anordnung der Traktate des sogenannten Organon bei Ptolemaios ein Indiz dafür dar, daß Andronikos die Quelle des Ptolemaios gewesen sei: Die Analyse der diesbezüglichen antiken Zeugnisse zeigt nämlich, daß die Argumentation der Vertreter dieser These einfach auf einem Mißverständnis beruht. Das Wenige, was wir von der Monographie des Adrastos wissen, scheint ebenfalls gegen die Hypothese zu sprechen, daß der Ptolemaios-Katalog eine von Adrastos leicht umgearbeitete Fassung des Andronikos-Verzeichnisses sei.

Abschließend müssen wir also feststellen, daß nur noch einige wenige Details der bahnbrechenden editorischen und pinakographischen Arbeiten des Andronikos genau faßbar sind. Sehr wahrscheinlich enthalten jüngere Quellen, etwa die neuplatonischen διαιρέσεις und vielleicht auch der Ptolemaios-Katalog, weitere Spuren dieser Arbeiten. Im Laufe der Jahrhunderte wurden sie aber von so vielen Elementen anderer Provenienz überdeckt und möglicherweise auch entstellt, daß sie sich heute nicht mehr identifizieren lassen.

ZWEITER TEIL

DIE ÄLTESTEN KOMMENTATOREN

1. Andronikos von Rhodos

A. Paraphrase der Kategorien

Auf den ersten Seiten seines wertvollen Kommentars zu den Kategorien zählt Simplikios eine ganze Reihe von Peripatetikern und Nicht-Peripatetikern auf, die sich mit dieser Schrift des Aristoteles befaßt haben. Der Name des Andronikos erscheint nicht auf dieser Liste, was man ganz besonders deswegen bedauern wird, weil Simplikios die von ihm genannten Werke kurz, aber präzis charakterisiert: Wir hören z. B., daß die einen sich auf die Erklärung des Wortlautes beschränkten, während andere sich mehr oder weniger ausführlich mit der Deutung des Inhaltes beschäftigten; andere widmeten sich darüber hinaus der philosophischen Problematik des Werkes; andere wieder versuchten, möglichst viele Einwände gegen die Behauptungen des Aristoteles zu erheben, teils aus Feindschaft gegen die peripatetische Lehre, teils um durch die Lösung der Aporien zu einem tieferen Verständnis dieser Lehre zu gelangen. Das Schweigen des Simplikios über Andronikos an dieser Stelle erklärt sich vielleicht dadurch, daß Vollständigkeit keineswegs angestrebt wird[1]. Wahrscheinlicher aber ist, daß Simplikios, obwohl ihm sonst sehr viele Quellen zur Verfügung standen, das Werk des Andronikos nicht mehr einsehen konnte[2]: So gut wie sicher verdankt er die meisten seiner Angaben über ihn dem großen, heute verschollenen, einem gewissen Gedalios gewidmeten Werke des Porphyrios über die Kategorien, das eine der Hauptquellen des simplikianischen Kommentars bildet[3]. Auch bei Iamblich, dessen Kommentar er weitgehend benutzte und sogar abschrieb[4], fand Simplikios einiges über Andronikos vor; wir wissen allerdings nicht, ob Iamblich mehr zu bieten hatte als er seiner Hauptquelle,

---

[1] Das geht z. B. aus der Angabe 1, 14 Ἀλέξανδρος καὶ Ἑρμῖνος καὶ ὅσοι τοιοῦτοι hervor.

[2] Vgl. 3, 2sqq.

[3] 2, 5sqq. Vgl. K. Praechter, Nikostratos, in: Hermes 57 (1922) 503—508.

[4] 3, 3—10.

Porphyrios[5], entnehmen konnte[6]. Im 6. Jh. war es also nicht mehr möglich, sich eine genauere Vorstellung vom Werke des Andronikos zu
machen, und Simplikios selber war nicht mehr in der Lage, dieses ihm
nur fragmentarisch und aus zweiter Hand bekannte Werk in die Aufzählung seiner Vorgänger sinnvoll einzuordnen.

Daß Andronikos über die Kategorien geschrieben hatte, läßt sich jedoch nicht bestreiten. Die Berichte des Simplikios und anderer setzen
aller Wahrscheinlichkeit nach eine Art Monographie über die Kategorien
voraus und lassen sich schwer mit Littig auf das allgemeinere Werk zurückführen, das Andronikos der Einteilung und Ordnung des aristotelischen Corpus gewidmet hatte[7]. Es fragt sich aber, in welcher Form und
mit welcher Tendenz diese Kategorienschrift abgefaßt war. Simplikios,
der Andronikos unter den alten Kommentatoren der Kategorien[8] erwähnt, bezeichnet sein Werk als eine Paraphrase[9], sicher mit Recht, denn
Andronikos hatte sich zweifellos bemüht, wie sich noch zeigen wird, den
Gedankengang der aristotelischen Schrift mit anderen, das Verständnis
erleichternden Worten wiederzugeben. Dennoch hörte seine Tätigkeit
nicht damit auf; kritische Betrachtungen begleiteten diese paraphrasierende Aufschlüsselung des Werkes. Es ist nämlich sehr charakteristisch
für Andronikos, daß er bei weitem nicht alles billigt, was Aristoteles geschrieben hat. Im Gegensatz zu vielen späteren griechischen und lateinischen Kommentatoren, die stillschweigend von der Voraussetzung
ausgehen, Aristoteles irre nie und es komme nur auf die richtige Deutung
seiner Worte an, scheut er sich nicht, sich von seiner Vorlage mit Ent-

---

[5] 2, 9—15.
[6] Daß Simplikios und seine Zeitgenossen das Kategorienwerk des Andronikos nur
über Porphyrios und Iamblich kennen, hat M. Plezia, De Andron. stud. 6—10
und 15—16 einwandfrei nachgewiesen.
[7] F. Littig, Andron. II, Progr. Erlangen 1894, 20sqq. meint, daß Andronikos die
Logik im zweiten Buch seines systematischen Überblicks über die ganze Philosophie des Aristoteles behandelte. „Auch einzelne Lesarten scheinen gelegentlich
zur Sprache gekommen zu sein." Zu den übrigen Schriften des Andronikos zählt
er jedoch eine Paraphrase zu den Kategorien (ibid. 31—32). Daß Andronikos
einen Kommentar zu den Kategorien verfaßt habe, lasse sich aber nicht nachweisen; die zahlreichen Bemerkungen zum Text und zur Erklärung der Kategorien, die Simplikios anführt, könnten sehr wohl dem ausführlichen Kommentar
des Boethos zu dieser Schrift entstammen: Die betreffenden Äußerungen hatte
Boethos aus dem Munde seines Lehrers Andronikos (ibid. 32. Vgl. auch F. Littig,
Andron. III, Progr. Erlangen 1895, 1).
[8] 159, 31 παλαιοὶ τῶν κατηγοριῶν ἐξηγηταί.
[9] 26, 17 Ἀνδρόνικος παραφράζων τὸ τῶν κατηγοριῶν βιβλίον; auch 30, 3.

schiedenheit zu distanzieren, auf Schwierigkeiten hinzuweisen, andere
Gesichtspunkte zu vertreten, angeblich bessere Einteilungen vorzu-
schlagen u. dgl. Bei der Analyse der Fragmente gewinnt man den Eindruck, das Philosophieren reduziere sich für ihn nicht auf Verständnis,
Deutung und Vermittlung der aristotelischen Lehre, sondern bestehe vielmehr in einer kritisch-schöpferischen und durchaus selbständigen Auseinandersetzung mit ihr. Von jener pietätvollen Ehrfurcht, die Spätere
vor Text und Gehalt des Corpus empfinden, lassen sich bei ihm so gut
wie keine Spuren nachweisen. Die Kritik bleibt jedoch maßvoll und weitgehend konstruktiv; sie will offenbar nur im Dienste der Wahrheit
stehen und ist frei von der oft ungerechten, ja böswilligen Voreingenommenheit, mit der etwa ein Xenarchos die Lehre vom „ersten Körper"
angriff oder Lucius und Nikostratos ihre Einwände gegen die Kategorien systematisch anhäuften.

Wie frei Andronikos mit dem Überlieferten umgehen konnte, zeigen
unter anderem seine Athetese der Hermeneutik[10] und seine Behauptung,
daß die sogenannten Postprädikamente (d. h. die Kapitel 10—15 der
Kategorien) nicht zur eigentlichen Kategorienschrift gehören. Ob er die
Postprädikamente für unecht hielt, läßt sich den Angaben des Boethius
und des Simplikios nicht mit Sicherheit entnehmen. Wir hören lediglich,
daß er die These vertrat, Aristoteles könne es nicht gewesen sein, der
diese Kapitel an die Kategorien angehängt habe; diese Disposition gehe
auf jemanden zurück, der die Kategorienschrift als ‚Vor der Topik' bezeichnete und meinte, die Lehre von den Postprädikamenten sei zum
Verständnis der Topik ebenso unentbehrlich wie die Kategorienlehre
selbst. Andronikos war dagegen der Ansicht, daß das Exposé der Topik
in sich klar genug ist und weder der Kategorien noch der Postprädikamente als Einführung bedarf[11]. Diesen Thesen des Andronikos schlossen
sich spätere Exegeten allerdings nicht an; um die Argumentation des
Rhodiers zu entkräften und die herkömmliche Disposition der Kategorien in Schutz zu nehmen, hoben sie die enge innere Verbindung der Kategorien und der Postprädikamente mit der Topik hervor[12]. Wir be-

---

[10] Vgl. unten S. 117sqq.

[11] Irrtümlich M. Plezia, De Andron. stud. 5: *Andronicus Categorias ante Topica
posuit.*

[12] Simpl., Cat. 379, 8—12 τινὲς μὲν γάρ, ὧν καὶ Ἀνδρόνικός ἐστιν, παρὰ τὴν
πρόθεσιν τοῦ βιβλίου προσκεῖσθαί φασιν ὑπό τινος ταῦτα τοῦ τὸ τῶν κατηγοριῶν
βιβλίον Πρὸ τῶν τόπων ἐπιγράψαντος, οὐκ ἐννοοῦντες οὗτοι, πόσην χρείαν οὐ τῇ
τοπικῇ πραγματείᾳ μόνον ἀλλὰ καὶ τῷ περὶ τῶν κατηγοριῶν λόγῳ εἰσάγει τὰ

sitzen Zeugnisse darüber, daß Adrastos von Aphrodisias (2. Jh. n. Chr.)
die Kategorien als πρὸ τῶν τόπων bezeichnete und die Topik unmittelbar hinter die Kategorien stellen wollte[13]. Es ist aber durchaus denkbar,
daß er dies nicht als erster tat; bereits vor Andronikos empfahl jemand

εἰρημένα. Ähnlich, allerdings ohne Namensnennung, aber mit deutlichem
Hinweis auf die Unechtheit Ammon., Cat. 14, 18—20 τινὲς δὲ εἰρήκασι ταῦτα
προσγεγράφθαι νόθα ὑπὸ τῶν βουλομένων ἀναγιγνώσκεσθαι τοὺς τόπους μετὰ
τὰς κατηγορίας· εὐθέως ἀμέλει τοι καὶ τὸ προκείμενον βιβλίον οὕτως ἐπιγράφουσι
πρὸ τοὺς τόπους. Boethius, In Cat. IV, 263 B 3sqq., Migne PL 64. Es ist das
Verdienst von G. Pfligersdorffer, Andronikos von Rhodos und die Postprädikamente bei Boethius, in: Vigil. Christ. 8 (1953) 98—115 auf die Unverständlichkeit
des Boethius-Referats in der Migne'schen Textgestaltung hingewiesen zu haben.
Daß Pfligersdorffers Konjekturen nicht stichhaltig sind, hat J. Shiel, Boethius
and Andronicus of Rhodos, in: Vigil. Christ. 11 (1957) 179—185 überzeugend
nachgewiesen. J. Shiel hat über 20 Handschriften des Boethius herangezogen
und den Text wie folgt wiederhergestellt: *Sed Andronicus hanc esse adiectionem
Aristotelis non putat, simulque illud arbitratur idcirco ab eo fortasse hanc adiectionem
(de oppositis et de his quae simul sint et de priore et de motu et de aequivocatione
habendi) esse factam, qui hunc libellum Ante Topica ⟨in⟩scripserit, quod haec ad
illud opus necessaria esse putaverit sicut ipsae Categoriae prosint ad scientiam
Topicorum, hanc quidem ignorans (scilicet sufficienter in Topicis, quantum ad
argumenta pertinebat, et de his omnibus quae adiecta sunt et de praedicamentis
fuisse propositum). Sed haec Andronicus. Porphyrius vero* ... Zwischen den drei
Referaten, die wohl auf Porphyrios zurückgehen, gibt es also keinen Widerspruch.
Boethius gibt Andronikos' Argumentation vollständiger als Simplikios wieder,
und Simplikios fügt ein Argument gegen Andronikos und seine Anhänger hinzu.
— Von Andronikos' These offenbar beeindruckt, verteilte Ps.-Archytas den
Stoff der Kategorien auf zwei Schriften, περὶ τοῦ καθόλου λόγου und περὶ ἀν-
τικειμένων. Vgl. Th. A. Szlezák, Pseudo-Archytas über die Kategorien, 1972,
15; 142.

[13] Simpl., Cat. 15, 36 — 16, 4 (Adrastos war es, der die Reihenfolge Kategorien —
Topik empfahl). Schol. anon. in Arist. Cat. 32b 36—38 Brandis (Adrastos
nannte die Kategorien πρὸ τῶν τόπων wegen der Zusammengehörigkeit des
letzten Teiles der Kategorien mit der Topik). Die Angabe des Elias, Cat. 132,
26—133, 6, laut welcher Archytas von Tarent (d. h. natürlich Ps.-Archytas)
die Kategorien als πρὸ τῶν τόπων bezeichnete, geht auf eine Verwechslung
zurück. Als Urheber dieses Titels nennt aber Elias, Cat. 241, 30—34 den
Herminos. Daß die Kategorien bisweilen πρὸ τῶν τόπων genannt wurden,
bezeugen ohne Namensnennung Porph., Cat. 56, 14—31. Ammon. Cat. 14,
18—20. Olymp., Proleg. 22, 34—36 (vgl. Olymp., Cat. 133, 8—136, 36).
Boethius, In Cat. I, 162 C, Migne PL 64. — Alex., Top. 5, 27—28 berichtet,
daß auch das erste Topik-Buch den Titel πρὸ τῶν τόπων führte. — Daß
Porphyrios und vor ihm Alexander sich mit dem Problem des Titels der
Kategorien befaßt hatten, erfahren wir bei Dexipp, Cat. 5, 30—6, 6. Vgl.
P. Moraux, Listes anciennes 62 Anm. 84.

dieselbe Disposition und verlieh den Kategorien den Titel πρὸ τῶν τόπων. Das bei Diogenes Laertios überlieferte Schriftenverzeichnis, das
zweifellos vorandronikisch ist, weist einen Titel τὰ πρὸ τῶν τόπων α'
(Nr. 59) auf, in dem man vielleicht die Kategorien erkennen darf[14]. Die
Argumentation des Andronikos setzt auf jeden Fall voraus, daß bereits vor ihm gewisse Versuche zu einer sinnvollen Gruppierung der
Schriften des Aristoteles unternommen worden waren. Wie wir bereits
früher sahen, darf man sich die Aristoteles-Ausgabe des Rhodiers nicht
als eine *princeps* im absoluten Sinne des Wortes vorstellen. Auf der anderen Seite muß hervorgehoben werden, daß seine Empfehlung, die Postprädikamente von den Kategorien loszulösen und vielleicht für unecht
zu erklären, sich nicht durchgesetzt hat: Für die späteren Generationen
ist seine Ausgabe zweifellos nicht in jeder Hinsicht maßgebend gewesen.

Von der Art und den Tendenzen des Paraphrasierens des Andronikos
können wir uns leicht eine Vorstellung machen, wenn wir seine Textgestaltung dem aristotelischen Original gegenüberstellen.

Aristoteles 1a 1—2	Andronikos[15]
	Τῶν λεγομένων τὰ μὲν ἄνευ συμπλοκῆς λέγεται, τὰ δὲ μετὰ συμπλοκῆς· καὶ τῶν μὲν ἄνευ
Ὁμώνυμα λέγε-	συμπλοκῆς ὁμώνυμα μὲν λέγε-
ται, ὧν ὄνομα μόνον κοινόν,	ται, ὧν ὄνομα μόνον ταὐτόν,
ὁ δὲ κατὰ τοὔνομα λόγος τῆς	ὁ δὲ κατὰ τοὔνομα λόγος
οὐσίας ἕτερος.	ἕτερος.

Den Anfang seiner Paraphrase entnimmt er dem Beginn des 2. Kapitels der Kategorien (1 a 16—17), offenbar um die Ausführungen über

---

[14] In meinen Listes anciennes 58—65 kannte ich nur den fehlerhaften Text von
Boethius und konnte deswegen seine Übereinstimmung mit Simplikios nicht
wahrnehmen. Da diese Referate über Andronikos nunmehr klar geworden sind,
scheint mir heute der Titel πρὸ τῶν τόπων für die Kategorien zweifellos
vorandronikisch zu sein. Adrastos hat sich also einer längst vor ihm vertretenen
Meinung angeschlossen. — Daß die Titel κατηγοριῶν α' und περὶ ἑρμηνείας α'
(Nr. 141—142) in der Diogenes-Liste an falscher Stelle stehen und eine
spätere Ergänzung darstellen, habe ich in meinen Listes anciennes 131 und
187 sqq. nachzuweisen versucht.

[15] Rekonstruiert anhand von Simpl., Cat. 21, 22—24; 26, 18—19; 30, 3—5. Dexipp.,
Cat. 21, 18—19.

Homonyme, Synonyme und Paronyme deutlicher einzuordnen und als relevant für eine Abhandlung über die ἄνευ συμπλοκῆς, die in den Kategorien behandelt werden, nachzuweisen. Andronikos war nicht der einzige, der auf diese Weise den abrupten Anfang der Schrift nach Möglichkeit mildern und eine Rechtfertigung der dortigen Erörterungen erzielen wollte: In den alten Bibliotheken, berichtet Ammonios[16], gab es zwei Fassungen der Kategorien, die unsere und eine andere, die folgendermaßen anfing: τῶν ὄντων τὰ μὲν ὁμώνυμα λέγεται, τὰ δὲ συνώνυμα. Diese Fassung war offensichtlich eine Paraphrase, deren Verfasser meinte, die Unterscheidung von Homonymen, Synonymen und Paronymen beziehe sich nicht auf die λεγόμενα, sondern auf die ὄντα[17]. Andronikos spricht nicht von einem *gemeinsamen*, sondern von *demselben* Namen für die Homonyme[18], sicher um das mehrdeutige κοινόν[19] durch ein präziseres Wort zu ersetzen. Daß er schließlich in seiner Paraphrase die Worte τῆς οὐσίας überspringt, zeigt wohl, daß er denselben Anstoß daran genommen hatte, wie Nikostratos zwei Jahrhunderte später: Die Homonymie sei keineswegs auf die Kategorie der οὐσία beschränkt, sondern finde sich auch in den anderen[20]. Wie aus diesem kleinen Beispiel deutlich wird, war also Andronikos bemüht, alles Unklare, Mehrdeutige, Irreführende durch leichter Verständliches, Eindeutigeres und weniger Anstößiges zu ersetzen und durch das Einschieben von neuen Sätzen oder Satzgliedern eine einleuchtendere Gliederung einzuführen. Es war wohl

---

[16] Ammon., Cat. 13, 20—23. Bereits Adrastos wußte von einer zweiten, unter dem Namen des Aristoteles überlieferten Kategorienschrift, die mit den Worten τῶν ὄντων τὸ μέν ἐστιν anfing (Simpl., Cat. 18, 16—21).

[17] Vgl. Cat. 2, 1a 20sqq.

[18] Das Wort κοινόν steht zwar bei Simpl. 21, 24, was wohl durch eine Beeinflussung durch den aristotelischen Wortlaut zu erklären ist, ταὐτόν ist jedoch durch Simpl. 26, 19 und 30, 5 einwandfrei bezeugt.

[19] Simpl., Cat. 26, 11—20. Vgl. Dexipp., Cat. 18, 34—19, 16. Porph., Cat. 62, 17—33. Ammon., Cat. 19, 9—14.

[20] Simpl., Cat. 29, 24—30, 5. Da Porphyrios diese Worte im Kommentar des Boethos nicht berücksichtigt fand, schloß er, daß die von ihm benutzten Handschriften sie nicht aufwiesen (Simpl. 29, 29—30, 3). Diese philologische Deduktion hat Dexippos, Cat. 21, 18—19 zur Sicherheit erhoben: Boethos und Andronikos hätten darauf hingewiesen, daß nicht alle Aristoteleshandschriften die umstrittenen Worte enthielten. Mit den Ausführungen der griechischen Kommentatoren (Porphyrios, Dexippos, Ammonios, Philoponos, Olympiodoros, Simplikios und Elias) über die aristotelische Definition der Homonyme befaßt sich J. P. Anton, Ancient Interpretations of Aristotle's Doctrin of *Homonyma*, in: Journ. of the History of Philos. 7 (1969) 1—18.

nicht seine Absicht, den Wortlaut des Originals durch Konjekturen und Korrekturen zu verbessern, sondern vielmehr neben dem aristotelischen Urtext ein Hilfsmittel für ein leichteres und besseres Verständnis dieses Urtextes zu schaffen. Ein ähnliches Ziel hat der Verfasser der bereits erwähnten zweiten Fassung der Kategorien verfolgt und, wenige Jahrzehnte nach Andronikos, ebenfalls Nikolaos von Damaskos, der eine paraphrasierende Fassung der Schrift De caelo (oder wenigstens bestimmter Teile davon) besorgte[21].

Der Wille des Andronikos, das nicht Befriedigende zu eliminieren und durch Besseres zu ersetzen, zeigt sich nicht nur in den Bemühungen um die Verdeutlichung des Textes durch die Paraphrase, sondern auch und vor allem in der Auseinandersetzung mit dem philosophischen Gehalt des Traktates. Der Rhodier wird unter denjenigen genannt, die die Zehnzahl der Kategorien für zu groß hielten: Wie Xenokrates habe er die Ansicht vertreten, sie ließen sich alle auf das An-sich und die Relation zurückführen[22]. Wäre diese Nachricht wörtlich zu nehmen, so würde sie zweifellos die stärkste Kritik enthalten, die Andronikos an der aristotelischen Kategorienlehre überhaupt üben konnte. Aber wir dürfen uns nicht über ihre wirkliche Tragweite täuschen. Fest steht z. B., daß Andronikos Kategorien wie Qualität, Quantität usw. als selbständige Kategorien behandelt hat und daß die Kategorie der Relation, die er ebenfalls erörterte, für ihn keine übergeordnete, sondern eine den anderen gleichberechtigte Kategorie war[23]. Ferner findet sich in den Erörterungen zur Qualität, Quantität u. dgl. nicht der geringste Hinweis darauf, daß sie sich auf die Relation reduzieren lassen. Dazu kommt noch, daß nach Simplikios' eigenen Worten Andronikos die aristotelische Zehnzahl der Kategorien beibehalten hatte[24]. Die fragliche Nachricht kann daher kaum etwas anderes bedeuten, als daß er in den 10 Kategorien zwei Hauptgruppen zu unterscheiden vorschlug, die des An-sich-Seienden, also die Substanz, und die des Nur-im-Zusammenhang-mit-etwas-anderem-Seienden, des Akzidens. Diese Präzisierung war um so wichtiger, als sie in den Kategorien nicht expressis verbis erfolgte. Die Verwendung des Ausdrucks πρός τι bei Simplikios zur Bezeichnung der zweiten Gruppe geht lediglich darauf zurück, daß er Xenokrates und Andronikos nebenein-

---

[21] Auszug bei Simpl., De caelo 398, 36—399, 4, zu vergleichen mit Arist., De cael. II 3, 286a 12—15. S. darüber P. Moraux, Aristote, Du Ciel, Einl. CLXIII.

[22] Simpl., Cat. 63, 21—24. Vgl. Th. A. Szlezák, Ps.-Archytas 129; 141.

[23] Vgl. unten S. 107sqq.

[24] 342, 24—25.

ander nennt und sich der Terminologie des ersteren bedient, einer Terminologie, die für den Peripatetiker Andronikos besonders inadäquat war.

Vor der eigentlichen Behandlung der einzelnen Kategorien teilte Aristoteles das Seiende aufgrund des Verhältnisses der Begriffe zum Substrat ein, indem er zwischen dem von einem Substrat Prädizierten und dem in einem Substrat Existierenden unterschied. Dabei stellte er unter anderem folgende Grundregel auf[25]: „Wenn etwas von etwas anderem wie von einem Substrat prädiziert wird, dann läßt sich alles, was vom Prädikat prädiziert wird, auch vom Substrat aussagen. ‚Mensch' wird z. B. vom Einzelmenschen, und ‚Lebewesen' vom Menschen prädiziert. Also wird Lebewesen auch vom Einzelmenschen prädiziert werden". Die angeführten Beispiele, die Anwendung der Regel auf die sogenannten zweiten Substanzen etwas weiter unten[26] und die Ausführungen des 2. Kapitels deuten an, daß Aristoteles an die Zuschreibung von essentiellen Prädikaten (ἐν τῷ τί ἐστι κατηγορούμενα) dachte, und in diesem Sinne wurde die Stelle tatsächlich von vielen Kommentatoren interpretiert. Andronikos war jedoch der Meinung, daß nicht nur essentielle Prädikate, sondern auch andere, mit dem individuellen Subjekt sehr eng verbundene Eigenschaften von diesem wie von einem Substrat prädiziert werden und daher der oben angegebenen Prädikationsregel unterworfen sind. Von Sokrates sage ich z. B., daß er ein Philosoph ist, und da der Philosoph ein Wissender ist, kann ich sagen, daß Sokrates ein Wissender ist[27]. So unwichtig die Bemerkung des Andronikos auf den ersten Blick auch erscheinen mag, sie enthält einen schwerwiegenden Einwand gegen den in der kommentierten Schrift angegebenen Unterschied zwischen der Substanz und den übrigen Kategorien: Wenn das Prädiziertwerden vom Individuum ὡς καθ᾽ ὑποκειμένου nicht mehr ausschließlich bei den zweiten Substanzen, sondern auch bei solchen Eigenschaften begegnet wie *Musiker* (von Aristoxenos), *Athener, Philosoph* (von Sokrates), dann verlieren die im 2. Kapitel dargelegten Unterscheidungsmerkmale ihre Gültigkeit, und es wird bedeutend schwieriger, die Grenze zwischen Substanz und Qualität zu erkennen. Wie Andronikos mit dieser Schwierigkeit fertig wurde, wissen wir eigentlich nicht. Wir dürfen le-

[25] 3, 1b 10—15.
[26] 5, 2a 19—27.
[27] Simpl., Cat. 54, 8—16. Der Rest des Abschnittes, Zeilen 16—21, enthält einen Einwand dagegen und seine Beseitigung und bezieht sich wahrscheinlich nicht mehr auf Andronikos, sondern auf die anderen (ἄλλοι τινές), die mit ihm zusammen genannt worden waren.

diglich vermuten, daß seine Bemerkung durch die der Kategorienschrift fremde, in anderen Werken jedoch bezeugte Lehre von den συμβεβηκότα καθ᾽ αὐτά angeregt wurde. Auch Aristoteles hatte nämlich darauf hingewiesen, daß gewisse Eigenschaften, ohne dem Wesen eines Dinges zuzugehören, so eng von diesem Wesen abhängen, daß das Ding aufhören würde, das zu sein, was es ist, wenn sie nicht mehr vorhanden wären.

Inwieweit Andronikos sich in den Grundfragen der Ontologie von der Lehre der Kategorienschrift distanzierte, läßt sich allerdings heute nicht mehr feststellen. Überraschenderweise findet sich nämlich bei Simplikios, unserer Hauptquelle, gar keine Erwähnung des Rhodiers im Kommentar zu dem so wichtigen und in mancher Hinsicht so umstrittenen Kapitel über die Substanz. Waren seine Ausführungen über die Kategorie der οὐσία so wenig persönlich gefärbt, daß Porphyrios kein Bedürfnis empfand, sie für seine Schrift an Gedalios zu exzerpieren? Die scharfsinnige Kritik, die Andronikos an anderen, nicht so zentralen Lehren übt, macht eine solche Hypothese ziemlich unwahrscheinlich. Man wird eher vermuten, daß er in seiner Paraphrase dieses Kapitel absichtlich ausgespart hatte, weil er plante, in einem anderen Zusammenhang auf die aristotelische Substanzlehre systematisch einzugehen. Die Möglichkeit, daß ein Teil seiner Kategorienparaphrase ziemlich früh verloren ging, ist allerdings auch nicht a priori von der Hand zu weisen.

Wie dem auch sei, erst mit der Lehre von der Quantität setzen unsere Zeugnisse über die Paraphrase wieder ein. Unter anderen Beispielen für die kontinuierliche Quantität hatte Aristoteles die Zeit und den Ort genannt[28]. Lucius und Nikostratos, die in diesem Abschnitt an jedem Satz, ja fast an jedem Worte etwas zu beanstanden hatten[29], warfen ihm vor, er habe hier die Begriffe *Zeit* und *Ort* ohne jede vorherige Erläuterung verwendet, als wären sie dem Leser schon bekannt[30]. Und sie fuhren fort: „Andronikos hat vielleicht richtiger gehandelt, indem er aus Zeit und Ort eigene Kategorien machte und diesen das Wo und das Wann unterordnete[31]". Die Nachricht ist in doppelter Hinsicht interessant. Zunächst einmal, weil sie zeigt, daß erbitterte Gegner der aristotelischen Kategorienlehre die Schrift des Andronikos als Fundgrube für ihre eigenen Einwendungen benutzten; man kann daher vermuten, daß die Angaben über Andronikos bei Porphyrios nicht unbedingt aus dem Originalwerk, son-

---

[28] 6, 4b 24.
[29] Vgl. Simpl., Cat., von 127, 30 an.
[30] 133, 35—134, 1.
[31] 134, 5—7. Vgl. Th. A. Szlezák, Ps.-Archytas 15; 127.

dern nur oder teilweise aus Nikostratos stammten. Zum anderen, weil sie
ein gutes Beispiel für eine gewisse Oberflächlichkeit in der Kritik des Andronikos an Aristoteles liefert: Wie Simplikios trefflich bemerkt, hat der
Rhodier nicht erkannt, daß Aristoteles hier Zeit und Ort als Größen in
ihrem Aspekt von Dauer bzw. Ausdehnung betrachtet, während es ihm
bei den Kategorien des Wo und des Wann[32] um die Position eines Dinges
in Raum und Zeit geht.

Wir hören auch von einer Bereicherung der Kategorie der Quantität
durch Andronikos. In seinen Erörterungen über die Relation bemerkte
Aristoteles, daß ein Berg, verglichen mit einem anderen, als groß bezeichnet wird, daß er also in einer Relation (πρός τι) als groß erscheint[33].
Bereits in den Ausführungen über die Quantität hatte er hervorgehoben,
daß *viel* und *wenig*, *groß* und *klein* keine Quantitäten, sondern Korrelate sind und daher nicht zur Widerlegung der These herangezogen
werden können, nach welcher es in der Quantität keine Gegensätzlichkeit gibt[34]. Dagegen wendete Andronikos, dem Iamblich in diesem Punkt
folgte, ein, *groß* und *klein*, *viel* und *wenig* seien nicht nur Korrelate, sondern wiesen auch auf eine unbestimmte Quantität (ποσὸν ἀόριστον) hin;
wenn man sie als Korrelate verwende, meine man eher das Größere und
das Kleinere, das Mehr oder das Weniger[35]. Aus diesen Ansätzen wurde,
vielleicht schon bei Andronikos selbst, eine Einteilung der Quantität abgeleitet, die die Kategorienschrift noch nicht kannte. Simplikios fand sie
allem Anschein nach bei Iamblich vor; er unterschied zwischen der bestimmten Quantität, die abgegrenzt ist und bestimmte Ausmaße hat,
und der unbegrenzten, die keine Abgrenzungen aufweist und deren Ausmaße nicht angegeben sind[36]. In der unbestimmten Quantität, zu welcher
das Viele, das Wenige, das Große und das Kleine gehören, unterscheidet
man wiederum zwischen dem Absoluten und dem Relativen, je nachdem
das Ding den genannten Charakter an sich oder nur in Vergleich zu
einem anderen Ding derselben Gattung besitzt[37].

---

[32] Über die Behandlung von Ort und Zeit bei Andronikos siehe unten S. 111 sqq.

[33] 7, 6b 8—9.

[34] 6, 5b 11—6a 11.

[35] Simpl. 114, 7—14; 151, 5—7.

[36] Diese Einteilung des ποσόν geht zweifellos auf Cat. 6, 5b 11sqq. zurück, wo
Aristoteles zuerst die ἀφωρισμένα, wie das Zwei- oder Drei-Ellen-Lange, die
Fläche etc., und dann das Viele und das Wenige, das Große und das Kleine
behandelt, die er allerdings nicht für ποσά hält. In Metaph. Δ 13, 1020a 19
werden das Viele und das Wenige als πάθη καὶ ἕξεις der Quantität bezeichnet.

[37] Simpl. 144, 27—145, 9.

Ein weiterer Einwand des Andronikos gegen die Lehre von der Quantität richtete sich gegen die Behauptung[38], das ureigenste Merkmal der Quantität sei, daß man von ihr sagen könne, sie sei gleich oder ungleich. Wenn die Monade und der Punkt wegen ihrer Unteilbarkeit weder als gleich noch als ungleich bezeichnet werden können, so ist es nicht mehr jede Quantität, der das Gleiche oder Ungleiche zugesprochen wird, und das oben genannte Kennzeichen der Quantität trifft dann nicht mehr zu. Diese Schwierigkeit löste Andronikos selbst, indem er bestritt, daß Monade und Punkt Quantitäten seien. Seine Argumentation, von der Porphyrios sich anregen ließ, ging dahin, daß der Punkt keine Größe und die Monade keine Zahl, sondern Prinzip der Größen bzw. der Zahlen ist[39].

Die Relation (πρός τι) scheint nicht die Rolle einer Oberkategorie zu spielen, die als einzige neben der Substanz bestehen bliebe und die übrigen in sich umfaßte. Die Bemerkung des Simplikios, aus welcher dies hervorzugehen scheint, kann, wie wir schon oben sahen, nicht für bare Münze genommen werden. Im Gegenteil hielt Andronikos diese Kategorie für eine ontologisch weniger inhaltsreiche als die übrigen und behandelte sie infolgedessen an allerletzter Stelle. Sie ist, so sagte er, nur ein Verhältnis (σχέσις), gleichsam ein Auswuchs (παραφυάδι ἔοικεν)[40]. In seiner Paraphrase nahm er also eine Umgruppierung der Kapitel des Originals vor. Während Aristoteles offenbar nicht bestrebt war, die nicht sub-

---

[38] Vgl. 6, 6a 26—30.

[39] Simpl., Cat. 154, 3—155, 3 gibt den Wortlaut der Ausführungen des Porphyrios über das Eine, die Monade und den Punkt als sinnlich wahrnehmbare und dianoetisch erfaßbare Erscheinungen wieder. Porphyrios soll dabei dem Andronikos gefolgt sein. Dort werden Monade und Punkt als Prinzipien der Zahlen resp. der Größen hingestellt (154, 26—29). Unmittelbar davor hatte sich Simplikios mit der Schwierigkeit befaßt, auf die man stößt, wenn man das Gleiche und das Ungleiche als eigenes Merkmal (ἴδιον) der Quantität betrachtet: Monade und Punkt seien nämlich weder gleich noch ungleich (153, 19—24). Er berichtet dann über zwei Lösungen der Aporie: In der ersten, die von Alexander stammt, wie der Vergleich mit Dexipp., Cat. 33, 27 und Simpl., Cat. 65, 24 zeigt, betrachtete man Monade und Punkt als regelrechte Quantitäten und versuchte nachzuweisen, daß sie gleich und ungleich sein können (153, 24—28). In der zweiten wurde behauptet, Monade und Punkt seien keine Zahl und keine Größe, sondern Prinzipien der Zahlen und der Größen. Der Grundgedanke der zweiten Lösung stimmt also mit der These überein, die im unmittelbar darauf folgenden Textabschnitt dem Andronikos zugeschrieben wird. Andronikos erscheint damit als der Urheber der zweiten Lösung; auch die Schwierigkeit, die zu beseitigen er sich bemühte, war in seiner Paraphrase aufgeworfen worden.

[40] Simpl., Cat. 157, 18—20. Elias, Cat. 201, 18—23. Vgl. Th. A. Szlezák, Ps.-Archytas 114; 135.

stantiellen Kategorien nach bestimmten Gesichtspunkten zu ordnen,
wollte Andronikos mit den wichtigsten beginnen und mit den am wenigsten bedeutsamen schließen. In seiner Bewertung der Relation[41] ging
er offenbar davon aus, daß die anderen Kategorien, wie etwa Quantität,
Qualität usw., im Ding selbst vorhanden sind und keine Beziehung zu
anderen Dingen voraussetzen, während die Relation auf einer „Haltung",
einem Verhältnis des Dinges zu einem anderen, beruht und deswegen
schon fast außerhalb des Dinges steht.

Aristoteles gibt zwei Definitionen des πρός τι. Die erste steht gleich
am Anfang der Ausführungen über diese Kategorie[42]. In der Diskussion,
ob eine Substanz ein Korrelat sein kann, wird sie jedoch durch eine genauere ersetzt. Diese lautet ἔστι τὰ πρός τι οἷς τὸ εἶναι ταὐτόν ἐστι τῷ
πρός τί πως ἔχειν[43]. Andronikos wandte gegen sie ein, das zu Definierende
tauche als Bestandteil der Definition wieder auf, was nach Aristoteles
selbst[44] zu einer mangelhaften Definition führe. Er schlug daher eine andere Formel vor, die wie eine genauere Paraphrase der aristotelischen
aussieht: τὰ πρός τι ταῦτά ἐστιν, οἷς τὸ εἶναι ταὐτόν ἐστι τῷ πρός ἕτερόν
πως ἔχειν[45]. Das Ersetzen von πρός τι durch πρός ἕτερον in der Definition
mag geringfügig sein und praktisch nichts an der Sache ändern; immerhin zeigt es, daß Andronikos mit den Vorschriften der Topik über die Definition vertraut war und ihre Anwendung von Aristoteles selbst ziemlich pedantisch verlangte.

Über die Qualität sind uns mehrere Äußerungen des Andronikos erhalten, und auch hier behauptet sich die Tendenz zur Kritik und Verbesserung, die wir bereits an anderen Stellen beobachtet haben. Als
zweite Klasse der Qualität nennt Aristoteles solche Eigenschaften, die
nach einer natürlichen Fähigkeit oder Unfähigkeit genannt werden; man
spricht z. B. von Menschen, die für den Boxkampf oder das Rennen begabt oder die gesund oder krankhaft veranlagt sind (πυκτικοί, δρομικοί,

---

[41] Wie die älteren Interpreten der Kategorien, Boethos, Ariston, Eudoros und
   Athenodoros, gebrauchte er bald den Singular, bald den Plural (τὸ πρός τι
   oder τὰ πρός τι), um das Relative zu bezeichnen. Achaikos und Sotion wiesen
   aber darauf hin, daß Aristoteles nur den Plural verwendet, und Porphyrios
   gab ihnen recht, während Iamblich sich dem freieren Sprachgebrauch der
   Älteren anschloß (Simpl., 159, 23—160, 34, bes. 159, 31—160, 1).

[42] 7, 6a 36—37.

[43] 7, 8a 31—32.

[44] Top. VI 4, 142a 34—b 6.

[45] Porph., Cat. 125, 19—23. Simpl., Cat. 201, 34—202, 5; 203, 4—5. Vgl. Th. A.
   Szlezák, Ps.-Archytas 15; 113.

ὑγιεινοί, νοσώδεις)⁴⁶. Nach der am Anfang des Kapitels angegebenen Definition der Qualität werden die Träger der Qualität nach dieser Qualität genannt⁴⁷. Hieraus läßt sich aber nicht erkennen, wie die Qualität, nach welcher einer πυκτικός, δρομικός usw. genannt wird, heißen soll. Andronikos, der offenbar Anstoß an diesem Widerspruch genommen hatte, erklärte, daß die πυκτικοί etc. nicht nach der Fähigkeit, die sie jetzt besitzen, sondern nach der, die sie erwerben werden, ihren Namen tragen⁴⁸. Diese Interpretation, die sich bewußt von den Ausführungen des Aristoteles distanziert, wurde von Porphyrios übernommen⁴⁹: Der Boxer (πύκτης) besitzt die Wissenschaft des Boxens (πυκτική ἐπιστήμη) und wird nach ihr genannt; der πυκτικός dagegen besitzt sie nicht, hat jedoch die dazu erforderliche Disposition. Bezeichnungen wie πυκτικός, δρομικός usw. beziehen sich also auf die Zukunft, d. h. auf eine noch zu erwerbende Qualität. Damit bleibt die allgemeine Definition der Qualität unangetastet (das ποιόν wird nach der ποιότης genannt), aber die Erläuterungen, die Aristoteles über die zweite Art der Qualität gab, werden als unzureichend abgelehnt und durch angeblich genauere ersetzt.

Noch rücksichtsloser ist die Kritik an der dritten Qualitätsart. Innerhalb der passivischen Qualitäten unterschied Aristoteles zwei Unterarten: Die einen werden passivisch genannt, nicht etwa weil ihr Träger etwas erleidet, sondern weil sie bei anderen Dingen eine gewisse Veränderung hervorrufen; das Süße oder das Warme affizieren z. B. die Sinneswahrnehmung. Die anderen aber sind nicht Ursachen eines Affizierens, sondern Konsequenzen eines Affiziertwerdens: so z. B. die blasse oder die rote Farbe des menschlichen Gesichts⁵⁰. Diese Unterscheidung hielt Andronikos für ungerechtfertigt. Alle genannten Qualitäten seien durch ein Affiziertwerden entstanden, und der Umstand, daß sie andere Dinge affizieren könnten, sei nur ein Akzidens von ihnen. Das Warme bleibt auch dann warm, wenn es nichts zu erwärmen hat; als Beschaffenheit des Dinges selbst kann es als Qualität bezeichnet werden. Betrachtet man aber seine Fähigkeit, auf etwas anderes einzuwirken, so bezeichnet man es nicht mehr als eine Qualität, sondern als einen Terminus in einer Relation. Ein Erwärmendes setzt nämlich ein Erwärmtes bzw. ein Erwärmbares voraus⁵¹.

⁴⁶ 8, 9a 14—24.
⁴⁷ 8, 8b 25.
⁴⁸ Simpl. 214, 22—24. Vgl. Th. A. Szlezák, Ps.-Archytas 177.
⁴⁹ Cat. 129, 17—24, wo der Text verstümmelt ist, und 135, 5—17.
⁵⁰ 8, 9a 35—b 19.   ⁵¹ Simpl., Cat. 258, 15—22.

Neben den vier von Aristoteles unterschiedenen Qualitätsarten wollte Andronikos eine fünfte einführen, der er das Lockere und das Dichte, das Leichte und das Schwere, das Dünne und das Dicke zuordnete. Selbstverständlich meinte er damit nicht etwa die Unterschiede, die auf die jeweilige Masse der Körper zurückgehen und relativ-quantitativ sind, sondern in der Perspektive der aristotelischen qualitativen Physik die mit bestimmten Körpern verbundenen Eigenschaften: Ganz unabhängig von der Masse ist die Luft „dünn", dünner etwa als das Wasser. Den Elementarstoffen und ihren Zusammensetzungen wohnen also bestimmte physikalische Qualitäten inne. Andronikos schwankte, ob er sie als eine fünfte Art (auf die Aristoteles mit dem rätselhaften Satz von 10 a 25—26 angespielt hätte) betrachten oder zur Gruppe der passivischen Qualitäten zählen sollte. Von diesen letzteren würden sie sich allerdings dadurch unterscheiden, daß sie keine Affektion bei anderen bewirken[52]. Der Vorschlag des Andronikos, die Zahl der Qualitätsarten im Hinblick auf solche physikalischen Eigenschaften zu erhöhen, regte andere Kommentatoren zu ähnlichen Überlegungen an; Eudoros und Achaikos arbeiten z. B. noch mit einer fünften Art, und Simplikios selber vertritt die Ansicht, daß in den Kategorien nur die wichtigsten Qualitätsarten angegeben sind, obwohl es in Wirklichkeit noch mehrere andere gibt[53].

Auch über die anderen, von Aristoteles so rasch abgefertigten Kategorien liegen Äußerungen des Andronikos vor. Wir hören z. B., daß er das Tun (ποιεῖν) und das Erleiden (πάσχειν) für konträre Gegensätze (ἐναντία) hielt[54]. Dies überrascht um so mehr, als Aristoteles in aller Deutlichkeit erklärt, daß Tun und Erleiden die Kontrarietät zulassen, d. h. daß es für ein bestimmtes Tun, etwa Erwärmen, ein anderes ihm entgegengesetztes Tun gibt, etwa Abkühlen, und daß es sich auch für das Erleiden so verhält (abgekühlt werden ist konträr zu erwärmt werden)[55]. Nach der aristotelischen Lehre von der Kontrarietät ist es aber völlig undenkbar, daß entgegengesetzte Begriffe zwei verschiedenen Kategorien angehören können, wie es bei Tun und Leiden der Fall wäre. Ein bloßes Mißverständnis des Passus über die Kontrarietät in diesen Kategorien[56] kommt also nicht in Frage, um die seltsame These des Androni-

---

[52] Simpl., Cat. 263, 19—26; 269, 21; 269, 29—270, 3. Vgl. Th. A. Szlezák, Ps.-Archytas 121.
[53] Simpl., Cat. 263, 27—264, 4.
[54] Simpl., Cat. 332, 13—16; 385, 4—5.
[55] Cat. 9, 11 b 1—4.   [56] Wie M. Plezia, De Andron. stud. 42 vermutet.

kos zu erklären. Es muß hier eine bewußte Abweichung von der aristotelischen Lehre vorliegen. Wie Andronikos sie zu begründen versuchte, ist leider nicht überliefert.

Wie wir schon oben sahen, machte Andronikos aus Zeit und Ort, die nach Aristoteles in die Kategorie der Quantität fallen[57], zwei selbständige Kategorien, denen er die von Aristoteles erwähnten Kategorien des Wann und des Wo unterordnete, so daß er die Zehnzahl der Kategorien aufrechterhalten konnte[58]. Einige der Betrachtungen, die dazu führten, wurden von Plotin[59] und von Ps.-Archytas übernommen und wohl auch erweitert. Da Simplikios in diesem Zusammenhang Andronikos bald mit Plotin, bald mit Archytas zusammen zitiert, läßt sich das ursprüngliche Gedankengut nicht mehr genau abgrenzen. Die kühne Änderung, die er hier an der aristotelischen Kategorienlehre vornimmt, erklärt sich dadurch, daß er nicht erkannt hat, wie der Stagirit die Zeit als Dauer und den Ort als Raum für ποσά halten konnte, während er aus den Zeit- und Ortsbestimmungen selbständige Kategorien machte. Aus der Überlegung, daß eine Zeit- bzw. Ortsbestimmung die Existenz der Zeit und des Ortes voraussetzt, schloß er auf die ontologische Priorität von Zeit und Ort gegenüber dem Wann und Wo und modifizierte dementsprechend die Bezeichnung der beiden Kategorien[60]. Für diese Änderung schien ihm ein weiteres Argument zu sprechen: Die von Aristoteles für die Kategorie des ποτέ angeführten Beispiele: *gestern, letztes Jahr*[61], bezeichnen Teile der Zeit; als Teile sollen sie also der Zeit als ganzem untergeordnet werden[62]. Vielleicht fand sich auch bei ihm eine Präfiguration der plotinischen Argumente, die Simplikios zitiert und Plotin und Andronikos gemeinsam zuzuschreiben scheint: Sagt man, daß *gestern*, d. h. eine vergangene Zeit, einer anderen Kategorie gehört als die Zeit, so würde *gestern* in seiner Eigenschaft als *Zeit* einer Kategorie und in seiner Eigenschaft als *vergangen* einer anderen angehören[63]. Man wird vor derselben Schwierigkeit stehen, wenn man das Wann durch das Verhältnis eines Dinges zur Zeit definiert; die Kategorie des Wann wird nämlich als eine Zusammensetzung aus zwei anderen erscheinen, und zwar aus der des Dinges und

[57] 6, 4b 24.
[58] Simpl. 342, 22—26; vgl. auch 134, 5—7; 357, 28—29; 358, 8—10.
[59] Vgl. VI 1, 13—14.
[60] Simpl. 347, 6—12.
[61] Cat. 4, 2a 2.
[62] Simpl. 347, 19—21.
[63] 347, 23—25.

der der Zeit. Eine solche Zusammensetzung ist aber nicht mit dem Begriff der Kategorie zu vereinbaren[64].

Da die Behandlung des Wo ganz parallel mit der des Wann verläuft, ging Andronikos zweifellos von ähnlichen Überlegungen aus, um nachzuweisen, daß das Wo der neuen Kategorie des Ortes untergeordnet ist. Nur in den Erörterungen über die Begriffe *fern* und *nahe* bietet sich ein neues, interessantes Moment: Da *fern* und *nahe* unbestimmte Ortsangaben sind (ἀόριστα κατὰ τόπον ὄντα), stellte sie Andronikos in die Kategorie des Wo (d. h. des Ortes in seiner eigenen Perspektive)[65]. Wichtig ist dabei die Unterscheidung von bestimmten und unbestimmten Unterarten in einer Kategorie: Bereits in der Quantität hatte nämlich Andronikos auf die Möglichkeit unbestimmter Angaben (*groß*, *klein*) neben bestimmteren (*drei Ellen hoch* usw.) hingewiesen, und es ist leicht zu vermuten, daß er auch bei der Kategorie der Zeit eine ähnliche Unterscheidung vornahm (etwa: *neulich*, *bald* = unbestimmt; *vor einem Jahr*, *morgen früh* = bestimmt).

Große Schwierigkeit bereitet das Zeugnis des Simplikios über die Begriffe *oben* und *unten*. Aristoteles hatte die These aufgestellt, in der Quantität gebe es keine Kontrarietät[66], als möglichen Gegenbeweis jedoch die Ortsbegriffe *oben* und *unten* angeführt, die als konträr angesehen werden müssen[67]. Dieser Gegenbeweis verliert aber seine Kraft, wenn man annimmt, daß *oben* und *unten* keinen Ort bezeichnen, sondern in die Kategorie des Wo fallen, ebenso wie *gestern* und *morgen* keine Zeit, sondern das Wann angeben[68]. Dies war nämlich auch die Ansicht des Andronikos, bemerkt Simplikios im Anschluß an seinen Bericht über die Beseitigung des Einwandes[69]. Nun wissen wir gerade, daß Andronikos *gestern* und *morgen* für Teile der Zeit hielt und keinen wesentlichen Unterschied zwischen Ort und Wo machte. Da für ihn jedes Wo einen Ort bezeichnet, kann er also unmöglich gesagt haben, *oben* und *unten* seien keine Orte, sondern fielen in die Kategorie des Wo. Die sehr ungeschickte Erwähnung des Andronikos scheint durch den folgenden, von Simplikios nicht ganz explizit formulierten Gedankengang ausgelöst worden zu sein:

---

[64] 347, 32—35.

[65] 359, 15—17. Vgl. Th. A. Szlezák, Ps.-Archytas 126.

[66] 6, 5b 11sqq.

[67] 6, 6a 11—18.

[68] Simpl., Cat. 142, 34—36. Diese Lösung stammt von Herminos, wie der Vergleich mit Porph., Cat. 107, 25—30 zeigt.

[69] 143, 1.

Gegen den von Aristoteles selbst erhobenen Einwand kann man mit Herminos sagen, daß Oben und Unten keine Orte sind. ⟨Wenn sie keine Orte sind, gehören sie nicht in die Kategorie der Quantität⟩. Sie gehören in eine andere Kategorie, die des Wo ⟨und können daher nicht als Beispiele der Kontrarietät in der Kategorie der Quantität angeführt werden⟩. Diese Auffassung, ⟨nämlich, daß Oben und Unten nicht in die Kategorie der Quantität gehören,⟩ teilte auch Andronikos. Somit enthält die Stelle bei aller Unklarheit nichts, was zu dem bisher rekonstruierten Bilde des Andronikos nicht passen würde. Sie liefert allerdings auch kein neues Material zur Ergänzung dieses Bildes.

B. Die Physik

Einen regelrechten Kommentar zur Physik oder eine Paraphrase dieses Traktats scheint Andronikos nicht geschrieben zu haben. Es fällt wenigstens auf, daß Simplikios, der in Alexanders Kommentar allerlei Angaben über die ältesten Exegeten dieser Schrift vorfand, ihn nur dreimal zitiert. Hätte Alexander einen fortlaufenden Kommentar des Rhodiers in der Hand gehabt, so hätte er ihn zweifellos häufiger herangezogen, und Spuren dieser Benutzung wären uns bei Simplikios erhalten geblieben.

Die ersten zwei Zeugnisse beziehen sich auf das dritte Kapitel des dritten Buches der Physik. Das erste ist kritisch-exegetischer Natur. Am Anfang des Kapitels wird eine Aporie dargelegt, die ihren Ausgangspunkt darin hat, daß die Bewegung sich im Bewegbaren befindet: „Die Bewegung", heißt es dort, „ist die Entelechie des Bewegbaren unter der Einwirkung des Bewegers[1]". Andronikos las aber: „Sie (= die Bewegung) ist Entelechie des Bewegbaren, und (zwar) unter dessen Einwirkung[2]". Der herkömmliche Text ist völlig einwandfrei und paßt genau

---

[1] Phys. III 3, 202a 14. Simplikios arbeitet offenbar mit einem Text, der ἐντελέχεια (γάρ) ἐστι τοῦ κινητοῦ ὑπὸ τοῦ κινητικοῦ hatte (439, 16). Er weist ferner darauf hin, daß „die meisten" den Text folgendermaßen schreiben: ἐντελέχεια γάρ ἐστι τούτου (= τοῦ κινητοῦ) ὑπὸ τοῦ κινητικοῦ (440, 12—14). Dieser Text ist in der Tat derjenige, der in der Parallelstelle in der Metaphysik K 9, 1066a 27—28, bei Philoponos, Phys. 374, 29sqq. und in der arabisch-lateinischen Übersetzung steht. Nach τούτου schieben alle Handschriften der Physik ein καί ein.

[2] Simpl. 440, 14—15 ὁ δὲ Ἀνδρόνικος οὕτως· ἐντελέχεια γάρ ἐστι τοῦ κινητοῦ καὶ ὑπὸ τούτου.

in den Zusammenhang hinein. Der Andronikos-Text erscheint also nicht
als die Frucht einer absichtlichen Verbesserung, sondern lediglich als die
zufällige Folge eines Flüchtigkeitsfehlers. Andronikos hätte gar keinen
Grund gehabt, die Vulgata zu ändern, wenn er sie gekannt hätte. Besonders lehrreich für die Geschichte des Aristoteles-Textes ist der Umstand, daß die Andronikos-Lesart so gut wie keine Spuren in der späteren
Überlieferung hinterließ[3]. Dies beweist, daß die Andronikos-Ausgabe bei
weitem nicht den einzig maßgeblichen Text für die späteren Kommentatoren enthielt; diese hatten sicher Zugang zu anderen Textquellen. Durch
Simplikios erfahren wir auch, daß Andronikos eine Interpretation seiner
Fassung des Satzes lieferte: Selbst wenn der Beweger sich außerhalb des
Bewegten befindet, sagte er, scheint das Bewegte von sich selbst bewegt
zu werden, wenn es von der ihm innewohnenden Potenz aus zu seinem
Akt geführt wird[4]. Diese kurze Erläuterung stand wahrscheinlich als
Scholion in der Physik-Ausgabe des Andronikos. Inwieweit Andronikos
sich mit der Frage nach der Selbstbewegung der Naturkörper befaßte,
läßt sich aufgrund einer derart knappen Nachricht natürlich nicht feststellen. Immerhin muß daran erinnert werden, daß der aristotelische
Grundsatz, nach welchem jedes Bewegte von einem Beweger bewegt
wird und es eigentlich keine Selbstbeweger gibt, von verschiedenen Seiten angegriffen wurde[5]. Andronikos, der, wie die Reste seiner Kategorien-
Paraphrase zeigen, den aristotelischen Thesen gelegentlich sehr kritisch
gegenüberstand, ist vielleicht bereits in dieser Richtung vorgestoßen, indem er den scheinbar spontanen Charakter der Bewegung bei Natur-
körpern hervorhob.
     Die zweite Nachricht über seine naturphilosophischen Thesen dürfte
dieselbe Tendenz dokumentieren. In der Diskussion über Aktualität und
Potentialität im Bewegten und im Bewegenden bemerkt Simplikios, daß,
wie Andronikos es formulierte, die Natur zuerst in einen bestimmten Zustand versetzt wird und dann von innen her das Substrat in diesen Zustand versetzt, und zwar bei jeder Art der Bewegung. Selbst wenn zum
Beispiel das Wasser vom Feuer erwärmt wird, ist es die im Wasser ent-
haltene Natur, die zuerst warm wird und dann das Substrat erwärmt

---

[3] Der *Vindob. phil. gr.* 100 (J) aus dem 9. Jh. hat statt καὶ ὑπὸ τοῦ κινητικοῦ
   wie Andronikos καὶ ὑπὸ τούτου. Ob eine Beeinflussung durch Andronikos oder
   ganz einfach ein Flüchtigkeitsfehler vorliegt, läßt sich allerdings nicht entscheiden. Die zweite Möglichkeit ist wahrscheinlicher.
[4] Simpl., Phys. 440, 15—17.
[5] Unter anderen von Galen. Vgl. darüber S. Pines, in: Isis 62 (1961) 21—54.

oder miterwärmt[6]. Wenn ich richtig verstehe, wollte Andronikos damit
sagen, daß selbst in Fällen, in denen etwas ganz offenbar von einem äußeren Beweger bewegt wird, das Bewegte nicht rein passiv bleibt; auch
dann fungiert die Natur des bewegten Dinges, die gemäß der aristotelischen Auffassung Prinzip der Bewegung ist, als eine aktive, das Ding
von innen gestaltende Kraft: Sie ist es, die dem körperhaften Substrat
die Bewegung übermittelt, die sie selber von außen her erhalten hatte.
Obwohl wir nicht erraten können, in welchem Zusammenhang Andronikos diese Meinung äußerte, liegt es auf der Hand, daß er bemüht war,
selbst bei leblosen Dingen die Natur eher als im Inneren des Dinges ak-
tives Prinzip der Bewegung denn als passives Prinzip des Bewegtwer-
dens nachzuweisen.

Die dritte erhaltene Äußerung des Andronikos über die aristotelische
Physik wirft ein interessantes Licht auf die philologischen Methoden, die
der Rhodier bei seiner Beschäftigung mit dem Corpus anwendete. In der
Einleitung seines Kommentars zum 6. Buch erinnert Simplikios daran,
daß die Peripatetiker die ersten fünf Bücher der Physik als Φυσικά, die
letzten drei als Περὶ κινήσεως bezeichnen. So habe es auch Andronikos
im dritten seiner Aristoteles-Bücher geregelt[7]. Es ist nicht hier der Ort,
auf Inhalt und Disposition dieser ‚Aristoteles-Bücher‘ des Andronikos
einzugehen. Unser Augenmerk wollen wir vielmehr auf die Zeugnisse
richten, die Simplikios zugunsten der genannten Bezeichnungen anführt.
Gewährsmann für die erste (Φυσικά), schreibt er, sei Theophrast. Dem
Eudem, der ihm über eine in den Manuskripten nicht einwandfrei überlieferte Stelle im fünften Buch geschrieben hatte, antwortete dieser: ,,Die
Stelle aus den Physika, über welche Du mir geschrieben hast, mit der
Bitte, daß ich sie abschreibe und Dir zusende, verstehe ich entweder
nicht, oder sie weist nur einen ganz geringfügigen Unterschied gegenüber
folgender Lesart auf: (es folgt das Zitat V 2, 226 b 14—16 in der herkömmlichen Fassung)‘‘. Theophrast betrachtete also das 5. Buch als eins
aus den Physika[8]. Simplikios führt dann mehrere Passagen aus der
Physik selbst an, aus denen hervorgeht, daß Aristoteles die ersten fünf
Bücher Φυσικά, die letzten drei Περὶ κινήσεως nannte[9]. Gewährsmann für
die beiden Titel sei auch Damas, der Biograph Eudems, der von den
,,drei Büchern über die Bewegung aus der Pragmatie des Aristoteles über

[6] Simpl., Phys. 450, 16—20.
[7] Simpl., Phys. 923, 7—9.
[8] 923, 9—16.
[9] 923, 16—924, 12.

8*

die Natur" schrieb[10]. Anschließend bemerkt Simplikios, daß das vorliegende 6. Buch wirklich nach dem 5. kommen muß, und nennt dafür
folgende Beweise: In seinem nach dem Beispiel des Aristoteles abgefaßten
Werk läßt Eudem die These, daß kein Kontinuierliches aus unteilbaren
Teilen besteht, auf den im 5. Buch behandelten Stoff folgen; Andronikos
gibt für diese Bücher dieselbe Reihenfolge an, und Aristoteles selbst verwendet am Anfang des 6. Buches Ergebnisse, die im 5. gewonnen wurden; im 7. wiederum verweist er auf Punkte, die er im 6. behandelt hat
und als erledigt betrachtet[11].

Es fragt sich nun, ob in diesen Erörterungen des Simplikios die beiden
Erwähnungen des Andronikos lediglich ein Argument neben anderen
darstellen oder ob nicht etwa die ganze Argumentation oder beträchtliche Teile davon letzten Endes auf Andronikos zurückgehen. Mit
großer Wahrscheinlichkeit darf man annehmen, daß die Zitate aus dem
Briefwechsel des Theophrast mit Eudem und aus der Eudem-Biographie des Damas von Andronikos stammen. Diese wohl nicht sehr verbreiteten Werke waren zu Simplikios' Zeiten kaum mehr zugänglich;
für den Rhodier Andronikos, in der Mitte des ersten vorchristlichen
Jahrhunderts, ließen sich dagegen solche Auskünfte über den Rhodier
Eudem viel leichter erreichen. Daß das aus Aristoteles selbst gewonnene Material bereits von Andronikos zusammengestellt worden war,
können wir allerdings weder beweisen noch bestreiten. Wir wissen, daß
Andronikos sich für die Querverweise im Corpus interessierte, wie seine Athetese von De interpretatione zeigt. Es ist daher nicht unmöglich, daß er sich auf solche Selbstzitate des Aristoteles stützte, um
die Reihenfolge der Bücher festzulegen bzw. zu begründen. Wir hätten
es dann hier mit einem sehr wertvollen Stück philologischer Arbeit
des Andronikos zu tun. Mehr als eine Möglichkeit ist dies jedoch nicht,
denn man kann sich auch vorstellen, daß ein so belesener Kommentator wie Simplikios von sich aus in der Lage war, die Selbstzitate des
Aristoteles als Argumente zugunsten der herkömmlichen Reihenfolge zu
verwenden[12].

[10] 924, 12—14. Der Name Damas ist belegt: vgl. RE IV 2034, wo Eudems Biograph
allerdings nicht erscheint. Korrekturen wie Damasos (E. Zeller, Phil. d. Gr. II
2⁴, 85 Anm. 1) oder Damaskios sind daher überflüssig. Vgl. H. Diels app. crit. ad
loc. Über Damas' Zeugnis vgl. B. Manuwald, Das Buch H der arist. Phys., 1971, 5.
[11] Simpl. 924, 16—925, 2.
[12] F. Littig, Andron. II, 1894, 29—31 druckt den ganzen Passus als einen Auszug
aus dem 3. Buch des Andronikos ab. Auch M. Plezia, De Andron. stud., 1946,
33—34 und I. Düring, Biogr. trad. 417 zweifeln nicht daran, daß diese Nachricht

C. Die Athetese der Hermeneutik

Bei seiner Durchsicht des Corpus aristotelicum scheint Andronikos auf die Querverweise besonders geachtet zu haben. Ihm war unter anderem der Verweis auf De anima als auf eine bereits vorliegende Schrift am Anfang der Hermeneutik[1] aufgefallen; da er nicht entdeckte, welche Erörterungen in De anima damit gemeint waren, kam er zu dem Schluß, daß die Hermeneutik, in der dieses falsche Zitat stehe, unecht sei[2]. Wir werden noch sehen, daß spätere Kritiker, unter anderen Alexander von Aphrodisias, diese radikale und nur schwach begründete Hypothese nicht billigten und sich dagegen bemühten, mit allerlei Argumenten die Echtheit der Schrift nachzuweisen. Jetzt wollen wir nur feststellen, welche Betrachtungen Andronikos zur Athetese der Hermeneutik geführt haben. Die diesbezügliche Überlieferung ist nämlich nicht ganz einheitlich. Aus allen Berichten geht zwar hervor, daß Andronikos an dem Ausdruck παθήματα τῆς ψυχῆς (16a 6—7) Anstoß genommen hatte; es ist jedoch nicht ganz klar, wie er ihn eigentlich verstand. Nach einigen Zeugnissen sah er darin eine Bezeichnung der Denkinhalte (νοήματα) und bemerkte, daß nirgends in De anima die Denkinhalte als παθήματα der Seele bezeichnet seien. Eine der beiden Schriften müsse also unecht sein, und da die Echtheit von De anima allgemein anerkannt sei, solle man die Hermeneutik für unecht halten[3]. Die Kommentatoren, die darüber berichten, versuchen dementsprechend die These des Andronikos zu widerlegen, indem sie auf einige Stellen aus De anima hinweisen, an denen die Denkinhalte angeblich als πάθη τῆς ψυχῆς angesehen werden[4].

von Andronikos stammt. Über das Problem der Herkunft und der Richtigkeit der Titel für die verschiedenen Teile der Physik vgl. H. Diels, Zur Textgesch. d. Aristot. Physik, in: Abh. Akad. Berlin 1882, 40—41. E. Zeller, Philos. d. Gr. II 2⁴, 85 Anm. 1.

[1] 1, 16a 8—9 περὶ μὲν οὖν τούτων εἴρηται ἐν τοῖς περὶ ψυχῆς· ἄλλης γὰρ πραγματείας.

[2] Anspielung auf diese Athetese bei Alex., Anal. pr. 160, 32. Die anderen Zeugnisse werden unten zitiert und untersucht.

[3] Ammon., De interpr. 5, 28—6, 4. Philop., De an. 27, 21—27; 45, 8—12. Schol. anon. (cod. *Coisl. gr.* 160) 94a 21—32 Brandis (über diese Scholien vgl. A. Busse, CAG IV 5, Praef. XIX—XXIII und M. Plezia, De Andron. stud., 1946, 29 Anm. 2). — V. de Falco, Ioannis Pediasimi in Arist. Anal. schol. selecta, 1926, S. VII (zitiert von Plezia a. a. O.) meint, daß diese Scholien von demselben Pediasimos stammen, der sich auch mit der Analytik befaßte.

[4] Philop., De an. 27, 21—29 weist auf 402a 9 hin; 45, 8—14 auf 403a 8. Ammon., 6, 4—7, 14 auf 430a 23—25. 431b 2; 432a 12; 403a 3—8; 402a 7—10. Schol. Anon. 94a 32—47 Brandis auf 430a 23—25.

In der zweiten Fassung seines Kommentars zu De interpretatione legt aber Boethius die Dinge ganz anders dar. Die Athetese der Hermeneutik durch Andronikos, erklärt er, beruhe darauf, daß Aristoteles am Anfang dieser Schrift die Denkinhalte behandelt, sie als *passiones animae* (= παθήματα τῆς ψυχῆς) bezeichnet und daran erinnert, daß er in De anima ausführlicher darauf eingegangen ist. Da man nun unter *passiones animae* Trauer, Freude, Habsucht und andere derartige Affekte zu verstehen pflegt und Aristoteles solche Affekte in seiner Schrift De anima nicht behandelt hat, fand Andronikos eben darin den Beweis dafür, daß die Hermeneutik nicht von Aristoteles stammen könne. Andronikos war nämlich nicht auf den Gedanken gekommen, fährt Boethius fort, daß mit *passiones animae* in der Hermeneutik nicht die Affekte, sondern die Denkinhalte gemeint sind[5].

Wir haben es also mit zwei voneinander abweichenden Überlieferungen zu tun. Der ersteren gemäß habe Andronikos die παθήματα τῆς ψυχῆς richtig als νοήματα verstanden, eine entsprechende Erörterung in De anima jedoch vermißt. Der letzteren zufolge habe er behauptet, im üblichen Sprachgebrauch seien es die Affekte, die als παθήματα τῆς ψυχῆς bezeichnet würden, und mit den Affekten beschäftige sich Aristoteles in De anima nicht. Wenn nicht alles täuscht, wird man diese zweite Überlieferung für die ältere und einzig richtige halten müssen. Daß sie auf Alexander von Aphrodisias, wohl über Porphyrios, zurückgeht, zeigt die Aufzählung der Argumente, mit denen der Exeget gegen Andronikos' Athetese Stellung nahm. Nun geht aus dem Referat bei Boethius ganz deutlich hervor, daß Alexander an erster Stelle Andronikos vorwarf, den Sinn des Ausdruckes παθήματα τῆς ψυχῆς mißverstanden zu haben: Darunter habe Aristoteles nicht die Affekte, sondern die begrifflichen Vorstellungen verstanden; danach habe Alexander eine ganze Reihe anderer Betrachtungen zugunsten der Echtheit angeführt[6]. Wenn der ganze boethianische Bericht über Andronikos auf Porphyrios zurückgeht, der selber aus Alexander schöpfte, so läßt sich auch leicht erschließen, wie die bei Ammonios, Philoponos und dem anonymen Scholiasten bezeugte Überlieferung entstanden ist: Auch sie geht wohl, wenn auch vielleicht

---

[5] Boethius, In de interpr. ed. sec. 11, 13—30 Meiser.

[6] Boethius 11, 30—32 *his Alexander multa alia addit argumenta, cur hoc opus Aristotelis maxime esse videatur.* Mit *his* kann Boethius nur auf das unmittelbar davor angegebene Argument verweisen, nämlich, daß die Denkinhalte, nicht die Affekte mit *passiones animae* gemeint sind.

nur indirekt, auf Porphyrios zurück, stellt aber eine stark gekürzte und daher entstellte Fassung des porphyrianischen Referats dar. Was Porphyrios als Schilderung der Sachlage anführte, nämlich, daß Aristoteles die Denkinhalte unter der Bezeichnung παθήματα τῆς ψυχῆς erwähnt und dabei auf De anima verweist[7], hielt man irrtümlicherweise für einen Bestandteil der Argumentation des Andronikos. Zur Widerlegung dieses angeblichen Arguments des Andronikos zog man einen Teil des ersten Gegenbeweises von Alexander heran. Dieser hat allem Anschein nach folgendermaßen argumentiert: Mit παθήματα sind in Wirklichkeit die Denkinhalte gemeint, und der Verweis auf die Schrift De anima ist durchaus berechtigt, denn auch in De anima wird an einigen Stellen der passive Charakter des Denkens hervorgehoben. Dieser Beweisführung der Exegeten entnahm man bei der Kürzung des ursprünglichen Alexander-Porphyrios-Referates nur die Liste der De anima-Stellen, an denen das νοεῖν als πάθος erscheint, und verwendete sie zur Widerlegung dessen, was man als den andronikischen Beweis für die Unechtheit der Hermeneutik betrachtete.

Ohne auf die Frage nach der Echtheit der Hermeneutik oder bestimmter Kapitel von ihr näher einzugehen, darf hier bemerkt werden, daß mehrere Aristoteles-Interpreten der Neuzeit sich mit der von Andronikos aufgeworfenen Schwierigkeit befaßten. Die meisten bemühten sich, in De anima den Passus zu entdecken, auf den Aristoteles in der Hermeneutik verweisen wollte. Völlig überzeugende Vorschläge scheint es jedoch nicht zu geben[8]. Sehr viel für sich hat meines Erachtens die Vermutung, die F. Littig und H. Maier, offenbar unabhängig voneinander, formulierten: Der Vergleich von De interpr. 1, 16a 9—13 mit De an. III 6, 430a 26sqq. läßt erkennen, daß der Verweis auf De anima mit der darauffolgenden Unterscheidung zwischen Denkinhalten ohne Wahrheit und Falschheit und solchen, die wahr oder falsch sein können, verbunden werden muß. Das wahrscheinlich als Randbemerkung nachgetragene Zitat wurde von einem Kopisten in den Text an falscher Stelle eingefügt; in Wirklichkeit gehört es hinter 16a 13 ἀληθές[9].

---

[7] Vgl. Boethius 11, 20—23.

[8] Vgl. H. Bonitz, Ind. Arist. 97b 49—55. E. Zeller, Philos. d. Gr. II 2⁴, 69 Anm. 1 gegen Ende.

[9] F. Littig, Andron. III, 1895, 35, Exkurs III. H. Maier, Die Echtheit der Aristotelischen Hermeneutik, in: Arch. f. Gesch. d. Phil. 13 (1899) 35—37 (abgedruckt als Anhang zu: Die Syllogistik des Arist. I², Leipzig 1936).

D. Über das Teilen

Im Prolog seiner kleinen Schrift De divisione weist Boethius auf den Nutzen der Wissenschaft vom Teilen hin und hebt hervor, wie hoch die Peripatetiker diese Disziplin geschätzt haben: Dies zeige das Buch des Andronikos über das Teilen, ein Buch, über welches Plotin sich sehr positiv geäußert und das Porphyrios in seinem Kommentar zum platonischen Sophistes „wiedergegeben" habe; dies zeige ferner das Lob dieser Disziplin in Porphyrios' Einleitung zu den Kategorien[1]. Wie schon längst erkannt wurde, gibt Boethius mit diesen Worten den Abschnitt über die Teilung in Porphyrios' Kommentar zum Sophistes als seine Hauptquelle an[2]; den Traktat des Andronikos kennt er wohl nur durch Porphyrios, der sich in seinen eigenen Ausführungen darauf stützte[3]. Es fragt sich also, inwieweit andronikisches Gedankengut bei Boethius erhalten ist und ob dieses sich hinter der porphyrianischen Bearbeitung noch einigermaßen erkennen läßt. Während F. Littig[4] zu dem Schluß kommt, daß bei Boethius im wesentlichen die Arbeit des Andronikos vorliegt, bemüht sich M. Plezia[5], den Anteil des Andronikos genauer abzugrenzen. Bevor wir uns mit ihren Argumenten befassen, wollen wir zuerst einen Blick auf die Abhandlung des Boethius werfen.

Obwohl die Diairesis-Methode ihrem Ursprung nach ausgesprochen platonisch ist, weist der boethianische Traktat einen deutlich aristotelisch-peripatetischen Charakter auf. Boethius betont, daß diese Methode bei den Peripatetikern in hohem Ansehen stand[6]; er verweist auch mehrmals auf Werke des Aristoteles[7], niemals auf platonische Dialoge; die meisten Grundbegriffe und der größere Teil der Terminologie sind aristotelisch, und Reminiszenzen an das Corpus aristotelicum begegnen

---

[1] Boethius, De divis. 875 D — 877 A (Migne PL 64). Der letzte Teil des ersten Satzes ist, wenigstens bei Migne, offenbar korrupt. Es genügt wohl, *per hanc* in *per haec* zu korrigieren, um die Stelle zu heilen: „(dies zeige ferner) sein (= des Teilens) Nutzen, den derselbe (Porphyrios) durch diese Worte aus seiner Einleitung zu den Kategorien lobte".

[2] C. Prantl, Gesch. d. Logik I 686. F. Littig, Andron. II, 1894, 12—13. M. Plezia, De Andron. stud. 10—11. P. Courcelle, Lettres Grecques en Occident, 2. Aufl. 1948, 265.

[3] Boethius a. a. O.: *Andronici ... liber de divisione editus ... et in libri Platonis, qui Sophistes inscribitur, commentariis a Porphyrio repetitus.*

[4] Andron. II 12—15; III 33—34.

[5] De Andron. stud., 10—15; 44—46.

[6] 875 D; 892 A.

[7] Physik: 883 A; Kategorien: 883 C; Zweite Analytik: 885 D; Topik: 889 D.

auf Schritt und Tritt. Diese Feststellung liefert jedoch keinen einwand-
freien Beweis für die peripatetische Herkunft des Werkes; Porphyrios war
mit dem Corpus aristotelicum vertraut genug, um eine platonische Methode anhand aristotelischer Erkenntnisse zu ergänzen und zu verfeinern;
ist doch die Verschmelzung des Platonismus und des Aristotelismus charakteristisch für die neue Orientierung des Platonismus, die gerade mit
ihm einsetzt.

Bemerkenswert sind ferner die sehr übersichtliche Gliederung des
Traktats und der Wille des Verfassers, seinen Stoff klar und bündig darzulegen. Nur hier und dort — wo das griechische Modell etwas freier
adaptiert wurde — tauchen die Weitschweifigkeit des Boethius und seine
Vorliebe für umständliche, detaillierte Erklärungen wieder auf. Hinter der
lateinischen Übersetzung läßt sich die geistige Verwandtschaft und die
stilistische Ähnlichkeit mit der porphyrianischen Isagoge noch ziemlich
deutlich wahrnehmen. Daß das Werk den Stempel des Porphyrios trägt,
ist also nicht zu leugnen. Dennoch läßt sich vielleicht nachweisen, daß bestimmte tragende Gedanken älter als Porphyrios sind und daher sehr
wahrscheinlich von Andronikos stammen.

Nach dem Prolog[8] zählt der Verfasser die einzelnen Arten der
Diairesis auf. Die ersten drei, die etwas weiter unten als *secundum se*
(= καθ' αὐτό) bezeichnet werden, sind die Teilung der Gattung in ihre
Arten, die des Ganzen in seine Teile und die des mehrdeutigen Wortes in
seine Bedeutungen. Die Teilungen *secundum accidens* (= κατὰ συμβεβηκός) sind die des Substrats (= ὑποκείμενον) in seine Akzidentien, die
des Akzidens in Substrate und die des Akzidens in Akzidentien[9]. Für
jede dieser Arten werden dann erläuternde Beispiele angeführt[10]. Danach
hebt der Verfasser das Gemeinsame an den ersten drei hervor — sie sind
alle *secundum se* — und er erklärt, wie sie sich voneinander unterscheiden.
Es werden zuerst die Teilung der Gattung und die des Wortes, dann die
der Gattung und die des Ganzen, und schließlich die des Wortes und die
des Ganzen gegenübergestellt[11].

Die Teilung der Gattung wird dann ausführlich behandelt. Nachdem
der Verfasser Gattung, Art und Differenz definiert hat, betont er die

---

[8] 875 D—877 B.

[9] 877 B—C.

[10] 877 C—878 C.

[11] 878 D—880 A. Die hier angewandte Methode deckt sich genau mit dem von
Plotin I 3, 4, 3—4 geschilderten Definitionsverfahren: περὶ ἑκάστου . . . εἰπεῖν
τί τε ἕκαστον καὶ τί ἄλλων διαφέρει καὶ τίς ἡ κοινότης.

enge Verknüpfung des diäretischen und des definitorischen Verfahrens und gibt allerlei praktische Hinweise und Regeln an, die bei der Teilung der Gattung zu befolgen sind. Insbesondere geht er auf die vier Formen der Gegensätzlichkeit (Kontrarietät, Habitus-Privation, Kontradiktion und Relation) ein und erklärt, welche Gegensätze als Unterscheidungsmerkmale verwendet werden können und welche nicht[12].

Darauf folgt ein kürzeres Kapitel über die Teilung des Ganzen. Vier Bedeutungen des Ganzen werden unterschieden: Es kann ein kontinuierliches, ein nicht-kontinuierliches, ein universales und ein eher qualitatives Ganzes sein, das aus verschiedenen Fähigkeiten besteht, wie etwa die Seele[13]. Die danach behandelte Teilung des Wortes kann in dreifacher Weise erfolgen, je nachdem das Wort faktisch mehrere verschiedene Dinge bezeichnet oder, ohne Verschiedenes zu bezeichnen, doch nach verschiedenen Gesichtspunkten (*secundum modum*) gebraucht wird oder auch erst durch eine passende Bestimmung einen eindeutigen Sinn erhält (*secundum determinationem*)[14].

Nur wenige Zeilen werden der akzidentiellen Teilung gewidmet[15], dann kommen einige Schlußbetrachtungen[16], die in der Diskussion über die Quellen eine zentrale Rolle gespielt haben. Dort heißt es nämlich, daß die späteren Peripatetiker die Unterschiede der Teilungen sorgfältig berücksichtigten und die Teilung *per se*, die Teilung *secundum accidens* sowie deren diverse Formen auseinanderhielten. Die älteren dagegen warfen alles ziemlich durcheinander, gebrauchten das Akzidens anstelle der Gattung, der Art oder der Differenz. Deswegen habe es der Verfasser für sinnvoll gehalten, das Gemeinsame an diesen Teilungen anzugeben und sie durch ihre eigenen Unterschiede voneinander zu trennen; auch habe er von jeder Teilung so sorgfältig gesprochen, wie die in einer Einleitung angebrachte Kürze es erlaubte.

Nach Littigs Meinung folgt Boethius hier Porphyrios, der die durch Andronikos hervorgerufene Wendung zum Besseren im Peripatos konstatiere. Am Ende seiner Schrift habe Andronikos, der Gewährsmann des Porphyrios, wohl gesagt, daß er der früheren Verwirrung ein Ende machen wollte. Sein Urteil über den älteren Peripatos erinnere an die

---

[12] 880A—887D.
[13] 887D—888D.
[14] 888D—890D. In 889A 13 gehört nach *ipsa significans* kein Komma, sondern ein Punkt.
[15] 890D—891A.
[16] 891A 11—892A.

abschätzigen Bemerkungen Strabons und Plutarchs in ihren Berichten über das Schicksal der aristotelischen Bibliothek, Berichte, die Littig mit Usener auf Andronikos zurückzuführen geneigt ist[17]. Die Unterscheidung einer καθ' αὑτό- und einer κατὰ συμβεβηκός-Diärese entspreche genau den Grundsätzen des Andronikos, der in seinem Kategorienkommentar eine ähnliche Unterscheidung zwischen οὐσία und πρός τι vornahm[18]. Plezia modifiziert Littigs Interpretation des letzten Paragraphen von Boethius. Die gelobten späteren Peripatetiker, bemerkt er, können nur Andronikos und seine Nachfolger sein; das sehr günstige Urteil über sie kann also nur aus der Zeit nach Andronikos stammen. Plezia führt es darum auf Porphyrios zurück. Dagegen stamme der Satz mit dem Hinweis auf den Nutzen der Diäretik sicher von Andronikos, denn er setze voraus, daß die soeben dargelegte Lehre etwas noch ziemlich Neues sei. Zu Porphyrios' Zeiten wäre er ganz überflüssig gewesen, weil die Teilungsmethode sich längst eingebürgert habe; bei Andronikos, dessen Schrift περὶ διαιρέσεως ein Novum darstellte, sei er dagegen völlig gerechtfertigt. Da nun dieser Satz über den Nutzen der vorliegenden Arbeit auch die Aufgabe nenne, die sich der Autor gestellt habe —das Gemeinsame und die Unterschiede der Teilungen darzulegen —, gewännen wir dadurch die Gewißheit, daß der erste Teil von Boethius' Schrift (bis 880A) die echte Lehre des Andronikos enthalte[19]. Für die folgenden Abschnitte rechnet Plezia mit einer tiefergehenden Überarbeitung durch Porphyrios als Littig: Porphyrios habe sich über die Teilung der Gattung und ihre Rolle im definitorischen Verfahren verbreitet, weil dies in einer Einleitung zum Sophistes zweckmäßig gewesen sei. Die Abschnitte über die Teilung des Ganzen und des Wortes habe er stark komprimiert, weil sie für sein Vorhaben weniger wichtig waren; aus demselben Grunde habe er sich mit ganz summarischen Bemerkungen über die akzidentielle Teilung begnügt. Enge, z. T. wörtliche Parallelen mit Porphyrios' Isagoge im Kapitel über die Gattungsteilung bestätigten ebenfalls die porphyrianische Herkunft dieses Abschnittes[20]. Bei der Interpretation des Schlußparagraphen, aus dem Plezia, wie mir scheint, zuviel herauslesen will, ist jedoch darauf zu achten, daß der Hinweis auf die Unzulänglichkeit des früheren Peripatos und die Hervor-

---

[17] Vgl. oben S. 19 Anm. 51.
[18] Darüber oben S. 103.
[19] Plezia 13—15.
[20] Plezia 10—12.

hebung des Nutzens des vorliegenden Werkes eng zusammenhängen; daß
beides letzten Endes auf Andronikos zurückgehen kann, ist sicher nicht
unwahrscheinlich. Auf jeden Fall muß man aber mit einer Anpassung
durch Porphyrios rechnen, und zwar nicht nur wegen des Lobes auf den
späteren Peripatos, sondern auch wegen des Verweises auf die Hauptpunkte des Traktates in den beiden letzten Sätzen; nicht zwei, sondern
drei Themen sind es, die der Verfasser dort erwähnt: die *communiones*,
die *differentiae*[21] und die Ausführungen *de divisione omni*[22]; von diesen
letzten heißt es aber, sie seien so sorgfältig dargelegt worden, *quantum
introductionis brevitas patiebatur*. Nun ist Porphyrios es gewesen, der
seine Abhandlung als Einleitung (zum platonischen Sophistes) konzi-
pierte und nicht etwa Andronikos oder Boethius[23]. Daraus geht hervor,
daß der ganze Schlußparagraph von Porphyrios stammt. Boethius hat
ihn, wie der Hinweis auf den Charakter einer *introductio* zeigt, ganz
wörtlich übersetzt. Irgendwelche Rückschlüsse auf die Anlage der
Schrift des Andronikos lassen sich daraus nicht ziehen.

Was der Rhodier in περὶ διαιρέσεως behandelte, kann jedoch bis zu
einem gewissen Grade ermittelt werden. Einige vorporphyrianische
Zeugnisse zeigen nämlich, daß die Unterscheidung zwischen den einzelnen
Arten der Diärese bereits im 2., wahrscheinlich schon im 1. Jh. n. Chr.
bekannt war. In seinen kurzen Angaben zu diesem Thema zählt Albinos[24]
fünf Teilungen auf, die identisch sind mit den ersten fünf des Boethius;
nur die des Akzidens in Akzidentien wird nicht erwähnt, wohl weil Albinos sie für unergiebig hielt. Als Beispiel für die Teilung eines Ganzen
nennt er die Teilung der Seele, die (nach der platonischen Lehre) in
λογικόν und παθητικόν zerfällt, wobei sich das παθητικόν wieder in
θυμικόν und ἐπιθυμητικόν aufteilt. Auch bei Boethius erscheint die Seele
als Beispiel für die Teilung eines Ganzen, und zwar eines solchen, das
aus mehreren Fähigkeiten besteht; sie wird nach peripatetischer Art in
potentia sapiendi, sentiendi und *vegetandi* dividiert[25]. Albinos hebt sogar hervor, daß man sich der Gattungsteilung bedienen muß, um das
Wesen eines Dinges zu bestimmen, und er erklärt, wie sich die Definition

---

[21] Entspricht 877B—880A.
[22] Entspricht dem Hauptteil der Schrift, 880A—891A.
[23] Ähnliche Formel bei Porph., Isag. 1, 7—8 Busse: διὰ βραχέων ὥσπερ ἐν
εἰσαγωγῆς τρόπῳ. Auch dort hebt Porphyrios den Nutzen seiner Ausführungen
hervor.
[24] Didask. V 156, 29—157, 9 Hermann.
[25] 888A.

aus dieser Teilung ergibt. Die enge Verknüpfung der Diäretik mit der Definitionslehre, die bei Boethius[26] begegnet, ist also zweifellos älter als Porphyrios; dieser wird sie wohl schon bei Andronikos, seiner Hauptquelle, vorgefunden haben[27]. In Galens Philosophiegeschichte werden die drei Teilungsformen, die Boethius *secundum se* nennt, ausdrücklich genannt, und der heute korrupte Teil des Textes enthielt zweifellos Angaben über die akzidentielle Teilung[28]. Sextus Empiricus kennt eine Teilungslehre, die mit vier Teilungsarten operierte[29]; die ersten drei sind mit den ersten drei des Boethius identisch; als vierte nennt er zwar die des εἶδος εἰς τὰ καθ' ἕκαστον[30], in seiner Widerlegung[31] behandelt er jedoch nacheinander den Namen, das Ganze, die Gattungen und Arten und an vierter Stelle[32] die gemeinsamen Akzidentien. Die Vermutung liegt also auf der Hand, daß in der Lehre, gegen die er polemisiert, die akzidentielle Teilung ebenfalls an vierter Stelle erschien; möglicherweise war sie mit der Teilung der Art in Individuen irgendwie in Verbindung gebracht worden, was die Diskrepanz zwischen Aufzählung und Widerlegung bei Sextus erklären würde[33].

Wir besitzen ferner Indizien dafür, daß diese Einteilung der διαίρεσις-Arten bereits in den ersten Generationen der Aristoteles-Kommentatoren geläufig war. Besonders kennzeichnend ist vor allem die Diskussion über einen Satz aus De interpretatione. Aspasios[34] und Alexander[35] vertreten die These, Bejahung und Verneinung seien zwei verschiedene Bedeutungen des als Äquivokation aufzufassenden Wortes „Aussage" (ἀπόφανσις); damit nehmen sie gegen eine Deutung Stellung, nach welcher Bejahung und Verneinung die beiden Arten der Gattung Aussage wären. Als diese Diskussion entstand, pflegte man sich also bei der Teilung eines Begriffes zu fragen, ob er als γένος oder als φωνὴ ὁμώνυμος aufzufassen sei; daß die Teilung des ὅλον εἰς μέρη in diesem Zusammenhang nicht erwähnt wird, dürfte nur an der Natur des erörterten Gegenstands liegen.

---

[26] 880 C sqq.
[27] Anders Plezia 11.
[28] Vgl. Diels, Dox. 607, § 14.
[29] Pyrrh. Hypot. II 213.
[30] a. a. O.
[31] II 214—228.
[32] II 228.
[33] Über die Sextus-Stelle vgl. auch Plezia 45—46.
[34] Bei Boethius, In Arist. de interpr. ed. II* 119, 11—31 und 121, 5—122, 3 Meiser. Vgl. unten Bd. II.
[35] Bei Boethius a. a. O. Vgl. unten Bd. III.

Mit den drei Möglichkeiten γένος, ὅλον, πολλαχῶς λεγόμενον operiert
Alexander in einer kurzen Abhandlung über das Verhältnis der Einzeltugenden zur Tugend schlechthin[36]. Die Merkmale, die er für die drei
Diäresentypen anführt, decken sich zum Teil mit denen, die Boethius
aufzählt[37].

Die Erörterungen des Klemens von Alexandria über die Teilung[38]
sind wohl zu kurz und zu unpräzise, um auf eine bestimmte Quelle zurückgeführt werden zu können[39]. Klemens weist darauf hin, daß die
Diärese die Baumaterialien für die Definition liefert. Er nennt drei
Arten der Diärese, die der Gattung in ihre Arten, die des Ganzen in seine
Teile und die der Substanz in ihre Akzidentien. Auf die letzten zwei legt
er keinen großen Wert, weil die zweite meistens lediglich als die Teilung
einer Größe erscheint und die dritte niemals erschöpfend durchgeführt
werden kann. Die erste hält er für die einzig fruchtbare: Durch sie wird
die gattungsmäßige Identität und die Verschiedenheit gemäß den art-
bildenden Differenzen ans Licht gebracht. Jede Art fungiert irgendwie
als Teil, nicht jeder Teil ist jedoch eine Art. Jede Gattung befindet sich
in ihren Arten (z. B. das Lebewesen im Menschen, im Ochsen usw.), das
Ganze jedoch nicht in seinen Teilen. Deswegen ist die Art wichtiger als
der Teil und es kann alles, was von der Gattung prädiziert wird, auch von
der Art ausgesagt werden[40].

Es ist nicht zu bestreiten, daß in Porphyrios' Traktat älteres Gedankengut steckt. Wie Porphyrios angibt, ist dieses Gedankengut von An-

---

[36] Quaest. IV 8.

[37] Wenn eine der Arten aufgehoben wird, so wird die Gattung nicht dadurch
aufgehoben: Boeth. 879 C 3—5 ~ Alex. 128, 4—6. Bei nicht homöomeren
Teilen können die Teile die Definition des Ganzen nicht erhalten: Boeth.
879 D 7—10 ~ Alex. 128, 10—11. Gramm. Gr. I 3, S. 132, 11—16 Hilgard.
Prioritätsverhältnisse in den ἀφ' ἑνός und πρὸς ἕν: Alex. 128, 12—16. Ioann.
Damaskenos PG 94, 549 A. Definition der Tugend: Alex., Quaest. IV 8,
S. 128, 19 ἡ πάσης λογικῆς ψυχῆς ἕξις ἀρίστη, vgl. Boeth. 885 B 4 *virtus est
mentis habitus optimus.*

[38] Strom. VIII 19, 1—8.

[39] R. E. Witt, Albinos and the History of Middle Platonism, 1937, 36; 60sqq.
verwendet sie zur Untermauerung seiner Thesen, daß Klem., Strom. VIII
Gedankengut des Antiochos enthält und daß Andronikos und Boethos unter dem
Einfluß des Antiochos stehen. Mehr als sehr entfernte Reminiszenzen an Andronikos bzw. Porphyrios sind jedoch in Klemens' Angaben über die Teilung nicht zu
finden.

[40] Auch bei Boethius, De div. 879 B—880 A findet sich ein allerdings viel ausführ-
licherer Vergleich der Teilung der Gattung in Arten mit der Teilung des Ganzen.

dronikos zusammengetragen worden. Andronikos selbst konnte allerdings auf eine noch ältere, teils philosophische, teils rhetorische Tradition zurückblicken. Bereits Cicero hält dem Stoiker Zenon entgegen, daß die akademisch-peripatetische Dialektik sich mit der Teilungslehre befaßt hatte; diese sei mit der Definitionslehre verbunden; sie zeige, wie ein Ding in seine Teile dividiert werden soll; sie behandle die Gegensätze und führe auf die Gattungen und deren Arten[41]. Die Teilung (*divisio*, *partitio*) nennt er oft neben der Definition als eine der Aufgaben der Dialektik[42]. Das Interesse der Peripatetiker für Theorie und Praxis der Einteilung ist sicher sehr alt. Durch die antiken Schriftenverzeichnisse erfahren wir, daß Sammlungen von διαιρέσεις unter dem Namen des Aristoteles und des Theophrast umliefen[43]; die auf uns gekommenen διαιρέσεις stammen zu einem großen Teil aus der Akademie und dem Peripatos[44].

Aus diesen verschiedenen Indizien geht m. E. eindeutig hervor, daß die Grundlagen von Boethius' Schrift, insbesondere die Unterscheidung der Teilungsarten und die Verknüpfung der Teilung nach Gattungen und Arten mit der Definitionstheorie, auf Andronikos zurückgeführt werden können. Den Anteil des Andronikos genauer zu bestimmen, bleibt leider unmöglich; Porphyrios hat überall Inhalt und Form seiner Quellenschrift derart überarbeitet, daß wir heute vor einem typisch porphyrianischen Werk stehen. Der Vergleich mit der Isagoge ist in dieser Hinsicht besonders lehrreich. In beiden Schriften zeigt sich der Verfasser auf Klarheit und Übersichtlichkeit bedacht. Der Prolog der Isagoge, in dem Porphyrios sein Vorhaben ankündigt und durch einen Hinweis auf den Nutzen der darzustellenden Lehre rechtfertigt, erinnert z. T. wörtlich an die Schlußsätze der Schrift des Boethius über die Teilung. In der Isagoge behandelt Porphyrios zuerst jede der *quinque voces*; dann gibt er an, was sie alle gemeinsam besitzen (κοινωνία); dann behandelt er sie paarweise, um ihre jeweiligen Gemeinsamkeiten und ihre Unterschiede

---

[41] Cic., De fin. IV 8 *qui (= antiqui) et definierunt plurima et definiendi artes reliquerunt, quodque est definitioni adiunctum, ut res in partes dividatur, id et fit ab illis et quem ad modum fieri oporteat traditur; item de contrariis, a quibus ad genera formasque generum venerunt.*

[42] De fin. I 22; IV 5; Tusc. IV 9; V 72; Acad. I 5; Hortens. Fr. 56 Müller; Brutus 152; Top. 28; Or. 16; 115.

[43] Diog. Laert. V 23; 46. Cf. P. Moraux, Listes anciennes 83 sqq. H. Mutschmann, Div. aristot., Praef. XVII—XIX.

[44] Darüber H. Mutschmann, o. l., Praef. XXXIX.

darzulegen; die aufgezählten Unterscheidungsmerkmale sind meistens durch ἔτι aneinandergereiht. Genau dieselbe Methode wendet die griechische Quelle des Boethius im ersten Teil der Schrift an: Aufzählung der Teilungsarten mit Beispielen, Hinweis auf das Gemeinsame, Vergleich von je zwei Teilungsarten mit Angabe ihrer Unterschiede; auch hier sind die aufgezählten Unterschiede einfach durch *amplius* (= ἔτι) miteinander verbunden. Die Formel, die das letzte zu behandelnde Paar einleitet, ist in den beiden Schriften die gleiche: Isag. 21, 18 λείπεται δὴ περὶ ἰδίου καὶ συμβεβηκότος εἰπεῖν ∼ Boeth., De div. 880 A 2 *restat autem vocis et totius distributionis differentias dare*. Auch im Hauptteil von Boethius' Traktat (ab 880 A 10) fehlt es nicht an typisch porphyrianischen Zügen. Plezia hat bereits auf einige inhaltliche und sogar wörtliche Übereinstimmungen mit der Isagoge aufmerksam gemacht[45], und sicher würde sich aus einem systematischen Vergleich mit Porphyrios' anderen Werken noch viel mehr ergeben. Wie stark Porphyrios seine Quelle ergänzt und umgeändert hat, zeigt die lange Passage, in der die Definitions- und Teilungslehre am Beispiel des Nomens veranschaulicht wird[46]: Die Definition, auf die hingearbeitet wird, ist nämlich diejenige, die Aristoteles in De interpretatione[47] formuliert. Da Andronikos die Hermeneutik für unecht hielt[48], hätte er sicher nicht auf diese Schrift zurückgegriffen, um passende Beispiele für seine Theorie zu finden.

Wenn man von den römischen Beispielen absieht, die Boethius hier und dort anführt, darf man also sagen, daß die kleine Abhandlung De divisione sich als eine durch und durch porphyrianische Leistung herausstellt[49]. Was Porphyrios seiner Quelle verdankt, läßt sich nur ganz allgemein mit einiger Sicherheit bestimmen; die meisten Einzelheiten der Diäresenlehre des Andronikos sind hinter der Überarbeitung durch Porphyrios nicht mehr zu erkennen.

Noch lange nach Porphyrios schöpfte man aus seiner Abhandlung über die Teilung. Die Disziplin, welcher Andronikos das Bürgerrecht im Peripatos verliehen hatte, lebte jahrhundertelang weiter, und die Zeug-

---

[45] De Andron. stud. 12.

[46] 886 B 11—887 B 13.

[47] 2, 16a 19—21 = Boeth. 887 B 1—2.

[48] Vgl. S. 117sqq.

[49] J. Shiel, Boethius' Commentaries on Aristotle, in: Medieval and Renaissance Studies 4 (1958) 217—244, der sich ausführlich mit der Frage nach den Quellen der Kommentare zu den Kategorien und zu De interpretatione befaßt, hat De divisione (vgl. S. 239) fast völlig außer acht gelassen.

nisse, die wir über ihre späte Form besitzen, zeigen, daß man das Schema des Andronikos beibehielt und nur in geringfügigen Punkten zu ergänzen versuchte. M. Plezia[50] macht z. B. auf ein syrisch erhaltenes Fragment des Ioannes Philoponos aufmerksam[51]. Während andere Kommentatoren, die auf die Teilung der Philosophie zu sprechen kommen, sich mit kurzen Angaben über διαίρεσις, ἐπιδιαίρεσις, ὑποδιαίρεσις begnügen[52], geht Philoponos auf die Frage der Teilung ausführlich ein, und seine Erörterungen erinnern an die des Porphyrios. Es ist jedoch nicht wahrscheinlich, daß er direkt aus Andronikos schöpfte[53]. Interessant sind ebenfalls die Angaben über die διαίρεσις bei Ioannes Damaskenos[54]. Der Verfasser erinnert zuerst an die Unterscheidung von διαίρεσις, ἐπιδιαίρεσις und ὑποδιαίρεσις, dann befaßt er sich mit den acht τρόποι διαιρέσεως. Seine Erörterungen lassen sich wie folgt zusammenfassen:

Διαίρεσις

καθ᾽ αὐτό

ὡς πρᾶγμα

ὡς γένος εἰς εἴδη   (1)

ὡς εἶδος εἰς ἄτομα   (2)

ὡς ὅλον εἰς μέρη   (3)

ὁμοιομερῆ

ἀνομοιομερῆ

ὡς φωνὴ ὁμώνυμος   (4)

ὅλον σημαίνουσα

μέρος σημαίνουσα

---

[50] De Andron. stud. 15.

[51] A. Baumstark, Aristoteles bei den Syrern vom V.—VIII. Jh. I, 1900, 181 sqq. befaßt sich mit dem „Buch der Dialoge" des syrischen Kompilators Severus bar Šakkū (gest. 1241) und zeigt, daß dieses Werk auf ein syrisches Kompendium der Logik zurückgeht; dieses Kompendium beruht auf dem Kommentar des Stephanos Alexandrinos zur Isagoge des Porphyrios, und Stephanos selbst schöpft aus Ioannes Philoponos' Kommentar zur Isagoge. Das von Baumstark 195—197 übersetzte Kapitel über die τρόποι τῆς διαιρέσεως weist eine so enge Verwandtschaft mit dem entsprechenden Kapitel der πηγὴ γνώσεως des Ioannes Damaskenos auf, daß eine gemeinsame Quelle unbedingt angenommen werden muß.

[52] Ammon., Isag. 9, 26—10, 8. Elias, Proleg. 25, 26—26, 5. David, Proleg. 55, 6—16.

[53] Gegen Plezia 15.

[54] Fons scientiae, Dialectica VI 545 B—549 A, Migne PG 94.

κατὰ συμβεβηκός
ὡς οὐσία εἰς συμβεβηκότα   (5)
ὡς συμβεβηκὸς εἰς οὐσίας   (6)
ὡς συμβεβηκὸς εἰς συμβεβηκότα   (7)
Weiterer τρόπος   (8)
ἀφ' ἑνός
πρὸς ἕν

Bis auf geringfügige Abweichungen ist dieses Schema das porphyrianische. Der Verfasser selbst hebt hervor, daß die als zweiter τρόπος angegebene Teilung der Art in Individuen umstritten ist und daß einige Fachleute darin eine bloße Aufzählung sehen möchten; aus einer Teilung ergeben sich nämlich in der Regel nur zwei, seltener drei oder vier Glieder, aber niemals eine endlose Zahl wie hier[55]. Bei Boethius-Porphyrios wird die Teilung der Art in Individuen einfach als die eines Ganzen in seine Bestandteile betrachtet[56]. Ioannes Damaskenos geht also nicht direkt auf Porphyrios, sondern auf eine Zwischenquelle zurück, die die Teilung der Art zwar auf dieselbe Ebene wie die der Gattung und die des Ganzen stellte, auf die Fraglichkeit dieser Lösung jedoch hinwies[57]. Auf eine Zwischenquelle geht ebenfalls die Hinzufügung der Teilung ἀφ' ἑνός und πρὸς ἕν als achter τρόπος διαιρέσεως zurück. Diese nachträgliche Ergänzung paßte offensichtlich nicht in das übernommene Schema, und man hat sich mit Recht gefragt, ob man es hier mit einer echten Teilung zu tun hat: Wie Ioannes notiert[58], findet sich niemals zwischen den Teilungsgliedern eine Relation von Priorität und Posteriorität oder eine Relation von Mehr und Weniger; solche Relationen erscheinen aber in den Dingen, die ἀφ' ἑνός oder πρὸς ἕν sind.

Aus derselben Zwischenquelle schöpft ein Scholiast zu Dionysios Thrax in seinen Erörterungen über das Problem der Einteilung der προσῳδία[59]. Der Scholiast unterscheidet dieselben acht τρόποι der

---

[55] 548 D. — Auch Severus bar Šakkū definiert zuerst διαίρεσις, ἐπιδιαίρεσις, ὑποδιαίρεσις. Auch er bemerkt (und weist dabei auf Stephanos als seine Quelle hin), daß die von einigen Gelehrten angenommene Teilung der Art in Individuen keine eigentliche Teilung ist, weil sich daraus eine unbegrenzte Anzahl von Teilungsgliedern ergibt.

[56] Boeth. 877 D.

[57] Vgl. oben S. 125 über die Teilung der Art bei Sextus.

[58] 549 A.

[59] I. Bekker, Anecdota Graeca 679, 6—683, 21 = Gramm. Gr. I 3, Schol. in Dion. Thr. 131, 35—135, 12 Hilgard.

Teilung wie Ioannes Damaskenos[60], zum Teil mit denselben Beispielen, und zeigt dann, daß die προσῳδία weder als eine Äquivokation in ihre Bedeutungen, noch als ein Ganzes in seine Teile, noch als eine Gattung in ihre Arten geteilt wird[61]. Die übrigen fünf Möglichkeiten stellen keine eigentlichen Diäresen dar: Die der Arten in Individuen ist keine Teilung, weil es unzählige Individuen gibt[62]. Die sogenannten akzidentiellen Teilungen sind in Wirklichkeit Teilungen von Substanzen bzw. von Gattungen in Arten; geteilt wird nicht das Akzidens als solches, sondern das Ding, dem es inhäriert[63]. Die Teilung ἀφ' ἑνός oder πρὸς ἕν ist eine bloße Aufzählung[64]. Es gibt also nur drei echte τρόποι διαιρέσεως, und die Teilung der προσῳδία entspricht keinem dieser drei. Daher hat Philoponos, der ein eigenes Buch über die προσῳδία schrieb, gesagt, es handele sich hier nicht um eine διαίρεσις, sondern um eine ὑποδιαίρεσις[65]. Es ist so gut wie sicher, daß der ganze Abschnitt des Scholiasten über die Diärese aus Philoponos stammt[66]: Die These, die der Scholiast dem Philoponos zuschreibt, ist das Ziel, auf welches das ganze Exposé hinführt, und es ist anderweitig bezeugt, daß Philoponos sich mit der Diäretik befaßt hat. Philoponos ist es also gewesen, der die philosophische διαίρεσις-Lehre auf ein Problem der Grammatik übertrug. Man wird jedoch kaum vermuten können, daß Ioannes Damaskenos seine Ausführungen über die Teilung einem Traktat περὶ προσῳδίας entnommen hat. Viel wahrscheinlicher hatte sich Philoponos auch in einem rein philosophischen Werk über die διαίρεσις verbreitet; aus diesem hat Ioannes Damaskenos geschöpft[67]. Charakteristisch für die anhand des Scholiasten und des Ioannes Damaskenos rekonstruierbare Philoponos-Lehre ist es, daß die Teilung der Art in Individuen sowie die ἀφ' ἑνός und πρὸς ἕν zwar erwähnt, jedoch abgelehnt werden, weil sie keine echten Diäresen sind. Philoponos muß also eine nachporphyrianische Form der Teilungslehre

[60] 131, 35—132, 31 H.
[61] 132, 35—133, 28 H.
[62] 133, 29—134, 2. Ähnlich Ioannes Damaskenos, vgl. oben S. 130.
[63] 134, 3—29.
[64] 134, 30—35.
[65] 134, 36—135, 12.
[66] Über Philoponos' περὶ προσῳδίας vgl. Gudeman, Art. Ioannes 21, RE IX 2, 1782.
[67] A. Baumstark 187sqq. hat überzeugend nachgewiesen, daß Ioannes Philoponos die διαίρεσις-Lehre in seinem Kommentar zu Porphyrios' Isagoge darlegte. Durch den Kommentar des Stephanos Alexandrinos wurde diese Lehre dem Ioannes Damaskenos und dem Severus bar Šakku vermittelt.

9*

vorgefunden haben, in der diese beiden τρόποι, die Porphyrios nicht als selbständige oder überhaupt nicht berücksichtigt hatte, eine Rolle spielten. Er übernahm sie, kritisierte sie aber derart, daß im Endeffekt die echte porphyrianische Lehre doch wieder zur Geltung kam.

In der langen Überlieferung, die diese späteren Produktionen mit der akademisch-peripatetischen Teilungslehre verbindet, stellte der kleine Traktat des Andronikos eine zweifellos wichtige, obwohl heute kaum mehr greifbare Etappe dar. Der Schrift des Rhodiers wurde es zum Verhängnis, daß Porphyrios sie überarbeitete und seiner Einleitung zum platonischen Sophistes einverleibte; diese erweiterte Fassung muß nämlich das andronikische Original ziemlich früh verdrängt haben. Auf der anderen Seite hat es aber der Erfolg von Porphyrios' Überarbeitung bewirkt, daß wenigstens die Grundgedanken des Andronikos nicht ganz untergingen.

E. Psychologie

Über die Seelenlehre des Andronikos besitzen wir zwei oder drei Zeugnisse, die vielleicht auf einen Kommentar oder eine Paraphrase des Rhodiers zu Aristoteles' De anima zurückgehen.

Das eine bezieht sich auf die berühmte Definition der Seele durch Xenokrates als eine sich selbst bewegende Zahl[1]. Themistios berichtet, daß Andronikos und Porphyrios meinten, die Polemik des Aristoteles gegen diese Definition in De anima sei gegen die wenig glückliche Bezeichnung der Seele als Zahl gerichtet[2]. Daß Porphyrios die xenokratische Definition zu rechtfertigen versuchte und Aristoteles für seine Kritik tadelte[3], versteht sich von selbst: Die Einwände des Aristoteles, behauptete er, träfen den eigentlichen Inhalt der Definition nicht, sie gälten vorwiegend der in der Definition erscheinenden Bezeichnung der Seele als Zahl. Als Stütze für seine Position zitierte Porphyrios die Erläuterungen des Andronikos, offenbar weil dieser sich der aristotelischen Kritik nicht anschloß und die xenokratische Definition für durchaus sinnvoll hielt[4]. Die Lebewesen, erklärte Andronikos, bestünden nicht

---

[1] Vgl. Arist., De an. I 4, 408b 32. Weitere Texte bei R. Heinze, Xenokrates, Fr. 60—67.

[2] Them., De an. 31, 1—3.

[3] Them., De an. 32, 20—22, mit der Randbemerkung im Ms. Q.

[4] An eine direkte Benutzung des Andronikos durch Themistios ist wohl kaum zu denken.

aus einem einzigen einfachen Körper, sondern aus mehreren, nach bestimmten zahlenmäßigen Verhältnissen gemischten Elementen; deswegen habe man die Seele eine Zahl genannt. Diese Auffassung sei der von der Seele als Harmonie ziemlich ähnlich. Sie enthalte jedoch eine wichtige Präzisierung: Der Hinweis auf den selbstbewegenden Charakter der Zahl bedeute nämlich, daß die Seele Ursache der Mischung und des Mischungsverhältnisses der körperlichen Elemente sei[5]. Daß diese Interpretation historisch anfechtbar ist[6], dürfte für die Geschichte des Aristotelismus ziemlich belanglos sein. Wichtiger ist die bereits hier spürbare und sich bis Alexander von Aphrodisias behauptende Tendenz der Peripatetiker, die gegenseitige Abhängigkeit von Seele und Leib gegen den platonischen Dualismus hervorzuheben. Aus der Entelechie-Lehre schloß man, daß die Beseeltheit des Körpers und die nach bestimmten Zahlenverhältnissen erfolgende Kombination der Elemente zu einem organischen Körper aufs engste miteinander zusammenhängen, und diese Erkenntnis führte zur Annahme der Sterblichkeit der Seele. Wie wir bei der Darstellung von Alexanders Seelenlehre noch sehen werden, war man sich jedoch nicht ganz darüber im klaren, ob die Seele als eine Folgeerscheinung, ein Produkt der Elementenmischung oder vielmehr als deren Ursache anzusehen sei. Aristoteles stellt die Seele nämlich als Form, als wirkende Ursache und als Zielursache des Leibes dar, so daß die Kausalität der Seele dem Leibe gegenüber von den Interpreten nicht in Frage gestellt wird. Dennoch finden sich bei ihnen auch Formulierungen, nach denen die Beschaffenheit der Seele von der des Körpers abhängt und die Seele selbst als eine aus dem Mischungsverhältnis der Elemente entstehende Kraft gekennzeichnet ist[7].

Wenn wir einer leider nicht einwandfrei überlieferten Angabe Galens glauben dürfen, betrachtete bereits Andronikos die Seele bald als Ursache (Erläuterungen zu Xenokrates' Seelendefinition), bald eher als Folge der Elementenmischung im Leibe (Galens Zeugnis). Galen selbst vertritt in einer kleinen Abhandlung über die Seele[8] die These, daß die Seelenvermögen durch die jeweilige Beschaffenheit und Mischung der Urqualitäten Warm — Kalt — Trocken — Feucht im Leib beeinflußt wer-

[5] Them., De an. 32, 22—31.
[6] Vgl. E. Zeller, Philos. d. Gr. II 1⁵, 1019 Anm. 2. H. Dörrie, Art. Xenokrates 4, RE IX A (1967) 1523.
[7] Siehe unten Bd. III.
[8] IV 767sqq. Kühn = Scr. min. II 32sqq. Müller mit dem Titel: ὅτι ταῖς τοῦ σώματος κράσεσιν αἱ τῆς ψυχῆς δυνάμεις ἕπονται.

den. In diesem Zusammenhang lobt er den Peripatetiker Andronikos für
den Mut, mit dem er wie ein freier Mensch sich klipp und klar über das
Wesen der Seele geäußert hat. Diese mutige Haltung, die er auch sonst
mehrmals bei ihm beobachtet hat, schätzt Galen sehr. Er tadelt ihn jedoch dafür, daß er in seiner Definition — die Seele sei die Mischung des
Körpers oder ein auf die Mischung folgendes Vermögen — das Wort
‚Vermögen' (δύναμις) hinzufügte. Aristoteles habe nämlich mit Recht dargelegt, daß die Seele eine mehrere Vermögen besitzende Substanz sei. Es
genüge also, die Seele als Mischung zu bezeichnen[9].

[9] Galen, Quod an. mor. corp. temperam. sequantur 44, 12—45, 3. Während dieser
Text in den früheren Editionen ohne kritische Zeichen wiedergegeben ist,
weist Iwan Müller darauf hin, daß die Erwähnung des Andronikos (44, 12—13)
in den Handschriften fehlt und nur in den Editionen zu finden ist. Ferner
ergänzt Müller 44, 14—15 ⟨κρᾶσιν ἢ δύναμιν εἶναι τοῦ σώματος⟩, was m. E.
völlig unnötig und sogar falsch ist. Galen lobt nicht den Inhalt der andronikischen Definition, sondern den Mut, den Andronikos gezeigt hat, als er sich
über das Wesen der Seele zu äußern wagte. Für Galen gehört nämlich die
Frage nach dem Wesen der Seele zu denjenigen, die sich kaum mit Sicherheit
beantworten lassen; vgl. 38, 20—21 ... διὰ τὸ μὴ γιγνώσκειν με τὴν οὐσίαν
τῆς ψυχῆς ὁποία τίς ἐστιν ... Mit der Ansicht des Andronikos (44, 18—19
ἤτοι κρᾶσιν εἶναί φησιν ἢ δύναμιν ἑπομένην τῇ κράσει) sind die Äußerungen
Alexanders zu vergleichen (unten Bd. III); der Aphrodisier weigert sich
allerdings, die Seele mit dem Mischungsverhältnis zu identifizieren; er betrachtet sie als die Kraft, die aus der Mischung der körperlichen Elemente
entsteht. — Wie die Erwähnung des Andronikos in 44, 12—13 in die Ausgaben
Galens gelangt ist, konnte ich leider nicht genau ermitteln; sicher ist auf jeden
Fall, daß sie keine bloße Konjektur ist, sondern in der ursprünglichen Fassung
des kleinen Galen-Traktats gestanden hat. Frau Dr. J. Kollesch hatte die
Freundlichkeit, mir darüber folgendes mitzuteilen (Brief vom 7. 12. 1966):
,,Die drei Erlanger Programme von Müller (I. Müller, Specimen novae editionis
libri Galeni qui inscribitur Ὅτι ταῖς τοῦ σώματος κράσεσιν αἱ τῆς ψυχῆς δυνά-
μεις ἕπονται I—III, Univ.-Progr. Erlangen 1880. 1885. 1887) geben zu dieser
Frage nichts aus. Im *Vindob. phil. gr.* 303, von dem wir zufällig Photokopien
besitzen, fehlt der Name ebenfalls. Aber in der arabischen Übersetzung der
Schrift von Ḥunain ibn Isḥāq (9. Jh.), die in der Istanbuler Handschrift *Aya Sofya*
3725 überliefert ist, findet sich (f. 107ʳ, Zeile 12) derselbe Zusatz, wie ihn die
Editionen bieten. Damit ist also endgültig bewiesen, daß der Name ,,Andronikos"
in der ursprünglichen Fassung gestanden hat, wobei ... die Frage relativ uninteressant sein dürfte, ob die Druckvorlage der Aldina einen gegenüber den heute
bekannten Textzeugen vollständigeren Text geboten hat, oder ob das Textplus
über die Übersetzung des Nikolaus, die unter Umständen nach einer arabischen
Vorlage gemacht oder vielleicht auch nur ergänzt worden sein konnte, in die
griechischen Drucke gelangt ist." In älteren Arbeiten, vor allem in solchen, die
nach der Ausgabe von Iwan Müller entstanden, wird Galens Zeugnis über An-

Einer anderen Nachricht zufolge ist Andronikos der erste Peripatetiker gewesen, der sich bemühte, den Affekt (πάθος) zu definieren. Wir
wissen nicht, in welcher Schrift er sich mit dieser Frage befaßte. Es kann
in einem Kommentar oder in einer Paraphrase zur Nikomachischen Ethik
gewesen sein; vielleicht bot auch eine Paraphrase zu De anima Gelegenheit dazu, und selbst in der Diskussion über den Ausdruck παθήματα τῆς
ψυχῆς, von dem er ausging, um die Hermeneutik zu athetieren, konnte
er sich über das Wesen des πάθος ausbreiten. Wie dem auch sei, seine
Definition, die zweifellos durch ähnliche Formulierungen stoischer Herkunft beeinflußt wurde, zeigt, wie der damalige Peripatos sich mit der
Ethik der Stoa auseinanderzusetzen hatte[10]. Der Affekt, sagte Andronikos, ist eine durch die Annahme eines Übels oder eines Guten hervorgerufene irrationale Bewegung der Seele (πάθος εἶναι τῆς ψυχῆς κίνησιν
ἄλογον δι' ὑπόληψιν κακοῦ ἢ ἀγαθοῦ). Auf den ersten Blick würde man
diese Formel für rein stoisch halten. Den Affekt pflegen die Stoiker auf
eine Meinung über etwas Vorhandenes oder zu Erwartendes zurückzuführen, das als gut bzw. schlecht bewertet wird; da diese Bewertung un-
richtig ist, erscheint der Affekt als eine Erkrankung des Hegemonikon[11].
Auch Andronikos läßt den Affekt aus einem Urteil über das Gute und das
Übel entstehen. Spätere Peripatetiker, wie etwa Aspasios, dem wir die
Nachricht über Andronikos verdanken, heben dagegen hervor, daß gewisse Affekte vor jedem eigentlichen Urteil, aus der Vorstellung (φαντασία) oder der Sinneswahrnehmung entstehen und daß die Bewertung
eines Dinges als gut oder schlecht dabei weniger wichtig ist als das Empfinden seines angenehmen oder unangenehmen Charakters. Andronikos'
Definition will jedoch nicht rein stoisch sein: Wenn wir den Erläuterungen des Aspasios glauben dürfen, begründete Andronikos die Irrationalität des Affekts ganz anders als die Stoiker. Diese charakterisieren den
Affekt als einen Verstoß gegen den richtigen Verstand (ὀρθὸς λόγος); die
Gegensätzlichkeit zwischen Affekt und Verstand läßt sich daher nicht
überbrücken; um im Einklang mit dem richtigen Verstand zu leben, muß
der Mensch seine Affekte ausrotten. Andronikos dagegen bezeichnet den

---

dronikos nur mit Einschränkungen oder überhaupt nicht berücksichtigt. Vgl.
z. B. E. Zeller, Phil. d. Gr. III 1⁵, 645—646 (bes. 646 Anm. 1). F. Littig, Andronikos III 2—5. Überweg-Praechter¹², 559 („eine Differenz in der Psychologie
ist unerweislich").

[10] Die stoische Färbung der Definition des πάθος bei Andronikos hebt I. Mariotti,
Aristone 32—36 hervor.

[11] Die meisten Texte SVF III, S. 92sqq.

Affekt als nicht-rational, weil er eine Bewegung des nicht-rationalen
Teiles der Seele ist[12]. Der Unterschied darf nicht unterschätzt werden;
er entspricht nämlich einer Haltung, aus welcher sich die ganze Opposition des Peripatos zur stoischen Affektenlehre entfalten wird. Wenn
der Affekt nicht in seinem Wesen antirational ist und nicht in unüber-
windbarem Widerspruch zum Logos steht, wenn er nur deswegen irrational ist, weil er im nicht-rationalen Teil der Seele entsteht, dann bleibt
eine Versöhnung von Vernunft und Affekt durchaus möglich: Der Affekt wird unter Umständen im Dienste der Vernunft stehen können; er
soll daher nicht unterdrückt und ausgerottet, sondern unter Führung der
Vernunft zu edleren Zielen verwendet werden[13].

F. Unechtes

Unter dem Namen des Andronikos sind zwei Schriften überliefert, die
zweifellos nicht von dem Rhodier stammen[1]. Die erste, umfangreichere,
ist eine griechische Paraphrase der EN. In der editio princeps, die Daniel
Heinse im Jahre 1607 aufgrund eines Leidener Manuskripts des 16. Jh.[2]
besorgte, war der Text einem „unbekannten hervorragenden Peripatetiker" zugeschrieben, aber als Heinse zehn Jahre später den Text desselben Manuskripts erneut edierte[3], bezeichnete er ihn als ein Werk des
Andronikos von Rhodos. In der Folgezeit wurde die Paraphrase mehrmals unter dem Namen des Andronikos herausgegeben[4]. Diese Zuschreibung findet kaum Unterstützung in der handschriftlichen Überlieferung.
Nur in einem Pariser Ms. des 16. Jh.[5] wird der Text des 5. Buches ausdrücklich als ein Werk Ἀνδρονίκου Ῥοδίου περιπατητικοῦ φιλοσόφου be-

---

[12] Aspas., Eth. Nic. 44, 20—24; 44, 33—45, 16. Vgl. F. Littig, Andron. III 5—10.
[13] Die peripatetische Ansicht, daß die Affekte durchaus nützlich sein können, ist
     vielfach bezeugt. Vgl. unter anderen Sen., De ira I 9, 2; 17, 1; II 6, 1; III 3, 1.
     Cic., Tusc. IV 43sqq. Philodem, De ira 31, 31—32, 29 Wilke.
[1] Vgl. E. Zeller, Philos. d. Gr. III I[5], 644 Anm. 4.
[2] *Leiden, Bibl. Publ. Gr.* 18. Beschreibung bei K. A. De Meyier und E. Hulshoff Pol,
     Bibl. Univ. Leidensis. Codd. Mss. VIII. Bibl. Publ. Graeci, 1965, S. 28—29.
[3] Andronici Rhodii Ethicorum Nicomacheorum paraphrasis. Cum interpretatione
     Danielis Heinsii . . . excudit Ioannes Patius, Lugduni Batavorum Anno 1617.
[4] Z. B. von F. G. A. Mullach, Fr. Philos. Gr. III, Paris 1881, 303—569: Andronici
     Rhodii Ethicorum paraphrasis.
[5] *Paris. Lat.* 6251.

zeichnet. In dem von D. Heinse benutzten *Leidensis* ist der Text anonym, eine spätere, „barbarische" Hand hat aber den Vermerk Ἀνδρονίκου Ῥοδίου περιπατητικοῦ φιλοσόφου eingetragen, der mit dem des *Parisinus* übereinstimmt.

Ein Blick auf die gesamte handschriftliche Überlieferung des in mindestens 25 Manuskripten auf uns gekommenen Textes zeigt jedoch, daß die Situation viel komplizierter ist. Am lehrreichsten ist das wohl älteste Manuskript der Paraphrase[6], in dem der Text anonym ist, das aber f. 97 folgende Subskription hat: τὸ βιβλίον γέγονε δι᾽ ἐξόδου τοῦ εὐσεβεστάτου καὶ φιλοχρίστου βασιλέως ἡμῶν Ἰωάσαφ μοναχοῦ τοῦ Καντακουζηνοῦ ἐν ἔτει ͵ϛωοε´, μηνὸς Νοεμβρίου κδ´, ἰνδ. ε´. Sie bedeutet lediglich, daß der erste Teil des Kodex (Bücher I—VI) im Auftrag und auf Kosten des (ehemaligen) Kaisers Ioannes Kantakuzenos, der als Mönch den Namen Ioasaph genommen hatte, am 24. November 1366 geschrieben wurde[7]. Spätere Kopisten übernahmen einfach diese Subskription zusammen mit dem Text, und zwar genau wie in der Vorlage, andere stellten sie ans Ende der Paraphrase, und andere wiederum schlossen aus ihr irrtümlich, daß die Paraphrase selbst ein Werk des Ioannes Kantakuzenos (alias Ioasaph) sei. Mehrere Byzantinisten nahmen dann diese Zuschreibung kritiklos an[8]. Andererseits erscheint als Urheber der Paraphrase in einem im 16. Jh. von Konstantinos Palaiokappa geschriebenen Manuskript[9] ein sonst völlig unbekannter Heliodoros von Prusa. Unter diesem Namen wurde der Text von G. Heylbut im Jahre 1889 herausgegeben[10]. Der Kopist Palaiokappa ist aber für seine Fälschungen und phantasievollen Erfindungen bekannt; höchstwahrscheinlich hat er den Heliodoros einfach erdichtet, um die anonym überlieferte Paraphrase unter einen wohlklingenden Namen zu bringen[11]. Mindestens vier andere Manuskripte

---

[6] *Laurent.* 80, 3.

[7] Der Rest der Paraphrase (Bücher VII—X) wurde im *Laurent.* von einer Hand des 15. Jh. angehängt.

[8] Einzelheiten bei D. M. Nicol, A Paraphrase of the Nicomachean Ethics attributed to the Emperor John VI Cantacuzene, in: Byzantinoslavica 29 (1968) 1—16, auf den wir hiermit auch für das Folgende verweisen.

[9] *Paris. gr.* 1870.

[10] CAG XIX 2.

[11] L. Cohn, Heliodor von Prusa, eine Erfindung Paläokappas, in: Berl. Philol. Wochenschr. IX 45 (1889) 1419—1420. Etwa dreißig Jahre früher hatte V. Rose versucht, das verwickelte Problem der Urheberschaft anders zu lösen. Er kombinierte die Zuschreibung des Palaiokappa an Heliodor mit dem anderweitig bezeugten Auftrag des Ioannes Kantakuzenos und schloß daraus, daß der letztere

(aus dem 16. u. 17. Jh.) bezeichnen die Paraphrase als ein Werk Ὀλυμ-πιοδώρου φιλοσόφου. Gemeint ist natürlich der Neuplatoniker des 6. Jh., von dem wir Kommentare zu Platon und Aristoteles besitzen[12]. Gegen diese Zuweisung spricht allerdings der Umstand, daß die äußere Form der EN-Paraphrase keines der Merkmale aufweist, die in allen sonst bekannten Interpretationsschriften des Olympiodor vorkommen und für ihn und seine Schule charakteristisch sind. Wie es zu dieser Zuschreibung kam, läßt sich nicht ermitteln. Ich möchte vermuten, daß die beiden Namen Heliodoros und Olympiodoros irgendwie zusammengehören und miteinander verwechselt wurden, kann aber Genaueres dazu nicht sagen.

Sieht man von den relativ wenigen Manuskripten ab, welche die Paraphrase auf einen bestimmten Autor zurückführen, so steht man vor der nicht zu unterschätzenden Tatsache, daß in den meisten Manuskripten, und besonders in den ältesten, der Text der Paraphrase anonym tradiert wurde. Eine gute Monographie über Wortschatz, Stil, Methode, Inhalt und Überlieferungsgeschichte der Paraphrase steht heute noch aus. Wahrscheinlich würde eine derartige Untersuchung dabei helfen, die Abfassungszeit der Schrift etwas näher zu bestimmen. Sicher ist auf jeden Fall, daß wir es nicht mit einem Werk des Andronikos zu tun haben. Von wem und warum die Paraphrase ihm — vielleicht nicht vor dem 16. Jh. — zugesprochen wurde, entzieht sich unserer Kenntnis. Es kann sein, daß der Urheber dieser unhaltbaren Hypothese von der Kategorien-Paraphrase des Rhodiers wußte und nur deswegen ihm auch die Autorschaft der anonymen EN-Paraphrase zusprach.

Viel kürzer und ganz anderer Art ist unsere zweite pseudoandronikische Schrift. Sie wurde unter dem Titel Ἀνδρονίκου τοῦ Ῥοδίου φιλο-σόφου περιπατητικοῦ περὶ παθῶν überliefert und mehrmals herausgegeben[13]. Sie zerfällt in zwei Teile. Der erste besteht aus kurzen Defini-

---

den Heliodoros beauftragt hatte, eine Paraphrase der EN für ihn zu verfassen. Vgl. V. Rose, Über eine angebliche Paraphrase des Themistius, in: Hermes 2 (1867) 212 Anm. 1. Diese Kombination ist jedoch rein willkürlich, denn nichts deutet an, daß der mysteriöse Heliodor für I. Kantakuzenos gearbeitet hat, und andererseits dürfte sich der Auftrag des Kantakuzenos nur auf die Kopierarbeit bezogen haben.

[12] Über ihn, seine Werke und die Gestaltung seiner Kommentare vgl. R. Beutler, Art. Olympiodoros 13, RE XVIII (1939) 207—227.

[13] Editio princeps von Hoeschel, Augsburg 1593, wahrscheinlich nach den Mss. Paris. gr. 2131 und Monac. gr. 558. D. Heinse gab den Text im J. 1617 zusammen mit der EN-Paraphrase heraus (vgl. Anm. 3). Später wurde der Text ohne große

tionen der vier Hauptaffekte der Stoiker, Schmerz, Angst, Begierde und
Lust, jeweils mit ihren Unterarten, sowie aus Definitionen der vier Hauptformen der Affektfreiheit, Willen, Freude, Behutsamkeit und Folgsam-
keit, mit ihren jeweiligen Unterarten. Der zweite Teil ist der Tugend
gewidmet. Die vier Kardinaltugenden, Einsicht, Mäßigung, Gerechtigkeit und Tapferkeit, werden im Lichte der platonischen Dreiteilung der
Seele erörtert und in ihre Unterarten eingeteilt, die dann einzeln definiert werden. In Wirklichkeit haben wir es mit zwei unabhängig voneinander entstandenen Sammlungen zu tun, die unter einem nur für die
erste passenden Titel vereinigt worden sind[14]. Die Sammlung der Affekt-Definitionen weist in Aufbau, Inhalt und Wortlaut große Ähnlichkeit mit einem Kapitel der Epitome der stoischen Ethik von Areios Didymos[15], mit der Darstellung der stoischen Affektenlehre bei Diogenes
Laertios[16] und mit verschiedenen stoischen Affekt-Definitionen bei Cicero im 4. Buch der Tusculanen auf[17]. Es unterliegt keinem Zweifel, daß
sie vorwiegend stoisches Material enthält und nicht von Andronikos herrühren kann. Etwas anders verhält es sich mit der Sammlung von Einteilungen und Definitionen der Tugenden. Hier ist die geistige Nähe der
pseudoaristotelischen Schrift De virtutibus et vitiis deutlich wahrnehm-
bar; es fehlt jedoch nicht an stoischen Elementen, wie ein Vergleich mit
dem entsprechenden Teil der stoischen Epitome des Areios zeigt[18]. Der

Änderungen von Th. Gaisford, 1809, und F. G. A. Mullach, Fr. Philos. Gr. III, 1881,
570—578 nochmals ediert. Kritische Teileditionen besorgten X. Kreuttner und
C. Schuchhardt, vgl. unten Anm. 14. — Der Text ist in zwei Fassungen, einer
längeren und einer kürzeren, überliefert. Vgl. M. Giusta, I dossografi di etica II,
1967, 239—240, mit Literatur. — Einem Lapsus zufolge spricht H. Dörrie,
Art. Andronikos im Kleinen Pauly I 349, 45 von einer Schrift περὶ ἀρχῶν; gemeint
ist natürlich περὶ παθῶν.

[14] Über die erste vgl. X. Kreuttner, Andr. qui fertur libelli περὶ παθῶν pars prior
de affectibus, novis codicibus adhibitis rec. et quaestiones ad Stoicorum doctri-
nam de affectibus pertinentes adi. X. Kr., Diss. Heidelberg 1884. Über die
zweite C. Schuchhardt, Andr. Rhod. qui fertur libelli π. παθῶν pars altera de
virtutibus et vitiis, Diss. Heidelberg, Darmstadt 1883. Eine mittelalterliche lateinische Übersetzung (höchstwahrscheinlich von Roberto Grossatesta) des
ersten Teiles und der Anfangszeilen des zweiten wurde von L. Tropia, in:
Aevum 26 (1952) 97—112 herausgegeben.

[15] Stob. II 7, S. 88, 8—92, 17.

[16] Diog. Laert. VII 110—114; 116.

[17] Einzelheiten bei X. Kreuttner, Op. cit. und M. Giusta, Doss. et. II 236—267 und
278—280. Über Giustas These vgl. unten S. 264sqq.

[18] Stob. II 7, S. 60, 9—62, 6. Einzelheiten bei Schuchhardt, Op. cit. 33—83 und
M. Giusta, Doss. et. II 435—439.

Eklektiker, auf den das Flickwerk zurückgeht, war offenbar bemüht, auch die übernommenen stoischen Definitionen mit peripatetischen Farben zu übermalen, denn fast überall, wo der Stoiker eine Tugend als ἐπιστήμη definiert hatte, spricht er statt dessen von einer ἕξις[19].

Aus welchen Gründen man den Vater der aristotelischen Renaissance des 1. Jh. v. Chr. für den Verfasser dieser schulmeisterlichen Kompilation hielt, läßt sich nur vermuten. Längere Zeit hat man geglaubt, daß die Zuschreibung auf einer bloßen Verwechslung beruhe: Das schwache Opusculum, so dachte man, sei in Wirklichkeit ein Werk des mit Bessarion befreundeten Andronikos Kallistos, von dem in der Tat eine kleine Abhandlung περὶ ἀρετῆς existiert[20]. Daß man diesen Andronikos aus dem 15. Jh. mit seinem berühmten Homonymen aus dem 1. Jh. v. Chr. verwechseln konnte, liegt an sich auf der Hand. Und dennoch mußte diese Hypothese aufgegeben werden, als man auf ein Manuskript der Schrift περὶ παθῶν aus dem 10. Jh.[21] aufmerksam wurde und gleichzeitig feststellte, daß Thomas von Aquin die fragliche Schrift schon benutzt hatte. An Andronikos Kallistos war natürlich nicht mehr zu denken[22]. Übrigens ist die kleine Schrift περὶ ἀρετῆς des Andronikos Kallistos nicht identisch mit dem zweiten Teil unserer Kompilation.

Ausschlaggebend war allem Anschein nach der Umstand, daß die Definition des πάθος, die gleich am Anfang unserer Schrift steht, als die des Andronikos von Rhodos bezeugt ist[23].

Pseudo-Andronikos	Aspasios
	Ἀνδρόνικος μὲν εἴρηκε πάθος εἶναι
πάθος ἐστὶν ἄλογος ψυχῆς κίνησις	τῆς ψυχῆς κίνησιν ἄλογον δι᾽ ὑπό-
δι᾽ ὑπόληψιν κακοῦ ἢ ἀγαθοῦ ...	ληψιν κακοῦ ἢ ἀγαθοῦ.

Daraus darf man natürlich nicht erschließen, daß die Sammlung der Affekten- und Tugenddefinitionen doch von Andronikos stammt, und man braucht auch nicht anzunehmen, daß ein Philologe, ausgehend von der Nachricht bei Aspasios, dem Andronikos die ganze Sammlung zu-

---

[19] Ähnliches im Abriß der peripatetischen Ethik des Areios Didymos. Vgl. unten S. 394.

[20] Auch unter den Schriften des Plethon überliefert.

[21] *Paris. Coislin.* 120.

[22] Vgl. Br. Roesener, Bemerkungen über die dem Andronikos von Rhodos mit Unrecht zugewiesenen Schriften, Progr. Schweidnitz 1890, 24sqq.

[23] Bei Aspasios, EN 44, 21sqq.

sprach. Vielmehr wird jemand in seinem Exemplar von περὶ παθῶν am Rand vermerkt haben, daß die erste Definition die des Andronikos ist. Dieser Vermerk, wohl ᾿Ανδρονίκου oder ᾿Ανδρονίκου τοῦ ῾Ροδίου, der sich nur auf die ersten Zeilen bezog, wurde später für einen Hinweis auf den Verfasser der ganzen Schrift gehalten[24].

[21] In diesem Sinne auch D. Richter, Die Überlieferung der stoischen Definitionen über die Affekte, Progr. Halle 1873, 8 Anm. 4. B. Roesener, Op. cit. II, Progr. Schweidnitz 1892, 13sqq. und 20. M. Giusta, Doss. et. II 240—241. Gegen diese Hypothese spricht sich X. Kreuttner, Op. cit. 6 aus, weil die Worte δι᾽ ὑπόληψιν κακοῦ ἢ ἀγαθοῦ im Ms. *Coislin.* 120 fehlen.

2. Boethos von Sidon

Der Peripatetiker Boethos von Sidon[1] war Schüler des Andronikos und dessen Nachfolger als Schulhaupt des Peripatos in Athen[2]. Bei ihm hat der Geograph Strabon peripatetische Philosophie gehört, und zwar wohl nicht in Athen, sondern in Kleinasien oder in Alexandrien, wenn nicht in Rom, allem Anschein nach noch bevor Boethos die Leitung der Schule in Athen übernahm. Seine Datierung ist genauso umstritten wie die des Andronikos, von der sie gänzlich abhängt. Entscheidet man sich aus den oben dargelegten Gründen für eine Frühdatierung des Rhodiers[3], so wird man vermuten dürfen, daß Boethos etwa um die Mitte des 1. Jh. v. Chr. oder einige Jahre danach zum Leiter des Peripatos in Athen ernannt wurde. Er gehörte derselben Generation an wie Xenarchos von Seleukeia und Kratippos von Pergamon.

A. Die Naturphilosophie als erste Disziplin

Bevor wir uns mit den Fragmenten seiner exegetischen Schriften befassen, wollen wir unser Augenmerk auf Zeugnisse richten, nach welchen er erklärt haben soll, das Studium der aristotelischen Philosophie habe mit der Physik zu beginnen. Mit dieser Erklärung nahm Boethos Stellung in einer Frage, die bei den neuplatonischen Kommentatoren zum festen Bestandteil der Einführung in das Studium der aristotelischen Phi-

---

[1] Über ihn vgl. C. Prantl, Gesch. d. Logik I 540—544; 547; 554—555. F. Susemihl, Gesch. gr. Litt. Alex. II 307. A. Gercke, Art. Boethos 9, RE III 1, 603—604. E. Zeller, Philos. d. Gr. III 1⁵, 646—649. Überweg—Praechter¹², 559—560. — Daß er aus Sidon stammte, bezeugen Strab. XVI 2, 24, 757. Philop., Cat. 5, 16. Elias, Cat. 117, 21—22. — Er darf natürlich nicht mit dem Stoiker Boethos von Sidon, einem Schüler des Diogenes von Babylon (vgl. v. Arnim, Art. Boethos 4, RE III 1, 601—603), verwechselt werden, obwohl die Verteilung der Fragmente auf den Peripatetiker und den Stoiker bisweilen Schwierigkeit macht, wie wir unten S. 172 sqq. sehen werden.

[2] Vgl. oben S. 53 sqq..

[3] Zur Frage der Datierung des Andronikos vgl. oben S. 45-58.

losophie wurde und die bereits Andronikos aufgeworfen hatte. Bevor
sich der Interpret der Erklärung der Schriften des Aristoteles widmet, so
schreiben die neuplatonischen Kommentatoren, soll er unter anderem die
Frage klären, mit welcher Disziplin das Studium der Philosophie beginnen soll[4]. Ob Boethos sich ebenfalls im Rahmen einer allgemeinen
Einleitung in die Philosophie des Aristoteles mit dieser Frage beschäftigte oder es in einem ganz anderen Zusammenhang tat, entzieht sich
unserer Kenntnis. Bemerkenswert ist auf jeden Fall, daß er sich mit
seiner Stellungnahme von seinem Lehrer Andronikos deutlich distanzierte. Andronikos und mit ihm die meisten späteren griechischen Aristoteliker halten nämlich die Logik für ein Instrument, dessen Handhabung
man vor jeder philosophischen Untersuchung beherrschen muß, und sie
vertreten infolgedessen die Ansicht, daß der Schüler der aristotelischen
Philosophie sich zuerst mit den Schriften des Organon vertraut zu
machen hat. Über die Gründe, die Boethos zu einer anderen Ansicht bewogen haben, geben unsere Quellen nur spärliche Auskünfte. Philoponos
berichtet, daß Boethos empfahl, mit der Physik zu beginnen, weil diese
Disziplin uns vertrauter und bekannter ist als die anderen und man immer von dem Deutlicheren und Bekannteren ausgehen muß[5]. Elias
schreibt den Anhängern der These, die Boethos vertrat[6], drei Argumente
zu. Das erste gleicht der von Philoponos genannten Begründung. Die
Dinge der Natur sind, wie er schreibt, „weicher", d. h. nicht so schwierig,
weil wir von Kind an im Kontakt mit ihnen leben; sie ähneln den Weich-
teilen des Körpers — Fleisch, Blutgefäßen und Sehnen —, im Gegensatz
etwa zu den Knochen. Das Argument setzt also voraus, daß es „härtere",
schwierigere, uns nicht so leicht zugängliche Objekte der philosophischen
Betätigung gibt, die man erst später zu behandeln hat[7]. Das zweite Ar-

---

[4] Über die neuplatonischen Einführungen, die ältere Elemente enthalten und
z. T. von Andronikos abhängen, vgl. oben S. 67sqq. und P. Moraux, La critique
d'authenticité chez les commentateurs grecs d'Aristote, in: Mélanges A. M. Mansel, Ankara 1972 (im Druck).

[5] Philop., Cat. 5, 16—18 Βόηθος μὲν οὖν φησιν ὁ Σιδώνιος δεῖν ἀπὸ τῆς φυσικῆς
ἄρχεσθαι πραγματείας ἅτε ἡμῖν συνηθεστέρας καὶ γνωρίμου, δεῖν δὲ ἀεὶ ἀπὸ τῶν
σαφεστέρων ἄρχεσθαι καὶ γνωρίμων. Auch Olymp., Cat. 8, 37—39 berichtet
über diese Ansicht, allerdings ohne ihren Urheber zu nennen: οἱ δὲ τὴν φυσιο-
λογικὴν λέγοντες προηγήσασθαί φασιν ὅτι δεῖ ἀπὸ τῶν φυσικῶν ἄρξασθαι,
ἐπειδὴ ταῦτα σύντροφα ἡμῖν ἐστι καὶ συνήθη.

[6] Elias, Cat. 117, 22—23.

[7] Elias, Cat. 118, 9—11 οἱ δὲ ἀπὸ τῆς φυσικῆς λέγοντες ⟨δεῖν⟩ ἄρχεσθαι ἔλεγον
ὅτι τὰ φυσικὰ μαλακώτερά εἰσιν ὡς σύντροφα ἐκ παίδων ψηλαφώμενα ὑφ᾽ ἡμῶν,
οἷον σάρκες φλέβες νεῦρα. Fortsetzung in den nächsten Anmerkungen.

gument beruht auf der Auffassung, daß die Philosophie sich eine Heilung der Seele zum Ziel setzt: Auch die Ärzte, die eine Therapie einleiten, beginnen mit nicht allzu drastischen Medikamenten[8]. Dieses Argument paßt in die neuplatonische Perspektive des Elias viel besser als in den reineren, eher antiplatonischen Aristotelismus des Boethos hinein. Da Elias ohnehin dazu neigt, den herkömmlichen Inhalt der Einleitung zur Philosophie zu modifizieren und durch allerlei eigene Überlegungen und Kombinationen zu bereichern, dürfen wir vermuten, daß er dieses zweite Argument einfach erfunden hat, oder zumindest, daß das Argument nicht von Boethos, sondern von späteren Befürwortern seiner These stammt. Das dritte Argument ist noch verdächtiger: Durch seine naturphilosophischen Abhandlungen habe sich Aristoteles am meisten Lob verdient[9]. Das Argument ist so schwach, daß man es dem Boethos keineswegs zutrauen kann. Auch hier hat also Elias versucht, seine Vorlage zu ergänzen.

Scheiden die beiden letzten Argumente des Elias aus, so bleiben nur die Überlegungen über den Gegenstand der Naturphilosophie als Begründung für den Beginn der Philosophieunterrichts mit der Physik übrig. Boethos hob hervor, daß die Naturphilosophie sich mit Dingen befaßt, an die wir gewohnt sind, mit denen wir leben und die wir deswegen erkennen können. Diese Begründung beruht, teilweise sogar wörtlich, auf Äußerungen des Aristoteles. Im α 3 der Metaphysik wird z. B. unterstrichen, daß das Ungewohnte unverständlich und fremdartig erscheint, während das Gewohnte leichter verständlich ist[10]. In De partibus animalium heißt es, daß die Wahrnehmung nur geringfügige Anhaltspunkte zur Erkenntnis der ungewordenen und unvergänglichen Wesenheiten liefert, während wir zur Erkenntnis des Vergänglichen, der Pflan-

---

[8] 118, 11—12 . . . καὶ ὅτι οἱ ἰατροὶ ἀρχόμενοι τῆς θεραπείας ἀπὸ τῶν μαλακωτέρων ἄρχονται φαρμάκων . . .

[9] 118, 12—13 . . . ⟨καὶ⟩ ὅτι μάλιστα δοκεῖ Ἀριστοτέλης εὐδοκιμεῖν ἐν ταῖς φυσικαῖς αὐτοῦ πραγματείαις. Das unbedingt erforderliche καί steht offenbar nicht in den von Busse herangezogenen Manuskripten, wohl aber in den von Brandis veröffentlichten Auszügen der Einleitung. Vgl. Scholia in Aristotelem 26a 4. In seinem Apparat notiert Busse, daß der Satz auch in 114, 21 steht. Dies ist jedoch kein Grund, ihn in 118, 12 zu tilgen, wie Busse vorschlägt.

[10] Metaph. α 3, 994b 32—995a 3. Man beachte besonders φαίνεται . . . διὰ τὴν ἀσυνήθειαν ἀγνωστότερα καὶ ξενικώτερα· τὸ γὰρ σύνηθες γνωριμότερον ~ Philop. a. a. O. ἅτε ἡμῖν συνηθεστέρας καὶ γνωρίμου. Möglicherweise hat sich Boethos auch auf Metaph. α 3, 995a 17 διὸ σκεπτέον πρῶτον τί ἐστιν ἡ φύσις gestützt.

zen und Tiere, reichlich ausgerüstet sind, weil wir mit ihnen zusammen
leben[11]. Andererseits führt der Weg der wissenschaftlichen Erkenntnis
von dem, was für uns klarer und leichter erkennbar ist, zu dem, was
seiner Natur nach klarer, uns jedoch zunächst dunkel und schwer zugänglich erscheint[12].

Wir erfahren leider nicht, in welcher Reihenfolge Boethos die anderen
philosophischen Disziplinen zu behandeln empfahl. Insbesondere besitzen wir keine Nachricht darüber, welche Stelle er dem Unterricht der
Logik zusprach und mit welchen Argumenten er die Ansicht des Andronikos über die propädeutische Rolle dieses Unterrichts ablehnte. Wahrscheinlich hat er nicht einmal bestritten, daß die Kenntnis der Logik für
das Philosophieren überhaupt unentbehrlich ist; für die Erklärung der
Schriften des Organon hat er nämlich, wie wir noch sehen werden, sehr
viel getan. Seine Opposition zu seinem Lehrer Andronikos in diesem
Punkt dürfte hauptsächlich pädagogischen Überlegungen entsprungen
sein. So unentbehrlich die Logik auch sein mag, sie ist für Anfänger wohl
ziemlich schwierig. Boethos hielt es deswegen für ratsamer, mit den
leichter verständlichen naturwissenschaftlichen Disziplinen zu beginnen.
Die von ihm empfohlene Anordnung scheint sich nicht durchgesetzt zu
haben. Selbst bei den neuplatonischen Kommentatoren steht wie schon
bei Andronikos das Organon am Anfang des Philosophieunterrichts, obwohl diese Kommentatoren im Grunde nicht abgeneigt gewesen wären,
die Ethik oder gar die Mathematik an erster Stelle zu behandeln.

Möglich, obwohl nicht bezeugt, ist es auch, daß die Entscheidung des
Boethos für die Physik als erste Disziplin mit seiner Stellungnahme in der
sogenannten Universalienfrage zusammenhing. Wie wir sehen werden,
hielt er die sinnlich wahrnehmbaren Individuen für die ersten Substanzen und betrachtete das Allgemeine als „später". Sind aber die Sinnes-
dinge sowohl ontologisch wie auch gnoseologisch „früher", so sollte die
Philosophie sich naturgemäß zuerst mit ihnen und erst dann mit dem
Allgemeinen beschäftigen. Daß Boethos auch mit solchen Überlegungen
argumentiert hat, ist, wie gesagt, nicht auszuschließen. Darüber berichten unsere Quellen allerdings nicht.

---

[11] De part. anim. I 5, 644b 22—31, besonders εὐποροῦμεν πρὸς τὴν γνῶσιν διὰ
τὸ σύντροφον ~ Olymp. a. a. O. ταῦτα σύντροφα ἡμῖν καὶ συνήθη. Elias a. a. O.
ὡς σύντροφα ἐκ παίδων ψηλαφώμενα ὑφ' ἡμῶν.

[12] Phys. I 1, 184a 16—26; EN I 2, 1095b 2—4; Anal. Post. I 2, 71b 33—72a 4
etc. ~ Philop. a. a. O. δεῖν δὲ ἀεὶ ἀπὸ τῶν σαφεστέρων ἄρχεσθαι καὶ γνωρίμων.

B. *Kommentar zu den Kategorien*

Boethos wird von Simplikios unter den Kommentatoren genannt, die nicht nur den Wortlaut oder den Inhalt der Kategorien zu erläutern bemüht waren, sondern darüber hinaus auch auf die in dieser Schrift aufgeworfenen Probleme eingegangen sind. In dieser Hinsicht soll er sogar einen so berühmten Exegeten wie Alexander von Aphrodisias an Tiefe übertroffen haben. In der Tat geht aus den Fragmenten hervor, daß die Bewunderung, die die Nachwelt ihm schenkte, wohl verdient war und daß seine Auseinandersetzung mit Aristoteles sich gerade durch den Scharfsinn, den Simplikios ihr zuspricht, auszeichnete.

Ein anderer Umstand verleiht seinem Kategorienkommentar ein besonderes Interesse. An mehreren Stellen erscheinen seine Äußerungen als der Versuch einer Widerlegung von Einwänden, die andere gegen Aristoteles erhoben hatten. Simplikios, unser Hauptzeuge, führt nämlich diese Äußerungen so an, als enthielten sie wichtige Argumente gegen die Kritik, die Plotin und andere allzu gern an den Kategorien des Aristoteles übten. Wenn Simplikios sein Material nicht mit der Absicht zusammengestellt hat, bei den Früheren eine Art Spiel von Thesen und Antithesen ziemlich willkürlich zu rekonstruieren, was ja sehr unwahrscheinlich ist, ergibt sich daraus, daß die plotinischen Einwände nicht ganz neu, sondern schon von jemandem formuliert worden waren, den Boethos kannte und gegen den er entschieden Stellung nahm. Die Rechtfertigung des Aristoteles durch Boethos setzt also eine ältere Kritik an Aristoteles voraus, die eine bisher kaum beachtete Quelle für Plotins sechste Enneas darstellen dürfte. Da Boethos der zweiten Generation angehört, die sich für den kleinen aristotelischen Traktat interessierte, kann der Urheber dieser Einwände nur unter Boethos' Zeitgenossen oder unter den Kommentatoren der ersten Generation gesucht werden. Man könnte an einen nicht mehr identifizierbaren Stoiker denken, aber wahrscheinlicher wird man in Andronikos selbst den Mann sehen müssen, dessen Einwände zuerst von Boethos widerlegt, dann von Plotin (neben anderen) übernommen, erweitert und bekräftigt wurden. Wie wir noch sehen werden, war eine solche Kritik an Aristoteles in der ersten Generation der peripatetischen Kommentatoren keineswegs ungewöhnlich — man denke nur an Xenarchos' systematische Bekämpfung der Lehre vom fünften Element — und aus den oben dargelegten Resten des Andronikos kann man noch erkennen, daß er keine Gelegenheit ausließ, auf angeb-

liche Unzulänglichkeiten der aristotelischen Kategorienlehre in aller
Offenheit hinzuweisen.

Den Kommentar des Boethos scheint Simplikios ebensowenig wie
den des Andronikos in der Hand gehabt zu haben. Er zitierte ihn wohl
nur aus zweiter Hand, nach dem großen Werke des Porphyrios an Gedalios. Inwieweit die doxographischen Angaben des Porphyrios selbst auf
direkter Benutzung der Originalkommentare beruhen, läßt sich allerdings nicht mehr ermitteln. Auf jeden Fall war Simplikios nicht mehr in
der Lage, den Urheber der von Boethos zurückgewiesenen Einwände ausfindig zu machen.

Die erhaltenen Fragmente des Boethos beziehen sich auf die Einlei-
tungskapitel der Kategorien, auf die Lehre von der Substanz und von
der Relation und auf die von Aristoteles nicht ausgearbeiteten Kategorien des Tuns, des Leidens, des Liegens, des Wann und des Habens. Über
Quantität und Qualität ist nichts überliefert worden, vielleicht durch
reinen Zufall. Als besonders wichtig erschien ihm der πρός τι-Begriff; er
soll ihm ein ganzes Buch gewidmet haben. Auch mit den sogenannten
Postprädikamenten hat er sich offensichtlich befaßt.

Wenn Andronikos es sich zur Aufgabe machte, Formulierungen und
Theorien des Aristoteles zu kritisieren oder zu verbessern, bemüht sich
Boethos eher darum, Aristoteles gegen Mißdeutung, ungerechte Vorwürfe und böswillige Kritik zu rechtfertigen. Nicht nur gegen Andronikos, sondern auch gegen die Stoiker, die ihre Aufmerksamkeit ziemlich
früh den Kategorien gewidmet hatten, war eine solche Verteidigung erforderlich. Die aristotelischen Texte hat er vielleicht nicht immer so
parat wie später die großen neuplatonischen Kommentatoren, und
Simplikios erinnert mit Recht an Stellen der Poetik und Rhetorik, die
er hätte berücksichtigen sollen. Immerhin zieht er nicht nur Aristoteles,
sondern auch Platon und sogar Speusippos heran; das sind wohl die noch
bescheidenen Anfänge der gelehrten vergleichenden Interpretation, die
einige Jahrhunderte später ihren Höhepunkt erreichen wird. Noch beachtenswerter ist allerdings der bisweilen an Eristik grenzende Scharfsinn, mit dem Vokabeln und Sätze erläutert und Einwände widerlegt
werden.

Über den eigentlichen Gegenstand der Kategorienschrift ist in der
Kommentatorenzeit viel diskutiert worden. Da Aristoteles ex abrupto
mit einigen Definitionen beginnt und gegen seine vielfach bezeugte Gewohnheit kein Wort über das zu erforschende Thema verliert, gingen
die Meinungen der Kommentatoren über das eigentliche Vorhaben

des Philosophen in dieser Schrift stark auseinander. Von dem philosophischen Gehalt her hätte man wohl leicht auf den vorwiegend ontologischen Charakter der Bemühungen des Verfassers schließen können; dazu hätte man hinzufügen können, daß die Analyse der Prädikamente unter anderem über die Analyse der Aussagen erfolgt. Aber die Kommentatoren scheinen nicht so sehr die Haupttendenzen der Schrift berücksichtigt zu haben als vielmehr wenige mehr äußerliche Daten, die sie allerdings recht verschiedenartig deuteten. Wichtig erschien zunächst die Stellung der Schrift im aristotelischen Corpus. Seit Andronikos, vielleicht sogar schon früher, standen die Kategorien am Anfang der Reihe der logischen Schriften. Niemand ist auf den Gedanken gekommen, daß diese Stellung lediglich auf nicht unbedingt zwingende Überlegungen eines Herausgebers zurückgehen könnte: Den logischen Charakter der Schrift und ihre Funktion als Einleitung zum Organon betrachtete man als wesentliche, nicht anzuzweifelnde Momente bei der Bestimmung ihres Gegenstandes. Die Anfangskapitel spielten ebenfalls eine ausschlaggebende Rolle. Einige Ausleger ließen sich durch die Tatsache beeinflussen, daß der Verfasser sich im ersten Kapitel mit sprachlichen Erscheinungen befaßt und am Anfang des zweiten eine Einteilung der Aussagearten vornimmt. Dementsprechend nahmen sie an, Aristoteles wolle in den Kategorien die ursprünglichen Elemente der Aussage analysieren. Andere berücksichtigten eher die Stelle, in der die ὄντα eingeteilt werden[1], eine Stelle, deren Bezogenheit auf die Behandlung der Kategorien einleuchtet, und waren infolgedessen der Meinung, daß die obersten Gattungen des Seienden als Hauptthema der Schrift anzusehen seien. Eine dritte Gruppe, die beinahe alle peripatetischen und neuplatonischen Kommentatoren außer Plotin umfaßt, bemühte sich, alle diese Momente in Rechnung zu stellen. Ihrer Ansicht nach hat Aristoteles zwar die einfachen, unverbundenen Aussagen analysiert, jedoch nicht als solche, sondern als Bezeichnungen der Dinge selbst. Zu dieser Auffassung bekannte sich Boethos, und es ist sogar wahrscheinlich, daß er sie als erster vertrat. Später fand sie ziemlich viele Anhänger und erfuhr sogar durch Alexander von Aphrodisias, der auf die Bedeutung der einfachen Begriffe als Brücke zwischen den Dingen und den Aussagen hinwies, eine wichtige, obwohl nicht allgemein anerkannte Korrektur[2]. Es ist bemerkenswert, daß Boethos großen Wert auf den Unterschied zwischen den λέξεις schlechthin und den λέξεις

---

[1] 2, 1a 20sqq.

[2] Über diesen Fragenkomplex vgl. A. C. Lloyd, Neo-platonic logic and Aristotelian logic, in: Phronesis 1 (1955—1956) 58—72 und 146—160; dort 151—152.

in ihrer bedeutenden Funktion (λέξεις σημαντικαί), die auf das Seiende
bezogen sind (πρὸς τὰ ὄντα), legte; er konnte dadurch erklären, warum
Redeteile wie etwa Konjunktionen nicht von Aristoteles berücksichtigt
worden sind. Er scheint sich also bereits mit dem Einwand auseinander-
gesetzt zu haben, nach welchem Aristoteles, der sich mit den λεγόμενα
befaßte, mit einer ganz unvollständigen Aufzählung der Redeteile gearbeitet hätte. Nun ist dieser Einwand als solcher erst nach Boethos bezeugt (Athenodoros und Cornutus[3], Lucius[4]); dennoch läßt sich vermuten,
daß er bereits in der früheren Generation formuliert worden war, sei es
von Stoikern, sei es von Andronikos selbst, der die λεγόμενα als Gegenstand der Anfangskapitel in seiner Paraphrase besonders hervorhob.

Dasselbe gilt wohl auch für einen Einwand gegen die Definition der
Homonyme. Gewisse Leute warfen Aristoteles vor, die Homonyme als
Dinge definiert zu haben, bei denen nur der Name (ὄνομα) gemeinsam
sei[5], obwohl es auch zwischen Verben, Partizipien, Konjunktionen u.
dgl. Homonyme geben kann[6]. Wer diese Leute waren, sagt Simplikios
zwar nicht; es ist jedoch sehr wahrscheinlich, daß sie mit den Urhebern
des davor genannten Einwands identisch sind, der auf Athenodoros und
Cornutus zurückgehen dürfte[7]. Das Wort Name, so antwortete Boethos,
kann zweierlei bedeuten: den Namen im engeren, eigentlichen Sinne, den
man mit einem Artikel gebraucht, und die Bezeichnung, die sich auf alle
Redeteile erstreckt[8]. Wenn Boethos eine solche Unterscheidung für notwendig hielt, so tat er es wahrscheinlich, weil er eine Beanstandung des
Wortes ὄνομα bereits vorfand.

In seinem Kommentar zur Definition der Homonyme übersprang er,
wie wir durch Porphyrios[9] erfahren, die Worte τῆς οὐσίας, obwohl er
Wort für Wort zu kommentieren pflegte. Ferner zitierte er die aristotelische Definition ohne diese Worte, woraus mit Porphyrios erschlossen
werden kann, daß er sie in seiner Vorlage nicht vorfand. Das Fehlen
dieser Worte in einem Zweig der Überlieferung kann bloßer Zufall sein.
Es kann aber auch auf eine ganz bewußte Korrektur zurückgehen: Nikostratos warf nämlich Aristoteles vor, er habe mit den Worten τῆς οὐσίας
die Homonymie auf die Kategorie der Substanz beschränkt, was sicher
falsch sei, denn auch in den anderen Kategorien gebe es Homonyme[10].

---

[3] Bei Simpl., Cat. 18, 24—19, 1.   [4] Ebd. 64, 18—65, 3.   [5] 1, 1a 1—2.
[6] Simpl., Cat. 25, 10—14.   [7] 24, 6—7 ~ 18, 26—19, 1.
[8] Simpl., Cat. 25, 18—20.   [9] Bei Simpl. 29, 28—30, 3.
[10] Simpl. 29, 24—28. Vgl. K. Praechter, Nikostratos der Platoniker, in: Hermes
57 (1922) 481—517, dort 497.

Man kann sich daher leicht vorstellen, daß Andronikos bereits auf dieselbe Schwierigkeit gestoßen war und sie zu beseitigen versucht hatte,
indem er nicht nur in seiner Paraphrase[11], sondern auch in seinem Text
τῆς οὐσίας gestrichen hatte. Boethos wäre dann seinem Beispiel gefolgt
oder hätte den von Andronikos edierten Text einfach übernommen.

Im Zusammenhang mit der Unterscheidung zwischen Homonymen,
Synonymen und Paronymen, die Aristoteles im ersten Kapitel vornimmt, referierte Boethos über eine von Speusippos aufgestellte und angeblich vollständige dichotomische Einteilung der Beziehung zwischen
verschiedenen Bezeichnungen[12]. In ihr erschienen die Synonyme so, wie
Aristoteles sie aufgefaßt hatte, d. h. als identische Vokabeln, die einen
identischen Inhalt bezeichnen (der Mensch und das Rind können als
„Lebewesen" bezeichnet werden; „Lebewesen" wird dann synonym gebraucht), und ebenso die Polyonyme, d. h. die verschiedenen Wörter, mit
denen man ein und dasselbe Ding bezeichnen kann (ἄορ, ξίφος, μάχαιρα,
φάσγανον als Bezeichnungen des Schwertes). Dem alten Sprachgebrauch
zuwider hatten aber die Stoiker[13] und jüngere Exegeten die eigentlichen
Polyonyme Synonyme genannt. Nun vermißte Boethos bei Aristoteles
eine Erwähnung dieser Synonyme im jüngeren Sinne, d. h. der Polyonyme des Speusippos[14]. Er hätte es wohl nicht getan, wenn ihm die
Stellen aus der Poetik[15] und der Rhetorik[16], an die Porphyrios erinnert[17],
gegenwärtig gewesen wären.

Nach den drei Definitionen des ersten Kapitels geht Aristoteles
ohne Überleitung auf die λεγόμενα über. Da eine Klasse dieser λεγόμενα,
nämlich die λεγόμενα ἄνευ συμπλοκῆς, den Gegenstand späterer Ausführungen[18] bildet, fragt sich, was mit diesem Ausdruck eigentlich gemeint
ist. Boethos zählte vier bzw. drei mögliche Bedeutungen auf: die Dinge,

---

[11] Vgl. oben S. 102.
[12] Simpl., Cat. 38, 19—24. J. P. Anton, The Aristotelian Doctrine of *Homonyma*
in the *Categories* and its Platonic Antecedents, in: Journ. of the History of
Philosophy 6 (1968) 315—326 versucht unter anderem zu zeigen, daß die
aristotelische Lehre der Homonyme anläßlich der Angriffe des Aristoteles auf
Speusipp und seine Anhänger aufgestellt wurde.
[13] Simpl. 36, 9.
[14] Simpl. 36, 28—30.
[15] Fr. 4 Vahlen, Fr. III Kassel. Vgl. P. Moraux, in Mélanges A. M. Mansel (im
Druck).
[16] III 2, 1405a 1.
[17] Simpl. 36, 25—28.
[18] 4, 1b 25sqq.

von denen geredet wird, die Denkgehalte, die sich auf die Dinge beziehen,
die etwas bedeutenden Aussagen und die bedeutungslosen Aussagen; für
die λεγόμενα κατὰ συμπλοκήν kämen nur die drei letzten in Frage, da
eine Verknüpfung von Wörtern kein Ding bezeichne[19]. Er wies ferner
darauf hin, daß die Alten unter λεγόμενα und σημαινόμενα nur die Denkgehalte verstanden und daß das Wahre und das Falsche nicht in den
Dingen, sondern auf der Ebene der Denkoperationen begegnen[20]. Die
Tragweite dieser Interpretation darf nicht unterschätzt werden. Boethos
hat nämlich die Kluft zwischen Realität und Denkgehalten ganz besonders hervorgehoben, unter anderem durch seine These, daß die Univer-
salien keine Existenz in der Wirklichkeit besäßen und nur eine „spätere"
Konstruktion des Intellekts seien[21]. Seine Interpretation der λεγόμενα
zielt auf etwas ähnliches ab. Er will betonen, daß die Aussagen, die in der
Kategorienschrift analysiert werden, keine unmittelbare und getreue
Wiedergabe der Dinge sind, sondern vielmehr unsere Denkgehalte zum
Ausdruck bringen. Mit seiner angegebenen Charakterisierung des Gegenstandes der Kategorienschrift steht diese These keineswegs in Widerspruch. Ob sie die historisch richtige Erklärung darstellt, steht auf einem
anderen Blatt; der Verfasser der Kategorienschrift erwähnt nämlich die
Denkoperationen mit keinem Wort und wirft das Problem der Begriffsbildung gar nicht auf; die Zwischenstufe, die Boethos mit seinem Hinweis auf die νοήσεις zwischen Wirklichkeit und Aussage einschaltet, spielt
bei ihm offensichtlich gar keine Rolle.

Die aristotelische Charakterisierung des Akzidens („Ich sage, daß das
in einem Substrat ist, was in etwas existiert, und zwar nicht als dessen
Bestandteil, und unmöglich getrennt von dem sein kann, in dem es ist[22]")
hatte Anlaß zu folgender Schwierigkeit gegeben: Auch die individuellen
Substanzen, wie Sokrates und Platon, existieren in etwas, dessen Bestandteile sie nicht sind, nämlich in Ort und Zeit, und können unmöglich
von Ort und Zeit getrennt sein; warum sind sie also keine Akzidentien[23]?
Simplikios hat den Urheber der Aporie nicht genannt[24]; möglicherweise
hat Porphyrios sie, wie die davor stehende[25], bei Lucius gefunden. Älter

[19] Simpl. 41, 8—18.
[20] 41, 28—42, 2.
[21] Siehe unten S. 156.
[22] 2, 1a 24—25.
[23] Simpl. 49, 31—50, 1.
[24] 49, 10 τινές.
[25] 48, 1sqq.

als Boethos ist sie sicher, weil dieser sich bemüht hat, sie Punkt für Punkt zu widerlegen. Was bewegt ist, befindet sich überhaupt nicht an dem Ort, an dem es soeben war, da Raum und Bewegung nicht atomistisch aufgefaßt werden können. Ebensowenig kann man von einem Ding, das dauert, sagen, daß es in einer Teilzeit ist; die Zeit fließt nämlich kontinuierlich dahin und ist immer eine andere. Höchstens könnte man von diesem Ding sagen, daß es in der allgemeinen (καθόλου) Zeit ist; aber das Allgemeine hat für Aristoteles keine selbständige wirkliche Existenz, und selbst wenn es eine hätte, wäre es noch kein Etwas (τι); Aristoteles hatte aber das Akzidens dadurch charakterisiert, daß es ἔν τινι seine Existenz hat[26]. Wir werden uns noch später mit der Ansicht des Boethos über Ort und Zeit zu befassen haben; auch seine Haltung in der bereits damals umstrittenen Universalienfrage wird uns bald beschäftigen. Es sei hier lediglich bemerkt, daß der nahezu sophistische Charakter der Aporie auf die Antwort des Boethos abgefärbt hat und daß eine genauere Erläuterung des Begriffs Akzidens zweifellos eine wirksamere Widerlegung des Einwandes gewesen wäre, als dies bei der uns hier gebotenen Argumentation der Fall ist.

Bedeutend gewichtiger ist der Einwand, der gegen die letzten Zeilen des 3. Kapitels (1 b 20—24) erhoben wurde und den Boethos zu widerlegen versucht. Gattungen, die anderen untergeordnet sind, hatte Aristoteles geschrieben, können dieselben Differenzen haben; die oberen Gattungen werden nämlich von den abhängigen prädiziert, so daß so viele Differenzen dem Subjekt gehören werden wie dem Prädikat. Diesen letzten Satz kann man nicht so hinnehmen, behaupten gewisse Kritiker; er würde nämlich bedeuten, daß alle Differenzen des Prädikats *Lebewesen*, wie etwa *mit Vernunft versehen, ohne Vernunft*, sich im Subjekt *Mensch* wiederfinden, was ganz unmöglich sei[27]. Boethos betrachtete den Einwand als begründet und schlug, um die Schwierigkeit zu beseitigen, eine textliche Korrektur vor, nach der der Satz bedeuten würde: Alle Differenzen des Subjekts gehören auch dem Prädikat an. Man könnte vielleicht auch den überlieferten Text behalten, fügte er hinzu, und hervorheben, daß Aristoteles schreibt, nichts stehe dem im Wege, daß Subjekt und Prädikat dieselben Differenzen besäßen; es komme nämlich vor, daß eine Differenz des Prädikats auch Differenz des Subjekts sei, wie etwa „sterblich" im Falle des Lebewesens und des Menschen[28].

---

[26] Simpl. 50, 2—9.
[27] Simpl. 58, 23—27.
[28] 58, 27—59, 4. Vgl. K. Praechter, in: Hermes 57 (1922) 486 Anm. 2.

Es ist nicht zu leugnen, daß die Aristoteles-Stelle eine gewisse Schwierigkeit enthält und daß Boethos mit seinem zweiten Vorschlag den Weg zur richtigen Lösung gezeigt hat. Die Schwierigkeit ist wohl dadurch entstanden, daß Aristoteles als Differenzen einer Gattung die unterscheidenden Merkmale der Arten dieser Gattung bezeichnet hat[29]. So ist man bei der ersten Lektüre geneigt anzunehmen, daß auch in den fraglichen Zeilen solche Differenzen als τοῦ κατηγορουμένου διαφοραί gemeint sind. Erkennt man jedoch, daß Aristoteles in 1 b 20—24 nichts anderes tut, als den in 1 b 10—15 formulierten Grundsatz anzuwenden (bei der Prädikation ὡς καθ' ὑποκειμένου läßt sich alles, was vom Prädikat ausgesagt wird, auch vom Subjekt aussagen), so muß man in der fraglichen Stelle eine Erwähnung der der Gattung selbst anhaftenden Merkmale sehen; diese finden sich selbstverständlich ohne Ausnahme in den von der Gattung abhängigen Arten wieder. Ist z. B. das Lebewesen fähig, sich zu ernähren und fortzupflanzen, wahrzunehmen, zu wachsen und zu sterben, so wird man dasselbe von den Arten dieser Gattung sagen müssen. Das scheint Boethos, trotz der Knappheit seines Hinweises, richtig erkannt zu haben[30]. Den Unterschied zwischen trennenden und konstituierenden Differenzen, der wahrscheinlich auf Porphyrios zurückgeht und von Iamblich und Simplikios übernommen wurde[31], hat Boethos allerdings noch nicht gemacht. Unter trennenden Differenzen verstand man solche, die wie *sterblich-unsterblich* beim Lebewesen die einzelnen Arten innerhalb der Gattung voneinander unterscheiden, unter konstituierenden solche, die sich bei allen Mitgliedern der Gattung wiederfinden, wie etwa *wahrnehmungsfähig* und *sich selbst bewegend* beim Lebewesen. Die ersten nannte Iamblich spezifische, die zweiten generische Differenzen. Boethos meint aber, daß die Differenzen nicht der Gattung, sondern der Art zuzuordnen seien, weil sie eben für die Art und nicht für die Gattung charakteristisch seien[32].

---

[29] 3, 1b 18: Die Differenzen von *Lebewesen* sind: *mit Füßen versehen, im Wasser lebend, geflügelt, zweifüßig.*

[30] Porph., Isag. 10, 1—21 Busse. Vgl. auch Simpl. 59, 4—33.

[31] Simpl. 59, 4—33.

[32] Simpl. 97, 28—34. C. Prantl, Gesch. d. Logik I 541—542 betrachtet offensichtlich den ganzen Passus Simpl., Cat. 97, 28—98, 30 als eine Wiedergabe der Thesen des Boethos. Diesem schreibt er infolgedessen einen „unwillkürlichen Synkretismus" zu: Boethos habe „ebenso glücklich als scharfsinnig" die Standpunkte der Stoiker und des Aristoteles „in Eins zusammengeführt, wohl ganz gewiß, ohne absichtlich den Stoizismus mit der peripatetischen Lehre verschmelzen zu

Gegner des Aristoteles, die die Zahl der Kategorien für zu niedrig hielten, fragten unter anderem, wie das Eine, die Monade und der Punkt unterzubringen seien. Boethos, der sich mit dieser vielleicht schon von Andronikos aufgeworfenen Schwierigkeit befaßte, scheint vorgeschlagen zu haben, zwei Arten der Monade zu unterscheiden. Wie es eine unkörperliche und eine körperliche Zahl gibt, so muß es eine Monade geben, die auf der Ebene der intelligiblen Zahl steht und Substanz ist, und eine andere, die dem „körperlichen" Bereiche angehört und als Relation oder besser als Quantität anzusehen ist[33]. Wenn sie tatsächlich von Boethos herrührt, überrascht die hier referierte Annahme von intelligiblen Zahlen, denen die Substantialität zuerkannt wird: Zeichnete sich doch Boethos durch den Radikalismus aus, mit dem er die Posteriorität des Allgemeinen und die Priorität des Individuellen vertrat, eine Haltung, die in diametralem Gegensatz zum platonischen Idealismus stehen dürfte. Man wird also vielleicht daraus schließen dürfen, daß er gleichzeitig die Ideenlehre ablehnte und dennoch an die substantielle Realität von intelligiblen Zahlen glaubte; in dieser Hinsicht wies also seine Stellung eine gewisse Ähnlichkeit mit der des Speusippos auf; man wird an eine Beeinflussung des Sidoniers durch Platons Neffen um so leichter denken, als der erstere gerade in seinem Kategorienkommentar sich in einem anderen Zusammenhang auf den letzteren berufen hatte[34].

Besonders kennzeichnend für die philosophische Tendenz des Boethos sind seine soeben erwähnten Äußerungen über die Substanz. Von der später durch Nikostratos und Plotin wieder aufgegriffenen Streitfrage, wieso die Kategorie der Substanz einheitlich bleiben kann, wenn sie die intelligiblen und die sinnlich wahrnehmbaren Substanzen umfaßt, will er zunächst einmal nichts wissen; ihm ist klar, daß die intelligible Substanz hier keine Rolle spielt. Viel wichtiger erscheint ihm die Frage, die er selber aufwirft und sich zu lösen bemüht, auf welche der drei von Aristoteles anderenorts unterschiedenen Substanzen, Materie, Form und Zusammengesetztes, die Definition der ersten Substanz eigentlich paßt. Nur Materie und Zusammengesetztes entsprechen nach Boethos der Charakterisierung der ersten Substanz. Die Materie ist zwar Materie von etwas (so daß sie in dieser Hinsicht ein Korrelat ist) und unterscheidet sich dadurch von dem Zusammengesetzten; dennoch werden beide, Ma-

---

wollen . . ." Die Ausführungen des Simpl. 97, 34—98, 30 können jedoch nicht auf Boethos zurückgehen.

[33] Simpl., Cat. 65, 19—24.   [34] Vgl. oben S. 151.

terie und Zusammengesetztes, nicht von einem Substrat prädiziert und existieren nicht in etwas anderem. Die Form dagegen ist in der Materie wie in etwas ihr Fremdartigem; deswegen steht sie außerhalb der Substanz und fällt in eine andere Kategorie, Qualität, Quantität u. dgl.[35]. Und dennoch hat Boethos die determinierende Funktion der Form nicht abgestritten; auf die Form nämlich führte er die Tatsache zurück, daß jedes aus Form und Materie zusammengesetzte Ding etwas Einheitliches ist[36]. Der Stoff scheint also das wirkliche Substrat der Dinge zu sein. Wird dieses substantielle Substrat durch das Hinzutreten einer besonderen akzidentiellen Eigenschaft, des εἶδος, bestimmt, so entsteht das Einzelding mit seiner Individualität und seiner Einheitlichkeit. Daß das Individuelle mehr Wirklichkeit hat als das Allgemeine und der Natur nach „früher" ist, versuchte Boethos zweifelsohne gegen die Platoniker mit einem Argument nachzuweisen, das Alexander von Aphrodisias zweieinhalb Jahrhunderte später wieder verwendete. Das Gemeinsame, das sich auf mehrere Individuen erstreckt, setzt die Existenz dieser Individuen voraus, während umgekehrt die Existenz des Individuellen nicht unbedingt die des Gemeinsamen nach sich zieht. Der platonische Grundsatz[37], nach welchem die Aufhebung des Früheren die des Späteren nach sich zieht, während das Spätere aufgehoben werden kann, ohne daß das Frühere darunter zu leiden hat, wird also hier gegen die platonische Annahme der Priorität des Allgemeinen gewendet. Die Platoniker operieren damit, daß ein Gattungsbegriff, etwa „Lebewesen", unabhängig von den ihm untergeordneten Artbegriffen ist, daß die Artbegriffe aber unmöglich ohne den übergeordneten Gattungsbegriff gedacht werden können; daraus ergibt sich die Priorität der Gattung den Arten gegenüber. Für Boethos und Alexander dagegen ist das Gemeinsame nichts anderes als ein Produkt der abstrahierenden Fähigkeit des Geistes, das aus den einzig und allein in der Wirklichkeit vorhandenen Einzeldingen gewonnen wird; es besitzt nichts von der Selbständigkeit und von der Priorität der platonischen ideellen Wesenheiten[38].

---

[35] Simpl. 78, 4—20. Vgl. E. Zeller, Philos. d. Gr. III 1⁵, 647—648. Th. A. Szlezák, Ps.-Archytas 16; 105; 119. G. Movia, Anima e intelletto, 1968, 194—195 charakterisiert Boethos' These als „una netta 'accidentalizzazione' della forma".

[36] Simpl. 104, 26—27.

[37] Vgl. P. Wilpert, Zwei arist. Frühschriften 148sqq.

[38] Dexipp., Cat. 45, 12—31. Syrian., Metaph. 106, 5—7. Vgl. Simpl., Cat. 82, 14—83, 20. Dazu E. Zeller, Philos. d. Gr. III 1⁵, 647. C. Prantl, Gesch. d. Logik I 541 (der meint, die dem Boethos zugeschriebene These von der Posteriorität des

Mit der Kategorie der Relation scheint sich Boethos sehr ausführlich befaßt zu haben, nicht nur in seinem Kommentar, sondern auch in einem selbständigen Werk, das den Titel περὶ τοῦ πρός τι καὶ πρός τί πως ἔχοντος trug[39] und in dem er unter anderem gegen die Stoiker polemisierte[40]. Er hatte zum Beispiel darauf hingewiesen, daß ein Teil der Formel, mit der Aristoteles eine Art Definition dieser Kategorie gibt[41], bereits bei Platon begegnet, und zwar in der Form ὅσα αὐτὰ ἅπερ ἐστὶν ἑτέρων λέγεται[42]. Wie Simplikios bemerkt, meinte er wohl den Satz aus dem Sophistes, in dem es heißt ... ἑτέρου τοῦτο ὅπερ ἐστὶν εἶναι[43]. Die kleine Ungenauigkeit im Zitat, die Simplikios tadelt[44], ist an sich weniger wichtig als die verdienstvolle Erkenntnis vom platonischen Ursprung des aristotelischen Relationsbegriffs. An eine kritiklose Übernahme der platonischen Formel glaubte er allerdings nicht, denn er betrachtete den zweiten Teil der Definition (ἢ ὁπωσοῦν ἄλλως πρὸς ἕτερον[45]) als eine Berichtigung dieser Formel durch Aristoteles[46]: Während die platonische Definition nur die durch einen Genitiv ausgedrückte Form der Relation erwähnte, wies Aristoteles durch den genannten Zusatz auf die Möglichkeit dativischer oder präpositionaler Formen der Bezogenheit hin[47]. Bereits Andronikos hatte auf einen angeblichen Mangel der zweiten Definition des πρός τι aufmerksam gemacht: Das Definiendum sei nämlich in der definitorischen Formel wiederaufgenommen worden[48]. Boethos machte nicht nur der zweiten[49], sondern auch der ersten denselben Vorwurf[50], versuchte jedoch die Schwierigkeit zu beheben. Die ersten, höchsten Gattungen lassen sich unmöglich definieren, weil es nichts Höheres gibt als sie, was man in eine regelrechte Definition aufnehmen könnte. Also ist man bei ihnen auf einen einfachen Umriß

Allgemeinen sei in Wirklichkeit eine spätere Interpretation von Boethos' Ansicht, daß die Form nicht zur Kategorie der Substanz gehöre). G. Movia, Anima e intelletto 196—197.

[39] Simpl., Cat. 163, 6. Vgl. Th. A. Szlezák, Ps.-Archytas 15.
[40] Simpl. 167, 22.
[41] 7, 6a 36—37.
[42] Simpl. 159, 12—15.
[43] 255 D.
[44] 159, 15—22.
[45] 7, 6a 37.
[46] Simpl. 163, 6—9.
[47] Vgl. Simpl. 162, 19—35.
[48] Vgl. oben S. 108.
[49] Simpl. 201, 34—202, 5.
[50] Simpl. 163, 15—19.

(ὑπογραφή) ihres Wesens angewiesen und muß dabei niedrigere Begriffe und die ersten Gattungen selbst verwenden[51].

Die Einheitlichkeit der Kategorie der Relation verteidigte er gegen die Stoiker, die mehrere Formen des πρός τι unterscheiden wollten. Das Exposé der stoischen Lehre bei Simplikios[52] geht wahrscheinlich auf Boethos (über Iamblich) zurück und weicht in nicht unwesentlichen Punkten von anderen Zeugnissen ab. Auf sämtliche Einzelheiten können wir nicht eingehen; nur die wichtigsten Elemente der referierten Lehre sollen hier zusammengefaßt werden, um dadurch die Kritik des Boethos verständlich zu machen. Jedes Ding, das *an sich* ist (τὰ καθ' αὑτά), charakterisiert sich durch bestimmte, ihm anhaftende Eigenschaften (τὰ κατὰ διαφοράν); diese Eigenschaften werden nicht auf etwas anderes bezogen; sie sind an sich in dem Ding. Das Ding ist z. B. an sich weiß oder schwarz. Es gibt aber Eigenschaften der Dinge, die sich aus einer Beziehung zu anderen Dingen ergeben, etwa das Süße oder das Bittere: Das sind die πρός τι. Schließlich gibt es eine Form der Relation, in der keine eigene oder relative Beschaffenheit des Dinges eine Rolle spielt, und die nur durch das Verhältnis (σχέσις) zu einem Außending bestimmt wird, etwa *Vater* oder *rechts stehend*: Das sind die πρός τί πως ἔχοντα.

Zwischen diesen vier Kategorien lassen sich folgende Beziehungen feststellen. Jedes Ansich hat differenzierende Eigenschaften; nicht jede Eigenschaft ist jedoch an sich da, denn es gibt relative Eigenschaften, die πρός τι im engeren Sinne. Jedes πρός τί πως ἔχον ist notwendigerweise ein πρός τι (im breiteren Sinne), da es zu seinem Wesen gehört, ein „Verhältnis" zu sein; nicht jedes πρός τι ist aber ein πρός τί πως ἔχον, denn das πρός τι (im engeren Sinne) setzt eine Eigenschaft voraus, die im πρός τί πως ἔχον fehlt.

Um die Untergliederung der Kategorie der Relation in πρός τι (relative Eigenschaft) und πρός τί πως ἔχον (bloßes Verhältnis) als illegitim zu erweisen, hob Boethos hervor, daß selbst in den Fällen, die die Stoiker für πρός τί πως ἔχοντα hielten, das Verhältnis zum Außending nicht ohne eine bestimmte Beschaffenheit des Dinges selbst möglich sei: Das Weißere muß eine bestimmte Farbe haben (ποιότης), das Größere eine eigene Größe (ποσότης), das Schnellere eine eigene Bewegung (κίνησις), das Höhere einen eigenen Ort (τόπος) usw.; rechts oder links stehend setzen nicht nur eine bestimmte Lage im Raum, sondern auch die Über-

[51] Simpl. 163, 28—29; vgl. 159, 9—12 und 29, 16—20.
[52] 165, 32—166, 29.

tragung von wesentlichen Beschaffenheiten bestimmter Lebewesen, die an sich das Rechte und das Linke besitzen, auf leblose Dinge voraus. Zwischen πρός τι und πρός τί πως ἔχον gibt es also keinen wirklichen Unterschied, und die von Aristoteles geschilderte Kategorie ist nach wie vor einheitlich[53]. Der zweite Einwand, den er gegen die Stoiker erhob, gilt den von ihnen angegebenen Beziehungen zwischen πρός τι und πρός τί πως ἔχον. In der überlieferten Form ist er sehr gedrängt dargestellt und nicht leicht verständlich. Aus dem oben zusammengefaßten Referat geht hervor, daß die Stoiker den Ausdruck πρός τι bald als Oberbegriff, bald als engeren Begriff verwendeten und damit bald die Relation schlechthin, bald die relativen Eigenschaften bezeichneten. Sie konnten daher sagen, daß jedes bloße Verhältnis zu einem anderen (πρός τί πως ἔχον) eine Relation, nicht jede Relation jedoch ein bloßes Verhältnis sei, da in die Relation auch die relativen Eigenschaften mit hineingehörten[54]. Boethos argumentierte dagegen, daß in ihrer Perspektive die Beziehungen zwischen diesen beiden Begriffen genau umgekehrt hätten dargestellt werden sollen. Das πρός τι (in engerem Sinne, als relative Eigenschaft) setzt nämlich erstens eine Eigenschaft (οἰκεία διαφορά) und zweitens ein Verhältnis zu etwas anderem voraus. Jedes πρός τι ist daher ein πρός τί πως ἔχον. Nicht jedes πρός τί πως ἔχον ist aber ein πρός τι, denn das πρός τι zeichnet sich unter anderem durch die Anwesenheit einer bestimmten Eigenschaft aus, die in dem bloßen Verhältnis fehlt[55].

Athenodoros und Kornutos und zweifellos bereits andere Interpreten vor ihnen hatten Anstoß daran genommen, daß Aristoteles den Flügel, das Steuer und die Hand unter den Korrelaten erwähnt[56]: Handelt es sich doch dabei um Teile von Substanzen und um Substanzen, und keine Substanz gehört nach der Lehre des Aristoteles selbst zu den Korrelaten[57]. Die wirkliche Bedeutung der Stelle wurde aber von Boethos, der

[53] 167, 1—18.
[54] 167, 20—22.
[55] 167, 22—26. Der letzte Teil dieses Arguments muß anders gelautet haben als bei Simplikios überliefert wird. Zeile 25 erwartet man etwa: οὐ γὰρ {πᾶσιν} ὑπάρχει τοῖς πρός τι ⟨πως ἔχουσι⟩ πρὸς ἕτερον κτλ. Man erwartet nämlich den Beweis dafür, daß der Begriff πρός τί πως ἔχον weniger umfaßt als der Begriff πρός τι. Aber vielleicht liegt hier kein Überlieferungsfehler, sondern nur ein Versehen der Zwischenquelle vor. Einen befriedigenden Sinn würde man auch gewinnen, wenn man den überlieferten Text behielte und Zeile 26 ein Fragezeichen nach ἔχειν einsetzte.
[56] 7, 6b 36—7a 25.   [57] Simpl. 187, 24—36.

den Einwand wohl bereits vorgefunden hatte, richtig erkannt. Der Stagirit hat darauf hinweisen wollen, daß der Teil in einer bestimmten Beziehung zum Ganzen steht, dessen Teil er ist. Die Hand, der Kopf usw.
sind also nicht als solche Korrelate, sondern nur insofern sie als Teile
eines Ganzen betrachtet werden[58].

Über die Kategorien der Qualität und der Quantität, die Aristoteles
ausführlich behandelt hatte, sind uns keine Äußerungen des Boethos
überliefert. Demgegenüber widmete er den anderen, vom Stagiriten lediglich aufgezählten Kategorien interessante Erörterungen, die größtenteils darauf abzielten, die Einwände des Andronikos, der Stoiker und
anderer Exegeten zu widerlegen. Auch hier zeigt sich, daß die erste Kom-
mentatorengeneration, deren Arbeiten Boethos vorfand, den Kategorien gegenüber sehr kritisch eingestellt war und daß spätere Gegner der
aristotelischen Lehre, wie etwa Plotin, stark von dieser Kritik durch die
großen Vorgänger beeinflußt wurden.

Man wunderte sich z. B., daß Aristoteles eine eigene Kategorie für das
Tun und eine andere für das Leiden reserviert hatte. „Akt" (ἐνέργεια),
so sagte man, wäre als Gattungsbegriff angemessener als „Tun" (ποιεῖν)
gewesen; andererseits könne ποίησις auch das Ergebnis eines Tuns bezeichnen, während ἐνέργεια nur auf die Bewegung hinweise. Aus diesen
Gründen hätte man das Tun und das Leiden in die umfassendere Kategorie der Bewegung aufnehmen sollen. Gegen diese schon vor Plotin
durchgeführte Änderung wehrte sich Boethos im Namen des orthodoxen
Aristotelismus. Wenn der erste Beweger bewegt und wirkt und dabei
selbst unbewegt bleibt, während andere Wesenheiten diese Bewegung
eher passivisch erleiden, so sollen *Wirken* und *Erleiden* voneinander getrennt bleiben und dürfen nicht in einer einzigen Kategorie unterge-
bracht werden[59]. Dieses Zeugnis eröffnet nicht nur den Weg zur Rekonstruktion einer wichtigen Vorstufe der plotinischen Kategorienlehre; es
zeigt auch, gerade in der Begründung für die Ablehnung des Vereinfa-
chungsvorschlages, daß Leute wie Boethos in den Kategorien etwas anderes als eine ziemlich äußerlich formale Einteilung der unverbundenen
Aussageelemente sahen, und so durchweg bemüht waren, diese Lehre
im breiteren Rahmen der Ontologie und sogar der Gotteslehre zu interpretieren. Kennzeichnend in dieser Hinsicht ist die oben erwähnte[60] und

---

[58] 187, 36—188, 7.
[59] 302, 5—16; ähnliche Betrachtungen 63, 6—9. Vgl. Th. A. Szlezák,
Ps.-Archytas 16; 115; 126.
[60] Vgl. S. 155.

bereits vor Boethos aufgeworfene Frage, ob die Kategorienlehre sich auf die intelligiblen oder auf die sinnlich-wahrnehmbaren Wesenheiten beziehe.

Ebensowenig wie die Kategorien des Tuns und des Leidens fand die der Lage (κεῖσθαι) Gnade vor den Kritikern des Aristoteles. Plotin beanstandete unter anderem die Tatsache, daß sie nicht einfach ist, sondern gleichzeitig auch die Art oder den Ort der Lage mit angibt, z. B. in Ausdrücken wie *Aufgestellt sein* oder *Sitzen*; ferner meinte er, daß man das Liegen als Akt oder als Erleiden erklären könne; im ersten Falle gehöre es daher in die Kategorie des Tuns, im zweiten in die des Erleidens. Diese beiden Einwände, auf die Boethos bereits gestoßen war, führten ihn dazu, diese Kategorie exakter zu definieren und gegen verschiedene Begleiterscheinungen sauber abzugrenzen. Das Liegen im eigentlichen Sinne könne, so meinte er, nur von Dingen, die weder aktiv noch passiv beteiligt seien, gesagt werden, etwa von einer Statue, von der wir sagen, daß sie steht, sitzt, aufgestellt ist u. dgl., und die als lebloses Ding weder tun noch leiden kann. Damit wird also die Verwechslung mit den beiden benachbarten Kategorien ausgeschlossen. Andererseits ist nicht zu leugnen, daß die Bezeichnungen der Lage bisweilen Angaben über den Ort oder das Verhältnis zu anderen Dingen mitenthalten. Wesentlich bleibt aber der Umstand, daß nur das Liegen an und für sich betrachtet wird, während die etwaigen Hinweise auf eine Relation sekundär sind und keine größere Rolle spielen als in anderen Kategorien, die in gewisser Hinsicht ebenfalls relativische Elemente mitenthalten. Solange die Relation nur als sekundäre Begleiterscheinung in einer Kategorie enthalten ist, darf man diese Kategorie keineswegs mit der Relation schlechthin identifizieren[61].

Das Bestreben, Aristoteles zu rechtfertigen und gleichzeitig seine nicht zum Ausdruck gebrachten Intentionen zu explizieren, zeichnet auch die Ausführungen des Boethos über zwei weitere Kategorien aus, die des Wann und die des Habens. Wie wir oben sahen, hatte Andronikos die Kategorie des Wann umbenannt und durch eine Kategorie der Zeit ersetzt[62]. Plotin sollte ihm folgen und seine eigenen Einwände auf die Schwierigkeit einer Unterscheidung zwischen Wann und Zeit gründen. Boethos bemühte sich dagegen, das diesen Einwänden zugrundeliegende Mißverständnis zu beseitigen. Er trennte die Zeit, die ja als Dauer zur Quantität gehört, von den Dingen, die an der Zeit teilhaben oder in der

---

[61] Simpl. 339, 18—32. Vgl. Th. A. Szlezák, Ps.-Archytas 124.
[62] Vgl. oben S. 111.

Zeit sind. „Jahr" und „jährlich", „Monat" und „monatlich" sollen genau so auseinandergehalten werden wie etwa „einsichtig" und „einsichtig sein", von denen das eine zur Kategorie der Qualität und das andere zur Kategorie des Tuns gehört. Somit ist die Legitimität einer Kategorie des ποτέ, die mit der quantitativ zu definierenden Zeit nichts zu tun hat, erwiesen[63].

Kennzeichnend für den Scharfsinn des Boethos sind die Erörterungen über die Kategorie des Habens. Sie waren gegen die Ansicht der Stoiker gerichtet, die nur mit vier Kategorien operierten und das Haben (ἔχειν) in der breiteren Kategorie des „Eine-Beschaffenheit-Habens", d. h. irgendwie beschaffen sein (πως ἔχειν), unterbringen wollten. Sie zielten ferner darauf ab, eine klare Abgrenzung zwischen dem Haben und der Relation durchzuführen. Daß das Haben ein Verhältnis (σχέσις) bezeichnet, gibt Boethos gerne zu. Nicht jedes Verhältnis ist aber eine Relation (πρός τι); er unterscheidet nämlich erstens das Verhältnis des Dinges zu sich selbst (z. B. der Mann in Verteidigungsstellung, ὁ προβεβλημένος), und das ist, was man unter πως ἔχον versteht; zweitens das Verhältnis zu etwas anderem (z. B. Vater, rechts stehend), und das ist, was man als πρός τι bezeichnet; drittens, das Verhältnis eines Außendinges zum Ding selbst (z. B. bewaffnet, beschuht, Begriffe, die ja das Verhältnis der Waffen bzw. der Schuhe zum Menschen angeben): In diese dritte fallen offensichtlich die Beispiele, die Aristoteles unter der Kategorie des Habens angeführt hatte[64]. Der Vergleich mit dem letzten Kapitel der Postprädikamente[65], das Boethos trotz der Athetese durch Andronikos berücksichtigt hatte, erschwerte aber das Problem dadurch, daß Aristoteles dort auf die zahlreichen Bedeutungen des Wortes Haben hinwies. Es fragte sich also, ob alle diese Bedeutungen, oder nur einige, in die Kategorie des Habens fallen und ob sich nicht dadurch Überschneidungen mit anderen Kategorien ergeben. Die ganz allgemeine Bedeutung von Haben, bemerkte Boethos, wird durch das jeweilige Objekt spezifiziert; man hat etwa einen Vater in einem anderen Sinne als man einen Teil oder einen Acker hat. Eine der auf diese Weise gewonnenen speziellen Bedeutungen ist gerade die von „Herr sein von", „als seinen Besitz haben" (κρατεῖν). Es gibt daher zwei Möglichkeiten. Die Kategorie kann das Haben in der allgemeinen, unspezifischen Bedeutung umfassen. Einsichtig sein (φρονεῖν), besonnen sein (σωφρονεῖν), gesund sein (ὑγιαί-

---

[63] Simpl. 348, 2—7.
[64] 373, 7—18. Vgl. Th. A. Szlezák, Ps.-Archytas 16; 112—113; 123; 137.
[65] 15, 15b 17—32.

νειν) werden dann in die Kategorie des Habens aufgenommen: Sind diese
Begriffe doch gleichwertig mit Einsicht, Besonnenheit, Gesundheit
haben. Auszuschließen aus der Kategorie sind dann allerdings das Tun
und das Leiden, die schon selbständige Kategorien ausmachen. Auch
zwischen Haben und Relation wird man unterscheiden müssen. Der Besitzende (ὁ κεκτημένος) ist ein Korrelat, das Besitzen (κεκτῆσθαι) ein
Haben, Vater ein Korrelat, Vater sein, gleich „einen Sohn haben", ein
Haben. Will man aber die Kategorie des Habens auf das Besitzen des Erworbenen beschränken, so wird man selbstverständlich die übrigen Ver-
wendungsmöglichkeiten des Wortes *haben* in anderen Kategorien unterbringen[66]. Ob Boethos sich für eine der beiden Möglichkeiten entschieden
hatte oder die Frage einfach offen ließ, berichtet unsere Quelle leider
nicht.

Das Interesse des Boethos für die sogenannten Postprädikamente zeigt
sich auch in seinen Ausführungen über die von Aristoteles behandelte
Frage nach der Gegensätzlichkeit von Bewegung und Ruhe[67]. Seine
Stellungnahme wird erst dann verständlich, wenn man sie als die Widerlegung einer unter anderen von Plotin vertretenen Ansicht betrachtet.
Daraus erhellt einmal mehr, daß mehrere Thesen Plotins zur Kategorienlehre um gut drei Jahrhunderte älter sind, auch wenn es heute keine ausdrücklichen Zeugnisse über ihre Herkunft mehr gibt. Wenn die Ruhe
nichts anderes ist als die Negation der Bewegung in demselben Genos, behauptet Plotin[68], so bezeichnet die Ruhe das Ding selbst, unter Hinweis
darauf, daß es keine Bewegung innehat[69]. Infolgedessen wird man sagen
können, daß die Ruhe, die der Bewegung in der Qualität entgegengesetzt
ist, die bloße Qualität ist und daß es sich so auch mit der Ruhe in den
Kategorien der Größe, der Substanz usw. verhält. Eine solche These hält
aber Boethos für unannehmbar. Für ihn ist die Ruhe etwas anderes als die
bloße Negation der Bewegung in dem jeweiligen Genos. Die Absurdität
der bekämpften These erscheint am deutlichsten, wenn man die örtliche
Bewegung und die örtliche Ruhe betrachtet. Es leuchtet nämlich sofort
ein, daß die Ruhe am Ort nicht mit dem Ort identifiziert werden kann.
In Wirklichkeit steht die Ruhe, wie auch die Bewegung, in einem bestimmten Verhältnis (σχέσις) zur Zeit und zu dem spezifischen Aspekt, in
dem das Ding entweder ruht oder sich bewegt. Da die Zeit in einem

---

[66] Simpl. 373, 18—32.
[67] Vgl. 14, 15b 1—16.
[68] Simpl., Cat. 433, 20 ~ Plot. VI 3, 27, 19.
[69] 433, 23 ~ Plot. VI 3, 27, 25.

ewigen Dahinfließen begriffen ist, steht das Ding, das sich örtlich bewegt, in demselben Verhältnis zur Zeit und zum Ort: Es ist in einer stets
anderen Zeit und steht an einem stets anderen Orte. Wie die Bewegung
steht aber auch die örtliche Ruhe in Beziehung zu der Zeit. In diesem
Falle ist der Ort immer derselbe, die Zeit eine immer wieder andere. Diese
Feststellungen lassen sich auf die anderen Arten der Bewegung und der
Ruhe übertragen. Steht das Ding in demselben Verhältnis etwa zu der
Größe oder zu der Qualität wie zu der Zeit, so findet eine quantitative
oder qualitative Bewegung statt. Ist das Verhältnis aber nicht dasselbe,
so ist das Ding in Ruhe. Daraus ergibt sich, daß die Ruhe nicht mit dem
Ort, der Größe, der Qualität usw. identisch ist. Sie besteht vielmehr in
einem bestimmten Verhältnis zu ihnen und zu der Zeit. Die Arten der
Ruhe sind folglich dieselben wie die der Bewegung, denn es hat sich her-
ausgestellt, daß in jeder dieser Arten die ruhenden und die bewegten
Dinge in einem entgegengesetzten Verhältnis stehen[70].

Das Eigentümliche an dieser Auffassung ist wohl die Tendenz, die
Zeit als eine primäre Wirklichkeit zu betrachten, auf die Bewegung und
Ruhe bezogen werden. Für Aristoteles, der die Zeit als Zahl oder Maß der
Bewegung definierte[71] und sie nur *per accidens* als Maß der Ruhe betrachtete[72], war eher die Bewegung die in diesem Zusammenhang primär
gegebene Wirklichkeit, ohne die man überhaupt nicht von der Zeit
sprechen könne.

Kurze Erörterungen über das Problem der Zeit finden sich übrigens
in den Fragmenten des Physikkommentars des Boethos, von denen weiter
unten die Rede sein wird.

C. Zur Ersten Analytik

Über Boethos' Lehre vom Syllogismus sind zwei Nachrichten erhalten, die aus einem Kommentar dieses Gelehrten zur Ersten Analytik
oder aus monographischen ζητήματα über diesen Traktat stammen
können. Boethos und sein Altersgenosse Ariston, der sich ebenfalls mit
der aristotelischen Syllogistik beschäftigte, werden wahrscheinlich Anregungen in den logischen Werken Theophrasts und Eudems gefunden
haben. Auch mit den Leistungen der Stoiker auf dem Gebiet der Schluß-

[70] 433, 28—434, 18.
[71] Phys. IV 11, 219a 30sqq.
[72] IV 12, 221b 7—23.

lehre waren sie, wie sich noch zeigen wird, zweifelsohne vertraut. Leider sind unsere Informationen darüber recht dürftig. Insbesondere sind wir nicht in der Lage festzustellen, was Alexander in seinem Kommentar zur Ersten Analytik der Pionierarbeit seines großen Vorgängers Boethos, den er in diesem Zusammenhang kein einziges Mal nennt, entnommen haben kann.

Die eine Äußerung des Boethos zur Syllogistik des Aristoteles bezieht sich auf eine im Altertum und Mittelalter sehr umstrittene Frage: Sind die Syllogismen der zweiten und dritten Figur unvollkommen (ἀτελεῖς) oder können sie auch, wie die der ersten, als vollkommen (τέλειοι) angesehen werden? Wie wir durch Ammonios erfahren, wurde der Kaiser und Philosoph Iulian als Schiedsrichter zwischen Maximos, der bei Hierios, einem Iamblich-Schüler, gehört hatte, und Themistios, dem berühmten Paraphrasten des Aristoteles, herangezogen. Themistios vertrat die Ansicht, die auch bei Aristoteles belegt ist[1], daß die Syllogismen der 2. und 3. Figur unvollkommen sind. Maximos berief sich auf Boethos, Porphyrios und Iamblich, um die These zu vertreten, daß sie alle vollkommen sind. Der Kaiser gab ihm recht. Auch Proklos, sein Lehrer (Syrian), Ammonios' Vater Hermeias und Ammonios selbst bekannten sich zur letztgenannten These, die vielleicht sogar schon bei Theophrast begegnete[2].

Es fragt sich nun, welche Überlegungen die Anhänger dieser These dazu führten, sich in der Frage der vollkommenen Syllogismen von der deutlich ausgedrückten Ansicht des Aristoteles zu distanzieren. Ammonios, unsere einzige Quelle, nennt die Argumente seiner Vorgänger zwar nicht, seine eigenen Ausführungen ermöglichen es uns jedoch, uns eine gewisse Vorstellung davon zu machen. Die Diskussion scheint sich um die berühmte aristotelische Definition des Syllogismus[3] und die Charakterisierung des vollkommenen Syllogismus[4] gedreht zu haben. In der Erläuterung seiner Definition des Syllogismus präzisiert Aristoteles, wie seine Angabe, daß die Conclusio „durch die Prämissen erfolgt", d. h. sich daraus ergibt, eigentlich zu verstehen ist: Die Hinzufügung eines in den Prämissen nicht enthaltenen ὅρος ist für die Entstehung der Notwendigkeit der Schlußfolgerung nicht erforderlich. Andererseits nennt er einen vollkommenen Syllogismus denjenigen, bei dem die Notwendigkeit des

---

[1] Anal. pr. I 5, 28a 4; 6, 29a 14.
[2] Ammon., Anal. pr. 31, 11—25. Vgl. A. Graeser, Die logischen Fragmente des Theophrast, Berlin 1973, 22 (Fr. 20) und 83 (Kommentar).
[3] Anal. pr. I 1, 24b 18—22.
[4] 24b 22—26.

Schließens einleuchtet, ohne daß man den εἰλημμένα etwas anderes hinzuzufügen braucht. Unvollkommen ist derjenige, der der Hinzufügung eines oder mehrerer Zusätze bedarf, die zwar aufgrund der vorliegenden ὅροι notwendigen Charakter haben, durch die Prämissen jedoch nicht formuliert worden sind[5]. Was der Stagirit mit diesen Angaben meinte, erklärt Ammonios folgendermaßen: Im echten, gültigen Syllogismus darf kein ὅρος fehlen, der für die Schlußfolgerung erforderlich ist; fehlt ein solcher ὅρος, so hat man es einfach nicht mehr mit einem Syllogismus zu tun. Andererseits hält Aristoteles einen Syllogismus für vollkommen, wenn es keiner logischen Operationen wie etwa Konversion, Ekthese oder Reductio ad absurdum bedarf, um den notwendigen Charakter der Schlußfolgerung sichtbar zu machen. Ein vollgültiger Syllogismus kann also durchaus unvollkommen sein, und zwar wenn, wie etwa bei der 2. und 3. Figur, die Notwendigkeit der Schlußfolgerung nicht unmittelbar einleuchtet.

Ammonios berichtet jedoch, daß bestimmte Gelehrte (τινές) die Dinge anders auffaßten. Die Syllogismen der 2. und 3. Figur, sagten sie, bedürfen einer „fremden Hilfe", es muß ihnen etwas „hinzugefügt" werden, wie z. B. die Konversion der einen Prämisse, um sie vollkommen zu machen. Damit erfüllen sie aber nicht die Bedingungen, die Aristoteles in der Definition des Syllogismus nennt; da ihnen etwas fehlt, können sie überhaupt nicht als Syllogismen angesehen werden[6]. Diese Gruppe betrachtet also den Mangel an Evidenz, der die 2. und 3. Figur charakterisiert und ihre Reduktion auf die 1. Figur notwendig macht, als ein

---

[5] H. Maier, Die Syllogistik des Aristoteles II 2, 1900, 118 charakterisiert die vollkommenen Syllogismen wie folgt: „Ihre Schlußkraft ist unmittelbar evident, sofern die Prämissen, so wie sie vorliegen, die Begriffe in die den Syllogismus ermöglichenden Beziehungen setzen. . . . Von ihnen unterscheiden sich die unvollkommenen Formen. Die letzteren müssen zwar gleichfalls eine Beziehung der Begriffe einschließen, die den Syllogismus zu tragen vermag. Aber diese Beziehung kommt in den Prämissen nicht unmittelbar zum Ausdruck. Es sind vielmehr noch weitere, auf Grund der vorliegenden Begriffsverhältnisse ausführbare logische Operationen erforderlich, um die Schlußkraft dieser Kombinationen darzutun." Mit der Frage „Was ist ein vollkommener Schluß?" befaßt sich G. Patzig, Die arist. Syllogistik[3] 51—93 sehr ausführlich; insbesondere zeigt er, wie die Unterscheidung vollkommener und unvollkommener Schlüsse in der Antike, im Mittelalter und in der Neuzeit nicht selten mißverstanden wurde.

[6] Ammon., Anal. pr. 30, 32—31, 10; 31, 25—33 (besonders 31, 29 ἐκβάλλων αὐτοὺς τῆς τῶν συλλογισμῶν ἑστίας); 33, 16—18.

Merkmal, das der echte Syllogismus gemäß der Definition des Aristoteles nicht aufweisen darf. Ihre Auffassung vom Syllogismus beruht offenbar auf einem Mißverständnis der aristotelischen Definition: Echte Syllogismen sind für Aristoteles diejenigen nicht, die zuwenig oder zuviel ὅροι enthalten, gültig sind aber diejenigen, die wie die der 2. und 3. Figur alle erforderlichen ὅροι, und nur diese, enthalten, jedoch bestimmter logischer Operationen bedürfen, um evident gemacht zu werden.

Die eigene Position des Ammonios ist der dieser Interpreten diametral entgegengesetzt. Obwohl er ganz richtig erklärt, was Aristoteles unter Syllogismus versteht und wie er die unvollkommenen von den vollkommenen unterscheidet, behauptet Ammonios, daß die Syllogismen der 2. und 3. Figur vollkommen sind, weil sie alle erforderlichen ὅροι, bloß nicht in der richtigen Anordnung (συγκεχυμένοι), besitzen[7]. Das kann nur heißen, daß Ammonios sich der aristotelischen Auffassung vom unvollkommenen Syllogismus nicht anschließt. Nicht der Mangel an Evidenz kennzeichnet für ihn die Unvollkommenheit des Syllogismus, sondern das Fehlen eines oder mehrerer erforderlicher ὅροι; weil alle erforderlichen ὅροι in der 2. und 3. Figur vorhanden sind, können diese Figuren als vollkommen angesehen werden. Da nun diese Ansicht des Ammonios dieselbe ist wie die des Boethos, des Porphyrios, des Iamblich usw., dürfen wir annehmen, daß Boethos und die von ihm abhängigen Interpreten die Vollkommenheit des Syllogismus ebenfalls mit der Vollzähligkeit seiner ὅροι identifizieren, selbst wenn sie wußten, daß Aristoteles sie anders aufgefaßt hatte[8].

Zusammenfassend können wir also drei Lösungen des Problems unterscheiden:

1. Ein echter Syllogismus ist derjenige, bei dem die ὅροι vollzählig sind. Er ist vollkommen, wenn die Notwendigkeit der Schlußfolgerung unmittelbar evident ist. Er ist unvollkommen, wenn diese Evidenz sich erst aus einer oder mehreren logischen Operationen (Konversion u. dgl.) ergibt. Diese Ansicht wird als die des Aristoteles angegeben. Alexander[9] und Themistios[10] teilten sie.

2. Ein vollkommener Syllogismus ist derjenige, bei dem überhaupt keine Hinzufügung erforderlich ist. Da die 2. und 3. Figur zusätzlicher logischer Operationen bedürfen, sind die Beweise nach diesen Figuren

---

[7] Ammon. 33, 18—21.
[8] Zu diesem Problem vgl. G. Patzig, Die arist. Syllogistik[3] 78sqq.
[9] Anal. pr. 23, 25sqq.
[10] Ammon. 31, 17—18.

keine Syllogismen. Dieser Ansicht waren die nicht namentlich genannten Gelehrten, die Ammonios erwähnt[11] und die auch Alexander gekannt und bekämpft hat[12].

3. Ein vollkommener Syllogismus ist derjenige, bei dem alle erforderlichen ὅροι in den Prämissen enthalten sind. Die Syllogismen der 2. und 3. Figuren sind daher als vollkommen anzusehen. Boethos, Porphyrios, Iamblich, Maximos, Syrian, Proklos, Hermeias und Ammonios vertraten diese Auffassung.

Ein anderer Umstand kann jedoch dazu beigetragen haben, daß man nicht nur die Syllogismen der 1. Figur als die einzig vollkommenen betrachtete. In der letzten Etappe der Entwicklung seiner Syllogistik scheint Aristoteles selber aufgehört zu haben, nur die 1. Figur für vollkommen zu halten; er ging soweit, daß er bisweilen die 1. Figur auf die 2. oder 3. zurückführte[13]. Wenn Theophrast tatsächlich alle Figuren als gleich vollkommen bezeichnet hat[14], kann man vermuten, daß er nur in der bereits vom späten Aristoteles eingeschlagenen Richtung weitergegangen ist[15]. Ist Boethos in diesem Punkt von Theophrast beeinflußt worden, so erscheint seine Stellungnahme weniger entfernt von der aristotelischen Orthodoxie als man auf den ersten Blick annehmen könnte.

Mit einer anderen These wich Boethos von der Analytik des Aristoteles auffallend ab, um sich der stoischen Lehre anzunähern. Von den Voraussetzungsschlüssen des Chrysippos, die einen hypothetischen, disjunktiven usw. Obersatz haben, behauptete er mit einigen Peripatetikern, daß sie nicht nur sofort evident seien und keines Beweises bedürften (ἀναπόδεικτοι), sondern auch den Vorrang den anderen gegenüber hätten (πρῶτοι); diejenigen unter den mit kategorischen Prämissen gebildeten Syllogismen, die ebenfalls keines Beweises bedürften, könnten dagegen keine Vorrangstellung beanspruchen[16]. Boethos war also der Ansicht, daß hypothetische Schlüsse des stoischen Typs („Wenn A, dann B. Nun ist

---

[11] 30, 32—31, 10; 31, 26—33. 33; 16—18.
[12] Alex., Anal. pr. 23, 17—25.
[13] Vgl. I. M. Bocheński, La logique de Théophraste, 1947, 64.
[14] Ammon. 31, 22—23 = Fr. 20 Graeser.
[15] Bocheński, Log. Th. 64—65.
[16] Galen, Instit. log. VII 2, S. 17, 4—9 Kalbfleisch: καὶ μέντοι καὶ τῶν ἐκ τοῦ Περιπάτου τινὲς ὥσπερ καὶ Βόηθος οὐ μόνον ἀναποδείκτους ὀνομάζουσι τοὺς ἐκ τῶν ἡγεμονικῶν λημμάτων συλλογισμούς, ἀλλὰ καὶ πρώτους· ὅσοι δὲ ἐκ κατηγορικῶν προτάσεών εἰσιν ἀναπόδεικτοι συλλογισμοί, τούτους οὐκ ἔτι πρώτους ὀνομάζειν συγχωροῦσι. Vgl. J. S. Kieffer, Galens Institutio Logica, 1964, 93—94.

A. Also ist B'') den Ausgangspunkt jeder Beweisführung bilden. Selbst unmittelbar einleuchtende kategorische Schlüsse des aristotelischen Typs kämen erst danach, könnten nicht als „primär" angesehen werden. Wenn wir recht verstehen, meinte Boethos, daß die Wahrheit der kategorischen Prämissen sich letzten Endes nur durch Schlüsse des stoischen Typs nachweisen läßt. In der Tat steht diese These durchaus in Einklang mit der Grundtendenz von Boethos' Erkenntnislehre. Nicht das Allgemeine, sondern das Individuelle, die Singularität einer Handlung, eines Zustands, eines Geschehens, wird von den Stoikern als Objekt des Wissens betrachtet. Am Anfang der Beweisführung steht für sie ein evidenter logischer Zusammenhang zwischen zwei Phänomenen, so daß die Wahrnehmung des einen etwas über das andere festzustellen ermöglicht[17]. Durch die Übernahme der stoischen hypothetischen Schlüsse und ihre Einordnung am Anfang jeglichen Beweisverfahrens gewann Boethos die Möglichkeit, in seiner Syllogistik von den Daten der Sinneswahrnehmung und von dem unmittelbar Erlebten auszugehen. Dieser Aspekt seiner Lehre weist also durchaus in dieselbe Richtung wie etwa seine These über die Priorität des Einzelnen gegenüber dem Allgemeinen oder seine Ansicht, daß die Physik im philosophischen Unterricht als erste Disziplin zu behandeln sei.

Dennoch überrascht es zunächst, daß ein offensichtlich auf Schulorthodoxie sehr bedachter Peripatetiker wie Boethos in einer derart wichtigen Materie eine Stellung einnahm, die unverkennbar die des Chrysippos und der Stoiker im allgemeinen war. Vielleicht war aber dieser Anschluß an die Stoa weniger bewußt und beabsichtigt als uns heute erscheinen mag. Die einzige formale Logik, die nach dem Einschlafen des Peripatos nach den ersten Nachfolgern des Aristoteles und bis zur Wiederbelebung durch Andronikos praktiziert wurde, war eben die der Stoiker. Trotz ihrer Herkunft muß sie weniger als die Logik einer Schule denn als die moderne, fortgeschrittene Logik überhaupt erschienen sein. Kennzeichnend ist in dieser Hinsicht, daß Alexander, der z. B. in seinem Kommentar zur Ersten Analytik des öfteren von ihr Gebrauch macht, sie meistens als die Logik „der Jüngeren" (νεώτεροι) bezeichnet. Bei ihm wie auch bei Galen und Sextus Empiricus steht die Fachsprache der Logik weitgehend unter dem Einfluß der stoischen Terminologie[18]. Die

---

[17] Zu diesem Aspekt der stoischen Logik vgl. A. Virieux-Reymond, La logique et l'épistémologie des Stoïciens, Diss. Lausanne 1949, 132sqq.
[18] Vgl. Bocheński, Log. Th. 15.

Aufnahme eines Teils der stoischen Logik in die aristotelische ist also allem Anschein nach nicht als eine Art Verrat an der Schulorthodoxie empfunden, sondern vielmehr als eine Berücksichtigung der Fortschritte, die diese Disziplin in nacharistotelischer Zeit gemacht hatte, betrachtet worden.

D. Zur Physik

Es wird nirgends ausdrücklich bezeugt, daß Boethos die Physik kommentiert hat. Wir wissen lediglich, welchen Wert er dieser Disziplin beimaß; Betrachtete er sie doch als die erste, mit der der Aristoteliker sich zu befassen hatte. Ferner sind uns in der Paraphrase des Themistios und im Kommentar des Simplikios drei Äußerungen des Boethos erhalten, die nur aus einer Abhandlung über die Physik stammen können. Ob es sich um einen regelrechten Kommentar oder um ein kürzeres, besonderen Teilen der Physik gewidmetes Werk handelte, läßt sich allerdings nicht mehr feststellen.

Die erste Äußerung bezieht sich auf die von Aristoteles in I 7 dargelegte Lehre vom Entstehen und enthält eine Unterscheidung der Begriffe Materie (ὕλη) und Substrat (ὑποκείμενον). Themistios und Simplikios, die sie in fast demselben Wortlaut anführen, verdanken sie sicher dem Kommentar des Alexander[1].

Die Materie, so erklärte Boethos, ist gestalt- und formlos und wird Materie genannt im Hinblick auf das Ding, das aus ihr entstehen wird; hat sie aber eine Form erhalten, so ist sie nicht mehr Materie, sondern Substrat der mit ihr verbundenen Form[2]. Mit dieser Frage befaßten sich auch Alexander, der die Dinge etwas anders sah, sowie Themistios und Simplikios.

In den zwei übrigen Fragmenten ist von der Zeit die Rede. Das erste[3] stammt wahrscheinlich auch aus dem Kommentar Alexanders.

---

[1] Zeller, Philos. d. Gr. III 1⁵, 647 Anm. 3 behauptete, Simplikios habe das Zitat ohne Zweifel von Themistios entlehnt. Nun findet sich bei Simplikios das Boethos-Zitat zwischen zwei Alexander-Zitaten, deren Substanz sich ebenfalls bei Themistios, allerdings ohne Namensnennung, vor und nach der Boethosstelle wiederfindet. Diels (Simpl., Phys. XXXII) und Schenkl (Them., Phys. 26, Apparat) vermuten daher mit Recht, daß sowohl Themistios wie auch Simplikios von Alexander abhängen.

[2] Them., Phys. 26, 20—24 ~ Simpl., Phys. 211, 15—18.

[3] Them., Phys. 160, 26—28 ~ Simpl., Phys. 759, 18—20.

Es enthält nämlich einen Einwand (ἔνστασις), den laut Simplikios Alexander ausführlich begründete, um ihn dann zu widerlegen. Da Themistios den Gehalt der Lösung Alexanders, allerdings ohne Namensnennung[4], wiedergibt, liegt die Vermutung nahe, daß das Boethos-Zitat bei unseren beiden Zeugen auf Alexander zurückgeht. Boethos scheint mit seinem Einwand darauf hinzuweisen, daß die Zeit als „Zählbares" (ἀριθμητόν) von einem Zählenden (ἀριθμῶν), hier von der menschlichen Seele, ebenso unabhängig sein kann, wie etwa das Wahrnehmbare unabhängig von dem Wahrnehmungsakt existieren kann[5]. Dieser Einwand entspricht ziemlich genau der im Kategorienkommentar beobachteten Tendenz, die Zeit als objektiv existierend zu betrachten. Er scheint also nicht, wie es bei Alexander der Fall sein wird, als ein dialektisches Moment innerhalb eines ἀπορία-καί-λύσις-Komplexes gestanden zu haben, sondern spiegelt wohl die eigene Ansicht des Boethos wider.

Das zweite Fragment über die Zeit steht ebenfalls, und zwar auch mit demselben Wortlaut, bei Themistios und Simplikios. Aber hier gibt Simplikios ausdrücklich zu verstehen, daß er es bei Themistios vorgefunden hat, und es ist ferner klar, daß er in der ganzen Textstelle Themistios wörtlich abgeschrieben hat. Da Themistios aber häufig genug stillschweigend aus Alexander schöpft, dürfen wir sicher auch hier mit der Möglichkeit rechnen, daß er den Satz des Boethos nicht aus erster Hand zitiert, sondern durch Vermittlung des Alexander gekannt hat.

Themistios bemerkt zuerst, es gehe nicht an, die Zeit für eine bloße Vorstellung unserer Seele zu halten und ihr jede eigene Natur abzusprechen; dies sei aber offensichtlich die Meinung des Aristoteles, der behaupte, daß es ohne Seele keine Zeit gebe. Und er fährt fort: Derselben Meinung schließe man sich an, wenn man die Zeit als Maß und Zahl definiere; nach Boethos entstehe nämlich kein Maß von Natur aus; Messen und Zählen seien vielmehr als unser Werk zu betrachten[6]. Wahrscheinlich wollte sich Boethos dadurch von der aristotelischen Definition der Zeit distanzieren und zeigen, daß diese Zeit, wenn man sie als Maß auffaßt, jede physikalische Wirklichkeit verliert und sich auf einen Gedanken der menschlichen Seele reduzieren läßt.

---

[4] Them., Phys. 160, 28—161, 2 ~ Alex. bei Simpl. 759, 29—760, 3.

[5] Vgl. zur Frage Arist., Phys. IV 14, 223a 21—29. Einen Überblick über die verschiedenen Interpretationen dieser sehr kontroversen Zeilen gibt P. F. Conen, Die Zeittheorie des Aristoteles, 1964, 158—165. Über Boethos ebd. 168 Anm. 30.

[6] Them., Phys. 163, 5—7 ~ Simpl., Phys. 766, 16—19.

E. Seelenlehre

In seinem Kommentar zu De anima spielt Simplikios auf die Seelenlehre eines nicht näher bezeichneten Boethos an[1]. Ferner hat uns Eusebios in seiner Praeparatio Evangelica neun Fragmente aus einer gegen
die Seelenlehre des Boethos gerichteten Schrift des Porphyrios erhalten[2]. In keinem dieser Texte wird jedoch angegeben, daß es sich um den
Peripatetiker Boethos handelt. Da wir auch von einem Stoiker Boethos
wissen, der mit Panaitios und anderen zu den Schülern des Babyloniers
Diogenes zählte[3], muß die Frage erörtert werden, ob die soeben genannten
Testimonien sich unbedingt auf den Andronikos-Schüler beziehen.

---

[1] Simpl., De an. 247, 24—26. Daß dieser Kommentar zu De anima allem Anschein nach nicht von Simplikios, sondern wohl von Priskianos stammt, ist
kürzlich von F. Bossier und C. Steel, Priscianus Lydus en de „In de Anima"
van Pseudo(?)-Simplicius, in: Tijdschrift voor Filosofie 34 (1972) 761—822
nachgewiesen worden.

[2] Diese Fragmente sind von K. Mras in seiner Ausgabe folgendermaßen numeriert
worden:

1. Praep. Ev. XI 28, 1—5, S. 63, 2—25.
2. Praep. Ev. XI 28, 6—10, S. 64, 1—10.
3. Praep. Ev. XI 28, 11—12, S. 64, 12—25.
4. Praep. Ev. XI 28, 13—16, S. 65, 2—18.
5. Praep. Ev. XIV 10, 3, S. 287, 3—7.
6. Praep. Ev. XV 11, 1, S. 374, 2—7.
7. Praep. Ev. XV 11, 2—3, S. 374, 9—18.
8. Praep. Ev. XV 11, 4, S. 374, 20—375, 4.
9. Praep. Ev. XV 16, 1—2, S. 380, 23—381, 7.

Auch die von Macrobius, In somn. Scip. II 14 zitierten Argumente „des Aristoteles" gegen die Selbstbewegung der Seele hat man auf die Schrift des Porphyrios gegen Boethos zurückführen wollen. Vgl. Ph.-M. Schedler, Die Philos. d.
Macrobius und ihr Einfluß auf die Wissensch. d. Mittelalters, 1916, 54 Anm. 1;
64 Anm. 3; 65 Anm. 1. K. Mras, Macrobius' Kommentar zu Cic. Somn., in:
SB. Preuß. Akad., phil.-hist. Kl. 1933 VI 232—286, dort 276—278. P. Courcelle, Les lettres grecques en Occident[2], 1948, 31—32. Daß Macrobius eine
späte, schematisierende Quelle benutzt, wird man ohne weiteres zugeben. Auf
keinen Fall kann man mit B. Effe, Stud. z. Kosmol. und Theol. der Aristotelischen Schrift „Über die Philosophie", 1970, 111—125 an eine Anlehnung an
Aristoteles' Schrift De philosophia denken. Für Porphyrios als mögliche
Quelle scheint unter anderem die Übereinstimmung Macrob. II 14, 24 ~ Simpl.,
Cat. 153, 32—154, 2 zu sprechen; die von Marcobius herangezogene Schrift
muß jedoch nicht unbedingt die Schrift gegen Boethos gewesen sein. Dies gilt
ebenfalls für den von W. Kutsch, Ein arabisches Bruchstück aus Porphy-
rios(?) περὶ ψυχῆς und die Frage des Verfassers der „Theologie des Aristoteles",
in: Mélanges de l'Université Saint-Joseph 31 (1954) 263—286 herausgegebenen

Auf den ersten Blick könnte man als selbstverständlich annehmen, daß Simplikios jenen Peripatetiker meint, dessen Ausführungen zu den Kategorien er in seinem eigenen Kategorienkommentar mehrmals zitiert[4]. Die Analyse seines Zeugnisses zeigt jedoch, daß die zurückgewiesene Lehre viel wahrscheinlicher von einem Stoiker als von einem Peripatetiker stammt. In seiner Interpretation des Passus De anima III 5, 430 a 23 sqq. hebt Simplikios hervor, daß Aristoteles — in Übereinstimmung mit Platon — die menschliche Seele nicht nur für unsterblich (ἀθάνατος), sondern auch für ewig (ἀίδιος) erklärt habe. Man könne sich daher der Meinung des Boethos nicht anschließen. Dieser behaupte, die Seele sei in dem Sinne unsterblich, daß sie selbst den (das Lebewesen) befallenden Tod nicht abwarte; sie trete aus (dem Körper) in dem Augenblick, wo der Tod das Lebewesen befalle, und sterbe dann[5]. Der Unterschied, den Simplikios zwischen Platon und Aristoteles einerseits und Boethos andererseits zu finden glaubt, liegt also darin, daß in der Anschauung der ersteren der Tod des Lebewesens den Anfang eines neuen, ewigen Lebens für die Seele bedeutet. Nach Boethos' Meinung dagegen sterbe die Seele zwar nicht, wenn der Tod das Lebewesen heimsuche. Sie trenne sich lediglich vom Leibe, den sie bis dahin beseelt hatte. Nach der Trennung falle sie jedoch selbst dem Vergehen zum Opfer. Sie sei also unsterblich in dem Sinne, daß der Tod des Lebewesens sie nicht unmittelbar zerstöre. Ewig sei sie jedoch nicht, weil sie nach ihrer Trennung vom Leibe untergehe. Diese Lehrmeinung des Boethos erinnert ganz deutlich an die These jener Stoiker, für welche die als feuriger Hauch aufgefaßte Seele nur eine bestimmte Zeit nach dem Tode des Menschen fortdauert und sich dann in ihre Urelemente auflöst[6]. Von Arnim hat also

---

Text. [3] Ind. Stoic. Hercul. LI 8. Vgl. A. Traversas Kommentar (1952), 70—71 und J. F. Dobson, in: Class. Quart. 8 (1914) 88—90. [4] Vgl. oben S. 147 sqq.

[5] Simpl., De an. 247, 23—26 καλῶς γὰρ καὶ τὸ ἀίδιον προστέθεικεν, ὡς ὁ Πλάτων τὸ ἀνώλεθρον ἐν τῷ Φαίδωνι, ἵνα μὴ ὡς ὁ Βόηθος οἰηθῶμεν τὴν ψυχὴν ὥσπερ τὴν ἐμψυχίαν ἀθάνατον μὲν εἶναι ὡς αὐτὴν μὴ ὑπομένουσαν τὸν θάνατον ἐπιόντα, ἐξισταμένην δὲ ἐπιόντος ἐκείνου τῷ ζῶντι ἀπόλλυσθαι. Die auffallenden Worte ὥσπερ τὴν ἐμψυχίαν, für die bisher noch keine zufriedenstellende Erklärung gefunden wurde, sind m. E. korrupt. Ich korrigiere: ὡς μερικὴν ἐμψυχίαν. Simplikios gibt damit an, daß Boethos nicht der Allseele, sondern nur den individuellen, für eine gewisse Zeit im Menschen weilenden Seelen die ewige Fortdauer absprach (ἡ μερικὴ ψυχή ist gleich ἡ ἡμετέρα ψυχή, vgl. 247, 19. Für ὡς „als", vgl. 247, 39; 248, 4—5).

[6] Vgl. Zeno, Fr. 146, SVF I 40, 6sqq. Ἔλεγε δὲ καὶ μετὰ χωρισμὸν τοῦ σώματος ⟨χρόνον τινὰ διαμένειν⟩, καὶ ἐκάλει τὴν ψυχὴν πολυχρόνιον πνεῦμα, οὐ μὴν δὲ

zweifellos recht, wenn er die Angabe des Simplikios auf den Stoiker Boethos bezieht[7]. Im Rahmen der aristotelischen Entelechie-Lehre und ihrer späteren Abarten, die die Seele als eine aus der Mischung der körperlichen Elemente entstandene Kraft betrachteten[8], konnte man zweifellos weder von einer Trennung von Seele und Leib noch von einem Austritt (ἐξισταμένην!) der Seele aus dem Leibe sprechen. Dies war aber in der materialistischen Perspektive des Stoikers Boethos, der die Seele als eine Zusammensetzung aus Luft und Feuer betrachtete[9], durchaus möglich.

Daß die fünf Bücher des Porphyrios περὶ ψυχῆς πρὸς Βόηθον gegen den Peripatetiker gerichtet waren, ist zwar communis opinio[10], sichere Indizien dafür gibt es jedoch nicht. Weder Suidas, der den Titel der Schrift nennt, noch Eusebios in den einleitenden Sätzen zu den einzelnen Fragmenten, merken an, daß es sich um den Peripatetiker handelt. Aus dem Inhalt der Fragmente selbst läßt sich kaum etwas gewinnen, was für den Peripatetiker spricht. Eusebios führt nämlich vorwiegend solche Texte an, in denen Porphyrios platonische Beweise für die Unsterblichkeit der Seele darlegte. Was Boethos lehrte und mit welchen Argumenten

ἄφθαρτον δι᾽ ὅλου ἔλεγεν αὐτὴν εἶναι. Chrys., Fr. 774, SVF II 217, 15sqq. ταύτην (= τὴν ψυχὴν) δὲ εἶναι τὸ συμφυὲς ἡμῖν πνεῦμα· διὸ καὶ σῶμα εἶναι καὶ μετὰ τὸν θάνατον ἐπιμένειν· φθαρτὴν δὲ ὑπάρχειν. τὴν δὲ τῶν ὅλων ἄφθαρτον, ἧς μέρη εἶναι τὰς ἐν τοῖς ζῴοις. Ferner Chrys., Fr. 809—822, SVF II 223, 17sqq. Diog. Oenoand., Fr. 35 Chilton.

[7] SVF III S. 267 = Boethus Sidonius Fr. 11. So auch M. Pohlenz, Die Stoa I 185. E. Zeller, der an den Peripatetiker denkt, interpretiert die Stelle anders. Er schreibt: „Es bezieht sich dies auf Platos ontologischen Beweis für die Unsterblichkeit: Boethus gibt diesem zu, daß, genau gesprochen, nicht die Seele, sondern nur der Mensch sterbe (weil nämlich der Tod nach dem Phädo 64c in der Trennung der Seele vom Leibe besteht, also die Auflösung des Menschen in seine Bestandteile, nicht den Untergang der letzteren als solchen bezeichnet), aber er meint, die Fortdauer der Seele folge daraus nicht." (Philos. d. Gr. III 1⁵, 648 Anm. 2). Dieser Interpretation schließt sich G. Movia, Anima e intelletto 198—199 an. Seine Übersetzung des letzten Satzgliedes, „ma che (l'anima), allontanandosi al sopraggiungere della morte, muria per il vivente", dürfte nicht richtig sein; τῷ ζῶντι hängt nämlich von ἐπιόντος ab.

[8] Vgl. u. a. Alex. v. Aphrod., unten Bd. III.

[9] SVF III S. 267, 10 *Boethos (dixit animam) ex aëre et igne.*

[10] E. Zeller, Philos. d. Gr. III 1⁵, 648 Anm. 2; III 2⁵, 709 Anm. 1. Gercke, Art. Boethos 9, RE III 604. R. Beutler, Art. Porphyrios 21, RE XXII 289. H. Dörrie, Porphyrios' Symmikta Zetemata, 1959, 5; 9 Anm. 2; 72. W. Theiler, Porphyrios und Augustin, 1933, 22 Anm. 1. G. Movia, Anima e intelletto 199—200. H. Gätje, Stud. z. Überlieferung d. arist. Psychol. im Islam, 1971, 76—77.

er seine Meinung unterstützte, erfahren wir nicht. Eusebios gibt lediglich
zu verstehen, daß Boethos die Gültigkeit des platonischen Beweises aus
der Ähnlichkeit der Seele mit Gott in Frage stellte[11]; daraus läßt sich
aber nichts schließen. Der Umstand, daß Porphyrios im Fr. 6 die aristotelische Entelechie-Lehre angreift und im Fr. 7 den Vergleich der Seele
mit der Schwere und sonstigen Qualitäten der Körper[12] in sehr scharfer
Form kritisiert, beweist auch nicht, daß seine Schrift gegen einen Peripatetiker gerichtet war: Aus Fr. 8 geht nämlich mit aller Deutlichkeit
hervor, daß er nur die platonische Auffassung von der Seele als einem
Selbstbewegenden billigte und alle übrigen Seelenlehren, die peripatetische, die stoische und die epikureische, für schändlich (αἰσχύνην φέρει)
hielt. Seine Widerlegung des Boethos hat er also wohl zu einer Kritik
aller nicht-platonischen Seelenlehren erweitert. Dagegen scheint Fr. 9
für die Gleichsetzung des von Porphyrios bekämpften Boethos mit dem
Stoiker zu sprechen. Dort geht Porphyrios nämlich auf die stoische
Gotteslehre ein; er wirft ihr vor, Gott ein geistiges Feuer zu nennen und
ihn dennoch als ewig zu betrachten. Hat der Stoiker Boethos, wie wir
oben sahen, die individuelle Seele für nicht ewig gehalten, und zwar im
Gegensatz zu der ewigen Allseele, so versteht man, daß Porphyrios in
seiner Polemik die stoische Gotteslehre mitberücksichtigen mußte. In
der Widerlegung eines Peripatetikers hätten solche Ausführungen gar
keinen Sinn gehabt.

Man könnte sich wundern, daß Simplikios im Zusammenhang mit der
Annahme einer begrenzten Fortdauer der Seele gerade Boethos und nicht
etwa berühmtere Stoiker wie Zenon und Chrysippos erwähnt, obwohl
letztere eine ähnliche Meinung vertreten hatten. Der Grund dafür liegt
aber auf der Hand, wenn man weiß, daß die Thesen des Stoikers Boethos
über die Seele durch die polemische Schrift des Porphyrios eine Be-
rühmtheit erlangten, die ihnen sonst sicher nicht in demselben Ausmaß
beschieden gewesen wäre. Als der Neuplatoniker Simplikios auf die See-

[11] XI 28, 6, S. 63, 26 Mras. Das dadurch eingeleitete Fragment 2 geht aber bis auf
den ersten Satz nicht auf Boethos, sondern auf Porphyrios zurück. Vgl. W. Theiler,
Porphyrios und Augustin 22 Anm. 1, abgedruckt in Forschungen zum Neu-
platonismus, 1966, 186 Anm. 51.
[12] Dieser Vergleich erinnert an Alexander v. Aphrodisias. Vgl. unten Bd. III und
S. Pines, A Refutation of Galen by Alexander of Aphrodisias and the Theory of
Motion, in: Isis 52 (1961) 21—54, bes. 45sqq. Ich halte es für sehr wahrscheinlich,
daß Fr. 7 gegen Alexander gerichtet ist. Über eine Parallelstelle bei Macrob.,
Somn. II 15, 6, S. 626, 1sqq. vgl. P. Courcelle, Les lettres grecques en Occident[2],
1948, 31—32.

lenlehre des Boethos anspielte, ohne diesen näher zu bezeichnen, konnte er kaum einen anderen meinen als denjenigen, gegen den Porphyrios seine fünf Bücher περὶ ψυχῆς πρὸς Βόηθον geschrieben hatte. Auch Macrobius hat wohl in seiner doxographischen Übersicht über die verschiedenen Auffassungen von der Seele[13] die Ansicht des Boethos (*dixit animam* . . . *ex aëre et igne*) deswegen erwähnt, weil dieser in den neuplatonischen Kreisen, die Porphyrios' Buch lasen, als der Urheber einer beachtenswerten Seelenlehre bekannt war. Nur dem Stoiker, dessen Thesen über die Seele Simplikios und Macrobius anführen, und nicht dem Peripatetiker Boethos galt die ausführliche Widerlegung durch Porphyrios. Über die Psychologie des Andronikos-Schülers besitzen wir somit nicht das geringste Zeugnis.

F. Ethik

Über die ethischen Anschauungen des Boethos besitzen wir nur zwei ziemlich kurze Testimonien; das eine bezieht sich auf seine Auffassung vom Affekt, das zweite auf seine Lehre von dem ersten Naturgemäßen, von der ursprünglichen Hinneigung (πρῶτον οἰκεῖον), aus welcher die ganze Sittlichkeit abgeleitet wird.

In seinem Kommentar zur Nikomachischen Ethik setzt sich Aspasios in einem langen, nicht immer ganz klaren Exkurs mit Problemen der aristotelischen Affektenlehre auseinander[1]. Er berichtet unter anderem, wie die Stoiker den Affekt definierten, bemerkt, daß er bei den älteren Peripatetikern keine Begriffsbestimmung des Affekts gefunden hat, und befaßt sich dann mit den Definitionen der „jüngeren" Peripatetiker Andronikos und Boethos[2]. Die beiden sahen im Affekt eine irrationale Erregung der Seele (τῆς ψυχῆς κίνησις ἄλογος), wollten jedoch die Irrationalität dieser Erregung ganz anders verstehen als die Stoa. Nicht weil er in diametralem Gegensatz zum richtigen Logos steht, ist der Affekt irrational, sondern weil er im nicht-rationalen Teil der Seele entsteht. Damit wird also nicht die absolute Verwerflichkeit des Affekts präjudiziert; im Gegenteil, es bleibt die Möglichkeit offen, daß der Affekt in den Dienst der Vernunft gestellt wird und unter Umständen eine ganz positive Rolle im sittlichen

---

[13] Somn. Sc. I 14, 19 = Dox. Gr. p. 213.
[1] Vgl. unten Bd. II.
[2] Aspasios, EN 44, 20sqq.

Leben spielt. Dann weichen aber die beiden Definitionen voneinander ab. Während Andronikos die Entstehung des Affekts mit einer bestimmten Auffassung von Gut und Übel in Verbindung setzt[3], hebt Boethos hervor, daß die nicht-rationale seelische Erregung eine gewisse Intensität und Dauer haben muß, um als Affekt betrachtet zu werden[4]; es gebe nämlich im nicht-rationalen Teil der Seele Regungen, die von jeweils kurzer Zu- oder Abneigung begleitet sind und die gerade wegen ihrer Kürze die Bezeichnung ‚Affekt' nicht verdienen[5]. Wie er selber gesteht, sieht Aspasios den Sinn dieser Einschränkung nicht; für ihn ist jede Erregung des irrationalen Seelenteils, wenn sie nicht unbemerkt bleibt, ein Affekt, genau wie jede wahrnehmbare qualitative Änderung des Körpers ein πάθος ist, und nicht nur diejenige, die sich durch ihr großes Ausmaß auszeichnet[6]. Es fällt dabei auf, daß Aspasios in dieser Kritik von

---

[3] Vgl. oben S. 135.

[4] Seine Definition lautet: τῆς ψυχῆς κίνησις ἄλογος ἔχουσά τι μέγεθος, Aspasios 44, 24—25.

[5] 44, 26—28. Was mit dieser Zu- und Abneigung gemeint ist, läßt sich aus dem Vergleich mit 46, 19—26 erschließen, wo die Liebe als eine eigentümliche, mit Lust verbundene Zuneigung (οἰκείωσις) zum geliebten Wesen und der Haß als eine unangenehme Abneigung (ἀλλοτρίωσις) beim Sehen, Hören und Treffen des verhaßten Wesens dargestellt werden. Boethos scheint also beobachtet zu haben, daß es neben der andauernden Sympathie und Antipathie auch ganz kurze, sofort verschwindende Reaktionen der Zu- und Abneigung anderen Menschen gegenüber gibt, und diese wollte er nicht als Affekte betrachten. Bemerkenswert ist, daß auch die Stoiker die Intensität als ein wesentliches Merkmal des πάθος angeben: Aspas. 44, 13 (ὁρμὴ σφοδρά). Vgl. ferner SVF I S. 50, Fr. 205. 206. III S. 92, Fr. 377. 378; S. 95, Fr. 391; S. 99, Fr. 412 etc. — In 44, 27 ist wohl μετ' οἰκειώσεως ⟨αὐ⟩τῆς zu schreiben.

[6] 44, 29—33. In seinem überlieferten, von V. Rose und Heylbut nur mit geringfügigen Änderungen herausgegebenen Zustand ist dieser Text einfach unverständlich. O. Schissel-Fleschenberg, Die Aporie des Aspasios: Inwieferne wird von jedem Affekte Lust oder Schmerz prädiziert ?, in: Archiv für systematische Philosophie 28 (1924) 70—71 versucht, ihn wieder in Ordnung zu bringen, seine Vorschläge helfen jedoch kaum weiter. Die Verderbnis ist m. E. durch die Versetzung eines an eine falsche Stelle geratenen Satzteiles zu heilen; fast gleichlautende Formulierungen haben den Kopisten des Archetypus irregeführt. Ich schreibe: πᾶσα γὰρ κίνησις τοῦ παθητικοῦ μορίου τῆς ψυχῆς, ἂν μὴ λανθάνῃ, πάθος ἂν εἴη {τοῦ σώματος, οὐ μόνον δὲ ἡ σὺν μεγέθει · τὸ δὲ κατ' ἀλλοίωσιν ἐπὶ (Lesart von N) τοῦ}, ὥσπερ καὶ πᾶσα κίνησις σώματος {οὐ} κατ' ἀλλοίωσιν, ἂν μὴ λανθάνῃ, πάθος ἂν ⟨εἴη τοῦ σώματος, οὐ μόνον δὲ ἡ σὺν μεγέθει· τὸ δὲ κατ' ἀλλοίωσιν ἐπὶ τοῦ⟩ σώματος πρόσκειται, ὅτι ταῦτα (d. h. die qualitativen πάθη des Körpers) ἔοικε τῇ (ἔοικεν ἡ codd.) κατὰ τὰ πάθη μεταβολῇ (μεταβολή codd.) τῆς ψυχῆς.

Boethos' Definition so nebenbei bemerkt, man habe es mit einem πάθος zu tun, wenn die genannten Erregungen nicht unbemerkt bleiben[7]. Höchstwahrscheinlich übernimmt er einfach eine Formulierung des Boethos; in diesem Fall meinte Boethos, die Regungen des Irrationalen seien nur dann als Affekte zu bezeichnen, wenn sie lang und kräftig genug sind, um ins Bewußtsein des Subjekts zu gelangen; ganz schwache und daher nicht bemerkte Regungen seien dagegen keine Affekte und spielten selbstverständlich im sittlichen Leben überhaupt keine Rolle. An diese Interpretation von Boethos' Lehre hat Aspasios jedoch nicht gedacht, so daß er ihm vorwirft, das Intensitätsmoment in die Definition des Affekts zu Unrecht eingeführt zu haben. Der Unterschied zwischen Boethos' Auffassung und der der Stoiker, die ebenfalls die Intensität als einen wesentlichen Aspekt des πάθος erwähnen, kann trotz der oberflächlichen Ähnlichkeit der Definitionen nicht verkannt werden. Für die Stoiker hebt der Affekt die richtige Einsicht auf, er ist der unversöhnliche Widersacher des Logos; er muß also als eine seelische Bewegung definiert werden, die stärker ist als die Vernunft und diese daher in ihrer Funktion zu stören vermag. Diese Auffassung kann natürlich nicht die des Peripatetikers Boethos gewesen sein. Für ihn wie für Aristoteles ist der Affekt eine an sich neutrale und sozusagen vorsittliche Erscheinung; erst unsere ἕξις, unsere Haltung dieser Erscheinung gegenüber, bestimmt unsere Tugend- oder Lasterhaftigkeit. Es ist daher klar, daß alogische seelische Regungen nur dann von Bedeutung für unser sittliches Leben sind, wenn wir sie wahrnehmen und ihnen durch unsere freiwilligen Reaktionen einen ethischen Charakter verleihen.

Der οἰκείωσις-Begriff, der, wie wir soeben sahen, in Boethos' Erörterungen über den Affekt erschien, spielte in seiner Ethik eine zweifellos zentrale Rolle. In einer kleinen Abhandlung, in der er versucht, die Ansicht des Aristoteles über das ursprünglichste Objekt unserer Zuneigung (πρῶτον οἰκεῖον) herauszuarbeiten[8], erwähnt und kritisiert Alexander von Aphrodisias die Thesen einiger Philosophen zu diesem Problem. Unter denjenigen, die sich auf Aristoteles berufen, behaupten Xenarchos[9] und Boethos, jeder Mensch sei sich selbst das ursprünglichste Objekt der Zuneigung: Niemanden lieben wir nämlich mehr als uns selbst, zu nichts anderem empfinden wir eine solche Zuneigung wie zu uns selbst; alles an-

---

[7] 44, 30 und 32 ἂν μὴ λανθάνῃ.
[8] Alex., De an. mant. 150, 19—153, 27.
[9] Vgl. unten S. 208sqq.

dere streben wir an und lieben wir deswegen, weil wir es auf uns selbst beziehen. Alexander berichtet ferner, daß Xenarchos und Boethos sich dabei auf zwei Passagen der Nikomachischen Ethik stützten. In der einen erklärt Aristoteles, jeder liebe das, was ihm als gut für sich selbst erscheine[10]. In der anderen[11] heißt es, daß jeder Mensch sein bester Freund ist und sein soll. Die Freundschaft bestehe nämlich darin, daß man das Wohl des Freundes um dieses willen wünscht, und einen solchen Wunsch hege man am stärksten für sich selbst[12]. Wie aus mehreren antiken Darlegungen bekannt ist, liegt die Bedeutung der Lehre vom πρῶτον οἰκεῖον darin, daß ihre Anhänger, so verschieden ihre philosophischen Positionen auch gewesen sein mögen, bestrebt waren, ihre ganze Ethik und sogar ihre Lehre vom höchsten Gut aus der Urneigung des Menschen zum πρῶτον οἰκεῖον abzuleiten[13]. Wie Xenarchos und Boethos sich die Entfaltung der Sittlichkeit aus der Selbstliebe heraus vorstellten, berichtet Alexander leider nicht. Aus Cicero De finibus V geht hervor, daß bereits Antiochos versucht hatte, eine Lehre vom πρῶτον οἰκεῖον bei den älteren Platonikern und bei Aristoteles nachzuweisen, und daß wohl unter seinem Einfluß das Interesse des Peripatos auf diesen Fragenkomplex gelenkt wurde. Vor ihm hatten sich die Stoiker eingehend mit der Entwicklung der Sittlichkeit aus den Urtrieben des Menschen befaßt. Die Vermutung liegt daher nahe, daß spätere Peripatetiker wie Xenarchos und Boethos im Rahmen ihrer Auseinandersetzung mit der Stoa sich gezwungen sahen, eine angeblich aristotelische Lehre vom πρῶτον οἰκεῖον zu konstruieren. Inwieweit sich diese an die stoische anlehnte und inwieweit sie sich bewußt von ihr distanzierte, läßt sich bei der Dürftigkeit unserer Informationen nicht ermitteln. Ebensowenig können wir feststellen, ob sie von Theophrast, den Dirlmeier für den Schöpfer der Oikeiosis-Lehre hält, entscheidende Anregungen erhielten. Bemerkenswert ist auf jeden Fall, daß Boethos' Bemühungen, die Sittlichkeit aus einem naturgemäßen Urtrieb abzuleiten, mit den naturalistisch-positivistischen Tendenzen, die sich etwa in seiner Erkenntnislehre beobachten lassen, durchaus im Einklang stehen.

[10] VIII 2, 1155b 17—27.
[11] IX 8, 1168a 35—b 10.
[12] 151, 3—13.
[13] Vgl. darüber die Arbeiten von R. Philippson, Das „Erste Naturgemäße", in: Philologus 87 (1932) 445—466. F. Dirlmeier, Die Oikeiosis-Lehre Theophrasts, in: Philologus, Suppl. 30, 1, 1937. Zur Darstellung der Oikeiosislehre bei Areios Didymos vgl. unten S. 316sqq.

3. Ariston von Alexandrien

A. Chronologie

Ariston wird von Simplikios unter den älteren Interpreten der Kategorien genannt, die den Ausdruck πρός τι bald im Singular, bald im Plural gebrauchten und dafür von Achaikos und Sotion getadelt wurden[1]. Wir wissen leider nicht, wann Achaikos und Sotion gelebt haben, so daß dieser Terminus ante quem für die Chronologie des Ariston nicht weiterhilft. Da jedoch die anderen „älteren Interpreten", die mit Ariston zusammen erwähnt sind, Boethos, Andronikos, Eudoros und Athenodoros, nachweislich dem 1. Jh. v. Chr. angehören, darf man annehmen, daß Ariston ebenfalls im 1. vorchristlichen Jahrhundert wirkte. Ungewiß ist nur, ob er als Zeitgenosse des Andronikos und des Boethos in der ersten Hälfte des Jahrhunderts lebte oder wie Eudoros und Athenodoros in der augusteischen Zeit anzusetzen ist.

In der ersten Hypothese ist er allem Anschein nach mit jenem Ariston aus Alexandrien identisch, den Lucullus im Jahre 87/6 im Kreis des Antiochos in Alexandrien kennenlernte[2] und der später zusammen mit Kratippos von Pergamon zum Peripatos übertrat[3]. Als Schüler des Antiochos (etwa 130—69/7) wird dieser Ariston frühestens um 110 geboren sein. Er war ungefähr Mitte zwanzig, als Lucullus ihn in Alexandrien kennenlernte. Der Verfasser des Index Academicorum bezeichnet ihn und zwei andere Antiochos-Schüler, Dion von Alexandrien und Kratippos von Pergamon, als seine συνήθεις. Wenn der Index ein Teil der

---

[1] Simpl., Cat. 159, 31—160, 2.
[2] Cic., Luc. 12. Vgl. Diog. Laert. VII 164.
[3] Acad. Philos. Index Herculanensis, col. XXXV Mehler τὴν δὲ δι|ατριβὴν αὐτοῦ (sc. τοῦ ᾿Αντιόχου) διεδέξατο | ἀδελφὸς ὢν καὶ μαθητὴς ῎Αριστος, ἀκουστὰς δὲ καίπερ | ἀσχολούμενος ἔσχε πλεί|ους καὶ δὴ καὶ συνήθεις ἡ|μῶν ᾿Αριστωνά τε καὶ Δίω|να ᾿Αλεξανδρεῖς καὶ Κρά|τιππον Περγαμηνόν, ὧν | ᾿Αρίστων μὲν καὶ Κράτιππος ἐπεί[. .]να [. . . . .] ἤ|κουσαν [καὶ ἐξ]ήλωσ[αν .] ἐγένοντο Περι|πατητι|κοὶ ἀποστατήσαντες τῆς ᾿Ακαδημείας. Zu diesem Übertreten zum Peripatos und seinen vermeintlichen Gründen vgl. oben S. 57 und unten 225. Über Ariston vgl. I. Mariotti, Aristone, Bologna 1966.

großen σύνταξις τῶν φιλοσόφων des Philodem ist, wie allgemein angenommen wird, waren diese drei Philosophen Altersgenossen des Philodem, der selbst von etwa 110 bis etwa 40 v. Chr. lebte. Ist der Kommentator mit dem Antiochos-Schüler identisch, so gehörte er derselben Generation wie Boethos und Xenarchos an, jener Generation also, die sich unter der unmittelbaren Anregung durch die epochemachende Arbeit des Andronikos als erste mit der systematischen Kommentierung der Aristoteles-Schriften eifrig befaßte.

Man wird allerdings auch mit der Möglichkeit rechnen müssen, daß der Kommentator Ariston wie Eudoros und Athenodoros in der augusteischen Zeit lebte. Aus dieser Zeit kennen wir in der Tat einen Peripatetiker namens Ariston, der zu Strabons Lebzeiten eine Untersuchung über die alte Streitfrage der Nilschwelle veröffentlichte und vom Platoniker Eudoros, der über dasselbe Problem geschrieben hatte, des Plagiats beschuldigt wurde[4]. Es läßt sich leider nicht entscheiden, ob der Kommentator der Kategorien mit dem ehemaligen Antiochos-Schüler oder mit dem Zeitgenossen des Eudoros und des Strabon zu identifizieren ist. Daß der Antiochos-Schüler und der Verfasser des Nilbuches ein und dieselbe Person sind, wie gelegentlich angenommen wird[5], ist vielleicht nicht ganz ausgeschlossen, dürfte jedoch aus chronologischen Gründen wenig wahrscheinlich sein[6].

B. Kommentar zu den Kategorien

Wie wir sahen, wird Ariston bei Simplikios unter den παλαιοὶ ἐξηγηταί erwähnt. Das bedeutet allerdings nicht unbedingt, daß er die ganze Kategorienschrift in einem fortlaufenden Kommentar behandelt hatte; er kann sich ebensogut mit exegetisch-kritischen Bemerkungen in der Form von ζητήματα über bestimmte spezielle Punkte begnügt haben. Bemerkenswert ist auf jeden Fall, daß uns lediglich einige Äußerungen über die Kategorie der Relation tradiert worden sind. Das mag natürlich nur an der Willkür liegen, mit der spätere Zeugen aus seinem Werk geschöpft haben. Man könnte aber auch vermuten, daß Ariston, dem Bei-

---

[4] Strab. XVII 1, 5, 790. Vgl. unten Bd. II.
[5] F. Susemihl, Gesch. gr. Litt. Alex. II 308. W. Theiler, in: Parusia. Festschrift J. Hirschberger 204. I. Mariotti, Aristone 35—41.
[6] Die beiden Homonyme werden auseinandergehalten von A. Gercke, Art. Ariston 54 und 55, RE II (1896). H. Dörrie im Kl. Pauly I 571. E. Zeller, Phil. d. Gr. III 1⁵, 635, 2; 649, 4; 650, 1.

spiel des Boethos folgend, sich in einer Monographie mit der Kategorie der Relation eingehend befaßt hatte. Wie dem auch sei, die spärlichen Zeugnisse über sein Werk zeigen, daß er eher zu den Kritikern des Aristoteles als zu dessen treuen Erklärern und Verteidigern zählte. Wie andere alte Interpreten gebrauchte er den Ausdruck πρός τι bald im Singular, bald im Plural[1], offenbar weil man zu seiner Zeit auf das damit zusammenhängende Problem noch nicht aufmerksam geworden war. Für seine philosophische Haltung ist dieser angebliche Mangel an Präzision völlig bedeutungslos.

Ganz anders steht es mit seinen Äußerungen zu einer bereits in der ersten Kommentatoren-Generation heftig umstrittenen Behauptung des Aristoteles in seiner Lehre von der Relation. Jede Relation, hatte Aristoteles gesagt, ist umkehrbar: Der Sklave kann als Sklave des Herrn, und der Herr als Herr des Sklaven bezeichnet werden. Es gibt jedoch Fälle, von denen man bei oberflächlicher Betrachtung annehmen könnte, daß sie solche Umkehrbarkeit ausschließen: Der Flügel ist Flügel des Vogels, der Vogel jedoch nicht Vogel des Flügels; das Steuerruder ist Steuerruder des Schiffes, der Kopf ist Kopf des Lebewesens, aber nicht umgekehrt. Das liegt aber lediglich daran, erklärt der Stagirit, daß man in diesen Fällen die beiden Korrelate nicht richtig bezeichnet. Ersetzt man die Bezeichnungen ‚Flügel-Vogel' durch ‚Flügel-Beflügeltes', so erscheint die Umkehrbarkeit ganz deutlich. Man wird gegebenenfalls neue Bezeichnungen prägen müssen, um die Umkehrbarkeit der Relation aufzuhellen: πηδαλιωτόν (‚mit-Steuerruder-versehen') und κεφαλωτόν (‚mit-Kopf-versehen') können z. B. als Korrelate von πηδάλιον (‚Steuerruder') und κεφαλή (‚Kopf') gebraucht werden[2]. Mehrere Interpreten haben an diesen Ausführungen Anstoß genommen und Einwände gegen sie erhoben, was andere Interpreten zur Verteidigung und Rechtfertigung des Aristoteles anregte. Simplikios, der sehr ausführlich darüber berichtet[3], referiert eine Aporie, die Ariston in diesem Zusammenhang formulierte. Jedes Korrelat, sagte Ariston, wird auf ein anderes Korrelat bezogen, das getrennt (ἀπολελυμένον) vom ersten existiert; so z. B. Vater und Sohn. Es gibt aber nichts, was getrennt vom Weltall existiert, denn außerhalb der Welt gibt es nichts. Das Weltall kann also kein Korrelat sein. Und dennoch muß das Weltall zu den Korrelaten gehören. Genau wie der Flügel Flügel des ‚mit-Flügeln-

---

[1] Simpl., Cat. 159, 31—160, 2.
[2] Arist., Cat. 7, 6b 28—7a 25.
[3] Simpl., Cat. 186, 21sqq.

Versehenen' (πτερωτοῦ πτερόν) ist, in derselben Relation steht das, was in der Welt ist, zu dem, was zu-Welt-gestaltbar ist (τὸ ἐν κόσμῳ κοσμωτοῦ), und ähnlich auch, was in der Erde ist, zu dem, was zu Erde gemacht wird (τὸ ἐν γῇ γεωτοῦ), und was in der Luft ist, zu dem, was zu Luft gemacht wird (τὸ ἐν ἀέρι ἀερωτοῦ)[4]. Simplikios scheint diese Aporie nicht in ihrem ursprünglichen Wortlaut, sondern in bereits zusammengefaßter Form vorgefunden zu haben; über ihr Ziel und ihre Tragweite war er sich deswegen ebensowenig im klaren wie wir heute nach der Lektüre seines Referats. Wir wissen z. B. nicht, ob Ariston versuchte, eine Lösung der Aporie auszuarbeiten und damit zur Klärung der aristotelischen Lehre irgendwie beizutragen, oder ob er lediglich beabsichtigte, diese Lehre als unklar und widerspruchsvoll zu brandmarken. In ihrer überlieferten Form scheint die Aporie zwei entgegengesetzte Konsequenzen aus den Grundsätzen des Aristoteles ableiten zu wollen. Nimmt man an, daß das Beispiel Vater-Sohn repräsentativ für jede Relation ist, so wird man sagen können, daß die Korrelate unabhängig voneinander existieren, voneinander getrennte Entitäten darstellen; und da das Weltall alles umfaßt und es außerhalb von ihm nichts gibt[5], kann es kein Korrelat haben, ist also kein πρός τι. Eine andere Betrachtungsweise läßt aber das Weltall als Korrelat von etwas anderem erscheinen: Zwischen dem Kosmos und dem in ihm Enthaltenen besteht nämlich die gleiche Relation wie zwischen dem Beflügelten und dem Flügel. Ganz klar ist dieser zweite Teil der Aporie jedoch nicht, vor allem weil wir nicht genau wissen, was Ariston mit seinen Neuprägungen κοσμωτόν, γεωτόν, ἀερωτόν bezeichnen wollte. Offenbar hat er die aristotelischen Prägungen πηδαλιωτόν und κεφαλωτόν nachgeahmt; Aristoteles geht aber von dem Namen des Teiles (πηδάλιον, κεφαλή) aus, um das Ganze, dem dieser Teil zukommt (Schiff, Lebewesen), als ‚mit-diesem-Teil-Versehenes' zu bezeichnen. Dagegen prägt Ariston seine Adjektive auf -τόν nach dem Namen des Ganzen (κόσμος, γῆ, ἀήρ), und man weiß nicht recht, was er damit besonders hervorheben will. Ist das κοσμωτόν nichts anderes als der ganze Kosmos, der zu dem, was er enthält, in der gleichen Relation steht wie das Beflügelte zum Flügel, so ist die Prägung κοσμωτόν überflüssig und irreführend. Wird mit κοσμωτόν das bezeichnet, was zu einem Kosmos geformt werden kann, so versteht man nicht, wieso es τὸ ἐν τῷ κόσμῳ als Korrelat hat. Der Sinn dieses zweiten Teiles der Aporie

---

[4] Simpl., Cat. 188, 31—36.
[5] Vgl. Arist., De caelo I 9, 278b 8—279a 18.

bleibt auf jeden Fall dunkel. Ob die Ausführungen des Ariston im Laufe der Überlieferung fast bis zur Unkenntlichkeit entstellt wurden oder ihr Mangel an Klarheit und Folgerichtigkeit auf die Schuld ihres Urhebers zurückgeht, vermögen wir leider nicht festzustellen. Mit einiger Wahrscheinlichkeit dürfen wir jedoch annehmen, daß Ariston am Beispiel des Kosmos die Unzulänglichkeit der aristotelischen πρός τι-Lehre nachweisen wollte, indem er zeigte, wie sich daraus kontradiktorische Konsequenzen ableiten lassen. Ist die überlieferte Fassung der Aporie zuverlässig, so dürfen wir ferner konstatieren, daß Ariston den Sinn und den Inhalt der aristotelischen Relationslehre völlig verkannt hat[6].

Die dritte Nachricht über Ariston bezieht sich auf die Formel, die die Kommentatoren als die zweite, präzisere Definition der Relation betrachteten: ἔστι τὰ πρός τι οἷς τὸ εἶναι ταὐτόν ἐστι τῷ πρός τί πως ἔχειν[7]. Dieser Definition warf man vor, daß das Definiendum in der definitorischen Formel begegnet und ferner, daß die definitorische Formel selbst unklar ist[8]. Um diese Mängel der aristotelischen Definition zu beheben, änderte Ariston die Formel und schrieb: τὰ πρός τί πως ἔχοντα ταὐτά ἐστιν, οἷς τὸ εἶναι ταὐτόν ἐστι τῷ πως ἔχειν πρός ἕτερον[9]. Der Ausdruck πρός τι in der Definition ist also durch πρός ἕτερον ersetzt worden. Damit wird nicht nur deutlicher hervorgehoben, daß das zweite Korrelat nicht mit dem ersten identisch ist, sondern auch der tautologische Charakter der aristotelischen Definition beseitigt. Wir erfahren leider nicht, wie Ariston dieses ἕτερον eigentlich verstand, d. h. ob er die Relation nur zwischen zwei selbständigen, „getrennten" (ἀπολελυμένα) Dingen für möglich hielt oder ob er auch das Verhältnis des Ganzen zu seinem immanenten Teil in seiner Definition des πρός τι umfassen wollte. Interessant ist, daß der Hinweis auf die Mängel der aristotelischen Definition auch bei Boethos begegnete und daß die von Ariston vorgeschlagene neue Definition bereits von Andronikos formuliert worden war[10]. Die Originalität von Aristons Bemerkungen scheint also nicht sehr groß gewesen zu sein.

---

[6] Vgl. das strenge Urteil des Simplikios 188, 36—189, 11. Es sei hier daran erinnert, daß Sextus Empiricus in seiner Bekämpfung der „dogmatischen" Theorien des Ganzen und der Teile ebenfalls mit der Annahme operiert, daß das Ganze und seine Teile Korrelate sein müssen (Sext. Emp., Adv. math. IX 340sqq.).

[7] Cat. 7, 8a 31—32.

[8] Über diese Fehler in der Definition vgl. Arist., Top. VI 2sqq.

[9] Simpl. 201, 34—202, 4. 203; 4—5. Vgl. Th. A. Szlezák, Ps.-Archytas 15; 113.

[10] Simpl. 202, 4—5; 203, 4—5.

C. Syllogistik

Mit der Einführung der später als „subaltern" bezeichneten Modi soll
der Alexandriner Ariston zur Erweiterung der aristotelischen Syllogistik
beigetragen haben. Unsere einzige Nachricht über diese Erfindung steht
in dem kleinen lateinischen Traktat περὶ ἑρμηνείας, der uns unter dem
Namen des Apuleius erhalten wurde[1], jedoch höchstwahrscheinlich unecht ist[2]. Dort heißt es, daß Ariston von Alexandrien und einige jüngere
Peripatetiker zu den allgemein schließenden Syllogismen fünf weitere
Modi hinzufügten, und zwar drei für die erste Figur und zwei für die
zweite; anstatt der allgemeinen Conclusio setzten sie jeweils eine partikuläre ein. Es ist aber völlig absurd, bemerkt Ps.-Apuleius dazu, auf das
Wenige zu schließen, wenn einem das Mehr zugegeben worden ist[3]. Die

---

[1] Apulei Opera III, De Philosophia libri rec. P. Thomas, 1908, 176—194.
[2] Die Echtheit des Schriftchens ist jahrhundertelang nicht angezweifelt worden.
Bereits im 6. Jh. zitierte es Cassiodor als ein genuines Werk des Apuleius (Cassiod.,
De art. ac disc. lib. litt. III 569, S. 1173 A Migne PL und 583, S. 1203 A). Schwer-
wiegende Gründe sprachlicher, stilistischer und inhaltlicher Natur sprechen
jedoch gegen die Echtheit. Vgl. G. F. Hildebrand, Apul. Opera I, Leipzig 1842,
XLIV. H. Becker, Studia Apuleiana, Diss. Königsberg 1879, 8. A. Goldbacher,
Liber περὶ ἑρμηνείας qui Apulei Madaurensis esse traditur, in: Wiener Studien 7
(1885) 253—277 (bes. 253—255). E. Zeller, Phil. d. Gr. III 2[5], 225 Anm. 3.
A. Kirchhoff, De Apulei clausularum compositione et arte, in: Fleckeis. Jahrb.
Suppl. XXVIII (1902) 45. M. Bernhard, Der Stil des Apuleius von Madaura, 1927
(= Tübinger Beitr. II) 4 Anm. 8. J. Redfors, Echtheitskritische Untersuchung
der apuleischen Schriften De Platone und De mundo, Lund 1960, 5 Anm. 2.
I. Mariotti, Aristone 1966, 61. Für die Echtheit haben sich eingesetzt: O. Jahn,
Ber. Verhandl. kgl. sächs. Gesellsch. Leipzig, phil.-hist. Kl. II 1850, 282—287.
C. Prantl, Gesch. d. Logik I, 1855, 579 Anm. 1. Ph. Meiss, Apul. περὶ ἑρμηνειῶν,
Progr. Lörrach 1886, 4—8. Th. Sinko, De Apul. et Albini doctrinae Platonicae
adumbr. 1905. F. Hanke, De Apuleio libri qui inscribitur περὶ ἑρμηνείας auctore,
Diss. Breslau 1909. Ihre Argumente sind allerdings ziemlich schwach. Unentschieden M. W. Sullivan, Apuleian Logic, Amsterdam 1967, 9—14.
[3] 193, 16—20 *Aristo autem Alexandrinus et nonnulli Peripatetici iuniores quinque
alios modos praeterea suggerunt universalis illationis: in prima formula tres, in
secunda formula duos, pro quibus illi particulares inferunt; quod perquam ineptum
est, cui plus concessum sit, minus concludere.* Daß dieser Text nicht in Ordnung ist,
scheint bisher nicht aufgefallen zu sein. Die fünf neuen *modi* des Ariston konnten
nicht als *universalis illationis* bezeichnet werden, wenn, wie wir hören, ihr
Schlußsatz ein partikulärer war; die *modi universalis illationis* sind vielmehr
diejenigen, aus denen die neuen abgeleitet wurden. Hinter *suggerunt* ist also
allem Anschein nach etwas ausgefallen; man könnte z. B. schreiben . . . *suggerunt;*
⟨*ostendimus enim quinque esse modos*⟩ *universalis illationis, in prima formula* etc.

Erfindung des Ariston geht offenbar auf die Beobachtung zurück, daß
ein allgemeines Urteil (*Alles A ist B* oder *Kein A ist B*) das entsprechende
partikuläre Urteil (*Einiges A ist B* bzw. *Einiges A ist nicht B*) logisch
impliziert. In einem Syllogismus mit allgemein bejahender Conclusio
dürfe also diese Conclusio durch den entsprechenden partikulär bejahenden Satz ersetzt werden, und ähnlich dürfe in einem Syllogismus mit
allgemein verneinender Conclusio der entsprechende partikulär vernei-
nende Satz als Conclusio erscheinen. Für die zweite Figur ist die Lage
völlig klar. Unter den von Aristoteles als gültig anerkannten vier Modi
enthalten nur zwei einen allgemeinen Schlußsatz, und zwar *Camestres*
und *Cesare*:

Alles A ist B	Kein A ist B
Kein C ist B	Alles C ist B
Kein C ist A	Kein C ist A

Ariston ersetzte diese Conclusio durch „einiges C ist nicht A" und gewann auf diese Weise die als *Camestrop* und *Cesaro* bezeichneten subalternen Modi der zweiten Figur. Eine Schwierigkeit entsteht aber bei
der ersten Figur. Von den vier Modi, die Aristoteles als gültig betrachtete *(Barbara Celarent Darii Ferio)*, haben nur die ersten zwei einen allgemeinen Schlußsatz. Wie konnte also Ariston in dieser Figur *drei* subalterne Modi gewinnen? Um das Rätsel zu lösen, müssen wir die Ausführungen des Ps.-Apuleius über die Modi der ersten Figur berücksichtigen[4]. Nicht vier, sondern neun gültige Modi zählt er in dieser Figur auf.
Um die traditionelle Form dieser neun Modi wiederzuerkennen, müssen
wir uns ferner daran erinnern, daß Ps.-Apuleius eigenartigerweise immer
die kleinere Prämisse (m) vor der größeren (M) anführt[5]. Nun haben

---

[4] 186, 11—188, 11.

[5] Den Grund für diese Umstellung der Prämissen hat G. Patzig, Die arist. Syllogistik[3] 65—69 und 84—87 einleuchtend dargelegt. Bei Aristoteles ist der Syllogismus ein Satz der Form „Wenn A allen B und B allen C zukommt, so kommt A
notwendig allen C zu". In der traditionellen Formulierung aber ist die Relations-
konstante „zukommen" durch die Kopula ersetzt worden und der Syllogismus ist
ein Gebilde von drei Sätzen des Typs „Alle B sind A; alle C sind B; also: alle C
sind A". Bei Aristoteles verknüpft der Mittelbegriff (B) die beiden Prämissen
derart, daß die Transitivität der Relation unmittelbar einleuchtet; in der traditionellen Formulierung dagegen leuchtet die Evidenz des Schlusses erst dann ein,
wenn man die Reihenfolge der Prämissen umkehrt: „Alle C sind B; alle B sind A;
also: alle C sind A." Wenn die Kommentatoren, die die Kopula in Prämissen und
Conclusio verwenden, die Reihenfolge der Prämissen ändern, so wohl nur des-

drei von diesen neun Modi der ersten Figur einen allgemeinen Schlußsatz; Ps.-Apuleius bezeichnet sie als den ersten, zweiten und sechsten
Modus. Seine Beispiele dafür lauten:

1.   Omne iustum honestum (= m)
      Omne honestum bonum (= M)

      Omne igitur iustum bonum est

2.   Omne iustum honestum (= m)
      Nullum honestum turpe (= M)

      Nullum igitur iustum turpe

Diese beiden Modi sind die traditionell als *Barbara* und *Celarent* bezeichneten; die entsprechenden subalternen Modi des Ariston waren also
Barbari und *Celaront*. Der sechste Modus des Ps.-Apuleius ergibt sich aus
der einfachen Konversion des Schlußsatzes des zweiten:

6.   Omne iustum honestum (= m)
      Nullum honestum turpe (= M)

      Nullum igitur turpe iustum

Dieser sechste Modus ist also einer der sogenannten indirekten Modi
der 1. Figur, und zwar derjenige, der traditionell mit dem Kennwort
Celantes bezeichnet wird. Wenn Ps.-Apuleius berichtet, daß Ariston *drei*
subalterne Modi für die erste Figur bildete, so kann neben *Barbara* und
Celarent nur *Celantes* so behandelt worden sein; der dritte subalterne Modus des Ariston entsprach also dem traditionellen *Celantop*[6]. Um es an-

wegen, weil sie die Evidenz der Schlüsse der ersten Figur erhalten wollen. Auf
diese Umstellung macht Ps.-Apuleius 192, 30—193, 5 aufmerksam: (lacuna)
*ut etiam Peripateticorum more per litteras ordine propositionum et partium commu-
tato sed vi manente sit prius indemonstrabilis: A de omni* B, *et* B *de omni* Γ; *igitur*
A *de omni* Γ. *incipiunt a declarante atque ideo et a secunda propositione. hic adeo
modus secundum hos pertextus retro talis est: Omne* ΓB, *omne* BA; *omne igitur* ΓA.
[6] C. Prantl, Gesch. d. Logik I 557 rekonstruiert die Theorie etwas anders. Aus
Barbara, meint er, hätte Ariston zwei subalterne Syllogismen gebildet, und zwar
einmal mit dem erwarteten partikulär bejahenden Schluß (AaB & CaA →
CiB = *Barbari*), einmal mit dessen einfacher Konversion (AaB & CaA → BiC
= *Baralipton*). Diese Hypothese ist jedoch auszuschließen, denn Ps.-Apuleius
konnte unmöglich *Baralipton* als eine Neuerung des Ariston bezeichnen; in
seiner eigenen Aufzählung der 9 Modi der ersten Figur erscheint nämlich *Baralip-*

ders zu sagen: Für die 1. Figur kann Ariston *drei* subalterne Modi nur deswegen gebildet haben, weil er die neun von Ps.-Apuleius aufgezählten Modi als zu dieser Figur gehörend betrachtete, und nicht lediglich die vier Modi des Aristoteles. Ariston ging also von einem System aus, in dem die sogenannten indirekten Modi bereits wie bei Ps.-Apuleius in der ersten Figur erschienen[7]. Nun wissen wir, daß es Theophrast gewesen ist, der die erste Figur um fünf neue gültige Modi bereicherte, und zwar um diejenigen, denen Ps.-Apuleius die Nummern 5 bis 9 gibt[8]. Es ist daher sehr wahrscheinlich, daß Ariston die Arbeiten Theophrasts auf dem Gebiete der Syllogistik kannte und benutzte, oder wenigstens, daß er mit einer Form der Syllogistik operierte, in der die Entdeckungen des Eresiers berücksichtigt waren. Späteren Logikern waren die fünf zusätzlichen Modi des Theophrast ebenfalls bekannt. Galen charakterisiert sie sehr genau[9]. Auch Alexander[10], Boethius[11] und Philoponos[12] kennen sie. Ariston dürfte aber der erste sein, bei dem sich ihre Benutzung erschließen läßt.

ton als ein *quintus modus*, der sich aus der „unreinen Konversion" (*reflexim*) des Schlusses von *Barbara* ergibt (186, 14—16). Gegen Prantls Hypothese äußern sich ebenfalls I. M. Bocheński, La logique de Théophraste, 1949, 16 Anm. 24, und G. Patzig, Die aristotelische Syllogistik[3], 120 Anm. 1, der allerdings in zwei Detailpunkten zu berichtigen ist: Er schreibt, daß Ps.-Apuleius *Bamalip* als 2. Modus der 1. Figur angegeben habe; man darf aber nicht vergessen, daß Ps.-Apuleius die Prämissen immer in der umgekehrten Reihenfolge (m—M) nennt; der Syllogismus, den er an zweiter Stelle in der 1. Figur behandelt, ist also nicht *Bamalip*, sondern *Baralipton*. Ferner bezeichnet ihn Ps.-Apuleius nicht als den 2., sondern als den 5. Modus der 1. Figur (Ps.-Apuleius 186, 14—17). Die hier dargelegte Rekonstruktion von Aristons subalternen Syllogismen ist auch von I. M. Bocheński, La logique de Théophraste 16 Anm. 24 und S. 60 vertreten worden, ebenso von G. Patzig, Die arist. Syll. 120 Anm. 1, I. Mariotti, Aristone 61—66 und M. W. Sullivan, Apuleian Logic 165—166. — I. M. Bocheński, Formale Logik, 1956, S. 161 (24. 273) scheint *Dabitis* als den dritten subalternen Syllogismus des Ariston zu betrachten („A jedem B; B einigem C; also C einigem A"), was wohl nur ein Flüchtigkeitsfehler sein dürfte. *Dabitis*, bei Ps.-Apuleius als 7. Modus der 1. Figur erscheinend, wird nämlich nicht aus einem allgemein schließenden Syllogismus gewonnen, sondern aus *Darii*, dem 3. Modus des Ps.-Apuleius (vgl. G. Patzig 120 Anm. 1).

[7] Bei Ps.-Apuleius ist der 5. Modus *Baralipton*, der 6. *Celantes*, der 7. *Dabitis*, der 8. *Fapesmo*, der 9. *Frisesomorum*.

[8] Alex., Anal. Pr. 69, 26—70, 20; 109, 29—110, 21. Vgl. I. M. Bocheński, La logique de Théophraste 56—60. A. Graeser, Log. Fr. Theophr. 16—21; 79—80.

[9] Inst. log. XI 25, 1 sqq.

[10] Vgl. oben Anm. 8.

[11] Syll. Cat. II 814 C—816 B.

[12] Anal. Pr. 79, 10—20.

Im Traktat des Ps.-Apuleius glaubte C. Prantl eine weitere Spur von Aristons Ausführungen über die Theorie des Syllogismus zu entdecken. Im letzten Kapitel der kleinen Schrift berechnet der anonyme Verfasser die möglichen Kombinationen der Prämissen in jeder Figur, eliminiert dann die Kombinationen, die keinen Schluß ermöglichen. Als Ergebnis trägt er vor, daß die erste Figur neun gültige Modi bei sechs verschiedenen Kombinationen der Prämissen hat; in der zweiten Figur erkennt er vier Modi bei drei Kombinationen, in der dritten sechs Modi bei fünf Kombinationen als schlußfähig an[13]. Besonders auffällig ist ein Satz, in dem der anonyme Autor die Berechnung der Kombinationsmöglichkeiten dem Aristoteles zuschreibt: „Es gibt vier Sätze, zwei partikuläre und zwei allgemeine. Jeder von ihnen kann, wie Aristoteles sagt, wenn er mit sich selbst kombiniert wird oder einem der übrigen drei vorausgeht, in vierfacher Weise verbunden werden; man wird also sechzehn Kombinationen für jede Figur haben[14]". Da nun ähnliche Angaben bei Aristoteles nicht begegnen, änderte C. Prantl[15] die von allen Handschriften überlieferte Lesart Aristoteles in Aristo. Paul Thomas nahm diese Korrektur in seine Ausgabe auf, und in seiner Monographie über Ariston betrachtete I. Mariotti den ganzen Passus des Ps.-Apuleius[16] als ein Fragment des Ariston[17]. Ohne bestreiten zu wollen, daß die Verwechslung Aristo-Aristoteles leicht möglich war[18], müssen wir uns fragen, ob diese Korrektur wirklich angebracht ist. Gegen die Annahme, daß der Passus von Ariston stamme, sprechen vor allem zwei Beobachtungen. Erstens wird im fraglichen Text hervorgehoben, daß die Gesamtzahl der „sicheren" Modi in den drei Figuren nur neunzehn sein kann, und das ist auch die Zahl, die Ps.-Apuleius schon früher genannt hat[19]. Bei dieser Berechnung sind die zusätzlichen Modi des Ariston überhaupt nicht berücksichtigt worden. Man wird sich doch nicht vorstellen können, daß Ariston gerade in einem

---

[13] 193, 21—194, 22. Vgl. 185, 26—186, 3.

[14] 193, 24—27 *quattuor sunt propositiones, duae particulares, duae universales. harum unaquaeque, ut ait Aristoteles, ut sit subiecta sibi et aliis tribus praeponatur, quaterne scilicet coniungitur atque ita senae denae coniugationes in singulis formulis erunt.*

[15] Gesch. d. Logik I 590 Anm. 23.

[16] 193, 21—194, 22.

[17] Aristone 16—18; 66—74. Vorsichtiger M. W. Sullivan 140; 166.

[18] Einige Zeilen früher, in 193, 16, haben tatsächlich einige Manuskripte *Aristoteles* dort, wo *Aristo* die richtige Lesart ist.

[19] 193, 21—23. Vgl. 185, 26sqq.

Überblick über die schließenden Modi diejenigen Modi verschwieg, auf deren Gültigkeit er selbst hingewiesen hatte[20]. Zweitens scheint der fragliche Passus eng mit dem gegen Aristons Lehre gerichteten Einwand zusammenzuhängen. Ps.-Apuleius hat sich soeben mit Ansichten über die Anzahl der schließenden Modi beschäftigt. Die Aufnahme unbestimmter Sätze anstelle der partikulären würde z. B. 28 Modi ergeben[21]. Ariston und jüngere Peripatetiker hätten durch Subalternation allgemeiner Schlußsätze fünf neue Modi ausgearbeitet. Dies sei aber völlig absurd. Nach der Ansicht des Ps.-Apuleius kommen nur die oben geschilderten 19 Modi in Frage. Der Gedankengang ist also der folgende: Einige Logiker haben zusätzliche Modi vorgeschlagen, was aber nicht geht; neunzehn gültige Modi gibt es, und nur neunzehn, wie wir schon oben sahen. Daß in diesem Zusammenhang der Nachweis der 19 Modi nicht auf Ariston zurückgeht, sondern die gegen Ariston und andere vertretene Meinung des Verfassers darstellt, dürfte daraus eindeutig hervorgehen. Die Schwierigkeit des überlieferten Textes ist andererseits nicht so gravierend, wie Prantl glaubte. Gewiß hat Aristoteles nirgends geschrieben, daß 16 Kombinationen der Prämissen in jeder Figur möglich sind, weil es vier Arten der zu kombinierenden Sätze gibt. Man muß jedoch bedenken, daß Ps.-Apuleius alles andere als exakt ist und daß gewisse Sinnverschiebungen sich aus der Bearbeitung seiner griechischen Vorlage durchaus ergeben konnten. Wer die Kapitel 4—6 des ersten Buches der Analytik genauer ansah, konnte z. B. ohne große Mühe feststellen, daß der Stagirit dort für jede Figur 16 Kombinationen behandelt. In der ersten Figur etwa werden 12 davon abgelehnt und 4 anerkannt. Entsprechendes wird für die 2. und 3. Figur geleistet. Es ist durchaus denkbar, daß die Quelle des Ps.-Apuleius den Vermerk enthielt, Aristoteles habe für jede Figur 16 Kombinationen erörtert, und daß sie erklärte, wie diese Zahl 16 zustandegekommen sei. Eine etwas nachlässige Verknüpfung der beiden Hinweise bewirkte es dann, daß auch die Begründung für diese Zahl 16 dem Aristoteles zugeschrieben wurde. Von einer Analyse des letzten Kapitels von Ps.-Apuleius' Schrift, das sicher kein Fragment des Ariston darstellt, muß daher hier abgesehen werden.

---

[20] I. Mariotti überzeugt nicht, wenn er auf S. 67 schreibt: „I cinque modi aggiunti da Aristone non sono compresi nel conto: è chiaro che egli stesso li considerava come semplici corollari, come 'modi subalterni' di scarso rilievo per la teoria generale."

[21] 193, 13—17.

D. Zweifelhaftes

Marius Victorinus hat uns die Definitionen der *ars* und der *grammatice* eines nicht näher bezeichneten Ariston erhalten. Daß dieser Ariston mit dem Aristoteles-Kommentator aus Alexandrien identisch ist, läßt sich nicht nachweisen und ist an sich ziemlich unwahrscheinlich. Ariston soll die *ars* (τέχνη) folgendermaßen definiert haben: „Die Kunst ist eine Sammlung von Erkenntnissen und Übungen, die sich auf ein Ziel des Lebens bezieht; das bedeutet allgemein gesprochen alles, was die Seelen mit bestimmten Vorschriften zu unserem Nutzen unterweist[1]“. „Die Grammatike“, schrieb er ferner, „ist die Wissenschaft, Dichter und Historiker zu verstehen; sie bestimmt die beste Ausdrucksweise nach den Regeln der Vernunft und der Gewohnheit[2]“.

Der erste Teil der Definition der *ars* stimmt bis auf geringfügige Varianten mit der vielfach als stoisch bezeugten Formel überein[3]; der zweite Teil stellt nur eine Erläuterung dar, die wohl nicht auf Ariston, sondern auf Marius Victorinus oder seine Quelle zurückgeht. Schwieriger ist die Einordnung der Definition der *grammatice*. Der Hinweis, daß die *forma praecipue loquendi* sich sowohl nach der *ratio* wie auch nach der *consuetudo* zu richten hat, scheint auf der Versöhnung der beiden antithetischen Theorien der Analogie und der Anomalie zu beruhen[4]. Varro erwähnt bekanntlich Leute, *qui in loquendo partim sequi iubent nos consuetudinem partim rationem*[5], und bereits der Aristarch-Schüler Ptolemaios Pindarion ließ die Analogie aus der Gewohnheit entstehen[6]. Es ist jedoch kaum möglich, die Entstehungszeit unserer Definition anhand dieser Nachrichten genauer zu bestimmen[7]. Bemerkenswert ist aller-

---

[1] Marius Victorinus, Ars gramm. 1, GL VI 3, 7sqq. Keil *Ars, ut Aristoni placet, collectio est ex perceptionibus et exercitationibus ad aliquem vitae finem pertinens, id est generaliter omne quicquid certis praeceptis ad utilitatem nostram format animos.*

[2] Ibid. 4, 7sqq. *Grammatice est scientia poetas et historicos intellegere, formam praecipue loquendi ad rationem et consuetudinem dirigens.*

[3] τέχνη ἐστὶ σύστημα ἐκ καταλήψεων συγγεγυμνασμένων πρός τι τέλος εὔχρηστον τῶν ἐν τῷ βίῳ. Vgl. SVF I S. 21, 3—20; II S. 30, 25—31, 5.

[4] Zu dieser Frage vgl. I. Mariotti, Aristone 78—91.

[5] De ling. lat. IX 2, S. 147, 10 Goetz-Schoell.

[6] Sext. Emp., Adv. math. I 10, 202. Vgl. Quint. I 6, 12.

[7] I. Mariotti, Aristone 75sqq. hält es für ausgeschlossen, daß man bereits im 2. Jh. v. Chr. versucht habe, die beiden Theorien der Analogie und der Anomalie miteinander zu kombinieren; Pindarion sei, im Grunde genommen, von den Prinzipien seines Lehrers Aristarch nicht abgewichen. Der jüngere Ariston, ein Schüler des Kritolaos (vgl. F. Wehrli, Schule des Aristoteles X, S. 79—84), von

dings, daß der Anfang der Grammatike-Definition fast identisch mit einer Formel stoischer Herkunft ist, die Philo ganz in der Nähe der berühmten stoischen τέχνη-Definition zitiert[8]. Der von Marius Victorinus zitierte Ariston dürfte also eher in stoischen als in peripatetischen Kreisen zu suchen sein. Völlig ausgeschlossen ist seine Identität mit dem Alexandriner jedoch nicht: Wie wir bei Andronikos und anderen beobachtet haben, kam es in den ersten Generationen der Aristoteles-Renaissance vor, daß stoische Formeln von Peripatetikern mit nur geringfügigen Änderungen übernommen wurden.

dem uns eine Definition der Rhetorik überliefert ist, komme also als Urheber der Grammatike-Definition nicht in Frage. Da die beiden fraglichen Definitionen in einem Kategorienkommentar (zu 1b 25sqq.) stehen konnten und andererseits Marius Victorinus mit Aristoteles und den Kommentatoren des Organon vertraut war, nimmt Mariotti an, daß der von Marius Victorinus zitierte Ariston kein anderer als der Alexandriner sein kann. Trotz der Gelehrsamkeit, mit der er seine Argumentation untermauert, überzeugt er nicht ganz.

[8] Philo, De congressu erud. gratia 148 = SVF II S. 31, 27: Die höhere Grammatik ist (im Gegensatz zur niederen oder γραμματιστική, die das Schreiben und Lesen lehrt) ἀνάπτυξις τῶν παρὰ ποιηταῖς τε καὶ συγγραφεῦσιν. Die Techne-Definition steht § 141.

DRITTER TEIL

DIE INNERE OPPOSITION

Xenarchos von Seleukeia

A. Leben

In seiner Schilderung Kilikiens erwähnt der Geograph Strabon zwei aus Seleukeia gebürtige, namhafte Peripatetiker, die er als seine Zeitgenossen bezeichnet. Von Athenaios, dem ersten, heißt es, daß er sich in seiner Heimat dem politischen Leben widmete, sich dann mit Murena anfreundete, nach der Verschwörung gegen Augustus im Jahre 22 zunächst in Haft genommen, dann freigesprochen wurde und kurz danach starb. Der zweite, Xenarchos, blieb nicht lange in seiner Heimat; er wirkte als Lehrer in Alexandrien, Athen und schließlich Rom, genoß die Freundschaft des Areios Didymos und später des Kaisers Augustus, wurde bis zum Greisenalter in hohen Ehren gehalten, erblindete kurz vor seinem Tode und starb infolge einer Krankheit[1].

Da er Strabons Lehrer gewesen ist — ob in Alexandrien oder Rom, wissen wir nicht — und Altersgenosse des Areios Didymos war, werden wir kaum fehlgehen, wenn wir sein Leben zwischen 80/75 v. Chr. und der Zeitwende ansetzen. Auch Boethos, bei dem Strabon ebenfalls gehört hat[2], gehört wohl zu derselben Generation. Bemerkenswert ist der Umstand, daß Xenarchos und Boethos dieselbe These über das πρῶτον οἰκεῖον vertraten[3]. Daß der eine den anderen zitierte oder dessen Schüler gewesen ist, läßt sich allerdings daraus nicht schließen[4]. Es ist ebenfalls reine Vermutung, daß Xenarchos und Boethos bei Andronikos gemeinsam gehört haben[5].

---

[1] Strab. XIV 5, 4, 670.

[2] XVI 2, 24, 757, vgl. oben S. 53—55.

[3] Alex. Aphrod., De an. mant. 151, 3—13.

[4] Wie K. O. Brink, Peripatos 946 richtig gegen A. Gercke, Art. Boethos 9, RE III 603 hervorhebt.

[5] Über Xenarchos vgl. S. Sambursky, The physical world of late Antiquity, 1962, 122—132 und P. Moraux, Art. Xenarchos 5, RE IX A 2, 1422 bis 1435. Das vorliegende Kapitel weicht nur in wenigen Punkten von der dortigen Darstellung ab. — P. Duhem, Le système du monde II 61—67 hält

B. Gegen die fünfte Substanz

Wenn Xenarchos als Peripatetiker bezeichnet wird[6], so bedeutet das keineswegs, daß er sich der Lehre des Aristoteles anschloß, sondern wohl nur, daß Aristoteles im Zentrum seiner philosophisch-wissenschaftlichen Bemühungen stand. Von Andronikos, der das Interesse für das Werk des Stagiriten wiederbelebte, wissen wir, daß er in seiner Interpretation echte oder angebliche Schwächen des Aristotelismus tadelte und sich bisweilen von der Lehre des Meisters distanzierte. Innerhalb der Schule begegnet diese kritische Haltung jedoch ziemlich selten. Drei Jahrhunderte lang bekennen sich die meisten Schulmitglieder zur aristotelischen Orthodoxie und bemühen sich, die peripatetische Lehre gegen alle möglichen Einwände und Angriffe zu verteidigen. Um so stärker fällt es auf, wenn der Peripatetiker Xenarchos in einem ganzen Werk nichts anderes tut als gegen aristotelische Lehrmeinungen zu polemisieren. Dieses Werk, das wir hauptsächlich durch zahlreiche Testimonien des Simplikios in seinem Kommentar zu De caelo kennen, trug den Titel πρὸς τὴν πέμπτην οὐσίαν und bestand aus einer Reihe von Einwänden und Aporien gegen die aristotelische Lehre von einem fünften Element als Substanz der Gestirnkörper. Xenarchos kritisierte unbarmherzig, bisweilen auch etwas ungerecht, die Argumente, die Aristoteles in De caelo I 2 formulierte, um seine These von der Existenz eines sich von Natur aus im Kreise bewegenden Körpers zu untermauern. Er legte den Hauptakzent auf die Inkonsequenzen, inneren Widersprüche und Fehlschlüsse des aristotelischen Exposés, offenbar ohne sich zu bemühen, die so energisch abgelehnte Lehre durch eine andere, zufriedenstellende zu ersetzen. Dennoch scheint die Kritik an Aristoteles einige Grundsätze vorauszusetzen, die wir als Bestandteile der eigenen Elementenlehre des Xenarchos zu betrachten berechtigt sind.

Simplikios berichtet über 13 Einwände, die er allem Anschein nach in derselben Reihenfolge zusammengefaßt und widerlegt hat, wie er sie

---

irrtümlicherweise die von Simpl., De caelo 32, 1—11; 36, 21—25 referierten Einwände des Ioannes Philoponos für solche des Xenarchos, setzt infolgedessen Xenarchos nach Alexander von Aphrodisias und Ptolemaios an und macht aus ihm einen Anhänger der Epizyklentheorie. — Wenn Iulian, Or. V 162sqq. schreibt τοιαῦτα γὰρ ἐγὼ μέμνημαι τοῦ Ζεναρχου λέγοντος ἀκηκοώς, so will er nicht sagen, daß er Xenarchos persönlich erlebt hat, sondern nur daß er von seiner Lehre gehört hat und sich noch gut daran erinnert.

[6] Strab. XIV 5, 4, 670. Iulian, Or. V 162 B. Stob. I 49, 1b, S. 320, 5.

im Buche des Xenarchos vorfand. Eine erste Gruppe bezieht sich auf die Ausführungen des Aristoteles in De caelo I 2, 268 b 11—269 a 18.

1. Die Behauptung, daß es nur zwei einfache Linien gibt, und zwar die gerade und die kreisförmige[7], ist nicht richtig. Auch die Schraubenlinie, deren mathematische Entstehung sehr exakt geschildert wird, soll nach Xenarchos als einfache Linie betrachtet werden[8].

2. Es darf nicht angenommen werden, daß jeder einfache Körper eine und nur eine einfache Bewegung besitzt[9]. Wenn sich die Elemente an ihren naturgemäßen Ort begeben und deswegen ihr volles Sein noch nicht besitzen, bewegen sie sich gradlinig. Das noch im Werden befindliche Feuer steigt z. B. gradlinig nach oben. Hat es aber seinen Ort erreicht, so kann es sich durchaus anders, nämlich im Kreis, bewegen. Es trifft also nicht zu, daß jeder einfachen Bewegung ein besonderer einfacher Körper entspricht[10].

3. Über Inhalt und Tragweite des dritten Einwandes gehen unsere Quellen auseinander. Laut Alexander von Aphrodisias[11] wies Xenarchos darauf hin, daß ein zusammengesetzter Körper nach der Zusammensetzung einheitlich wird und daher eine einfache Bewegung hat[12]; es dürfe daher nicht postuliert werden, daß jede einfache Bewegung nur die eines einfachen Körpers sein könne. In dieser Form ist also der Einwand gegen die Behauptung gerichtet, die einfache Bewegung sei die eines einfachen Körpers[13]. Simplikios bemerkt aber, daß Alexander den Einwand entweder in einer anderen Form als er selbst, Simplikios, gekannt oder ihn

---

[7] I 2, 268 b 19—20.

[8] Simpl., De caelo 13, 22—28; 14, 14—21.

[9] Gegen 269 a 3—4.

[10] Simpl. 21, 33—22, 17. Vgl. 20, 21—25. — Über die Frage, inwieweit Elemente, die sich zu ihrem naturgemäßen Ort hin bewegen, ihre volle Natur bereits besitzen, vgl. Arist., De caelo IV 3, 310 a 31 sqq. und Phys. VIII 4, 255 a 1—b 24. — Xenarchos' Einwände wirkten wahrscheinlich auf Plotin, der sich II 2, 1, 19—25 wie auch Ptolemaios in περὶ τῶν στοιχείων (vgl. Simpl. 20, 10 sqq.) der These des Xenarchos anschloß: Die geradlinige Bewegung komme den Elementen nur dann zu, wenn sie sich noch an einem naturwidrigen Ort befinden; an ihrem naturgemäßen Ort dagegen seien sie in Ruhe oder bewegten sich kreisförmig. Vgl. Ph. Merlan, in: Trans. Am. Philol. Assoc. 74 (1943) 179—191.

[11] Bei Simpl. 23, 24—26.

[12] Vgl. 269 a 4—5: Die Bewegung eines σύνθετον ist κατὰ τὸ ἐπικρατοῦν.

[13] 269 a 4 καὶ ἡ ἁπλῆ κίνησις ἁπλοῦ σώματος.

anders wiedergegeben hat[14]. Für ihn, Simplikios, zielt der dritte Einwand darauf ab, daß aus der Beschaffenheit der Bewegung nicht auf die Beschaffenheit des bewegten Körpers geschlossen werden darf: Es gibt nämlich, argumentierte Xenarchos, eine unendliche Zahl von zusammengesetzten Bewegungen, jedoch keine unendliche Zahl von entsprechenden zusammengesetzten Körpern. Nicht jeder Bewegung entspricht also ein besonderer Körper. Es ist daher nicht statthaft anzunehmen, daß der Kreisbewegung ein besonderer einfacher Körper entsprechen muß[15].

4. Selbst wenn man zugibt, daß es nur zwei einfache Linien gibt und daß die vier traditionellen Elemente naturgemäß gradlinige Bewegungen ausführen, wird man nicht gezwungen anzunehmen, daß keines der vier Elemente die Kreisbewegung besitzen kann. Dafür wäre der Nachweis nur dann erbracht, wenn es feststünde, daß jedes Element nur eine einzige naturgemäße Bewegung haben kann. In Wirklichkeit beobachtet man aber, daß die mittleren Elemente, Wasser und Luft, sich bald nach oben, bald nach unten bewegen, je nachdem sie sich in einem schwereren oder leichteren Element befinden[16].

5. Ein sich im Kreise bewegender Körper kann kein einfacher Körper sein[17]. In einem einfachen Körper müssen nämlich alle Teile gleich sein. In einer sich um ihre Achse drehenden Kugel bewegen sich aber die auf dem Äquator befindlichen Punkte viel schneller als die bei den Polen[18].

6. In dem ersten Teil seiner Beweisführung macht Aristoteles den methodischen Fehler, daß er eine naturwissenschaftliche These mit mathematischen Beweisen begründen will: Aus einer mathematischen Linientheorie darf man nichts über die Ursachen der physikalischen Bewegung erschließen[19].

Die zweite Gruppe von Argumenten, die Aristoteles zugunsten seiner These anführt[20], findet ebensowenig Gnade vor Xenarchos' Augen wie die erste.

[14] 23, 22sqq.

[15] 23, 11—15. In dieser Form ist der Einwand gegen das Argument 269a 4—7 gerichtet.

[16] 23, 31—24, 7. Der Einwand richtet sich gegen die bereits 269a 5—7 implizit angenommene und 269a 30sqq. explizit formulierte These, daß der Kreiskörper mit keinem der vier Elemente identisch ist.

[17] Gegen 269a 6, σῶμα ἁπλοῦν.

[18] 24, 21—27.

[19] 25, 11—13. Gegen die μετάβασις εἰς ἄλλο γένος, die ihm hier vorgeworfen wird, hatte sich Aristoteles Anal. post. I 7 ausgesprochen.

[20] 269a 18—32.

7. Auch hier zieht Aristoteles mathematische Betrachtungen heran, um eine physikalische These nachzuweisen (Wiederholung des Einwandes Nr. 6).

8. Auch hier behauptet er, daß der Kreiskörper ein einfacher sein muß (Wiederholung des 5. Einwandes).

9. Auch hier setzt er unberechtigterweise voraus, daß einem einfachen Körper nur eine einzige naturgemäße Bewegung zukommt (Wiederholung des 2. Einwandes)[21].

Der letzte Teil des Kapitels (I 2, 269 a 32—b 17) gibt Anlaß zu einer dritten Gruppe von Einwänden; diese richten sich ebenfalls gegen Behauptungen, die Aristoteles in den anderen Teilen des Kapitels aufgestellt hatte.

10. Gegen die These, daß dem Feuer die Kreisbewegung weder naturgemäß noch naturwidrig zukommen kann, zieht Xenarchos eine Theorie aus den Meteorologica heran. Dort heißt es[22], daß die unmittelbar unter dem Kreiskörper befindliche trockene und warme Ausdünstung sowie die benachbarte Luft von der Kreisbewegung der Himmelskörper mitgezogen werden. Ein feuerartiger Körper wird also im Kreise bewegt. Ist ihm diese Bewegung naturwidrig, so ist die gradlinige Bewegung nach oben die naturgemäße. Der Behauptung von 269a 9—18 zufolge hat aber die gradlinige Bewegung nach oben die gradlinige nach unten als Gegensatz. Somit hätte die naturgemäße Bewegung des Feuers zwei naturwidrige Bewegungen als Gegensätze, die Kreisbewegung und die gradlinige Bewegung nach unten, was dem aristotelischen Grundsatz ἐν ἐνὶ ἐναντίον widerstrebt. Die in den Meteorologica erwähnte Kreisbewegung des Feuers muß also seine naturgemäße sein[23].

11. Dieser Satz ἐν ἐνὶ ἐναντίον, mit dem Aristoteles 269a 10 und 14 operiert, ist nicht stichhaltig. Die Erfahrung zeigt, daß das Feuer durch Gewalt in alle möglichen Richtungen bewegt werden kann, also mehrere naturwidrige Bewegungen hat. Ferner nimmt Aristoteles selber an, daß jede ethische Tugend zwei Gegensätze hat, und zwar einen Exzeß und einen Mangel[24].

12. Einen weiteren Einwand richtet Xenarchos gegen die aristotelische Definition des Leichten[25]. Bezeichnet man als leicht den Körper,

---

[21] Simpl. 42, 6—14.
[22] I 7, 344a 11—13.
[23] 50, 18—24.
[24] 55, 25—31; 56, 8—17.
[25] De caelo I 3, 269b 25 und IV 4, 311a 17.

der über allen anderen schwebt, so wird man zugeben müssen, daß er
nicht leicht ist, wenn er noch nicht obenauf ist, und daß er infolgedessen
nie nach oben steigen wird[26].

13. Schließlich hat sich Xenarchos, wohl anläßlich seiner Analyse von
De caelo I 9, 279a 11—17, über die Möglichkeit eines extrakosmischen
Raumes geäußert. Chrysipp hatte die Leere als das definiert, was einen
Körper aufzunehmen fähig ist, jedoch keinen aufgenommen hat (ὃ οἷόν
τε ὂν σῶμα δέξασθαι μὴ δέδεκται). Gegen seine Lehre von einem unendlichen leeren Raum außerhalb der Welt hob man hervor, daß die Existenz eines Korrelats die des anderen impliziert. Gibt es einen unendlichen leeren Raum, sagten Alexander und sicher schon vor ihm andere
Gegner der Stoa, so muß es auch einen unendlichen Körper geben, der
diesen Raum auffüllen könnte; die Möglichkeit eines solchen Körpers
leugnen aber die Stoiker selber. Um die chrysippische Lehre von diesem
Einwand zu befreien, schlug Xenarchos vor, in der angegebenen Definition die Worte οἷόν τε δέξασθαι durch δεκτικόν zu ersetzen. Offenbar
glaubte er, mit δεκτικόν nicht etwa die Fähigkeit des Raumes anzugeben,
einen Körper tatsächlich aufzunehmen, sondern die gemeinte Beschaffenheit des leeren Raumes auf eine sich wohl niemals verwirklichende
Eventualität zu beziehen. Ob die Änderung der Formel zu einer Rettung
von Chrysipps Theorie führen konnte, mag hier dahingestellt bleiben.
Wichtig ist vielmehr der Umstand, daß Xenarchos versuchte, diese
stoische Theorie zu stützen, obwohl Aristoteles sich gegen die Annahme
eines extrakosmischen leeren Raumes ganz deutlich ausgesprochen
hatte[27].

Die Schrift πρὸς τὴν πέμπτην οὐσίαν, aus der diese Einwände stammen, scheint einen rein polemisch-destruktiven Charakter gehabt zu
haben. Nach den Fragmenten zu urteilen, hat Xenarchos keineswegs versucht, eine neue Lehre über die Natur der Gestirne aufzustellen, um sie
der aristotelischen Hypothese vom fünften Element zu substituieren.
Neuere astronomische Beobachtungen, wie etwa über Veränderungen in
der scheinbaren Größe der Planeten oder Unregelmäßigkeiten in ihrer
Winkelgeschwindigkeit, Beobachtungen, die zu den Exzenter- und Epi-
zyklenhypothesen angeregt hatten, spielen bei ihm überhaupt keine
Rolle. Sein einziges Ziel scheint die restlose Widerlegung der aristote-

---

[26] 70, 20—22.

[27] 286, 2—6. Zeller, Philos. d. Gr. III 1⁵, 653 Anm. 2 und F. Susemihl, Gesch. gr. Litt.
Alex. II 321 Anm. 416 meinen zu Unrecht, daß Xenarchos sich gegen Chrysipps
Lehre von einem unendlich leeren Raum außerhalb der Welt geäußert habe.

lischen Theorie gewesen zu sein, und zwar mit denselben stark aprioristisch-dialektischen Mitteln, die auch Aristoteles zur Begründung seiner Theorie herangezogen hatte. Er zeigt, daß die Argumente des Aristoteles keineswegs zwingend sind, daß sie Denkfehler enthalten, daß sie sich mit anderweitigen Grundsätzen und Lehrmeinungen des Aristoteles nicht vertragen. In dieser Polemik ad hominem erwähnt Xenarchos nicht im geringsten seine eigene Überzeugung. Bei seiner Ablehnung der Ätherhypothese hebt er jedoch besonders hervor, daß gar nichts im Wege steht, dem Feuer eine naturgemäße Kreisbewegung zuzuschreiben. Ferner steht er in der Frage der Existenz eines extrakosmischen Raumes eindeutig auf der Seite des Chrysippos. Weitere Indizien, auf die wir gleich zu sprechen kommen, bekräftigen die Vermutung, daß er sich in mancher Hinsicht den stoischen Lehrmeinungen annäherte.

Die wichtigste Nachricht über die Haupttendenzen von Xenarchos' Kosmologie steht in der 5. Rede Kaiser Iulians. Sie stammt ohne Zweifel, obwohl vielleicht nur indirekt, aus der Schrift πρὸς τὴν πέμπτην οὐσίαν. Iulian erwähnt Xenarchos' Meinung als einen möglichen Einwand gegen seinen eigenen Versuch, Gallos und Attis in die neuplatonische Hierarchie der Ursachen einzuordnen und die an die Materie gebundenen Formen auf den dritten, mit Attis gleichgesetzten Demiurg zurückzuführen. Die typisch neuplatonische Problematik des Zusammenhangs hat leider auf den Bericht über Xenarchos abgefärbt, und andererseits scheint Iulian nicht zwischen Xenarchos' eigener Überzeugung und den rein dialektischen Elementen in dessen argumentatio ad hominem unterschieden zu haben. Aristotelische Begriffe werden nicht beim Namen genannt, und es ist nicht immer leicht zu erraten, was die ursprüngliche Tragweite der hier referierten Einwände des Xenarchos gewesen sein mag. Ferner spricht Iulian von Xenarchos so, als hätte dieser die Existenz des „fünften Körpers" ohne weiteres angenommen. Aufgrund dessen, was wir sonst von Xenarchos wissen, leuchtet es natürlich ein, daß Xenarchos damit den Himmel und die Himmelskörper meinte, ohne sich deswegen der aristotelischen Lehre vom fünften Element anzuschließen.

Nachdem Iulian, seine Hierarchie der Ursachen dargestellt hat, bemerkt er, daß man sich der epikureischen Lehre anschlösse, wenn man für die Vereinigung von Materie und Form und die Entstehung der irdischen Dinge keine höheren Ursachen annähme. Daran schließt der Bericht über Xenarchos an. Dieser wird als jemand hingestellt, der versuchte, ohne solche höheren Ursachen auszukommen, und Aristoteles vorwarf, sich um solche Ursachen gekümmert zu haben. Wir sehen, sagte der Peripa-

tetiker Xenarchos, daß der fünfte, kyklische Körper die Vereinigung von
Form und Materie und somit die Entstehung der stofflichen Dinge bewirkt[28]. Aristoteles (wie auch Theophrast) gibt sich aber der Lächerlich-
keit preis, wenn er sich nicht damit zufriedengibt und für die Bewegung
des Himmels[29] eine höhere Ursache zu finden sucht. Dies steht im Widerspruch zu seiner sonstigen Haltung: Wenn er z. B. bei der unkörperlichen,
intelligiblen Substanz anlangt, forscht er nicht weiter, versucht nicht,
ihre Ursachen zu finden, und begnügt sich mit der Feststellung, daß die
Dinge von Natur aus so sind. Auch hinsichtlich des „fünften Körpers"
(d. h. der Kreisbewegung des Himmels) wäre es richtig gewesen, ihn als
naturgemäß vorhanden anzunehmen und auf eine Untersuchung über
seine Ursachen zu verzichten. Das Intelligible, das an sich nicht von Natur
aus existiert und nur eine leere Vorstellung enthält, brauchte nicht herangezogen zu werden. — Die Entscheidung über den Wert dieser un-
fairen Einwände will Iulian den Peripatetikern überlassen. Er selbst hält
die immateriellen Ursachen für unentbehrlich und glaubt nach wie vor an
die ontologische Realität der Ideen[30].

Die allgemeine Tendenz von Xenarchos' Ausführungen ist klar. Der
Einfluß der himmlischen Kreisbewegung reicht völlig aus, um die Entstehung der Dinge in der sublunaren Welt zu erklären. Die Himmelsbewegung selbst ist ein naturgemäßes Geschehen und braucht nicht
durch noch höhere Ursachen erklärt zu werden. Dennoch hat Aristoteles
zu Unrecht solche höheren Ursachen herangezogen. Was Xenarchos damit meint, wird nicht sehr deutlich gesagt. Es wird nur vom Intelligiblen
gesprochen. Wahrscheinlich handelt es sich um den ersten, unbewegten
Beweger, der gleichzeitig νοῦς und νοητόν ist[31]. Xenarchos lehnt also die

---

[28] Gemeint ist die Rolle der Himmelsbewegungen als Ursachen von Entstehen und
Vergehen in der sublunaren Welt. Vgl. Arist., De gen. et corr. II 10; Phys. VIII
6, 259b 32—260a 10; Metaph. Λ 6, 1072a 9—18. Die Frage nach der Kausalität
des Himmels blieb ein beliebtes Thema der späteren peripatetischen Spekulation.
Vgl. z. B. Alex., Quaest. II 3 und meinen Aufsatz in: Hermes 95 (1967) 159—169.

[29] Ich muß hier etwas paraphrasieren, um den dunklen Bericht Iulians verständ-
licher zu machen.

[30] Iulian, Or. V 162sqq. In 162B 6—7 lese ich mit W. Theiler, in: JHSt 77
(1957) 128, 5 πεφυκέναι, χρῆν {δὲ} δήπουθεν.

[31] Vgl. Arist., Metaph. Λ 7, 1072a 26sqq.; Λ 9. — W. Theiler, in: JHSt 77 (1957)
128, 5 meint, daß Xenarchos gegen die theophrastische Lehre von der Beseelung
des Himmels polemisiert. Die ausdrückliche Bezeichnung der angegriffenen
höheren Ursachen als νοητόν macht diese Interpretation jedoch ziemlich unwahrscheinlich.

Erklärung von Naturphänomenen anhand von transzendenten Ursachen wie dem aristotelischen ersten Beweger als überflüssig ab. Als Begründung fügt er hinzu, das Intelligible habe keine Existenz φύσει, es sei bloße ὑπόνοια. Ein ähnlicher anti-idealistischer Nominalismus, der den νοητά jede selbständige Existenz abspricht und sie für Erzeugnisse des menschlichen Denkens hält, begegnet in derselben Generation auch bei Boethos von Sidon[32] und später bei Alexander von Aphrodisias. Damit scheint sich Xenarchos gegen jede Form des Transzendenten, sowohl gegen die subsistierenden platonischen Ideen wie auch gegen den aristotelischen unbewegten Beweger ausgesprochen zu haben. Eigenartig ist der gegen Aristoteles (und Theophrast) erhobene Vorwurf der Inkonsequenz: Sie hätten nach einer Ursache der Himmelsbewegung gesucht, um die Ursachen der unkörperlichen, intelligiblen Substanz hätten sie sich jedoch nicht bemüht, sondern die Existenz dieser Substanz als einfach gegeben registriert. Für einen Neuplatoniker wie Iulian ist es selbstverständlich, daß es über dem Intelligiblen noch höhere Ursachen gibt, wie etwa das Gute und das Eine. Einem Neuplatoniker wie Iulian mußte es eher als dem Positivisten Xenarchos auffallen, daß Aristoteles bei dem Intelligiblen stehen blieb und nicht nach noch höheren Ursachen suchte. Die Vermutung liegt also nahe, daß Iulian die Einwände des Xenarchos gegen die eigene Hypostasenlehre nicht einfach aus dem Buch πρὸς τὴν πέμπτην οὐσίαν abschreibt, sondern zum Teil angepaßt, ergänzt und umgeformt hat, und zwar aus der eigenen neuplatonischen Perspektive[33]. Trotz der neuplatonischen Färbung des Referats dürfte die philosophische Position

---

[32] Vgl. oben S. 156.

[33] Die Platoniker warfen den Peripatetikern bekanntlich vor, daß sie den νοῦς für das höchste Prinzip aller Dinge hielten. Noch höher als der νοῦς steht, wie Platon nachgewiesen hat, das ἕν. Wäre der νοῦς Prinzip aller Dinge, so müßten alle Dinge denken, weil sie von ihm als von ihrem eigenen Prinzip abhingen; dies ist aber offenkundig nicht der Fall. Ferner halten die Peripatetiker den νοῦς für die höchste Finalursache; Platon hat aber nachgewiesen, daß das ἕν es ist, das wirkende und Finalursache aller Dinge ist. Ferner gibt es mehrere Ideen; infolgedessen muß es also auch viele Intellekte geben; in der peripatetischen Perspektive müßte also das höchste Prinzip eine Vielheit sein, was absurd ist. Mit diesen Argumenten bekämpft der anonyme Verfasser der Prolegomena zur platonischen Philosophie (204, 24—36 Hermann, jetzt in der Ausgabe von L. G. Westerink, Amsterdam 1962), der von Proklos abhängt und wohl in dem Kreise um Olympiodoros und Elias zu suchen ist, die Ansicht der Peripatetiker über den νοῦς als höchstes Prinzip. In demselben Geist hat Iulian die Einwände des Xenarchos verstanden und wiedergegeben.

des Xenarchos jedoch deutlich genug erscheinen. Er gehörte zweifellos zu
jenen Denkern, die sich ganz dem Diesseitigen zuwandten und das Transzendente für entbehrlich und sogar nicht existent erklärten.

Sehr schwierig ist auch die Interpretation eines anderen neuplatonischen Berichtes über Xenarchos. In seinem Timaios-Kommentar[34] teilt
Proklos mit, wie Xenarchos den dunklen Satz 30 C 6 erläuterte. Diese
Nachricht wird kaum auf einen Timaios-Kommentar des Xenarchos zurückgehen. Da Xenarchos auf die platonische Einteilung der Lebewesen
(39 E—40 A) verwies, in der die feurigen Gestirngötter den höchsten
Rang innehaben (vgl. 40 A—C), darf man eher vermuten, daß er in
seiner Polemik gegen die „fünfte Substanz" einige Äußerungen Platons
über die Himmelskörper heranzog und erläuterte. In einem solchen
Zusammenhang wird wohl Proklos die referierte Erklärung gefunden
haben.

In seiner Beantwortung der Frage, nach welchem Modell der Demiurg
das Weltall gestaltet habe, bemerkt Platon, das Weltall sei dem am ähn-
lichsten, wovon die übrigen Lebewesen Teile καθ' ἕν καὶ κατὰ γένη seien[35].
Was bedeuten hier die Ausdrücke καθ' ἕν und κατὰ γένη? Laut Xenarchos, berichtet Proklos, bezieht sich κατὰ γένη auf die präexistierenden
intelligiblen Ursachen der vier höchsten Gattungen der Lebewesen[36]; mit
καθ' ἕν sind die ideellen Prinzipien der einzelnen Arten innerhalb jeder
dieser Gattungen gemeint. Das präexistierende ideelle Paradeigma, das
der Demiurg heranzieht, umfaßt also die Gattungsbegriffe und die Artbegriffe sämtlicher Lebewesen. Diese Erklärung, die Proklos mit einer
typisch neuplatonischen Terminologie wiedergibt, ist offensichtlich im
philosophischen Rahmen des platonischen Idealismus konzipiert worden. Xenarchos, der selber diametral entgegengesetzte Auffassungen vertrat, war also durchaus fähig, Platon aus platonischer Sicht zu interpretieren. Hat diese seine Interpretation tatsächlich in πρὸς τὴν πέμπτην
οὐσίαν gestanden, so bereitete sie wahrscheinlich nur das Feld für eine
Reihe von Aporien und Angriffen vor. Als Platon-Verehrer hat Proklos
natürlich nur den positiven Aspekt von Xenarchos' Interpretation beibehalten und die darauf folgende Kritik sorgfältig verschwiegen, was
heute zu einer ganz falschen Vorstellung von Xenarchos' Haltung gegenüber dem Platonismus führen könnte.

[34] I 425, 22—426, 3.
[35] Tim. 30 C.
[36] Vgl. 39 E—40 A.

C. Seelenlehre

Über die Seelenlehre des Xenarchos besitzen wir zwei Nachrichten,
von denen wir nicht wissen, ob sie auf die Schrift πρὸς τὴν πέμπτην οὐσίαν oder auf ein anderes Werk des Peripatetikers zurückgehen. In
Aetius' Placita[37] steht eine Definition der Seele, die den folgenden Wortlaut hat: „Der Peripatetiker Xenarchos und andere Mitglieder derselben
Schule definieren die Seele als die formale Vollendung und Entelechie,
die gleichzeitig in sich selbst existiert und mit dem Körper verbunden
ist". Auf den ersten Blick scheint diese Definition durchaus in der Linie
der aristotelischen zu bleiben. Bemerkenswert ist jedoch, daß der Doxograph sie mit den materialistischen zusammen anführt und nicht mit denen, die die Seele für unkörperlich erklärten. Wahrscheinlich wollte er dadurch angeben, daß Xenarchos die unauflösliche Verbindung der Seele mit
dem Leib besonders stark hervorhob: Der Definition nach hat die Seele
zwar ein eigenes Dasein, gleichzeitig existiert sie jedoch mit dem Körper
zusammen; anders gesagt ist sie nicht identisch mit dem Körper, kann aber
nicht ohne ihn bestehen. Diese Auffassung von der Seele weist, wenn unsere Deutung richtig ist, eine gewisse Ähnlichkeit mit derjenigen auf, die
Alexander von Aphrodisias in seinen psychologischen Schriften zwei-
einhalb Jahrhunderte später ausführlich darlegen wird.

Durch den nur in lateinischer Übersetzung auf uns gekommenen Kommentar des Ioannes Philoponos zum dritten Buch von Aristoteles' De
anima erfahren wir ferner, daß Alexander von Aphrodisias (wohl in
seinem verschollenen Kommentar zu De anima) von einer sonderbaren
Äußerung des Xenarchos über den Intellekt berichtete. Einerseits behauptete Aristoteles, der Intellekt habe vor dem Denkakt keine andere
Natur als seine Potentialität und sei absolut nichts *in actu*[38]. Andererseits
billigte er die Ansicht derjenigen, die die Seele als den Ort der Formen bezeichneten[39]. Xenarchos habe sich durch diese beiden Äußerungen irre-
führen lassen; er meinte, daß Aristoteles den potentiellen Intellekt mit
der bloßen Materie identifizierte[40]. Soweit der Bericht Alexanders. Es
fragt sich allerdings, ob Xenarchos wirklich geglaubt hat, daß Aristoteles
den potentiellen Intellekt mit der bloßen Materie identifizierte, weil beide

---

[37] Bei Stob. I 49, 1b, S. 320, 5—8 = Dox. IV 3, 10.
[38] Vgl. De an. III 4, 429a 21—22; b 30—31.
[39] Vgl. De an. III 4, 429a 27—29.
[40] Ioannes Philop., De an. 11, 29—34 De Corte = 15, 65—69 Verbeke.

reine Potentialität seien und die Fähigkeit besäßen, die Formen in sich
aufzunehmen. Daß Xenarchos dem Stagiriten eine solche Absurdität zutrauen konnte, ist höchst unwahrscheinlich. Seine Bemerkung erklärt
sich viel besser im Rahmen einer polemischen Erörterung über die Nuslehre des Aristoteles. Aus den Aussagen des Aristoteles über die Potentialität des Intellekts und die Fähigkeit der Seele, Formen aufzunehmen,
zog Xenarchos die Folgerung, daß der potentielle Intellekt mit der
bloßen Materie identisch sein mußte, und er stellte sie als eine der ab-
surden Konsequenzen der aristotelischen Lehre dar. Der Bericht Alexanders geht nicht auf eine objektive Interpretation der Lehre durch Xenarchos zurück, sondern vielmehr auf eine kritisch-polemische Deduktion,
die diese Lehre ad absurdum zu führen beabsichtigte. Wie dem auch sei,
der Vergleich des potentiellen Intellekts mit der Materie hinterließ Spuren in der späteren peripatetischen Nuslehre. Den potentiellen Intellekt
nannte Alexander von Aphrodisias ‚materiellen Intellekt' (νοῦς ὑλικός),
„nicht etwa", erklärte er, „weil er wie die Materie ein Substrat ist . . .
Da aber das Wesen der Materie in ihrer Potentialität gegenüber allen
Dingen besteht, kommt einer Wesenheit, in der diese Potenz und dieser
potentielle Charakter begegnen, und gerade im Hinblick auf ihre Potentialität, die Bezeichnung ‚materiell' zu"[41]. Alexander lehnte zwar die
Identifizierung des νοῦς ὑλικός mit der Materie ab, nahm jedoch an, daß
es zwischen den beiden eine gewisse Ähnlichkeit gibt. Aufgrund dieser
Ähnlichkeit prägte er den Ausdruck νοῦς ὑλικός, der in die Fachsprache
der Noetik einging.

D. Ethik

Xenarchos befaßte sich auch mit Fragen der Ethik. Während Aristoteles in seiner ethischen Reflexion sein Augenmerk auf die Eudämonie
als letztes Ziel menschlichen Handelns und höchstes Begehrenswertes
richtete, gab es andere Denker, insbesondere in der Stoa oder unter dem
Einfluß dieser Schule, die darüber hinaus auch das allererste Objekt unseres Strebens zu bestimmen versuchten. Dieses Urobjekt unserer naturgemäßen Zuneigung, das πρῶτον οἰκεῖον, wie sie es nannten, stellt in
ihrer Auffassung die Keimzelle jedes Begehrenswerten dar, und aus un-

---

[41] Alex., De an. mant. 106, 20—23.

serem Streben zu ihm entwickeln sich die höheren Formen der ethischen
Zielstrebigkeit und das ganze ethische Leben überhaupt. Nun gingen die
Meinungen über die Natur des πρῶτον οἰκεῖον stark auseinander. In einer
kleinen Abhandlung legt Alexander von Aphrodisias die Meinungen
einiger Philosophen aus verschiedenen Schulen zu diesem Problem dar[42].
Seinem Bericht zufolge lehrten die Aristoteliker Xenarchos und Boethos,
daß jeder sich selbst das erste οἰκεῖον sei: Das Begehrenswerte sei nämlich mit dem Liebenswerten identisch, und zweifellos liebe jeder sich selbst
über alles andere[43]. Nicht selten hat man im nacharistotelischen Peripatos versucht, im Geiste des Aristoteles und bei Benutzung aristotelischer
Texte philosophische Probleme zu lösen, die der Stagirit nicht behandelt
und oft nicht einmal formuliert hatte, die aber wegen der Bemühungen
anderer Schulen aktuell und beinahe unumgänglich geworden waren. Dazu gehört auch das Problem des πρῶτον οἰκεῖον. Um den aristotelischen
Charakter ihrer These zu dokumentieren, konnten sich Xenarchos und
Boethos auf bestimmte Äußerungen der Ethik berufen[44]. Man muß sich
jedoch fragen, inwiefern sie zu ihrer These durch fremde Lehrmeinungen
angeregt wurden. R. Philippson weist darauf hin, daß bereits der Stoiker
Zenon dieselbe Ansicht über das πρῶτον οἰκεῖον vertrat. Im Rahmen
seiner These über die grundsätzliche Identität der platonischen, aristotelischen und stoischen Philosophie habe Antiochos von Askalon versucht, diese Auffassung vom πρῶτον οἰκεῖον bei Aristoteles selber nachzuweisen. Xenarchos stehe also hier unter dem Einfluß des Antiochos.
Andererseits macht Philippson darauf aufmerksam, daß im Abriß der
peripatetischen Ethik von Areios Didymos die Grundtendenz der Oikeiosis-Lehre[45] mit der des Xenarchos übereinstimmt. Wahrscheinlich
habe also Areios Didymos für diesen Abschnitt die Abhandlung seines
Zeitgenossen und Freundes Xenarchos herangezogen[46]. Ob Areios eine
Schrift des Xenarchos benutzt hat oder nicht, ist an sich ziemlich sekundär und läßt sich wegen der Knappheit unserer Informationsmittel
nicht mit Sicherheit nachweisen. Wichtig scheint dagegen der Umstand
zu sein, daß drei Peripatetiker des 1. Jh. v. Chr., die miteinander irgendwie in Verbindung standen, das Problem des πρῶτον οἰκεῖον in den Vor-

[42] De an. mant. 150, 19sqq.
[43] 151, 3—13.
[44] Z. B. Eth. Nic. VIII 2, 1155b 17—27; IX 8, 1168a 35—b 10.
[45] Stob. II 7, S. 118, 11sqq.
[46] R. Philippson, in: Philol. 87 (1932) bes. 464—465.

dergrund ihrer Bemühungen rückten und eine im großen und ganzen identische Lösung vorschlugen. Wie schwierig es ist, die Quellen für diese Lösung ausfindig zu machen, zeigt der Umstand, daß F. Dirlmeier, der fast mit demselben Material arbeitet wie R. Philippson, zu ganz anderen Schlußfolgerungen kommt. Für ihn ist nicht Zenon, sondern Theophrast der Schöpfer der Oikeiosis-Lehre. Der fragliche Abschnitt in Areios' Darstellung der peripatetischen Ethik gehe nicht auf Xenarchos zurück, sondern enthalte die originale Form der peripatetischen Lehre, aus welcher die stoische abgeleitet worden sei[47].

Weniger ergiebig ist die Anspielung auf einen Punkt der aristotelischen Ethik in den Fragmenten der Schrift πρὸς τὴν πέμπτην οὐσίαν. Um die Ungültigkeit des Grundsatzes ἓν ἑνὶ ἐναντίον nachzuweisen, erinnerte Xenarchos daran, daß jede Tugend nicht einen, sondern zwei Gegensätze habe: Der φρόνησις seien die πανουργία und die εὐήθεια, der ἀνδρεία die θρασύτης und die δειλία entgegengesetzt[48]. Bemerkenswert ist dabei nur, daß die angeführten Beispiele nicht aus der Nikomachischen, sondern aus der Eudemischen Ethik stammen[49]. Bereits im 1. Jh. v. Chr. befaßten sich also die Peripatetiker mit der Eudemischen Ethik. Sein Argument ad hominem scheint Xenarchos übrigens doch etwas nuanciert zu haben. Er gab zu, berichtet Simplikios weiter, daß es in Wirklichkeit die πανουργία sei, die den Gegensatz zur εὐήθεια bilde; die φρόνησις sei dagegen dem Fehlerhaften in πανουργία und εὐήθεια in derselben Weise entgegengesetzt, wie das Gleiche dem Ungleichen; das Ungleiche, und nicht das Größere und das Kleinere, stelle nämlich den Gegensatz zum Gleichen dar[50].

E. Philosophiegeschichtliche Stellung

Xenarchos gehört zu der ersten Generation jener Exegeten, die sich, durch das Beispiel des Andronikos angeregt, einer sorgfältigen Durcharbeitung der vor kurzem neu herausgegebenen Schriften des Aristoteles widmeten. Insoweit die Zitate bei Simplikios, der sich meistens an

---

[47] F. Dirlmeier, in: Philol. Suppl. 30, 1 (1937) 80.
[48] Simpl., De caelo 55, 25—31.
[49] Sie entsprechen genau den Angaben der Tabelle aus dem Kapitel II 3. Vgl. besonders 1220b 39; 1221a 12; 17—19; 36—38.
[50] Simpl., De caelo 56, 8—12.

den Wortlaut der Aporien des Xenarchos gehalten zu haben scheint, ein
Urteil darüber gestatten, waren die Denkart, die Ausdrucksweise und der
Wortschatz des Xenarchos durchaus aristotelisch. Die unbarmherzige
Aufdeckung der Schwächen der Argumentation von De caelo I 2 setzt
nicht nur eine sehr scharfsinnige Analyse des betreffenden Kapitels, sondern auch eine gute Kenntnis anderer Pragmatien voraus. Xenarchos hat
zweifellos neben De caelo die Meteorologie, die Metaphysik, die Schrift
De anima, die Eudemische und die Nikomachische Ethik gekannt und
benutzt. Auch die Zweite Analytik, die Physik und den Traktat De generatione et corruptione scheint er berücksichtigt zu haben. Seine Kritik
der aristotelischen Lehre zielt ausschließlich auf die Destruktion hin. Ihr
fehlt jene Billigkeit, die hinter einem nicht ganz geglückten Beweis die
ursprüngliche Anschauung des Denkers zu entdecken und nach Möglichkeit zu rechtfertigen versucht. Durch diese ausgesprochene Einseitigkeit
unterscheiden sich die Aporien des Xenarchos grundsätzlich von denen
des Theophrast, in denen man meistens den Willen spürt, die anfängliche
Schwierigkeit zu überwinden und damit dem tieferen Sinne des Aristotelismus gerecht zu werden.

Die Ablehnung der aristotelischen Theorie vom fünften Element ist
zwar, wie gesagt, durchaus destruktiv. Dennoch bleibt die eigene Überzeugung des Xenarchos nicht ganz versteckt: Die These, daß die Himmelskörper aus Feuer bestehen, wird als völlig logisch und akzeptabel
dargestellt. Wäre uns nur diese Lehrmeinung des Xenarchos bekannt, so
könnten wir nichts über eine eventuelle Beeinflussung des Xenarchos
durch ein anderes System aussagen: Die Lehre von der Feuernatur der
Gestirne hatte sich längst in den aufgeklärten Kreisen durchgesetzt, und
ihre Übernahme durch Platon, dann durch die Stoiker, hatte zu ihrer
Verbreitung stark beigetragen. Andere Thesen des Xenarchos gestatten
jedoch, seine Hinneigung zu einer bestimmten Schule ziemlich sicher
nachzuweisen. Der Platonismus kommt gar nicht in Frage: Die Leugnung
des Transzendenten, die nominalistische Haltung in der Universalienfrage und die von Xenarchos verlangte scharfe Trennung zwischen Mathematik und Naturphilosophie charakterisieren deutlich genug die an-
tiplatonische Tendenz unseres Denkers. Dagegen spricht manches für
seine Sympathie für die Stoa. Seine Erkenntnistheorie erinnert an den
Empirismus der Stoiker, welche die Wahrnehmung für die einzige ursprüngliche Quelle unserer Vorstellungen hielten. Seine Bestimmung des
πρῶτον οἰκεῖον mag sich auf aristotelische Texte berufen, im Grunde entspricht sie der Anschauung der Stoa, die in dem Selbsterhaltungstrieb

14*

und in der Selbstliebe den allgemeinen Grundtrieb aller Lebewesen
sieht[51]. Von der Leere gibt er eine Definition, die nichts anderes sein
will als eine Verbesserung der stoischen. Damit hofft er, die stoische
These von der Existenz eines unendlichen leeren Raumes außerhalb der
Welt vor der Kritik ihrer Gegner schützen zu können. Endlich hat
Alexander von Aphrodisias gerade in diesem Zusammenhang Xenarchos
und die Stoiker gleichzeitig bekämpft. All dieses genügt, um zu zeigen,
daß Xenarchos trotz seiner Beschäftigung mit den Aristotelesschriften
der stoischen Philosophie ziemlich nahestand. Vom Aristotelismus scheint
er vornehmlich jene Lehrmeinungen beibehalten zu haben, die er irgendwie in Einklang mit denen der Stoa bringen konnte. Wo dies nicht möglich war, zog er die Thesen der Stoa vor. Wir können allerdings nicht ermitteln, ob er bei seiner Ablehnung des Immateriell-Transzendenten den
Akzent auf den vitalistischen Charakter des Stoizismus legte oder (was
ich für viel wahrscheinlicher halte) einen mechanistischen Materialismus
vertrat.

Xenarchos mag der einzige ‚Peripatetiker' seiner Zeit gewesen sein,
der bestimmte Thesen des Aristoteles mit einem solchen Radikalismus
kritisiert hat. Dennoch steht seine geistige Tendenz nicht vereinzelt da.
Ein gewisses Interesse der Stoa für den Peripatos und umgekehrt
kommt gerade in dieser Generation ziemlich oft zum Vorschein. Auch
die Hinneigung zum Empirismus und zum Naturalismus ist bei den zeitgenössischen Peripatetikern durchaus nicht unbekannt. Am auffälligsten
ist der Umstand, daß Xenarchos und Boethos in zwei wichtigen Punkten
(Priorität des Individuellen in der Erkenntnis, Ableitung der Ethik aus
dem Uregoismus des Menschen) genau dieselbe Ansicht vertraten. Zwei
Jahrhunderte später wird ein Alexander von Aphrodisias eine ganz ähnliche Richtung einschlagen.

F. Nachwirkung

Es ist das Verdienst des Xenarchos, ziemlich bald nach der Wiederbelebung der Aristoteles-Forschung durch Andronikos die Aufmerksamkeit auf gewisse interne Schwierigkeiten einer wichtigen kosmologischen

---

[51] Vgl. Alex. Aphrod., De an. mant. 150, 28sqq. Andere Zeugnisse bei Zeller, Philos.
d. Gr. III 1⁵, 212 Anm. 2 und 213 Anm. 1 und in den oben angeführten Arbeiten
von R. Philippson und F. Dirlmeier.

Lehre des Stagiriten gelenkt zu haben. So negativ seine scharfsinnige Kritik auf den ersten Blick auch erscheinen mag: Sie regte die späteren Interpreten zweifellos zu einer noch sorgfältigeren Analyse und zu einem noch tiefergehenden Vergleich der Texte an. Abgesehen von diesem heute nicht mehr genau meßbaren Beitrag zur Bereicherung und Verfeinerung der exegetischen Methode läßt sich der Einfluß des Xenarchos auf die späteren Generationen noch verhältnismäßig gut beobachten. Als Vorkämpfer der aristotelischen Orthodoxie sah sich Alexander von Aphrodisias genötigt, in seinem Kommentar zu De caelo auf die Einwände des Xenarchos gegen die Lehre vom fünften Element einzugehen und sie zu widerlegen. Simplikios, der in seinem eigenen Kommentar das heute verschollene Werk des Aphrodisiers noch benutzen konnte, teilt bei fast jeder Aporie mit, wie Alexander ihr begegnete, und schließt sich in der Regel der Widerlegung durch seinen Vorgänger an. Mehrere Schulprobleme, zu denen die Aristoteles-Interpreten und sonstige Spezialisten Stellung nehmen mußten, sind nachweislich aus der Auseinandersetzung mit Xenarchos' Einwänden entstanden. Dies ist vor allem der Fall für das Problem der naturgemäßen Bewegung der Elemente. Man fragte sich, ob die geradlinige Bewegung nur dann den Elementen zukomme, wenn sie sich noch an einem naturwidrigen Ort befinden und noch nicht im Besitz ihres vollen Wesens sind. Mit dieser und verwandten Fragen befaßten sich Alexander[52] und spätere Kommentatoren sehr ausführlich. Ptolemaios und Plotin schlossen sich der Meinung des Xenarchos an und vertraten die Ansicht, das Feuer könne sich an seinem eigenen Ort im Kreise bewegen[53]. Auch Proklos hielt die Kreisbewegung des Feuers für ebenso naturgemäß wie die geradlinige. An ihrem Orte bewege sich die ganze Feuermasse im Kreise; nur die Feuerteile, die sich nach ihrem Orte begeben, stiegen geradlinig nach oben[54].

Wie Ioannes Philoponos sich allmählich von der aristotelischen Lehre der ‚fünften Substanz‘ distanzierte, um sie schließlich ganz energisch zu bekämpfen, ist vor einigen Jahren überzeugend dargelegt worden[55].

---

[52] Vgl. Bd. III.
[53] Vgl. oben Anm. 10.
[54] Prokl. ap. Ioann. Philop., De aet. mundi c. Procl., 380, 20—381, 16. Vgl. Ioannes Philop., Meteor. 37, 18—22; 97, 4—6, der diese Lehre als die der ‘Platoniker’ bezeichnet.
[55] E. Evrard, in: Bull. Acad. Royale de Belgique, Cl. des Lettres, 5. Sér. XXXIX (1953) 299—357, der mit einleuchtenden Argumenten die Philoponos-Chronologie von Gudeman, Art. Ioannes 21, RE IX 1769 sqq. in wesentlichen Punkten

Seine Opposition gegen die Ätherlehre des Stagiriten erreichte ihren Höhepunkt in einer heute verschollenen Schrift in 6 Büchern πρὸς 'Αριστοτέλη περὶ ἀιδιότητος κόσμου, die Simplikios in seinem Kommentar zu De caelo exzerpiert, zusammenfaßt und in sehr sarkastischem Ton bekämpft[56]. Wie Simplikios bemerkt, stammt ein Teil von Philoponos' Einwänden aus Xenarchos[57]; in der Tat läßt sich die Verwandtschaft mehrerer antiaristotelischer Argumente des Philoponos mit den πρὸς τὴν πέμπτην οὐσίαν ἀπορίαι des Xenarchos trotz des fragmentarischen Charakters der Überlieferung noch deutlich erkennen[58].

Daß Simplikios die Schrift πρὸς τὴν πέμπτην οὐσίαν nicht nur durch die Zitate und die Widerlegungen bei Alexander kannte, sondern auch selber benutzte, geht aus seiner Bemerkung über die Wiedergabe einer Aporie des Xenarchos durch Alexander ganz eindeutig hervor: Simplikios legt nämlich den dritten Einwand des Xenarchos anders als Alexander dar und vermutet, daß Alexander entweder über eine andere Fassung des Einwands verfügte oder in seiner Wiedergabe vom Überlieferten abwich[59]. Dies setzt voraus, daß Simplikios den Originaltext von Xenarchos zum Vergleich heranziehen konnte. Soweit wir wissen, war er der letzte Gelehrte des ausgehenden Altertums, der Xenarchos mit Namensnennung zitierte. Die Schrift πρὸς τὴν πέμπτην οὐσίαν scheint, wie so viele andere, dem allgemeinen Rückgang der Kultur im 7. und 8. Jh. zum Opfer gefallen zu sein. Als man sich im 9. Jh. anschickte, antike Texte in Minuskel umzuschreiben, fand sich von diesem Werk wohl kein einziges Exemplar mehr, das man als Vorlage für den μεταχαρακτηρισμός hätte benutzen können.

---

korrigiert und einen wertvollen Beitrag zur Geschichte der Problematik der Himmelstheorie im 5. und 6. Jh. liefert.

[56] Die ungedruckte Dissertation von E. Evrard, Philopon. Contre Aristote, livre I, Lüttich 1942—1943 enthält eine Rekonstruktion und eine Fragmentsammlung des ersten Buches.

[57] Simpl., De caelo 25, 23sqq.

[58] Näheres darüber Art. Xenarchos 5, RE IX A 2, 1435.

[59] Simpl., De caelo 23, 22.

VIERTER TEIL

AUSLÄUFER DES HELLENISTISCHEN ARISTOTELISMUS

1. Staseas von Neapel

Der erste Peripatetiker, von dem wir wissen, daß er sich für längere Zeit in Rom aufhielt und dort wirkte, ist Staseas von Neapel[1]. Cicero erwähnt ihn als Lehrer[2] und langjährigen Hausgenossen[3] des M. Pupius Piso Calpurnianus; auch mit L. Licinius Crassus soll er befreundet gewesen sein[4]. Das Gespräch, das Cicero in De oratore fingiert, spielt im Jahre 91. Damals war Crassus (geb. 140 v. Chr.) Ende vierzig und Piso noch ein adulescens, der sich der Philosophie mit großem Eifer widmete. Da Staseas in diesem Dialog als Freund des ersteren und Lehrer des letzteren genannt wird, dürfen wir annehmen, daß er damals zumindest dreißig, wahrscheinlich aber bedeutend älter war.

Über seine philosophischen Ansichten ist uns recht wenig überliefert. Nach den Äußerungen zu urteilen, die Cicero dem Crassus und dem Mucius Scaevola in den Mund legt[5], pflegte er eine auf Gorgias zurückgehende, von den Griechen hochgeschätzte Form der Beredsamkeit: Er war wie kein anderer fähig, jedes auch noch so frivole und unerwartete Thema, das ihm vorgeschlagen wurde, in einer improvisierten Rede ausführlich zu behandeln[6].

[1] Über ihn vgl. E. Zeller, Philos. d. Gr. III 1⁵, 650 Anm. 2 und vor allem Hobein, Art. Staseas, RE III A 2 (1929) 2153—2158. — F. Susemihl, Gesch. gr. Litt. Alex. II 306—307, ist recht dürftig. Seine Anm. 345 ist irreführend, denn sie bezieht sich in Wirklichkeit auf Kratippos.

[2] Cic., De fin. V 75.

[3] Cic., De orat. I 104; De fin. V 38.

[4] Cic., De orat. I 104.

[5] Cic., De orat. I 102—105.

[6] Solche Darbietungen schätzt Cotta (a. a. O.) im allgemeinen nicht sehr hoch. Er weigert sich zuerst, die Frage, ob es eine *ars dicendi* gebe, extemporierend zu beantworten; er sei ja nicht einer jener müßigen, geschwätzigen, wenn auch vielleicht gelehrten Griechen, die sich bereit erklären, über jede beliebige ihnen vom Publikum vorgeschlagene Frage zu reden. Gorgias habe diese Mode eingeführt und gerade heute erfreue sie sich einer großen Beliebtheit. Wenn man aber eine solche Darbietung hören wolle, solle man einen Griechen herbeiholen, was ja sehr leicht sei: *est enim apud M. Pisonem adulescentem {iam} huic studio deditum, summo {hominem} ingenio nostrique cupidissimum, Peripateticus Staseas, homo nobis sane familiaris et ut inter homines peritos constare video in illo suo*

Trotz dieser Vorliebe für rhetorisch-dialektische Epideixeis dürfte er
aber auch die Philosophie gepflegt und gelehrt haben. Am Anfang des
fünften Buches von De finibus, als es gilt, Piso für ein Referat über die
akademisch-peripatetische Lehre vom höchsten Gut zu gewinnen, hebt
Cicero hervor, daß keiner besser als Piso diese Lehre vortragen könne: Er
habe nämlich den Neapolitaner Staseas mehrere Jahre als Hausfreund
bei sich gehabt und seit einigen Monaten habe er sich auch in Athen bei
Antiochos darüber erkundigt[7]. Pisos Exposé wird jedoch nicht die Thesen
des Staseas, sondern die des Antiochos wiedergeben: Staseas habe nämlich in seiner Güterlehre großen Wert auf Glück und Unglück sowie auf
die Güter und Übel des Leibes gelegt, während Antiochos, ohne die äußeren und die körperlichen Güter ganz auszuschließen, das höchste Gut in
der Tugend gipfeln ließ[8]. Staseas scheint also an eine im vorandronikischen Peripatos mehrmals vertretene Ansicht angeknüpft zu haben,
nach welcher nicht nur die Güter der Seele, sondern auch die des Körpers
und die weitgehend vom Glück abhängigen äußeren Güter zur Eudämonie beitragen und sogar als deren Bestandteile anzusehen sind[9]. Eine

---

genere omnium princeps. Darauf antwortet Mucius, das sei nicht das jetzt von den
jüngeren Gesprächspartnern Erwartete. Staseas, ein Peripatetiker, sei hier nicht
am Platz. Das banale Geschwätz eines Griechen ohne jede Erfahrung und den
üblichen Singsang der Schulen brauche man nicht; man wolle die Ansicht eines
Mannes hören, dessen vortreffliche Beredsamkeit mit der größten Weisheit
verbunden sei und nicht aus den Büchern, sondern aus der Praxis stamme.

[7] Cic., De fin. V 8 *censemus enim facillime te id explanare posse, quod et Staseam
Neapolitanum multos annos habueris apud te et complures iam menses Athenis haec
ipsa te ex Antiocho videamus exquirere.*

[8] De fin. V 75 (Cicero spricht) ... *memini Staseam Neapolitanum, doctorem illum
tuum* (= Pisos), *nobilem sane Peripateticum, aliquanto ista secus dicere solitum,
assentientem iis, qui multum in fortuna secunda aut adversa, multum in bonis aut
malis corporis ponerent. — Est ut dicis, inquit* (Piso); *sed haec ab Antiocho, familiari
nostro, dicuntur multo melius et fortius, quam a Stasea dicebantur.* Daß Piso die
Lehrmeinungen des Antiochos darlegt, geht auch aus De fin. V 8 hervor.

[9] Bereits in der EE I 2, 1214b 26—27 wird eine solche Ansicht erwähnt. Auch
Theophrast *spoliavit ... virtutem suo decore imbecillamque reddidit, quod negavit
in ea sola positam esse beate vivere,* Cic., Acad. I 33; in seiner Schrift περὶ εὐδαιμονίας lehnte er die These von der Autarkie der Tugend ab: Cic., De fin. V 12;
84; Tusc. V 85. Plut., Perikles 38. Über Theophrasts περὶ εὐδαιμονίας vgl. O. Regenbogen, Theophrastos 1481—1483. Theophrasts „Einbeziehung der äußeren
Güter als naturgemäßer in die Eudaimonia-Formel zeigt eine über Aristoteles
beträchtlich hinausgehende Bewertung, zwar noch keine völlige Koordination —
diese Stufe erreicht erst der kritolaische Peripatos —, aber eine Betonung, die
eine andere Einstellung zur Wirklichkeit verrät". (F. Dirlmeier, Oikeiosis 38).

genauere Einordnung der Telos- und Eudämonielehre des Staseas ist allerdings aufgrund der sehr allgemein gehaltenen Nachricht bei Cicero nicht möglich. Auf jeden Fall dürfen wir ihn als einen jener Peripatetiker betrachten, die im Gegensatz zur stoischen These, daß nur die Tugend ein Gut sei und für sich allein die Glückseligkeit ausmache, die Bedeutung der Glücksgüter und der körperlichen Vorzüge für die Eudämonie kräftig unterstrichen. In dieser Hinsicht hatte seine Opposition gegen die Stoa nichts Gemeinsames mit der Haltung des Antiochos: Dieser war bekanntlich geneigt anzunehmen, daß die Bewertung der körperlichen und der äußeren Vorzüge bei den Stoikern sich nicht wesentlich von der der Peripatetiker unterschied; die Kontroverse zwischen jenen und diesen sei eher verbaler Natur, denn die Stoiker hätten ohne überzeugende Gründe neue Bezeichnungen eingeführt.

Das Urteil über Staseas, das Cicero dem Piso in den Mund legt — Antiochos habe das Problem der Glückseligkeit besser und kräftiger behandelt als Staseas[10] — macht es von vornherein sehr unwahrscheinlich, daß Cicero selbst im vierten Buch seiner Schrift De finibus eine Schrift des Staseas benutzt habe[11].

Jüngere Peripatetiker, die von Kritolaos abhingen, sahen das Telos in der Summe der Güter der drei herkömmlichen Klassen (Stob. II 7, 3b, S. 46, 10—13. Clem. Alex., Strom. II 21, S. 129, 10 = Kritolaos Fr. 19—20 Wehrli); den höheren Rang der Seelengüter hoben sie dennoch deutlich hervor (Cic., Tusc. V 50; De fin. V 91 = Kritolaos Fr. 21—22 Wehrli). Gegen sie richtet sich die Polemik des von Areios Didymos benutzten Peripatetikers bei Stob. II 7, S. 126, 12—127, 2 und 130, 4—12. Vgl. R. Philippson, in: Philol. 87 (1932) 464. F. Dirlmeier, Oikeiosis 77. Unten S. 328.

[10] Cic., De fin. V 75, vgl. Anm. 8.

[11] Diese These wurde gegen die communis opinio, nach welcher De finibus IV auf Antiochos zurückgeht, von I. Heinemann, Poseidonios' metaphysische Schriften I, 1921, 43—46 vertreten. Heinemann gibt zu, daß De fin. IV „nahe Beziehungen" zu antiochischen Gedankengängen hat, weist jedoch auf Abweichungen zwischen dem vierten und dem auf Antiochos zurückgehenden fünften Buch von De finibus hin. Insbesondere werden in De fin. IV 31 und 60 Gesundheit, Schmerzlosigkeit u. dgl. als Bestandteile der *vita beata* betrachtet, während nach Antiochos die Sittlichkeit allein den Menschen glücklich macht. Staseas, den Cicero, De fin. V 8 laut Heinemann als seine erste Informationsquelle (für das Buch IV) nennt, soll also Antiochos „durch die peripatetische Brille" gesehen haben. Auf denselben Staseas will Heinemann die philosophischen Exkurse in De oratore und die Topica zurückführen: Wie in De fin. IV 74sqq. werden De orat. III 65 die stoischen Paradoxa abgelehnt, und wie in De fin. IV 5 und 57 tadelt Cicero in De orat. III 65 und Top. 6 die trockene Ausdrucksweise der Stoa. Diese Hypothese steht

In seinem Kapitel über die klimakterischen Jahre[12] erwähnt Censorinus eine weitere Lehrmeinung des Staseas. Während Hippokrates im Leben des Menschen sieben Altersstufen von verschiedener Dauer und Solon zehn von je sieben Jahren unterschied, soll Staseas zwölf Hebdomaden, d. h. 84 Jahre als die normale Dauer eines vollen Menschenlebens angesehen haben. Wer diese Grenze überschreite, ähnele den Wettläufern oder den Viergespannen, die im Stadion über das Ziel hinausschießen[13]. In welchem Zusammenhang Staseas diese Ansicht äußerte, läßt sich leider nicht feststellen. Da mehrere Peripatetiker der vorandronikischen Zeit über das Alter schrieben[14], kann Staseas' Hebdomadenlehre aus einer solchen Schrift stammen. Sie kann allerdings auch mit seiner Wertschätzung der körperlichen Güter zusammenhängen und dazu gedient haben, die Grenzen des χρόνος τέλειος zu bestimmen, den Aristoteles als Voraussetzung für die Eudämonie ansah[15]. Interessant ist auf jeden Fall, daß Varro, dessen Logistoricus Tubero de origine humana die Hauptquelle der Kapitel 4—15 von Censorinus ist[16], um die Mitte des 1. Jh. v. Chr.[17] diese Theorie des Staseas noch ermitteln konnte. Möglicherweise hatte der Neapolitaner Schriftliches hinterlassen.

Unsere Nachrichten über Staseas sind zu spärlich, um ein begründetes Urteil über seine Stellung innerhalb der peripatetischen Schule zu ermöglichen. Das Corpus aristotelicum scheint er weder benutzt noch direkt gekannt zu haben; wir besitzen wenigstens kein Indiz dafür, daß er sich mit Aristoteles' Schriften beschäftigt habe. Da Cicero die Telos-

---

auf zu schmaler Basis, um überzeugen zu können, zumal einige der Argumente aus einer zumindest fraglichen Interpretation der angeführten Textstellen hervorgegangen sind.

[12] Censorin., De die natali XIV.

[13] Censorin., De die natali XIV 5 *Staseas peripateticus ad has Solonis decem hebdomadas addidit duas, et spatium plenae vitae quattuor et octoginta annorum esse dixit; quem terminum si quis praeterit, facere idem quod stadiodromoe ac quadrigae faciunt, cum extra finem procurrunt.* Vgl. auch XIV 10.

[14] Theophrast, Demetrios von Phaleron, Ariston von Keos. Vgl. F. Wehrli, Schule des Arist. IV², Demetrios, Kommentar zu den Fr. 82—83.

[15] In diesem Sinn Hobein, RE III A 2, 2154.

[16] Diels, Dox. 186sqq. Wissowa, Art. Censorinus 7, RE III 2 (1899) 1909. H. Dahlmann, Art. M. Terentius Varro 84, RE Suppl. VI (1935) 1267, mit Literatur. H. Dahlmann—R. Heisterhagen, Varronische Studien I. Zu den Logistorici (= Akad. Mainz, Abh. d. geistes- und sozialwiss. Kl. 1957, 4) 148—150, mit der S. 143 Anm. 2 angeführten Literatur.

[17] Zur Datierung der Logistorici vgl. Dahlmann, RE Suppl. VI 1262.

lehre des Antiochos wegen ihrer Qualität und ihrer Überzeugungskraft viel höher schätzte als die des Staseas, liegt die Vermutung nahe, daß dieser — trotz einer unbestrittenen rhetorischen Brillanz — wohl nicht zu den markantesten Denkern der Schule gehörte. Die Renaissance des Aristotelismus unter Andronikos hat er vielleicht noch erlebt, sie scheint ihn aber nicht berührt zu haben.

2. Kratippos von Pergamon

Im Index Academicorum Herculanensis wird der Pergamener Kratippos unter den Schülern des Antiochos erwähnt. Wie sein Mitschüler
Ariston verließ er aber später die Akademie und trat zum Peripatos
über[1]. Er gehörte also derselben Generation wie die Peripatetiker Xenarchos und Boethos an und muß Altersgenosse Ciceros gewesen sein. Seine
Geburt können wir mit einiger Wahrscheinlichkeit zwischen 110—100 v.
Chr. ansetzen. Als Cicero sich im Jahr 51 nach Kilikien begab, um sein
Prokonsulat anzutreten, hielt er sich einige Tage (22.—26. Juli) in
Ephesos auf und lernte dort den Peripatetiker Kratippos kennen, der von
Mytilene gekommen war, um den berühmten Römer zu begrüßen[2]. Nach
seiner Niederlage bei Pharsalos (9. August 48) flüchtete Pompeius über
Larissa und Amphipolis zunächst nach Mytilene, wo er durch das Wetter
zwei Tage im Hafen festgehalten wurde; obwohl er der Einladung der Mytilenäer, in die Stadt zu kommen, keine Folge leistete, hatte er Gelegenheit, mit Kratippos, der aus der Stadt gekommen war, um ihn zu sehen,
ein Gespräch zu führen. Trotz seiner prekären Lage hatte Pompeius die
Hoffnung nicht aufgegeben. Er glaubte noch, daß ihm die Tyche gnädig
sein würde. Dem Philosophen machte er also Vorwürfe, offenbar weil
dieser die Situation ziemlich pessimistisch beurteilte, und ließ sich auf
eine kurze Diskussion über die Vorsehung mit ihm ein. Kratippos aber,
der Pompeius' Optimismus nicht teilte, ihn jedoch durch unpassenden
Widerspruch nicht verstimmen wollte, gab sich höflicherweise von den
Argumenten seines Gesprächspartners geschlagen und ermutigte ihn zu
optimistischen Erwartungen. Ferner sprach er die Meinung aus, die Herrschaft eines Einzelnen sei aufgrund der politischen Mißstände erforderlich, knüpfte aber die Frage an, ob Pompeius sicher sei, daß er eine
solche Aufgabe besser gemeistert hätte als Caesar. Übrigens solle man
sich dem Willen der Götter fügen[3].

---

[1] Acad. Philos. Index Hercul., col. XXXV Mehler. Vgl. oben S. 181 Anm. 3.
[2] Cic., Tim. 1, 2 . . . *cum . . . venisset . . . Mytilenis mei salutandi et visendi causa
Cratippus Peripateticorum omnium, quos quidem ego audierim, meo iudicio facile
princeps, perlibenter et Nigidium vidi et cognovi Cratippum.*
[3] Plut., Pomp. 75 αὐτὸς (i. e. Pompeius) δὲ πρὸς Κράτιππον τραπόμενος τὸν

Zwei Jahre später wirkte Kratippos immer noch in Mytilene. M. Brutus, der spätere Caesarmörder, erzählte nämlich in einer im Jahre 46 verfaßten Schrift De virtute, er habe kürzlich M. Claudius Marcellus in Mytilene besucht, wo dieser nach der Ermordung des Pompeius in der Verbannung lebte, und einen ähnlichen Bericht legt auch Cicero dem Brutus in den Mund: Brutus habe bis dahin eine große Ähnlichkeit zwischen Marcellus' und Ciceros Beredsamkeit festgestellt, aber die Ähnlichkeit der beiden Männer sei ihm noch größer erschienen, seit er Marcellus in Mytilene getroffen habe: Marcellus sei nämlich mit einer Fülle von Kenntnissen ausgestattet, die er dem Kratippos, einem sehr gelehrten und mit Cicero eng befreundeten Mann, verdankte[4]. Kurz darauf muß sich Kratippos in Athen aufgehalten haben: Als Caesar bereits regierte, so berichtet Plutarch, erlangte Cicero das römische Bürgerrecht für Kratippos und konnte es auch erreichen, daß der Areopag einen Beschluß faßte, durch den Kratippos gebeten wurde, in Athen zu bleiben und der Stadt die Ehre zu erweisen, sich mit der athenischen Jugend zu unterhalten[5].

Als Cicero in den letzten Monaten des Jahres 44 sein De officiis niederschrieb und seinem Sohn Marcus widmete, hörte dieser schon seit einem Jahr bei Kratippos in Athen[6]. Trebonius, der im Mai 44 den jungen Marcus in Athen traf, konnte schon in einem Brief an Cicero von dem Ernst und dem Fleiß erzählen, mit dem der Sohn sich nunmehr dem Studium widmete. Er fügte hinzu, Marcus habe im Gespräch so nebenbei gesagt, daß er gern nach Asien reisen würde. Er, Trebonius, sei bereit, dabei zu helfen und den abwesenden Vater zu ersetzen; insbesondere würde er da-

---

φιλόσοφον (κατέβη γὰρ ἐκ τῆς πόλεως ὀψόμενος αὐτόν), ἐμέμψατο καὶ συνδιηπόρησε βραχέα περὶ τῆς προνοίας, ὑποκατακλινομένου τοῦ Κρατίππου καὶ παράγοντος αὐτὸν ἐπὶ τὰς ἀμείνονας ἐλπίδας, ὅπως μὴ λυπηρὸς μηδ' ἄκαιρος ἀντιλέγων εἴη. † ἐπεὶ τὸ μὲν ἔρεσθαι τὸν Πομπήιον ἦν ὑπὲρ τῆς προνοίας †, τὸν δ' ἀποφαίνεσθαι ὅτι τοῖς πράγμασιν ἤδη μοναρχίας ἔδει διὰ τὴν κακοπολιτείαν· ἔρεσθαι δέ· ,,πῶς ὦ Πομπήιε καὶ τίνι τεκμηρίῳ πεισθῶμεν, ὅτι βέλτιον ἂν σὺ τῇ τύχῃ Καίσαρος ἐχρήσω κρατήσας; ἀλλὰ ταῦτα μὲν ἐατέον ὥσπερ ἔχει τὰ τῶν θεῶν.''

[4] Cic., Brut. 250 (Brutus spricht) *Vidi enim Mytilenis nuper virum atque, ut dixi, vidi plane virum. Idque cum eum antea tui similem in dicendo viderim, tum vero nunc a doctissimo viro tibique, ut intellexi, amicissimo Cratippo instructum omni copia multo videbam similiorem.* Vgl. Münzer, Art. Claudius 229, RE III (1899) bes. 2762—2763.

[5] Plut., Cic. 24, 873a.

[6] Cic., Off. I 1. Vgl. auch I 2 und III 5—6.

für sorgen, daß Kratippos seinen Schüler auf die Reise begleite, damit dieser das Studium nicht zu unterbrechen brauche[7]. Einige Monate später, wohl im Herbst 44, schildert Marcus sein Verhältnis zu Kratippos in einem Brief an Tiro mit folgenden Worten: „Du sollst wissen, daß ich mit Kratippos weniger als ein Schüler denn als ein Sohn verbunden bin. Ich höre ihn mit großem Vergnügen und fühle mich durch die ihm eigentümliche Liebenswürdigkeit sehr angezogen. Mit ihm verbringe ich ganze Tage und oft auch einen Teil der Nacht; ich lade ihn nämlich so oft wie möglich zum Abendessen ein. Da dies unter uns zur Gewohnheit geworden ist, kommt er oft unangemeldet zu uns, während wir essen; er läßt dann die Strenge des Philosophen fallen und scherzt mit uns äußerst geistreich . . .". Etwas weiter unten erzählt Marcus von seinen Freunden: „Als vertraute Freunde und tägliche Gesellschafter habe ich die Leute, die Kratippos aus Mytilene mitgenommen hat; sie sind gelehrte Männer und er schätzt sie sehr hoch[8]". In derselben Zeit hatte Kratippos einen anderen römischen Hörer. Im Herbst 44 hielt sich nämlich der Caesarmörder M. Iunius Brutus einige Zeit in Athen auf. Über seine politischen Pläne bewahrte er völliges Stillschweigen; er hörte bei dem Akademiker Theomnestos und dem Peripatetiker Kratippos, beteiligte sich an philosophischen Diskussionen und schien durchaus untätig und müßig zu sein[9].

Für keinen anderen Peripatetiker dieser Zeit besitzen wir derart präzise biographische Nachrichten. Dennoch bleiben ungemein wichtige Fragen offen. Warum hat sich Kratippos entschlossen, die Akademie zu verlassen und sich zum Peripatos zu bekennen? Sollen wir in diesem Schritt einen Beweis für die große Anziehungskraft sehen, die der Peripatos auf junge Denker ausübte, nachdem Andronikos durch die Publikation des Corpus aristotelicum wieder das Interesse auf das Schrifttum des Stagiriten gelenkt hatte[10]? Oder war dieser Schritt vielleicht doch nicht so spektakulär, wie aus unserer Quelle hervorzugehen scheint? Antiochos war bekanntlich bemüht, die scharfen Grenzen zwischen akademischer, peripatetischer und stoischer Philosophie abzuschaffen. Wenn einige seiner Schüler später als Peripatetiker auftraten, so könnte man meinen, daß sie dadurch keineswegs der Antiochos-Schule den Rücken

---

[7] Cic., Ad fam. XII 16, 2.
[8] Cic., Ad fam. XVI 21, 3 und 5.
[9] Plut., Brut. 24, 994f.
[10] Dies ist die Ansicht mehrerer Gelehrter (u. a. F. Littig, R. Philippson, K. O. Brink, I. Mariotti). Vgl. oben S. 49 Anm. 13 und 58 Anm. 36.

kehren wollten. Für den Verfasser eines Verzeichnisses der berühmten Akademiker war es allerdings nicht so selbstverständlich, daß Schüler des Antiochos später als Peripatetiker bekannt wurden; diese Abweichung von dem Prinzip der Diadoche begründete er also mit der Annahme eines Schulwechsels.

Noch schwieriger ist die Frage nach den Überlegungen, die um 45 Kratippos dazu bewogen haben mögen, Mytilene zu verlassen und nach Athen zu gehen. Einige Forscher haben vermutet, daß Andronikos, das erste Schulhaupt des wiedererstandenen Peripatos, gerade um diese Zeit gestorben sei und daß Kratippos dann die Leitung der Schule übernommen habe[11]. Gegen diese Hypothese spricht allerdings der Umstand, daß Boethos von Sidon als Nachfolger des Andronikos in einem Text genannt wird, den wir nicht ohne weiteres ausklammern dürfen[12]. Andere Forscher meinen, daß Kratippos nicht der Nachfolger, sondern der Vorgänger des Andronikos als Schulhaupt gewesen sei; dem Schweigen Ciceros über Andronikos glauben sie entnehmen zu können, daß dieser erst nach Ciceros Tod gewirkt habe[13]. Wie umstritten die Chronologie des Andronikos ist, wurde bereits oben dargelegt. Wenn er in der ersten Hälfte des Jahrhunderts nicht in Rom, sondern in Athen wirkte, wie aus mehreren Indizien hervorzugehen scheint, und wenn andererseits Boethos sein Nachfolger als Schulleiter war, muß die Frage erneut überprüft werden, in welcher Eigenschaft Kratippos sich seit der Mitte der vierziger Jahre in Athen aufhielt. Hier dürften einige der bereits zitierten Testimonien etwas weiterhelfen. Plutarch spricht zum Beispiel von einem auf Ciceros Anregung hin gefaßten Votum des Areopag, Kratippos möge in Athen bleiben und sich dort der Ausbildung der Jugend widmen[14]. Ein solches Votum wäre gegenstandslos gewesen, wenn Kratippos

---

[11] In diesem Sinn äußerten sich z. B. Zumpt, Zeller und Susemihl. Vgl. oben S. 53 Anm. 21.

[12] Philop., Cat. 5, 18. Vgl. Ammon., Anal. pr. I, 31, 12. und oben S. 53sqq.

[13] A. Gercke und G. Movia. Vgl. oben S. 56 Anm. 32.

[14] Plut., Cic. 24, 873a Κρατίππῳ δὲ τῷ περιπατητικῷ . . . διεπράξατο (Cicero) . . . τὴν ἐξ Ἀρείου πάγου βουλὴν ψηφίσασθαι {καὶ} δεηθῆναι μένειν αὐτὸν ἐν Ἀθήναις καὶ διαλέγεσθαι τοῖς νέοις ὡς κοσμοῦντα τὴν πόλιν. Daß der Areopag gelegentlich tüchtige Gelehrte unterstützte, erfahren wir bei Diogenes Laertios VII 169. Der Zenonschüler Kleanthes lebte in tiefster Armut. Er wurde aufgefordert, die Quellen seines Lebensunterhalts vor Gericht anzugeben. Als Zeugen zitierte er den Gärtner, bei dem er nachts Wasser schöpfte, um etwas Geld zu verdienen, und die Frau, von der er seine Mahlzeiten bezog. Daraufhin wurde er freigesprochen und der Areopag beschloß, ihm eine Beihilfe von

einen Ruf zur Leitung der peripatetischen Schule bereits angenommen
hätte oder nach Athen mit der Absicht gekommen wäre, die Nachfolge
des Andronikos anzutreten. Was Trebonius und der junge Marcus Cicero
schreiben, erweckt vielmehr den Eindruck, daß Kratippos als selbständiger Privatlehrer der peripatetischen Philosophie einen kleinen Kreis
von jungen Leuten um sich versammelt hatte. In Athen konnte er
natürlich mit einem interessanteren Wirkungskreis rechnen als in
Mytilene. Die Anziehungskraft Athens war es auch gewesen, die
einige der Schüler aus Mytilene dazu bewogen hatte, dem Meister
dorthin zu folgen[15]. Wäre Kratippos Schulhaupt des Peripatos gewesen,
so wäre Trebonius wohl nicht auf den Gedanken gekommen, ihn nach
Asien miteinzuladen, lediglich damit ein einziger Schüler, Ciceros Sohn,
während der geplanten Asien-Reise das Studium nicht zu unterbrechen
brauchte[16]. Kratippos kann also durchaus in Athen in derselben Zeit gewirkt haben, in der der alte Andronikos oder, was wahrscheinlicher ist,
bereits sein Nachfolger Boethos als Schulhaupt des Peripatos fun-
gierte. Dem sollte nicht entgegengehalten werden, daß Cicero des
öfteren von Kratippos als dem besten Vertreter der peripatetischen
Philosophie seiner Zeit spricht[17]. Was Cicero an einem Philosophen
wie Kratippos schätzte, war zweifellos eine umfassende, vielseitige
philosophische Kultur, verbunden mit jener literarischen Begabung
und rednerischen Brillanz, die er z. B. bei den meisten Stoikern so sehr
vermißte. Für die editorische und exegetische Kleinarbeit am Aristoteles-
Text, wie sie von Andronikos und seinen Schülern betrieben wurde,
konnte er höchstwahrscheinlich keine sonderliche Bewunderung empfinden. Solchen Vertretern der Schule hätte er gewiß niemals die philosophische Ausbildung seines Sohnes anvertraut. Wenn er also Kratippos
als den einzigen nennenswerten Peripatetiker der Zeit bezeichnet, so
zeigt diese Äußerung, wie hoch Cicero den ihm persönlich bekannten

---

10 Minen zu gewähren. Zenon verbot ihm jedoch, diese Unterstützung anzunehmen.

[15] Cic., Ad fam. XVI 21, 5 *utor familiaribus et cotidianis convictoribus, quos secum
Mytilenis Cratippus adduxit, hominibus et doctis et illi probatissimis.*

[16] Cic., Ad fam. XII 16, 2.

[17] Cic., Brutus 250 *vidi ... virum ... a doctissimo viro tibique, ut intellexi, amicissimo
Cratippo instructum ...* ; De div. I 5 *Cratippus ... familiaris noster, quem ego
parem summis Peripateticis iudico;* Tim. 2 *Cratippus Peripateticorum omnium,
quos ego quidem audierim, meo iudicio facile princeps.* — Cic., Off. I 1 spricht von
Kratippos' *summa auctoritas;* I 2 bezeichnet er ihn als *princeps huius aetatis
philosophorum;* III 5 nennt er ihn wieder *princeps huius memoriae philosophorum.*

Mytilenäer schätzte. Sie schließt jedoch nicht aus, daß andere Peripatetiker in derselben Zeit auf eine ganz andere Art philosophierten.

Über den Inhalt von Kratippos' Unterricht und seine eigene philosophische Position sind unsere Informationen recht dürftig. Cicero vermutet zwar, daß Marcus vieles über die Pflichtenlehre bei Kratippos gehört haben wird[18], woraus wir schließen dürfen, daß die Ethik zum Unterrichtsprogramm gehörte; in welchem Geist Kratippos diesen Teil der
Philosophie behandelte, wissen wir jedoch nicht.

Der kurze Hinweis Plutarchs auf ein Gespräch mit Pompeius über
strittige Punkte der Vorsehungslehre ist zu unpräzise und dazu noch zu
schlecht überliefert, als daß wir daraus etwas Sicheres gewinnen könnten. Das Gespräch begann, laut Plutarchs Bericht, mit Vorwürfen des
Pompeius und mit einer kurzen Erörterung von Aporien über die Vorsehung. Es nahm dann eine Wendung dadurch, daß Kratippos aus Höf-
lichkeit nachgab und Pompeius in seiner illusorischen Hoffnung bekräf-
tigte, um nicht durch unzeitigen Widerspruch lästig zu fallen. Wir können
uns also vorstellen, daß Pompeius, der kurz vorher seiner niedergeschla-
genen Frau wieder Mut einzuflößen versucht hatte, zunächst einmal dem
ebenfalls pessimistischen Philosophen vorwarf, sich zu wenig auf die Vorsehung zu verlassen. Um seinen Besucher nicht zu brüskieren, verhielt
sich Kratippos so, als würde er ihm vollkommen beipflichten und seinen
Optimismus teilen. Das kann wohl nur bedeuten, daß Kratippos inner-
lich davon überzeugt war, daß Pompeius nichts von einer göttlichen Vorsehung zu erwarten hätte. Es entzieht sich allerdings unserer Kenntnis, ob
diese Überzeugung des Philosophen nur auf einer realistischen Beurteilung der konkreten Situation beruhte oder ob sie sich auf eine allgemeinere These seiner Theologie stützte, wie z. B. die typisch peripatetische These, daß das Wirken Gottes auf das Allgemeine beschränkt ist,
und daß das individuelle Anliegen der Menschen nicht von der göttlichen
Fürsorge geregelt wird. Das Gespräch verschob sich dann auf politische
Probleme. Der Staatsmann Pompeius hatte vorher philosophische Fragen
angeschnitten. Der Philosoph Kratippos fühlte sich deswegen seinerseits
berechtigt, Probleme der Politik aufzuwerfen. Er legte also dar, daß eine
monarchische Regierungsform wegen der Mißstände im Staat notwendig
sei, und er schloß die Frage an: ,,Wie und auf welches Indiz hin könnten

---

[18] Cic., Off. III 5 *Quare quamquam a Cratippo nostro, principe huius memoriae
philosophorum, haec* (i. e. *constanter honesteque vivendi praecepta*) *te assidue audire
atque accipere confido, tamen conducere arbitror talibus aures tuas vocibus undique
circumsonare, nec eas, si fieri possit, quicquam aliud audire.*

wir glauben, Pompeius, daß du im Fall eines Sieges dein Glück besser benutzt hättest als Caesar?" Und er fügte hinzu: „Derartige Dinge läßt man
lieber ihren Lauf so nehmen, wie die Götter sie eingerichtet haben"[19].
Auch hier wissen wir nicht, ob diese Bemerkungen gewisse Rückschlüsse
auf die Philosophie des Kratippos zulassen. Es ist nicht ausgeschlossen,
daß er die Lage des Pompeius für aussichtslos hielt und Caesars Erfolg
nicht nur als gesichert, sondern auch als nützlich für den Staat betrachtete. Hat er aber dieses Urteil mit philosophischen Argumenten untermauert, so müssen diese von einem Fatalismus getragen worden sein, der
von seiten eines Peripatetikers nicht wenig überrascht.

Die ausführlichsten Nachrichten, die wir über die Philosophie des
Kratippos besitzen, beziehen sich auf seine Ansichten über die Weissagung. Sie stammen aus der wohl noch vor Crassus' Tod entstandenen
Schrift Ciceros De divinatione[20]. Wie vor ihm der Peripatetiker Dikaiarch
verwarf Kratippos alle Formen der sogenannten künstlichen Mantik,
d. h. diejenigen, die auf der systematischen Beobachtung bestimmter
Zeichen und auf einer Technik der Auswertung dieser Zeichen beruhten.
Nur die natürlichen Arten der Weissagung ließ er gelten, d. h. diejenigen,
die von Natur aus und spontan entstehen, ohne daß logische Analysen
und technische Überlegungen daran beteiligt sind. Diese „natürliche"
Weissagung nimmt zwei Hauptformen an, die prophetische Ekstase
(furor) und die prophetischen Träume (somnia). Ihr Zustandekommen
läßt sich durch Herkunft und Natur der menschlichen Seele sowie durch
das besondere Verhältnis der Seele zum Leib erklären. Ein bestimmter
Teil der Seele ist nämlich von außen her in uns gezogen worden; aus seiner
Anwesenheit in uns läßt sich eben auf einen göttlichen Geist schließen,
aus dem der menschliche stammt; dieser göttliche Seelenteil ist natürlich
derjenige, der an der Vernunft und am Denken teilhat. Während der andere Teil der Menschenseele, der wahrnimmt, bewegt und begehrt, untrennbar vom Körper ist und nur in Verbindung mit ihm seine Funktionen ausübt, entfaltet der rationale Teil erst dann seine höchste Tätigkeit, wenn er möglichst weit vom Körper entfernt ist[21]. Kratippos

---

[19] Vgl. oben Anm. 3.
[20] Tertull., De an. 46, 10 nennt Kratippos unter denjenigen, die prophetische
Träume gesammelt und gedeutet haben: *Quanti autem commentatores et affirma-
tores in hanc rem? Artemon Antiphon Strato Philochorus Epicharmus Serapion
Cratippus Dionysius Rhodius Hermippus, tota saeculi litteratura.* Über diese
einzelnen Autoren vgl. J. H. Waszinks Kommentar zur Stelle.
[21] Cic., De div. I 70.

nimmt also an, daß der rationale Seelenteil sich unter bestimmten Umständen, im Traum oder in der Ekstase, vom Körper irgendwie loslöst
und dann zu höheren Formen der Erkenntnis kommt. Wir werden noch
versuchen, diese Erklärung zu präzisieren. Vorher wollen wir einen Blick
auf die Seelenlehre werfen, aus der diese Erklärung abgeleitet wird. Die
Unterscheidung eines rationalen und eines nicht rationalen Teils in der
Seele begegnet mehrmals bei Aristoteles; sie erscheint nicht nur in den
Traktaten, sondern auch in den Fragmenten des Protreptikos[22] und geht
auf Platon zurück[23]. Auch die Auffassung, daß der νοῦς „unser Gott" oder
„das Göttliche in uns" ist, taucht sowohl bei Platon wie im Protreptikos
auf[24]. Kratippos scheint also an eine gut bekannte platonisch-aristotelische Tradition anzuknüpfen. Bemerkenswert ist allerdings, daß er den
Akzent auf die Trennbarkeit des λόγος und die Untrennbarkeit des
ἄλογον legt. Dieser Gesichtspunkt erinnert eher an die Problematik von
Aristoteles' De anima mit der Entelechie-Lehre und der Schwierigkeit,
die sich daraus für den Status des νοῦς ergibt. Bemerkenswert ist ferner
der Ausdruck *animos hominum quadam ex parte extrinsecus esse tractos et*

---

[22] Fr. B 23 und B 60 Düring (= 6 Walzer, 6 Ross).

[23] Über die Zweiteilung der Seele bei Platon und Aristoteles vgl. u. a. D. A. Rees,
Bipartition of the soul in the early Academy, in: JHSt 77 (1957) 112—118;
Theories of the soul in the early Aristotle, in: Aristotle and Plato in the mid-fourth
century, 1960, 191—200. P. Moraux, Sur la Justice 42 Anm. 58, und 151—153;
From the Protrepticus to the Dialogue on Justice, in: Arist. and Plato in the
mid-fourth cent., bes. 115—118. F. Dirlmeier, Ar. Nikom. Ethik 278—279.
Ch. Lefèvre, Sur l'évolution d'Arist. en psychologie, Louvain 1972, 225—230.

[24] Protr. Fr. 108 und 110 Düring (= Fr. 10c Walzer, 10c Ross). Auf den göttlichen
Charakter des Intellekts wird mehrmals in den Lehrschriften angespielt, u. a.
De an. I 4, 408b 29; Part. an. II 11, 656a 8; IV 10, 686a 27—28; Gener. an.
II 3, 736b 28; 737a 8—11; Metaph. Λ 7, 1072b 23—26; EN X 7, 1177a 15—16;
b 26—31; 9, 1179a 26—27; EE VII 14 (= VIII 2), 1248a 27. Daß Aristoteles den
menschlichen Nus für θεῖος hält, ihn dennoch nicht als θεός schlechthin bezeichnet, zeigt W. J. Verdenius, Human reason and God in the EE, in: Untersuchungen
zur EE. Akten des 5. Sympos. Arist., 1971, bes. 289—291. Über die Göttlichkeit
des intellektuellen Seelenteils bei Platon vgl. J. van Camp und P. Canart, Le sens
du mot θεῖος chez Platon, 1956, bes. 155—161 (Resp. IX 589d; 590d) und
265—295 (Tim., u. a. 41c; 69c—d; 90a—c). Die Auffassung, daß unser Geist
das „Göttliche in uns" ist, taucht bereits früher auf, z. B. bei Diogenes Apoll.
VS[6] 64 A 19 § 42; B 5. Eurip. Fr. 1018 Nauck[2] (Vgl. H. Diller, Die philosophiegeschichtliche Stellung des Diogenes von Apollonia, in: Hermes 76 [1941]
374—380. W. Jaeger, The theology of the early greek philosophers, 1947, bes.
161—171 und 246 Anm. 90—91). Über das Thema der Verwandtschaft des
Menschen mit Gott im allgemeinen vgl. E. des Places, Syngeneia, 1964.

haustos, in welchem das Wort *extrinsecus* sich mit dem griechischen ἔξωθεν bzw. θύραθεν zu decken scheint[25]. Man wird dadurch an die Lehre vom
sogenannten νοῦς θύραθεν erinnert, die wahrscheinlich aus der Kombination von De an. III 5, 430 a 22 und De gener. anim. II 3, 736 b 27 gewonnen wurde und auf die bereits Theophrast anspielt[26]. Wir wissen natürlich nicht, ob Kratippos sich persönlich mit den Lehrschriften des
Aristoteles beschäftigt hatte. Sicher dürfte auf jeden Fall sein, daß die
Seelenlehre, deren er sich hier bedient, nicht ausschließlich aus den z. T.
noch platonisierenden Dialogen stammte, sondern in einer Tradition
stand, die gewisse Thesen und Probleme der Lehrschriften berücksichtigte.

Auf die Verwandtschaft des ciceronischen Zeugnisses über Kratippos
mit einem Fragment aus Aristoteles' De philosophia ist schon längst hingewiesen worden. Durch Sextus erfahren wir, daß Aristoteles die Entstehung des Götterglaubens unter anderem durch die Phänomene der
Traummantik und des Enthusiasmus erklärte. Wenn die Seele im Schlaf
selbständig wird und ihre eigene Natur wiedererhält, kann sie die Zukunft
voraussagen. Diese Fähigkeit hat sie auch, wenn sie sich im Augenblick
des Todes vom Körper trennt. So läßt Homer den sterbenden Patroklos
den Tod Hektors, den sterbenden Hektor den Tod Achills prophezeien.
Solche Phänomene, behauptet Aristoteles, brachten die Menschen auf
den Gedanken, daß es ein göttliches Wesen gibt, das der Seele ähnlich

---

[25] M. van den Bruwaene, Théol. de Cicéron 207 bezieht *extrinsecus* auf den Zustand
der Seele, die sich während des Traumes oder der Ekstase „außerhalb" des
Körpers befindet, und er will darin einen pythagoreisierenden Zug der Mantik-
lehre des Kratippos sehen. Daß wir es vielmehr mit einer Reminiszenz an den
νοῦς θύραθεν zu tun haben, wurde von anderen Gelehrten richtig erkannt. Vgl.
E. Zeller, Philos. d. Gr. III 1⁵, 650 Anm. 3. H. v. Arnim, Art. Kratippos 3,
RE XI 2, 1659. M. Pohlenz, in: NGG 1921, 186. W. Theiler, Arist. über die
Seele 144, ad III 5, 430a 25. — K. Reinhardt, Kosmos und Sympathie 200
Anm. 1 meint jedoch, daß Kratippos die Einzelseele als einen Teil der Allseele
betrachtet und die stoisch-poseidonische Ansicht mit einem platonisch-peripate-
tischen Dualismus kombiniert habe. Mit dem aristotelischen νοῦς θύραθεν hätten
die *animi extrinsecus tracti et hausti* des Kratippos nichts zu tun. G. Movia,
Anima e intelletto 205 läßt die Frage offen, ob die Seelenlehre des Kratippos
rein platonisch-peripatetisch oder stoisch beeinflußt gewesen sei.

[26] Theophr. ap. Simpl., Phys. 965, 3—4 (= Fr. 53 Wimmer, 13 Hicks, Aristotle
De anima 594, 13 Barbotin) εἰ δὲ δὴ καὶ ὁ νοῦς κρεῖττόν τι καὶ θειότερον, ἅτε
δὴ ἔξωθεν ἐπεισιὼν καὶ παντέλειος. Theophr. ap. Themist., De an. 107, 31—32
(= Fr. 53b Wimmer, 1 Hicks, 1 Barbotin) ὁ δὲ νοῦς πῶς ποτε ἔξωθεν ὢν καὶ
ὥσπερ ἐπίθετος ὅμως συμφυής;

ist und ein alles umfassendes Wissen besitzt[27]. Trotz der offenkundigen
Verwandtschaft der beiden Texte dürfen allerdings wichtige Unterschiede
nicht übersehen werden. Während Aristoteles laut Sextus von der Seele
schlechthin spricht, betont Kratippos, daß es der vernunftbegabte Teil
der Seele ist, der sich im Schlaf vom Körper löst und die mantischen Fähigkeiten besitzt. Diese Präzisierung war wohl deswegen notwendig geworden, weil es nach der Verbreitung der Entelechie-Lehre nicht mehr
möglich war, Seele und Intellekt modo platonico problemlos gleichzu-
setzen. Auch in einem anderen Punkt gehen die beiden Texte auseinander. Laut Aristoteles bei Sextus zeigen die prophetischen Träume die
wahre Natur der Seele als Erkenntnisvermögen; sie ermöglichen dadurch
den Schluß auf ein göttliches Wesen, das ein totales Wissen besitzt. Kratippos stellt den Rückschluß auf das Göttliche etwas anders dar. Ausschlaggebend ist für ihn der Umstand, daß unser Intellekt von außen her
in uns gekommen ist und deswegen aus einem selbständigen göttlichen
Intellekt stammen muß. Wir wissen jedoch nicht, wie Kratippos seine
Behauptung nachwies, daß der menschliche Intellekt nicht denselben
Ursprung hat wie der nicht rationale Seelenteil. Möglicherweise benutzte
er das Argument, das Cicero in seiner Consolatio dem aristotelischen Dialog De philosophia entlehnt hatte: Die charakteristischen Operationen
des Intellekts — sich erinnern, denken, überlegen, Vergangenes im Gedächtnis aufbewahren, Zukünftiges voraussagen, Gegenwärtiges begrei-
fen — lassen sich auf keines der hiesigen Elemente zurückführen; sie sind
göttlicher Natur und können deswegen nur von Gott stammen. Gott muß
also als ein ewiger, selbständiger, von jeder Körperhaftigkeit freier Intellekt aufgefaßt werden, der alles kennt und alles bewegt[28]. Nicht die
Weissagung allein, sondern auch andere typische Funktionen des Intellekts erschienen also als Beweis für seine göttliche Herkunft. Daß Kratippos sich einer ähnlichen Argumentation bedient hat, um den ἔξωθεν-
Charakter des rationalen Seelenteils zu begründen, dürfen wir als wenigstens wahrscheinlich annehmen.

Viel wichtiger ist aber die Frage, wie er sich die vorübergehende Verselbständigung des Intellekts in Schlaf und Enthusiasmus vorstellte und
wie er die Entstehung der Weissagung in solchen Zuständen erklärte. Hier

---

[27] Arist., De philos. Fr. 12a Walzer, 12a Ross. B. Effe, Stud. z. Kosmol. u. Theol.
d. Arist. Schrift „Über die Philosophie", München 1970, 78—88 hebt mit
vollem Recht hervor, „daß Aristoteles die im Fr. 12a referierte 'schamani-
stische' Konzeption der Traummantik nicht selbst vertreten hat".

[28] Arist., De philos. Fr. 27 Walzer, 27 Ross = Cic., Tusc. I 65—66.

hilft Ciceros Zeugnis etwas weiter. Die Voraussetzung für die „natürliche"
Weissagung — d. h. für prophetische Träume und Ekstase, die einzigen
Arten der Mantik, die Kratippos und sein Vorgänger Dikaiarch billigten,
— ist dann erfüllt, wenn der *animus hominis* so ungebunden und frei ist,
daß er gar nichts mehr mit dem Körper gemeinsam hat; gerade das ge-
lingt den Sehern und den Träumenden[29]. Wie kommt es aber, daß der Intellekt Zukünftiges erkennen kann, wenn er frei von jeder Bindung an den
Körper ist? Wir erfahren es durch einen Satz, den Cicero seinem Bruder
Quintus in den Mund legt: Dikaiarch und Kratippos meinen, daß der
menschliche Verstand eine Art von Weissagungsvermögen besitzt; dank
diesem Vermögen könne er Zukünftiges vorausschauen, wenn er, von
göttlicher Raserei angetrieben oder durch den Schlaf entspannt, in der
Lage sei, sich selbständig und frei zu bewegen[30]. In der Tat verglich
Kratippos dieses prophetische Organ des Intellekts mit dem Sehvermögen in einem Argument für die Wahrheit der Weissagung[31]. Die Mantik
war also für ihn lediglich eine besondere Erkenntnisfunktion des Intellekts. Die Verbundenheit des Intellekts mit dem Körper stellte er sich
als ein Hindernis zur Ausübung dieser Funktion vor. Gelang es aber dem
Intellekt, sich vom Körper zu befreien, so konnte sich diese ihm eigene
Tätigkeit unbehindert entfalten.

Auf eben diese Auffassung weisen mehrere Angaben Ciceros hin, die
sich auf *furor* und *somnia* als die beiden Arten der Naturmantik beziehen:
Die Erregung der Seele und ihre selbständige, freie Bewegung erscheinen
als die Merkmale dieser Formen der Weissagung[32]; auch die göttliche Herkunft der Seele wird in diesem Zusammenhang hervorgehoben[33]. Dies bedeutet allerdings keineswegs, daß alle Äußerungen Ciceros über prophetische Ekstase und Traummantik die Theorien des Kratippos widerspiegeln und auf diesen zurückzuführen sind. Wir hören nämlich, daß

---

[29] Cic., De div. I 113 *nec vero umquam animus hominis naturaliter divinat nisi cum
ita solutus est et vacuus ut ei plane nihil sit cum corpore. Quod aut vatibus contingit
aut dormientibus; itaque ea dua genera a Dicaearcho probantur et ut dixi a Cratippo
nostro.*

[30] Cic., De div. II 100 *haec me Peripateticorum ratio magis movebat et veteris Dicaearchi
et eius qui nunc floret Cratippi, qui censent esse in mentibus hominum tamquam
oraculum aliquod, ex quo futura praesentiant, si aut furore divino incitatus animus
aut somno relaxatus solute moveatur ac libere.*

[31] Cic., De div. I 71. Vgl. unten S. 236.

[32] Cic., De div. I 34; II 101.

[33] Z. B. II 26 *naturale (genus divinandi) quod animus arriperet aut exciperet extrinsecus ex divinitate, unde omnes animos haustos aut acceptos aut libatos haberemus.*

Poseidonios, der sowohl die kunstgemäße wie auch die natürliche Mantik anerkannte, das Zustandekommen der prophetischen Träume zu erklären bemüht war und in dieser Hinsicht drei Möglichkeiten unterschied. In einem ersten Fall schaue die Seele selbst und kraft eigenen Vermögens voraus, weil sie mit den Göttern verwandt sei. In einem zweiten verkehre sie mit den unsterblichen Seelen, von denen der Luftraum voll sei und die in sich gleichsam eingeprägte Zeichen der Wahrheit trügen. In einem dritten schließlich seien es die Götter selbst, die sich mit den Träumenden unterhielten[34]. Poseidonios nahm also an, daß der *animus solutus* in Kontakt mit dämonischen oder göttlichen Wesenheiten geraten kann, denen er dann seine Kenntnis der Zukunft verdankt. Auch die prophetische Ekstase scheint er dadurch erklärt zu haben, daß Gott den Intellekt antreibt oder sich des Menschen bemächtigt und durch dessen Mund redet[35]. Ohne sich selbst den Menschen zu zeigen, können nämlich die Götter ihre Kraft weit und breit wirken lassen, sei es, daß sie sie wie in Delphi in der Erde einschließen, sei es, daß sie bestimmte Menschen, wie etwa die Sibyllen, mit ihr versehen[36]. Die ganze Welt ist mit ewigem Leben und göttlicher Intelligenz erfüllt; es ist daher eine Naturnotwendigkeit, daß die menschlichen Intelligenzen in Kontakt mit den göttlichen kommen, wenn die Beschäftigungen des Alltagslebens und die Bindung an den Körper sie nicht von der Göttergesellschaft abtrennen[37]. Die zweite und dritte Erklärung der natürlichen Mantik durch Poseidonios gehen also davon aus, daß der menschliche Geist unter bestimmten Umständen mit Luftdämonen und mit Göttern verkehren kann. Die erste dagegen legt den Akzent auf die Eigenbewegung des Geistes: Seine eigene Kraft, seine Regsamkeit, seine göttliche Natur sind es, die ihm die Zukunftsschau ermöglichen. Es ist nicht zu verkennen, daß diese erste Erklärung im großen und ganzen derjenigen des Kratippos sehr ähnelt. Dies werden wir im Auge behalten müssen, wenn wir uns fragen, ob Cicero dem Kratippos vielleicht mehr verdankt, als in den namentlichen Testimonien steht.

---

[31] Cic., De div. I 64.

[35] Cic., De div. I 66 *inest . . . in animis praesagio extrinsecus iniecta atque inclusa divinitus. ea si exarsit acrius, furor appellatur, cum a corpore animus abstractus divino instinctu concitatur.* I 67 *deus inclusus corpore humano . . . loquitur.*

[36] Cic., De div. I 79 *qui* (i. e. *di inmortales*) *quidem ipsi se nobis non offerunt, vim autem suam longe lateque diffundunt, quam tum terrae cavernis includunt tum hominum naturis implicant. nam terrae vis Pythiam Delphis incitabat, naturae Sibyllam.*

[37] Cic., De div. I 110.

Bevor wir uns diesen quellenkritischen Problemen zuwenden, wollen
wir noch einen Blick auf die Mantiklehre des Kratippos werfen. Dieser
begnügte sich offenbar nicht damit, die Phänomene der natürlichen
Mantik im Rahmen einer platonisch-aristotelischen Seelenlehre zu begründen; er war auch bemüht nachzuweisen, daß diese Art der Weissagung die Wahrheit erkennen kann. Ein solcher Nachweis mußte um so
erforderlicher erscheinen, als die feste Überzeugung eines Chrysippos von
der Gültigkeit der Mantik inzwischen heftig angefochten worden war, unter
anderen von Karneades. In seiner Polemik gegen den Glauben an die
Weissagung hob Karneades hervor, daß eine Kausalerklärung für die Zukunftsschau nicht zu finden sei, und ferner, daß viele der angeblichen
Prophezeiungen sich als falsch oder unklar und zweideutig erwiesen
hätten; diejenigen aber, die man als wahr betrachten könnte, hätten rein
zufällig das Richtige getroffen[38].

Um solchen Einwänden zu entgegnen, legte Kratippos Beispiele von
wahren Weissagungen und Träumen dar. Bereits Chrysippos hatte eine
solche Sammlung angelegt; es ist nicht unwahrscheinlich, daß Ciceros
Beispiele weitgehend, wenn auch wohl mittelbar, auf Chrysippos zurückgehen. Auf jeden Fall ist Kratippos als mögliche Quelle für diesen Teil
von De divinatione auszuschließen, denn Ciceros Beispielsammlung enthält auch viele Fälle von Weissagungen, die auf technischen Disziplinen
wie Eingeweideschau und Vogelschau beruhen, und solche, die auf Beobachtung und Interpretation bestimmter Vorzeichen zurückgehen. Da
Kratippos die künstliche Mantik nicht akzeptierte, können diese Beispiele nicht von ihm herrühren[39]. Nachdem er mehrere Fälle erfüllter Pro-

---

[38] Vgl. Cic., De div. I 7; 12; 23; 60.

[39] Daß Kratippos Beispiele für wahre Orakel und Träume anführte, bezeugt Cic.,
De div. I 71 *itaque expositis exemplis verarum vaticinationum et somniorum
Cratippus solet rationem concludere hoc modo.* Über die offenbar viel umfangreichere Sammlung des Chrysippos schreibt Cicero I 37: *collegit innumerabilia
oracula Chrysippus nec ullum sine locuplete auctore atque teste;* I 39 *veniamus ad
somnia. de quibus disputans Chrysippus multis et minutis somniis colligendis
facit idem quod Antipater* etc. — Mehrere Gelehrte nehmen an, daß Cicero die
Sammlung des Chrysippos aus zweiter Hand kennt, und zwar durch Poseidonios
(Vgl. A. S. Pease, Cic. De div., S. 22 Anm. 100). An Kratippos als Vermittler
dachten jedoch R. Hoyer, Quellenstudien zu Ciceros Büchern de natura deorum,
de divinatione, de fato, in: Rhein. Mus. 53 (1898) 55 und A. Loercher, De compositione et fonte libri Ciceronis, qui est de fato, Diss. Halle 1907, 344 Anm. 1.
Auch K. Reinhardt, Poseidonios, 1921, 423—433 führt die griechischen Beispiele
in De divinatione (ab I 39) auf Chrysippos zurück, schließt jedoch sowohl Kratippos wie auch Poseidonios als Vermittler aus.

phezeiungen angeführt hatte, zog Kratippos einen Schluß, nach welchem
die grundsätzliche Fähigkeit, die Zukunft vorauszuschauen, dem Menschen zuerkannt werden muß, selbst wenn man das Vorkommen falscher
Prophezeiungen nicht abstreitet. Das Weissagungsvermögen kann mit der
Sehkraft verglichen werden: „Wenn die Tätigkeit und die Funktion der
Augen nicht ohne die Augen bestehen können, wenn es jedoch bisweileh
vorkommt, daß die Augen ihre Funktion nicht erfüllen, so besitzt derjenige, der seine Augen auch nur ein einziges Mal so benutzt hat, daß er
das Wahre sah, ein Sehvermögen, das in der Lage ist, das Wahre zu sehen.
Ebenso wenn Tätigkeit und Funktion des Weissagungsvermögens nicht
ohne das Weissagungsvermögen bestehen können, wenn es jedoch bisweilen vorkommt, daß jemand irrt und nicht das Richtige vorausschaut,
obwohl er das Weissagungsvermögen besitzt, so reicht es zum Nachweis
eines Weissagungsvermögens aus, wenn ein einziges Mal etwas so pro-
phezeit wurde, daß es sich nicht zufällig ereignet zu haben scheint. Nun
gibt es unzählige Prophezeiungen dieser Art. Man muß also zugeben, daß
es ein Weissagungsvermögen gibt[40]“. Diese Schlußfolgerung beruht auf
der Überzeugung, daß die einmalige Ausübung einer Tätigkeit genügt,
um zu beweisen, daß das Subjekt die Fähigkeit dazu besitzt. Das Auge
ist z. B. zum richtigen Sehen hin orientiert. Wer auch nur ein einziges
Mal richtig gesehen hat, besitzt ein solches Sehvermögen, ganz gleich, ob
er es nicht immer betätigt oder ob er bisweilen nicht richtig sieht. Das
Voraussehen ist ebenfalls Funktion eines bestimmten Vermögens des
Geistes. Dieses Vermögen ist auf die wahre Erkenntnis des Zukünftigen
hin orientiert. Daran ändern etwaige Irrtümer nichts: Hat es ein einziges
Mal und nicht zufällig das Richtige getroffen, so muß seine Fähigkeit dazu als nachgewiesen gelten. Auf die Fehler dieses Schlusses weist Cicero
im 2. Buch seines Traktats hin. Erstens enthalten die Obersätze eine pe-
titio principii, indem sie Sehakt und Weissagung parallelisieren. Das
richtige Sehen erfolgt von Natur aus, aufgrund einer bestimmten Fähigkeit zum Wahrnehmen. Richtige Prophezeiungen sind Produkte des
Glücks oder des Zufalls. Nur durch Zufall können mantische Träume das
Richtige treffen. Unannehmbar ist zweitens der Untersatz, nach welchem
es eine Unzahl von nicht zufälligen richtigen Prophezeiungen gibt. Warum sollten wir zugeben, daß sie nicht zufällig richtig sind? Die falschen
sind ja noch zahlreicher und gerade dieses Schwanken, das ein Merkmal
des Zufalls ist, beweist, daß eben der Zufall und nicht die Natur als Ur-

---

[40] De div. I 71. Vgl. II 100... *esse in mentibus hominum tamquam oraculum aliquod,
ex quo futura praesentiant* ...

sache für die Richtigkeit gewisser Weissagungen angesehen werden muß. Der kratippische Schlußsatz selbst befriedigt nicht; er könnte gegen die eigenen Thesen des Kratippos umgedreht werden. Denn wenn ein einziger richtiger Fall genügt, um die Gültigkeit einer Divinationsart nachzuweisen, könnten sich alle Formen der künstlichen Mantik, die Kratippos ablehnt, desselben Schlusses bedienen und aufgrund ihrer richtigen Weissagungen Anspruch auf Anerkennung erheben[41].

Da Kratippos Peripatetiker war, laut Cicero sogar einer der berühmtesten seiner Zeit, soll jetzt die Frage erörtert werden, inwiefern seine Mantiklehre unter dem Einfluß des Aristoteles steht. Wir wollen zuerst einen Blick auf die sogenannten Parva Naturalia werfen, in denen sich Aristoteles unter anderem mit der Problematik des Schlafes, der Träume und der Traummantik beschäftigt. Wahrscheinlich kann man in diesen kleinen Schriften zwei Kompositionsschichten unterscheiden; die ältere gehört der mittleren Periode an und ist noch vor De anima entstanden; die jüngere setzt De anima voraus[42]. Weder in der einen noch in der anderen finden sich jedoch Ansichten, die im Einklang mit denen des Kratippos stehen. Dies gilt zuerst für die Erklärung der Träume. Aristoteles wirft die Frage auf, ob das Träumen eine Funktion des νοητικόν oder des αἰσθητικόν ist[43], und er beantwortet sie dahingehend, daß die Traumbilder Produkte des Vorstellungsvermögens sind und das Träumen vom αἰσθητικόν als dem Träger dieses Vorstellungsvermögens herrührt[44]. Die Wahrnehmung hinterläßt in den Sinnesorganen Eindrücke, die auch in Abwesenheit des wahrgenommenen Objekts bestehen bleiben können; andererseits können bestimmte Ursachen wie Affekte oder Krankheiten die Wahrnehmung verfälschen. Da im Schlaf der Kontakt mit der Außenwelt fast abgeschnitten ist und eine Zusammenarbeit der Denk- und Wahrnehmungsvermögen nicht mehr besteht, können die Spuren der Wahrnehmung sich wieder manifestieren, allerdings ordnungslos und ohne Überprüfung durch übergeordnete Erkenntnisfunktionen. Daher der il-

---

[41] Cic., De div. II 107—109. In dieser Widerlegung sieht R. Hoyer, in: Rhein. Mus. 53 (1898) 61 „eine selbständige Arbeit des Philosophen Ciceros". M. van der Bruwaenes These (Théol. Cic. 210), sie gehe auf Antiochos zurück, muß schon aus chronologischen Gründen zurückgewiesen werden.

[42] Vgl. besonders H. J. Drossaart Lulofs, Arist. De insomniis et de divin. per Somnum, I, 1947, IX—XLIV (= Philos. Antiqua II 1).

[43] De insomn. 1, 458b 1—3.

[44] De insomn., Kap. 1 im ganzen, bes. 459a 21—22 φανερὸν ὅτι τοῦ αἰσθητικοῦ μέν ἐστι τὸ ἐνυπνιάζειν, τούτου δ' ᾗ φανταστικόν.

lusorische und zusammenhanglose Charakter der Träume. Neben dieser
Reaktualisierung früherer Sinneseindrücke im Traum ist auch zu be-
achten, daß reale Erscheinungen der Umwelt, z. B. Lichter oder Ge-
räusche, vom Schlafenden, wenn auch nur schwach, wahrgenommen
werden[45]. Mit Kratippos' Annahme einer Verselbständigung des Geistes
während des Schlafes hat diese naturalistische Erklärung der Träume bei
Aristoteles absolut nichts gemeinsam.

Mit den Problemen der Traummantik befaßt sich Aristoteles in einer
kleinen Abhandlung, die wahrscheinlich noch vor De anima entstanden
ist. Bereits in der Einleitung zu De somno weist er auf die zu klärenden
Punkte hin: „Es soll ferner untersucht werden, ob es möglich ist oder
nicht, die Zukunft im Traum vorauszuschauen, und falls es möglich ist,
wie das erfolgt, ferner, ob man nur künftige Ereignisse vorausschaut, die
durch menschliches Tun bedingt sind, oder auch diejenigen, die das
Göttliche als Ursache haben und von Natur aus geschehen oder vom Zufall abhängen[46]". In der Schrift De divinatione per somnum räumt Aristoteles zwar ein, daß Träume irgendwie Bezug auf die Zukunft haben
können, will jedoch darin kein übernatürliches Phänomen erkennen.
Wäre Gott die Ursache prophetischer Träume, so würde er diese nicht
irgendjemandem, sondern dem besten und vernünftigsten Menschen ein-
geben[47]. Ohne göttlicher Herkunft zu sein, haben sie jedoch teil an dem
Wunderbaren, das der Natur eigen ist[48]. In der Tat schlägt Aristoteles
rein naturalistische Erklärungen vor. Wie Ärzte richtig beobachtet haben,
gibt es Träume, die Vorzeichen (σημεῖα) enthalten: Kleine Bewegungen
und Änderungen im Organismus, die im Schlaf deutlicher als im Wachen
wahrgenommen werden, können eine bevorstehende Krankheit ankündigen[49]. Andere Träume sind als Ursachen anzusehen: Bestimmte Traum-
vorstellungen können die Keimzelle unserer späteren Handlungen darstellen[50]. Die meisten sind jedoch rein zufälliges Zusammentreffen, und gerade

---

[45] Vgl. De insomn., Kap. 2 und 3 im ganzen. Die arabisch erhaltene „Abhandlung nach der Darlegung des 'ersten Lehrers' Aristoteles über den Traum"
stimmt in ihrer Grundtendenz mit der Theorie von De insomniis überein. Vgl.
H. Gätje, Stud. z. Überlieferung d. arist. Psychol. im Islam, 1971, 86—88;
130—135.

[46] De somno 1, 453 b 20—24.

[47] De div. p. somn. 1, 462 b 13—26. Über die Traummantik in dieser Schrift vgl.
B. Effe, Studien 82—83.

[48] 2, 463 b 12—15.

[49] 463 a 3—21.

[50] 463 a 21—31.

deswegen gibt es so viele Träume, die sich nicht verwirklichen; das
,Immer' und das ,Meistens' begegnen nämlich nicht auf dem Gebiet des
Zufälligen[51]. Warum sind es gerade einfache Menschen, die oft richtige
mantische Träume haben? — Weil es in ihrer Natur liegt, daß sie eine
Fülle von bunten Vorstellungen haben. Unvermeidlich wird es darunter
einige geben, die das Richtige treffen[52]. Auch auf etwaige Eindrücke, die
von außen her kommen, reagieren sie fügsamer als kritischere Menschen,
denn sie überlegen nicht und ihr Denkvermögen ist leer und untätig[53].
Ebenso verhält es sich mit den Menschen in der Ekstase: Ihre eigenen Bewegungen registrieren sie nicht, um so heftiger reagieren sie auf äußere Einflüsse[54]. Diese kurzen Angaben dürften genügen: Mitnichten erklärt Aristoteles den Zukunftsbezug bestimmter Träume durch den göttlichen
Charakter und den göttlichen Ursprung des menschlichen Geistes und
durch die vorübergehende Trennung dieses Geistes vom Körper. Wir
dürfen also mit Sicherheit sagen, daß die Traum- und Mantiklehre des
Kratippos gar nichts zu tun hat mit der, die wir in den Parva Naturalia
finden.

In einem leider heillos korrupten Passus der Eudemischen Ethik
scheint allerdings Aristoteles bestimmte Formen der Mantik auf das
Göttliche in der Seele zurückzuführen. Wenn Kratippos die Parva Naturalia nicht berücksichtigte, könnte er vielleicht aus diesem Text der EE
geschöpft haben? Auch diese Möglichkeit muß ausgeschlossen werden. In
EE VIII 2 erklärt Aristoteles unter anderem, warum bestimmte Menschen Glück haben: Das Göttliche in ihnen tritt sozusagen an die Stelle
der rationalen Überlegungen: „Als Glückskinder bezeichnet man diejenigen, die, wenn sie etwas in Angriff nehmen, erfolgreich sind, obwohl
sie nicht rational verfahren; ihnen nützt das Beraten nichts, denn sie
haben in sich ein Prinzip, das besser ist als die Vernunft und das Beraten[55]". Das Folgende ist, wie gesagt, schwer korrupt. So viel ist immerhin
klar, daß Aristoteles diese Glücksmenschen mit denjenigen vergleicht, die
von Gott besessen etwas voraussagen. Auch diese treffen das Richtige,
ohne rationale Erwägungen anzustellen. Mit Leichtigkeit sieht Gott Zukünftiges und Gegenwärtiges, und ähnlich geht es den Menschen, bei
denen die Vernunft ausgeschaltet ist. Deswegen treffen die „Melancho-

---

[51] 463a 31—b 11.
[52] 463b 15—22.
[53] 463b 31—464a 24.
[54] 464a 24—27.
[55] EE VIII 2, 1248a 30—32.

liker" das Richtige in ihren Träumen[56]. Das göttliche Prinzip scheint
nämlich besser zur Wirkung zu kommen, wenn die Vernunft ausgeschaltet ist. Vergleichbar ist der Fall der Blinden, die ein besseres Gedächtnis
haben, weil sie sich an das Gesehene nicht zu erinnern haben[57]. In der hier

[56] Auch in den pseudo-aristotelischen Problemata erscheinen Wahrsagerei und
„Enthusiasmos" unter den Folgen der Melancholie. In XXX 1, einem Problem,
das wahrscheinlich auf Theophrast zurückgeht, heißt es (954a 34—38): „Viele
(derjenigen, die besonders viel warme Galle besitzen,) ... werden ... , weil
diese Wärme nahe dem Sitz des Verstandes ist, von Krankheiten der Raserei
und der Begeisterung ergriffen, woher die Sibyllen und Wahrsager und die
Begeisterten alle ihren Ursprung haben, sofern sie nicht durch Krankheit,
sondern durch ihre natürliche Mischung so werden." (Übersetzung von H. Flashar.
Über Probl. XXX 1 im ganzen vgl. H. Flashar, Melancholie und Melancholiker
in den medizinischen Theorien der Antike, 1966, 60—72.) In der Perspektive des
Autors wirkt die außergewöhnliche Wärme der Galle bei den Melancholikern auf
den Verstand ein, und zwar wohl nicht um ihn auszuschalten und dadurch die
freie Betätigung eines höheren, göttlichen Prinzips zu ermöglichen (was die
Erklärung der EE zu sein scheint), sondern vielmehr um die Leistungen des
Verstandes selbst zu steigern. Allerdings räumt der Autor ein, daß auch die
Krankheit Weissagung und Begeisterung hervorrufen kann.

[57] EE VIII 2, 1248a 32—b 3. Zur Interpretation dieses schwierigen Textes vgl.
F. Dirlmeier, Arist. Eud. Ethik 491—492 und B. Effe, Studien 84—85. Obwohl
ich ebensowenig wie Dirlmeier hoffen darf, alle Anstöße der überlieferten Fassung zu beseitigen, möchte ich einige neue Vorschläge zur Heilung der verderbten
Stelle machen. οἱ δὲ τὸν λόγον τοῦτον (τοῦτο δ' codd.) οὐκ ἔχουσι κατ' ἐνθουσιασμὸν (καὶ ἐνθουσιασμοί codd.)· τοῦτο δ' οὐ δύναται· ἄλογοι γὰρ ὄντες ἐπιτυγχά-
νουσι. (Unter τὸν λόγον τοῦτον, den die Gottbesessenen nicht haben, ist die βού-
λευσις, das βουλευτικόν zu verstehen. Während das βουλεύεσθαι den Glücksmenschen nicht nützlich war, ist es bei den Gottbesessenen schicht unmöglich: τοῦτο, i. e. βουλεύεσθαι, οὐ δύνανται.) καὶ οὐ τῶν (τούτων codd.) φρονίμων καὶ σοφῶν
ταχεῖαν εἶναι τὴν μαντικήν. καὶ οὐ μόνον (μόνον οὐ codd.) τὴν ἀπὸ τοῦ λόγου δεῖ
ἀπολαβεῖν, ἀλλ' ἢ (οἱ codd.) μὲν δι' ἐμπειρίαν, ἢ (οἱ codd.) δὲ διὰ συνήθειαν
⟨οἷοί⟩ τε ἐν τῷ σκοπεῖν χρῆσθαι (Der Verf. weist darauf hin, daß auch intelli-
gente, weise Menschen die Zukunft vorausschauen können; diese rationalere
Form der Mantik umfaßt nicht nur rein logisch-vernunftmäßig gewonnene
Voraussagen, sondern auch solche, die auf Erfahrung und Vertrautheit mit
dieser Kunst beruhen. Diese rationalere Mantik ist jedoch nicht so „schnell",
sie führt nicht so rasch und so direkt zum Ziel wie die enthusiastische.)· τῷ θεῷ
δὲ αὗται· τοῦτο γὰρ καὶ εὖ ὁρᾷ καὶ τὸ μέλλον καὶ τὸ ὂν καὶ ὧν ἀπολύεται
ὁ λόγος οὕτως (οὗτος codd.)· διὸ οἱ μελαγχολικοὶ καὶ εὐθυόνειροι· ἔοικε γὰρ
ἡ ἀρχὴ ἀπολυομένου τοῦ λόγου (so Spengel. ἀπολυομένους τοὺς λόγους codd.)
ἰσχύειν μᾶλλον (Nach seiner Nebenbemerkung über die rationalere Mantik
wendet sich der Verf. wieder zum eigentlichen Objekt seiner Untersuchung, den
von Gott inspirierten Weissagungen; αὗται heißt also nicht „die soeben

vertretenen Auffassung gibt es also in der Seele ein göttliches Moment, das
nicht identisch ist mit dem νοῦς und dem Beratungsvermögen, sondern
diese weitgehend übertrifft. Ihm verdanken es bestimmte Menschen, daß
sie sozusagen aus Instinkt, ohne jede rationale Erwägung, das Richtige
treffen. Auch die enthusiastische Mantik läßt sich auf dieselbe Weise erklären; die Vernunft wird ausgeschaltet, und an ihre Stelle tritt das genannte göttliche Prinzip, das mühelos Gegenwart und Zukunft erkennen
kann. Für Kratippos ist es der vernunftbegabte Teil der Seele, der sich
unter bestimmten Umständen vom Körper löst, die Reinheit seiner ursprünglichen Natur wiedererlangt und auf diese Weise Kenntnis vom
Zukünftigen erhält. In der Eudemischen Ethik dagegen werden die
Funktionen der Vernunft bei Traummantik und Enthusiasmus gleichsam lahmgelegt; sie scheiden vorübergehend aus; nur unter dieser Voraussetzung kann das übergeordnete göttliche Prinzip dem Menschen
einen Blick in die Zukunft eröffnen.

Wenn Kratippos weder an die naturalistische Mantiklehre der Parva
Naturalia anknüpft noch die Auffassung der Eudemischen Ethik wiedergibt, so scheint es nicht abwegig zu fragen, ob er nicht vielmehr in eine
platonisierende Tradition einzuordnen ist. Daß die Seele ihre wahre Natur wiedererlangt, wenn sie sich vom Körper befreit, und daß sie eine
solche Befreiung bereits während des irdischen Lebens anstreben soll, um
an das Wissen heranzukommen, ist eine Ansicht, die durch den Phaidon
berühmt geworden war[58]. Als Platon drei Seelenteile unterschieden hatte,
konnte er vom Verhältnis dieser Teile zueinander ausgehen, um die guten
oder schlechten Eigenschaften der Träume zu erklären. Wird im Schlaf
der denkende, herrschende Seelenteil außer Kraft gesetzt, so behaupten
sich die gewaltigen Begierden der tierischen Seelenteile. Hat aber der
denkende Teil die adäquate Vorbereitung erhalten, ist das Begehrende
gebändigt und das Mutartige beruhigt worden, dann kann das Denken im
Schlaf die Wahrheit erreichen und dann sind auch die Traumbilder am
wenigsten unheimlich[59]. Eine spezifische Erklärung der mantischen
Träume ist das allerdings nicht. Im Timaios aber wird eine solche geboten. Weissagungsorgan ist die Leber. Die Mantik hängt deswegen mit
dem unteren Seelenteil zusammen; sie ist dem menschlichen Unwissen

---

erwähnten", sondern „diejenigen, um die es hier geht"), ὥσπερ καί (καί ὥσπερ
codd.) οἱ τυφλοί μνημονεύουσι μᾶλλον ἀπολυθέντες τοῦ ⟨ἐπὶ⟩ (dubitanter
addidi) τοῖς ὁρωμένοις (εἰρημένοις codd.) εἶναι τὸ μνημονεῦον.

[58] Vgl. bes. 66e—67a.   [59] Resp. IX 571c—572b.

von den Göttern geschenkt worden. Nur wer nicht im Besitz seiner Vernunft ist, hat Zugang zur göttlichen, wahren Mantik; sie setzt die Ausschaltung der Denkkraft voraus und erfolgt deswegen nur im Schlaf, in
krankhaften Zuständen oder in der Begeisterung (ἐνθουσιασμός). Der
Interpret hat dagegen die mantischen Visionen und Äußerungen rational
zu deuten[60]. Mit diesem Hinweis auf die grundsätzliche Irrationalität der
Weissagung steht Platon offenbar in derselben Linie wie die Eudemische
Ethik. Als Vorgänger der kratippischen Theorie der Mantik kommt er
nicht in Frage. Ebensowenig kann seine Erklärung der Träume im allgemeinen Kratippos beeinflußt haben. Wenn Platon die Entstehung der
Traumbilder (φαντάσματα) auf während des Schlafs noch andauernde
Bewegungen des inneren Feuers zurückführt[61], so kündigt diese physiolo-
gische Erklärung die der Parva Naturalia an; mit dem anthropologi-
schen Dualismus des Kratippos hat sie offenkundig nichts zu tun.

Wenn wir also vom Platonismus des Kratippos reden, so bedeutet das
nicht, daß er aus den einzelnen Angaben Platons über Träume und Mantik geschöpft habe, sondern vielmehr, daß seine ganze Weissagungslehre
in einer geistigen Atmosphäre konzipiert wurde, die an die Grundten-
denzen etwa des Phaidon ziemlich deutlich erinnert. Göttlicher Ursprung
des menschlichen Geistes, Gegenüberstellung dieses Geistes und der an
den Leib gebundenen unteren Seelenteile, Verhinderung der eigentlichen
Tätigkeit der Seele oder des Intellekts durch den Leib, Streben nach
einer Befreiung der Seele vom Körper bereits während des hiesigen
Lebens, das sind einige der Züge, die diese geistige Haltung charakterisieren. Natürlich begegnen sie nicht nur bei Platon selbst. Die Pythagoreer haben sie z. B. auf Pythagoras zurückgeführt[62], und im Zeitalter
Ciceros gehören sie beinahe zum Gemeingut aller auf das Jenseits hin
orientierten Lebensphilosophien. „Ihr wisset, sagte er, daß für die Menschen nichts dem Tode so ähnelt wie der Schlaf. Die menschliche Seele,
so scheint es mir, zeigt sich nämlich dann am deutlichsten in ihrer göttlichen Natur; dann schaut sie die Zukunft voraus; diese Zustände sind es
nämlich, wie mir scheint, in denen sie den höchsten Grad der Freiheit erreicht". Diese Worte, die auch ein Kratippos hätte schreiben können,
stammen nicht etwa von Platon: Xenophon hat sie dem sterbenden Kyros

---

[60] Tim. 71d—72b.
[61] Tim. 45d—46a.
[62] Die wichtigsten Zeugnisse führt A. S. Pease in seinem Kommentar zu Cic.,
    De div. I 70, S. 215 Anm. 7 an.

in den Mund gelegt[63], derselbe Xenophon, der, wie später Kratippos, davon überzeugt ist, daß die menschliche Vernunft ein Bruchstück des göttlichen Geistes ist und damit einen Beweis für die Existenz Gottes darstellt[64]. Auch im Dialog des Aristoteles über die Philosophie tauchte diese Thematik auf, wie bereits oben bemerkt wurde.

Sucht man unter den älteren Philosophen nach einem Vorgänger der kratippischen Weissagungslehre, so drängt sich natürlich der Name des Aristoteles-Schülers Dikaiarchos auf. Cicero nennt nämlich Dikaiarchos und Kratippos in einem Atemzug, als hätten die beiden genau dieselbe Theorie der Mantik vertreten[65]. Die Vermutung liegt daher nahe, daß Kratippos sich einfach an die Lehre des Dikaiarchos angeschlossen habe[66]. Ganz unproblematisch ist diese Hypothese jedoch nicht. Von Cicero selber hören wir, daß Dikaiarchos in einem umfangreichen Buch die Ansicht vertrat, es sei für die Menschen besser, die Zukunft nicht zu kennen[67]. Da Kratippos die Mantik als eine Tätigkeit des göttlichen Seelenteils verherrlichte, kann er unmöglich diese Meinung des Dikaiarchos geteilt und die Weissagung für schädlich gehalten haben. Auf der anderen Seite scheint sich die vielfach belegte Seelenlehre des Dikaiarchos schwerlich mit der oben dargelegten Mantiktheorie des Kratippos vereinbaren zu lassen. In einem Dialog in drei Büchern ließ Dikaiarchos mehrere Gelehrte über die Seele disputieren; in den Büchern II und III vertrat ein phthiotischer Greis namens Pherekrates die Ansicht, das Wort Seele (*animus*) sei eine leere Bezeichnung; die Seele existiere überhaupt nicht; die Kraft, dank welcher wir handeln und erkennen, sei untrennbar vom Leib und gehe auf eine bestimmte Disposition des Körpers zurück[68]. Daß

---

[63] Cyrop. VIII 7, 21.

[64] Memor. I 4, 8.

[65] Cic., De div. I 113;. II 100.

[66] Diese Ansicht vertreten z. B. Th. Schiche, De fontibus librorum Ciceronis, qui sunt de divinatione, Diss. Jena 1875, 24 (Die I 110 ausgesprochenen Meinungen sind die des Dikaiarchos, an welche Kratippos sich aufs engste angeschlossen habe. Da Cicero von Dikaiarchos Schriftliches kennen konnte, ist dieser als Primärquelle anzusetzen). F. Susemihl, Gesch. gr. Litt. Alex. II, 1892, 306 Anm. 344. R. Hoyer, Quellenstudien, in: Rhein. Mus. 53 (1898) bes. 55—64. W. Sander, Quaestiones de Cic. libris, quos scripsit de divin., Diss. Göttingen 1908, 34sqq. H. v. Arnim, Art. Kratippos 3, RE XI 2 (1922) 1659.

[67] De div. II 105 *magnus Dicaearchi liber est nescire ea* (i. e. *quae eventura sunt*) *melius esse quam scire.*

[68] Fr. 7 Wehrli = Cic., Tusc. I 21. Über die Seelenlehre des Dikaiarchos vgl. G. Movia, Anima e intelletto, 1968, 71—93 (umfangreiche Literaturangaben).

16*

dieser Pherekrates die Überzeugung des Dikaiarchos selbst vortrug, wurde, wahrscheinlich mit Recht, als selbstverständlich angenommen: Von Cicero bis Simplikios unterstreichen mehrere Autoren, daß Dikaiarchos die Existenz der Seele leugnete[69]. Cicero erwähnt sogar einen Dialog von ihm, der gegen die Unsterblichkeit der Seele gerichtet war[70]. In der Doxographie heißt es ferner, daß Dikaiarchos die Seele für die „Harmonie" der vier Elemente des Körpers hielt[71]. In dieser Auffassung scheint es keinen Platz für jene Mantiklehre zu geben, die wir unter dem Namen des Kratippos kennen. Wenn die ganze Seele sich auf eine bestimmte Disposition des Leibes reduzieren läßt, kann sich kein Teil von ihr vorübergehend vom Leib trennen und dann aufgrund seiner göttlichen Natur die Zukunft erkennen. Die Erklärung der natürlichen Mantik, die Cicero als die des Dikaiarchos und des Kratippos anführt, scheint daher für Dikaiarchos nicht in Frage zu kommen. Dieser — so meint z. B. Wehrli — kann sich aber einer vorsichtigeren Formulierung bedient haben, etwa wie Aristoteles, De somn. 463 b 14 sqq.; d. h. er kann Träume, die unter Umständen als prophetisch erscheinen, als rein psychologische Phänomene auf die mit dem Leib verbundene Seele zurückgeführt haben. Cicero aber, der Kratippos' Thesen kannte, stellte Dikaiarchos mit ihm doxographisch zusammen und übertrug unberechtigterweise die Lehre des einen auf den anderen[72]. Auch K. Reinhardt versuchte, die Mantiklehren der beiden Peripatetiker auseinanderzuhalten. Bei Plutarch, De defectu oraculorum 40, 432 c sqq. begegnet die Auffassung, die Divination sei kein rationales, methodisches Verfahren, sondern vielmehr ein unabhängig von jedem Vernunftakt auf der Ebene der Einbildung und der Vorahnung stattfindender Kontakt mit dem Zukünftigen; sie werde durch bestimmte Dispositionen des Körpers hervorgerufen. Diese Auffassung könne weder die des Poseidonios noch die des Kratippos sein; sie sei, so meint Reinhardt, altperipatetisch und dürfe daher für Dikaiarchos in Anspruch genommen werden. Der neuen Platonmode folgend habe Kratippos die Mantik für göttlich erklärt, Dikaiarchos dagegen in ihr eine Angelegenheit des ἀλόγου gesehen; seine Auffassung tendiere ins Naturalistische,

---

[69] Fr. 8a—k Wehrli.

[70] Fr. 9 Wehrli = Cic., Tusc. I 77. Vgl. auch Fr. 10a—b W.

[71] Fr. 11; 12a—d Wehrli.

[72] F. Wehrli, Dikaiarchos, Kommentar zu den Fragmenten 13—17, S. 46. Vgl. auch H. Dörrie, Porphyrios' „Symmikta Zetemata" 211—212.

die des Kratippos ins Supranaturalistische[73]. Auf die Willkürlichkeit
dieser Kombination brauchen wir kaum einzugehen. Wenn Plutarch den
irrationalen Charakter der Mantik und ihre Verbindung mit bestimmten
physiologischen Phänomenen hervorhebt, erinnert seine Theorie selbstverständlich an die Ansichten, die wir aus Platons Timaios 71 d sqq. und
aus den Parva naturalia kennen. Daraus darf man allerdings nicht schließen, daß auch Dikaiarchos diese Theorie vertreten habe. In den verfüg-
baren Testimonien über Dikaiarchos gibt es nicht das geringste Indiz, das
einen solchen Schluß unterstützen könnte. Im Gegenteil spricht Ciceros
Zeugnis ganz offensichtlich dagegen.

Statt dieses Zeugnis einfach zu bagatellisieren und zu versuchen, es
durch ziemlich willkürliche Kombinationen zu ersetzen, sollte man sich
ernsthaft fragen, ob die Diskrepanz zwischen der Auffassung von der
Seele und der für Dikaiarchos bezeugten Mantiklehre notwendigerweise
dazu zwingt, daß man ihm die letztere abspricht. In der Tat begegnet der
Mangel an Folgerichtigkeit, mit dem im betreffenden Fall argumentiert
wird, auch bei anderen Denkern als Dikaiarchos, und nicht zuletzt gerade
bei Peripatetikern. Man denke nur an Aristoteles' De anima: Im Rahmen
der Entelechie-Lehre wird auf die enge Verbindung von Leib und Seele
hingewiesen; die meisten psychischen Funktionen können nur mittels
körperlicher Organe ausgeübt werden; eine etwaige Trennung der Seele
vom Leib und eine selbständige Existenz der Seele dürften von diesem
Gesichtspunkt aus völlig ausgeschlossen sein. Und dennoch gibt Aristoteles mehrmals zu verstehen, daß der Nus eine Ausnahme darstellt. Obwohl die Denktätigkeit Daten der Wahrnehmung und der Vorstellung
verarbeitet und deswegen nicht von den unteren Seelenfunktionen abgeschnitten werden kann, gibt es in der Seele einen ‚aktiven' Geist, der sich
vom Körper trennen kann und nach der Trennung seine wahre Natur
wiedererlangt, und der im Gegensatz zum passiv-sterblichen Nus unsterblich und ewig ist[74]. Auch in De generatione animalium, einem Traktat, der zweifellos zur letzten Schaffensperiode des Philosophen gehört,
heißt es, daß der Nus von außen her in den Körper eindringt und daß nur
er im Menschen göttlich ist[75]. Die ungeheure Schwierigkeit, die eine
solche Nuslehre in Verbindung mit der Entelechie-Auffassung der Seele

---

[73] K. Reinhardt, Kosmos und Sympathie 269—270.
[74] Vgl. das berühmte Kapitel III 5 in De anima, insbes. 430a 22 χωρισθεὶς δ᾽ ἐστὶ
μόνον τοῦθ᾽ ὅπερ ἐστί, καὶ τοῦτο μόνον ἀθάνατον καὶ ἀίδιον.
[75] Arist., Gener. anim. II 3, 736b 27.

aufwirft, hat Aristoteles weder ignoriert noch verschwiegen[76]. Trotz
dieser Schwierigkeit aber, die er nicht aufzuheben vermag, hält Aristoteles bis zuletzt sowohl an seiner hylemorphischen Seelenlehre wie an
seiner Theorie des göttlichen, vom Körper trennbaren Nus fest.

Wenn Dikaiarchos der Seele jede Selbständigkeit abspricht und sie
auf eine besondere Disposition des Körpers reduziert, so schließt er sich
natürlich nicht der hylemorphischen Seelenlehre von Aristoteles' De
anima an. Aus den beiden an sich verschiedenen Perspektiven ergeben
sich jedoch dieselben Konsequenzen: Die Seele kann nicht unabhängig
vom Körper existieren, sie geht also beim Tod des Menschen unter. Warum dürfte aber Dikaiarchos nicht, wie vor ihm Aristoteles, neben dieser
‚sterblichen' Seele einen ‚Geist' göttlicher Natur und göttlicher Herkunft
im Menschen angenommen haben, selbst wenn er das diskursive Denken
(διάνοια) einem besonderen Zustand des Körpers gleichsetzte[77]? Gerade
diese Parallelität der beiden Systeme ist den Doxographen aufgefallen;
im Zusammenhang mit der Mantiklehre heben sie ausdrücklich hervor,
daß Aristoteles und Dikaiarchos an die Unsterblichkeit der Seele zwar
nicht glauben, aber dennoch annehmen, daß die Seele an etwas Göttlichem teilhat[78]. Jahrhunderte später wird ein Alexander von Aphrodisias trotz seiner naturalistischen Orientierung und trotz seiner unzweifel-
haften Ansicht von der Sterblichkeit der Seele sich immer noch zu
einem in den Menschen von außen her gekommenen, unsterblichen göttlichen Nus bekennen[79]. Auch außerhalb des Aristotelismus scheinen die
beiden Thesen nicht als unvereinbar empfunden worden zu sein: Es sei
nur an die Pythagoreer, insbesondere an Philolaos, erinnert, der einerseits die Seele als die ‚Harmonie' der körperlichen Elemente betrachtete,
andererseits aber von der Seele als von einer selbständigen, unvergänglichen Substanz sprach[80].

Kehren wir jetzt zu Kratippos zurück! Auch bei ihm finden wir die
Ansicht, daß bestimmte Seelenfunktionen untrennbar vom Körper sind

---

[76] Vgl. F. Nuyens, L'évolution de la psychologie d'Aristote, 1948 (Chap. VII,
Le problème noétique à la période finale).

[77] Fr. 8a Wehrli = Sext. Empir., Adv. math. VII 349 οἱ μὲν μηδέν φασιν εἶναι
αὐτὴν παρὰ τὸ πῶς ἔχον σῶμα, καθάπερ ὁ Δικαίαρχος.

[78] Fr. 13a—b Wehrli. In der Fassung des Ps.-Plut., Plac. V 1 heißt es: 'Αριστοτέλης καὶ Δικαίαρχος τὸ κατ' ἐνθουσιασμὸν μόνον παρεισάγουσι καὶ τοὺς ὀνείρους,
ἀθάνατον μὲν εἶναι οὐ νομίζοντες τὴν ψυχήν, θείου δέ τινος μετέχειν αὐτήν.

[79] Vgl. unten Bd. III.

[80] E. Rohde, Psyche 463—464. M. Timpanaro Cardini, Pitagorici. Testimonianze
e frammenti II, 1962, 106—107.

und daß die Möglichkeit einer Verselbständigung auf das Göttliche in der
Seele beschränkt ist. Wenn die oben formulierten Überlegungen das Richtige treffen, dürfte sich Dikaiarchos ebenfalls in diesem Sinne geäußert
haben, und es gibt wirklich kaum einen Grund zu bestreiten, daß Kratippos sich von der Mantiklehre des Dikaiarchos habe anregen lassen.
Gewiß scheint Dikaiarchos θεῖον und ψυχή gegenübergestellt zu haben,
während Kratippos mit dem Gegensatz λόγον ἔχον — ἄλογον operierte,
aber dieser Unterschied fällt nicht so sehr ins Gewicht; selbst bei diesem
Unterschied können die Grundaspekte der Mantiklehre bei den beiden
Denkern durchaus dieselben gewesen sein.

Eine nicht unwesentliche Schwierigkeit bereitet allerdings die Nachricht, laut welcher Dikaiarchos in einem umfangreichen Buch dargelegt
haben soll, es sei doch besser, die Zukunft nicht zu kennen[81]. Dennoch
schließt diese These über die Schädlichkeit des Vorauswissens keineswegs aus, daß Dikaiarchos die natürliche Mantik in der oben angegebenen
Weise erklärt habe. Die Art, wie Cicero den *magnus liber* erwähnt, zeigt,
daß es sich um eine selbständige Schrift handelte. In einer anderen wird
Dikaiarchos seine Theorien über das Zustandekommen der mantischen
Phänomene dargelegt haben[82]. Es ist daher vielleicht nicht ganz abwegig
zu vermuten, daß er als Psychologe die Möglichkeit der Traummantik
und der ekstatischen Divination anerkannte und diese Phänomene kausal zu erklären versuchte, während er als Moralist sich an einem anderen
Ort mit der Frage befaßte, ob das Vorauswissen den Menschen zuträglich
sei, und sie eher negativ beantwortete.

Zum Schluß wollen wir noch auf eine Frage eingehen, die in der
Quellenanalyse von Ciceros De divinatione ziemlich umstritten ist. Einige Gelehrte haben die Meinung vertreten, Cicero verdanke dem Kratippos viel mehr, als er ausdrücklich zu verstehen gebe. Andere dagegen
glauben, nur in den Paragraphen, die den Namen des Kratippos enthalten, Zeugnisse über die Philosophie des Pergameners aufspüren zu
können. Gehört also Kratippos zu den Primärquellen des 1. Buches von
De divinatione, oder hat Cicero seine Lehrmeinungen nur en passant erwähnt, als eigenen Zusatz zu den Erörterungen seiner Hauptquellen? Und
woher hatte er seine Informationen über Kratippos überhaupt? — Was
zunächst diese letzte Frage angeht, so fällt in Ciceros Referat[83] ein Aus-

---

[81] Fr. 17 Wehrli = Cic., De div. II 105.
[82] Ähnlich Martini, Art. Dikaiarchos 3, RE V 558.
[83] De div. I 70—71.

druck besonders auf: Die Erklärung der natürlichen Mantik durch Kratippos bezeichnet Cicero als *ratio* ... *qua Cratippus noster uti solet*, und
der Schluß des Pergameners über die Möglichkeit einer wahren Divination wird mit einer ähnlichen Formel eingeleitet: *Cratippus solet rationem
concludere hoc modo.* Schiche und Pohlenz meinen, diese Ausdrucksweise
schließe die Benutzung eines Buches des Kratippos durch Cicero aus.
Cicero habe sich vielmehr an den Inhalt eines Lehrvortrages des Kratippos erinnert oder durch seinen Sohn ὑπομνήματα der Vorlesungen des
Peripatetikers erhalten[84]. K. Reinhardt, der in Kratippos eine der Hauptquellen von De divinatione I sieht, hält dieses Argument jedoch für anfechtbar. Es sei eine bekannte Erscheinung, daß der Dialogstil das literarische Verhältnis gern in ein persönliches umgestalte[85]. Ferner zi-
tiere Tertullian Kratippos unter denen, die prophetische Träume gesammelt und gedeutet haben[86]. Cicero habe also aus einer Schrift des
Kratippos geschöpft. Zumindest die Existenz einer Schrift des Pergameners über die Mantik dürfte wahrscheinlich sein: Wenn er, wie Cicero
berichtet, Fälle von wahren Weissagungen und Träumen behandelte, so
tat er das wohl nicht in regelmäßigen Vorträgen, sondern eher in einer
schriftlichen Sammlung, nach dem Beispiel des Chrysippos[87] und anderer.
In demselben Buch wird er auch seine Erklärung der Mantik und seine
Schlußfolgerung über die Wahrhaftigkeit prophetischer Phänomene dargelegt haben. Ob Cicero dieses Buch direkt benutzte oder, was wahrscheinlicher sein dürfte, dessen Inhalt nur mittelbar kannte, läßt sich allerdings
nicht feststellen. Eine Vermittlung durch Poseidonios scheint schon aus
chronologischen Erwägungen völlig ausgeschlossen[88].

[84] Th. Schiche, De fontibus librorum Ciceronis, qui sunt de divinatione, Diss. Jena
1875, 24. M. Pohlenz, Poseidonios' Affektenlehre und Psychologie, in: NGG 73
(1922) 185 = Kleine Schriften I, 1965, 162. I. Heinemann, Poseidonios' metaph.
Schriften II, 1928, 353. Philippson, Art. Tullius 29, RE VII A 1 (1939) 1160.

[85] K. Reinhardt, Kosmos und Sympathie 274 Anm. 1. Als Beleg führt er Cic.,
De fin. V 81 an: *scio ab Antiocho nostro dici sic solere*, „wo an der Benutzung einer
bestimmten Schrift kein Zweifel ist". In der Tat bedient sich Cicero sehr gern des
Verbums *solere*, um Lehrmeinungen und sonstige Aussagen der Philosophen
einzuführen, auch wenn er sie offenbar nur durch eine schriftliche Quelle kennt;
die angeblich gewohnheitsmäßige Wiederholung einer These soll diese als gut
bezeugt und besonders charakteristisch für den betreffenden Denker hinstellen.
Vgl. u. a. Acad. I 35; Luc. 111; De off. I 96; Tusc. III 38; V 120; De fin. V 75;
De nat. deor. III 77. 83.

[86] Vgl. oben Anm. 20.

[87] De div. I 37.

[88] D. Heeringa, Quaestiones ad Ciceronis de divinatione libros duo pertinentes,

Sieht man von den römischen literarischen und historischen Beispielen ab, so geht das erste Buch der Schrift De divinatione nach der
Meinung vieler Kritiker des 19. und 20. Jh. weitgehend auf Poseidonios
zurück[89]. Es hat jedoch nicht an Stimmen gefehlt, die für eine mehr oder
weniger weitgehende Benutzung von Schriften des Kratippos plädierten.
Nach R. Hoyer[90] und A. Loercher[91] war es vor allem Karl Reinhardt, der
Kratippos als eine der Hauptquellen des ersten Buches nachzuweisen versuchte. Bei Cicero glaubt Reinhardt zwei Theorien unterscheiden zu
können, die auf die Frage nach dem inneren Vorgang der Traum- und
Ekstasenmantik antworten. Nach der ersten löst sich der vernünftige
Teil der Seele zeitweilig vom Menschen; je entschiedener diese Trennung
ist, desto vollkommener das Vermögen, die Wahrheit der Dinge zu
schauen. Das Heraustreten der Vernunft aus dem Körper bedeutet nämlich für sie ein Eintreten in ihren Urzustand: Die Vernunft stammt von
außen, von Gott selber ab; sie hat von Ewigkeit in der Gemeinschaft mit
unzähligen Geistern gelebt, sie kann deswegen zu ihrer ursprünglichen
göttlichen Erkenntnis wieder zurückkehren. Diese platonisierende Erklärung wird vom Dualismus und von der Präexistenzlehre abgeleitet. Die
zweite beruht dagegen auf einer Form des psychologischen Monismus, die
Reinhardt für poseidonianisch hält. Durch eine ihr eigentümliche Bewe-
gungsart kann sich die Seele von der Verbindung mit den Sinnesorganen
lösen, ,,um mit dem göttlichen und seelischen Fluidum ringsum in un-

Diss. Groningen 1906, 13 vertrat die unglückselige These, Cicero habe seinen
Bericht über Kratippos in I 70—71 aus Poseidonios geschöpft, weil derselbe
Gedanke 124—125 wiederkehre, in einem Abschnitt also, der offenbar auf
Poseidonios zurückgehe. Trotz Pohlenz' Kritik in: Berl. Philol. Wochenschr. 28
(1908) 71—73 versuchte Heeringa, Noch einmal de divinatione, in: Philol. 68
(1909) 562—568 seine Ansicht zu verteidigen.

[89] Überblick über das Quellenproblem bei A. S. Pease in seiner kommentierten
Ausgabe (1920—1923) 18sqq. Als Hauptvertreter der Poseidonios-These seien
besonders genannt: Th. Schiche a. a. O., der auch einiges auf Kleitomachos,
Panaitios und Kratippos zurückführen möchte. K. Hartfelder, Die Quellen von
Ciceros zwei Büchern de divinatione, Progr. Freiburg i. Br. 1878 (Poseidonios,
wahrscheinlich seine 5 Bücher περὶ μαντικῆς, ist Ciceros Hauptquelle gewesen).
P. Corssen, De Poseidonio Rhodio, 1878, 14—15. D. Heeringa a. a. O. M. Pohlenz,
in verschiedenen unten angeführten Arbeiten. I. Heinemann, Poseidonios'
metaphysische Schriften II, 1928, 324—377. A. S. Pease a. a. O. Philippson, RE
VII A 1, 1158—1159.

[90] Quellenstudien, in: Rhein. Mus. 53 (1898) 37—65, bes. 55—64.

[91] De compositione et fonte libri Ciceronis, qui est de fato, Diss. Halle 1907, 343—344:
Viele der griechischen Exempla ab I 39 stammen von Kratippos.

mittelbaren Kontakt zu treten". Die dualistische „Entgegensetzung zwischen Leib und Seele im Platonischen Sinne", die Vorstellung, „als ob der Leib der Seele Fessel und das Hindernis der wahren Erkenntnis wäre", die „grobe, sinnlich vorgestellte Trennung eines Seelenteils vom anderen", all das ist laut Reinhardt denkbar unposeidonianisch. Nur die sich auf eine monistische Psychologie gründende Erklärung, also die zweite, stamme von Poseidonios. Die erste müsse dem Kratippos zugesprochen werden[92]. Nun begegnen Platonzitate und -reminiszenzen sowie der typische Dualismus der ersten Erklärung in der ersten großen Einlage I 60—71, die sich an die Beispiele für Traummantik und Mantik der Ekstase anschließt. Daß Poseidonios § 64 zitiert werde, beweise nicht, daß der ganze Abschnitt von ihm stamme: Das kurze Referat über Poseidonios erscheine vielmehr als eine kleine Einlage innerhalb der großen. Nicht Poseidonios, sondern Kratippos sei daher als Hauptvorlage für die §§ 60—71 zu betrachten[93]. Auch die theoretischen Erörterungen über die Mantik in den §§ 109—116 nimmt Reinhardt[94] für Kratippos in Anspruch. Nach seiner Auffassung enthalten sie zwei Hauptthemen. Erstens wird erklärt, daß die Prophezeiungen der sogenannten künstlichen Mantik keineswegs göttlicher Herkunft sind, sondern auf uralter, stets wiederholter Beobachtung beruhen und menschlicher Berechnung entspringen. Diese Ausführungen waren offenbar nicht als Erklärung, sondern als Kritik gedacht; ihr Urheber beabsichtigte, entweder den mantischen Charakter angeblicher Prophezeiungen zu bestreiten — und dann haben wir es hier mit einer Spur der Argumente des Karneades gegen die Mantik überhaupt zu tun — oder er wollte die künstliche Mantik als reine Beobachtungstechnik und rationale Kombination entlarven — und dann ist Kratippos, der nur die natürliche Mantik gelten ließ, als Quelle anzusetzen. Verflochten mit diesen Betrachtungen über die künstliche Mantik begegnet eine andere Erklärung, diesmal der natürlichen Mantik. Diese beruht auf dem Vorgang, daß der Geist, der aus der göttlichen Substanz stammt, so abgelöst und frei wird, daß er zeitweilig aus der Gemeinschaft mit dem Leib scheidet. Dies entspreche durchaus der Lehre des Kratippos; Poseidonios sei schon deswegen auszuschließen, weil seine eigene Er-

---

[92] K. Reinhardt, Poseidonios, 1921, 434—439.

[93] Poseidonios 439—441. Ausführliche Analyse derselben Stelle in: Kosmos und Sympathie, 1926, 215—222. Vgl. ferner Art. Poseidonios, RE XXII 1 (1953) 792—798, wo die Kratippos-Frage noch einmal aufgerollt wird.

[94] Mit C. Wachsmuth, Die Ansichten der Stoiker über Mantik und Dämonen, 1860, 20.

klärung — die Weissagung habe ihren Ursprung in Gott oder im Fatum oder in der Natur — unten[95] dargelegt sei[96]. Schließlich hält es Reinhardt für durchaus möglich, daß die Beispiele wunderbarer Träume bei Staatsmännern, Philosophen und Dichtern (39—54) aus Kratippos geschöpft wurden, der seinerseits Chrysippos benutzt hatte[97].

Die Kratippos-Theorie Karl Reinhardts stellt in Wirklichkeit nur ein Korollar zu seiner Rekonstruktion des Poseidonios dar; es ist kaum möglich, sie zu widerlegen, ohne auf die Arbeitsmethode Reinhardts in seinen Poseidonios-Büchern einzugehen und ohne andererseits Ciceros De divinatione einer quellenkritischen Analyse erneut zu unterziehen. Ein solches Unterfangen würde aber den Rahmen dieses Kapitels sprengen. Wir müssen uns also mit einigen allgemeinen Bemerkungen begnügen. Einzelheiten wird man in der angegebenen Literatur finden[98].

Mehrere Jahre nach dem Erscheinen seiner zwei großen Poseidonios-Bücher hatte Reinhardt noch einmal die Gelegenheit, die Ergebnisse seiner Beschäftigung mit dem Apamäer darzulegen, zu ergänzen, gegebenenfalls zu modifizieren: Für Paulys RE verfaßte er den umfangreichen Poseidonios-Artikel, der im Jahr 1953 erschien. Diese Arbeit ist vor allem deswegen interessant, weil Reinhardt die in der Regel nicht sehr positive Reaktion der Fachwelt auf sein Poseidonios-Bild berücksichtigt und die Einwände der Kritik zu entkräften versucht. Was Kratippos angeht, so hält er seine frühere Theorie aufrecht, nicht ohne über die entgegengesetzten Ansichten anderer zu berichten. In völliger Loyalität schreibt er dann: „Doch bin ich dem Leser schuldig hinzuzufügen, daß meine Kratipposhypothese allgemein abgelehnt, auch von v. Wilamowitz bezweifelt wird[99]".

Reinhardts neues Poseidonios-Bild ist untrennbar von der Methode, die bei dieser Rekonstruktion angewendet wurde. Ausgehend von einigen Zeugnissen, in denen er die Charakteristika des poseidonianischen Den-

[95] 117—131, mit Ausschluß von 121—124.
[96] Poseidonios 441—447 (auf den Seiten 442—443 hat sich der Verf. mehrmals verschrieben und von der 'natürlichen' Mantik gesprochen, wobei er die 'künstliche' meinte); Kosmos und Sympathie 261—268.
[97] Kosmos und Sympathie 235 Anm. 1.
[98] Wichtig sind die negativen Stellungnahmen zu der Kratippos-Hypothese Reinhardts bei M. Pohlenz, Poseidonios' Affektenlehre und Psychologie, in: NGG 73 (1922) 163—194, bes. 185sqq. = Kl. Schriften I, 1965, 140—171, bes. 162sqq. und I. Heinemann, Poseidonios' metaphys. Schr. II, 1928, 351—365.
[99] RE XXII (1953) 805.

kens entdeckte, bestimmte Reinhardt, was er die „innere Form" des
Systems nannte, und benutzte dann dieses „Moment des Ideellen" als
Kriterium für die Identifizierung poseidonianischen Gedankengutes.
Zentral erschien ihm dabei der Begriff der Sympathie, dank welchem der
Monist und Vitalist Poseidonios die Welt als einen einheitlichen, lebendigen Organismus erklären konnte. Was speziell die Weissagungslehre
anlangt, hielt er es für ausgeschlossen, daß Poseidonios je mit dualistischen Auffassungen wie etwa der der Opposition zwischen Leib und Seele
oder zwischen Diesseits und Jenseits operiert habe. Die Passagen von
Ciceros De divinatione, in denen eine dualistische Thematik erscheine,
gingen sicher nicht auf Poseidonios zurück. Da nun Kratippos' Mantiklehre auf einer platonisierenden, dualistischen Psychologie beruhe, liege
es nahe, den pergamenischen Peripatetiker als Ciceros Quelle für diese
Passagen zu betrachten.

Diese ziemlich intuitiv gewonnene Gegenüberstellung des Monisten
Poseidonios und des Dualisten Kratippos überzeugt jedoch nicht. Poseidonios mag zwar an ein einheitliches Seelenzentrum geglaubt haben, das
bald mittels der Sinneswahrnehmung, bald ohne sie erkennen kann[100],
die Opposition zwischen einem rationalen, göttlichen Seelenteil und
einem nicht rationalen, rein menschlichen hat er jedoch beibehalten[101].
Wenn wir Ciceros Referaten glauben dürfen, sah auch Poseidonios im
Körper ein Hindernis für die mantischen Fähigkeiten der Seele; er betrachtete den Schlaf als eine Befreiung der Seele vom Körper, und auch
die Enthusiasmus-Mantik war für ihn mit einer Verselbständigung der
Seele verbunden[102]. In dieser Hinsicht läßt sich ein wesentlicher Unterschied zwischen den Abschnitten, in denen Reinhardt Poseidonios erkennt, und denen, die er Kratippos zuspricht, kaum beobachten; hier
und dort begegnen dieselben Auffassungen und dieselben Ausdrücke. Das
typisch Poseidonianische will Reinhardt darin sehen, daß die Seele sich
in den mantischen Zuständen nicht der Sinneswahrnehmung bedient[103];

---

[100] Eine Spur dieser Lehre findet Reinhardt in Cic., De div. I 129 wieder.

[101] M. Pohlenz, in: NGG 73 (1922) 163—194 = Kl. Schr. I 140—171 verweist
S. 192 = 169 auf Galen, De plac. Hipp. et Plat. V, Bd. V 469, 12—470, 2 Kühn,
wo in einem Poseidonios-Fragment vom ἄλογον, ἄθεον τῆς ψυχῆς die Rede ist.

[102] Man vergleiche De div. I 129 *animi hominum, cum aut somno soluti vacant
corpore aut mente permoti per se ipsi liberi incitati moventur, cernunt ea quae
permixti cum corpore animi videre non possunt.* Auch I 128 ist von der *mens . . .
soluta somno* die Rede.

[103] Hervorgehoben wird De div. I 129 *. . . quanta sit animi vis seiuncta a coporris*

dabei scheint er übersehen zu haben, daß derselbe Gedanke auch in angeblich kratippischen Texten vorkommt[104]. Vergleicht man die verschiedenen Angaben Ciceros über Traummantik und Enthusiasmus, so kann man feststellen, daß dieselbe gemeinplätzige Thematik überall vorkommt: Im Schlaf löst sich die Seele von ihrer Verbindung mit dem Leib, sie lebt und handelt durch ihre eigene Kraft, ihre Eigenbewegung ist frei und unabhängig. Sie ist göttlicher Herkunft. Ihr wohnt eine göttliche Kraft inne, deren Erregung ekstatische Zustände hervorruft usw. Es ist völlig illusorisch, diese allgemeine Charakterisierung der Traummantik und des Enthusiasmus auf einen bestimmten Denker, z. B. auf Kratippos, zurückführen zu wollen. In Ciceros Schrift erscheint sie vielmehr als eine Art communis opinio, auf die regelmäßig angespielt wird, wenn von der divinatio naturalis die Rede ist[105].

Auf die individuellen Merkmale der einzelnen Mantiktheorien geht Cicero nur selten ein. Er tut es aber für Poseidonios. Wir hören unter anderem, daß dieser das Zustandekommen prophetischer Träume auf dreifache Weise erklärte: erstens durch die Eigenbewegung der mit den Göttern verwandten Seele, zweitens durch den Verkehr der Seele mit unsterblichen Luftgeistern, drittens als Gespräche der Götter selbst mit dem Schlafenden[106]. Ob die erste dieser Erklärungen sich von der soeben dargestellten communis opinio unterschied, läßt sich nicht feststellen. Sicher ist auf jeden Fall, daß die letzten zwei zum Pandämonismus des Poseidonios vorzüglich passen, während sie in einem System, das zwischen Diesseitigem und Transzendentem, zwischen Irdischem und Gött-

---

sensibus. Dies sei „eine innere Lösung", „ein Sichzurückziehen der Seele von den Sinnesorganen", Poseidonios 436.

[104] De div. I 115 viget enim animus in somnis liber ab sensibus etc.

[105] I 4 et cum duobus modis animi sine ratione et scientia motu ipsi suo soluto et libero incitarentur, uno furente altero somniante . . . 34 . . . concitatione quadam animi aut soluto liberoque motu futura praesentiunt, quod et somniantibus saepe contigit et non numquam vaticinantibus per furorem . . . 63 cum ergo est somno sevocatus animus a societate et a contagione corporis, tum meminit praeteritorum praesentia cernit futura providet; iacet enim corpus dormientis ut mortui, viget autem et vivit animus. 66 inest igitur in animis praesagatio extrinsecus iniecta atque inclusa divinitus. ea si exarsit acrius, furor appellatur, cum a corpore animus abstractus divino instinctu concitatur. 80 . . . illa concitatio declarat vim in animis esse divinam. II 26 . . . naturale (genus), quod animus arriperet aut exciperet extrinsecus ex divinitate, unde omnes animos haustos aut acceptos aut libatos haberemus. 27 illud autem naturale aut concitatione mentis edi et quasi fundi videbatur aut animo per somnum sensibus et curis vacuo provideri.

[106] I 64.

lichem eine scharfe Grenze zog, völlig undenkbar gewesen wären. Man
wird sich nun daran erinnern, daß Reinhardt den Abschnitt De divinatione I 109—116 Poseidonios abspricht und Kratippos zuschreibt, weil
er dort jenen platonisierenden Dualismus wiederfindet, den er für ganz
unposeidonianisch hält. Wie willkürlich diese Konstruktion ist, kann man
an § 110 sehr genau beobachten. Dort wird nämlich folgende Erklärung
der natürlichen Mantik vorgetragen: „Da alle Dinge ganz erfüllt sind von
ewiger Empfindung und göttlichem Geist, ist es eine Notwendigkeit, daß
die menschlichen Geister durch den Kontakt mit den göttlichen Geistern
mitbewegt werden." Wer wird je glauben, daß der Peripatetiker Kratippos eine solche These vertreten konnte? Die hier erwähnte unmittelbare
Kommunikation mit dem überall anwesenden göttlichen Geist dürfte
stoischer, nicht peripatetischer Herkunft sein. Der Name Poseidonios
drängt sich um so leichter auf, weil gerade die Annahme eines Verkehrs
der menschlichen Seelen mit dämonischen bzw. göttlichen Wesenheiten
als ein Merkmal seiner Mantiklehre bezeugt ist[107].

Auch in der Nachricht über Kratippos findet sich eine Einzelheit, die
als charakteristisch für seine Mantiktheorie angesehen werden kann.
Kratippos sprach nicht von der göttlichen Herkunft der Seele schlechthin, sondern unterschied zwischen einem rationalen, aus Gott stammen-
den, von außen her in den Menschen gekommenen Seelenteil und einem
anderen, der Prinzip der Wahrnehmung, der Bewegung und der Begierde
ist und vom Leib nicht getrennt werden kann[108]. Will man sonstige Spuren einer Benutzung des Kratippos bei Cicero ausfindig machen, so leuchtet es ein, daß nur solche Stellen mit einiger Wahrscheinlichkeit als kra-
tippisch identifiziert werden könnten, in denen diese Eigentümlichkeit
seiner Lehre begegnen würde. Für die längeren Passagen, die Reinhardt
auf Kratippos zurückführt, ist das aber keineswegs der Fall: Sie enthalten
nichts anderes als ganz allgemeine Betrachtungen über den göttlichen
Charakter der Seele, ihre Trennbarkeit und dgl. Nach Ciceros Ansicht
stellen solche Lehrmeinungen offenbar die Grundgedanken dar, über

---

[107] Bereits M. Pohlenz, Poseidonios' Affektenlehre 191—192 = Kl. Schr. I 168—169
hat gegen Reinhardt auf den poseidonianischen Charakter von De div. I 110;
115; II 119 hingewiesen. Auch H. Dörrie, Porphyrios' „Symmikta Zetemata"
211sqq. hebt hervor, daß Kratippos die Erklärung der natürlichen Mantik nicht
im Göttlichen außerhalb der Seele, sondern nur in der Seele selbst suchen konnte.
Nicht die Peripatetiker, sondern Poseidonios habe die Mantik auf die Gottes-
erkenntnis bezogen.

[108] De div. I 70. Vgl. oben S. 229-231.

die sich alle Anhänger der natürlichen Mantik einig sind, und keineswegs die Lehre eines besonderen Denkers oder einer besonderen Schule[109]. Reinhardts Versuch, umfangreichere Reste einer Schrift des Kratippos über die Mantik aufzuspüren, ist also mit vollem Recht von der Kritik als mißlungen zurückgewiesen worden.

Wir fassen zusammen. Die Mantiklehre ist das einzige Teilgebiet der Philosophie des Kratippos, über welches wir einige brauchbare Nachrichten besitzen. Aus der Analyse dieser Nachrichten hat sich herausgestellt, daß seine Erklärung der sogenannten natürlichen Mantik, d. h. der ekstatischen Weissagung und der Traumdivination, auf einer Psychologie beruht, die man grosso modo als platonisch-aristotelisch bezeichnen kann. Kratippos hielt die Divination für eine besondere Erkenntnisfunktion des menschlichen Intellekts; dieser Intellekt sei göttlicher Herkunft und göttlicher Natur; wenn er sich vom Leibe loslöse, sei er in der Lage, die Zukunft vorauszuschauen. Im Sinne der Lehrschriften des Aristoteles, insbesondere der Entelechie-Lehre, betonte Kratippos jedoch, daß der nicht rationale Teil der Seele sich vom Leib nicht trennen könne.

Abgesehen von dieser allgemeinen Seelenlehre, die zum Gemeingut vieler hellenistischer Denker geworden war und eine direkte Anlehnung an Aristoteles keineswegs voraussetzt, weist Kratippos' Mantiklehre keine Eigentümlichkeiten auf, die von den erhaltenen Schriften des Aristoteles herrühren könnten. Sie hat nichts Gemeinsames mit der naturalistischen Traum- und Mantiktheorie der Parva naturalia, und sie scheint auch nicht aus der EE zu stammen, in der die Gottbesessenheit als eine Ausschaltung des Verstandes zugunsten eines göttlicheren, metarationalen Prinzips erklärt wird. Ebensowenig läßt sie sich mit Platons Hinweisen auf den irrationalen Charakter der Traummantik verbinden.

Ob Dikaiarch, dessen Namen neben dem des Kratippos in einigen Testimonien erscheint, der Urheber der Mantiklehre des Pergameners gewesen ist, läßt sich nicht mit Sicherheit feststellen. Die Leugnung jeder Substantialität der Seele durch Dikaiarch schien mehreren Gelehrten gegen diese Möglichkeit zu sprechen. Dennoch kann daran erinnert werden, daß auch bei Aristoteles die Auffassung der Seele als Entelechie des

---

[109] I. Heinemann, Poseidonios' metaph. Schr. II 352sqq. hebt mit Recht hervor, daß die im Buch I dargestellte Mantiklehre eine allgemeine sein will und daß Cicero diese anonymen Gedankengänge eher für stoisch hielt.

Körpers und die Annahme der Göttlichkeit und der „Trennbarkeit" des
Nus als schwer miteinander vereinbar erscheinen und trotzdem als feste
Bestandteile seiner Psychologie belegt sind. Ähnlich kann Dikaiarch
einerseits die Göttlichkeit des Intellekts betont und andererseits die
psychischen Funktionen auf die Beschaffenheit des Körpers zurückgeführt haben. Dieser letztere Aspekt seiner Psychologie schließt also die
ihm zugeschriebene Mantiklehre nicht unbedingt aus. Wie dem auch sei,
die Theorie des Kratippos erscheint sicher nicht als die Fortsetzung und
die Entwicklung der von Aristoteles in den Lehrschriften vertretenen Ansicht; sie hat einen viel „exoterischeren" Charakter und stellt eher eine
jener populären Theorien dar, die in der hellenistischen Zeit auf dem
Boden allgemeinerer platonisch-aristotelischer Anschauungen wuchsen.

Ein deutlicher Gegensatz zwischen dem „psychologischen Monismus" des Poseidonios und dem „platonisierenden Dualismus" des Kratippos läßt sich anhand unserer Zeugnisse nicht nachweisen. Auch in den
Referaten Ciceros über Poseidonios fehlt es nicht an „platonisierenden"
Zügen. Wir haben also keinen Grund, mit K. Reinhardt längere Partien
von Ciceros De divinatione auf eine Schrift des Kratippos zurückzuführen.

FÜNFTER TEIL

GESAMTDARSTELLUNGEN UND ABRISSE

1. Areios Didymos

A. Allgemeines

a) Die Fragmente des Areios in der modernen Forschung

Areios Didymos war Stoiker. Dennoch ist ein Teil seines Werkes von großem Interesse für die Geschichte der aristotelischen Philosophie. In seiner umfangreichen Darstellung der Systeme der antiken Philosophenschulen ging er nämlich auch auf die peripatetische Schule ein, und ein Teil der Kapitel, die er ihr widmete, ist uns, wahrscheinlich in verkürzter Fassung, erhalten geblieben. Diese Fragmente, und vor allem der von Stobaios gerettete Abriß der peripatetischen Ethik, gehören zu den wertvollsten Dokumenten, die wir über die Philosophie des nacharistotelischen Peripatos besitzen.

Es ist das Verdienst A. Meinekes, die bei Stobaios erhaltenen Abhandlungen über die Stoiker und die Peripatetiker dem Areios Didymos mit Sicherheit zugeschrieben zu haben[1]. Diese Abhandlungen[2] sind in den Manuskripten des Stobaios anonym, und es wurde vor Meineke gewöhnlich angenommen, sie seien Kompilationen des Stobaios selbst. Meineke entdeckte aber, daß ein Abschnitt aus der anonymen Darstellung der peripatetischen Ethik[3] mit einem von Stobaios anderweitig zitierten Text[4] wörtlich übereinstimmt; da der letztere Text die Überschrift ἐκ τῆς Διδύμου ἐπιτομῆς trägt, drängte sich der Schluß auf, daß auch der erstere und mit ihm die ganze Darstellung der stoischen und der peripatetischen Ethik von demselben Didymos stammen. Diesen Didymos identifizierte Meineke mit jenem Areios Didymos, dem Eusebios in der Praeparatio Evangelica Nachrichten über die Kosmologie und die Seelenlehre der Stoiker entnimmt[5]. Die Zitate bei Eusebios zeigen, daß Areios Didymos sich nicht auf die Darstellung der stoischen und der peripatetischen

---

[1] A. Meineke, Zu Stobaeus, in: Zeitschr. f. d. Gymnasialwesen 13 (1859) 563—565.
[2] Stob. II 7, S. 57, 13—116, 18 und 116, 19—152, 25.
[3] II 7, S. 129, 19—130, 12.   [4] IV 103, 28, S. 918, 16—919, 6.
[5] Es handelt sich um Eus., P. E. XV 15, S. 397, 9—380, 21 und 20, S. 384, 6—385, 19 Mras.

Ethik beschränkte, sondern die gesamte stoische und peripatetische
Lehre in seinem Buch darlegte. Meineke geht aber noch einen Schritt
weiter. Clemens Alexandrinus erwähnt an drei verschiedenen Stellen
Äußerungen „des Didymos" über Thales, Solon und die Pythagoreer⁶;
Stobaios zitiert einen Auszug aus Didymos' περὶ αἱρέσεων über Xenopha-
nes⁷; bei Eusebios schließlich begegnet ein Fragment aus Didymos' περὶ
τῶν ἀρεσκόντων Πλάτωνι über die platonische Ideenlehre⁸. Daraus geht
hervor, meint A. Meineke, daß das Buch des Areios Didymos eine Geschichte der ganzen griechischen Philosophie von Thales an umfaßte. Die
Vermutung liege daher nahe, daß ein großer Teil der namenlosen Exzerpte über griechische Philosophen bei Stobaios auf das Werk des Areios
Didymos zurückzuführen ist. Auch Hippolytos De haeresibus und die
Placita des Ps.-Plutarch könnten auf Areios Didymos beruhen. Über die
Zeit des Areios Didymos, gestand Meineke zuerst⁹, habe er nichts ermitteln können; etwas später wies er jedoch darauf hin, daß Areios Didymos
kein anderer sei als der Hofphilosoph und Vertraute des Augustus¹⁰. Diese
Identifizierung erhielt die Zustimmung von H. Diels¹¹; sie ist heute all-
gemein anerkannt¹².

Auf das Werk des Areios Didymos werden wir noch zurückkommen.
Davor möchten wir jedoch einen kurzen Blick auf die sonstigen Zeugnisse
über ihn werfen¹³. Daß er aus Alexandrien stammte, geht aus den noch zu
besprechenden Zeugnissen Plutarchs und Dios hervor. Wahrscheinlich

---

⁶ Clem. Alex., Strom. I 14, 61, 1 (Didymos führte das μηδὲν ἄγαν auf Solon
zurück); I 14, 61, 2 (Didymos meinte, ἐγγύα, πάρα δ' ἄτα stamme von Thales);
I 16, 80, 4 (Didymos berichtete ἐν τῷ περὶ πυθαγορικῆς φιλοσοφίας, daß Theano
die erste Frau war, die philosophierte und dichtete). Wie vor ihm schon
Volkmann und M. Schmidt zweifelt jedoch H. Diels, Dox. 79—80, daß an
diesen Stellen Areios Didymos gemeint ist.

⁷ Stob. II 1, 17, S. 6, 13—20.

⁹ Eus., P. E. XI 23, S. 51, 18—52, 11 Mras. Denselben Text führt Stob. I 12, 2a,
S. 135, 20—136, 13 ohne Nennung des Autors an.

⁹ Op. cit. 565.

¹⁰ Adnot. crit. ad Stob. ecl., S. CLV.

¹¹ Dox. 80 sqq.

¹² O. Heine, in: Neue Jahrb. f. class. Philol. (1869) 613 wollte den Akademiker
Areios Didymos, den Verfasser der Epitome, von dem Stoiker Arius, der mit
Augustus befreundet war, unterscheiden. Diese These ist von H. Diels, Dox.
86—88 widerlegt worden.

¹³ Über das Leben des Areios Didymos vgl. H. Diels, Dox. 80—88. Zeller, Philos. d. Gr.
III 1⁵, 635 Anm. 3. F. Susemihl, Gesch. gr. Litt. Alex. II 252—253. M. Giusta,
Doss. et. I 201—204.

schon in Alexandrien, wenn nicht erst später in Rom, freundete er sich
mit dem Peripatetiker Xenarchos von Seleukeia an[14]. Vielleicht hat er
auch den Akademiker Eudoros dort persönlich kennengelernt[15]. Irgendwann zwischen 44 und 31 ließ er sich in Rom nieder, wo er zum Philo-
sophielehrer und Vertrauten Oktavians wurde[16]. Als Oktavian im Jahre
30 nach seinem Sieg bei Actium in Alexandrien weilte, begleitete ihn
Areios. Oktavian soll sogar seine Freundschaft zu ihm als einen der
Gründe angegeben haben, aus denen er die Stadt schonte[17]. Im Jahre 9
v. Chr. lebte er noch am Hofe des Augustus: Nach dem Tode des Drusus
ließ sich Livia von ihm trösten[18]. Er muß bald danach gestorben sein[19].
Sein Nachfolger (am kaiserlichen Hof?) war der Stoiker Theon von
Alexandrien[20]. Genauer lassen sich Geburts- und Todesdatum des

[14] Strab. XIV 670. Vgl. oben S. 197 und P. Moraux, Art. Xenarchos 5, RE IX A
1422—1423. Xenarchos selbst ist Lehrer des um 63 geborenen Strabon gewesen.
War Areios Altersgenosse des Xenarchos, so muß seine Geburt schätzungsweise
auf die Zeit zwischen 90—75 datiert werden.

[15] Areios bei Stob. II 7, S. 42, 7—45, 6 gibt eine Zusammenfassung von Eudoros'
διαίρεσις τοῦ κατὰ φιλοσοφίαν λόγου, die er als βιβλίον ἀξιόκτητον lobt.

[16] Sueton., Aug. 89 berichtet, daß Oktavian den schon sehr alten Apollodor von
Pergamon, der sein Lehrer der Beredsamkeit war, von Rom nach Apollonia
(Winter 45/44) mitgenommen hatte und später eine sehr gelehrte Ausbildung bei
dem Philosophen Areus und dessen Söhnen Dionys und Nikanor genoß (deinde
eruditione etiam varia repletus per Arei philosophi filiorumque eius Dionysi et
Nicanoris contubernium).

[17] Dio Cass. LI 16, 3—4. Plut., Anton. 80; Praec. ger. reip. 18, 814d; Reg. et imp.
apophth. 207a—b. Themist., Or. 8, S. 163, 21—164, 3 Downey. Iulian., Epist. 51,
433d—434a. Über Plut., Anton. 80, Areios Didymos und die Schonung Alexan-
driens vgl. L. Robert, Théophane de Mytilène à Constantinople, in: Comptes
rendus Acad. Inscr. (1969) 42—64, dort 52 Anm. 2. Anspielung auf die Freundschaft des Augustus für Areios bei Themist., Or. 34, S. 217, 25; Or. 11, S. 220, 6
Downey.

[18] Sen., Ad Marc. de cons. IV 2 illa (= Iulia Augusta) in primo fervore, cum maxime
impatientes ferocesque sunt miseriae, consolandam se Areo, philosopho viri sui,
praebuit, et multum eam rem profuisse sibi confessa est. Was Seneca IV 3—V 6 als
Beginn der Trostrede anführt, ist wahrscheinlich kein wörtliches Zitat, sondern
ein von Seneca selbst verfaßtes rhetorisches Stück, wie aus Senecas einleitenden
Worten hervorgeht: IV 3 hic, ut opinor, aditus illi fuit, hoc principium apud
feminam opinionis suae custodem diligentissimam.

[19] Lukian., Vera hist. 2, 22, der Areios als Ägypter bezeichnet, erwähnt als einzige
Quelle, daß er in Korinth begraben war. Vgl. darüber R. Renehan, Arius Didymus: A new biographical detail, in: Hermes 93 (1965) 256.

[20] Suidas, Bd. II S. 702 Adler Θέων Ἀλεξανδρεύς, φιλόσοφος Στωικός, γεγονὼς
ἐπὶ Αὐγούστου μετὰ Ἄρειον. Die Notiz ist allerdings nicht ganz klar, und

Areios nicht bestimmen. Der Umstand, daß nicht nur er, sondern auch
seine beiden Söhne zur *eruditio varia* des Oktavian beitrugen[21], berechtigt uns zur Annahme, daß seine Söhne etwa gleichaltrig wie Oktavian
waren. Ihr Vater müßte daher 20—25 Jahre älter gewesen, also um
88—83 geboren sein. Daß Areios Stoiker war, darf als gesichert gelten:
Sein Name erscheint nämlich zwischen denen des Antipater von Tyros
und des Cornutus in der Epitome des verlorenen Teils von Diogenes
Laertios' Buch VII[22].

Was den Inhalt und die Spuren seines großen philosophiegeschicht-
lichen Werkes anbetrifft, wurden Meinekes Schlußfolgerungen von
H. Diels zum Teil revidiert. Eine eingehende Untersuchung des doxographischen Materials zeigte, daß ein Teil der Nachrichten, die Meineke —
wenn auch nur vermutungsweise — auf Areios zurückzuführen geneigt
war, in Wirklichkeit aus dem doxographischen Werk des Aetios stammte[23]. Die mit einiger Sicherheit identifizierbaren Fragmente des Areios zur
Naturphilosophie gab Diels in seinen Doxographi Graeci heraus[24]. Die Anlage des umfangreichen Werkes, aus dem Stobaios und Eusebios schöpften, rekonstruierte Diels anhand der Auszüge bei Stobaios und sonstiger
Nachrichten. Am Anfang standen Prolegomena, in denen die drei Haupt-
gebiete der Philosophie — Logik, Physik, Ethik — allgemein behandelt
wurden[25]. Dann legte Areios die Lehrmeinungen Platons und der Akademiker, des Aristoteles und der Peripatetiker, Zenons und der Stoiker,
vielleicht auch der Epikureer, hintereinander dar, und zwar so, daß für
jede Schule zuerst die Logik, dann die Physik und zum Schluß die Ethik
behandelt wurde. Auf die individuellen Unterschiede zwischen den einzelnen Denkern ging Areios nicht ein. Die Thesen, die er in seine Darstel-

es ist nicht sicher, ob Theon am Hofe des Augustus oder in der διαδοχή der
Stoiker Areios' Nachfolger war. Sicher ist auf jeden Fall, daß Theon noch
vor Augustus' Tod (14. n. Chr.) die Nachfolge des Areios übernahm.

[21] Sueton. a. a. O.

[22] Vgl. E. Zeller, Philos. d. Gr. III 1⁵, 636 Anm. 1 und 2, und 34 Anm. 2. M. Giusta,
Doss. et. I 198. Daß er „trotz seiner äußeren Zugehörigkeit zur Stoa auf dem
Boden der damaligen akademischen Skepsis fest gestanden" hat, wie A. Goe-
deckemeyer, Die Gesch. d. gr. Skeptizismus, 1905, 205 behauptet, läßt sich
nicht nachweisen.

[23] Diels, Dox. 68—69; 73—79.

[24] Dox. 447—472.

[25] Reste der Einleitung und des ἠθικὸν μέρος bei Stob. II 7, S. 37, 18—57,
12.

lung aufnahm, gab er als solche an, die jeweils von der ganzen Schule anerkannt waren[26].

Obwohl er sich nicht direkt mit den Fragmenten des Areios befaßte,
stellte E. Howald eine Hypothese auf, die, falls sie richtig wäre, Umfang
und Zahl der Spuren von Areios' Werk weit über das von Diels als gesichert Betrachtete hinaus erweitern würde[27]. Eines der Handbücher, die
Howald als Quelle des Diogenes Laertios ermittelt zu haben glaubte,
soll auch von mehreren anderen Autoren (Hippolytos, Eusebios, Clemens
Alexandrinus, Pseudo-Galen, Simplikios, Hesychios Illustrios etc.) benutzt worden sein. Es handelte sich um ein biographisch-doxographisches
Werk, das sich durch seinen Verzicht auf literarische Gestaltung und
seinen durch zahlreiche Zitate dokumentierten Anspruch auf wissenschaftliche Qualität auszeichnete. Im Prinzip enthielt jeder Philoso-
phen-Bios die Lebensbeschreibung (ohne den Tod), eine Charakteristik,
die εὑρήματα, eine kurze Doxographie, ein Schriftenverzeichnis und den
Tod. In den Spuren dieses Handbuches begegnet der Name Didymos
zweimal im Zusammenhang mit Apophthegmen der Vorsokratiker und
einmal im Zusammenhang mit den Pythagoreern. In den ersten beiden
Fällen könnte man gewiß an Didymos Chalkenteros' περὶ παροιμιῶν
denken; berücksichtigt man aber die Gesamtheit der Nebenüberlieferung
zu Diogenes Laertios, drängt sich, so meint Howald, der Name des Areios
Didymos als Urheber des Handbuches auf. Diese Zuschreibung stößt
allerdings auf eine fast unüberwindliche Schwierigkeit: Die bei Stobaios
und Eusebios erhaltenen Überreste des Areios Didymos enthalten nicht
die geringste Angabe biographischer Natur, während das von Howald erschlossene Handbuch vorwiegend aus Biographien bestand. Diese Schwierigkeit will Howald wegräumen, indem er betont, die Auszüge bei Stobaios und Eusebios stammten aus einer ἐπιτομή. Die ausführliche Fassung von Areios' περὶ αἱρέσεων sei also irgendwann — vermutlich vom
Urheber selbst — epitomiert worden, und zwar so, daß man daraus die
doxographischen Partien herausschälte, die sich auf die Lehre der noch
bestehenden Schulen — Plato, Aristoteles, Stoa — bezogen.

Diese Hypothesen beruhen auf viel zu schmaler Basis, und sie
werfen viel zu große Schwierigkeiten auf, um in der Analyse von

---

[26] Diels, Dox. 70—73.
[27] E. Howald, Das philosophiegeschichtliche Compendium des Areios Didymos, in:
Hermes 55 (1920) 68—98, als Ergänzung zu seiner früheren Arbeit: Handbücher
als Quellen des Diogenes Laertios, in: Philol. 74 (1917) 119—130.

Areios' Referaten über die Peripatetiker berücksichtigt werden zu können.

Ebenso anspruchsvoll sind die Thesen, die vor einigen Jahren mit einem gewaltigen Aufwand an Gelehrsamkeit vom Italiener M. Giusta in einem zweibändigen Werk über die ethischen Doxographen vertreten wurden[28]. Ein systematischer Vergleich der ethischen Doxographien bei Diogenes Laertios, Stobaios, Cicero, Apuleius, Alkinoos etc. läßt erkennen, daß die einzelnen Fragen der Ethik bei diesen Autoren vielfach in derselben Reihenfolge behandelt werden. Daraus schließt Giusta, daß es eine ursprüngliche, einheitliche Reihenfolge gegeben habe, die bei den einzelnen „Doxographen" in verschiedenen Brechungen vorliege. Diese angeblich noch rekonstruierbare Reihenfolge soll nach Giusta mit der vom Mittelplatoniker Eudoros ausgearbeiteten Disposition des ἠθικὸς τόπος genau übereinstimmen[29]. Es genüge wohl nicht, an traditionelle Gepflogenheiten der doxographischen Literatur zu denken, um die Übereinstimmung mit der eudorischen Disposition zu erklären: Alle doxographischen Referate müßten vielmehr auf eine gemeinsame Quelle zurückgehen. Als Urheber der auf diese Weise erschlossenen *Vetusta placita* könne nur Areios Didymos in Frage kommen, zumal er ausdrücklich erklärt haben soll, er wolle sich die eudorische Disposition zu eigen machen[30]. Im Gegensatz zu Howald meint Giusta, das Werk des Areios sei rein doxographischer Natur gewesen. Areios habe jedoch nicht, wie Diels behauptete, jeder wichtigen Schule ein selbständiges Exposé gewidmet; sein Werk sei ursprünglich nicht nach Schulen oder Denkern, sondern systematisch nach Problemen geordnet gewesen; die einzelnen Punkte waren in der eudorischen Reihenfolge behandelt, und bei jedem Problem berichtete er über die diesbezügliche Meinung der einzelnen Schulen. Wenn wir trotzdem bei Stobaios geschlossene Darstellungen der stoischen und der peripatetischen Ethik finden, so seien diese Darstellungen bereits Produkte einer späteren epitomierenden Tätigkeit. Die sehr umfangreichen *Vetusta placita* des Areios seien nämlich mehrmals epitomiert worden. In jenem Teil der Stobaios-Auszüge, den Diels für eine allgemeine Einleitung hielt[31], hätten wir es z. B. mit den stark verstüm-

---

[28] M. Giusta, I dossografi di etica, 2 Bde, Torino 1964—1967.

[29] Über diese Disposition referiert Areios Didymos selbst bei Stob. II 7, S. 42, 7—45, 6.

[30] Vgl. M. Giusta, Doss. et. I 196—198. Auf die fraglichen Texte gehe ich unten auf S. 266 sqq. ein.

[31] Stob. II 7, S. 45, 10—57, 12.

melten Resten einer abgekürzten Fassung zu tun, in der die systematische Disposition der Vorlage beibehalten war. Für die beiden Exposés
über die Stoiker und die Peripatetiker habe man dagegen alle δόξαι
über Stoa und Peripatos aus dem systematisch angelegten Werk herausgeschält und zu Darstellungen der Ethik der beiden Schulen zusammengetragen.

Auf alle Einzelheiten der Beweisführung können wir natürlich nicht
eingehen. Es sei lediglich bemerkt, daß Giustas These — trotz einer Reihe
wertvoller Beobachtungen — in ihren Hauptpunkten nicht überzeugend
ist. Daß viele der angeführten Texte Gemeinsamkeiten aufweisen, sei es
in der Formulierung, sei es in der Reihenfolge der referierten Lehrmeinungen, wird man kaum abstreiten können; auch die Annahme, daß diese
gemeinsamen Züge in einigen Fällen die Benutzung einer gemeinsamen
Quelle voraussetzen, läßt sich ebenfalls nicht beanstanden. Viel fragwürdiger erscheint dagegen die These, daß für *alle* ethischen Doxographien ein einziges Werk als Urquelle anzusehen sei. Um Spuren der postulierten Urdisposition in den einzelnen Nachrichten wiederzufinden,
sieht sich der Verfasser nicht selten zu neuen, z. T. gewagten Hypothesen
gezwungen. Ziemlich gravierend für die Interpretation ist vor allem der
Umstand, daß einzelne Abschnitte einer Rubrik zugewiesen werden, mit
der sie inhaltlich nichts oder nur sehr wenig zu tun haben. Symptomatisch erscheint in dieser Hinsicht die Strukturanalyse der Darstellung der
peripatetischen Ethik bei Stobaios. Während die meisten Kritiker zugeben müssen, daß der Aufbau dieser Darstellung wenig übersichtlich ist
und zumindest stellenweise unnötige Wiederholungen, ungeschickte Einschiebsel und dgl. enthält, will Giusta nachweisen, daß wir es hier mit der
herkömmlichen Disposition zu tun haben; alle Schwierigkeiten, auf
welche die Kritik bisher gestoßen war, so meint er, erweisen sich als
unbegründet, sobald man annimmt, daß die übliche Gliederung vorliegt und nur gelegentlich durch Kürzungen und Überarbeitungen etwas undeutlich geworden ist. Die Epitome der peripatetischen Ethik
besteht seiner Ansicht nach[32] aus folgenden Rubriken:

Einleitung (Stob. II 7, S. 116, 21—118, 6)

I. ⟨ Θεωρητικόν ⟩

   1. περὶ τέλους (118, 6—128, 9)

   2. περὶ ἀρετῆς, Fragment (128, 10—25)

---

[32] M. Giusta, Doss. et. I 58—62 und 185—188.

3. περὶ ἀγαθῶν (128, 26—137, 12). In dieser Rubrik wird auch die Eudämonie erörtert, weil sie das höchste aller Güter ist.

II. ⟨Ὁρμητικόν⟩

    1. περὶ τῆς ἠθικῆς ἀρετῆς (137, 13—142, 13)

    2. περὶ παθῶν (142, 14—143, 23)

III. ⟨Πρακτικόν⟩

    1. ἴδιον περὶ βίων (143, 24—145, 10)

    2. αἰτιολογικόν (περὶ ἀρετῆς) (145, 11—147, 23)

    3. κοινὸν περὶ βίων (147, 26—152, 25)

Eine unvoreingenommene Interpretation der Texte wird jedoch zeigen, wie willkürlich diese Konstruktion ist und wie wenig die von Giusta vorgeschlagenen Überschriften dem tatsächlichen Inhalt der einzelnen Abschnitte entsprechen.

Auch gegen die Ansicht, Areios Didymos habe laut eigener Angaben die Disposition des Eudoros übernommen, müssen große Bedenken angemeldet werden. Nachdem Areios die διαίρεσις ἠθικοῦ τόπου des Akademikers Philon von Larissa dargelegt hat, fährt er fort: „Wenn ich arbeitsscheuer wäre, würde ich mich mit dieser Einteilung begnügen und gleich die Darlegung der Lehrmeinungen anknüpfen; der Abriß mit den sechs Teilen (d. h. die Benutzung der philonischen Einteilung) wäre mir dabei eine Erleichterung. Ich denke aber, daß ich vor allem das Wesen des behandelten Gegenstands, dann seine Qualität, seine Quantität und anschließend seine Relationen erforschen muß, und deswegen bin ich der Auffassung, daß ich mich noch mehr anstrengen und auch die Meinungen der anderen erforschen muß, wenigstens, wenn schon nicht die von allen, derjenigen mit abweichender Ansicht auf diesem Gebiet[33]." Dann gibt Areios eine Zusammenfassung der Einteilung der Philosophie, und besonders der Ethik, nach Eudoros' Buch[34] und geht dann zur systematischen Darlegung der Hauptprobleme der Ethik über: „Die Darstellung der Ethik teilt sich also in diese Punkte ein. Ich muß jetzt

---

[33] Stob. II 7, S. 41, 26—42, 6 ἐγὼ δ' εἰ μὲν ἀργοτέρως διεκείμην, ἀρκεσθεὶς ἂν αὐτῇ συνεῖρον ἤδη τὰ περὶ τῶν ἀρεσκόντων, τῇ τῆς ἐξαμερείας ἐπικουφιζόμενος περιγραφῇ· ἡγούμενος δ' ἐμαυτῷ πρέπειν πρὸ παντὸς τὴν οὐσίαν δεῖν ἐπισκοπεῖν οὗ τις πραγματεύεται, κἄπειτα ποιότητα τὴν περὶ αὐτὴν καὶ ποσότητα, καὶ τούτοις ἐφεξῆς τὸ πρὸς τί, νομίζω προσεπιπονητέον {τε} εἶναι καὶ τὰ τῶν ἄλλων ἐπισκοπεῖν, καθάπερ οὐ πάντων, οὕτως τῶν περὶ ταῦτα διενεγκάντων.

[34] 42, 7—45, 6.

mit den Problemen beginnen, wobei ich die generischen Bestimmungen
in der Reihenfolge, die mir gut scheint, voranstelle; ihre Einteilung, so
bin ich sicher, trägt zu mehr Klarheit (in den Ausführungen) bei[35]."
Kann man aus diesen Überleitungssätzen folgern, daß Areios sich der
Disposition des Eudoros anschließen wollte?

H. Diels hat es m. E. mit vollem Recht bestritten[36]. Im ersten Satz
gibt Areios kurz an, was er täte, wenn er es sich bequem machen wollte,
und im Gegensatz dazu schildert er das Verfahren, das er sich in Wirklichkeit vorgenommen hat. Wäre er arbeitsscheu, so würde er die Sechs-
teilung des Philon übernehmen und sofort τὰ περὶ τῶν ἀρεσκόντων nach
diesem Schema darlegen. Welches sind nun diese ἀρέσκοντα? Offenbar
die Lehrmeinungen, zu denen er sich selbst bekennt, also im großen und
ganzen die stoische Ethik, denn im zweiten Teil des Satzes wird sein
wirkliches Verfahren dahingehend gekennzeichnet, daß er darüber hinaus (προσεπιπονητέον) auch eine Untersuchung der Lehre der anderen
(καὶ τὰ τῶν ἄλλων ἐπισκοπεῖν) bieten wird. Wie charakterisiert Areios
sein Vorhaben überhaupt? Ihm liegt daran, so schreibt er, den (jeweils)
behandelten Gegenstand nach Wesen, Qualität, Quantität und Relation
zu untersuchen. Was er anstrebt, ist also mehr als eine Darstellung
der eigenen Ansichten; er will einen Beitrag zur objektiven Klärung
der Probleme liefern. In diesem Sinne wird er sich also nicht auf ein
System beschränken, sondern auch auf die Meinungen anderer eingehen,
sofern sie unterschiedliche Lösungen enthalten. Verstehen wir den pro-
grammatischen Satz richtig, so bietet er nichts, was auf einen Anschluß
an die eudorische διαίρεσις hinweist. Areios will vielmehr sein Programm
rechtfertigen. Die Untersuchung anderer Systeme erscheint ihm dazu geeignet, die anstehenden Probleme besser zu klären, als wenn er sich mit
der Darlegung seiner eigenen Ansicht begnügte.

Ebensowenig bedeutet der zweite Überleitungssatz, daß Areios die
Disposition des Eudoros übernimmt. Wenn Areios schreibt: ὁ μὲν οὖν
ἠθικὸς λόγος εἰς ταῦτα καὶ τοσαῦτα τέμνοιτ' ἄν, so bringt er damit zum
Ausdruck, daß er mit dem Überblick über Eudoros' Diairesis nunmehr
fertig ist. Seine eigenen Ausführungen will er aber κατὰ τὴν ἐμοὶ φαινομένην διάταξιν gliedern: Was die Disposition des Stoffes anbetrifft, will er

---

[35] 45, 7—10 ὁ μὲν οὖν ἠθικὸς λόγος εἰς ταῦτα καὶ τοσαῦτα τέμνοιτ' ἄν· ἀρκτέον δὲ
τῶν προβλημάτων, προτάττοντα τὰ γένη κατὰ τὴν ἐμοὶ φαινομένην διάταξιν,
ἣν τινα πείθομαι πρὸς τὸ σαφέστερον διῃρηκέναι.

[36] Dox. 70 sed Arius neutrius (d. h. weder des Philon noch des Eudoros) partitione
contentus ipse problematum tabulam proponit.

also seinen eigenen Weg gehen. Mit ἀρκτέον . . . τῶν προβλημάτων wird
allem Anschein nach der allgemeinere, nicht nach Schulen, sondern nach
„Problemen" geordnete Teil des Werkes angekündigt[37]. Im Einklang mit
seiner früheren Ankündigung werden auch in diesem Teil Ansichten verschiedener Schulen bzw. Denker erwähnt, aber es werden, wie es hier
heißt, „die Gattungen" vorangestellt (προτάττοντα τὰ γένη): Gemeint
ist damit, wenn der Text richtig überliefert ist, daß bei jedem behandelten
Begriff dessen „Gattungen" zuerst angegeben werden. Dies ist in der Tat
die Methode, die wir im Auszug bei Stobaios noch recht gut beobachten
können: Bevor Areios z. B. auf die verschiedenen Auffassungen des Telos
bei den Stoikern, Peripatetikern, Epikureern, Platonikern etc. zu sprechen kommt, gibt er an, was man im allgemeinen unter Telos versteht,
und so verfährt er auch bei den anderen ethischen Begriffen, die er behandelt.

Die anspruchsvolle Konstruktion von M. Giusta scheint also auf viel
zu schwacher Basis zu stehen, als daß wir in unseren Ausführungen über
Areios ohne weiteres an sie anknüpfen könnten. Aber selbst wenn die
Hauptthesen Giustas als falsch zurückgewiesen werden müssen, kann
man ihm das Verdienst nicht abstreiten, die Aufmerksamkeit auf viele
Aspekte und Probleme der doxographischen Literatur gelenkt und neues
Licht auf manche Einzelfragen geworfen zu haben.

Für eine richtige Beurteilung von Areios' Werk wäre es von großer
Bedeutung zu wissen, ob die auf uns gekommenen Überreste wörtliche
Auszüge sind oder einer verkürzenden Bearbeitung des Originaltextes
entnommen wurden. Kann man z. B. annehmen, daß Stobaios selbst
seine Vorlage gekürzt oder zusammengefaßt hat? A. Meineke vertrat gegen die damals herrschende Meinung die Ansicht, daß Stobaios seine jeweilige Vorlage ohne jede Änderung reproduziert[38], H. Diels glaubte jedoch beweisen zu können, daß Stobaios selbständig und intelligent arbeitet, so daß man ihm eine gewisse Anpassung seiner Quellen durchaus
zumuten könnte[39]. Aber selbst wenn Stobaios seine Vorlage wortwört-
lich abgeschrieben hat, muß man immer noch fragen, ob er aus dem Originaltext des Areios oder aus einem Résumé dieses Textes schöpfte. Darüber gehen die Meinungen der Interpreten auseinander. Die Beantwor-

---

[37] Reste bei Stob. II 7, S. 45, 11—57, 12.
[38] Zeitschr. f. d. Gymnasialwesen 13 (1859) 563.
[39] Dox. 75 mit Anm. 4.

tung dieser sehr schwierigen Frage hängt weitgehend von den Ergebnissen der Interpretation der Fragmente ab und kann daher nicht vorweggenommen werden. Hier sei nur an einige Stellungnahmen erinnert, die zur Präzisierung der Problematik beitragen können. In seinem Vorwort zu den Stoicorum Veterum Fragmenta bietet H. von Arnim interessante Beobachtungen über die Angaben des Areios Didymos zur stoischen Philosophie. Auffallend sei der große Unterschied zwischen den Berichten über die Naturphilosophie der Stoa und denen über die Ethik; in jenen erscheint Areios als ein gewissenhafter Gelehrter, der seine Quellen mit Autorennamen und Büchertiteln nenne; in diesen seien dagegen fast keine Titel, Autoren nur selten genannt. Daß Areios selbst die beiden Teile seiner Darlegungen so unterschiedlich gestaltet habe, kann von Arnim nicht annehmen; er hält es für unmöglich, daß Areios in dem einen sehr sorgfältig, im anderen aber oberflächlich und nachlässig gearbeitet habe: Wenn die Qualität der Ethica heute so schlecht erscheint, liege es wohl daran, daß Stobaios hier seine Vorlage gekürzt und insbesondere die Namensnennungen in den Zitaten weggelassen habe[40]. Ohne die Richtigkeit dieser Hypothese zu präjudizieren, dürfen wir bereits hier notieren, daß auch in den Angaben über die aristotelisch-peripatetische Philosophie die Physica ganz anders gestaltet sind als die Ethica. Ob Eingriffe des Stobaios oder eines anderen etwaigen Epitomators diese Unterschiede erklären können, muß allerdings noch untersucht werden. Auch in seiner Monographie über Areios' Abriß der peripatetischen Ethik operiert von Arnim mit der Annahme, daß die Epitomierung des Originaltextes von Areios' Werk für Unterbrechungen im Gedankengang, Unebenheiten und Härten in den Ausführungen und andere ähnliche Mängel verantwortlich zu machen sei[41]. E. Howald sieht, wie bereits oben bemerkt, die Dinge etwas anders, indem er annimmt, daß Areios selbst eine Epitome seines umfangreicheren Werkes besorgt habe und diese Epitome von Eusebios und Stobaios benutzt worden sei[42]. Sehr tiefgreifend stellt sich Giusta die verschiedenen Epitomierungen vor, die am Originalwerk des Areios noch vor der Zeit des Stobaios vorgenommen worden seien: Der Text sei nicht nur drastisch, stellenweise sogar fast bis

---

[40] SVF I, S. XLII.

[41] H. v. Arnim, Abriß 47 „Wir dürfen nicht vergessen, daß eine doppelte Epitomierung stattgefunden hat, die erste durch Areios, die zweite durch Stobaeus." Areios soll dabei ein viel älteres Kompendium zugrunde gelegt und wahrscheinlich kürzend überarbeitet haben (S. 67. Vgl. auch 122; 135; 139; 146.).

[42] Hermes 55 (1920) 98.

zur Unkenntlichkeit verkürzt, sondern auch auf das Ziel hin umgestaltet
worden, daß Darstellungen nach Schulen die ursprüngliche Disposition
des doxographischen Werkes nach Problemen ersetzen sollten[43].

Im Zusammenhang mit der Frage nach etwaigen Epitomierungen
dürften auch die verschiedenen Titel, unter denen die Auszüge aus
Areios zitiert werden, von einiger Bedeutung sein. Diese Auszüge werden
bald als „aus der Epitome (bzw. den Epitomai) des (Areios) Didymos"
stammend eingeführt[44], bald begegnen aber auch andere Bezeichnungen
wie περὶ αἱρέσεων[45] oder περὶ τῶν ἀρεσκόντων (Πλάτωνι)[46]. Diese unterschiedlichen Bezeichnungen betrachten Howald[47] und Giusta[48] als ein
Indiz dafür, daß es neben der ausführlichen Fassung, die wohl περὶ αἱρέσεων oder περὶ τῶν ἀρεσκόντων τοῖς φιλοσόφοις hieß, auch verkürzte Fassungen des Originaltextes gegeben habe. Giusta versucht sogar nachzuweisen, daß der Ausdruck Διδύμου ἐπιτομή nicht eine von Didymos herrührende Kompilation, sondern die epitomierte Fassung von Didymos'
Werk bezeichnet. Solche Kombinationen überzeugen jedoch nicht. Wir
haben gute Gründe anzunehmen, daß Areios' Werk in seiner Originalfassung ein kompilatorischer Überblick über die Lehrmeinungen verschiedener philosophischer Schulen war und als solcher den Titel ἐπιτομή nicht zu Unrecht tragen konnte. Das geht aus den Kapiteln, die
Areios der aristotelischen Meteorologie widmet[49], am deutlichsten hervor: Hier liegen Auszüge aus der Originalfassung und sicher keine Résumés oder sonstigen Überarbeitungen von Areios' Text vor. Nun kann
man noch sehr schön beobachten, wie Areios bemüht ist, nur das Wesentliche aus den Ausführungen des Aristoteles beizubehalten: Wir haben es
hier mit regelrechten Kompendien zu tun. Kennzeichnend sind ebenfalls
die Sätze, mit denen Areios seine Darstellung der stoischen Ethik einleitet und abschließt: Seine Leistung nennt er ausdrücklich einen ὑπο-

---

[43] Vgl. oben S. 264.
[44] Stob. IV 39, 28, S. 918, 15 ἐκ τῆς Διδύμου Ἐπιτομῆς. Eus., P. E. XV 15, 9,
S. 380, 18 Mras ταῦτα μὲν ἡμῖν ἀπὸ τῆς Ἐπιτομῆς Ἀρείου Διδύμου προκείσθω.
XV 20, 8, S. 385, 16 τοιαῦτα καὶ τὰ τῆς Στωικῆς φιλοσοφίας δόγματα ἀπὸ τῶν
Ἐπιτομῶν Ἀρείου Διδύμου συνειλεγμένα.
[45] Stob. II 1, 17, S. 6, 13 Διδύμου ἐκ τοῦ Περὶ αἱρέσεων (Mit Recht hat Heeren
das überlieferte αἱρέσεως in αἱρέσεων korrigiert).
[46] Eus., P. E. XI 23, 2, S. 51, 15 τὴν δὲ τῶν εἰρημένων διάνοιαν ἐκ τῶν Διδύμῳ
Περὶ τῶν ἀρεσκόντων Πλάτωνι συντεταγμένων ἐκθήσομαι· γράφει δὲ οὕτως.
[47] a. a. O.
[48] Doss. et. I 194 sqq.
[49] Dox. 451 sqq., Fr. 11—14.

μνηματισμός, und er hebt hervor, daß er sich mit den Hauptpunkten (τὰ κεφάλαια) begnügt[50]. Auch die Formel τὰ Διδύμῳ περὶ τῶν ἀρεσκόντων Πλάτωνι συντεταγμένα, mit der Eusebios[51] den Auszug über Platon einführt, scheint auf den kompilatorischen Charakter des Werkes anzuspielen. Ist ἐπιτομή eine durchaus adäquate Bezeichnung für Areios' Überblick über die philosophischen Systeme, so ließ sich die Kompilation vom Inhalt her auch als περὶ αἱρέσεων zitieren[52]. Es gibt wirklich keinen Grund, dem Originalwerk des Areios den Titel ἐπιτομή abzusprechen, um ihn auf ein hypothetisches Résumé dieses Werkes zu übertragen.

Die Frage muß also offenbleiben, ob Stobaios eine bereits verkürzte, summarische Überarbeitung von Areios' Werk benutzt hat, oder ob ihm der Originaltext zur Verfügung stand. Weder in dem einen noch in dem anderen Fall wird Stobaios den Wortlaut seiner Vorlage geändert haben; es ist aber durchaus denkbar, daß er nicht den Gesamttext etwa der Ausführungen über die peripatetische Ethik abschrieb, sondern hier und dort ihm weniger interessant erscheinende Abschnitte einfach wegließ.

b) Zur Problematik der Darstellung der peripatetischen Philosophie

Das fragmentarisch erhaltene Referat über die Naturphilosophie der Peripatetiker hat, aus welchen Gründen auch immer, die Forschung weniger angeregt als die ausführlichere Darstellung der Ethik. Dieser sind seit fast anderthalb Jahrhunderten mehrere wertvolle Abhandlungen gewidmet worden, und noch zahlreicher sind die gelegentlichen Äußerungen über diesen Teil der Epitome in Arbeiten über Autoren, die sich irgendwie mit Areios berühren.

Es soll hier an die wichtigsten Fragen erinnert werden, die im Mittelpunkt der Diskussion standen und über welche die Meinungen noch auseinandergehen. Man ist sich im allgemeinen darüber einig, daß Areios, der Überschrift des Auszugs bei Stobaios entsprechend, „die Ethik des Aristoteles und der anderen Peripatetiker" darstellen will und daß der Grundstock seines Exposés peripatetisch ist, wenn auch nicht rein aristotelisch. Aber hier und dort hat man Gedanken und Termini stoischer Prägung aufzuspüren geglaubt[53]. Besonders umstritten ist die Frage nach

[50] Stob. II 7, 5, S. 57, 15—17; 12, S. 116, 15—18.   [51] Vgl. oben Anm. 46.
[52] Areios selbst bezeichnet die Stoa als ἡ τῶν Στωικῶν φιλοσόφων αἵρεσις, Stob. II 7, S. 116, 17.
[53] In seinem Apparat weist z. B. Wachsmuth auf die *stoica* hin, gelegentlich mit Angabe von Parallelstellen. Den größeren Teil der Darstellung will H. Diels,

dem Entstehungsort der sogenannten οἰκείωσις-Lehre, d. h. jener Lehre, nach welcher die ganze Ethik sich von den angeborenen Urtrieben der menschlichen Natur ableiten läßt. Die meisten Forscher, die sich mit dieser Frage befaßten, kamen zu dem Schluß, daß diese Lehre in der Stoa unter Chrysipp, wenn nicht schon früher, entstanden und von da aus von anderen hellenistischen Systemen, insbesondere von den Akademikern und Peripatetikern mit den erforderlichen Anpassungen übernommen worden sei. Andere Gelehrte versuchten jedoch nachzuweisen, daß Theophrast der Urheber dieser Lehre gewesen sei[54]. Gegen die These von einer tiefgehenden stoischen Kontamination der peripatetischen Ethik bei Areios wurde jedoch hervorgehoben, daß die meisten der angeblich stoisierenden Züge nicht an der Lehre selbst, sondern lediglich am Vokabular liegen: In der Lehre ließen sich deutliche Stellungnahmen gegen die Stoa erkennen, was den Urheber der Epitome nicht daran gehindert habe, sich der bequemen und damals auch in anderen Schulen gebräuchlichen stoischen Terminologie zu bedienen. Von einigen der fraglichen Vokabeln könne man sogar mit gutem Grund annehmen, daß sie nicht von der Stoa, sondern von Theophrast oder in akademisch-peripatetischen Kreisen geprägt worden seien.

Besonders aufschlußreich erschien die enge Verwandtschaft zwischen dem ersten Teil von Areios' Darstellung der peripatetischen Ethik und dem fünften Buch von Ciceros De finibus. Da die Hauptquelle von Ciceros Darstellung der akademisch-peripatetischen Telos-Lehre höchstwahrscheinlich Antiochos ist, wurde der entsprechende Teil von Areios' Epitome ebenfalls mit Antiochos in Verbindung gebracht[55]. Von verschiedenen Seiten wurde jedoch unterstrichen, daß nicht alles, was wir

Dox. 71 auf eine relativ späte Quelle zurückführen, *quia stoicae disciplinae non guttae sed flumina inmissa sunt.* E. Zeller, Philos. d. Gr. III 1⁵, 638 Anm. 1 charakterisiert den philosophischen Gesichtspunkt des Areios unter anderem durch die Verbindung von stoischen und peripatetischen Lehrmeinungen. R. Walzer, MM und arist. Eth., bes. 191—193, unterscheidet zwischen Teilen aristotelisch-theophrastischer Provenienz und solchen, die eine Beeinflussung durch die Stoa aufweisen; zu den letzteren zählen 118, 5—119, 21; 125, 14—126, 11; 127, 9—128, 4; 130, 15—134, 6; 143, 24—145, 16. Vgl. auch unten S. 338sqq.

[54] In diesem Sinn bereits H. v. Arnim, Abriß 133 sqq.; systematischer und mit beachtenswerten Argumenten F. Dirlmeier, Oikeiosis. Dirlmeiers These wurde in ihren Hauptpunkten gebilligt von D. J. Allan, in: The class. Review 51 (1937) 178—179. Ph. Merlan, in: Philol. Wochenschr. 58 (1938) 177—182. O. Regenbogen, Art. Theophrastos, RE Suppl. VII (1940) 1492—1500.

[55] Mehrere Gelehrte halten Antiochos für die gemeinsame Quelle von Areios und

in Areios' Exposé lesen, sich mit unseren Nachrichten über Antiochos vereinbaren läßt. Selbst H. Strache, der den gesamten Abriß der peripatetischen Ethik auf Antiochos zurückführen wollte, sah sich gezwungen, einige Passagen des Areios, die im Widerspruch mit Antiochos zu stehen schienen, für spätere Zusätze aus anderen Quellen zu erklären.

Den unterschiedlichen Urteilen über das Ausmaß von Areios' angeblichem Eklektizismus entsprechen die stark auseinandergehenden Ansichten über sein Verhältnis zur aristotelischen Philosophie. In bestimmten Partien der Epitome ist die Anlehnung an aristotelische Schriften unverkennbar. Die Nachrichten über die Naturphilosophie enthalten fast ausschließlich Angaben, die sich als Auszüge oder Zusammenfassungen von Kapiteln der Physik, der Schrift De caelo, der Meteorologie etc. erweisen. Auch im Teil der Epitome, welcher der Ökonomik und der Politik gewidmet ist, beruht Areios' Exposé fast ausschließlich auf der Politik des Aristoteles. In der Darstellung der eigentlichen Ethik ist die Situation allerdings viel komplizierter. Neben gelegentlichen inhaltlichen und sogar wörtlichen Reminiszenzen an EE, MM, seltener EN, begegnen längere Partien, die sich offenbar nicht an Aristoteles anlehnen und sogar Lehrmeinungen enthalten, die diesem fremd waren. Dazu kommt, daß die Gesamtdisposition des Abrisses der Ethik, soweit sie noch greifbar ist, nicht etwa den Gedankengang einer der aristotelischen Ethiken oder eines Teiles davon wiedergibt, sondern nach einem bei Aristoteles nicht belegten Schema konzipiert wurde. Können wir angesichts dieses Tatbestandes annehmen, daß Areios wenigstens für bestimmte Partien seines Werkes unmittelbar aus den erhaltenen Schriften des Aristoteles schöpfte? Chronologisch wäre das durchaus möglich gewesen, denn die Andronikos-Ausgabe lag sicher schon vor, als Areios wirkte. Dennoch scheint das Werk des Areios von der exakten, sich eng an den überlieferten Text haltenden Interpretationsmethode, die sich mit den Arbeiten der ersten Kommentatoren durchsetzte, noch völlig unbeeinflußt zu sein. Die Hypothese, daß er nicht die Originalschriften, sondern eine Art Schulkompendium als Vorlage herangezogen hat, will diesem Tatbestand Rech-

---

Cicero. Andere sind der Ansicht, daß Areios und Antiochos unabhängig voneinander aus einer älteren, wohl altperipatetischen Quelle schöpften. In letzter Zeit wurde sogar die ziemlich unwahrscheinliche These aufgestellt (M. Giusta), Areios sei die gemeinsame Vorlage gewesen, die Antiochos und Cicero unabhängig voneinander benutzten. Nähere Einzelheiten unten S. 333 sqq.

nung tragen. Was speziell die Ethik anbetrifft, so muß man gewiß auch
berücksichtigen, daß Areios' Epitome sich für eine Darstellung der Lehre
„des Aristoteles und der übrigen Peripatetiker" ausgibt; dem Verfasser
liegt also nicht so sehr daran, Unterschiede innerhalb der Schule aufzudecken und sich an die strenge Aristoteles-Orthodoxie zu halten,
sondern vielmehr, die peripatetische Lehre als Einheit zu betrachten und sie gegebenenfalls gegen andere Schulen, etwa die Stoa, abzugrenzen.

Die Annahme eines Schulkompendiums als Hauptquelle läßt allerdings noch viele Fragen offen. Insbesondere sollte geklärt werden, woher der Verfasser dieses Kompendiums sein Material genommen hatte.
H. v. Arnim verfocht mit großer Gelehrsamkeit die These, die Quelle des
Areios sei ein altperipatetisches Schulhandbuch, in dem die Lehre des
Aristoteles und die des Theophrast zusammengefaßt seien[56]; alles, was
nicht auf Aristoteles zurückgeführt werden könne, müsse dementsprechend als theophrastisch gelten. Eklektizistische Tendenzen und stoi-
sierende Züge ließen sich nicht wahrnehmen, einiges deute vielmehr auf
eine Polemik des Theophrast gegen die Stoa hin. Im Zusammenhang mit
dieser These setzte sich von Arnim sehr energisch für die Echtheit der
Magna Moralia ein. In diesem Traktat glaubte er die älteste Fassung der
Ethikvorlesung des Aristoteles zu erkennen; da die Darstellung der
Ethik bei Areios weder den MM noch der EE ausschließlich folgt, sondern
mit beiden Traktaten vieles gemeinsam hat, kam er zu dem Schluß,
daß Theophrasts Ethik weitgehend auf einer Vorlesung des Aristoteles
basierte, die etwa auf halbem Weg zwischen MM und EE gestanden
habe.

Nach anderen Kritikern aber — ganz gleich, ob sie ein Schulhandbuch als Zwischenquelle annehmen oder nicht — muß das Verhältnis des
Areios zu den aristotelischen Ethiken anders gedeutet werden. Sind die
Magna Moralia, wie von den meisten Kritikern angenommen wird, eine
nacharistotelische Zusammenfassung der aristotelischen Ethik, so stellt
Areios' Epitome eine noch stärkere Entfernung von dieser Ethik dar.
R. Walzer[57], der die MM dem theophrastischen Peripatos zuweist, sie jedoch für frei von jeder stoischen Beeinflussung hält, schließt aus dem Vergleich der Epitome mit den MM, daß die Kapitel des Areios, die parallel
mit den MM bzw. der EE laufen, auf einem frühperipatetischen, wohl

---

[56] H. v. Arnim, Abriß, *passim*, bes. 12—14; 128—129; 158.
[57] MM und arist. Eth., bes. 171—172.

theophrastischen Schulkompendium beruhen[58]. Daneben gebe es aber nachtheophrastische, stoisch beeinflußte Abschnitte[59].

W. Theiler sieht die Dinge etwas anders. Die MM hält er für eine — allerdings nicht ganz reine — Wiedergabe der mittleren Ethik des Aristoteles, die nach der EE und vor der EN entstanden sei. Die MM seien aber nicht unberührt von Schuldiskussionen geblieben. Gewiß sei die Vorlage des Stobaios zum Teil den MM verpflichtet, sie folge aber auch verschiedenen anderen Autoren, darunter dem Antiochos. Theiler hält es ferner für wenig wahrscheinlich, daß alle altperipatetischen Teile bei Stobaios theophrastisch sein könnten[60].

Die Feststellung, daß nicht alles bei Areios aristotelisch-theophrastisch sein kann, führte andere Gelehrte zu dem Schluß, daß Areios' Hauptquelle nicht ein alt-, sondern ein jungperipatetisches Schulbuch gewesen sei. R. Philippson[61] nahm z. B. gegen Arnims These Stellung; er hielt die Oikeiosis-Lehre für eine stoische Lehre, die Antiochos übernommen und schon bei den älteren Platonikern und bei Aristoteles selbst aufzuweisen versucht habe; Antiochos habe jüngere Peripatetiker wie z. B. Xenarchos und Boethos zu ähnlichen Versuchen angeregt. Andererseits kämen in Areios' Epitome Äußerungen vor, die gegen die Eudämonielehre des Kritolaos gerichtet seien. Als Quelle des Areios müsse man daher eine jungperipatetische Schrift annehmen. Philippson vermutet, daß es sich um eine Schrift des Peripatetikers Xenarchos handeln könnte: Xenarchos, der mit Areios befreundet war, hat sich nämlich laut einer Nachricht bei Alexander von Aphrodisias mit der Frage beschäftigt, welche Auffassung vom πρῶτον οἰκεῖον Aristoteles vertreten habe. Auch F. Dirlmeier[62] lehnt H. v. Arnims These vom altperipatetischen Schulkompendium ab. Obwohl er Theophrast für den eigentlichen Schöpfer der Oikeiosis-Lehre hält, weist er auf die Polemik gegen Kritolaos und auf eine gelegentliche stoische Färbung der Terminologie bei Areios hin: Dies sei dadurch zu erklären, daß Areios ein jungperipatetisches Handbuch epitomiert habe; allerdings sei der erschlossene Jungperipatetiker

---

[58] Es handelt sich hauptsächlich um Stob. 116, 21—118, 4; 128, 11—130, 12; 134, 7—142, 13; 143, 1—11; 145, 11—147, 25.

[59] Vgl. oben Anm. 53.

[60] W. Theiler, Die große Ethik und die Ethiken des Aristoteles, in: Hermes 69 (1934) 353—379, bes. 375—379.

[61] R. Philippson, Das „Erste Naturgemäße", in: Philol. 87 (1932) 445—466, bes. 464 sqq.

[62] F. Dirlmeier, Oikeiosis, bes. 13—14 und 77—97.

18*

ein Klassizist gewesen, der hauptsächlich Aristoteles und Theophrast herangezogen und damit die älteste Form der peripatetischen Ethik wiederzugeben versucht habe.

Will man die Epitome des Areios in der Geschichte des Aristotelismus
richtig einordnen, so genügt es wohl nicht zu untersuchen, inwiefern
seine Angaben aristotelische, theophrastische, jungperipatetische oder
eklektizistische Lehrmeinungen wiedergeben. Auch die Form seiner
Schrift verdient unsere besondere Aufmerksamkeit. Auf diesem Gebiet
ist allerdings bisher weniger geschehen als z. B. in der Quellenanalyse.
Zweifellos trifft Regenbogens Bemerkung zu, „daß der Grundriß bei
Stobaios den Lehrinhalt durchweg systematisiert und aus einem diskursiven Zusammenhang in einen dogmatischen umsetzt[63]". Die Art und
Weise, wie dieser Umsetzungsprozeß in den einzelnen Teilen der Epitome erfolgt ist, sollte jedoch genauer differenziert werden. Neben kur-
zen apodiktischen Referaten, die äußerlich stark an die Placita der
Doxographie erinnern, begegnen auch Reihen von Definitionen und Einteilungen, ferner ganze Abschnitte, in denen die diskursive Form der
Vorlage noch bis zu einem gewissen Grad durchscheint. Lassen sich diese
Züge mit der Annahme einer einzigen Quelle, selbst wenn diese Quelle
ein Schulkompendium gewesen sein sollte, überhaupt vereinbaren? Sollte
man nicht die Möglichkeit in Erwägung ziehen, daß Areios oder seine
Quelle eine Sammlung von ziemlich disparatem, heterogenem Material
besorgt hätte, ohne dieses Material inhaltlich und stilistisch restlos zu vereinheitlichen? Nicht nur die vielen Wiederholungen und Diskrepanzen,
die in der Epitome besonders auffallen[64], sondern auch die Unterschiede
in Stil und Form lassen eine solche Hypothese als zumindest plausibel
erscheinen.

B. Der Abriß der aristotelischen Naturphilosophie

Sämtliche noch identifizierbaren Überreste von Areios' Abriß der
aristotelischen Naturphilosophie sind uns von Stobaios, allerdings ohne
genauere Quellenangabe, überliefert worden. Nachdem A. Meineke die
Vermutung geäußert hatte, das doxographische Material bei Stobaios

---

[93] O. Regenbogen, Theophrastos 1500.

[94] R. Hirzel, Unters. zu Cicero's philos. Schr. II 2, 693—708 hat nicht zu Unrecht,
wenn auch mit Übertreibungen, darauf hingewiesen.

könnte größtenteils von Areios stammen[1], gelang es H. Diels, die Auszüge aus Areios von den Placita des Aetios zu scheiden[2]. Von den 17 s. T. umfangreichen Auszügen, die sich auf Areios zurückführen laszen[3], beziehen sich 6 (Fr. 2—7) auf Fragen der Physik im allgemeinen, 3 (Fr. 8—10) auf die Kosmographie, 5 (Fr. 11—14a) auf Probleme der Meteorologie und 3 (Fr. 15—17) auf die Seelenlehre. Selbst wenn sie hier und dort Thesen enthalten, die nicht bei Aristoteles belegt sind, lehnen sie sich an erhaltene Schriften des Aristoteles an (vorwiegend Physik, De generatione et corruptione, De caelo, Meteorologie, De anima, De sensu). Der Anschluß an Aristoteles ist in den Fragmenten zur Meteorologie besonders eng: Hier gibt Areios eine verkürzende Paraphrase bestimmter Kapitel der Meteorologica, in welcher die Disposition und sogar die Ausdrucksweise der Vorlage weitgehend beibehalten sind. In den meisten anderen Fragmenten dagegen verfährt Areios freier. Er bemüht sich, die Hauptpunkte einer bestimmten Lehre mit knappen Formeln zusammenzufassen, hält sich dabei jedoch nicht unbedingt an die Anordnung des aristotelischen Gedankenganges. Die Bestandteile seiner Darstellung schöpft er bei Bedarf aus verschiedenen, voneinander entfernten Stellen des Aristoteles. Auch sein Vokabular weicht bisweilen von dem des Aristoteles ab.

a) Physik

In den ersten zwei Fragmenten werden die Prinzipien der Naturdinge, Materie und Form, erörtert. Das eine[4] stellt zuerst fest, daß weder die Materie als solche noch die Form bewegt werden, obwohl die Natur ein Prinzip der Bewegung und der Ruhe ist[5]. Als solche ist nämlich die Materie formlos, und die Form ist es, die bewegt[6]. Die Materie ist ferner kein Körper, sie ist aber körperhaft, und die Form ist völlig unkörperlich. — Hier werden also zwei Argumente für die Unbewegtheit von Materie

---

[1] Zu Stob., in: Zeitschr. f. d. Gymnasialwesen 13 (1859) 563—565.

[2] Dox. 73—75.

[3] Dox. 448—457, Fr. 2—17; 854, Fr. 14a.

[4] Fr. 2 Diels = Stob. I 11, 4, S. 132, 10—25.

[5] Definition der φύσις als ἀρχή τις κινήσεως καὶ στάσεως nach Phys. II 1, 192b 14.

[6] Das überlieferte τὸ δὲ εἶδος ἀεί (448, 3 Diels) ist mir als Begründung für die Unbewegtheit der Form unverständlich. Wahrscheinlich muß man τὸ δὲ εἶδος κινεῖ schreiben: Die Form, die auch τέλος ist, bewegt ohne selbst bewegt zu werden, vgl. Phys. II 7, 198b 3.

und Form angedeutet. In sich selbst betrachtet ist die Materie nicht mit
einer Form verbunden; da die Form es ist, die, ohne selbst bewegt zu werden, die Bewegung bewirkt, kann die Materie nicht bewegt werden. Zweitens kann die Materie nicht bewegt werden, weil sie eben kein Körper ist
und nur „Körperhaftigkeit" besitzt; ebensowenig kann es die Form, weil
sie völlig unkörperlich ist. Genauere Parallelen zu diesen Betrachtungen
über die Unbewegtheit von Materie und Form finden sich bei Aristoteles
nicht. Danach erklärt der Verfasser, warum die Materie nach Ansicht
der Peripatetiker kein Körper ist: Sie besitzt weder die Dimensionen der
Körper noch die anderen Bestimmungen, die die Körper charakterisieren,
wie z. B. Gestalt, Farbe, Schwere, Leichtigkeit, und allgemein gesprochen
Qualität und Quantität. Die Materie ist jedoch körperhaft, denn sie liegt
gleichsam wie eine Wachsmasse (ἐκμαγεῖον) allen Qualitäten zugrunde.
So wie die von der Materie abstrahierte Form unkörperlich ist, bildet
auch die Materie, wenn sie von der Form abgetrennt ist, keinen Körper.
Zur Bildung eines subsistierenden Körpers bedarf es der Vereinigung von
Materie und Form.

Die einzelnen Züge der hier vertretenen Lehre von der Materie können gewiß nicht als unaristotelisch betrachtet werden, dennoch haben
die beiden Hauptfragen, um die es hier geht, Unbeweglichkeit von Materie und Form und Körperlosigkeit der Materie, offenbar nicht im Mittelpunkt von Aristoteles' Spekulation gestanden. Der stoische Materialismus, insbesondere die These, daß die Materie ein Körper ist[7], scheint zu
einer Präzisierung der peripatetischen Position angeregt zu haben; die zu
diesem Zweck ausgearbeitete Unterscheidung zwischen σῶμα und σωμα-
τικός, die Bezeichnung der Form als ein ἀσώματον und sonstige sprachliche und inhaltliche Eigentümlichkeiten des Fragments zeigen, daß wir
es nicht mit einer bloßen Wiedergabe der aristotelischen Lehre der Materie zu tun haben; von dieser Lehre sind nur diejenigen Aspekte berücksichtigt und ergänzt worden, die im Lichte einer jüngeren Problematik als besonders charakteristisch erschienen[8].

---

[7] SVF II, S. 112, 32; 114, 11; 116, 24.

[8] Besonders interessant ist der Vergleich mit den Placita des Aetios, Dox. 308,
4—9. Die angeblich gemeinsame Auffassung von der Materie bei Platon und
Aristoteles wird mit fast denselben Merkmalen wie bei Areios angegeben.
Auch der Abschnitt von Albinos' Didaskalikos über die Materie (162, 25—163, 9
Hermann) weist trotz einer stärkeren Anlehnung an Platon mehrere gemeinsame Züge mit Areios auf. Von Platon stammt bei Areios, Albinos und Aetios
der Vergleich mit dem ἐκμαγεῖον (vgl. Plat., Tim. 50c). Nicht aristotelisch ist

Das andere Fragment[9] beginnt mit einem Satz, aus dem deutlich hervorgeht, daß es einer umfangreicheren Erörterung über die Prinzipien der Naturdinge entnommen worden ist. „Von diesen Prinzipien behauptet Aristoteles bald, daß sie zwei sind, die Materie nämlich und die Form . . .". Danach erwarten wir also einen Hinweis darauf, daß er bald drei Prinzipien nannte (Materie, Form, Privation) oder aber vier (Materie, Form, wirkende Ursache, Ziel). Diesen Teil der Erörterung hat Stobaios nicht mehr abgeschrieben. In seinem Auszug begegnen lediglich Angaben über die Ausdrücke, die Aristoteles anstelle von εἶδος verwendet. Die hier genannten Ausdrücke, μορφή, ἐντελέχεια, τὸ τί ἦν εἶναι, οὐσία ἡ κατὰ τὸν λόγον, ἐνέργεια, sind alle echt aristotelisch. Weniger authentisch erscheinen dagegen die Erklärungen, die Areios zu diesen Termini gibt. Er konstruiert z. B. einen Unterschied zwischen μορφή als etwas Äußerlich-Oberflächlichem (der weißen Farbe des Bildes vergleichbar) und εἶδος als etwas in die Tiefe Gehendem, ein Wesen Bestimmendem (die weiße Farbe der Milch hängt mit deren Natur zusammen). Natürlich kommt es vor, daß Aristoteles das Wort μορφή mit der Bedeutung von „äußere Form", „Gestalt" u. dgl. verwendet, aber er benutzt auch sehr häufig μορφή als Synonym von εἶδος, ohne je anzudeuten, daß die beiden Termini nicht gleichwertig sind. Die Unterscheidung bei Areios will offenbar zur Präzisierung des philosophischen Vokabulars beitragen. Bei ἐντελέχεια schwankt Areios zwischen zwei Erklärungen: Die Form erhielt diesen Namen entweder διὰ τὸ ἐνδελεχῶς ὑπάρχειν, weil sie ununterbrochen vorhanden ist[10], oder weil die Anwesenheit der Form dem Ding seine Vollkommenheit verleiht[11]. Völlig mißlungen ist die Deutung des schwierigen Ausdrucks τὸ τί ἦν εἶναι: Der Form gab er (Aristoteles) diesen Namen, weil sie jedem Seienden die Fähigkeit zum Existieren erteilt (παρὰ τὸ τῶν ὄντων ἐπιφέρειν ἑκάστῳ τὴν τοῦ εἶναι δύναμιν).

das Wort ἀνείδεος („ohne Form") bei Areios 448, 3, Aetios 308, 6 und Albinos 162, 31. Um die Materie in ihrem eigenen Wesen zu bezeichnen, hätte Aristoteles einfach ἡ ὕλη αὐτὴ καθ᾿ αὑτήν gesagt, während Areios 448, 2 und 6 ἡ ὕλη κατὰ τὸν ἴδιον λόγον und Aetios 308, 6 ὅσον ἐπὶ τῇ ἰδίᾳ φύσει schreiben.

[9] Fr. 3 Diels = Stob. I 12, 1b, S. 134, 18—135, 18.

[10] Diese Erklärung begegnet im Corpus aristotelicum nicht, sie weist jedoch in dieselbe Richtung wie die berühmte Stelle bei Cic., Tusc. I 22, nach welcher Aristoteles ein „fünftes Element" für die Seele angenommen habe, *et sic ipsum animum* ἐνδελέχειαν *appellat novo nomine quasi quandam continuatam motionem et perennem.*

[11] ὅτι . . . ἕκαστον παρέχεται τέλειον. Obwohl Aristoteles ἐντελέχεια niemals ausdrücklich von τέλος ableitet, ist das sicher die Etymologie, die ihm vorschwebte. Vgl. H. Bonitz, Ind. arist. 253b 35—46.

Areios hat also nicht verstanden, daß der Ausdruck sich auf das Wesen einer Sache bezieht und nicht auf ihre Existenz. Wenn die Form οὐσία ἡ κατὰ τὸν λόγον genannt wird, so wird sie dadurch von der οὐσία ἡ κατὰ τὴν ὕλην unterschieden: So wird auch das Standbild von der Bronze, das Therikleion vom Silber, die Statue vom Stein unterschieden. Die Beispiele sind bis auf eine Einzelheit aristotelisch[12]: Während Aristoteles von einer nicht näher bezeichneten Phiale aus Silber spricht, nennt Areios das Therikleion[13], also eine spezielle, besonders kunstvolle Art des Trinkgefäßes; diese kleine Abweichung wäre an sich völlig belanglos, wenn wir nicht zufällig wüßten, daß Theophrast und Kleanthes die Therikleia ebenfalls erwähnt haben, allerdings in einem ganz anderen Zusammenhang[14]. Es ist daher möglich, daß Areios dieses Beispiel einer nacharistotelischen Quelle verdankt. Als ἐνέργεια, so heißt es zum Schluß, hat Aristoteles die Form bezeichnet, weil kein Seiendes tätig sein könnte, wenn es nicht vorher eine Form erhalten hätte. Auch hier hat Areios nicht das Richtige getroffen: Nicht weil sie dem Ding die Fähigkeit zum ἐνεργεῖν verleiht, wird von Aristoteles die Form ἐνέργεια genannt, sondern vielmehr weil mit ἐνέργεια das aktuelle Sein des Dinges im Gegensatz zu seinem bloßen potentiellen Sein in der Materie gemeint ist[15].

Wegen seiner Kürze läßt sich das nächste Fragment[16] nur schwer einordnen und interpretieren. Stobaios führt es zusammen mit Doxai aus Aetios und ausführlicheren Referaten über die Stoiker unter der Rubrik περὶ μίξεως καὶ κράσεως an. Als Überschrift trägt es nicht einfach Ἀριστοτέλους wie die meisten anderen Fragmente aus dem Exposé der Naturphilosophie, sondern Ἀριστοτέλους καὶ τῶν ἀπ᾽ αὐτοῦ. Wie später bei der Darstellung der Ethik, die sich auf „Aristoteles und die anderen Peripa-

---

[12] Metaph. Δ 2, 1013a 25—26: Als Beispiele für die Materie, aus der ein Ding besteht, werden angegeben ὁ χαλκὸς τοῦ ἀνδριάντος καὶ ὁ ἄργυρος τῆς φιάλης.

[13] Jahrhundertelang benannte man nach dem korinthischen Töpfer Therikles (Ende 5.—Anfang 4. Jh.) besonders gut gearbeitete, auch aus Metall oder Holz gefertigte Gefäße. Vgl. H. Nachod, Art. Therikles 2, RE A 5. — Athenaios XI 470e — 472e hat zahlreiche literarische Zeugnisse über diese Gefäße gesammelt; sie stammen vorwiegend aus der Komödie.

[14] Theophr., H. Pl. V 3, 2 spricht von κύλικες Θηρίκλειοι, die aus dem Holz eines syrischen Baumes gedrechselt wurden. Kleanthes ap. Athen. XI 467d und 471b = SVF I, S. 133 Fr. 591 erwähnte sie in einer sprachwissenschaftlichen Schrift περὶ μεταλήψεως.

[15] Arist., Metaph. Θ 6, 1048a 25—b 9.

[16] Fr. 4 Diels = Stob. I 17, S. 152, 14—17.

tetiker" beruft, können wir also hier damit rechnen, daß die angeführte
Meinung nicht unbedingt echt aristotelisch sein muß. Das Fragment lautet: „Von den Körpern sagen sie, daß sie, indem sie zerrieben (zerklei-
nert) werden (θρυπτόμενα), als winzige Teilchen nebeneinanderstehen,
von den unkörperlichen Formen (oder Eigenschaften?) (ἀσώματοι λόγοι)
aber, wenn es solche gibt, daß sie sich miteinander vermischen." Aristoteles unterscheidet bekanntlich zwischen σύνθεσις und μῖξις[17]. In der
ersten behalten die Bestandteile, so klein sie auch sein mögen, ihre eigene
Natur bei, und nur wegen der Schwäche unserer Wahrnehmung kommt
uns das Ganze unter Umständen einheitlich und homogen vor. In der
eigentlichen Mischung dagegen finden Veränderungen der konstituierenden Teile statt. Diese besitzen eine gemeinsame ὕλη; ihre entgegengesetzten Eigenschaften aber beeinflussen sich gegenseitig, und daraus
entsteht für das Produkt der Mischung eine neue Eigenschaft, die in der
Mitte zwischen den ursprünglichen Eigenschaften der Bestandteile liegt.
Kann man annehmen, daß Areios eben diesen Unterschied zwischen
bloßer Ansammlung und echter Mischung mit den beiden Satzteilen kurz
angeben will? Das Nebeneinanderstehen der kleinen Körperteile würde
dann der σύνθεσις entsprechen, und mit den ἀσώματοι λόγοι, die sich vermischen, hätte Areios jene gegenseitige Beeinflussung der entgegengesetzten δυνάμεις gemeint, welche die echte Mischung charakterisiert. Diese
Deutung ist jedoch alles andere als sicher, denn im erhaltenen Wortlaut
des Fragments wird mitnichten angegeben, daß es sich um zwei verschiedene Arten der Kombination von Körpern handelt. Vielmehr hat man den
Eindruck, daß hier zwei verschiedene Aspekte ein und desselben Ver-
einigungsprozesses geschildert werden: Die zu feinen Teilchen zersto-
ßenen körperlichen Bestandteile bleiben nebeneinander bestehen, d. h.
sie lösen sich nicht auf, um eine ganz neue Substanz zu bilden, die unkörperlichen Qualitäten aber vermischen sich miteinander. Welcher
Prozeß kann damit gemeint sein? So überraschend das auf den ersten
Blick erscheinen mag, ist es einfach die peripatetische Theorie der μῖξις,
die Areios mit dem kurzen Satz zusammenfassen wollte. Diese Theorie
ist allerdings nicht ganz identisch mit derjenigen, die Aristoteles in De
generatione et corruptione darlegt. Sie stellt vielmehr eine spätere peripatetische Umformung und Vereinfachung der Lehre dar, die mit dem
Ziel aufgestellt wurde, in einer doxographischen Synkrisis der Schulen
die Position des Peripatos gegen die Stoa deutlich abzugrenzen. Eine der

---

[17] Vgl. bes. De gen. et corr. I 10, 327 b 31—328 b 22.

Eigentümlichkeiten der von Chrysippos ausgearbeiteten Mischungslehre[18] bestand darin, daß sie neben der einfachen Nebeneinanderstellung (παράθεσις) und der totalen Verschmelzung (σύγχυσις δι' ὅλων) eine Form der Mischung annahm, in welcher die gemischten Körper völlig ineinandergehen, sich gegenseitig durchdringen (δι' ἀλλήλων χωρεῖν): Sie stehen also nicht bloß nebeneinander (wie in der παράθεσις, die der σύνθεσις des Aristoteles entspricht); sie lösen sich auch nicht ineinander auf, um einen anderen Körper zu bilden (wie in der σύγχυσις δι' ὅλων), sondern sie behalten ihre eigene Substanz und ihre jeweiligen Eigenschaften bei, dehnen sich aber vollkommen ineinander aus (ἀντιπαρέκτασις), etwa wie das als Körper gedachte Feuer das Eisen, oder das Licht die Luft, oder auch die Seele den Leib vollkommen durchdringen. Für die Stoiker sind es also die körperlichen Substanzen selbst, die sich auf diese Weise auf das engste miteinander vermischen. Daß die Peripatetiker sich mit dieser sonderbaren Erklärung nicht einverstanden erklären konnten, zeigt der massive Angriff Alexanders in De mixtione zur Genüge: Insbesondere das Paradoxon, daß ein Körper einen anderen Körper vollkommen durchdringt, kam ihnen wie eine glatte Unmöglichkeit vor. Wenn auch die Peripatetiker eine vollkommene Mischung annahmen, konnte diese Mischung sich sicher nicht auf die Körper selbst beziehen. Nun hatte Aristoteles dargelegt, daß bei der μῖξις die entgegengesetzten Eigenschaften der Mischungsbestandteile sich gegenseitig beeinflussen und auf diese Weise eine Art Gleichgewicht zwischen ihnen erzielt wird. Nicht ohne seine Lehre dabei grob zu vereinfachen, glaubte man daher den Aristotelismus gegen den Stoizismus abzugrenzen, indem man sagte, Aristoteles habe nur für die Qualitäten eine totale Vermischung angenommen, während die Stoiker sich für eine totale Vermischung der Körper selbst aussprachen. Zwei Stellen bei Galen bestätigen, daß man tatsächlich die peripatetische und die stoische Mischungstheorie eben durch diese Merkmale voneinander unterschied: „Einige Denker erklärten, daß nur die vier Qualitäten sich gänzlich miteinander vermischen, andere dagegen, daß die Substanzen es tun. Die Peripatetiker vertraten die erstere, die Stoiker die letztere Lehrmeinung[19]."— „Für die Ärzte ist es nicht nötig zu wissen, in welcher Weise die Bestandteile einer Mischung gänzlich vermischt werden, ob es, wie Aristoteles

---

[18] Wertvolle Angaben darüber bei Alex. Aphrod., De mixtione. Vgl. ferner SVF II, S. 151—158.
[19] Galen., In Hippocr. de nat. hom. lib. I, XV S. 32 K.

meinte, nur die Qualitäten, oder aber auch die körperlichen Substanzen sind, die ineinander gehen[20]."

Nun zurück zu Areios! Die ἀσώματοι λόγοι, für die er eine Möglichkeit der Mischung zugibt, stellen offenbar nichts anderes dar als eben die ποιότητες, die Qualitäten aus Galens Zeugnis. Areios' Ausdruck klingt eher stoisch, Galens Terminus ist rein aristotelisch. Wie kann man sich aber den ersten Teil von Areios' Kurzreferat erklären, wenn auch er der peripatetischen μῖξις-Lehre gelten soll? Aristoteles hat natürlich nicht gelehrt, daß in der echten Mischung die Körper nebeneinander bestehen bleiben. Das hat aber der Urheber der Doxa wohl nicht gewußt; er glaubte aber zu wissen, a) daß die Stoiker ein vollkommenes gegenseitiges Durchdringen der Körper annehmen, und b) daß die Peripatetiker die gänzliche Vermischung auf die Qualitäten beschränken. Er stellte sich also die Frage, was in der peripatetischen Perspektive aus den Körpern werde; ihm schien, daß sie, wenn sie sich nicht vermischen (denn dies wäre die stoische These!), eben in ihrer ursprünglichen Form fortbestehen; deswegen beantwortete er die Frage mit der — historisch falschen — Annahme, daß sie sich zu ganz feinen Partikeln teilen[21] und in diesem Zustand nebeneinander bestehen bleiben. Ist diese Interpretation richtig, so zeigt sie, daß Areios wenigstens hier nicht mit den Originaltexten gearbeitet, sondern aus einem doxographischen Kompendium geschöpft hat, in dem die aristotelischen Thesen durch Vereinfachung und Verzerrung fast unkenntlich gemacht worden waren.

Dem Inhalt nach ist das nächste Fragment[22] weitgehend aristotelisch. Es enthält eine Reihe von Thesen, die mehrmals bei Aristoteles, wenn auch in nuancierterer Form und bisweilen anders ausgedrückt, begegnen: Die einfachen Körper besitzen einfache Qualitäten; die Größen lassen sich ins Unendliche teilen[23]; sie sind kontinuierlich; die Größen sind die Länge, die Breite und die Tiefe[24]; die Fläche ist die zweidimensionale Abgrenzung des Körpers, die Linie die eindimensionale Abgrenzung der Fläche; der Körper ist dreidimensional[25]. Eigenartig ist dagegen die

[20] Galen, De elem. sec. Hippocr. I 9, I S. 489 K.

[21] Mit θρυπτόμενα vergleiche man θρύψις „Zerkleinerung" bei Arist., De gen. et corr. I 2, 316b 30.

[22] Fr. 5 Diels = Stob. I 14, 1c, S. 141, 7—22.

[23] Hier vermißt man allerdings die aristotelische Unterscheidung zwischen tatsächlicher Teilung und potentieller Teilbarkeit, auf die z. B. Aetios I 16, 2, S. 315, 5 Diels hinweist.

[24] Metaph. Δ 13, 1020a 11—12.

[25] Die meisten Angaben kommen in De caelo I 1 vor.

Liste der Dinge, die „Größe besitzen": Neben Körper, Fläche und Linie, die auch Aristoteles als μεγέθη bezeichnet, zählt Areios auch den Ort, die Bewegung und die Zeit dazu. Daß der Ort die drei Dimensionen besitzt und dennoch kein Körper ist, wurde einer Aporie des Aristoteles entnommen[26]. Es war daher nötig zu klären, wodurch Ort und Körper sich voneinander unterscheiden. Areios meint, die Definition des Körpers durch seine Dreidimensionalität reiche nicht aus; man müsse hinzufügen, daß der Körper eine Widerstandskraft (ἀντέρεισις) besitzt und daß er einen anderen Körper an demselben Ort nicht aufnehmen kann, weil er selbst den Ort ausfüllt (πληρωτικὸς τοῦ τόπου); der Ort sei das, was den Körper aufnehmen kann (τοῦ σώματος δεκτικόν)[27]. Über die Bewegung und die Zeit, die nach der Linie genannt werden, weil sie eine eindimensionale Größe haben[28], äußert sich Areios nicht näher.

Im letzten Satz des Fragments befaßt sich Areios mit dem Wirken und Erleiden: „Die Körper wirken und erleiden aufgrund ihrer unkörperlichen Kräfte (ἀσώματοι δυνάμεις), denn die Naturen der aktiven und der passiven ⟨Körper⟩ erhalten ihre Vollendung gemäß den Unterschieden in diesen Kräften." Diese Angaben gehen offenbar nicht auf die Kapitel von De generatione et corruptione zurück, in denen Aristoteles das ποιεῖν καὶ πάσχειν behandelt[29]; ihre Primärquelle scheint vielmehr das erste Kapitel des 4. Buches der Meteorologie zu sein: Dort werden das Warme und das Kalte als aktiv, das Trockene und das Feuchte als passiv angesprochen, und diese Qualitäten werden — wie bei Areios — δυνάμεις genannt[30]. Die Ausdrücke ἀσώματοι δυνάμεις und δραστικά (als Gegensatz zu παθητικά) sind allerdings nicht aristotelisch. Im großen und ganzen scheint das Fragment nicht unmittelbar an Aristoteles anzuschließen, sondern vielmehr eine spätere, schulmäßige Kurzfassung der Körperlehre wiederzugeben.

In den zwei Fragmenten, die der Zeittheorie gewidmet sind[31], haben fast alle Sätze ihre genauen, z. T. wörtlichen Parallelen in der Physik des Aristoteles. Das ist der Fall für die Definition der Zeit als „Zahl der Bewegung gemäß dem Früheren und dem Späteren"[32], für die Thesen von

---

[26] Phys. IV 1, 209a 4—7. [27] Ähnliche Angaben bei Simpl., Phys. 620, 7—13.
[28] Auch Aristoteles, Metaph. Δ 13, 1020a 26—32 ordnet Bewegung und Zeit zu den ποσά und den συνεχῆ, allerdings zu den ποσὰ κατὰ συμβεβηκός.
[29] De gen. et corr. I 7—9.
[30] Meteor. IV 1, 378b 29—34. Vgl. auch 2, 379b 11.
[31] Fr. 6 und 7 Diels = Stob. I 8, 40c—d, S. 103, 10—104, 5.
[32] Vgl. Phys. IV 11, 219b 2.

der Anfangs- und Endlosigkeit der Zeit[33] und von ihrer Kontinuierlichkeit und Teilbarkeit[34] sowie auch für die Auffassung vom νῦν als Grenze zwischen dem Gewesenen und dem Bevorstehenden[35]. Das zweite Fragment über die Zeit wird — im Unterschied zu den anderen — nicht auf Aristoteles, sondern auf die Aristoteliker bezogen. Vielleicht deswegen enthält es eine Definition der Zeit, deren Wortlaut nicht von Aristoteles stammt: Die Zeit ist die Zahl der durch das νῦν abgegrenzten Bewegungen[36]. Ebensowenig begegnet die Definition des νῦν als „Monade der Ruhe in der Bewegung" bei Aristoteles[37]. Der restliche Teil des Fragments besteht aus fast wörtlichen Auszügen aus dem 4. Buch der Physik[38]. Diese Auszüge bilden eine Art Bestätigung der Zeitdefinition: Sie wollen zeigen, daß die Zeit nicht identisch ist mit der Bewegung, sondern als deren Zahl angesehen werden muß.

b) Kosmographie

Im ersten kosmographischen Fragment[39] findet sich kaum etwas, was als typisch aristotelisch gelten kann. Es enthält nur sehr allgemeine Angaben über die Bewegungen der Gestirne: „Alle Gestirne sind in Bewegung; diejenigen, die von uns Wandelsterne genannt werden, bewegen sich im Tierkreis, welcher eine schiefe Lage hat und die tropischen Kreise berührt; die Fixsterne bewegen sich (im Himmelsteil), der vom immer sichtbaren (Pol) bis zum immer unsichtbaren reicht." Solche Angaben gelten natürlich für das klassische geozentrische System im all-

---

[33] Phys. VIII 1, 251b 14—26; Meteor. I 14, 353a 15; Metaph. Λ 6, 1071b 6—9.

[34] Phys. IV 11, 220a 5.

[35] Phys. IV 13, 222a 10—12.

[36] Diese Definition will die Formel von Phys. IV 11, 219b 2 präzisieren. Anstelle von ἀριθμὸς κινήσεως findet sich ἀριθμὸς τῶν κινήσεων, was das Problem von IV 14, 223a 29—b 12 irgendwie berücksichtigt. Vgl. bes. 223b 10—11 αἱ μὲν κινήσεις ἕτεραι καὶ χωρίς, ὁ δὲ χρόνος πανταχοῦ ὁ αὐτός. Ferner ist κατὰ τὸ πρότερον καὶ ὕστερον durch κατὰ τὸ νῦν ἀφοριζομένων (κινήσεων) ersetzt worden, weil das νῦν es ist, das die frühere und die spätere Bewegung abgrenzt und miteinander verbindet. Vgl. IV 11, 220a 4—18.

[37] Das νῦν als μονὰς ἀριθμοῦ Phys. IV 11, 220a 4.

[38] 450, 2—3 ~ 11, 219a 1. 450, 3—4 ~ 220b 1 + 220b 18. 450, 4—5 ~ 219b 4—5. 450, 5—6 ~ 219a 1. 450, 6—7 ~ 220a 24—26.

[39] Fr. 8 Diels = Stob. I 24, 1m, S. 204, 8—12.

gemeinen[40]. Die Terminologie des Areios weicht etwas von der aristotelischen ab[41]. Der letzte Punkt, „Nicht wenige Gestirne sind größer als die Erde", gibt eine Bemerkung aus der Meteorologie wieder[42].

Im nächsten Fragment[43] läßt sich die Anlehnung an De caelo und Metaphysik Λ leicht erkennen. „Diese (die vier sublunaren Elemente, vgl. Stob. S. 196, 1—2) sind umgeben vom Aither, in welchem die göttlichen Wesenheiten ihren Sitz haben, verteilt nach den Sphären der Fix- und Wandelsterne[44]. Die Zahl der Sphären ist auch die Zahl der Götter, die sie bewegen[45]. Der höchste Gott ist derjenige, der sie alle umfaßt; er ist ein vernunftbegabtes und glückseliges Lebewesen; er hält die Himmelskörper zusammen, und ihnen gilt seine Fürsorge[46]. Die Gestirne und der

[40] Daß die Planeten sich im Tierkreis bewegen, ist Aristoteles selbstverständlich bekannt. Vgl. Meteor. I 6, 343a 23—24; 8, 345a 21; 346a 11—13; Metaph. Λ 8, 1073b 19—20; 26—27.

[41] Der Tierkreis heißt bei Aristoteles ὁ τῶν ζῳδίων κύκλος, τὰ ζῴδια, nicht ὁ ζῳδιακὸς κύκλος. Die Ausdrücke τροπικοὶ κύκλοι und φανερός bzw. ἀφανὴς (πόλος) sind dagegen bei Aristoteles bezeugt.

[42] Meteor. I 3, 339b 6—9 ὁ μὲν γὰρ δὴ τῆς γῆς ὄγκος πηλίκος ἄν τις εἴη πρὸς τὰ περιέχοντα μεγέθη, οὐκ ἄδηλον· ἤδη γὰρ ὦπται διὰ τῶν ἀστρολογικῶν θεωρημάτων ἡμῖν ὅτι πολὺ καὶ τῶν ἄστρων ἐνίων ἐλάττων ἐστίν.

[43] Fr. 9 Diels = Stob. I 22, 1a, S. 196, 5—16.

[44] Zu περιέχεσθαι vgl. De caelo II 1, 284a 2—13. Zu ἱδρῦσθαι vgl. De caelo I 9, 278b 15; De mundo 6, 398a 3; 400b 11.

[45] Vgl. Metaph. Λ 8, 1073a 37—b 1; 1074a 14—16.

[46] Gemeint ist natürlich der unbewegte Beweger des Fixsternhimmels, der höchster Nus und höchstes Noeton ist und dessen noetische Tätigkeit die höchste Form der Glückseligkeit darstellt. Daß dieser Gott συνεκτικὸς καὶ προνοητικὸς τῶν οὐρανίων ist, sagt Aristoteles allerdings nirgends: Hier stehen wir vor einer Anspielung auf eine der als Gegenstück zur stoischen Lehre konstruierten Vorsehungsdoktrinen des späteren Peripatos. Im Unterschied zum Autor περὶ κόσμου, für den die göttliche Vorsehung dem ganzen Kosmos gilt, gab es eine peripatetische Theorie, laut welcher die Fürsorge Gottes sich nur auf den himmlischen Bereich, der ewige Ordnung und Regelmäßigkeit aufweist, erstreckt. Diese Auffassung wird Aristoteles zugeschrieben in der Doxographie (Aet. II 3, 4, S. 330 Diels. Epiphanios ap. Diels, Dox. S. 592, 11—13), bei Diogenes Laertios V 32 und mehreren anderen Schriftstellern (Tatian., Or. ad Graec. 2, S. 2, 23—3, 10 Schwartz. Athenagoras, Lib. pro Christian. 25, S. 33, 25 Schwartz. Clem. Alex., Protr. V 66, 4, S. 51, 2—3 Stählin; Strom. V 14, S. 385, 19—20 Stählin. Origenes, Comm. in ep. ad Rom. III 503, S. 927 B Migne PG 14; C. Cels. I 21, S. 72, 11—14; III 75, S. 266, 25—28 Koetschau. Eus., P. E. XV 5, 1, S. 355, 15 Mras. Hippolyt., Elenchos VII 19, 2, S. 194, 3—8 Wendland. Calcid., In Tim. comm. 250, S. 260, 7—13 Waszink). Sie wurde allem Anschein nach als „aristotelische Vorsehungslehre"

Himmel bestehen aus dem Aither[47]. Dieser ist weder schwer noch leicht[48], weder entstanden noch vergänglich, weder zu- noch abnehmend, sondern bleibt immer unveränderlich[49]. Er ist nämlich begrenzt[50], kugelförmig[51], beseelt[52] und bewegt sich im Kreis um den Mittelpunkt des Alls[53]."

Auch der erste Teil des nächsten Fragmentes[54], in dem von der Sonne die Rede ist, knüpft an De caelo an. Die Sonne besteht aus der „fünften Substanz". Wenn die Sonne aufgeht und sich uns nähert, entzündet sich die Luft, und sie wird sehr warm, nicht etwa weil die Substanz der Sonne feurig wäre, sondern wegen der Geschwindigkeit ihrer Bewegung und ihrer Reibung an der Luft, die sich unter ihrer Laufbahn befindet und sie umringt. Weder die Sonne noch irgendein anderes Gestirn ist Feuer[55]. Die Gestalten der Gestirne sind kugelförmig[56]. Sie befinden sich außerhalb des Feuers, denn nicht die Bewegung um den Mittelpunkt, sondern die Bewegung vom Mittelpunkt weg ist die eigentümliche Bewegung des Feuers[57]. Das Feuer besitzt nicht die Fähigkeit, Tiere und Pflanzen wachsen zu lassen, sondern die Fähigkeit zu zerstören; es besteht auch nicht durch eigene Kraft fort, denn das Feuer ist untrennbar von der Materie[58]. Der Himmel und alles, was er umfaßt, bestehen also aus einer fünften, vom Feuer unterschiedenen Substanz.

Der zweite Abschnitt des Fragments behandelt das Verhältnis zwischen der Bahn der Sonne und der unterschiedlichen Länge der Tage und der Nächte. Aristoteles hat sich nirgends darüber explizit geäußert[59],

---

von Kritolaos ausgearbeitet, vgl. Epiphan. ap. Diels, Dox. S. 592, 20. — Zu συνεκτικός vgl. De mundo 6, 379 b 9 (ἡ τῶν ὅλων συνεκτικὴ αἰτία).

[47] De caelo I 2, sowie 3, 270 b 22; II 7; Meteor. I 3, 339 b 16—30.

[48] De caelo I 3, 269 b 18—270a 12.

[49] De caelo I 3, 270a 12—b 4. Die αἰθέριος καὶ θεία φύσις wird De mundo 2, 392a 32 als ἄτρεπτος bezeichnet.

[50] De caelo I 5—7.   [51] De caelo II 4.   [52] De caelo II 2, 285a 29.

[53] De caelo I 2.

[54] Fr. 10 Diels = Stob. I 25, 4, S. 212, 13—213, 13.

[55] Dieser Teil faßt De caelo II 7 zusammen. Wörtliche Anklänge: ἀνίσχοντός τε τοῦ ἡλίου καὶ πλησιάζοντος ἡμῖν ~ 289a 32. διὰ . . . τὴν πρὸς τὸν ἀέρα παράτριψιν ~ 289a 20. τὸν ἀέρα . . . ὑποβεβλημένον αὐτοῦ τῇ φορᾷ ~ 289a 29. Der Ausdruck πέμπτη οὐσία kommt in den Lehrschriften des Aristoteles allerdings nicht vor; wahrscheinlich wurde er erst in der nacharistotelischen Zeit geprägt.

[56] De caelo II 11.   [57] De caelo I 2.

[58] Über die Wärme der Sonne und die des Lebewesens als ζωτικὴ ἀρχή sowie ihren Unterschied vom gewöhnlichen Feuer vgl. De gener. anim. II 3, 736 b 29—737a 7.

[59] Anspielungen darauf in Meteor. III 5, 377a 11—28.

aber es handelt sich um eine ganz elementare Lehre der geozentrischen
Kosmographie, und mit wenigen Ausnahmen hat die Antike daran festgehalten: „Wenn die Sonne über die Erde läuft, bewirkt sie, daß es Tag
ist, und wenn sie unter der Erde wandert, bewirkt sie, daß es Nacht ist.
Wenn sie den zweiten tropischen Kreis berührt, macht sie den Tag am
kürzesten und die Nacht am längsten; wenn sie den anderen berührt, ist
es umgekehrt; den Kreis der Tagundnachtgleiche berührt sie sowohl, wenn
sie steigt, wie auch, wenn sie sinkt. Ihren eigenen Kreis durchläuft sie in
einem Jahr."

Der dritte Abschnitt ist der Sonnenfinsternis gewidmet. Diese wird
wie auch bei Aristoteles als Verdeckung der Sonne durch den Mond erklärt[60]: „Eine Sonnenfinsternis tritt ein, wenn der Mond unter die Kreisbahn der Sonne läuft und die Sonne unseren Augen verdeckt; von allen
Gestirnen ist nämlich der Mond dasjenige, das der Erde am nächsten
ist." Danach kommt aber ein Satz, der für die Chronologie von Areios'
Quelle von grundsätzlicher Bedeutung ist. Dieser Satz besagt nämlich,
daß Sonnenfinsternisse nicht an allen Orten der Erde sichtbar sind, und
daß sie nicht überall zu derselben Zeit auftreten: „Wenn also der Mond in
seiner ganzen Breite unter die Sonne kommt, schneidet er die Strahlen
ab, die von der Sonne zur Erde kommen, so daß gerade so viel Erdfläche
unbeleuchtet ist, wie der Mondschatten umfaßt. Aus diesem Grund ist
das Phänomen der Sonnenfinsternis weder auf jedem Breitengrad der
Erde noch zu derselben Stunde sichtbar, und es erstreckt sich auch nicht
auf einen sehr großen Raum." Die hier erwähnte astronomische Erkenntnis stammt zweifellos aus nacharistotelischer Zeit. Sie setzt nämlich voraus, daß die Verhältnisse der Größe von Sonne, Mond und Erde
und der Abstände zwischen diesen drei Himmelskörpern einigermaßen
richtig gemessen bzw. geschätzt wurden. Solange die Erde noch als ein
bloßer Punkt in der Mitte des Alls angesehen wurde, mußte man annehmen,
daß die Sonnenfinsternis überall in der zur Sonne gewandten Erdhemisphäre sichtbar ist. Erst als man der Erde in bezug auf die Mondsphäre
eine Größe beimaß und auch erkannte, daß der Mond kleiner als die Erde
ist, anders gesagt, als man von der Parallaxe Kenntnis hatte, konnte man
richtigstellen, daß die Sonnenfinsternisse nicht überall sichtbar sind und
daß sie dort, wo man sie beobachten kann, in verschiedener Art und
zu verschiedenen Zeiten eintreten. Im 3. Jh. v. Chr. hat Aristarch die
Parallaxe des Mondes immer noch geleugnet. Erst Hipparch, dessen Be-

---

[60] De div. p. somn. 462b 28—31.

obachtungen zwischen 161 und 127 v. Chr. stattfanden, hat die Verhältnisse richtig erkannt; er war daher in der Lage, die Sonnenfinsternisse
für einen Zeitraum von 600 Jahren mit bemerkenswerter Genauigkeit
vorauszuberechnen[61]. Daraus kann man schließen, daß Areios eine
Quelle benutzte, welche die Ergebnisse von Hipparchs Arbeiten bereits
kannte und in ihre Darstellung der peripatetischen Kosmographie aufgenommen hatte. Nimmt man also, wie viele Forscher es tun, ein peripatetisches Schulkompendium als Hauptquelle von Areios an, so muß
man dieses frühestens ins letzte Viertel des 2. Jh. v. Chr. datieren.
Schreibt man Areios mehr Selbständigkeit zu, so wird man dennoch nicht
die These aufrechterhalten können, daß er sich lediglich nach den Schulschriften des Aristoteles gerichtet hat: Die peripatetische Physik, die er
darstellt, entspricht einer späteren Stufe in der Entwicklung der Schule;
insbesondere auf dem Gebiete der Kosmographie waren überholte Ansichten des Aristoteles im Lichte jüngerer Erkenntnisse modernisiert
worden.

c) Meteorologie

Die Substanz der meteorologischen Fragmente des Areios stammt
weitgehend aus der Meteorologie des Aristoteles. Neben kurzen, freien
Zusammenfassungen bestimmter Abschnitte dieser Schrift begegnen
nicht selten wörtliche oder fast wörtliche Auszüge, aber es kommt auch
bisweilen vor, daß der Verfasser Lehrmeinungen anführt, die nicht die

---

[61] Vgl. Boll, Art. Finsternisse, RE VI, bes. 2346—2347. Eigenartigerweise hielten
die Stoiker noch lange an der Meinung fest, daß der Mond größer ist als die Erde
und infolgedessen die Sonnenfinsternisse in einer ganzen Erdhemisphäre sichtbar
sind: Aet. II 26, 1, S. 357, 4 Diels. Plin., Nat. hist. II 49 *non posset quippe totus
sol adimi terris intercedente luna, si terra maior esset quam luna.* Richtig dagegen
Cleomed. II 3, S. 172, 6—174, 19 und 178, 8—24 Ziegler. Die von Kleomedes
erwähnte Sonnenfinsternis, die auf der Peloponnes total, in Alexandrien jedoch
nur partiell sichtbar wurde, ist die vom 20. Nov. 129 v. Chr., die Hipparch
beobachtete und für seine Messung des Sonnendurchmessers benutzte (vgl. Boll
a. O. 2358). Hipparchs Arbeit über „Größe und Abstand von Sonne und Mond"
ist wahrscheinlich nach 129 entstanden, während seine Parallaxenuntersuchungen
älter sein müssen (Rehm, Art. Hipparchos 18, RE VIII 1671). Auch Achill.,
Isagoga excerpta ap. Maaß, Comm. in Arat. reliquiae 47, 4—14 hebt hervor,
daß Sonnenfinsternisse nicht überall gleichzeitig sichtbar sind; unter den vielen
Forschern, die sich mit den Sonnenfinsternissen κατὰ τὰ ἑπτὰ κλίματα beschäftigt
haben, nennt er Orion, Apollinarios, Ptolemaios und Hipparch.

des Aristoteles sind. P. Steinmetz[62] glaubt nachweisen zu können, daß
wir im letzten Fall meistens vor einer Nachwirkung der Meteorologie
Theophrasts stehen.

Das Fragment über die atmosphärischen Niederschläge[63] zeigt sehr
deutlich, daß der Verfasser bemüht ist, die Dinge übersichtlich darzulegen, und daß dieses Anliegen seine Haltung gegenüber dem Text des
Aristoteles bestimmt hat. Es beginnt mit einer Aufzählung der Phänomene, die aus der feuchten, dunstartigen Anathymiasis entstehen, Regen, Tau, Reif, Nebel, Wolken, Schnee und Hagel[64], erklärt dann in wenigen Zeilen, wie jedes einzelne dieser Phänomene zustande kommt. Die
Angaben über Regen, Tau und Reif stimmen inhaltlich mit den Ausführungen des Aristoteles überein[65]. Die Erklärung des Nebels dagegen
scheint nicht genau die des Stagiriten zu sein: Während Aristoteles den
Nebel als Rückstand bei der Bildung einer Wolke definiert, heißt es im
Fragment, daß der Nebel sowohl Rückstand wie auch Vorstadium der
Wolke ist[66]. Die Annahme zweier Entstehungsweisen des Nebels dürfte
auf eine Ergänzung der aristotelischen Lehre durch Theophrast zurückgehen[67]. Danach erklärt Areios, warum diese Phänomene in der Nähe der
Erde stattfinden[68], und er befaßt sich dann mit dem Schnee und dem
Hagel, die er mit anderen Niederschlägen vergleicht und für sich defi-
niert[69]. Das Fragment schließt mit einem ganz unpassenden Satz: „Alle
früher erwähnten Phänomene entstehen aus der trockenen und rauch-

---

[62] Die Physik des Theophrast, 1964 (= Palingenesia Bd. I).

[63] Fr. 11 Diels = Stob. I 31, 6, S. 243, 23—245, 21.

[64] Aristoteles behandelt diese Phänomene in Meteor. I 9—12. Vor dem von
Stobaios tradierten Auszug legte Areios die Lehre von den beiden ἀναθυμιάσεις
dar (vgl. Arist., Meteor. I 4, 341b 5—12); der Anfangssatz des Fragments
setzt voraus, daß von der πνευματώδης und καπνώδης ἀναθυμίασις soeben die
Rede war. Möglicherweise hatte Areios im vorausgehenden Teil von den
Sternschnuppen, den Kometen und der Milchstraße gesprochen (vgl. Meteor. I
4—8) und dieses Exposé mit einem Satz über die trockene Ausdünstung geschlossen.

[65] 451, 20—24 Diels ~ Meteor. I 9, 346b 23—31 + 347a 11—12. 451, 24—28 ~
I 10, 347a 13—19, z. T. wörtlich.

[66] 451, 32—452, 1 ~ I 9, 346b 33—35, mit wörtlichen Reminiszenzen (νεφέλη
ἄγονος, σημεῖον εὐδίας). Die doppelte Erklärung kommt auch in De mundo 4,
394a 19—22 vor.

[67] P. Steinmetz, Phys. Theophr. 196—197.

[68] 452, 2—7 ~ Meteor. I 10, 347a 28—34, weitgehend wörtlich.

[69] 452, 8—15 ~ Meteor. I 11, 347b 12—25, weitgehend wörtlich. 452, 15—17 ~
I 12, 347b 37—348a 2, ebenfalls weitgehend wörtlich.

artigen Ausdünstung, und zwar wenn sie sich weit weg von der Erde entfernt und so sehr nach oben steigt, daß sie sogar des öfteren durch die Bewegung der Himmelskörper entzündet wird.'' Gemeint sind Phänomene wie die Sternschnuppen, die Kometen und die Milchstraße[70], die Areios offenbar noch vor unserem Fragment behandelt hatte[71]. Wenn Areios hier auf diese Phänomene verweist, so tut er es wahrscheinlich deswegen, weil er weitere Phänomene, die ebenfalls aus der trockenen Ausdünstung oder aus deren Kombination mit der feuchten entstehen, zu behandeln vorhat[72]. Dem zu schnell arbeitenden Stobaios ist es nicht aufgefallen, daß dieser Überleitungssatz gar nichts mit dem Auszug über Regen, Tau, Reif, Nebel, Schnee und Hagel zu tun hat.

Die Ausführungen über den Wirbelwind (τυφῶν), den Glutwind (πρηστήρ), den Donnerkeil (κεραυνός), den Wetterstrahl (ἀργής) und den rußenden Blitz (ψολόεις)[73] stammen ebenfalls aus der Meteorologie des Aristoteles. Bei der Anpassung seiner Vorlage hat Areios dafür gesorgt, daß die Bezeichnung des zu erklärenden Phänomens als erstes Wort des jeweiligen Abschnitts erscheint[74].

In seiner Darstellung der Erdbebentheorie[75] schreibt Areios ebenfalls größere Partien aus Aristoteles fast wörtlich ab, allerdings nicht genau in der Reihenfolge, in der sie bei Aristoteles begegnen[76]. Auf die Einzel-

---

[70] Vgl. Arist., Meteor. I 3, 340b 6—19; I 7, 344a 8—14.

[71] Vgl. oben Anm. 64.

[72] H. Diels ad loc. meint, daß Areios zum Kapitel über den Blitz etc. übergehen will. Andere Möglichkeiten sind jedoch nicht auszuschließen.

[73] Fr. 12 Diels = Stob. I 29, 1, S. 234, 5—235, 8.

[74] 452, 22—27 ~ Meteor. III 1, 370b 17—371a 3 (Zusammenfassung mit einigen wörtlichen Anklängen). 452, 27—30 ~ III 1, 371a 15—17 (erläuternde Paraphrase mit wörtlichen Anklängen). 452, 30—453, 10 ~ III 1, 371a 17—28 (Areios ausführlicher; Wortlaut weitgehend identisch).

[75] Fr. 13 Diels = Stob. I 36, 2, S. 249, 12—251, 27. Interpretation des Fragments bei P. Steinmetz, Phys. Theophr. 208—211.

[76] Die meisten Entsprechungen zwischen Areios und Aristoteles gibt P. Steinmetz, Phys. Theophr. 208—209 an. Areios 453, 11—17: Für diesen Passus findet Steinmetz keine Entsprechung bei Aristoteles, aber 453, 13—15 ~ Meteor. II 8, 365b 26—28 und 366a 4—5. 453, 17—18 ~ 366a 5—8. 453, 18—21 ~ 366a 13—21 (neugestaltet). 453, 22—26 ~ 366b 2—9. 453, 26—30: Keine Entsprechung bei Aristoteles nach Steinmetz. Der Passus weist jedoch mehrere inhaltliche und wörtliche Reminiszenzen an 366b 9—19 auf. 453, 30—454, 3 ~ 366a 22—b 2. 454, 3—6 ~ 366b 14—30. 454, 6—9: Nach Steinmetz keine Entsprechung bei Aristoteles; vgl. jedoch (inhaltlich) 367a 17—19 und 368a 14—25. 454, 9—16 ~ 366b 31—367a 7. 454, 16—17 ~ 368b 32—34. 454, 17—19 ~ 367a 11—14. 454, 19—24 ~ 367a 20—31. 454, 24—25 ~ 369a 7—9.

heiten der Theorie brauchen wir nicht einzugehen. Es fragt sich aber, ob Areios, der in den Grundlinien dem Aristoteles folgt, diesen, wie P. Steinmetz annimmt, gelegentlich aus Theophrast ergänzt hat. Zwei Abschnitte sind es, in denen Steinmetz theophrastisches Gedankengut zu erkennen glaubt. Erstens die Erklärung der Einwirkung der großen Regenperioden auf die Erdbeben; Areios schreibt[77]: „Wenn der Dunst (ἀτμίς) in die Erde hineinströmt und darin eingeschlossen bleibt, erfolgt im Erdkörper eine Wallung und ein Beben, und das geschieht auch bei großen Regenfällen, wenn die Erde unter Einwirkung der Feuchtigkeit und der Kälte von oben her verschlossen wird und die innere Anathymiasis unter Einwirkung des Regenwassers wächst und so stark zusammengepreßt wird, daß sie durch ihre Stöße die Erde kräftig bewegt und erschüttert." Mehrere Punkte dieser Erklärung sind sicher aristotelisch, nämlich: 1. Die Anathymiasis im Inneren der Erde nimmt infolge der Regenfälle zu[78]. 2. Die Anathymiasis wird im Inneren der Erde zusammengedrängt und verdichtet[79]. 3. Die Stöße der komprimierten Anathymiasis bewirken kräftige Bewegungen und Erschütterungen der Erde[80]. 4. Auch die Unterscheidung von σφυγμός und τρόμος stammt von Aristoteles[81]. Auffallend ist dagegen der Umstand, daß Areios von der ἀτμίς spricht, die in die Erde hineinströmt und dort eingeengt Wallung und Beben verursacht[82]: Gerade Theophrast soll — im Gegensatz zu Aristoteles — das innerirdische Pneuma nicht als trockene Anathymiasis verstanden, sondern für verdunstetes Grundwasser gehalten haben[83]. Liegt also hier der Beweis, daß Theophrast zur Ergänzung der aristotelischen Theorie von Areios herangezogen wurde? Ganz sicher scheint es nicht, denn Aristoteles selbst erklärt ausdrücklich, daß die beiden Aus-

---

[77] 453, 26—30.

[78] Arist., Meteor. II 8, 366b 9 ἐν δὲ ταῖς ὑπερομβρίαις πλείω τε ποιεῖ τὴν ἐντὸς ἀναθυμίασιν ~ 453, 27—29 ἐν ταῖς ἐπομβρίαις . . . τῆς ἐντὸς ἀναθυμιάσεως αὐξομένης ὑπὸ τῶν ὑετῶν. Ich verstehe nicht, was Steinmetz meint, wenn er schreibt (S. 209), Areios habe offenbar wie Theophrast an der paradoxen Erklärung Anstoß genommen, eine große Menge Feuchtigkeit bewirke eine Fülle trockener Anathymiasis.

[79] II 8, 366b 10—12 ~ 453, 29. Die Grundwassertheorie des Theophrast braucht man nicht zu bemühen.

[80] II 8, 366b 14 ἰσχυρῶς κινεῖ ῥέων ὁ ἄνεμος καὶ προσπίπτων ~ 453, 29—30 ὥστε κατὰ τὴν πρόσπτωσιν ἰσχυρῶς κινεῖν καὶ σείειν.

[81] II 8, 366b 15; 18—19; 368b 22—25 ~ 453, 26—27.

[82] 453, 26—27.

[83] Vgl. P. Steinmetz Phys. Theophr. 207—208.

scheidungen die Erdbeben bedingen[84], und in einem besonderen Falle erwähnt er sogar die Rolle der ἀτμίς oder der ἀτμιδώδης ἀπόρροια[85].

Ebensowenig darf der erste Abschnitt des Fragments[86] als Beleg für die Seismologie Theophrasts herangezogen werden[87]. Die Erklärung, die Areios, seiner Gepflogenheit entsprechend, voranstellt und ausdrücklich Aristoteles zuschreibt, ist in der Tat rein aristotelisch, selbst wenn sie anders als in der Meteorologie formuliert wird: „Aristoteles sagt, daß die Erdbeben, die Brüllgeräusche und die Spaltungen entstehen, wenn die trockene Anathymiasis im Innern der Erde in die Engstellen fließt und durch die gemeinsamen Stöße Erschütterungen und aufbrechende Seismen verursacht." Die Erklärung des Erdbebens als eine Wirkung der innerirdischen trockenen Anathymiasis stammt von Aristoteles[88]. Auch die Annahme, daß das Erdbeben im Zusammenhang mit der Porosität der Erde steht, ist aristotelischer Herkunft[89]. Verschiedene Arten von Seismen werden ebenfalls bei Aristoteles unterschieden[90]. Die Analogie der Entstehung der Erdbeben mit der der Winde geht auf die Meteorologie zurück[91]. Die Faktoren, welche die Kraft der Ausdünstung in der Erde einschließen — Verdichtung der Erdoberfläche, Abkühlung, Vertrocknung — zählt Aristoteles zwar nicht so systematisch wie Areios auf, sie lassen sich jedoch aus seinen Ausführungen wenigstens zum Teil ableiten[92].

[84] II 8, 365b 21—28.

[85] II 8, 367a 20—b 7, bes. 367a 34; b 6.

[86] 453, 11—17.

[87] Vgl. P. Steinmetz 210—211: Im Abschnitt finden sich Gedanken, die man vergeblich bei Aristoteles sucht, und der Abschnitt berührt sich mit dem angeblich theophrastischen Abschnitt 453, 28—30.

[88] Meteor. II 8, 365b 21—28 und passim.

[89] Meteor. II 8, 366a 23—b 2. Bei Aristoteles gilt sie allerdings nur für die ἰσχυρότατοι τῶν σεισμῶν.

[90] Zu den μυκήματα vgl. Meteor. II 8, 368a 21—25 (bes. 25 μυκᾶσθαι τὴν γῆν). Von den χάσματα spricht Aristoteles meines Wissens nicht. Die später als βράσται bzw. βρασμοί bezeichneten Seismen schildert Arist., Meteor. II 8, 368b 28—32 (bes. 29 ὥσπερ τῶν . . . ἀναβραττομένων). Die τρόμοι werden II 8, 366b 14—30 erklärt. Bei Areios ist die Terminologie präzisiert worden, eine systematische Klassifizierung liegt jedoch nicht vor. Zum Problem der Erdbebenklassifizierung, besonders in De mundo 4, 395b 36—396a 16, vgl. H. Strohm, Arist. Meteor., Über die Welt, Berlin 1970, 319—320.

[91] Meteor. II 7, 365a 14—15. Vgl. auch II 8, 365b 24—28.

[92] Vertrocknung II 8, 366a 15—17. Abkühlung, allerdings eher als Begleiterscheinung, II 8, 367a 31—b 7. Die Kraft der Ausdünstung wird von Areios 453, 16 wie von Aristoteles II 8, 366b 16; 22; 367b 5 als δύναμις bezeichnet.

Wenn der Vergleich von Areios' Referat mit den Ausführungen des Aristoteles nicht täuscht, so findet sich bei jenem kaum etwas, was auf eine nicht aristotelische, rein theophrastische Theorie zurückzuführen ist. Inhaltlich, zum Teil auch wörtlich, stimmen Areios' Angaben weitgehend mit der aristotelischen Erdbebentheorie überein. Der wichtigste Unterschied zwischen den beiden liegt darin, daß Areios zusammenfaßt und systematisiert. Am Wortschatz kann man bisweilen erkennen, daß Areios — oder seine Quelle — mit der Sprache der nacharistotelischen Seismologie vertraut war. Ein Anschluß an Theophrast ist dagegen schwer nachweisbar.

Fast jeder Satz des langen Fragments über die atmosphärischen Spiegelungen[93] hat seine, z. T. wörtliche, Parallele in der Meteorologie des Aristoteles. Die vier hier erörterten Phänomene, Halo, Regenbogen, Nebensonne und Stäbe, werden ebenfalls von Aristoteles zusammen behandelt[94]. Areios erklärt zuerst, daß diese vier Phänomene und die anderen optischen Meteora auf dieselbe Ursache, nämlich die Reflexion des Sehstrahls, zurückgehen, sich jedoch durch den Ort, wo sie erfolgen, den Ausgangspunkt und die Modalität der Reflexion voneinander unterscheiden[95]. Die Ausführungen über den Halo stammen größtenteils aus Aristoteles[96]. In einem Satz jedoch glaubt P. Steinmetz eine bedeutsame Abweichung von der aristotelischen Theorie und einen Anschluß an Theophrast aufzuspüren: „Der Halo entsteht, wenn das Licht der betreffenden Gestirne durch die umgebende, nebelartige Luft hindurch so leuchtet, daß der ganze Kreis (der Gestirne) sichtbar wird. Der Halo ist nämlich seinem Aussehen nach rund herum sichtbar und kugelförmig[97]." Vom arabischen Theophrast-Exzerpt ausgehend rekonstruiert P. Steinmetz die Halotheorie Theophrasts folgendermaßen: Wenn die Strahlen des Gestirns auf eine dichte Luftschicht treffen, stoßen sie sie ringförmig zur Seite, so daß senkrecht unter dem Gestirn die Luft verdünnt wird und seitlich dieser verdünnten Schicht ein Ring noch dichterer Luft entsteht. Von diesem dichten Luftring wird das Licht reflektiert. Den ersten Teil dieser Erklärung, d. h. die Bildung eines Ringes dichter, nebelartiger Luft unter dem Gestirn, hat Areios laut Steinmetz nicht übernommen; seine An-

---

[93] Fr. 14 Diels = Stob. I 30, 2, S. 240, 13—242, 17.

[94] Meteor. III 2—6, 378a 14.

[95] 454, 26—29 ~ Meteor. III 2, 371b 18—21 + 372a 17—20.

[96] 454, 29—31 ~ Meteor. III 2, 371b 22—26. Über 454, 31—455, 2 vgl. unten S. 295 Anm. 99. 455, 2—3 ~ III 3, 372b 18—22.

[97] 454, 31—455, 2.

gaben über den optischen Aspekt des Phänomens setzen diese Erklärung
jedoch voraus[98]. Ohne die Richtigkeit der Rekonstruktion von Theophrasts Theorie in Frage zu stellen, vermag ich im fraglichen Satz des
Areios keinen Anschluß an Theophrast wahrzunehmen: Sowohl die Angaben über die Funktion der das Gestirn umgebenden, dunstartigen Luft
wie auch der Hinweis auf die Kreisförmigkeit des Halos sind den Ausführungen des Aristoteles entnommen[99]. Nur in einem Punkt trennt sich
Areios sowohl von der aristotelischen Meteorologie wie von seinen eigenen
allgemeinen Angaben über die vier zu besprechenden Meteora: Er
spricht nämlich nicht von der Reflexion der Sehstrahlen durch die
Wolke, sondern von dem Leuchten des Gestirnlichtes durch diese Wolke
hindurch[100]. Dies stellt jedoch keine große Abweichung von der aristotelischen Lehre dar, sondern vielmehr einen Versuch, die aristotelische
Optik zu vereinheitlichen. In seiner eigenen Theorie vom Sehen lehnt
nämlich Aristoteles die Lehrmeinung ab, nach welcher das Auge einen
Sehstrahl zum Objekt hin aussendet[101]. Warum spricht er trotzdem von
einer Reflexion der Sehstrahlen in der Meteorologie? Die Kommentatoren, die diese Diskrepanz beobachtet haben, weisen darauf hin, daß
diese Ausdrucksweise in der mathematischen Optik üblich war und daß
Aristoteles sich daran angeschlossen hat. Für die Erklärung der Spiegelungen mache es jedoch keinen Unterschied, ob man das Auge oder das
Gestirn als Ausgangspunkt nehme[102]. Da Areios selbst sich hier ausdrücklich zur aristotelischen Lehre der ὄψεως ἀνάκλασις bekennt und
sichere Beweise für einen Anschluß an Theophrast fehlen, darf man
die Bedeutung der Erwähnung des Lichtstrahls gewiß nicht über-
schätzen.

---

[98] P. Steinmetz, Phys. Theophr. 197—200.

[99] P. Steinmetz 199 schreibt, daß der oben zitierte Satz bei Aristoteles keine
Entsprechung findet. Das stimmt nicht ganz, denn 454, 31—32 συμβαίνειν δ',
ὅταν διὰ τοῦ πέριξ ἀέρος ἀχλυώδους ὄντος . . . ～ III 3, 372b 34—373a 2. In
455, 1 ὅλον ὁρᾶσθαι τὸν κύκλον nimmt Steinmetz (200 Anm. 1) Anstoß an ὅλον
und möchte es in ἅλῳ bzw. ἅλωος ändern. Vgl. jedoch III 2, 371b 22—23
τῆς μὲν οὖν ἅλω φαίνεται πολλάκις κύκλος ὅλος.

[100] 454, 32 ὅταν . . . ἐπιλάμπηται τὸ φῶς αὐτῶν. Dagegen ist 454, 28 und Meteor.
III 3, 372b 33—373a 2 und *passim* von einer ἀνάκλασις τῆς ὄψεως die Rede.

[101] De sensu 2, 437b 9—438a 5; 438a 25—27. In der eigenen Lehre des Aristoteles
gibt es keinen Platz für die Hypothese der Sehstrahlen, vgl. De an. II 7 und
De sensu 3, 439a 10—b 10.

[102] Alex. Aphrod., De sensu 25, 20—21; 28, 2; Meteor. 141, 3—30; 147, 17—20;
155, 27—30. Vgl. unten Bd. III.

Auch in der Erklärung des Regenbogens[103] stammt das Material des
Areios größtenteils aus der Meteorologie des Aristoteles[104]. Nur die Definition des Regenbogens (455, 14—16) findet sich nicht bei Aristoteles.
Sie lautet: „Zusammenfassend ist der Regenbogen die Spiegelung eines
Ausschnitts der Sonne oder des Mondes in einer hohlen, aus feinen Tautropfen bestehenden Wolke, eine Spiegelung, die in der Form eines Kreis-
bogens erscheint." P. Steinmetz[105] weist darauf hin, daß diese Definition sich mit der des Poseidonios[106] berührt. Er versucht ferner zu zeigen,
daß sie in Wirklichkeit von Theophrast herrührt; im Gegensatz zu Aristoteles habe ihr Urheber den Regenbogen als Reflexion des Sonnen-
bzw. Mondlichts verstanden. Er habe ferner angenommen, daß diese Reflexion sich nicht in fallenden Regentropfen, sondern in einer konkaven
Wolke vollzieht, die im Begriffe ist zu kondensieren. Poseidonios sei also
von Theophrast beeinflußt worden. Wenn nicht alles täuscht, erscheint
diese Definition jedoch nur als eine Präzisierung der aristotelischen
Theorie; der einzige Punkt, der keine Parallele bei Aristoteles hat, ist der
Hinweis auf die hohle, d. h. konkave Form der Wolke, in der die Reflexion stattfindet. Daß die Wolke aus ganz feinen Tautropfen bestehen
soll, entspricht durchaus den Vorstellungen des Aristoteles[107]. Durch
Alexander von Aphrodisias wissen wir, daß der Poseidonios-Schüler Ge-
minos die aristotelische Erklärung des Regenbogens mit zusätzlichen
Beobachtungen zu bekräftigen versuchte[108]. Andererseits haben wir bereits festgestellt, daß Areios ein Handbuch aus der Zeit nach 129 v. Chr.
für seine Darstellung der peripatetischen Physik benutzt hat[109]. Die Vermutung liegt also nahe, daß er die fragliche, mit der poseidonianischen
eng verwandte Definition des Regenbogens eben diesem Handbuch verdankt, in welchem die aristotelische Lehre mehr oder weniger glücklich
auf den letzten Stand der Forschung gebracht worden war.

Areios' Angaben über die Parhelien oder Nebensonnen[110] bestehen
ebenfalls aus fast wörtlichen Auszügen aus Aristoteles[111], und wir haben

---

[103] 455, 3—18.
[104] 455, 3—4 ~ III 2, 372a 21—24. 455, 4—5 ~ III 2, 371b 26—27. 455,
5—13 ~ III 4, 373b 35—374a 10. 455, 13—14 ~ III 4, 374b 11—15. Über
455, 14—16 vgl. unten. 455, 16—18 ~ III 4, 375a 30—32 und b 2.
[105] Phys. Theophr. 200—203.   [106] Diog. Laert. VII 152.
[107] Vgl. insbes. III 4, 373b 13—24.
[108] Alex. Aphrod., Meteor. 152, 10—14. Vgl. unten Bd. III.
[109] Vgl. oben S. 289.   [110] 455, 18—29.
[111] 455, 18—19 ~ III 6, 377a 29—30. 455, 19—20 ~ 377b 4—6. 455, 23—26 ~
377b 15—20. 455, 26—29 ~ 377b 23—30.

keinen Grund anzunehmen, daß seine Definition der sogenannten Stäbe bzw. Säulen[112] von Theophrast stammt[113].

Weitaus problematischer erscheint das Fragment über die Eigenschaften der verschiedenen Gewässer[114]. Hier werden die unterschiedlichen Eigenschaften, Geschmäcke und sonstigen Merkmale des Wassers auf drei Faktoren zurückgeführt: a) Beschaffenheit des Bodens, in dem das Wasser sich befindet oder durch welchen es fließt, b) Beimischung der rauchartigen, feurigen Ausdünstung, c) Einwirkung der umgebenden Luft. Areios hält die Ausführungen, die er zusammenfaßt, für eine Bestätigung der klassischen aristotelischen Vierelementenlehre: An und für sich weise das Element Wasser keine Unterschiede auf, lediglich seine Kombination mit den anderen Elementen, Erde, Feuer und Luft, bewirke es, daß es verschiedene Eigenschaften und Geschmäcke erhalte[115]. Es ist jedoch klar, daß die Quelle, aus der er schöpft und die er ziemlich ungeschickt abkürzt (wenn sie nicht bereits in seiner Vorlage zusammengefaßt war), eine differenziertere, weit über die aristotelischen Ansätze hinausgehende Wassertheorie enthielt. Die Beschaffenheit des durchflossenen Bodens bewirkt es, daß das Wasser salzig, natronhaltig, bitter und dgl. wird[116]. Die Beimischung der warmen, rauchartigen Anathymiasis bewirkt die Versteinerung und die Erstarrung des Salzes und des

---

[112] 455, 29—31.

[113] P. Steinmetz, Phys. Theophr. 204 behauptet, daß diese Definition keine Entsprechung in der aristotelischen Meteorologie findet; er schreibt sie — weil sie angeblich die ῥάβδοι nicht als Reflexion des Sehstrahls, sondern der Sonne betrachtet — dem Theophrast zu. Wie Aristoteles führt jedoch Areios die Entstehung der „Stäbe" auf die Ungleichmäßigkeit der reflektierenden Wolke zurück, 455, 30—31 ~ III 6, 377b 4—6 und 13—15.

[114] Fr. 14a Diels, Dox. S. 854 = Stob. I 39, 1, S. 253, 25—255, 7.

[115] Vgl. 854, 36—41.

[116] 854, 5—7. Bereits im 5. Jh. wurde die These aufgestellt, daß die Salzhaltigkeit des Meereswassers auf die Beimischung einer salzhaltigen erdartigen Substanz zurückgeht; als Beweis dafür erwähnte man die Tatsache, daß durch Asche filtriertes Wasser salzig wird (Arist., Meteor. II 1, 353b 13—16; 3, 357a 9—10; 15—b 10, Thesen des Metrodor und des Anaxagoras; De sensu 4, 441b 1—15). Aristoteles selbst bestreitet nicht, daß der Geschmack eines Wassers von der Beschaffenheit des durchflossenen Bodens beeinflußt wird, er schlägt jedoch für die Salzhaltigkeit des Meeres eine andere Erklärung vor (Meteor. II 3, 358a 3—27). Durch Alex. Aphrod., De sensu 71, 24—72, 4 erfahren wir, daß Theophrast dieses Thema ἐν τοῖς Περὶ ὕδατος behandelt hatte. Über die Autoren der Kaiserzeit, die sich mit dem Thema befaßten und z. T. von Theophrast, z. T. von Poseidonios abhängen, vgl. P. Steinmetz, Phys. Theophr. 247sqq.

Natrons[117], ferner die Schwere und die Leichte, die Dichte oder die Feinheit des Wassers sowie seine anderen Eigenschaften[118]. Drittens ist der Einfluß der Luft zu berücksichtigen; seine Folgen werden jedoch nicht systematisch aufgezählt[119]. Danach führt Areios die verschiedenen Ursachen an, welche die Wärme und die Kälte der Gewässer erklären: „Die Wärme und die Kälte des Wassers hängen einerseits von dem Boden ab, den das Wasser durchfließt oder in dem es sich befindet. Ein verbrannter oder trockener oder asphaltischer Boden macht die Wasser warm; kalt sind im allgemeinen die fließenden Wasser, im einzelnen meistens diejenigen, die sich in der Tiefe befinden, wie z. B. die Wasser in den Bergwerken — sie sind nämlich weit weg von der Sonne — außer wenn der Ort feurig ist. Ohne Wärme scheinen nämlich diejenigen zu sein, die sich in der Luft und in der Erde und an hohen Orten befinden; der Grund dafür sind die Winde und vor allem die Kälte der Luft; ferner diejenigen, die sich an schattigen und windigen Stellen befinden, denn diese beiden Faktoren machen sie kalt; deswegen werden einige Gewässer warm, wenn man abgeholzt hat; ferner diejenigen, die den in Schluchten oder Höhlen wehenden Winden ausgesetzt sind: Der durch die Enge gehende Luftstrom kältet sie nämlich ab, wie es in den Zisternen geschieht; ferner diejenigen, die durch „Eisstein"(?)[120] und feuchten Boden fließen; der Stein ist nämlich etwas Kaltes, und ein solcher (Stein) noch mehr . . .[121]. An sich ist jedes Wasser süß und kalt; diese beiden Qualitäten sind seiner Natur eigen. Die Wärme aber und die jeweilige Beschaffenheit des Geschmacks hängen von fremden Ursachen ab. — Aus diesen Erörterungen geht also

---

[117] Ähnlich Arist., Meteor. IV 10, 388b 12—13.

[118] Aristoteles erklärt die Salzhaltigkeit des Meeres und die ähnlichen Erscheinungen anhand der warmen Ausdünstung, Meteor. II 3, 357b 23—26; 358a 16—27.

[119] In 854, 14 setzt Diels die beiden Akkusative θερμότητας γὰρ καὶ ψυχρότητας in Klammern und erklärt: in parenthesi audias ἀπεργάζεσθαι τὸν ἀέρα, nisi quid intercidit. In Wirklichkeit aber wird die Temperatur des Wassers in 854, 14—34 erörtert, und θερμότητας καὶ ψυχρότητας muß als Akkusativsubjekt von 854, 15 γίνεσθαι verstanden werden. Die Hypothese einer Lücke ist deswegen die wahrscheinlichere. Hinter ἢ παρὰ τὸν ἀέρα begann, parallel mit 854, 5 und 9, also mit γάρ eingeleitet, die Liste der Einwirkungen der Luft; sie ist bis auf die Anfangsworte verloren; danach kam eine Aufzählung der verschiedenen Ursachen der Temperatur des Wassers. Wahrscheinlich muß man den Text wie folgt gestalten: . . . ἢ τὸν ἀέρα· θερμότητας γὰρ καὶ ψυχρότητας καὶ ***. (θερμότητας δὲ καὶ ψυχρότητας) παρὰ τὴν γῆν μὲν γίνεσθαι κτλ.

[120] Vgl. P. Steinmetz, Phys. Theophr. 277 Anm. 6.

[121] Die Zeile 33 ist heillos korrupt.

hervor, daß das Wasser seiner Natur nach undifferenziert ist und daß seine Unterschiede durch die Eigenschaften der anderen Elemente bedingt sind...[122]'.

Daß dieses Fragment irgendwie in die aristotelische Tradition gehört, zeigen einige seltene Berührungen mit der Meteorologie und besonders die der warmen Anathymiasis zugeschriebene Rolle. Wir haben es aber nicht, wie es in den anderen meteorologischen Fragmenten der Fall war, mit einer kürzenden Paraphrase oder mit fast wörtlichen Zitaten der Schrift des Aristoteles zu tun. Möglicherweise geht die Substanz des Fragmentes letzten Endes auf Theophrast zurück, wie Steinmetz vermutet[123]. Man darf jedoch nicht aus dem Auge verlieren, daß auch Poseidonios sich mit den hier erörterten Problemen befaßt hatte — wahrscheinlich im Anschluß an Theophrast — und daß die spätere wissenschaftliche Literatur gern darauf zurückkommt[124]. Bei dem oberflächlichen Charakter unseres Fragments läßt sich kaum feststellen, ob es eher der theophrastischen oder der poseidonianischen Tradition zuzuordnen ist, zumal wir nicht genau wissen, ob Poseidonios sich in grundsätzlichen Punkten von Theophrast distanzierte.

d) Psychologie

Die spärlichen Fragmente über die Psychologie des Aristoteles beziehen sich größtenteils auf die Wahrnehmungslehre. Einige der hier referierten Lehrmeinungen sind rein aristotelisch, wenn nicht dem Wortlaut, so wenigstens dem Inhalt nach; andere erscheinen als Verarbeitung aristotelischen Gedankengutes und lassen die Fragestellung einer späteren Zeit erkennen. Sicher aristotelisch ist z. B. die These[125], daß die Wahrnehmung bei allen Tieren als ein ihnen eigenes Merkmal vorkommt, daß sie das Tier von der Pflanze unterscheidet und daß es fünf besondere Wahrnehmungen, Gesicht, Gehör, Geruch, Geschmack und Tastsinn gibt[126]. Ganz anders steht es mit den Angaben über den sogenannten Gemeinsinn: „Es gibt aber auch eine zusammengesetzte Wahrnehmung, in

---

[122] P. Steinmetz, Phys. Theophr. 277 Anm. 7 hat richtig erkannt, daß die Interpunktion und die Ergänzungen von Diels in 854, 34—35 sinnwidrig sind.

[123] Phys. Theophr., bes. 274—278.

[124] Die einschlägigen Texte untersucht Steinmetz 247—278.

[125] Fr. 15 Diels = Stob. I 51, 1, S. 482, 11—19.

[126] Es erübrigt sich, die vielen Belegstellen bei Aristoteles anzuführen; keine stimmt mit Areios' Formulierung wörtlich überein.

welcher das Vorstellungsvermögen, das Gedächtnis und das Meinungsvermögen ihren Platz haben und die folglich nicht unbeteiligt am Intellekt ist." Eine entsprechende Äußerung wird man vergeblich bei Aristoteles suchen. Was hier in einem äußerst knappen Résumé vorliegt, ist
vielmehr der Versuch einer Koordinierung und Systematisierung verschiedener Angaben aus den ersten drei Kapiteln des dritten Buches De
anima sowie aus den Parva Naturalia. Aristoteles hatte unter anderem
die Frage aufgeworfen, womit die gemeinsamen Wahrnehmungsgegenstände wie Bewegung, Ruhe, Gestalt, Größe, Zeit und Einheit erkannt
werden, und die Frage mit der Annahme einer αἴσθησις κοινή beantwortet[127]. Ferner hatte er sich ausführlich mit dem Problem befaßt, welches
Vermögen die verschiedenen wahrnehmbaren Qualitäten, wie etwa das
Weiße und das Süße, voneinander unterscheidet[128]. Auch dafür nahm
er ein einziges Organ an[129]; in De somno schrieb er der κοινή δύναμις und
dem κοινὸν μόριον τῶν αἰσθητηρίων πάντων sowohl die Selbstwahrneh-
mung wie auch die Unterscheidung der verschiedenen wahrnehmbaren
Qualitäten zu[130]. Dieses zentrale Wahrnehmungsvermögen ist es, das
Areios hier als σύνθετος αἴσθησις bezeichnet[131]. Da nun die miteinander
verglichenen Sinneseindrücke nicht unbedingt gleichzeitig eintreten, der
Vergleich jedoch in einem einzigen Zeitpunkt stattfindet[132], versteht man,
daß die Erinnerung und das Vorstellungsvermögen an der Tätigkeit der
κοινή αἴσθησις beteiligt sind[133]. Warum auch das Meinungsvermögen und
sogar der Intellekt dabei eine Rolle spielen, ist etwas schwieriger zu erklären. Wahrscheinlich waren die Ausführungen aus De memoria[134] ausschlaggebend, in denen die enge Verbindung von Gemeinsinn, Vorstellungsvermögen und intellektuellem Gedächtnis hervorgehoben wird.
Möglicherweise schien auch der in De anima III 3 vorgenommene Vergleich von φαντασία, αἴσθησις, δόξα, ἐπιστήμη und νοῦς die Annahme zu
bekräftigen, daß diese Seelentätigkeiten irgendwie zusammengehören.

---

[127] De an. III 1, 425a 14—b 4.
[128] De an. III 2, 426b 8—427a 14.
[129] De an. III 2, 426b 17—21.
[130] De somno 2, 455a 12—26.
[131] Bei Aetios IV 8, 6, S. 395 und IV 10, 2, S. 399 Diels heißt es κοινὴ αἴσθησις
τῶν συνθέτων εἰδῶν κριτική. Es vergleicht die einzelnen Wahrnehmungen miteinander, bildet den Übergang vom ἄλογον zum λογικόν und hat Anteil am
Gedächtnis und am Intellekt.
[132] Vgl. De an. III 2, 426b 29—427a 14.
[133] Vgl. die Ausführungen des Alex. Aphrod., De an. 62, 22—65, 2.
[134] 450a 9—25.

Das oben[135] erwähnte Placitum des Aetios zeigt, daß Areios (bzw. seine Quelle) nicht der einzige Kompilator des 1. Jh. v. Chr. war, dem eine solche Systematisierung der Lehre vom Gemeinsinn zur Verfügung stand. Die Frage nach den Funktionen des Gemeinsinnes und seinen Beziehungen zu anderen Seelenvermögen wird noch, wie wir sehen werden, bei den Kommentatoren, und insbesondere bei Alexander von Aphrodisias, im Mittelpunkt des Interesses stehen[136].

Der letzte Satz des Fragments, „Wir nehmen wahr, wenn die Wahrnehmung etwas erleidet", geht zweifellos auf Aristoteles zurück[137], obwohl Aristoteles eher die Passivität des Wahrnehmungsorgans als die der Wahrnehmung selbst unterstrichen hatte.

Auch das Fragment über das Vorstellungsvermögen[138] deckt sich nur zum Teil mit den Ausführungen des Aristoteles. Die Definition der φαντασία stammt von Aristoteles[139] und ebenfalls die Etymologie des Wortes[140]. Daß „die Vorstellung sich auf alle Wahrnehmungen und auf alle dianoetischen Bewegungen erstreckt", und daß „diese homonymisch als Vorstellungen bezeichnet werden", steht allerdings nicht expressis verbis im diesbezüglichen Kapitel der Schrift De anima. Dennoch läßt sich leicht erraten, was Areios damit zum Ausdruck bringen wollte: Einerseits hinterlassen die Wahrnehmungen Eindrücke, die auch später, beim Nichtvorhandensein der Wahrnehmungsgegenstände, wieder wach werden können; die φαντασία erstreckt sich also auf alle Wahrnehmungen. Andererseits hat Aristoteles mehrmals hervorgehoben, daß das Denken nur in Verbindung mit den φαντάσματα, den Vorstellungsbildern, er-

---

[135] Vgl. Anm. 131.

[136] Alex. Aphrod., De an. 60, 1—65, 21; Quaest. III 7 und 9. Alex. ap. Ps.-Philop., De an. 464, 20—23; 465, 23—27; 470, 18—471, 10. Vgl. Bd. III.

[137] De an. II 11, 424a 1 τὸ γὰρ αἰσθάνεσθαι πάσχειν τι ἐστίν.

[138] Fr. 16 Diels = Stob. I 58, S. 497, 15—25.

[139] 456, 5 φαντασίαν δ' εἶναι πάθος τι καὶ κίνησιν τῆς κατ' ἐνέργειαν αἰσθήσεως. Die φαντασία als πάθος: De an. III 3, 427b 18; als κίνησις: De an. III 3, 428b 10—17, insbes. 13 κίνησιν ὑπὸ τῆς ἐνεργείας τῆς αἰσθήσεως; 429a 1 κίνησις ὑπὸ τῆς αἰσθήσεως τῆς κατ' ἐνέργειαν γιγνομένη; De insomn. 1, 459a 17 ἡ ὑπὸ τῆς κατ' ἐνέργειαν αἰσθήσεως γινομένη κίνησις. Die Definition des Areios ist insofern fehlerhaft, als die Vorstellung nicht eine Bewegung der Wahrnehmung in actu ist, sondern eine von der Wahrnehmung in actu ausgehende Bewegung. Der Vergleich mit den Parallelstellen bei Aristoteles zeigt, daß man in 456, 5 κίνησιν ⟨ὑπὸ⟩ τῆς κατ' ἐνέργειαν αἰσθήσεως korrigieren muß.

[140] 456, 6—7 ~ De an. III 3, 429a 2—4.

folgt[141]. Deswegen kann Areios schreiben, daß die φαντασία sich auf alle
διανοητικαὶ κινήσεις erstreckt[142].

Sehr aufschlußreich erscheinen die Angaben des Areios über die κρι-
τήρια der Vorstellung, d. h. über die Mittel, die zur Verfügung stehen, um
Wahrheit oder Falschheit der Vorstellung zu überprüfen. „Die Kriterien
der Erkenntnis durch Vorstellungen sind der Intellekt und die Wahrnehmung, jener für die intelligiblen, diese für die wahrnehmbaren. Die
Wahrnehmung ist nämlich nicht in der Lage, das Allgemeine zu überprüfen, und der Intellekt vermag es nicht für das Einzelne; andererseits
setzen sich alle Dinge aus Allgemeinem und Einzelnem zusammen und
werden durch sie gebildet." Es ist zweifellos das Verdienst der hellenistischen Schulen, insbesondere der Stoa und des Epikureismus, die
Frage nach dem Kriterium der Wahrheit aufgeworfen und eingehend behandelt zu haben. Die Kriteriologie entwickelte sich bald zu einem selbständigen Teil der Logik[143]. Dementsprechend wurde, besonders in der
doxographischen Literatur, das Problem auf Denker zurückprojiziert, die
es nicht ausdrücklich formuliert hatten[144]. Was die Vorstellung anbetrifft, erschien die Frage nach dem Kriterium um so berechtigter, als
Aristoteles mehrmals betont, daß die Vorstellung oft trügerisch sei[145].
Die Antwort des Areios ist auf seine Behauptung abgestimmt, daß die
Vorstellung sowohl den Bereich des Wahrnehmbaren wie auch den des
Intelligiblen umfaßt: Als Kriterium auf jenem Gebiet kommt die Wahrnehmung in Frage[146], auf diesem der Intellekt.

Das letzte Fragment[147] besteht aus kurzen Aussagen über die fünf
Wahrnehmungen sowie über das Bewegungsvermögen. Es wird jeweils erklärt, wie das Wahrnehmen zustande kommt, und gegebenenfalls wer-

---

[141] De an. III 7, 431a 14—17; b 2—10; 8, 432a 8—14; De memor. 1, 449b 30—450a
5.

[142] Vgl. auch De an. III 10, 433b 29 φαντασία δὲ πᾶσα ἢ λογιστικὴ ἢ αἰσθητική.

[143] Ohne auf die Einzelheiten einzugehen, sei hier kurz daran erinnert, daß Cicero
es als selbstverständlich betrachtet, daß die Logik oder Dialektik sich mit fünf
großen Fragenkomplexen befaßt, und zwar mit dem Definieren, dem Einteilen,
der Lehre vom Schluß, der Beseitigung der Fangschlüsse und der Bestimmung
des Kriteriums der Wahrheit. Vgl. De fin. I 22; IV 8—9; Brut. 152; Tusc. V 72
etc.

[144] Für Aristoteles vgl. Diog. Laert. V 29.

[145] De an. III 3, 428a 12; 18; b 17.

[146] Wahrheit der αἴσθησις τῶν ἰδίων, De an. III 3, 428b 18 und 28.

[147] Fr. 17 Diels = Stob. I 52, 1, S. 484, 15—21; 54, 3, S. 492, 21—22; 55, 4, S. 494,
6—7; 55, 7, S. 496, 15—23.

den einige Erläuterungen hinzugefügt. „Wir sehen infolge einer Bewegung des *in actu* befindlichen Durchsichtigen[148]. Durchsichtig ist nicht nur die Luft, sondern auch das Wasser und einige Produkte wie Glas, Kristall und bestimmte klare Steine[149]." — „Wir hören infolge der Aktualisierung des den Schall fortpflanzenden Mediums. Den Schall fortpflanzen können die Luft, das Feuer, das Wasser und einige Mischungen[150]." — Auf ähnliche Weise kommt das Riechen zustande: „Wir riechen durch einen vom Riechbaren erfüllten Körper als Medium".

Diese drei Wahrnehmungen, Sehen, Hören und Riechen, erfolgen, ohne daß das Objekt das Wahrnehmungsorgan unmittelbar berührt; ein Medium muß also immer vorhanden sein. Daran zweifelt Aristoteles nicht. Problematischer erscheint ihm aber der Fall des Schmeckens und des Tastens, denn hier berührt offenbar das Objekt den es wahrnehmenden Körper. Aristoteles ist trotzdem geneigt, auch für den Geschmack und den Tastsinn ein Medium anzunehmen[151]. Gewiß, es handelt sich nicht wie bei den ersten drei Wahrnehmungen um einen dem Wahrnehmenden fremden Körper[152], sondern vielmehr um einen dem Wahrnehmenden angewachsenen Körperteil; solche Media sind die Zunge und das Fleisch: Sie sind nicht die Organe des Schmeckens oder Tastens, sie stellen nur als Media die Vermittlung zum zentralen Wahrnehmungsorgan her[153].

Die Problematik der Media beim Schmecken und Tasten scheint Areios irgendwie bekannt gewesen zu sein. Die beiden Nachrichten über diese Wahrnehmungen enthalten jedoch grobe Mißverständnisse, wenigstens wenn man sie mit dem echten Aristotelismus vergleicht. Wir erwarten etwa, daß uns mitgeteilt wird: Auch für den Geschmack und den Tastsinn müssen wir ein Medium annehmen; dieses Medium ist allerdings nicht, wie bei anderen Wahrnehmungen, ein äußeres, es ist vielmehr ein Teil des Körpers des Wahrnehmenden, nämlich dessen Zunge oder dessen Fleisch. Statt dessen werden Geschmack und Tastsinn mit Gesicht, Gehör und Geruch genau parallelisiert, d. h. auch hier wird ein

---

[148] Die knappe Formel ist aus De an. II 7, 418a 26—419a 15 gewonnen.

[149] Die kurze Liste des Arist., De an. II 7, 418b 6—7 ἀήρ καὶ ὕδωρ καὶ πολλὰ τῶν στερεῶν ist etwas präzisiert worden; das Heranziehen einer anderen Quelle war dazu nicht erforderlich.

[150] Das Wort διηχής „den Schall durchlassend" ist nicht aristotelisch.

[151] De an. II 7, 419a 25—35.

[152] De an. II 10, 422a 8—11.

[153] De an. II 11, 422b 20—23; 422b 34—423a 21; 423b 17—19.

äußeres Medium angenommen. „Das Schmecken erfolgt mittels der
schmeckbaren Flüssigkeiten." Offenbar ist hier der Träger des Geschmacks, seine Materie, nämlich die Flüssigkeit[154], irrtümlich für das
Medium gehalten worden. Auch für den Tastsinn soll es ein Medium
geben: „Das Tasten erfolgt mittels des Körpers, der sich zwischen dem
Fleisch und dem Tastbaren befindet. Ein solcher Körper ist die Luft oder
das Wasser oder etwas, was aus den beiden gemeinsam zusammengesetzt
ist. Beim Schmecken und Tasten entzieht es sich der Beachtung, weil
diese Wahrnehmungen nicht über einen großen Abstand erfolgen, wie es
für das Sichtbare, das Hörbare und das Riechbare der Fall ist." Wenn
dieser Text richtig überliefert bzw. korrigiert ist[155], nimmt Areios an, daß
es zwischen der Haut bzw. dem Fleisch und dem Objekt, das wir berühren, etwas Luft oder Wasser oder ein Gemisch aus beiden gibt und
daß dieses Medium die Verbindung zwischen Objekt und Subjekt her-
stellt, etwa wie die Luft den Schall bis zu uns fortpflanzt[156]. So wenig
aristotelisch diese Lehrmeinung auch sein mag, es läßt sich nicht abstreiten,
daß sie zwei wichtige Aspekte der Wahrnehmungslehre aus De anima irgendwie berücksichtigt: erstens die Sonderstellung des Geschmacks und
des Tastsinns unter den fünf Wahrnehmungen, und zweitens die besondere Funktion des Fleisches im Zusammenhang mit der Frage nach dem
Medium des Tastsinns. In der Form, in der sie uns vorliegen, stellen jedoch die Ausführungen des Areios ein so grobes Mißverständnis der aristotelischen Lehre dar, daß Areios sie unmöglich direkt aus dem Text des
Aristoteles geschöpft haben kann: Hätte er mit dem Originaltext von De
anima gearbeitet, so wären ihm solche Fehler selbst bei großer Oberflächlichkeit zweifellos nicht unterlaufen. Diese Entstellung der aristotelischen Wahrnehmungslehre erklärt sich viel besser, wenn wir annehmen,
daß er ein vielleicht schon nicht immer ganz klares Schulkompendium als

---

[154] Vgl. De an. II 11, 423a 11—17.

[155] Vgl. die Apparate von Diels und Wachsmuth zur Stelle.

[156] Die Ansicht, das Medium für den Tastsinn könne aus Luft, Wasser oder einem
Gemisch bestehen, ist vielleicht dem Passus De an. II 11, 423a 11—17 entnommen worden, obwohl Aristoteles dort genau das Gegenteil behauptet: Die
Sinnesorgane, so schreibt er, sind verschieden vom abgetrennten Medium. Im
Falle des Tastsinnes können Wahrnehmungsorgan und angewachsenes Medium
weder aus Luft noch aus Wasser bestehen; sie müssen etwas Festes sein, also
aus Erde, Luft und Wasser zusammengesetzt sein. Das Mißverständnis wäre
jedoch so groß, daß man es einem einigermaßen sorgfältigen Leser nicht zumuten kann.

Vorlage benutzte und versuchte, es noch zu kürzen und zu systemati-
sieren.

In der späteren Geschichte des Aristotelismus sollte die Frage, ob
das Fleisch Medium oder Organ des Tastsinnes sei, heftig debattiert
werden. Alexander von Aphrodisias bekämpfte die Annahme, das Fleisch
sei bloß ein Medium; er betrachtete es als das eigentliche Organ des
Tastsinnes, wurde aber dafür von Themistios und von Averroes kritisiert[157].

Das Fragment schließt mit einer Bemerkung über das Bewegungsvermögen: „Der erste Beweger des Ortsbewegungsvermögens, das wir als
Antriebsvermögen bezeichnen, ist sowohl in uns wie auch in den anderen
Tieren unbewegt". Damit faßt Areios die Lehre zusammen, nach welcher
das Objekt eines Strebens oder einer Begierde unser Bewegungsvermögen
anregt, ohne selbst dadurch bewegt zu werden[158].

C. Das Aristotelische in den Prolegomena zur Epitome der Ethik

In den Prolegomena von Areios' Epitome der Ethik (S. 37, 18—57, 12)
finden sich einige Nachrichten über Aristoteles. Bevor wir das systematische Exposé der „ethischen Lehre des Aristoteles und der anderen
Peripatetiker" (116, 19—152, 25) analysieren, wollen wir einen kurzen
Blick auf diese Testimonien werfen.

Gleich am Anfang führt Areios mehrere Definitionen an, darunter
zwei Definitionen des Affekts (πάθος) nach Aristoteles (38, 18—39, 3).
Die erste lautet: πάθος δ' ἐστίν, ὡς μὲν 'Αριστοτέλης, ἄλογος ψυχῆς κίνησις
πλεοναστική. Daß der Affekt eine irrationale Seelenbewegung ist, entspricht durchaus der Ansicht des Aristoteles, obwohl die hier zitierte Formel sich nicht im Corpus findet. Im kurzen Kommentar der Definition
erklärt Areios, daß die Angabe „irrational" auf den Teil der Seele, der die

---

[157] Alex. Aphrod., De an. 56, 14—59, 20, wohl z. T. im Anschluß an Arist., De part.
an. II 1, 647a 19—21; 8, 653b 23—27. Themist., De an. 76, 17—24. Averroes,
Comm. magn. in Arist. de an. libri II 109, 12—19, S. 299; 116, 56—67, S. 311 bis
312 Crawford.

[158] Als Vorlage kommt höchstwahrscheinlich De an. III 10, 433b 10—19 in Frage.
Die Bezeichnung des Bewegungsvermögens als ὁρμητικόν ist allerdings nicht
aristotelisch.

„gebietende Vernunft "(ἀρχικὸς λόγος) nicht besitzt, sich aber unterwerfen und auf den Logos hören kann, bezogen ist. Die Zweiteilung der
Seele und die Auffassung, daß das Irrationale sich den Anweisungen des
Logos fügen kann, charakterisieren bekanntlich die Psychologie, deren
sich Aristoteles in den Ethiken bedient. Die Bezeichnung der affekt-
mäßigen Seelenbewegung als πλεοναστική ist dagegen keineswegs aristotelisch. Areios erklärt: „Das Wort πλεοναστικόν bezieht sich auf das,
was übermäßig werden kann, nicht auf das, was schon jetzt exzessiv ist;
bald ist es nämlich übermäßig und bald reicht es nicht aus". Daraus geht
hervor, daß Areios an die Lehre des Aristoteles denkt, nach welcher Affekte zu stark oder zu schwach sein können und die gesunde, tugendmäßige Haltung ihnen gegenüber das Anstreben der richtigen Mitte ist[1].
Es fällt aber auf, daß in der Definition mit πλεοναστική nur auf die Möglichkeit des Zuviel, nicht aber auf die des Zuwenig angespielt wird, und es
fragt sich, warum Areios' Quelle hier zu diesem zumindest nicht ganz
klaren Adjektiv gegriffen hat. Die Antwort auf diese Frage liefert die Pa-
thos-Definition des Stoikers Zenon, die Areios gleich danach mit einer
kurzen Erklärung anführt (39, 4—7, vgl. 44, 5): „Der Affekt ist ein ex-
zessiver Antrieb. Er sagt nicht, ein Antrieb, der die natürliche Fähigkeit
hat, übermäßig zu werden, sondern der sich in Wirklichkeit schon im
Übermaß befindet; das Übermaß ist nicht potentiell, sondern aktuell".
Für die Stoiker stellt bekanntlich jeder Affekt einen Exzeß dar und ist er-
barmungslos auszurotten. In der hier vorliegenden Synkrisis der beiden
Affektenlehren hat man offenbar nach einer Definition für den peripatetischen Begriff gesucht, die den Unterschied zum stoischen deutlich
machen sollte: Das Participium praesens der stoischen Formel (πλεονά-
ζουσα) wurde durch ein Adjektiv auf -ικός ersetzt, weil solche Adjektive
unter anderem zur Bezeichnung der Eignung, Empfänglichkeit u. dgl. benutzt werden[2].

Eine zweite, etwas erweiterte Definition lautet: „Das Pathos ist eine
zum Übermaß fähige Bewegung des irrationalen Seelenteils aufgrund der
Vorstellung eines Angenehmen oder Unangenehmen". Im Zusatz κατὰ
φαντασίαν ἡδέος ἢ λυπηροῦ entspricht die Zuordnung des Affekts zum
ἡδὺ ἢ λυπηρόν durchaus den Äußerungen des Aristoteles, und der Hin-

---

[1] Aristoteles spricht allerdings nicht von πλεοναστικός u. dgl., sondern von
ὑπερβολή und ἔλλειψις, vgl. EN II 5, 1106b 16—28.
[2] Dies hat bereits H. Meurer, Perip. philos. mor. 4 richtig erkannt. Einige Aspekte
der Kontroverse zwischen Stoa und Peripatos in der Affektenlehre erörtert
Aspasios, EN 44, 10—45, 22.

weis, daß eine Vorstellung (φαντασία) des Angenehmen oder Unangenehmen den Affekt auslöst, begegnet mehrmals in der Rhetorik des Aristoteles[3]. Dennoch ist die Definition dem Wortlaut nach ebensowenig aristotelisch wie die erste. In seinem Kommentar zur EN bemerkt Aspasios
ausdrücklich, daß eine Definition des Affekts bei keinem der älteren Vertreter des Peripatos begegnet[4]. Diese Nachricht ist uns um so wertvoller,
als einige moderne Interpreten die Ansicht vertreten haben, Areios' Information gehe letzten Endes auf den theophrastischen Peripatos zurück. Gegen diese These spricht das Zeugnis des Aspasios mit aller Deutlichkeit. Unter den πάθος-Definitionen jüngerer Peripatetiker erörtert
Aspasios die des Andronikos und die des Boethos[5], und gerade die des
Andronikos ist der zweiten des Areios sehr ähnlich: πάθος εἶναι τῆς
ψυχῆς κίνησιν ἄλογον δι' ὑπόληψιν κακοῦ ἢ ἀγαθοῦ[6]. Im kleinen Kommentar des Aspasios zu dieser Definition wird zuerst hervorgehoben, daß
mit ἄλογος nicht wie bei den Stoikern eine Opposition zum ὀρθὸς λόγος
angegeben, sondern vielmehr unterstrichen wird, daß das πάθος dem
nicht rationalen Seelenteil entspringt[7]; Ähnliches hebt auch Areios in
seiner Erklärung der ersten Definition hervor, und in seiner zweiten Definition wird entsprechend angegeben, das Pathos sei eine Bewegung
τοῦ ἀλόγου μέρους τῆς ψυχῆς[8]. Aspasios' Zeugnis bestätigt also die Annahme, daß die „aristotelischen" Pathos-Definitionen zur Abgrenzung
gegen die stoische Lehre formuliert wurden. An der Formel des Andronikos beanstandet Aspasios, daß sie von einer ὑπόληψις spricht: Auch die
bloße Vorstellung (φαντασία) oder die Wahrnehmung können den Affekt
auslösen[9]; schließlich ist es nicht die Vorstellung des Guten und des
Bösen, die dabei den Ausschlag gibt, sondern die des Angenehmen und
des Unangenehmen[10]. Diese Kritik gilt den Teilen der Andronikos-Defi-

---

[3] Arist., Rhet. I 11, 1370a 27—35; II 5, 1382a 21; 1383a 17; 6, 1384a 24 etc.

[4] Aspas., EN 44, 20—21 τῶν δὲ ἐκ τοῦ Περιπάτου τῶν μὲν παλαιῶν παρ' οὐδενὶ
εὑρίσκομεν ὁρισμὸν τοῦ πάθους . . .

[5] Vgl. oben S. 135 sqq. und 176 sqq.

[6] Aspas., EN 44, 21—22.

[7] 44, 22—24.

[8] Bei Albinos, Didask. 185, 21—37 Hermann wird folgende Definition angegeben
und erläutert: ἔστι . . . πάθος κίνησις ἄλογος ψυχῆς ὡς ἐπὶ κακῷ ἢ ὡς ἐπ' ἀγαθῷ.
Die Bewegung wird als ἄλογος bezeichnet, heißt es weiter, weil sie die der nicht
rationalen Seelenteile ist. In diesem Punkt schließt sich also Albinos dem
Peripatos an.

[9] Aspas., EN 45, 1—7.

[10] 45, 7—13.

20*

nition, die dieser allem Anschein nach von der Stoa übernommen hatte[11]. Versucht man die Definition des Andronikos unter Berücksichtigung der Einwände des Aspasios zu verbessern, so kommt man zu einer Formel, die bis auf das πλεοναστική mit der zweiten Definition des Areios fast identisch ist[12]. Zur historischen Einordnung der zweiten Areios-Definition bieten sich demnach folgende Möglichkeiten: 1. Um das πάθος, von dem bei den älteren Peripatetikern keine Begriffsbestimmung vorlag, zu definieren, ließ sich Andronikos wenigstens zum Teil von der stoischen Definition anregen. Seine Formel stieß jedoch, wohl noch zu seinen Lebzeiten, auf eine Kritik, die sich im Kommentar widerspiegelt; aufgrund dieser Kritik wurde eine bessere Definition ausgearbeitet, die Areios übernahm. 2. Man kann aber auch vermuten, daß die von Areios wiedergegebenen Definitionen unabhängig von Andronikos, etwa in jungperipatetischen Handbüchern, entstanden. Mit ihnen wurde dann die Definition des Andronikos verglichen und für nicht einwandfrei erklärt. Ein Niederschlag dieser Polemik findet sich im Kommentar des Aspasios. Wie dem auch sei, zwei Punkte dürften als gesichert angesehen werden: Erstens sind die Affektdefinitionen des Areios nicht altperipatetisch, auch wenn sie in mancher Hinsicht die Auffassung des Aristoteles wiedergeben. Zweitens sind sie geprägt worden, um den Unterschied zwischen Peripatos und Stoa in der Affektenlehre zu verdeutlichen. Auch dies weist auf eine relativ späte Entstehungszeit hin[13].

In seinen allgemeinen Ausführungen über das Telos[14] referiert Areios unter anderem eine Definition, die er Aristoteles zuschreibt[15]. Daß diese angebliche Telos-Definition in Wirklichkeit eine Definition der Eudämonie ist, stört Areios deswegen nicht, weil er meint, für Aristoteles wie für andere seien Telos und Eudämonie Synonyme[16]. Sie lautet: χρῆσιν

---

[11] Vgl. 45, 17—18 γίνεσθαι . . . τὰ πάθη ἔφασαν (sc. οἱ ἐκ τῆς Στοᾶς) δι' ὑπόληψιν ἀγαθοῦ ἢ κακοῦ.

[12] Aspasios selbst schlägt 45, 13—14 die Formel vor: κίνησις τοῦ ἀλόγου τῆς ψυχῆς ὑφ' ἡδέος ἢ λυπηροῦ, wobei er die Möglichkeit offen läßt, daß das πάθος auf eine φαντασία oder eine ὑπόληψις folgt.

[13] Mit den Definitionen des Areios befaßt sich M. Giusta, Doss. et. II 291—292 ziemlich kurz. Er schreibt unter anderem: „È facile osservare che le due definizioni, mentre trovano riferimenti piuttosto vaghi nei testi aristotelici, ricordano le definizioni stoiche e quella riferita da Alcinoo. Quanto al termine πλεοναστική, si stenta a crederlo peripatetico." Diesen Behauptungen kann ich natürlich nicht beipflichten.

[14] Stob. II 7, S. 45, 12—53, 20.   [15] 50, 11sqq.

[16] 51, 16, vgl. auch 48, 6.

ἀρετῆς τελείας ἐν ⟨βίῳ τελείῳ⟩ προηγουμένην[17]. Die einzelnen Teile dieser Definition erläutert Areios in einem kurzen Kommentar[18], in den eine Bemerkung über die Möglichkeit, mehrere Definitionen der Eudämonie zu geben, ziemlich unglücklich eingeschoben wurde[19]. Diese Erläuterungen zur Eudämonie-Definition sind um so interessanter, als sie in einigen Punkten von dem Kommentar derselben Definition abweichen, der weiter unten im spezielleren Teil über die aristotelische Ethik be-

---

[17] Überliefert ist allerdings χρῆσιν ἀρετῆς τελείας ἐν προηγουμένοις. An dem Wort προηγούμενος, das in ähnlichen Zusammenhängen mehrmals vorkommt, hat Wachsmuth Anstoß genommen; überall will er es durch das typisch aristotelische Wort χορηγούμενος ersetzen. Dennoch kann das nicht nur bei Areios, sondern auch bei Alexander von Aphrodisias und Aspasios gut bezeugte προηγούμενος beibehalten werden, vgl. unten S. 353 Anm. 117. Schwieriger ist die Entscheidung über das überlieferte ἐν προηγουμένοις, denn auch ohne die Ergänzung ⟨βίῳ τελείῳ⟩ und die damit verbundene Änderung von προηγουμένοις in προηγουμένην hätte die Definition einen durchaus akzeptablen Sinn. Ausschlaggebend scheinen mir aber die folgenden Umstände zu sein: a) Die Formel mit ἐν βίῳ τελείῳ kommt nicht nur bei Areios (51, 10—11; 130, 18—19), sondern auch — ebenfalls als Telos-Definition — bei Diogenes Laertios V 30 vor. b) Der kleine Kommentar, den Areios zur Definition gibt, berücksichtigt die Worte ἐν βίῳ τελείῳ (51, 13). c) Diese Definition begegnet zwar nicht expressis verbis bei Aristoteles; wenn dieser jedoch versucht, die Eudämonie näher zu bestimmen, weist er regelmäßig auf den βίος τέλειος hin: EN I 6, 1098a 10—28; 11, 1101a 16—20; EE II 1, 1219a 35—39; MM I 4, 1185a 4—9.

[18] 50, 12—51, 15.

[19] 51, 8—12. Die Intervention des „Redaktors" — vielleicht des Areios selbst, der seine Quelle ergänzt —, auf welchen dieser ungeschickte Zusatz zurückgeht, zeigt sich bereits an seiner Ankündigung einer späteren Behandlung der Beziehungen zwischen dem rationalen und dem nicht rationalen Teil der Seele in 51, 8 περὶ ὧν ὑποβὰς διαρθρώσω. Die dritte der im Zusatz angegebenen Definitionen ist identisch mit der kommentierten und wird als die klarste von allen bezeichnet. — Gegen die oben (Anm. 17) übernommene Korrektur könnte man vielleicht anführen, daß in 50, 11—12 die einfachere überlieferte Definition beibehalten werden muß (χρῆσιν ἀρετῆς τελείας ἐν προηγουμένοις); diese hätte Areios zunächst kommentiert (50, 12—51, 8); dann hätte er drei weitere Definitionen zitiert (51, 8—12), von denen die dritte eine Verbesserung der bereits kommentierten wäre; schließlich hätte er einen Teil der dritten kommentiert (51, 13—15). Diese Interpretation ist jedoch auszuschließen: Im Kommentar der allerersten Definition vermissen wir jede Erläuterung des Ausdruckes ἐν προηγουμένοις, obwohl der Vf. keinen Grund hatte, diese Erläuterung aufzusparen und erst in 51, 14—15 zu geben. Viel wahrscheinlicher ist, daß Areios jene Definition als erste angeführt und kommentiert hat, die er für die klarste hielt.

gegnet[20]. Die als Telos betrachtete Eudämonie ist zunächst eine χρῆσις, d. h. mehr als ein bloßer Besitz; sie ist eine Betätigung, ein Handeln[21]. Die ἀρετή ist der beste Habitus der Seele[22]. Die für die Eudämonie erforderliche ἀρετή muß eine vollkommene (τελεία) sein, und zwar in dreifacher Hinsicht: erstens deswegen, weil sie die Summe aller theoretischen, praktischen und ethischen Tugenden ist[23]; zweitens deswegen, weil sie sich aus der Entfaltung der drei ihr zugeordneten Kräfte Natur, Vernunft und Gewohnheit ergibt[24]; drittens deswegen, weil sie auf dem Einklang zwischen dem rationalen und dem nicht rationalen Teil der Seele beruht[25]. Die Ausübung dieser Tugend soll ἐν βίῳ τελείῳ erfolgen: Das bezieht sich, erklärt Areios, auf den Zeitraum, in dem die Güter „be-

[20] 131, 14—132, 18. Vgl. unten S. 355sqq.

[21] Vgl. die Ausführungen des Aristoteles EN I 9, 1098b 32—1099a 7; EE II 1, 1219a 10—18; MM I 3, 1184b 7—17; 4, 1184b 31—36; Pol. VII 8, 1328a 38; 13, 1332a 9. Zum Gegensatz χρῆσις — κτῆσις in der Eudämonielehre vgl. R. Nickel, Das Begriffspaar Besitzen und Gebrauchen. Ein Beitrag zur Vorgeschichte der Potenz-Akt-Beziehung in der aristotelischen Ethik, Diss. Berlin 1970, 101—106.— In seinem anderen Kommentar der Definition (131, 14sqq.) geht Areios auf χρῆσις nicht ein. Bemerkenswert ist andererseits, daß er einen Unterschied zu Platon darin zu erkennen glaubt, daß für Platon die Eudämonie sowohl eine κτῆσις wie auch eine χρῆσις sein soll, vgl. 50, 5—6 und 57, 9. H. Strache, De Arii auct. 24 vergleicht mit Cic., Acad. post. I 38 (wo es sich allerdings um die Tugend handelt: Zenon habe erklärt . . . *nec virtutis usum modo, sed ipsum habitum per se esse praeclarum*) und will daraus erschließen, Antiochos sei die Quelle des Areios gewesen.

[22] Die Formel geht auf Aristoteles zurück: EE II 1, 1218b 38; 1219b 32—33; MM I 4, 1185a 38. Keine Erklärung im zweiten Kommentar des Areios, vgl. jedoch 128, 11.

[23] Keine Entsprechung bei Aristoteles. Der Gegensatz zwischen Teiltugend und Tugend als Ganzem begegnet zwar EE II 1, 1219a 35—39 (vgl. auch VIII 3, 1248b 11—13 und 1249a 16, wo die Kalokagathie als ἀρετή τέλειος und Summe der Einzeltugenden charakterisiert wird), aber in der EN heißt es, daß, wenn es mehrere Tugenden gibt, die Eudämonie mit der besten und vollkommensten von allen verbunden ist; diese ist also nicht die Summe der Tugenden, sondern das höchste Glied in der Hierarchie; vgl. EN I 6, 1098a 17; X 7, 1177a 13; 8, 1178a 9. Im zweiten Kommentar (131, 14—19) unterscheidet Areios zwischen vollkommenen (Gerechtigkeit, Kalokagathie) und unvollkommenen Tugenden (z. B. gute Veranlagung, Fortschritt). Etwa wie Areios erklärt Aspasios, EN 8, 25, daß die vollkommene Tugend ἐστὶν ἡ ἐκ πασῶν τῶν ἀρετῶν τῶν τε πρακτικῶν καὶ τῶν θεωρητικῶν.

[24] Genau parallel damit 118, 5—6 ἐκ τριῶν δὲ συμβεβηκέναι τὴν ἀρετὴν τελειοῦσθαι, φύσεως, ἔθους, λόγου. Vgl. unten S. 318 und Anm. 8, mit den Verweisen auf Aristoteles.

[25] Vgl. 128, 17—25, bes. 23—24, und unsere Ausführungen darüber unten S. 378sqq.

nutzt" werden (πρὸς τὴν διάστασιν τῆς χρήσεως τῶν ἀγαθῶν)[26]. Areios verbindet also ἐν βίῳ τελείῳ nicht mit χρῆσις ἀρετῆς, sondern mit προηγουμένη: Die Güter, die in Verbindung mit der Tugend die Glückseligkeit bedingen, sollen während des ganzen Lebens zur Verfügung stehen[27]. Im zweiten Kommentar wird dieser Teil der Definition ganz anders erklärt: Das „vollkommene Leben" wird zunächst nicht als „gesamte Lebenszeit", sondern eher als „Lebensalter des voll entwickelten Menschen" verstanden[28]: Der noch nicht ausgewachsene Jüngling kann die Eudämonie nicht besitzen[29]; damit wird allerdings die andere Deutung kombiniert, nach welcher der βίος τέλειος die „ganze Lebenszeit" ist, d. h. die größte Lebenszeit, die uns die Gottheit schenkt, bedeutet[30]. Der letzte Teil der Definition (χρῆσις ἀρετῆς . . .) προηγουμένη wird, wie zu erwarten war, als Hinweis auf die Notwendigkeit der Güter verstanden: Die gemeinte Ausübung der Tugend soll mitten in den Gütern, nicht in den Übeln, stattfinden[31]; der Verfasser scheint also die leiblichen und äußeren Güter nicht für entbehrlich, sondern für absolut erforderlich zu halten. Dieselbe Auffassung begegnet, breiter dargelegt, im zweiten Kommentar der Definition[32]. Vergleicht man die beiden Erläuterungen der Eudämonie-Definition, so wird man feststellen, daß sie trotz gemeinsamer Elemente in einigen Punkten divergieren: Das ist vor allem der Fall für die Deutung der ἀρετή τελεία sowie auch für die des βίος τέλειος. Daraus geht deutlich hervor, daß Areios aus zwei verschiedenen Quellen, die eine jeweils andere Deutung derselben Definition boten, geschöpft hat[33].

---

[26] J. M. Madvig, Cic. De fin., S. 652 Anm. weist mit Recht darauf hin, daß διάστασις hier nicht *discrimen*, sondern *duratio* bedeutet.

[27] Vgl. EN I 10, 1100a 5—10, mit der Erwähnung der Schicksalsschläge, die den alten Priamos getroffen haben. In EE II 1, 1219b 6—8 und MM I 4, 1185a 6—9 wird nicht auf mögliche Schicksalsschläge angespielt.

[28] 131, 19—23.

[29] Vgl. EN I 10, 1100a 1—4; EE II 1, 1219b 5; MM I 4, 1185a 3—9.

[30] 131, 23—132, 8. Hier scheint eine Vorlage etwas ungeschickt zusammengefaßt worden zu sein, nach welcher drei Momente die vollkommene Glückseligkeit bedingen, das Mannesalter, die Dauer, die Gunst der Gottheit: τελείαν γὰρ εἶναι δεῖ τὴν εὐδαιμονίαν ἐκ τελείου συνεστῶσαν ἀνδρὸς καὶ χρόνου καὶ δαίμονος.

[31] 51, 14—15.

[32] 132, 8—18. Vgl. unten S. 335sqq.

[33] M. Giusta, Doss. et. I 145—146 meint, daß die beiden Kommentare sich gegenseitig ergänzen. Dieser These kann man ebensowenig beipflichten wie dem Schluß, den er daraus zieht: Zwei Epitomatoren hätten ein und dieselbe Quelle (die

Wie bereits angegeben, wird der Kommentar mit der Bemerkung unterbrochen, nach Aristoteles könne man mehrere Definitionen der Eudämonie angeben³⁴. Die eine, ἐνέργεια κατ' ἀρετὴν τελείαν ἐν βίῳ τελείῳ προηγουμένη, weicht von der bereits analysierten nicht wesentlich ab³⁵. Die zweite, βίος καλὸς καὶ τέλειος προηγούμενος, schließt nicht so eng an eine aristotelische Vorlage an, und die dritte ist, wie bereits gesagt, identisch mit der allerersten sowie mit derjenigen, die unten, im speziellen Abschnitt über die peripatetische Ethik, kommentiert wird. Übrigens begegnen in diesem Abschnitt weitere Definitionen der Eudämonie³⁶: Offenbar hat Areios für seine Prolegomena andere Quellen herangezogen als für sein Exposé der aristotelischen Ethik; dadurch erklären sich sowohl die unnötigen Wiederholungen wie auch die Abweichungen in der Behandlung derselben Themen.

Im Kapitel über die Telos-Lehre enthalten die Prolegomena einen Abschnitt über die Einzelziele der Handlungen, die σκοποί³⁷. Als Ziele des Strebens menschlicher Begierden soll Aristoteles das sittlich Schöne, das Zuträgliche und das Angenehme genannt haben³⁸. Die Definitionen dieser drei Begriffe, die Areios anschließend anführt, haben allerdings keine genauen Entsprechungen bei Aristoteles: „Sittlich schön ist die Tugend und was an der Tugend teilhat, wie der σπουδαῖος selbst und die Leistung, die von der Tugend herrührt; ferner ist das Gute insofern schön, als es lobenswert ist oder lobenswert macht³⁹. Zuträglich ist, was zum Leben gut

---

Vetusta placita) exzerpiert, wobei jeder andere Elemente der Vorlage beibehalten hätte.

³⁴ 51, 8—12.

³⁵ Sie scheint aus EN I 11, 1101a 14—16 abgeleitet worden zu sein. Daß die Eudämonie eine ἐνέργεια κατ' ἀρετὴν oder κατ' ἀρετὴν τελείαν ist, hebt Aristoteles des öfteren hervor: EN X 7, 1177a 12; EE II 1, 1219a 39; MM I 4, 1184b 31—35; Pol. VII 8, 1328a 38; 13, 1332a 9.

³⁶ 126, 18—20; 130, 19—21. Vgl. unten S. 328 und 355sqq.

³⁷ 51, 18—52, 9. Über die Unterscheidung von τέλος und σκοπός, die wohl auf die Stoa zurückgeht und von Eudoros übernommen wurde (Stob. II 7, S. 43, 2—3), vgl. unten S. 359 sqq.

³⁸ Ähnlich 130, 15—17, vgl. unten S. 359. Die aristotelischen Parallelstellen führt v. Arnim, Abriß 22—23 an.

³⁹ Vgl. EE VIII 3, 1248b 36—37 καλὰ δ' ἐστὶν αἵ τε ἀρεταὶ καὶ τὰ ἔργα τὰ ἀπὸ τῆς ἀρετῆς. In demselben Kapitel der EE wird hervorgehoben, daß nicht alle Güter καλά sind, sondern nur diejenigen, die um ihrer selbst willen lobenswert sind, 1248b 16—26. Der Ausdruck ἀρετὴ καὶ τὸ μετέχον τῆς ἀρετῆς scheint dagegen stoisch zu sein, vgl. Stob. II 7, S. 57, 21; 101, 6. Diog. Laert. VII 94; 101. Sext. Emp., Adv. math. XI 184 (Hinweise von Wachsmuth ad loc.).

zu gebrauchen ist; die Einsicht dürfte es auch auf das löbliche Leben
(εὖ ζῆν) ausdehnen. Diese Dinge sind die (ersten) naturgemäßen Güter
des Leibes und der Seele, von denen vorher die Rede war[40]. Angenehm
ist ein dem Körper und der Seele eigener Affekt, der aus dem Naturwidrigen heraus zum Naturgemäßen hinführt, nach der Definition, die
Platon im Timaios gegeben hat[41]".

Die folgende Nachricht[42] bezieht sich auf die Telos-Lehre des Eudoxos; sie ist für uns von besonderer Bedeutung, weil Areios hier mit
einer bei ihm seltenen Genauigkeit seine Quelle angibt: „Im zehnten
Buch der Nikomachischen Ethik meint Aristoteles, daß der Astronom
Eudoxos die These vertritt, die Lust sei das Lebensziel[43]".

[40] Eine vergleichbare Definition des συμφέρον findet sich bei Aristoteles nicht.
Bemerkenswert ist die Ansicht, daß die naturgemäßen Güter des Leibes und
der Seele zu den συμφέροντα gehören, also im Leben und im löblichen Leben
gut zu gebrauchen sind. Areios verweist auf die 47, 20—48, 3 angeführte Liste
der πρῶτα κατὰ φύσιν, und gerade deswegen korrigiert Wachsmuth in 52, 6 das
überlieferte τὰ κατὰ φύσιν in πρῶτα κατὰ φύσιν. Daß diese Korrektur überflüssig ist, hat H. Strache, De Arii auct. 11 überzeugend nachgewiesen. Gemeint sind, wie aus 47, 20—48, 3 hervorgeht, diejenigen leiblichen und seelischen Vorzüge, die von Natur aus da sind, unabhängig von jeder Übung,
Gewöhnung etc. Die Lehre von den *prima secundum naturam* spielt bei Cic., De
fin. IV und V eine bedeutende Rolle; sie wird (wie auch Acad. post. I 22),
wohl im Anschluß an Antiochos, auf die (älteren) Peripatetiker und Akademiker zurückgeführt. F. Dirlmeier, Oikeiosis 27—39 versucht zu zeigen, sie
sei von Theophrast, der von aristotelischen Ansätzen ausging, ausgearbeitet
worden. Näheres zu diesem Fragenkomplex unten S. 320sqq. Den etwas
rätselhaften Satz συμπαρατείνοι δ' ἂν ἡ ἔννοια καὶ πρὸς τὸ εὖ ζῆν vergleicht
H. Strache, De Arii auct. 13 mit den Ausführungen von Cic., De fin. III 21:
Der Mensch ist zuerst hingeordnet *ad ea quae sunt secundum naturam;* später aber,
wenn er Einsicht (ἔννοια) hat, versteht er, daß das höchste Ziel in den tugendhaften Handlungen und in der Tugend selbst liegt. Dies sei bei Areios sehr
ungeschickt wiedergegeben worden. Man solle den Gedankengang der Vorlage
etwa wie folgt rekonstruieren: Zuträglich sind die naturgemäßen Vorzüge des
Leibes und der Seele, weil sie für das Leben nützlich sind. Wenn der Mensch
aber darüber nachzudenken in der Lage ist, versteht er, daß diese Vorzüge
ebenfalls für das tugendhafte Leben von Wichtigkeit sind.

[41] Plat., Tim. 64c—d τὸ δὴ τῆς ἡδονῆς καὶ λύπης ὧδε δεῖ διανοεῖσθαι · τὸ μὲν παρὰ
φύσιν καὶ βίαιον γιγνόμενον ἀθρόον παρ' ἡμῖν πάθος ἀλγεινόν, τὸ δ' εἰς φύσιν
ἀπιὸν πάλιν ἀθρόον ἡδύ ... Vgl. Arist., Rhet. I 11, 1370a 3 ἀνάγκη ... ἡδύ
εἶναι τό τε εἰς τὸ κατὰ φύσιν ἰέναι ὡς ἐπὶ τὸ πολύ ...   [42] 52, 10—12.

[43] Vgl. Arist., EN X 2, 1172b 9—28. Über Eudoxos schreibt Diog. Laert. VIII 88
φησὶ δ' αὐτὸν Νικόμαχος ὁ Ἀριστοτέλους τὴν ἡδονὴν λέγειν τὸ ἀγαθόν. Wie
der Gewährsmann von Cic., De fin. V 12 hält also Diogenes den Sohn des

Weitere Hinweise auf Aristoteles begegnen schließlich in dem Kapitel über die Güterlehre. Wir hören zuerst[44], daß Aristoteles die drei Güterklassen im Hinblick auf ihre Lokalisierung ähnlich wie Platon unterschieden hat[45]. Ferner, daß unter den Gütern die einen um ihrer selbst willen, die anderen um etwas anderen willen erstrebenswert sind[46]. Diese Einteilung begegnet bekanntlich bei Aristoteles[47], jedoch nicht mit den scholastischen Definitionen, die Areios angibt, und vor allem nicht mit den vielen Beispielen, die er aufzählt. In der Epitome der aristotelischen Ethik werden wir mehrere, voneinander abweichende Einteilungen der Güter finden[48]: In der einen wird ähnlich wie hier zwischen καθ' ἑαυτά αἱρετά und δι' ἕτερα αἱρετά unterschieden[49]; die Unterteilungen sind jedoch nicht genau dieselben, wie aus der folgenden Synopse ersichtlich ist:

56, 10—23	135, 1—10 (vgl. 134, 20—25)
δι' ἑαυτά αἱρετά	καθ' ἑαυτά αἱρετά
εὐδαιμονία	τίμια
	(θεός, ἄρχων, πατήρ)
τὸ γένος τῶν ἀρετῶν	ἐπαινετά
	(δικαιοσύνη, φρόνησις)
τὰ σωματικὰ κατὰ φύσιν	δυνάμεις
(ὑγίεια, εὐεξία, εὐαισθησία, κάλ-	(πλοῦτος, ἀρχή, ἐξουσία,
λος, τάχος, ἀρτιότης, ἰσχύς)	ὑγιεινά)
τῶν σωματικῶν ἡδονῶν αἱ μη-	
δεμίαν βλάβην ἐπιφέρουσαι	
δι' ἄλλα αἱρετά	δι' ἕτερα αἱρετά
(περίπατος, γυμνασία, μάθη-	(τὰ ὠφέλιμα, ποιητικά,
σις, ἀνάγνωσις, ἰατρεῖαι, θερα-	φυλακτικά)
πεῖαι, τροφαί, σκέπαι)	

Aristoteles für den Verfasser der EN. Anders Areios hier, der wohl eine andere Quelle als Cicero und Diogenes benutzt. Dazu R. Hirzel, Unters. II 718 mit Anm. 2 und H. Strache, De Arii auct. 13—14. M. Giusta, Doss. et. I 409—410 sieht allerdings darin keinen Grund anzunehmen, daß Cicero und Diogenes einerseits und Areios andererseits auf verschiedene Quellen zurückgehen.

[44] 56, 8—9.

[45] Areios verweist auf 55, 10—13, wo er berichtet, daß die Güter für Platon τριχῶς τοῖς τόποις sind, und zwar diejenigen, die sich auf die Seele, auf den Körper und die äußeren Umstände beziehen.

[46] 56, 9—23.

[47] Vgl. Arist., Top. III 1, 116a 29—39 und mit anderen Bezeichnungen EN I 4, 1096b 10—14; 5, 1097a 30—34.

[48] 134. 9—137, 12. Vgl. unten S. 368 sqq.　　[49] 135, 1—10.

Ohne auf alle Unterschiede im einzelnen einzugehen, können wir feststellen, daß die sogenannten äußeren Güter in der ersten Einteilung überhaupt nicht erscheinen, während sie in der zweiten wenigstens teilweise
(unter den δυνάμεις) mit berücksichtigt sind. Vielleicht hat sie der Urheber der ersten Diäresen stillschweigend den δι' ἄλλα αἱρετά zugeordnet.
Ferner erscheint in der ersten Diärese eine bestimmte Form der körperlichen Lust als um ihrer selbst willen erstrebenswert; in der zweiten dagegen wird die Lust überhaupt nicht erwähnt. Es leuchtet ein, daß wir
vor zwei Diäresen verschiedener Herkunft stehen, die unabhängig voneinander entstanden sind. Auch in der Epitome der aristotelischen Ethik
sind die verschiedenen Gütereinteilungen nicht aufeinander abgestimmt
worden; sie lassen sich nicht als Bruchstücke eines einheitlichen Systems
deuten, sondern zeigen vielmehr, wie beliebt dieses Thema in der Zeit
zwischen Aristoteles und Areios gewesen ist. Ausgehend von den spärlichen Ansätzen, die sie bei Aristoteles fanden, stellten mehrere Gelehrte
ihre eigenen Güterdiäresen auf, und Areios hat uns — in einem bunten
Durcheinander — einige Spuren dieser Begriffsspielerei aufbewahrt,
leider ohne nähere Angaben über seine Quellen.

Eine letzte Nachricht über Aristoteles begegnet im letzten Kapitel der
Prolegomena, das die Frage erörtert, ob alles, was sittlich schön ist, um
seiner selbst willen erstrebenswert ist. Platon soll diese Frage ohne Einschränkung bejahend beantwortet haben. Bei Aristoteles aber liegen die
Dinge anders: „Aristoteles ist der Meinung, daß die Habitus (ἕξεις) nicht
um ihrer selbst willen erstrebenswert sind; sie sind es vielmehr wegen
etwas anderem, nämlich der Tätigkeit. Denn jeder Habitus ist wegen der
als Finalursache aufgefaßten Tätigkeit erstrebenswert. Diese Finalursache aber ist um ihrer selbst willen erstrebenswert, weil sie Gebrauch
(χρῆσις) und Lebensziel ist[50]". In der Tat hält Aristoteles die χρῆσις für
erstrebenswerter als die ἕξις: Gebrauch und Tätigkeit sind das Ziel, und
der Habitus ist da, um gebraucht zu werden[51]. Areios hat jedoch nicht
bemerkt, daß seine allzu dezidierte Behauptung „Die Habitus sind nicht
um ihrer selbst willen erstrebenswert" sich mit der kurz davor dargelegten Diärese der Güter kaum vereinbaren läßt. In dieser war nämlich
die Klasse der δι' ἄλλα αἱρετά lediglich von den „Mitteln zum Zweck" be-
völkert, wie etwa: Gesundheitsspaziergang, gymnastische Übung, Lernen, Lesen etc.; in der Klasse der δι' ἑαυτά αἱρετά erschienen dagegen

---

[50] 57, 4—8.
[51] MM I 3, 1184b 7—17; 4, 1184b 31—36. Vgl. auch EE II 1, 1219a 10—18.

nicht nur sämtliche Tugenden, obwohl sie für Aristoteles ἕξεις sind, sondern auch eine ganze Reihe von körperlichen Vorzügen, die man zweifellos nicht als ἐνέργειαι oder χρήσεις bezeichnen kann. Einmal mehr
zeigt diese Diskrepanz, daß Areios ein sehr disparates Material heranzieht und nicht darauf bedacht ist, den letzten Grad der dogmatischen
Einheitlichkeit zu erreichen.

D. Der Abriß der aristotelischen Ethik

a) Oikeiosis-Lehre

In mancher Hinsicht hebt sich der erste Teil (116, 21—128, 9) von
den folgenden (128, 11—147, 25) deutlich ab[1]. Wie wir noch sehen werden, enthält der zweite Teil der Epitome eine ganze Reihe von Definitionen und Einteilungen, die meistens bloß nebeneinander stehen und
— wenigstens im überlieferten Zustand — nicht den Eindruck erwecken,
daß sie einst Bestandteile eines kontinuierlichen Exposés gewesen sind.
Ganz anders der erste Teil: Hier haben wir es offensichtlich mit dem ein-

[1] Es ist von mehreren Kritikern hervorgehoben worden, daß dieser Teil auf eine
andere Quelle zurückgeht als der Rest der Epitome. Vgl. u. a. H. Meurer, Peripateticorum philosophia moralis secundum Stobaeum enarratur, Progr. Weimar
1859, 10 (Stob. II 7, 116, 21—128, 25 bzw. 129, 17 schöpft wahrscheinlich aus
Antiochos; 128, 19—137, 12 geht auf eine peripatetisch-stoische Quelle zurück;
137, 14—142, 13 weist eine fast rein peripatetische Lehre auf (Theophrast);
über den Rest läßt sich nichts Sicheres sagen; 143, 24—145, 10 erinnert mehr
an die Stoa als an den Peripatos; 145, 11—147, 25 ist peripatetisch, jedoch nur
zum Teil mit den MM zu vergleichen). H. Diels, Dox. 72, F. Susemihl, Gesch. gr.
Litt. Alex. II 255 Anm. 111 und andere schließen sich im großen und ganzen
der These Meurers an. H. Doege, Quae ratio intercedat inter Panaetium et
Antiochum Ascalonitam in morali philosophia, Diss. Halle 1896, 7—12 schreibt
116, 21—134, 6 bzw. 9 und 143, 24—145, 10 einer Antiochos nahestehenden
Quelle zu und betrachtet 137, 14—142, 12 als fast rein peripatetisch, d. h. theophrastisch. Andere Gelehrte versuchen allerdings nachzuweisen, daß der erste
Teil nicht von den anderen zu trennen sei; die ganze Epitome stelle, auch quellen-
mäßig, ein einheitliches Gebilde dar. So z. B. H. Strache, De Arii auct. 30—70,
der fast die ganze Epitome auf Antiochos zurückführen möchte; H. v. Arnim,
Abriß, bes. 82; 119—123; 157—158, nach dem die Epitome eine Darstellung der
aristotelisch-theophrastischen Ethik enthält, und neuerdings M. Giusta, Doss. et.,
der meint, die Epitome sei von Areios nach einem einheitlichen Plan konzipiert
worden, den Areios den Arbeiten seines Zeitgenossen Eudoros entnommen habe.

heitlichen, im großen und ganzen gut gegliederten Abriß einer ethischen Theorie zu tun; hier läßt sich der systematisch fortschreitende Gedankengang trotz einiger Ungenauigkeiten noch ziemlich deutlich erfassen. Der Autor argumentiert, er will etwas beweisen, er polemisiert auch gelegentlich gegen andere Auffassungen; sein Stil ist stellenweise sehr lebhaft und hat eine gewisse rhetorische Brillanz[2]; Dichterzitate[3] zeigen, daß er bemüht ist, die Trockenheit einer philosophischen Darstellung mit literarischer Ausschmückung etwas aufzulockern.

Wir wollen zuerst Aufbau und Gedankengang dieses Teiles etwas näher ins Auge fassen. Für die Gliederung des ἠθικὸς τόπος standen selbstverständlich mehrere Möglichkeiten zur Verfügung. Durch Areios selbst wissen wir z. B., daß der Akademiker Philon von Larissa sich nach den Etappen richtete, die ein Erwachsener zu durchlaufen hat, um unter der Leitung eines Philosophen bis zum höchsten ethischen Ideal zu gelangen[4]. Der Seelenleiter gleicht dem Arzt, sein Zögling dem Patienten. Als erstes kommt also die Protreptik, die zur Tugend ermahnt und von den Gegnern der Philosophie abrät; so muß auch der Arzt den Patienten überreden, sich behandeln zu lassen und auf anders lautende Ratschläge nicht zu hören. Danach kommt das Kapitel über die Güter und die Übel: Wie der Arzt die Ursachen der Erkrankung zu beseitigen und Heilmittel zu verabreichen hat, so hebt der Philosoph die falschen Meinungen über Gutes und Böses auf und legt die richtigen, gesunden dar. Drittens zielen alle Bemühungen des Arztes auf die Gesundheit ab; genau so führt die Philosophie auf ein Ziel, die Glückseligkeit, hin. Diesem dritten Teil der Ethik (λόγος περὶ τελῶν) schließt sich ein vierter, und zwar über die Lebensformen (περὶ βίων), an: Es genügt nämlich nicht, das Ziel einmal erreicht zu haben; man soll auch erfahren, wie man in dem Besitz dieses Zieles bleiben kann. Die Ratschläge und Regeln dazu beziehen sich auf das Privatleben einerseits, auf das Leben in der Gemeinschaft andererseits.

Der Akademiker Eudoros von Alexandrien gliederte seine Darstellung etwas anders[5]: Er richtete sich nach den drei Hauptmomenten, die das ethische Handeln überhaupt bedingen. Als erstes kommt die Erkenntnis (θεωρία), sowohl der Ziele wie auch der Mittel, die zu ihnen führen. Als zweites kommt der Antrieb (ὁρμή), etwas zu unternehmen. Als drit-

---

[2] Z. B. 120, 20—121, 21.
[3] 121, 12—20; 124, 12—14.
[4] Stob. II 7, 2, S. 39, 20—41, 26.
[5] Stob. II 7, 2, S. 42, 7—45, 6.

tes kommt schließlich das Handeln selbst (πρᾶξις). Auf die komplizierten Unterteilungen dieser drei λόγοι bei Eudoros braucht hier nicht eingegangen zu werden[6].

Diese kurzen Hinweise genügen schon, um das Eigentümliche am Aufbau des hier zu behandelnden Teiles der Epitome ins richtige Licht zu rücken. Hauptanliegen des Autors ist es zu erweisen, daß das Streben nach Gütern und Tugenden sich aus naturgemäßen, gleich zu Beginn des menschlichen Lebens vorhandenen Tendenzen entwickelt und daß dementsprechend die angestrebten Güter und Tugenden um ihretwillen wählbar (δι' αὐτὰ αἱρετά) sind und nicht etwa lediglich wegen ihrer Nützlichkeit. Seine Darstellung der Ethik wird also von den Urtrieben des jungen Lebewesens ausgehen und die Entwicklung schildern, die zum höchsten Ziel der Ethik, zur Glückseligkeit, führt. Nicht der Heilungsprozeß des lasterhaften Menschen und dessen Weg zum glückseligen Leben hin, auch nicht das Zustandekommen der praktischen Handlung werden also für den Aufbau seines Exposés maßgeblich sein, sondern die Entfaltung der höchsten Werte aus den ureigensten, naturgemäßen Orientierungen des jungen Menschen heraus.

Der einleitende Abschnitt (116, 21—118, 11)[7] hebt mit der Ableitung des Wortes ἦθος aus ἔθος an. Ethik und Angewöhnung gehören irgendwie zusammen, denn Ansätze und Keime, die wir von Natur aus in uns haben, werden durch Gewohnheit und richtige Erziehung zu ihrer vollen Entfaltung gebracht. Bei den Tieren erfolgt die Dressur durch Angewöhnung lediglich infolge eines Zwanges. Beim Menschen aber spielt der Logos bei der Formung durch die Gewöhnung eine Rolle: Der nicht rationale Teil der Seele soll sich nämlich daran gewöhnen, sich dem rationalen Teil zu unterwerfen und ihm zu gehorchen. Nach kurzen Hinweisen auf die beiden Teile der Seele und ihre Funktionen sowie auf die Unterscheidung von zwei Arten der Tugenden stellt nun der Autor fest, daß drei Ursachen die volle Entfaltung der Tugend bewirken: die Natur, die Gewohnheit und die Vernunft[8]. Der Mensch unterscheidet sich nämlich von den an-

---

[6] Nach M. Giusta, Doss. et., soll die Disposition des Eudoros von Areios für seine Darstellung der ethischen Doxographie übernommen worden sein. Wie fragwürdig diese These ist, wird aus den folgenden Untersuchungen hervorgehen.

[7] Diesen Abschnitt kommentieren H. Meurer 4—5 und H. v. Arnim, Abriß 123—131, bei denen man zahlreiche Parallelstellen, besonders aus den Ethiken des Aristoteles, finden wird. Weniger ergiebig ist H. Strache 31—33. Vgl. auch M. Giusta, Doss. et. I 212—214.

[8] H. v. Arnim, Abriß 127 schreibt, dieser Satz sei „seinem Inhalt nach gut aristo-

deren Tieren dadurch, daß er sozusagen auf halbem Weg zwischen Göttern und Tieren steht: Das Göttliche in seiner Seele orientiert ihn zu den Unsterblichen hin, und seine körperliche Sterblichkeit orientiert ihn zu den vernunftlosen Lebewesen. Es ist daher logisch, daß er die volle Entfaltung dieser beiden Aspekte seines Wesens anstrebt.

Im nächsten Abschnitt (118, 11—119, 19)[9] werden zuerst die fundamentalen naturgemäßen Tendenzen des Menschen angegeben: Dieser ist zu sich selbst „hingeordnet"; sein Selbsterhaltungstrieb erklärt es, daß er seine Freude im Naturgemäßen findet und daß das Naturwidrige ihm unangenehm ist. Seine Sorge für seine Gesundheit, sein Streben nach Lust, seine Freude am Leben haben ihre Begründung darin, daß diese Dinge naturgemäß, um ihrer selbst willen erstrebenswert und gut sind. Unser Körper und unsere Seele sowie ihre Teile, ihre Fähigkeiten und ihre Tätigkeiten sind Werte, für deren Bewahrung wir sorgen, und gerade diese Formen des Selbsterhaltungstriebes bilden den Ausgangspunkt für den Antrieb (ὁρμή), das Schickliche (καθῆκον) und die Tugend (ἀρετή). Dennoch irren wir manchmal im Streben und Meiden; oft vernachlässigen wir Güter, oft halten wir das Üble für gut. Notwendigerweise mußten wir deswegen versuchen, richtig und fehlerfrei unterscheiden zu lernen; wir

---

telisch, wenn auch bei Aristoteles nirgends diese drei Koeffizienten der Tugend so nebeneinander aufgezählt werden". In Wirklichkeit aber nennt sie Arist., Pol. VII 13, 1332a 39 und 15, 1334b 6 (Hinweis von F. Dirlmeier, Oikeiosis 77 Anm. 1) sowie auch EN X 10, 1179b 20—26. H. Doege 9 verweist auf Cic., Acad. post. I 20.

[9] Analyse dieses Abschnittes bei H. Meurer 5—6 (stammt von einem stoisierenden Peripatetiker; S. 10: Antiochos), H. Strache 33—34 (Parallelstellen bei Cic., De fin.), H. v. Arnim, Abriß 131—139 (in allen nacharistotelischen Schulen bildete die Lehre von der πρώτη οἰκείωσις, deren Urheber Theophrast ist, die Grundlage der Lehre vom höchsten Gut; die Entwicklung, die den Menschen vom Selbsterhaltungstrieb und bloßen καθῆκον zur Tugend und zum κατόρθωμα weiterführt, wird von Areios nur oberflächlich behandelt), F. Dirlmeier, Oikeiosis 79—87 (Theophrast ist der Schöpfer der Oikeiosis-Lehre. Stoische Terminologie liegt 119, 15—19 klar zutage), M. Pohlenz, Grundfragen 27—30 (Gedankengänge, die in der stoischen Oikeiosis-Lehre konsequent durchgeführt waren, sind hier unvollständig wiedergegeben worden; wir haben es sicher nicht mit einer originalen altperipatetischen Oikeiosis-Lehre zu tun), M. Giusta, Doss. et. I 276—287 (das Résumé bei Stobaios und die Paralleltexte bei Cicero gehen auf eine gemeinsame Quelle, die Vetusta placita der Ethik, zurück; die Oikeiosis-Lehre ist sowohl peripatetisch wie auch stoisch und epikureisch; Theophrast hat sie vertreten, ist jedoch nicht ihr Urheber; sie geht letzten Endes auf die sophistische Antithese φύσις — νόμος zurück).

brauchten eine sichere Erkenntnis, um solche Irrtümer zu vermeiden; das ermöglicht uns in der Tat die Tugend[10]. Diese steht im Einklang mit der Natur, denn vom Wählen des Naturgemäßen und vom Ablehnen des Naturwidrigen nehmen das Handeln und das sogenannte Schickliche ihren Ausgang. Auch die sittlich vollkommenen Handlungen (κατορθώσεις) und die ethischen Fehler beziehen sich auf das Naturgemäße und das Naturwidrige.

In dem soeben referierten Abschnitt kommt also die Hauptthese des ersten Teiles der Epitome sehr deutlich zum Ausdruck: Die ganze Ethik läßt sich aus dem Urtrieb des Menschen, seinem Selbsterhaltungstrieb, ableiten. Das Gute und das Böse, das Naturgemäße und das Naturwidrige wollen aber richtig erkannt werden, was der Mensch nicht immer vermag. Daher die Notwendigkeit der Tugend, welche die Tendenzen der Natur präzisiert und ergänzt. Die Tugend stammt also nicht aus der Natur allein; wie bereits anfangs behauptet wurde, ist sie auch eine Frucht der Gewöhnung und der Vernunft. Auf die Rolle dieser beiden Ursachen geht der Autor allerdings hier nicht näher ein: Ihm liegt vielmehr daran, in den naturgemäßen Trieben den Keim der Sittlichkeit nachzuweisen.

In der Ethik, die er darstellt, spielen das Naturgemäße und das Naturwidrige eine zentrale Rolle: „Der Abriß der Schuldoktrin leitet sich fast restlos aus diesen Prinzipien ab", heißt es am Schluß des Abschnitts, „das will ich in aller Kürze zeigen". Diese Ankündigung bildet zweifellos den Übergang zu den nächsten Paragraphen, obwohl man zunächst annehmen könnte, daß der Autor sich jetzt einer ganz anderen These zuwendet[11]. Der nächste Abschnitt (119, 22—122, 9) ist den so-

---

[10] F. Dirlmeier, Oikeiosis 84—85 macht auf die besondere Auffassung der Tugend aufmerksam, die 119, 4—15 zugrunde liegt: Sie ist das die richtige Güterwahl gewährleistende Wissen. Diese Auffassung sei weder die des klassischen Peripatos noch die des Antiochos gewesen; wir hätten also hier einen jüngeren Peripatetiker vor uns. Für M. Pohlenz, Grundfragen 29 erinnert diese ganz intellektualistische Auffassung an stoische Lehren.

[11] H. v. Arnim, Abriß 139 und 148—149 behauptet, daß das Versprechen καθάπερ ἐπιδείξω διὰ βραχυτάτων durch den folgenden Abschnitt nicht erfüllt wird; hier sei, meint er, „unbedingt eine durch die Epitomierung entstandene Unterbrechung des Zusammenhanges anzunehmen". Das Thema der langen, einheitlichen Abhandlung über die drei Güterklassen sei es nachzuweisen, „daß die seelische Tugend ein Gut ist, das wir um seiner selbst willen erstreben, und daß sie ein viel wertvolleres, erstrebenswerteres Gut ist als alle übrigen Güter". In der Lehre von der πρώτη οἰκείωσις (118, 11sqq.) folge die Darstellung der

genannten äußeren Gütern gewidmet, es wird dort der Nachweis erbracht, daß sie „ihretwegen wählbar" sind[12]; daran erinnert der Schlußsatz des Kapitels noch einmal: „Auf diese Weise ist also klar bewiesen
worden, daß die Güter, die von außen her kommen, ihretwegen wählbar
sind (122, 7—9)". Im Laufe der Ausführungen wird diese These mehrmals
formuliert, der Ausdruck τὰ κατὰ φύσιν kommt jedoch nicht mehr vor.
Sollte man also annehmen, daß der versprochene Beweis für die Ableitung der Ethik aus den κατὰ φύσιν und παρὰ φύσιν einfach vergessen
worden ist und daß der Autor sich etwas unerwartet mit einer neuen
Thematik zu beschäftigen beginnt? Oder daß durch die Epitomierung
der Quelle etwas ausgefallen ist, so daß der Gedankengang hier unterbrochen wurde[13]? Ich kann es nicht glauben. Wirft man nämlich einen
Blick auf die Argumente, die der Autor zugunsten der These vom δι'
αὐτὰ αἱρετά-Charakter der äußeren Güter anführt, so kann man gleich

Zeitfolge der Entwicklung des menschlichen Trieblebens, zu der Einführung
der äußeren Güter gelange sie aber überhaupt nicht, offenbar weil sie 119, 21
abgebrochen wurde; das ausgefallene Stück habe noch entwicklungsgeschichtlichen Charakter gehabt und unter anderem vom Einzug der Tugend in das
menschliche Leben berichtet; die folgende Abhandlung über die Güter habe
dagegen keinen berichtenden bzw. entwicklungsgeschichtlichen Charakter,
sondern einen argumentierenden; ihr Ordnungsprinzip sei das Aufsteigen zu
jeweils höheren, als *per se expetenda* leichter erkennbaren Gütern. Auch
F. Dirlmeier, Oikeiosis 87—88 weist darauf hin, daß der Zusammenhang von
119, 22 mit dem Vorhergehenden nicht ohne weiteres klar ist; an eine „Unterbrechung des Zusammenhanges" im Sinne Arnims glaubt er jedoch nicht.
Sehr richtig hebt er hervor, daß wir es im Folgenden nicht mit einer Güterlehre
schlechthin zu tun haben; der Nachweis, daß Kinder, Eltern, Brüder etc.
Selbstwerte sind, beruht nämlich auf der naturgemäßen οἰκειότης, die wir zu
ihnen haben. Die Oikeiosis-Lehre wird also fortgesetzt; in 119, 22 sei, so meint
Dirlmeier, nur die Feststellung übersprungen worden, daß uns auch zu den
ἔκγονα ein Urtrieb von der Natur gegeben ist.

[12] Analyse des Abschnittes bei H. Strache 34—35, H. v. Arnim, Abriß 139—147,
F. Dirlmeier, Oikeiosis 87—91, M. Pohlenz, Grundfragen 31. Vgl. auch C. O.
Brink, in: Phronesis 1 (1955—1956) 136—139. Zur Philanthropie vgl. R.
Stark, Aristotelesstudien[2] 100.

[13] M. Pohlenz, Grundfragen 30—32 glaubt zwar nicht mit v. Arnim, Abriß 137
an den Wegfall eines umfangreicheren Abschnittes, er meint jedoch, daß in
119, 21 der Zusammenhang schroff abbricht. Als Bindeglied zum Vorigen sei
gedanklich zu ergänzen, daß die Oikeiosis sich nicht nur auf die eigene Person,
sondern auch auf die Kinder beziehe. Der Schulbegriff δι' αὐτὸ αἱρετόν be-
herrsche aber jetzt die Ausführungen. Das ursprünglich für die Oikeiosis-Lehre
bestimmte Material sei damit unter einen fremden Gesichtspunkt gerückt.

erkennen, daß sie fast überall dieselben sind. Immer wieder weist der
Autor auf die im Menschen tief eingewurzelten Triebe hin, aus welchen
die Liebe zu den Kindern, Eltern, Brüdern usw. und sogar zu allen Mitmenschen entspringt. Die vielen Formen, die die Liebe der Eltern zu
ihren Kindern annimmt, die Hinneigung, die man zu seinen Eltern, seinen
Geschwistern, seiner Ehefrau, seinen Verwandten, den Leuten aus seinem
Haus und seinen Mitbürgern empfindet, beruhen nicht nur auf utilita-
ristischen Erwägungen, sie stammen aus der Natur selbst. Auch allen
unseren Mitmenschen gegenüber empfinden wir von Natur aus Wohlwollen und Freundschaft: Wir versuchen, wenn wir es können, dem
Fremden, der von einem wilden Tier überwältigt wird, zu helfen, wir
warnen den Reisenden, der einen falschen Weg einschlägt; demjenigen,
der durch die Wüste reisen will, sagen wir, wo er Wasser finden wird, wir
verabscheuen den krassen Egoismus etc.[14].

Wenn wir die Argumentation des Autors allgemeiner und abstrakter
formulieren, wird sie etwa wie folgt lauten: Die Nächstenliebe in allen
ihren Erscheinungsformen entstammt einem angeborenen Urtrieb des
Menschen, sie ist naturgemäß. Daraus kann man schließen, daß nicht die
Nützlichkeit der ursprünglichste, fundamentalste Beweggrund einer
solchen Hinneigung ist. Vielmehr werden die Menschen, für welche wir
diese Hinneigung empfinden, für sich selbst und nicht im Hinblick auf
ein noch höheres Ziel geliebt. Die ganze Beweisführung setzt den Satz
voraus, daß etwas δι' αὐτὸ αἱρετόν ist, wenn es das Objekt eines naturgemäßen Strebens ist, wenn wir von Natur aus darauf hinorientiert sind.
Und somit erfüllt die Beweisführung einen Teil dessen, was am Ende des
vorhergehenden Abschnittes angekündigt worden war: Ein Kapitel der
Güterlehre ist nämlich vom Begriff des κατὰ φύσιν abgeleitet worden.

Von dem δι' αὐτὸ αἱρετόν-Charakter der Freundschaft ausgehend
kann man dieselbe Eigenschaft für andere äußere Güter erschließen: Das
Geliebtwerden muß selbstverständlich auch ein δι' αὐτὸ αἱρετόν sein,

---

[14] Im Schlußsatz 121, 16—18 hielt H. v. Arnim, Abriß 146 die Worte τὸ κατὰ
λόγον für „schlechthin unverständlich". M. Pohlenz, Grundfragen 34—35
hat die Schwierigkeit beseitigt, indem er auf eine Parallelstelle hinwies
(Theätetkommentar col. 5, 36): In der stoischen Oikeiosis-Lehre ist die Hinordnung auf die eigene Person natürlich und irrational (ἄλογος), die Hinordnung auf die Mitmenschen ist ebenfalls natürlich, οὐ μέντοι ἄνευ λόγου.
Das unvermittelte Pindarzitat in 121, 19—20 setzt voraus, daß unmittelbar
davor auf die Beziehungen von Menschen und Göttern im Kosmos hingewiesen
wurde, wie dies etwa bei Cic., De fin. III 64 erfolgt.

und infolgedessen auch das Wohlwollen, das einem von seinen Mitmenschen erwiesen wird. Das Lob besitzt auch diesen Charakter, denn es erzeugt eine Art Verwandtschaft mit den Lobenden. Und so verhält es sich auch mit dem guten Ruf, der im Grunde nichts anderes ist als eine lobende Anerkennung von seiten vieler Menschen.

Zwei Punkte sollen noch kurz erörtert werden, bevor wir diesen Abschnitt über die äußeren Güter verlassen. Es fällt zunächst auf, daß nicht alle Güter, die sonst in der Aufzählung der ἔξωθεν erscheinen, hier behandelt werden. Man vermißt unter anderem Angaben über Reichtum und Macht. Dennoch gibt der Autor zu verstehen, daß er von den äußeren Gütern schlechthin gesprochen hat[15]. Man darf also vermuten, daß er Reichtum und Macht nicht als ἔξωθεν ἀγαθά anerkannte, wohl weil ihre Rückführung auf die οἰκείωσις und damit auch der Nachweis ihres δι' αὐτὸ αἱρετόν-Charakters ihm unmöglich erschienen[16]. Es fällt ebenfalls auf, daß der Autor hervorhebt, die φιλία in ihren verschiedenen Formen beruhe nicht primär und ausschließlich auf dem Nutzen (οὐ μόνον . . . διὰ τὰς χρείας, 119, 23; 120, 17). Damit distanziert er sich sehr deutlich von der Auffassung, nach welcher eben das Moment der Nützlichkeit für die Entstehung jeder Freundschaft ausschlaggebend sei und der Altruismus erst später — wenn überhaupt — eintrete. Man denkt natürlich gleich an Epikur und an andere Hedonisten[17]. Derselbe antiutilitaristische Gesichtspunkt begegnet auch im nächsten Abschnitt, wie wir gleich sehen werden.

Die Ausführungen über die leiblichen Güter (122, 9—123, 16) knüpfen an die vorhergehenden Beweise unmittelbar an[18]. Es wird vorwiegend a fortiori argumentiert. Wenn die äußeren Güter um ihrer selbst willen erstrebenswert sind, müssen die Güter, die sich auf uns beziehen und in uns sind, diese Eigenschaft in noch höherem Grad besitzen. Das gilt so-

---

[15] Vgl. 122, 7—8.

[16] H. v. Arnim, Abriß 140 registriert die Unvollständigkeit der Liste der ἐκτὸς ἀγαθά, versucht jedoch nicht, sie zu erklären. M. Pohlenz, Grundfragen 31 weist darauf hin, daß die stoische Güterlehre nur die mit uns durch soziale Oikeiosis verbundenen Freunde und Verwandten sowie die Freundschaft selbst als äußere Güter anerkennt.

[17] Epikur: u. a. Fr. 540 Usener καὶ τὴν φιλίαν διὰ τὰς χρείας (γίνεσθαι 'Επικούρῳ δοκεῖ). Vgl. A. J. Voelke, Les rapports avec autrui dans la philos. gr. d'Aristote à Panétius, 1961, 91—97. Hedonisten: Diog. Laert. II 91 τὸν φίλον τῆς χρείας ἕνεκα = Fr. 232 Mannebach. Vgl. O. Gigon, Epikur. Von der Überwindung der Furcht, 1949 XXIX—XXXIII.

[18] F. Dirlmeier, Oikeiosis 92—94.

wohl für Seele und Körper wie auch für deren Teile. Sämtliche körperlichen Vorzüge — Gesundheit, Kraft, Schönheit, Fußschnelle, Wohl-
befinden, Unversehrtheit der Sinnesorgane etc. — sind deswegen δι'
αὑτὰ αἱρετά. Kennzeichnend ist in dieser Hinsicht, daß wir von Natur
aus und unabhängig von Erwägungen über Nutzen und Schaden die
Schönheit schätzen und zu ihr Neigung haben, während wir uns vom
Häßlichen abwenden.

Im nächsten Abschnitt, der den seelischen Gütern gewidmet ist
(123, 17—124, 13), wird ebenfalls a fortiori argumentiert: Noch mehr als
die leiblichen Güter müssen die Seelenteile, ihre Vorzüge und die Tugenden der ganzen Seele um ihrer selbst willen wählbar sein. Die Tugend
hat sogar ihre eigene οἰκείωσις: „Die Tugend ist in uns eingezogen, indem
sie sich aus den leiblichen und den äußeren Gütern heraus entwickelte,
wie wir oben angedeutet haben[19]; sie hat sich zu sich selbst gewendet und
hat sich betrachtet; da auch sie zu den naturgemäßen Dingen gehört,
und in viel höherem Maß als die Vorzüge des Körpers, hat sie sich auf sich

---

[19] Damit wird m. E. auf 118, 11—119, 19 verwiesen. An dem Satz 123, 21—23
nimmt H. v. Arnim, Abriß 148 Anstoß: Wenn damit auf eine frühere Darlegung zurückverwiesen wird, so meint er, müßte in dieser Darlegung klar-
gemacht werden, „inwiefern die Tugend auch von den äußeren Gütern aus in
das Leben der Menschen eingezogen ist"; in der früheren Erörterung sei aber
von den äußeren Gütern als Gegenständen der Tugend überhaupt noch nicht
die Rede gewesen. Nur mit der Annahme des Ausfalls eines wesentlichen
Stückes der ursprünglichen Darstellung nach 119, 21 könne dieser Verweis
erklärt werden. F. Dirlmeier, Oikeiosis 95—96 hat dagegen richtig erkannt,
daß mit diesem „Einzug der Tugend" auf 119, 4—15 verwiesen wird; er erklärt:
„Weil man sich bei der Auswahl der außerseelischen Güter irrt, sucht man das
Wissen um die richtige Wahl (das also offenbar irgendwo schon vorhanden sein
muß, jedenfalls nicht abgeleitet wird!) und stellt nachträglich fest, daß es der
Natur entspricht. Die ἀρετή geht also von diesen Gütern aus, weil sie ihre
Auswahl bestimmt, sich gleichsam an ihnen betätigt." M. Pohlenz, Grundfragen 33 gibt v. Arnim zu, daß der hier behauptete Nachweis tatsächlich
vorher nicht geführt ist, meint aber, daß wir nicht zufällig daran erinnert
werden, daß am Anfang der ganzen Erörterung die Oikeiosis des Menschen zu
sich selbst behandelt und damit der Ausgangspunkt der Tugend angegeben
worden sei. — Man muß ferner berücksichtigen, daß ὑποδείκνυμι „andeuten",
„zu verstehen geben" bedeutet. Mit dem Ausdruck καθάπερ ὑπεδείξαμεν wird
also nicht unbedingt auf einen ausführlichen, systematischen Nachweis der
formulierten These zurückverwiesen. Andererseits leuchtet es ein, daß der
Passus 118, 11—119, 19, auf den verwiesen wird, wohl nur ein sehr knappes
Résumé des viel umfangreicheren Originals ist. von Arnims Argumentation
kann also nicht überzeugen.

selbst hingeordnet, weil sie um ihrer selbst willen wählbar ist, und sie hat sich mehr auf sich selbst hingeordnet als auf die Vorzüge des Körpers. Daraus ergibt sich, daß die seelischen Tugenden viel wertvoller sind als die anderen[20']. Diese Art Personifizierung, nach welcher die Tugend sich als δι' αὑτὴν αἱρετή erkennt und zum Hauptobjekt der eigenen οἰκείωσις macht, klingt etwas überraschend[21]. Bemerkenswert ist auf jeden Fall, daß der enge Zusammenhang zwischen Oikeiosis- und Tugendlehre von dem soeben zitierten Satz bestätigt wird.

Die Argumentation a fortiori gilt natürlich auch für die einzelnen Tugenden (124, 1—13): Jede von diesen ist αἱρετή δι' αὑτήν in viel höherem Maß als die jeweils entsprechenden Vorzüge des Körpers: Was für die Gesundheit gilt, gilt noch mehr für die seelische Gesundheit, d. h. die Mäßigung (σωφροσύνη), die uns von der Gewalt der Affekte befreit. Ähnlich verhält es sich mit dem Mut (ἀνδρεία) und der Seelenstärke (καρτερία), die der körperlichen Kraft entsprechen, und mit der Gerechtigkeit (δικαιοσύνη), die die Schönheit der Seele ist.

Der Nachweis, daß die drei Güterklassen um ihrer selbst willen erstrebt werden, dürfte mit diesen Betrachtungen abgeschlossen sein. Dennoch wird noch in einem Anhang (124, 18—125, 13) gezeigt, daß jede seelische Tugend einem Gut aus den beiden anderen Klassen entspricht und daß die seelischen Güter wünschenswerter sind als die anderen, weil die Seele selbst gebieterischer und erstrebenswerter ist als der Körper. Die

---

[20] 123, 21—27 τὴν γὰρ εἴσοδον ἡ ἀρετὴ λαβοῦσα, καθάπερ ὑπεδείξαμεν, ἀπὸ τῶν σωματικῶν καὶ τῶν ἔξωθεν ἀγαθῶν καὶ πρὸς ἑαυτὴν ἐπιστρέψασα καὶ θεασαμένη, διότι καὶ αὐτὴ τῶν κατὰ φύσιν πολὺ μᾶλλον τῶν τοῦ σώματος ἀρετῶν, ᾠκειώθη πρὸς ἑαυτὴν ὡς πρὸς δι' αὑτὴν αἱρετὴν καὶ μᾶλλόν γε πρὸς ἑαυτὴν ἢ πρὸς τὰς τοῦ σώματος ἀρετάς· ὥστε παρὰ πολὺ τιμιωτέρας εἶναι ⟨τὰς⟩ τῆς ψυχῆς ἀρετάς.

[21] Über die Selbstbeschauung der ἀρετή und ihre Hinordnung auf sich selbst vgl. F. Dirlmeier, Oikeiosis 94—96. — M. Pohlenz, Grundfragen 33 hält das Ganze für nur dann verständlich, wenn der Gedanke vorschwebt, daß die Tugend sich zunächst in der Ekloge der naturgemäßen Dinge betätigt und dann erst auf ihr wares Wesen besinnt. Im Anschluß an Dirlmeier und Regenbogen hebt F.-A. Steinmetz, Die Freundschaftslehre des Panaitios, 1967, 162—163 hervor, daß die Hinwendung der Tugend zu sich selbst nach dem Modell der Oikeiosis des Lebewesens angenommen wurde; er betont aber, daß die erste Hinwendung des Lebewesens zu sich selbst nur für die Stoa nachweisbar ist; infolgedessen gibt er Pohlenz recht, der in diesem Stobaios-Abschnitt eine Überlagerung stoischen Gedankengutes durch peripatetische Doktrin sah. Ferner zeigt er, daß die Übereinstimmung mit Cic., Laelius 98 nicht so groß ist, wie Dirlmeier annahm.

Entsprechungen zwischen den drei Güterklassen sind aus der folgenden
Tabelle ersichtlich:

ἐκτός	σῶμα	ψυχή
πλοῦτος	ὑγίεια	σωφροσύνη
ἀρχή	ἰσχύς	ἀνδρεία
εὐτυχία	εὐαισθησία	φρόνησις
φιλία	κάλλος	δικαιοσύνη

Die Zugehörigkeit dieser Ausführungen zur ursprünglichen Fassung
unseres Teiles der Epitome scheint jedoch nicht ganz sicher zu sein. Der
Vorrang der seelischen Vorzüge den leiblichen gegenüber war bereits im
vorhergehenden Paragraphen nachgewiesen worden, und da es bereits
feststand, daß die leiblichen Güter besser als die äußeren sind, trägt der
neue Abschnitt eigentlich nichts Originelles zur Beweisführung bei. Die
etwas naive Systematisierung der Analogie zwischen den drei Güterklassen will offenbar die 124, 2—13 aufgestellte Parallelisierung der leiblichen Güter und der Tugenden vervollständigen, und zwar durch Einbeziehung der äußeren Güter einerseits, durch Berücksichtigung aller
vier Kardinaltugenden andererseits. Trotzdem ist der Passus, wie gesagt, völlig überflüssig[22]. Dazu kommt, daß er denkbar ungeschickt an
das Vorhergehende angehängt worden ist. Nachdem gerade nachgewiesen
worden ist, daß παρὰ πολὺ τιμιωτέρας εἶναι ⟨τὰς⟩ τῆς ψυχῆς ἀρετάς (123,
27), versteht man wirklich nicht, was der Satz τὸν παραπλήσιον δ᾽ εἶναι

---

[22] R. Hirzel, Unters. II, der überall in der Epitome ungeschickte, überflüssige
Wiederholungen zu entdecken glaubt, hat (S. 700), wie zu erwarten war,
darauf hingewiesen, daß die Ausführungen von 125, 5 sqq. eine zwecklose
Wiederholung von 124, 2 sqq. sind. Mit Recht macht v. Arnim, Abriß 150
darauf aufmerksam, daß in dem einen Passus nur zwei Güterklassen berücksichtigt werden, in dem anderen aber alle drei. Seine Angaben (S. 153—154)
über den Zweck dieser analogischen Konstruktion („nachdem zuerst die leiblichen Güter als δι᾽ αὐτὰ αἱρετά erwiesen sind, auf Grund der Entsprechung
auch die ihnen entsprechenden seelischen (und äußeren) Güter als δι᾽ αὐτὰ
αἱρετά zu erweisen") heben die Schwierigkeit jedoch nicht auf, denn bereits
vorher war nachgewiesen worden, daß die äußeren und die seelischen Güter
um ihrer selbst willen erstrebenswert sind. — G. Luck, Antiochos 68 schreibt
zur Areios-Stelle: „Die Analogie zwischen den seelischen und körperlichen
Gütern wird hier weiter auf die *externa* ausgedehnt; der Naturtrieb, der zur
Erhaltung der ersteren drängt, erstreckt sich folglich auch auf die letzteren."
Dabei vergißt er, daß das Problem der äußeren Güter bereits behandelt
worden ist.

λόγον καὶ ἐπὶ τῶν ἀρετῶν bedeuten könnte[23]. Und schließlich fragt man
sich, warum der Autor hier πλοῦτος, ἀρχή und εὐτυχία unter die äußeren
Güter zählt, während er sie im Abschnitt über diese Güter nicht erwähnt hatte. Wahrscheinlich hat der 124, 2—13 skizzierte Vergleich zwischen leiblichen und seelischen Vorzügen jemanden dazu angeregt, die
Analogie der drei Güterklassen systematisch aufzubauen und hier einzufügen.

Nachdem er nachgewiesen hat, daß die äußeren, die leiblichen und die
seelischen Güter für sich selbst erstrebenswert sind, befaßt sich der Autor
im nächsten Paragraphen (125, 16—126, 2) mit einer weiteren Eigenschaft dieser Güter, nämlich mit ihrer Nützlichkeit. Bereits oben hatte
er mehrmals angegeben, daß diese Güter nicht nur ihres Nutzens wegen
angestrebt werden; hier sagt er noch ausdrücklicher, daß der Nutzen
nicht der primäre Beweggrund unseres Strebens ist. Er begnügt sich allerdings mit ein paar Hinweisen. Nützlich sind die Güter[24] sowohl für das
politische und das gemeinschaftliche Leben wie auch für das theoretische.
Diese These wird eigentlich nicht bewiesen. Wir hören lediglich, daß die
Tugend in der Perspektive dieser Schule (κατὰ τὴν αἵρεσιν ταύτην) nicht
egoistisch ist, sondern gesellschaftlich und politisch, und daß sie andererseits, da sie in höchstem Grad auf sich selbst hingeordnet ist, von Natur
aus auf die Wahrheit hingeordnet sein muß[25]. Offenbar hat dieser Passus
besonders stark unter der Epitomierung gelitten. Die soeben zitierten
Sätze erscheinen als Reste einer ausführlicheren Argumentation, in
welcher die naturgemäße Zuordnung der Tugend zur Theorie, zur politischen Tätigkeit und zum Leben in der Gemeinschaft hervorgehoben
wurde.

An diese verstümmelten Ausführungen schließen sich höchst bemerkenswerte Betrachtungen über den Selbstmord an (126, 2—11). Maß-
stab für den Wert des Lebens sind eben die drei genannten Betätigungen,
im Staat, in der Gesellschaft oder in der Wahrheitsforschung. Deshalb

---

[23] Die Korrekturen, die H. v. Arnim, Abriß 150—151 vorschlägt, entweder
ἀπὸ τῶν ἀρετῶν oder ἐπὶ τῶν ⟨ἐκτὸς⟩ ἀρετῶν, sind m. E. indiskutabel. Besser
wäre schon die von Wachsmuth in Erwägung gezogene Umstellung ἐπὶ τῶν
ἀρετῶν καὶ: Damit wäre eine weitere Betrachtung zugunsten der früher formulierten These eingeführt. Trotzdem bliebe der damit eingeleitete Paragraph
weitgehend eine Dublette des bereits Vorgetragenen.

[24] In 125, 16 ist στοχάζονται ⟨δὲ⟩ καὶ τῶν ἄλλων κτλ. wahrscheinlich nicht ganz in
Ordnung. Man sollte vielleicht schreiben στοχάζονται ⟨δὲ τῶν τῆς ψυχῆς⟩ καὶ
τῶν ἄλλων oder, was noch einfacher wäre, στοχάζονται ⟨δὲ⟩ καὶ τῶν ἀγαθῶν.

[25] Darüber F. Dirlmeier, Oikeiosis 96—97.

kann unter Umständen dem Weisen erlaubt sein, sich das Leben zu
nehmen, und dem Tor, am Leben zu bleiben: Wer nämlich die genannten
Tätigkeiten ausüben kann, soll leben, und wer nicht, sollte aus dem Leben
scheiden[26].

Mit diesem Passus über den Selbstmord, der als eine Art Korollar zur
Güterlehre erscheint, schließt das umfangreichste Kapitel dieses Teiles
der Epitome ab. Wir gelangen jetzt zu einem Thema, das in dem hier geschilderten Entfaltungsprozeß der Sittlichkeit den Gipfelpunkt darstellt: Telos- und Eudämonielehre (126, 12—127, 2). Die Tugend ist, sowohl in ihrem inneren Wert wie auch in ihrer Wirksamkeit, den leiblichen
und äußeren Gütern weit überlegen. Deshalb kann das Ziel des ethischen
Lebens nicht dahingehend definiert werden, daß es sich aus der Summierung aller Güter der drei Klassen zusammensetzt[27]. Richtig ist vielmehr die Definition, die es als „ein Leben nach der Tugend, mitten in
allen oder den meisten und wichtigsten leiblichen und äußeren Gütern"
betrachtet. Der Autor nimmt also Stellung gegen eine Auffassung, welche
alle drei Güterklassen für gleichwertige Bestandteile des Telos hielt. Für
ihn ist das tugendhafte Leben das wichtigste. Leibliche und äußere
Güter sollten dieses Leben begleiten, ohne jedoch als konstituierende
Teile des Telos angesehen werden zu können. Daß die damit zurückgewiesene Meinung die des Peripatetikers Kritolaos war, wissen wir aus
Areios selbst[28]. Der Definition des Telos entspricht die der Eudämonie als

---

[26] Die Bedeutung dieser Ausführungen über den Selbstmord hängt davon ab,
ob man 126, 6 das überlieferte καί beibehält oder Wachsmuths Konjektur
κακῶς annimmt. H. Doege, Quae ratio 43 und H. v. Arnim, Abriß 156, die
Wachsmuths Konjektur billigen, heben hervor, daß die hiesige Rechtfertigung
des Selbstmords sich von der stoischen Ansicht abhebt und gegen sie polemisiert. Behält man jedoch den überlieferten Text bei, so ist die Parallelität
mit der stoischen Ansicht evident, wie H. Strache, De Arii auct. 37—39 anhand
der Paralleltexte Cic., De fin. III 60 und Stob. II 110, 9 sqq. zeigt: Nicht
Tugend oder Laster begründen die Legitimität des Lebens oder des Freitodes,
sondern der Umstand, ob man naturgemäß handeln kann oder nicht. Daß
sowohl für die φαῦλοι wie auch für die σπουδαῖοι beides eintreten kann, sagt
Areios 126, 7—11 ausdrücklich. Auch M. Pohlenz, Grundfragen 35 ist der Ansicht, daß Areios hier im wesentlichen die stoische Lehre übernimmt.

[27] Wohl einer Nachlässigkeit zufolge sind 126, 15—16 die ἀγαθά τῆς ψυχῆς nicht
genannt. Daß auch sie gemeint sind, geht aus der Parallelstelle Stob. II 7,
S. 46, 10—13 hervor.

[28] Stob. II 7, S. 46, 10—15. Vgl. auch Clem. Alex., Strom. II 21, S. 129, 10.
F. Wehrli, Schule des Arist. Bd. X, Kritolaos Fr. 19—20. Wenn wir Cicero
(Tusc. V 50 = Fr. 21 Wehrli) glauben, hat Kritolaos die Überlegenheit der

„eine tugendgemäße Aktivität in Handlungen, die nach Wunsch ausgestattet sind". Von den leiblichen und äußeren Gütern kann man nämlich nur insofern sagen, daß sie die Glückseligkeit herbeiführen (ποιητικὰ
λέγεσθαι τῆς εὐδαιμονίας), als sie einen Beitrag dazu liefern, wenn sie vorhanden sind. Wer sie für Bestandteile der Glückseligkeit hält, verkennt,
daß die Glückseligkeit ein Leben ist und daß das Leben aus dem Handeln
besteht; ein Handeln oder eine Aktivität ist aber keines der leiblichen
oder der körperlichen Güter[29].

Es braucht nicht hervorgehoben zu werden, daß diese Ausführungen
über Telos und Eudämonie sehr eng mit der vorhergehenden Güterlehre
zusammenhängen. Hier wie dort gibt der Autor zu verstehen, daß die
äußeren und die leiblichen Güter eine nicht zu unterschätzende Bedeutung für das menschliche Leben haben; hier wie dort betont er aber den
Vorrang, die Überlegenheit der Seelengüter über die anderen, so daß
seine Telos- und Eudämonie-Auffassung als eine direkte Folgerung aus
seiner Güterlehre erscheint.

Im letzten Abschnitt, den wir noch zu analysieren haben (127, 3
bis 128, 9), ist der innere Zusammenhang mit den vorhergehenden Aus-

---

Seelengüter jedoch kräftig hervorgehoben. Daß Areios hier gegen die Lehre
des Kritolaos Stellung nimmt, ist mehrmals unterstrichen worden: H. Meurer,
Perip. philos. mor. 8. R. Hirzel, Unters. II 2, 715 sqq. C. Wachsmuth, Apparat
zu 126, 15—16. H. Strache, De Arii auct. 39—43. R. Philippson, in: Philol. 87
(1932) 464. F. Dirlmeier, Oikeiosis 77. M. Pohlenz, Grundfragen 32. Selbstverständlich geht H. v. Arnim, Abriß 155—156 nicht darauf ein, denn er will
beweisen, daß die Substanz der Epitome rein aristotelisch-theophrastisch
ist.

[29] Die Auffassung, daß die außerseelischen Güter keine Bestandteile der Eudä-
monie, sondern ihre Instrumente sind, wird z. B. auch von Aspasios, EN 24,
3—5 vertreten. — Die Definition der Bestandteile (μέρη) als das, was ein
Ganzes ausfüllt (συμπληρωτικὰ τοῦ ὅλου und dgl.) und in dessen Abwesenheit
das Ganze nicht mehr existiert, ist sehr verbreitet; sie kommt nicht nur im
Zusammenhang mit der Güterlehre vor. Vgl. Nicol. Damasc. ap. Stob. I 25a,
S. 353, 14—15. Aspas., EN 24, 3—5. Alex. Aphrod., De an. mant. 155, 24—26.
Porphyr., Isag. 95, 22—23. Ammon., Anal. pr. 8, 27—33. Olymp., Cat. 17,
6—7. — Die Gegenüberstellung von Bestandteil (μέρος) und Instrument
(ὄργανον) spielte in den Diskussionen über das Verhältnis der Logik zur
Philosophie eine zentrale Rolle. Vgl. Diog. Laert. V 28. Alex. Aphrod., Anal.
pr. 1, 3—4, 29. Ammon., In Isag. 23, 23—24; Anal. pr. 8, 15—11, 21. Simpl.,
Cat. 20, 8—12. Olymp., Cat. 14, 13—18, 12. Philop., Anal. pr. 6, 19—9, 20.
Boethius, In Isag. Porph. comm. ed. sec. I 3, S. 140,13-143,7. — Vergleich der
außerseelischen Güter mit Instrumenten, vgl. unten S. 354 Anm. 119.

führungen viel weniger evident[30]. In diesem Abschnitt werden die Arten der Verfehlungen (ἁμαρτάνειν) klassifiziert. Wer „den göttlichen Reigen der Tugenden vernachlässigt", kann sich bei der Wahl (αἵρεσις), bei der Aneignung (κτῆσις) und beim Gebrauch (χρῆσις) der Güter verfehlen, und zwar bei der Wahl, wenn er nicht richtig unterscheidet (παρὰ τὴν κρίσιν) und z. B. etwas anstrebt, was überhaupt nicht gut ist, oder zu viel Wert auf ein minderwertigeres Gut legt, etwa indem er dem Zuträglichen das Angenehme oder dem Schönen das Zuträgliche vorzieht; bei der Aneignung, wenn er in unrichtiger Weise (παρὰ τὸν τρόπον) verfährt und die Güter aus unzulässiger Quelle (ὅθεν), auf unzulässige Art (ὅπως) oder in unzulässiger Menge (ἐφ' ὅσον) erwirbt; beim Gebrauch, wenn er die erforderliche Kompetenz nicht besitzt (παρὰ τὴν ἀμαθίαν, sic). Der Gebrauch kann auf sich selbst bezogen sein: In diesem Fall liegt die Verfehlung darin, daß man sich in einer Weise den Dingen widmet, die ihnen nicht angemessen ist; er kann auf einen anderen Menschen bezogen sein; dann kann man sich verfehlen, indem man sich nicht nach der Skala des Geziemenden richtet. Solche Fehler begehen die φαῦλοι. Die σπουδαῖοι dagegen verhalten sich völlig richtig (πάντως κατορθοῦσι), denn sie besitzen die Tugend als Leiterin ihrer Handlungen. Allen Tugenden gemeinsam sind das Werturteil, das überlegte Wählen und das Handeln. Die φρόνησις, die eine führende Rolle innehat, leitet das Wählen und Meiden, das Tun und Lassen ein, sowohl in ihrem eigenen Bereich wie auch in dem der anderen Tugenden; den anderen Tugenden wird aber nur das überlassen, wofür sie jeweils zuständig sind.

Die hier vorgetragene Lehre vom ἁμαρτάνειν steht zwar nicht in direktem Widerspruch zu den anderen Kapiteln, scheint jedoch unabhängig von ihnen konzipiert worden zu sein. Gewiß, eine Äußerung aus dem Kapitel über die οἰκείωσις ließ Erörterungen über die ἁμαρτίαι erwarten (119, 18—19), aber es wäre die Funktion der damit in Aussicht gestellten Erörterungen gewesen, das Verhältnis der κατορθώσεις und der ἁμαρτίαι zu den naturgemäßen und naturwidrigen Dingen aufzustellen, und gerade darüber findet sich kein Wort in unserem Abschnitt. Weder mit der οἰκείωσις noch mit den oben dargelegten Aspekte n der Güter- und

---

[30] H. v. Arnim, Abriß 120—123 beurteilt die Situation ganz anders. Um seine These von der Einheitlichkeit der ganzen Epitome zu bekräftigen und die Annahme eines Quellenwechsels in 128, 9 zu widerlegen, sieht er in diesem Passus, der die Unentbehrlichkeit der Tugend für das κατορθοῦν dokumentieren soll, eine Vorbereitung der Tugenddefinition in 128, 9 sqq.

der Teloslehre haben die hiesigen Ausführungen das geringste zu tun.
Nicht nur inhaltlich, sondern auch formal hebt sich der Abschnitt von
den anderen ab: Während wir es sonst mit der Entwicklung einiger zu-
sammenhängender Gedanken zu tun hatten, begegnen hier Einteilungen
und Unterteilungen, die in den vorhergehenden Abschnitten nicht ihres-
gleichen haben. Stehen wir also hier vor einem Fremdkörper, der in die
sonst gut miteinander zusammenhängenden Ausführungen des ersten
Teiles der Epitome eingeschoben wurde? Gegen diese Vermutung könnte
man prima facie gelten lassen, daß das fragliche Stück doch mit einem
Relativsatz eingeführt ist, der es mit den vorhergehenden Paragraphen
gut verbindet. „Wenn die Dinge sich so verhalten", heißt es nämlich
gleich nach dem Passus über Telos und Eudämonie, „wird der göttliche
Reigen der Tugenden zusammentreten, und diejenigen, die ihn vernachlässigen, verfehlen sich offenbar etc.". Bei genauerem Zusehen erweist
sich der Anschluß jedoch als rein äußerlich, und der Überleitungssatz
spricht eher gegen die Zusammengehörigkeit der beiden damit verbundenen Abschnitte. Die fünfzehn Tugenden aus dem „göttlichen Chor",
die namentlich aufgezählt werden, beziehen sich alle auf die Beziehungen
zu den Mitmenschen: Wohltätigkeit, Dankbarkeit, Elternliebe, Freundschaft u. dgl. Das erinnert stark an den Paragraphen über die vielen
Formen der Freundschaft, der in der Annahme einer φιλία πρὸς πάντας
ἀνθρώπους gipfelte (119, 22—121, 21). Die Zeilen 127, 3—9 bis χορός gehören also zweifellos dem Grundstock des ersten Teiles der Epitome
an[31]. Auf die Vernachlässigung gerade dieser altruistischen Tugenden
können aber die gleich danach angegebenen Formen ethischer Verfehlung unmöglich zurückgeführt werden. Die Hypothese, daß die Einteilungen des ἁμαρτάνειν von 127, 9 οὓ τοὺς κατολιγωρήσαντας bis 128, 5
εἶναι τὴν ἀρετήν anderer Herkunft sind als der Textzusammenhang, in
dem sie heute stehen, hat also sehr viel für sich. Auffallend ist ferner, daß

---

[31] H. v. Arnim, Abriß 122—123 meint, daß in 127, 2 vor den Worten τούτων δὴ
τοῦτον τὸν λόγον ἐχόντων eine Unterbrechung der Gedankenkontinuität
vorhanden sei. Aus den vorhergehenden Ausführungen über Telos und Eudämonie könne keinesfalls das Zustandekommen der hier aufgezählten schönen
Dinge erklärt und abgeleitet werden. Es liege eine ungeschickte Kürzung vor.
Im ausgefallenen Passus mußte die Liebesbetätigung in menschlichen Gemeinschaften als wichtiger Teil der Tugendbetätigung und damit der Glückseligkeit erwiesen werden. Ich halte es für wahrscheinlicher, daß τούτων δὴ
τοῦτον τὸν λόγον ἐχόντων eine nichtssagende Überleitungsformel ist, mit
welcher der Epitomator ziemlich ungeschickt sein Résumé des Schlußwortes
seiner Vorlage an das Vorhergehende angeschlossen hat.

das poetische Bild vom göttlichen Reigen der Tugenden (127, 8—9) unmittelbar nach den Ausführungen über ἁμαρτάνειν und κατορθοῦν wiederaufgegriffen wird, und zwar mit dem sehr charakteristischen Verbum ἐξάρχειν: Die φρόνησις ist es, die den Chor anstimmt, die den Reigen leitet (128, 5 sqq.). Denkt man das Fremdstück über das ἁμαρτάνειν weg, erkennt man ohne Schwierigkeit, daß die davor und danach liegenden Zeilen ursprünglich zusammengehörten. Eine gewisse literarische Brillanz, erzeugt durch die lange Aufzählung der Tugenden und das Bild von dem Reigen unter der Anführung der φρόνησις, läßt vermuten, daß wir es hier mit den Spuren des Schlußwortes zu tun haben, das die Krönung des ganzen Exposés bildete.

Wir können jetzt die Ergebnisse der Analyse zusammenfassen. Erstens hat sich die Einheitlichkeit des ersten Teiles der Epitome[32] sehr deutlich herausgestellt. Nur zwei kleinere Abschnitte[33] dürften anderer Herkunft sein als der Rest des Textes. Kennzeichnend für diesen ersten Teil der Epitome ist die Ableitung der gesamten Sittlichkeit aus den Urtrieben des Menschen. Wie F. Dirlmeier sehr richtig beobachtet hat, orientierte sich das Exposé, das hier in verkürzter Form vorliegt, tatsächlich durchgehend an dem Oikeiosis-Gedanken. Gewiß, wir haben es mit einer Epitome zu tun, und der Wille des Epitomators, sich kurz zu fassen und nur die Hauptgedanken seiner Quelle wiederzugeben, mag hier und dort den Eindruck erwecken, daß die Gedankenführung nicht geradlinig weitergeht. Diese Mängel, die wohl lediglich auf die kürzende Tätigkeit des Epitomators zurückgehen, sind aber nicht so gravierend, daß sie den ursprünglichen Gedankengang völlig verdunkeln. Insbesondere kann man nicht mit von Arnim annehmen, daß die Darstellung der Oikeiosis-Lehre in 119, 21 abgebrochen wird und daß die danach erörterte Güterlehre von einem ganz anderen Gesichtspunkt konzipiert worden ist.

Die Analyse dieses Teiles der Epitome hat auch etwas Licht auf den Aufbau der Quelle geworfen, die Areios Didymos hier herangezogen hat. Nach einer allgemeinen Einleitung, in der unter anderem angegeben war, daß die ersten Anfänge des sittlichen Lebens in naturgemäßen Urtrieben zu suchen sind, war in einem ersten Abschnitt dargelegt, wie die Oikeiosis des Menschen mit sich selbst ihn zu bestimmten naturgemäßen Gütern hinführt, wie aber die ἀρετή unentbehrlich ist, um diese Urtendenzen zu vervollkommnen und den Menschen zu den höchsten Formen der Sitt-

---

[32] 116, 21—128, 9.
[33] 124, 15—125, 9 und 127, 9—128, 5.

lichkeit emporsteigen zu lassen. Danach kam der Nachweis, daß die äußeren, die leiblichen und die seelischen Güter um ihrer selbst willen erstrebenswert sind, eben weil sie den angeborenen Tendenzen des Menschen entsprechen; gleichzeitig wurde der Vorrang der seelischen Güter und der Tugend nachdrücklich unterstrichen. Eben aus diesem Vorrang der Tugend ergab sich eine wichtige Konsequenz für die Telos- und Eudämonielehre, nämlich die genaue Bestimmung der untergeordneten Rolle, welche die äußeren und die leiblichen Güter darin zu spielen haben. Das Exposé schloß mit der poetischen Schilderung des Reigens aller Tugenden unter der Leitung der φρόνησις. Die hinter dem Résumé in ihren Hauptzügen noch deutlich erkennbare Quelle bildete also ein wohl abgerundetes Ganzes, in welchem die wichtigsten Bestandteile eines ἠθικὸς λόγος zu Worte kamen. Wenn nicht alles täuscht, stehen wir nicht vor bloßen Auszügen aus einem umfangreichen, viele verschiedene Themen anschneidenden Werk, sondern vielmehr vor der Zusammenfassung einer vollständigen, in sich abgeschlossenen Monographie[34]. Und gerade dies scheint besonders bemerkenswert: Der Verfasser dieser Monographie hatte offensichtlich nicht vor, alle wesentlichen Aspekte der aristotelischen bzw. der peripatetischen Ethik in seiner Abhandlung darzulegen. Ihm lag eher daran, den naturgemäßen Ursprung der Sittlichkeit nachzuweisen und die Entfaltung der ganzen Ethik aus den angeborenen Trieben des Menschen zu erläutern. Verglichen mit den Ausführungen der drei aristotelischen Ethiken erscheint dieser Gesichtspunkt als ein sehr originaler, und es fragt sich, wann und unter welchen Umständen er die Aufmerksamkeit der Peripatetiker auf sich gezogen hat. Die damit verbundenen Fragen nach der Zeit und der Identität von Areios' Hauptquelle in diesem Teil der Epitome sind in der bisherigen Forschung sehr verschiedenartig beantwortet worden.

Es ist längst beobachtet worden, daß Didymos' Abriß der peripatetischen Ethik enge Berührungen mit dem Exposé der akademisch-peripatetischen Telos-Lehre im 5. Buch von Ciceros De finibus aufweist so-

---

[34] Selbstverständlich ist die Gedankenführung stellenweise etwas holperig. Wir stehen nämlich vor dem Résumé einer umfangreicheren Vorlage, und manche, zum Teil wichtige Elemente der Darlegung sind dem Kürzungsprozeß zum Opfer gefallen. Die heute fehlenden Glieder der Kette lassen sich aber überall unschwer rekonstruieren. Die Einheitlichkeit des Ganzen hat u. a. M. Pohlenz, Grundfragen 36 richtig charakterisiert: „Ein Bild der peripatetischen Ethik ist entworfen, das zwar nur in ganz großen Umrissen gezeichnet, aber in sich abgerundet ist."

wie auch mit der Kritik, die im 4. Buch derselben Schrift gegen die
stoische Ethik vom Gesichtspunkt der akademisch-peripatetischen Philosophie aus gerichtet wird. Die Ähnlichkeiten sind unverkennbar: Sie
beziehen sich nicht nur auf die Fachausdrücke und einzelne Gedanken;
auch der Gedankengang und die Argumentation sind bei den beiden Autoren oft fast deckungsgleich[35]. Da der Akademiker Antiochos von Askalon durch Ciceros eigene Angaben als Hauptquelle für De finibus gesichert ist[36], lag der Gedanke nahe, in ihm die gemeinsame Quelle von
Cicero und Areios zu sehen[37]. Diese These wurde von J. N. Madvig in
seiner De finibus-Ausgabe vertreten[38] und fand in der Folgezeit zahlreiche Anhänger. H. Meurer[39], dem sich später H. Diels[40] und F. Suse-

---

[35] Besonders Cic., De fin. IV 16—18; 25; 32; 38; V 24; 27; 33—40; 47; 58; 65—66,
um nur die wichtigsten Texte zu zitieren, enthalten Thesen, die uns aus dem
ersten Teil des Didymischen Abrisses bekannt sind: Entwicklung der Sittlichkeit
aus den naturgemäßen Urtrieben, insbesondere aus dem Selbsterhaltungstrieb;
die Prinzipien des höchsten Guten stammen aus der Natur; da der Mensch aus
Leib und Seele besteht, gelten der Selbsterhaltungstrieb und die Selbstliebe
diesen beiden Bestandteilen des Menschen, ihren Teilen und ihren Funktionen;
Seele und Leib sowie ihre Vorzüge sind deswegen um ihrer selbst willen erstrebenswert. Die Seele und alles, was zu ihr gehört, sind wertvoller als das
Körperliche. Die *ars* bzw. die *educatio* und die Vernunft ergänzen die Impulse,
die der Mensch seinen Urtrieben verdankt. Die Liebe zum Anderen, die durchaus altruistisch ist, beginnt mit der Liebe zu den eigenen Kindern und erweitert sich auf das ganze Menschengeschlecht. Drei Arten der Betätigung
werden gepriesen, nämlich die Kontemplation, die politische Tätigkeit und
das tugendhafte Handeln etc. Einzelheiten wird man in der einschlägigen
Literatur leicht finden, u. a. in den Anmerkungen von Madvigs De finibus-
Ausgabe, bei H. Strache, De Arii auct. 31—45 und bei M. Giusta, Doss. et.
I 64—73; 84—89; 387—397.
[36] Vgl. u. a. J. N. Madvig in seiner Ausgabe von De finibus³, Praef. LXI—LXII
und *passim*. R. Hirzel, Unters. II 2, 691sqq. R. Hoyer, De Antiocho Asc., Diss.
Bonn 1883. H. Doege, Quae ratio 6. R. Philippson, Art. M. Tullius Cicero, Philos.
Schr., RE VII A 1, 1137. M. Pohlenz, Grundfragen 47—61 und viele andere.
Gegen diese communis opinio spricht sich M. Giusta, Doss. et. I 74—100 aus;
er will Cicero De fin. V und den Abriß bei Stobaios auf die Vetusta Placita der
Ethik des Areios Didymos zurückführen.
[37] Die in den Büchern II, IV und V von Ciceros De finibus benutzte Schrift des
Antiochos könnte eine Abhandlung περὶ τελῶν gewesen sein. Mit diesem Titel
bezeichnet nämlich Cicero seine eigene Schrift (Ad Att. XIII 19, 4 *confeci quinque
libros* περὶ τελῶν); möglicherweise war das auch der Titel seiner Hauptquelle.
Vgl. M. Pohlenz, Grundfragen 78 Anm. 2; Die Stoa II 130, zu S. 251, 16. G. Luck,
Antiochos 55.
[38] Excurs. VII S. 847—849 der 3. Aufl.   [39] Perip. philos. mor. 10.   [40] Dox. 72.

mihl[41] anschlossen, betrachtete jedoch nur die Partie 116, 21—128, 9 bzw. 129, 17 von Areios' Epitome als von Antiochos abgeleitet; der Rest des Abrisses sei aus Auszügen verschiedener anderer Autoren zusammengesetzt[42]. In seiner Dissertation versuchte zwar H. Strache, den ganzen didymischen Abriß — mit Ausnahme verschiedener kleinerer Abschnitte — auf Antiochos zurückzuführen; sein Lehrer H. Diels gab jedoch freimütig zu, daß „die jugendliche Vorliebe für das Einquellenprinzip ihn hier etwas zu weit getrieben hat"[43].

Zugunsten der Antiochos-These schien der Umstand zu sprechen, daß in dem Abriß der peripatetischen Ethik Thesen begegnen, die auch für die Stoa gut belegt sind; auch unter den Fachausdrücken finden sich typisch stoische Prägungen. Nun ist bekannt, daß Antiochos die grundsätzliche Identität der akademischen, peripatetischen und stoischen Lehren nachzuweisen bemüht war. Das Vorhandensein stoischer Elemente in einem Exposé der peripatetischen Ethik würde zu dieser versöhnenden Haltung des Antiochos gut passen. Auch der Terminus post quem, der sich aus der Kritik an Kritolaos ergibt, zwingt uns, den Gewährsmann des Areios in die 2. Hälfte des 2. oder in das 1. Jh. v. Chr. zu datieren.

Gegen die These, Areios sei in dem Teil der Epitome, der uns hier interessiert, dem Antiochos gefolgt, sprechen jedoch gewichtige Argumente. An erster Stelle zu nennen sind Unterschiede zwischen einigen Lehrmeinungen, die für Antiochos belegt sind, und den Äußerungen des Areios über dieselben Fragen. Hier einige Beispiele. Ohne jedes Bedenken zählt Areios[44] das Streben nach Lust unter die Dinge, die naturgemäß, um ihrer selbst willen erstrebenswert und gut sind. Im 5. Buch De finibus dagegen hebt Piso hervor[45], daß die Frage, ob die Lust zu den ersten naturgemäßen Dingen gehört, kontrovers ist; er will sie offen lassen, ist jedoch geneigt, sie verneinend zu beantworten. Ähnlich äußert sich Cicero, wohl auch hier Antiochos folgend, wenn er die epikureische Telos-Lehre kritisiert[46], und er gibt zu verstehen, daß Aristoteles und Polemon die Lust nicht zu den *prima naturalia* zählten[47]. Bei Areios[48] wird die

---

[41] Gesch. gr. Litt. Alex. II 255 Anm. 111.

[42] H. Doege, Quae ratio 8—12 führt Stob. 116, 21—134, 6 bzw. 19 und 143, 24—145, 10 auf einen Anhänger des Antiochos zurück.

[43] H. Diels, bei H. Strache, Der Eklektizismus des Antioch. v. Askalon, 1921, VI.

[44] 118, 16.   [45] De fin. V 45.   [46] De fin. II 34.

[47] Über diesen Unterschied zwischen Areios und Antiochos vgl. R. Hirzel, Unters. II 713. R. Philippson, in: Philol. 87 (1932) 465 Anm. 18. F. Dirlmeier, Oikeiosis 82. G. Luck, Antiochos 25.

Tugend als τῆς ἐπικρίσεως βέβαιος εἴδησις, als „das die richtige Güterwahl
gewährleistende Wissen" bezeichnet. Antiochos[49] tadelt jedoch den
Stoiker Zenon, der im Gegensatz zu den Älteren alle Tugenden *in ratione
ponebat*. Schließlich, und dies ist wohl das Wichtigste, divergieren Areios
und Antiochos in der Bewertung der leiblichen und der äußeren Güter.
Den Ausführungen des Areios zufolge sind sowohl die äußeren Güter wie
auch die leiblichen um ihrer selbst willen erstrebenswert, aber weder die
einen noch die anderen können als konstituierende Teile des Telos, d. h.
der Eudämonie angesehen werden. Sie werden zwar in der Telos-Definition
berücksichtigt, was bedeutet, daß wenigstens die meisten und wichtigsten
von ihnen vorhanden sein müssen, um zur vollen Eudämonie zu gelangen;
dennoch gehören sie nicht zur Eudämonie als deren Bestandteile, sondern
liefern nur einen gewissen Beitrag zu dieser Eudämonie, welche ihrem
Wesen nach ein tugendhaftes Leben ist[50]. Die Position des Antiochos, wie
sie sich im 5. Buch De finibus widerspiegelt, ist bekanntlich eine ganz andere. Es fällt auf, daß Cicero, wenn er die Güter behandelt, die sich aufgrund der Urtriebe als *propter se expetenda* erweisen, zunächst nur die
leiblichen und die seelischen erwähnt[51]. Was die verschiedenen Arten der
Liebe und der Freundschaft anbetrifft, auf die er später eingeht, so hält er
sie ebenfalls für naturgemäß und einem Urtrieb entsprungen; Kinder,
Brüder, Verwandte, Mitbürger, ja alle Mitmenschen sind deswegen *propter se expetendi*, aber[52] — und hier sieht er die Dinge anders als Areios —
innerhalb der *propter se expetenda* unterscheidet er zwei Gattungen: auf
der einen Seite die leiblichen und die seelischen Güter, die er als Bestandteile des Telos betrachtet, auf der anderen Seite die äußeren Güter,
wie Freunde, Eltern, Kinder, Verwandte und das Vaterland selbst, die
keine Bestandteile des Telos sind, obwohl sie einen Bezug auf das Telos
haben[53]. Die Tugend allein reicht aus, ein glückliches Leben (*vita beata*)
herbeizuführen; in der höchsten Form der Glückseligkeit (*vita beatissima*) sind dagegen die körperlichen Güter unentbehrlich, sind sie ein —
wenn auch nur bescheidener — Bestandteil der höchsten Glückseligkeit[54]. Der Unterschied zwischen Areios und Antiochos liegt also darin,

---

[48] 119, 11—15.   [49] Benutzt von Cic., Acad. post. I 38.
[50] 126, 12—127, 2.
[51] De fin. V 34—40. Ähnlich IV 16—17.
[52] De fin. V 65—67.
[53] De fin. V 68—69; ähnlich IV 25.
[54] De fin. V 71; 81. Vgl. auch Acad. post. I 22, wo allerdings körperliche und äußere
Güter für die *vita beatissima* unentbehrlich sind.

daß jener die leiblichen Güter lediglich als „Beiträge" zur Eudämonie und niemals als deren Bestandteile betrachtet, während dieser sie für konstituierende Teile der *vita beatissima* hält. Scheidet also Antiochos als Gewährsmann des Areios aus? H. Strache, der fast überall bei Areios den Antiochos wiederzufinden glaubt, weigert sich, eine solche Konsequenz aus dem Vergleich der beiden Texte zu ziehen. Die Divergenz, erklärt er, ist nur eine scheinbare, denn in Wirklichkeit spielen die leiblichen und äußeren Güter bei Areios dieselbe untergeordnete Rolle wie in Antiochos' Auffassung von der *vita beata*; zur Erlangung der *vita beata* genügt die Tugend; sie genügt aber nicht zur *vita beatissima*, welche neben der Tugend auch die leiblichen Güter benötigt; dieser zweite Aspekt der Lehre ist jedoch von Areios nicht berücksichtigt worden[55]. Straches Erklärung überzeugt nicht. Man wird nämlich schwerlich zugeben, daß Areios' Ausführungen über Telos und Eudämonie nicht der höchsten Glückseligkeit gelten; ferner implizieren Areios' Definitionen des Telos und der Eudämonie[56] den Besitz leiblicher und äußerer Güter, während die *vita beata* des Antiochos auch ohne diese Güter möglich ist. Der Unterschied in der Güterlehre bleibt also bestehen, denn Areios meint: Das Telos umfaßt die seelischen und die meisten körperlichen und äußeren Güter; die letzten zwei Güterarten sind jedoch keine Bestandteile des Telos; sie tragen nur zum Telos bei. Antiochos vertritt eine andere These: die *vita beatissima* setzt den Besitz der Tugend und der körperlichen Güter voraus; beide Arten sind konstituierende Teile dieser *vita*, wenn auch in sehr unterschiedlichem Ausmaß; die *vita beata* kann ohne leibliche und äußere Güter erlangt werden. Dieser Unterschied, den Hirzel[57], H. Doege[58] und Philippson[59] besonders hervorheben, zeigt, daß die Übereinstimmung zwischen Areios und Antiochos/Cicero nicht vollkommen ist. Will man trotzdem aufgrund der sonstigen Berührungen Areios nicht für ganz unabhängig von Antiochos halten, so bleiben nur zwei Möglichkeiten übrig: 1. Unser Teil der Epitome geht auf Antiochos zurück, jedoch über eine Zwischenquelle, die hier und dort von Antiochos

[55] De Arii auct. 39—43.
[56] 126, 17—20 (τὸ τέλος εἶναι) τὸ κατ' ἀρετὴν ζῆν ἐν τοῖς περὶ σῶμα καὶ τοῖς ἔξωθεν ἀγαθοῖς ἢ πᾶσιν ἢ τοῖς πλείστοις καὶ κυριωτάτοις. Ὅθεν ἐνέργειαν εἶναι τὴν εὐδαιμονίαν κατ' ἀρετὴν ἐν πράξεσι χορηγουμέναις κατ' εὐχήν.
[57] Unters. II 715—717.
[58] Quae ratio 10 und 36. Er sieht allerdings keinen wesentlichen Unterschied zwischen den beiden Auffassungen.
[59] Philol. 87 (1932) 464.

abgewichen ist[60]. 2. Antiochos/Cicero und Areios gehen auf eine gemeinsame Quelle zurück, die jeder unabhängig vom anderen in dem einen oder
anderen Punkt modifiziert haben kann. Wie wir später sehen werden, hat
man vor allem an ein altperipatetisches Kompendium gedacht, in dem
die Ethik der Schule in der Sicht des Theophrast dargelegt war.

Bevor wir auf diese Hypothese eingehen, müssen wir bei den angeblich stoischen Elementen unseres Teils der Epitome etwas länger verweilen. Mehrere Interpreten sehen in der starken stoischen Färbung der
Darstellung der peripatetischen Ethik bei Stobaios einen Beweis dafür,
daß diese Darstellung auf eine eklektische bzw. synkretistische Quelle zurückgeht[61]. Andere aber glauben beweisen zu können, daß die meisten für
stoisch gehaltenen Elemente dieser Darstellung in Wirklichkeit aus dem
Peripatos stammen; in mehreren Fällen lasse sich noch nachweisen, daß
Theophrast ihr Urheber sei und die Stoa sie vom Peripatos übernommen
habe; der historische Wert des Areios-Berichtes sei daher viel größer als
gewöhnlich angenommen werde. Besonders umstritten ist in diesem Zusammenhang die Herkunft der Oikeiosis-Lehre, d. h. jener für das ganze
Exposé grundlegenden Anschauung, laut welcher die ganze Sittlichkeit
sich aus den angeborenen, naturgemäßen ersten Trieben des menschlichen Lebewesens entwickelt. Innerhalb dieser Lehre selbst scheinen
speziellere Motive typisch stoisch zu sein, sowohl inhaltlich als auch dem
Wortschatz nach: z. B. die Auffassung, daß der Selbsterhaltungstrieb
und die damit verbundenen Bemühungen den Ausgangspunkt für die

---

[60] H. Doege, Quae ratio 11—12; 36; 44 spricht von einem Anhänger des Antiochos
als Quelle des Stobaios. R. Philippson, in: Philol. 87 (1932) 465 denkt an eine
Schrift des Xenarchos von Seleukeia, der bekanntlich mit Areios befreundet war
und sich mit dem Problem des πρῶτον οἰκεῖον beschäftigt hatte, vgl. Alex.
Aphrod., De an. mant. 151, 8. M. Pohlenz, Die Stoa I 253—254; II 66 meint,
daß wir es mit dem Abriß eines stoisierenden, unter dem Einfluß des Antiochos
stehenden Peripatetikers zu tun haben, den Areios aufgrund der neuen Kenntnis
der aristotelischen und theophrastischen Schriften ergänzte.

[61] H. Meurer, Perip. philos. mor. (macht eine Ausnahme für den „theophrastischen
Teil" 137, 14—142, 13 und für 145, 11—147, 25). C. Wachsmuth (verweist auf
die *Stoica* in seinem Apparat). H. Diels, Dox. 71 (*Stoicae disciplinae non guttae
sed flumina immissa sunt*). E. Zeller, Philos. d. Gr. III 1[5], 637—639, bes. 638
Anm. 1. H. Doege, Quae ratio 8 (Mischung von peripatetischem und stoischem
Gedankengut nach der Art des Antiochos in 116, 21—134, 6 bzw. 19 und 143,
24—145, 10; 137, 14—142, 12 ist theophrastisch). R. Walzer, MM und arist.
Ethik (hält zwar den Grundstock der Epitome für theophrastisch, schreibt jedoch
S. 193 die Teile 118, 5—119, 21; 125, 14—126, 11; 127, 9—128, 4; 130, 15—134, 6;
143, 24—145, 16 einer späteren, stoisch beeinflußten Quelle zu).

ὁρμή, das καθῆκον und die Tugend bilden[62]; die Annahme, daß der
Mensch unter den naturgemäßen Dingen wählt (ἐκλογή, ἀπεκλογή)[63],
daß dieses Wählen Prinzip der Handlung und der „sogenannten schicklichen Handlungen" (τὰ λεγόμενα καθήκοντα) ist[64] und daß die sittlich
vollkommenen Handlungen (κατορθώσεις) und die Verfehlungen (ἁμαρτίαι) ebenfalls auf das Naturgemäße und das Naturwidrige bezogen
sind[65]. Stoisch könnte auch die Ausdehnung der angeborenen Nächstenliebe auf das ganze Menschengeschlecht sein[66]. Schließlich waren es auch
die Stoiker, die unter bestimmten Umständen dem Weisen erlaubten,
freiwillig aus dem Leben zu scheiden[67].

Wir wollen mit der wichtigsten und schwierigsten dieser Fragen, mit
der Oikeiosis-Lehre, beginnen. Daß sie mindestens seit Chrysippos ein
fester Bestandteil der stoischen Ethik war, ist vielfach belegt und in der
modernen Forschung allgemein anerkannt[68]. Nun scheint sie auch außerhalb der Stoa verbreitet gewesen zu sein. Karneades hob hervor, daß die
philosophischen Schulen sich im großen und ganzen über folgenden
Punkt einig waren: Das Ziel, mit dem sich die Philosophie befaßt und das
sie zu erreichen versucht, soll im Einklang mit der Natur und so beschaffen sein, daß es von sich aus das Streben des Menschen anregt. In der
Frage aber, was das Objekt dieses naturgemäßen Urtriebes sei, herrsche
große Meinungsverschiedenheit unter den Philosophen. Nun hänge die
ganze Frage nach der Bestimmung des Lebenszieles davon ab, wie man
sich diese Urtendenzen der Natur vorstelle, denn eben aus dieser Quelle
leite sich die ganze Lehre vom höchsten Gut ab[69]. Aus Karneades' Klassifizierung der tatsächlich vertretenen oder nur theoretisch möglichen
Beantwortungen dieser Frage geht hervor, daß seiner Meinung nach nicht
nur die Stoiker, sondern auch die Akademiker, die Peripatetiker, die
Epikureer und sonstige Hedonisten eben diese Urtriebe, die sie verschiedenartig definierten, als die Keimzellen der ganzen Sittlichkeit betrachteten[70]. In der Tat geht die Darstellung der epikureischen Telos-Lehre in

---

[62] Stob. 119, 2—3.
[63] 119, 8 und 16.
[64] 119, 15—18.
[65] 119, 18—19.
[66] 120, 17—121, 21.
[67] 126, 2—11.
[68] Zeugnisse SVF I S. 48—49; III S. 43—45. Warum Areios in seiner Darstellung
der stoischen Ethik (Stob. II S. 57, 13—116, 18) nicht darauf eingeht, läßt sich
nicht mit Sicherheit sagen.
[69] Cic., De fin. V 17.   [70] Cic., De fin. V 17—23.

22*

De finibus[71] von der Beobachtung der Urtendenzen beim Junggeborenen aus, und auch in der Widerlegung dieser Lehre spielt die Frage nach Beschaffenheit und Objekt des Urtriebes eine große Rolle[72]. Noch mehr: Bei Cicero wird eine Oikeiosis-Lehre, die auffallende Ähnlichkeiten mit der des Areios aufweist, der Alten Akademie und dem Peripatos zugeschrieben[73]. Ferner legt Cicero demjenigen Gesprächspartner, der sich auf Antiochos beruft, die Meinung in den Mund, die Unterschiede zwischen Akademie und Peripatos einerseits und Stoa andererseits seien vorwiegend verbaler Natur[74]. Den beiden älteren Schulen verdanke der Stoiker Zenon, der übrigens beim Akademiker Polemon gehört habe, viele Punkte seiner Lehre[75].

Diese und ähnliche Äußerungen Ciceros erwecken den Eindruck, daß die als Bestandteil der stoischen Ethik berühmt gewordene Oikeiosis-Lehre in Wirklichkeit in den Kreisen der Alten Akademie und des Peripatos entstanden und dann von den Stoikern übernommen worden ist. Wenn dem so ist, so liegt die Vermutung nahe, daß Areios' Bericht wohl nicht als ein Produkt des Synkretismus abgetan werden darf, sondern ein zuverlässiges Dokument ist, mit dessen historischem Wert durchaus gerechnet werden muß. Bei Platon und Aristoteles allerdings findet sich die fragliche Oikeiosis-Lehre nicht, sie ist in ihren Schriften weder ausdrücklich formuliert noch irgendwie potentiell impliziert. Wenn sie also akademisch-peripatetisch ist, muß sie auf andere Denker zurückgehen. Nicht von ungefähr hat man an Theophrast gedacht. Jüngere Peripatetiker schienen schon deswegen ausgeschlossen, weil Piso, der im 5. Buch De finibus die Ansicht des Antiochos vorträgt, mit einer gewissen Verachtung von den Nachfolgern Theophrasts spricht und ausdrücklich erklärt, man solle sich mit Aristoteles und Theophrast begnügen[76]. Für seine Zuschreibung der Oikeiosis-Lehre an Theophrast ließ von Arnim allgemeinere Betrachtungen gelten. Er glaubte nämlich nachgewiesen zu haben, daß der Mittelteil von Areios' Exposé[77] auf ein altperipatetisches Schulkompendium zurückgeht, in welchem alles, was nicht aristotelischer Herkunft ist, von Theophrast stammt, und daß andererseits der erste Teil so eng mit diesem Mittelteil zusammenhängt, daß er nicht anderen Ursprungs

[71] Cic., De fin. I 30.
[72] Cic., De fin. II 31—34.
[73] Cic., De fin. II 33—34 (Hinweis auf Aristoteles und Polemon); IV 16—18 (angeblich nach Aristoteles und Xenokrates); V 24 sqq.
[74] De fin. IV 2.   [75] De fin. IV 3.
[76] De fin. V 13—14.   [77] Stob. II 7, S. 128, 10—147, 25.

sein kann. Darüber hinaus fand er ein willkommenes Indiz für den theophrastischen Charakter der Oikeiosis-Lehre in einer Stelle Plutarchs[78]:
Dort heißt es, Aristoteles und Theophrast, Xenokrates und Polemon
hätten in der Natur und in dem Naturgemäßen das Prinzip des Schicklichen und die Materie der Tugend (τοῦ καθήκοντος ἀρχὴν καὶ ὕλην τῆς
ἀρετῆς) gesehen, und Zenon sei ihnen darin gefolgt. Daß auch Aristoteles
hier genannt wird, stört v. Arnim nicht: Diese Nennung „darf insofern
als berechtigt gelten", schreibt er, „als Theophrast jedenfalls die neue
Lehre als Deutung der aristotelischen (und ebenso Polemon als Deutung
der xenokratischen) vortrug"[79]. Scharfsinniger und besser begründet ist
Dirlmeiers Argumentation. Er zeigt unter anderem, daß die Anfangs-
stufen der menschlichen Entwicklung in der platonischen und aristotelischen Ethik zur Geltung kamen und daß das mit mit der Oikeiosis-
Lehre verknüpfte Bild der „Keimzellen der Tugend" von Theophrast
stammt. Mit sehr viel Gelehrsamkeit wird dargelegt, daß der geistige
Boden, auf dem die Oikeiosis-Lehre erwachsen ist, eben derjenige der
aristotelisch-theophrastischen Naturwissenschaft war. In der Stoa lasse
sich die Oikeiosis erst bei Chrysipp feststellen; Zenon und seine unmittelbaren Schüler hätten sich, soweit wir wissen, nicht darüber geäußert.
Theophrast sei also der wahre Schöpfer der Oikeiosis-Lehre. Auf diesem
Gebiet wie auf anderen liege sein Verdienst nicht darin, daß er Materialien lieferte, aus denen die Stoa dann erstmals eine Synthese geschaf-
fen hätte: Er sei selber der Schöpfer der Synthese[80].

Was für die Oikeiosis als Ganzes gilt, soll nach v. Arnim und Dirlmeier auch für einige speziellere „stoische" Züge innerhalb dieser Lehre
gelten. Das Wort καθῆκον z. B., das „von jeher den Stempel eines ur-
stoischen Terminus" trage, lasse sich mindestens einmal, das Verbum
καθήκειν dreimal für Theophrast nachweisen[81]. Nicht zu leugnen sei dagegen der typisch stoische Charakter der Termini κατόρθωσις, ἐκλογή,
ἀπεκλογή, die 119, 4—19 begegnen[82]. Die Erweiterung der Selbst- und
Elternliebe zu einer Freundschaft zu allen Menschen sei nicht ausschließlich stoisch; sie sei für auch Theophrast, der aristotelische Ansätze entwickelt habe, gesichert[83]. Selbst die Rechtfertigung des Selbstmords ver-

---

[78] De comm. not. 23, 1069 e—f.   [79] H. v. Arnim, Abriß 131—133.

[80] F. Dirlmeier, Oikeiosis, *passim*.

[81] Op. cit. 83.

[82] Op. cit. 86—87.

[83] F. Dirlmeier, Oikeiosis 88—89 verweist auf Porphyr., De abst. III, 220 sqq.; II, 151,
14 Nauck². Cic., De fin. V 65—68; Lael. 80—81. Daß Cic., De fin. V auf Theophrast

sucht von Arnim als theophrastisch zu erweisen, obwohl, wie er zugibt,
dies sicher manchen befremden wird. Sein einziges Argument ist, daß
diese Rechtfertigung des freiwilligen Todes unter bestimmten Umständen
mit der ganzen Lebensanschauung Theophrasts, „wie sie uns in der Arius-
epitome entgegentritt", im Einklang ist[84].

Es ist zweifellos das Verdienst Dirlmeiers, gezeigt zu haben, daß wichtige Bestandteile der Oikeiosis-Lehre in der Form, in der sie uns durch
die letzten beiden Bücher von Ciceros De finibus und durch Areios' Epitome bekannt ist, durchaus im Einklang mit Auffassungen des Aristoteles und des Theophrast stehen und womöglich sogar aus diesen Auffassungen hervorgegangen sind. Dennoch kann man sich fragen, ob diese
Feststellung, kombiniert mit einigen nicht viel sagenden Indizien, ausreicht, Theophrast selbst als Schöpfer der Oikeiosis-Lehre als Ganzen
nachzuweisen. Dirlmeiers These hat einen Kenner Theophrasts wie O.
Regenbogen weitgehend überzeugt[85]; auch D. J. Allan und Ph. Merlan
sprachen sich in ihren Rezensionen für den theophrastischen Charakter
der Oikeiosis-Lehre aus[86].

zurückgeht, ist aber das Demonstrandum, und im Laelius ist die Freundschaft
für das ganze Menschengeschlecht nicht erwähnt.

[84] H. v. Arnim, Abriß 156—157.

[85] O. Regenbogen, Art. Theophrastos, RE Suppl. VII 1494: „Man wird insbesondere glauben dürfen, daß die οἰκείωσις ein wichtiger Zentralbegriff der
theophrastischen Ethik gewesen ist, und daß mit seiner Hilfe Theophrast
sowohl zu der Lehre der οἰκείωσις aller lebenden Wesen zueinander wie zur
οἰκείωσις der Seele zu sich selbst und zu ihren eigenen ἀρεταί, d. h. letztlich
zum βίος θεωρητικός gelangt ist."

[86] D. J. Allan, in: Class. Rev. 51 (1937) 178—179 zweifelt nicht daran, daß Theophrast die ihm von Dirlmeier zugeschriebene Lehre tatsächlich vertreten hat;
das stärkste Argument dafür sei die Analyse von De finibus IV—V: Theophrast
sei von Cicero aus erster Hand benutzt worden, und er erscheine als die Hauptquelle einiger Stellen der beiden genannten Bücher. Dagegen zögert Allan zu-
zugeben, daß die Stoa ihre Oikeiosis-Lehre von Theophrast übernommen habe.
Die Prioritätsfrage lasse sich nicht mit Sicherheit beantworten, denn die Stoa
selbst habe wohl schon vor Chrysipp eine Oikeiosis-Lehre gehabt. Ph. Merlan,
in: Philol. Wochenschr. 58 (1938) 177—182 hält es ebenfalls für gesichert, daß
Theophrast an der Ausbildung einer Ethik des naturgemäßen Lebens hervor-
ragend beteiligt gewesen sei. Bereits bei Platon und Aristoteles kündigte sich die
Tendenz an, das Sittliche aus den Uranlagen des Menschen abzuleiten; Theophrast
habe aber den entscheidenden Schritt gemacht. E. des Places, Syngeneia, 1964,
132—136 befaßt sich mit der Oikeiosis-Lehre und meint, daß sie, ganz gleich ob
sie in ihrer endgültigen Form auf Theophrast oder Zenon zurückgeht, von

Dennoch wurden auch Bedenken angemeldet. Max Pohlenz, der sich eingehend mit diesen Problemen auseinandersetzte, sah die Dinge ziemlich anders als Dirlmeier. Erstens ist für ihn die Oikeiosis-Lehre nicht relativ spät in der Geschichte der Stoa erschienen; nicht nur sind alle Elemente dieser Lehre für Chrysipp nachweisbar, sondern vor allem geht auch aus mehreren Indizien hervor, daß bereits Zenon, der Gründer der Stoa, eine gewisse Form der Oikeiosis kannte[87].

Zweitens streitet er ab, daß die Angaben in De finibus IV—V Theophrast als den Urheber der Lehre, die dann von den Stoikern übernommen worden wäre, erweisen. Ganz im Gegenteil werde Theophrasts „weiche" Haltung (er legte zu großen Wert auf die Tyche als Faktor der Glückseligkeit) gegen Antiochos ausgespielt; Cicero selbst habe Theophrast herangezogen, Antiochos dagegen nehme keinen Bezug auf Theophrast: Er gebe vielmehr an, seine eigene Oikeiosis-Lehre sei im wesentlichen die der Stoa, und die Stoa selbst setze eine von Aristoteles und Xenokrates bzw. Polemon eingeschlagene Richtung fort; von einem Einfluß Theophrasts auf die Stoa rede Antiochos nirgends[88]. Man solle ferner nicht aus den Augen verlieren, daß Antiochos die Systematik der Telos-Lehre von Karneades übernahm; nun behauptete Karneades, die Bestimmung des Lebenszieles müsse in der Auffassung der meisten Philosophen aus dem Streben nach dem Naturgemäßen abgeleitet werden. Antiochos, für den nur die stoische Form der Oikeiosis-Lehre lebendig war und der keine direkte Information über ihre Form bei den „Alten" besaß, schloß aus dem Zeugnis des Karneades, daß die Stoiker diese Lehre wie manche andere aus der akademisch-peripatetischen Philosophie übernommen hätten; nicht anders verfährt er nämlich, wenn er als ‚alte' Lehre von den Kardinaltugenden diejenige darlegt, die in Wirklichkeit von Panaitios stammt. Wenn er Polemon zum Vermittler zwischen Aristoteles und Zenon macht, so bauscht er wohl nur ein unbedeutendes biographisches Detail auf, laut welchem Zenon auch bei Polemon gehört haben soll[89]. In dieselbe Richtung weist auch die Charakterisierung der philosophischen Persönlichkeit des Antiochos in der Dis-

Platon vorbereitet wurde. In diesem Sinne auch C. O. Brink, in: Harv. Stud. in class. Philol. 68 (1958) 197.

[87] M. Pohlenz, Grundfragen 7—11; Zenon und Chrysipp, in: NAG (1938) I 2, 9, bes. S. 199—208 = Kl. Schr. I 1965, bes. S. 27—36. Den Schlußfolgerungen von Pohlenz schließt sich u. a. E. R. Dodds, in: Journ. of Rom. Stud. 40 (1950) 148 an.

[88] M. Pohlenz, Zenon und Chrysipp, in: NAG (1938) I 2, 9, S. 201 Anm. 3.

[89] M. Pohlenz, Grundfragen 14—24.

sertation von Annemarie Lueder[90]: Es wäre falsch, ihn als einen bloßen
Eklektiker zu betrachten; sein Hauptanliegen war es vielmehr, der Lehre
der *veteres* zu folgen (unter diesem Namen faßte er die Vertreter der alten
Akademie und des alten Peripatos zusammen). Andererseits polemisierte
er, manchmal sehr heftig, gegen die Stoiker; er warf ihnen unter anderem
eine Art geistigen Diebstahls vor: Sie hätten ihre Lehren der Sache nach
durchweg von den *veteres* übernommen. Er konnte sich aber nicht der
Tatsache entziehen, daß die Stoa zu seiner Zeit das philosophische Denken und die philosophische Sprache beherrschte; übernahm er also etwas
von der Stoa, so war er überzeugt, sich nur altakademisches bzw. altperipatetisches, vormals entwendetes Gut zurückzuholen; und da er
wußte, daß Polemon ein Lehrer des Zenon gewesen war, konnte er es besonders glaubhaft machen, daß Zenon alles von seinem Lehrer übernommen habe[91].

Drittens leugnet Pohlenz, daß das berühmte Fragment Theophrasts
bei Porphyrios[92] das Vorhandensein einer Oikeiosis-Lehre in der Ethik
des Eresiers unwidersprechlich beweise: Theophrast berufe sich in diesem
Text nämlich nur auf die Existenz objektiver Verwandtschaftsverhält-
nisse zwischen Eltern und Kindern, zwischen Ahnen und Enkeln, zwischen den Bürgern einer Stadt, den Angehörigen eines Volkes und
schließlich zwischen allen Menschen, um daraus auf die Verwandtschaft
aller Lebewesen zu schließen. Mit der subjektiven Hinwendung, mit dem
Verbundenheitsgefühl, mit den Urtrieben, aus denen die Sittlichkeit entspringt, habe das kaum etwas zu tun; das könne zwar als eine gewisse
Vorbereitung der Oikeiosis-Lehre angesehen werden, diese stelle aber etwas ganz Neues dar, und das Fragment Theophrasts scheine in Wirklichkeit die Oikeiosis-Lehre in der oben dargelegten Form für ihn auszuschließen[93].

---

[90] A. Lueder, Die philosophische Persönlichkeit des Antiochos von Askalon, Diss.
Göttingen 1940.

[91] Op. cit. 59—75.

[92] Porph., De abst. III 25, S. 220, 15—221, 20 Nauck². Vgl. J. Bernays, Theophrastos' Schrift über die Frömmigkeit, 1866, 96—102. Das Fragment wird von
H. v. Arnim, Abriß 142—144, F. Dirlmeier, Oikeiosis 88sqq. und C. O. Brink,
in: Phronesis 1 (1955—1956) 124 sqq. herangezogen.

[93] M. Pohlenz, Grundfragen 13 und 26. Vgl. auch K. Praechter, Zum Neuplatoniker Gaios, in: Hermes 51 (1916) 528, auf den Pohlenz verweist. C. O. Brink,
in: Phronesis 1 (1955—1956) 138 Anm. 83 billigt zwar die Unterscheidung von
οἰκειότης und οἰκείωσις, will jedoch die οἰκείωσις nicht als das Verbundenheitsgefühl der Mitglieder einer Gemeinschaft, sondern lediglich als die Hin-

Am wichtigsten für uns sind zweifellos Pohlenz' Hinweise auf Eigentümlichkeiten des Textes der Areios-Epitome selbst. Der Umstand, daß einige Partien der Epitome ähnlichen Ausführungen bei den Stoikern ziemlich genau entsprechen, dürfte, wie wir gesehen haben, nicht ganz ausreichen, um eine stoische Kontaminierung peripatetischen Gedankengutes bei Areios zu erweisen: Man könnte nämlich immer noch vermuten, daß das Gemeinsame zwischen Areios und den Stoikern eben auf Theophrast zurückgeht. Auch von den stoischen Termini bei Areios könnte man behaupten, daß sie keine große Beweiskraft besitzen, denn Areios oder sein Gewährsmann hätte ohne weiteres die damals verbreitete und an sich sehr präzise philosophische Terminologie der Stoa heranziehen können, um nichtstoische Gedanken zu formulieren: Nicht anders sind bekanntlich spätere orthodoxe Aristoteliker wie Alexander von Aphrodisias und andere verfahren[94]. Pohlenz geht aber über den bloßen Hinweis auf Verwandtschaft des Gedankengutes und Ähnlichkeit des Vokabulars hinaus. Sehr überzeugend erklärt er schwierige, irgendwie unvollständige oder anstößige Passagen des Areios dadurch, daß sie nur eine Kürzung, eine ungeschickte Anpassung oder eine Verdrehung von anderweitig gut bezeugten und in sich völlig klaren stoischen Gedankengängen sein können. Daraus muß man folgern, daß Areios oder wahrscheinlicher seine Vorlage stoisches Material in einer sich für peripatetisch ausgebenden Abhandlung zu verwerten versucht hat, was nicht ohne manche Unebenheit und Ungeschicklichkeit erfolgte. An Theophrast ist also nicht zu denken. Vielmehr haben wir es mit einem Jungperipatetiker zu tun, der nicht selten aus der stoischen Ethik geschöpft hat.

Besonders aufschlußreich sind die Ausführungen des Areios bei Stob. II 7, 119, 4 sqq. über die Notwendigkeit der ἀρετή. Wir hätten uns niemals um die richtige Auswahl der Güter zu kümmern gehabt, heißt es dort, wenn wir uns im Streben und Meiden nicht geirrt hätten. Aber aufgrund unserer Unwissenheit (δι' ἄγνοιαν) lassen wir uns oft täuschen; wir vernachlässigen Güter; wir streben Übel an in der Annahme, sie seien gut.

---

ordnung des Lebewesens auf sich selbst auffassen. Vgl. unten S. 347. A.-J. Voelke, Les rapports avec autrui dans la philos. gr. d'Arist. à Panétius, 1961, 107 Anm. 8 übernimmt die Unterscheidung von Pohlenz. — Denselben Einwand kann man allerdings nicht gegen die Angaben Plutarchs, De amore prolis 3, 495 b—496 c erheben, einen Text, den Dirlmeier, Oikeiosis 94—95 wohl mit Recht auf Theophrast zurückführt, den aber Pohlenz meines Wissens nicht berücksichtigt hat.

[94] In diesem Sinne z. B. H. v. Arnim, Abriß 9—10; 157—161.

Zum richtigen Einschätzen bedürfen wir also eines sicheren Wissens, und das ist eben die Tugend. In dieser äußerst knappen Form befriedigt diese Angabe nicht, vor allem weil wir die Erklärung vermissen, wie denn die unmittelbar davor geschilderten instinktiven Triebe so irren können. Warum lenkt uns die ἄγνοια von der Richtung ab, in die unsere angeborenen Triebe weisen? Wie erklärt sich diese ἄγνοια überhaupt? Klar wird die Stelle erst dann, wenn wir sie im Lichte der stoischen Lehre von der διαστροφή interpretieren. Die Stoiker erklärten nämlich sehr ausführlich, wie der junge Mensch gleich nach seiner Geburt einer Beeinflussung durch seine Mitmenschen und durch die Umwelt ausgesetzt ist und wie diese Beeinflussung ihn beinahe unvermeidlich dazu führt, den naturgemäßen Gütern andere, vermeintliche Güter vorzuziehen[95]. Auf die stoische Herkunft dieses Areios-Abschnittes weist ferner die intellektualistische Auffassung der Tugend hin (Gegensatz ἄγνοια — εἴδησις!). Noch bedeutsamer ist die Anspielung auf die Auswahl im positiven (ἐκλογή) oder negativen Sinn (ἀπεκλογή), die der Mensch aufgrund einer klaren Erkenntnis durchzuführen hat. Die Lehre, um die es sich hier handelt, läßt sich nämlich in der Entwicklung der stoischen Ethik zeitlich ziemlich genau einordnen. Den Stoikern hatte Karneades unter anderem vorgeworfen, sie gingen zwar wie die übrigen Schulen von dem ersten Naturgemäßen aus, sähen jedoch das Lebensziel nicht in der Erreichung der naturgemäßen Dinge, sondern nur in der vollen Entwicklung der Vernunftnatur des Menschen. Zur Abwehr bildeten dann Diogenes von Babylonien und Antipatros ihre eigenen Telos-Deutungen aus, in denen sie das vernünftige Verfahren bei der Auswahl der naturgemäßen Dinge als Ziel bezeichneten[96]. Damit stellt sich heraus, daß die Lehre, die sich hinter dem ungeschickten Satz des Areios verbirgt, aus der Polemik zwischen Akademie und Stoa im 2. Jh. entstanden ist. In der bei Areios vorliegenden Fassung der Oikeiosis-Lehre nimmt sie aber einen zentralen Platz ein, indem sie die Entwicklung der Tugend aus den ersten, naturgemäßen Trieben heraus erklären soll. Erst nach der Polemik zwischen Karneades und den zeitgenössischen Stoikern und nur unter dem Einfluß der Stoa ist also die bei Areios entwickelte Oikeiosis-Lehre möglich gewesen[97]. Weitere Beobachtungen bestätigen, daß das ursprünglich für

[95] Zeugnisse über die διαστροφή-Lehre SVF III Fr. 228 sqq.

[96] Mehr Einzelheiten über diese sehr verwickelte Polemik bei M. Pohlenz, Plutarchs Schriften gegen die Stoiker, in: Hermes 74 (1939) bes. 22—26 = Kl. Schr. I 469—473.

[97] M. Pohlenz, Grundfragen 28—30.

die (stoische) Oikeiosis-Lehre bestimmte Gedankenmaterial bei Areios
unter einen fremden Gesichtspunkt gerückt ist. Die sonderbare Hinordnung der Tugend auf sich selbst, aus welcher der Drang nach Erkenntnis abgeleitet wird, erscheint z. B. als eine Umbiegung des Gedan-
kens, daß die Tugend auf der Oikeiosis des erwachsenen Menschen zu
seinem wahren Wesen beruht[98]. Die Stoiker führten den Tod für das Vaterland als einen Beweis für den Naturtrieb an, der uns zur Nächstenliebe führt[99]. Bei Areios erscheinen ähnliche Themen, von ihrem „Mutter-
boden" gelöst, als Argumente dafür, daß ein solches selbstloses Handeln
um seiner selbst willen zu wählen ist[100]. Die Unterstreichung des vernünf-
tigen Charakters der Hinordnung zu den Mitmenschen[101] versteht sich nur
vor dem Hintergrund einer stoischen Lehre[102]. Das Pindarzitat[103], das bei
Areios ganz unvermittelt auftaucht, setzt als Verbindung mit dem Vorhergehenden den bekannten stoischen Satz voraus, laut welchem der
Kosmos den gemeinsamen Staat der Götter und der Menschen bildet[104].
Auch die Angaben über den freiwilligen Tod des Weisen erscheinen als
eine leichte Modifizierung der stoischen Rechtfertigung des Selbstmordes[105].

C. O. Brink verdanken wir einen sehr interessanten Versuch, den Anteil peripatetischen und stoischen Gedankengutes in der üblichen Form
der Oikeiosis-Lehre genauer zu bestimmen[106]. Ausgehend von der Analyse der beiden Auszüge aus Theophrast in Porphyrios De abstinentia
glaubt er feststellen zu können, daß Theophrasts Annahme einer gewissen Verwandtschaft (οἰκειότης) zwischen den Lebewesen und die
stoische Lehre von der ursprünglichen Hinordnung des Lebewesens auf
sich selbst (οἰκείωσις) unabhängig voneinander entstanden sind und
wenigstens am Anfang nichts miteinander zu tun hatten. Theophrasts
Lehre läßt sich im Rahmen der aristotelischen Biologie und der aristotelischen Sozialethik leicht erklären. Den Hintergrund zum ersten Fragment bildet das typisch aristotelische Problem, inwiefern Gerechtigkeits-

[98] M. Pohlenz, Grundfragen 33.
[99] Cic., De fin. III 64.
[100] Stob. II 7, S. 121, 3—21.
[101] 121, 17—18.
[102] Vgl. oben S. 322 Anm. 14.
[103] 121, 19—20.
[104] Cic., De fin. III 64.
[105] M. Pohlenz, Grundfragen 34—35.
[106] C. O. Brink, Οἰκείωσις and οἰκειότης. Theophrastus and Zeno on Nature in
   moral theory, in: Phronesis 1 (1955—1956) 123—145.

und Freundschaftsverhältnisse zwischen Ungleichen möglich sind; im zweiten wird erläutert, wie eine naturgemäße Verwandtschaft innerhalb bestimmter menschlicher Gruppen durch gemeinsamen Ursprung und gemeinsame Kultur begründet wird. Man kann nicht einmal feststellen, ob Theophrast selbst die beiden Gesichtspunkte, den ethischen und den biologischen, miteinander verbunden hat. Sicher ist auf jeden Fall, daß seine οἰκειότης-Lehre nichts Gemeinsames mit der stoischen Lehre vom Weltstaat hatte. Andererseits spielten die gegenseitigen Beziehungen zwischen verschiedenen Lebewesen in der stoischen οἰκείωσις-Lehre ursprünglich gar keine Rolle: Die Oikeiosis ist an sich nichts anderes als die Hinordnung des individuellen Lebewesens auf sich selbst. Obwohl sie ganz verschiedenen Denkrichtungen entsprungen sind, konnten allerdings οἰκειότης- und οἰκείωσις-Lehre erweitert und miteinander kombiniert werden, sei es durch Ausdehnung der individuellen οἰκείωσις auf nahestehende Menschen, sei es durch Übertragung des οἰκειότης-Verhältnisses auf die Beziehungen des Individuums zu sich selbst. Eine solche Verflechtung der beiden Lehren charakterisiert gerade nach Brinks Meinung die Darstellungen der peripatetischen Ethik bei Cicero und bei Areios Didymos[107]. Bereits Chrysipp soll die οἰκείωσις auf die Sorge für die Nachkommenschaft übertragen haben, und zwar unter Benutzung eines aristotelischen Arguments. Spätere Stoiker arbeiteten die ganze theophrastische οἰκειότης in ihre eigene Lehre ein. Schließlich übernahmen jüngere Peripatetiker — wie etwa die Quelle des Areios — die stoische Kombination der beiden Theorien und gaben ihr aristotelische Züge[108]. Die Auseinandersetzungen zwischen Stoa und Akademie (Zenon und Polemon), über welche wir allerdings nicht besonders gut informiert sind, trugen wahrscheinlich zu einer gewissen Verflechtung der ursprünglich ganz heterogenen Lehren bei.

Daß die empirisch festgestellte Verwandtschaft aller Menschen (theophrastische οἰκειότης) und die von den Stoikern hervorgehobene subjektive Hinwendung des Menschen auf sich selbst (οἰκείωσις) zwei ursprünglich unabhängige Lehren waren, nimmt auch F.-A. Steinmetz an. Aus der Interpretation der Nachrichten über Theophrast bei Por-

---

[107] Op. cit. 135—139, bes. 138: „On the strength of this evidence I should be inclined to say that Dirlmeier and others were right in finding in Cicero, Arius Didymus, and later stoic philosophy, important elements of Theophrastus's doctrine of natural kinship, and hence that Pohlenz and others were mistake in rejecting what is sound in this argument."

[108] Op. cit. 141.

phyios glaubt es aber erschließen zu können, daß Theophrast die οἰκειότης der Menschen auch mit den Tieren lehrte, was ihn unvermeidlich in
Konflikt mit der stoischen Lehre geraten ließ, nach welcher das Prinzip
des οἰκεῖον auf die durch den Logos geeinte Menschenwelt beschränkt
war. Auf keinen Fall könne man Theophrast für den Schöpfer der ersten
Oikeiosis-Lehre halten[108a].

In der Bilanz, die man nach der Analyse des ersten Teiles von Areios'
Abriß der peripatetischen Ethik ziehen kann, dürfen die folgenden
Punkte als gesichert festgehalten werden:

1. Der Text, den wir bei Stobaios II 7, 116, 21—128, 9 lesen, ist allem
Anschein nach die verkürzte Fassung einer ausführlichen systematischen
Abhandlung. Die Frage bleibt vorläufig offen, ob Areios selbst für diese
Kürzung verantwortlich ist (an Stobaios wird man wohl nicht ernsthaft
denken) oder ob er diese zusammengedrängte Fassung bereits in seiner
Quelle vorfand und einfach übernahm.

2. Der Verfasser der nur als ‚Digest' erhaltenen Vorlage hatte sich
zur Aufgabe gestellt, die allmähliche Entwicklung der Sittlichkeit
von den fundamentalsten Naturtrieben aus bis zum Endziel des ethischen Lebens darzulegen. Obwohl der naturgemäße Charakter der Sittlichkeit dem Aristotelismus nicht ganz fremd war, liegt auf der Hand,
daß die erst nach Aristoteles verbreitete Oikeiosis-Lehre den speziellen Gesichtspunkt, von dem aus unser Autor die Ethik betrachtet, bestimmt hat.

3. Die Lehre von den drei Güterklassen, die im Exposé einen zentralen Platz einnimmt, sowie die Angaben über den Beitrag der leiblichen
und äußeren Güter zur Glückseligkeit zeigen, daß der Verfasser sich in
dieser Grundsatzfrage von der Stoa distanziert und die peripatetische
Position verteidigen will.

4. Dennoch ist seine Schuld gegenüber der stoischen Ethik unverkennbar. Was er von der Stoa übernahm, stellte er allerdings nicht einfach neben peripatetische Lehrmeinungen; er war vielmehr bemüht, diese

[108a] F.-A. Steinmetz, Die Freundschaftslehre des Panaitios, 1967, 14—24. Vgl. besonders S. 18: „Diese Kontroverse zeigt hinlänglich, daß die theophrastische,
von Porphyrios unterstützte Theorie einer allgemeinen οἰκειότης aller ζῷα
zwar wie die stoische Lehre auf dem Prinzip des οἰκεῖον basiert, sich jedoch
grundsätzlich unterscheiden mußte von Zenons System, das aus dem πρῶτον
οἰκεῖον des Individuums eine dynamische οἰκείωσις des Menschen zum Menschen ableitete." R. Stark, Aristotelesstudien[2] 99—100 und 105 übernimmt
die Schlußfolgerungen von F.-A. Steinmetz.

Entlehnungen für seinen eigenen Zweck anzupassen, was manchmal auf Kosten der Klarheit und der Folgerichtigkeit erfolgte.

5. Ein ziemlich genauer Terminus post quem für die Entstehungszeit der bei Stobaios im Résumé vorliegenden Abhandlung läßt sich aus der Stellungnahme gegen die Eudämonielehre des Kritolaos gewinnen. Er wird durch Pohlenz' Beobachtung bestätigt, daß der Verfasser eine Lehre verwendet, die in der Stoa anläßlich der Kontroversen mit Karneades ausgebildet wurde.

6. Die Berührungen mit Antiochos sind sehr eng, obwohl hier und dort gewisse Abweichungen zu verzeichnen sind. Der „Jungperipatetiker", der die Abhandlung verfaßte, kann wohl nicht ohne weiteres mit Antiochos identifiziert werden; dennoch ist er in dessen geistiger Nähe zu suchen, und es ist sogar sehr wahrscheinlich, daß er aus einer Schrift des Antiochos schöpfte.

7. Spuren einer direkten Benutzung der aristotelischen Lehrschriften, insbesondere der Ethiken, enthält das Résumé nicht. In der Einleitung begegnen zwar Gedanken, die aristotelisch sind, wie etwa die Ableitung des Wortes ἦθος aus ἔθος, der Hinweis auf die Rolle der Gewohnheit und der Vernunft; bei der Entstehung der Tugend die Präzisierung, daß der nicht rationale Seelenteil auf die Vernunft hören kann, die Unterscheidung einer theoretischen und einer praktischen Vernunft etc. Es würde keine Mühe machen, mehrere Parallelstellen aus Aristoteles anzuführen. Dennoch handelt es sich wohl nur um Punkte, die zum Gemeingut der Schule geworden waren und deren Erwähnung den Anschluß an eine gewisse Tradition bedeutet, die Benutzung einer Pragmatie aber keineswegs voraussetzt. In den Hauptteilen findet sich nichts, weder in den einzelnen Gedankengängen noch in der Gesamtdisposition, woraus man auf Kenntnis und Benutzung der Aristoteles-Schriften schließen könnte. Allem Anschein nach wirkte der Verfasser noch vor der großen Renaissance der Aristoteles-Studien, oder er blieb wenigstens von dieser Renaissance völlig unberührt.

b) Teilgebiete der Ethik

Der zweite Teil der Epitome (128, 10—147, 25) unterscheidet sich sehr deutlich von dem ersten. Schon eine oberflächliche Lektüre zeigt, daß wir es hier nicht mit der Zusammenfassung einer systematisch aufgebauten, bestimmte Punkte der Ethik in wohldurchdachter Form darlegenden Abhandlung zu tun haben. Nur im Abschnitt über die ethische Tugend (137, 13—142, 13) läßt sich ein systematisch fortschreitender Gedankengang erkennen, so daß wir vermuten können, daß wir vor der verkürzten Wiedergabe eines kleinen Traktats oder eines Teiles davon stehen. Sonst besteht dieser Teil aus zahlreichen Definitionen und Einteilungen, die nebeneinander gestellt wurden, bisweilen ohne Berücksichtigung ihrer thematischen Zusammengehörigkeit. Eine der Definitionen erhält einen kurzen Kommentar, in dem die wichtigsten Termini der Definition erläutert werden[109]. Die Einteilungen, die fast alle trichotomisch sind, stehen meistens nur nebeneinander, ohne sich irgendwie aufeinander zu beziehen; eine logisch aufgebaute, vielfach verzweigte Klassifizierung der Begriffe läßt sich nicht daraus wiedergewinnen. Der Kompilator ist offenbar keineswegs bemüht, die einzelnen Bausteine, die er zusammengetragen hat, organisch miteinander zu verbinden. Ein farbloses δέ genügt ihm in den meisten Fällen als Übergang zu einem neuen Punkt. Die vielen Einteilungen der ἀγαθά werden einfach mit ἔτι oder ἄλλη διαίρεσις aneinandergereiht. Äußerst selten erscheinen ausführlichere Überleitungsformeln, die die Behandlung eines neuen Punktes ankündigen oder irgendwie rechtfertigen[110]. Das Ganze ist also kaum mehr als eine halbwegs organisierte Materialsammlung; es gehört zu jener Gattung, die in der Spätantike als „hypomnematisch" bezeichnet und bekanntlich von einigen Autoren als literarische Form für die Publikation ihrer Kompilationen gewählt wurde[111]. Ferner steht fest, daß der Verfasser keineswegs eigene Gedanken vorträgt, sondern nur über Lehrmeinungen der Peripatetiker zu referieren vorhat. Wie es in solchen Referaten üblich ist, sind alle Hauptsätze Infinitivsätze, die als abhängig von φασί, ἔλεγον u. dgl. zu denken sind. Ab und zu begegnen Deklarativverben, die den referierenden Charakter des Ganzen nochmals unterstreichen[112].

[109] Die erste Definition des Eudämonie wird 131, 14—132, 18 kommentiert.
[110] Vgl. z. B. 134, 8—9: Weil die Eudämonie (von der soeben die Rede war) das höchste Gut ist, wollen wir die Bedeutungen von ἀγαθόν angeben. 137, 14—15: Nachdem dies (die Einteilungen der ἀγαθά) erledigt ist, ist es notwendig, auf die ethische Tugend genauer einzugehen. 145, 11: Nachdem wir dies (die Lebensformen) untersucht haben, wollen wir uns das nächste Thema vornehmen. Schließlich 147, 26—148, 4, wo erklärt wird, daß die meisten Kapitel des ἠθικὸς τόπος soeben abgeschlossen wurden und man sich jetzt der Ökonomik und der Politik zuwenden will.
[111] Vgl. P. Moraux, Listes anciennes 153—166.
[112] 129, 5; 129, 6; 131, 14; 131, 20; 134, 9; 137, 16; 137, 24; 138, 2; 139, 2; 140, 7; 140, 15—17.

Was die Gruppierung der einzelnen Themen und die Disposition des
zweiten Teils überhaupt anbetrifft, so kann man zweifellos größere
Komplexe unterscheiden, die wenigstens von der Thematik her eine gewisse Einheitlichkeit aufweisen. Die Eudämonie ist z. B. das Hauptthema von 129, 18—134, 6. Der Abschnitt 134, 7—137, 12 ist den Einteilungen der Güter gewidmet. In 137, 13—142, 13 ist von den ethischen
Tugenden die Rede. Die Lebensformen werden in 143, 24—145, 10 behandelt. In 145, 11—147, 25 schließlich befaßt sich der Verfasser wieder
mit den ethischen Tugenden. Außerhalb dieser Komplexe finden sich
jedoch kleinere Stücke, die entweder ziemlich isoliert dastehen[113] oder
aufgrund ihrer Thematik in einem der größeren Abschnitte ihren Platz
hätten haben sollen[114]. H. von Arnim vertritt zwar die These, daß der
2. Teil der Epitome die sinnvolle Disposition der Vorlage weitgehend
beibehalten hat (zuerst Telos- und Güterlehre, dann Tugendlehre), er
muß jedoch zugeben, daß die Ausführungen über die Lebensformen, die
die Tugendlehre unterbrechen, nicht am richtigen Ort stehen. Er nimmt
an[115], „daß einer der beiden Exzerptoren, sei es Arius, sei es Stobaeus,
den Abschnitt p. 145, 11—147, 25 an der richtigen Stelle ausgelassen hat,
um zu kürzen, und dann an der unrichtigen Stelle später, weil ihn die
Kürzung reute, nachgetragen hat". Selbst wenn man diese Hypothese
billigen könnte, würde man damit noch nicht alle Anstöße und Schwierigkeiten in der Gliederung des zweiten Teiles aufheben. Die Klassifizierung
der Materialien, die hier vorliegen, ist offenbar nur bis zu einem gewissen
Grad durchgeführt worden. Ferner hat der Kompilator nicht einmal versucht, die zusammengetragenen Definitionen, Einteilungen, Exzerpte
und Résumés zu einer organisch gegliederten, einheitlichen Darstellung
der peripatetischen Ethik zu gestalten. Er hat sich mit einer ersten, unvollständigen Anordnung des Materials begnügt. An bestimmten Diskrepanzen hat er keinen Anstoß genommen. Er hat sich nicht dadurch
stören lassen, daß im zweiten Teil Themen oder gar Lehrmeinungen behandelt werden, die bereits im ersten angeschnitten worden waren, und

---

[113] Z. B. 142, 13—26 über πάθη und ὁρμαί: vielleicht eine Appendix zum vorhergehenden Abschnitt über die ethische Tugend, in dem (139, 4) auf die Unterscheidung von πάθη, δυνάμεις, ἕξεις hingewiesen worden war. 143, 1—23 über
φιλία und χάρις. Daß der Verfasser Freundschaft und Dankbarkeit als Affekte
betrachtete und sie deswegen hinter dem Abschnitt über die πάθη behandelte,
wie v. Arnim behauptet, ist eine Vermutung, die in den Texten keine Unterstützung findet und der aristotelischen Lehre keineswegs entspricht.

[114] Ausführungen über die ἀρετή in 128, 10—25, über αἱρετόν und ἀγαθόν in
128, 26—129, 17, Einteilung des ἀγαθόν in 130, 15—18.   [115] Abriß 84.

auch nicht dadurch, daß innerhalb des zweiten Teiles selbst Wiederholungen begegnen oder sich gegenseitig ergänzende Gedanken voneinander getrennt sind. Wenn nicht alles täuscht, war ihm die vollständige Wiedergabe einer ziemlich reichhaltigen „Kartei" viel wichtiger
als die philosophische Interpretation oder die literarische Formung dieses
Materials. Es wird deswegen eine der Hauptaufgaben unserer Analyse
sein, dieses Material auf seine Qualität und seine Herkunft hin zu überprüfen.

1. Eudämonielehre

Die Frage nach dem Beitrag der leiblichen und äußeren Vorzüge zur
Glückseligkeit, die bereits im ersten Teil erörtert wurde[116], nimmt auch
in der Eudämonielehre des zweiten Teils einen wichtigen Platz ein. Im
Abschnitt 129, 19—130, 12 wird zunächst behauptet, daß die Glückseligkeit aus den schönen (d. h. tugendhaften) und unter günstigen,
wünschenswerten Bedingungen stattfindenden Handlungen hervorgeht[117].

---

[116] 126, 12—127, 2. Vgl. oben S. 328 sqq.

[117] In 129, 19—20 ist überliefert ἐκ τῶν καλῶν γίνεσθαι καὶ προηγουμένων πρά-
ξεων. Es ist verlockend, das Partizip προηγούμενος hier wie an vielen anderen
Stellen, wo es begegnet (50, 12; 51, 10; 12; 14; 126, 20; 130, 19; 132, 8) mit
Wachsmuth in χορηγούμενος zu korrigieren; χορηγεῖσθαι ist nämlich ein
aristotelischer Terminus, der gut passen würde. Mit einem so regelmäßigen
Lapsus des Schreibers kann man jedoch kaum rechnen und ferner ist προηγούμενος nicht so unmöglich, wie es auf den ersten Blick erscheint. H. Strache,
De Arii auct. 104—106, H. v. Arnim, Abriß 31—33, F. Dirlmeier, Oikeiosis
15—19 und vor allem M. Giusta, Sul significato filosofico del termine προηγουμένως, in: Atti Accademia Torino, Cl. di Sc. mor., stor. e fil., 96 (1961—1962)
228—271, der alle einschlägigen Stellen untersucht, führen gewichtige Argumente zugunsten des Überlieferten an. Aus mehreren Parallelstellen (bes.
Aspas., EN 22, 34—23, 3; 26, 14—15. Alex. Aphrod., Quaest. IV 25, S. 148,
29—33; De an. mant. 160, 31—161, 3) geht hervor, daß eine Handlung προηγουμένη ist, wenn sie unter normalen, günstigen, erstrebenswerten Bedingungen erfolgt; ähnlich werden die günstigen Umstände — in unserem Falle also die
leiblichen Vorzüge und die äußeren Güter — als προηγούμενα bezeichnet.
Der Terminus ist allerdings nicht aristotelisch. In der peripatetischen Sprache
der Kaiserzeit, z. B. bei Alexander von Aphrodisias, wird das Adverb προηγουμένως oft als Gegenteil von κατὰ συμβεβηκός gebraucht, um etwas zu charakterisieren, das sich unmittelbar aus der Natur einer Sache ergibt oder an erster
Stelle und um seiner selbst willen von jemandem angestrebt bzw. durchgeführt wird.

Danach hebt der Autor hervor, daß die Eudämonie, wie er sie auffaßt, in ihrer Totalität schön ist, d. h. einen tugendhaften Charakter aufweist. Der Umstand, daß der Musiker eine Flöte benutzt, beeinträchtigt keineswegs den kunstmäßigen Charakter seiner Tätigkeit; ebenfalls bleibt die Kunst des Arztes in ihrer Ganzheit bestehen, wenn er mit Instrumenten arbeitet. In derselben Weise bringt das Heranziehen von materiellen Hilfsmitteln die Eudämonie keineswegs von der Reinheit ihrer Tugendhaftigkeit ab. Die Eudämonie entsteht nämlich aus πράξεις, und die πρᾶξις ist eine Tätigkeit der Seele (129, 20—130, 4).

Diese Stellungnahme ist offenbar nichts anderes als die Widerlegung einer stoischen Kritik an der peripatetischen Eudämonielehre. Die Stoiker, die behaupteten, die Tugend allein reiche zur Glückseligkeit aus, warfen den Peripatetikern vor, daß sie der Ausstattung mit leiblichen und äußeren Gütern eine gewisse Rolle im glückseligen Leben zuschrieben. Wenn Momente, die der Tugend fremd sind, irgendwie zur Glückseligkeit beitragen, so dürften sie argumentiert haben, gibt es Faktoren der Glückseligkeit, die mit der Tugend nichts zu tun haben; die Glückseligkeit ist daher nicht in ihrer Ganzheit tugendmäßig und deswegen ist sie auch nicht vollkommen schön[118]. Dieser Einwand ist nicht stichhaltig, antwortet hier der Peripatetiker, denn die Eudämonie ergibt sich aus der tugendhaften Betätigung der Seele, und die Benützung von materiellen Hilfsmitteln beeinträchtigt ihren tugendhaften Charakter ebensowenig wie die Benutzung einer Flöte oder eines chirurgischen Instrumentes die Kunst des Musikers oder die des Arztes vermindert[119]. Andererseits, fährt Areios' Vorlage fort (130, 4—12), dürfen die Hilfsmittel, die eine Kunst benützt oder die ihr sogar unentbehrlich sind, nicht als Teile dieser Kunst bezeichnet werden. Als Teile versteht man nämlich Dinge, deren Summierung ein Ganzes ausmacht. Die Voraussetzungen, ohne welche ein Ziel nicht erreicht werden kann, sind dagegen keine Bestandteile dieses Zieles, sondern nur Verwirklichungsfaktoren. Wie bereits oben bemerkt wurde[120], distanziert sich der Verfasser damit von Kritolaos und dessen Anhängern, die die äußeren und leiblichen

---

[118] Andere Spuren dieser Polemik sind mir nicht bekannt.

[119] H. v. Arnim, Abriß 21 hat nicht erkannt, daß wir es hier mit einer Verteidigung der peripatetischen Eudämonie-Auffassung gegen die stoische zu tun haben. — Der Vergleich der äußeren und leiblichen Güter mit ὄργανα stammt wohl aus Arist., EN I 10, 1099b 28 (vgl. v. Arnim, a. a. O.); er begegnet bei Seneca, Epist. 92, 14 (Antiochos!) und 87, 12 sowie bei Diog. Laert. III 78 (H. Strache, De Arii auct. 43); vgl. auch Stob. II, 7, S. 132, 20. [120] S. 328.

Güter für Bestandteile der Glückseligkeit hielten. Etwas weiter unten werden wir wieder auf Äußerungen stoßen, in denen der Beitrag dieser Güter zum glückseligen Leben präzisiert wird.

In 130, 18—21 werden drei Definitionen der Eudämonie angegeben: 1. χρῆσις ἀρετῆς τελείας ἐν βίῳ τελείῳ προηγουμένη. — 2. ζωῆς τελείας ἐνέργεια κατ' ἀρετήν. — 3. χρῆσις ἀρετῆς ἐν τοῖς κατὰ φύσιν ἀνεμπόδιστος. Die zweite Formel stammt aus der EE[121]; die erste und die dritte haben zwar keine wörtlichen Entsprechungen bei Aristoteles, sie enthalten jedoch ganz offenkundig rein aristotelisches Gedankengut[122]. Daß eben die erste und die dritte theophrastisch sind, wie Dirlmeier glaubt[123], läßt sich nicht mit Sicherheit nachweisen. Besonders interessant ist der kleine Kommentar zur ersten dieser Definitionen, den wir bei Areios 131, 14—132, 18 finden. Auf Schritt und Tritt begegnen hier aristotelische Reminiszenzen, die der Verfasser gelegentlich ausgeschmückt und ergänzt hat[124]. Auf Einzelheiten brauchen wir nicht einzugehen[125]. Nur bei dem dritten Punkt des Kommentars müssen wir etwas länger verweilen: „Unter günstigen Bedingungen (προηγουμένη) soll die Betätigung der Tugend erfolgen, weil es absolut erforderlich ist, daß sie in den naturgemäßen Gütern stattfindet. Der Tüchtige könnte nämlich auch unter schlechten Umständen seine Tugend ausüben, dabei wird er allerdings nicht glückselig (μακάριος) sein; auch im Mißgeschick könnte er seinen Edelmut zeigen, dennoch wird er nicht glücklich sein." Ganz deutlich spricht sich also der Verfasser gegen die (stoische) These aus, daß die Tugend allein zur Eudämonie ausreiche. Den von Antiochos ausgearbeiteten Unterschied zwischen der Glückseligkeit, zu der die Tugend ausreiche, und der höchsten Glückseligkeit, die darüber hinaus die anderen Güterklassen erfordere, berücksichtigt er offensichtlich nicht[126]. Vielleicht hebt er stärker als Aristoteles die absolute Not-

---

[121] II 1, 1219a 38—39 ... εἴη ἂν ἡ εὐδαιμονία ζωῆς τελείας ἐνέργεια κατ' ἀρετὴν τελείαν.

[122] Die erste lehnt sich an EN I 11, 1101a 14—16 an, τί οὖν κωλύει λέγειν εὐδαίμονα τὸν κατ' ἀρετὴν τελείαν ἐνεργοῦντα καὶ τοῖς ἐκτὸς ἀγαθοῖς ἱκανῶς κεχορηγημένον, μὴ τὸν τυχόντα χρόνον ἀλλὰ τέλειον βίον; Weitere Parallelstellen bei H. v. Arnim, Abriß 23—24, Dirlmeier, Oikeiosis 14—15 und im Apparat von Wachsmuth.

[123] Oikeiosis 19.   [124] Vgl. H. v. Arnim, Abriß 28—33.   [125] Vgl. oben S. 308 sqq.

[126] R. Hirzel, Unters. II 715. H. Strache, De Arii auct. 49. — F. Dirlmeier, Oikeiosis 18 Anm. 1 meint allerdings, daß Areios zwischen βίος εὐδαίμων und βίος μακάριος unterschieden habe und daß diese Unterscheidung von Aristoteles selbst, und nicht erst von Antiochos stamme.

wendigkeit der „naturgemäßen Güter" hervor, eine Tendenz, die bekanntlich die des Theophrast war; sonst weicht er nicht vom echten Aristotelismus ab[127]. „Die Ursache davon ist, daß die Tugend selbst lediglich schöne Taten vollzieht, während die Eudämonie schöne und gute hervorbringt. Die Eudämonie will nämlich nicht in furchtbaren Situationen ausdauern, sondern die Güter genießen, die Gerechtigkeit in der Gemeinschaft erhalten und weder der Schönheit der Kontemplation noch den Dingen, die im Leben notwendig sind, entsagen; denn die Eudämonie ist etwas sehr Angenehmes und sehr Schönes." Damit will der Verfasser die Unentbehrlichkeit der äußeren und wohl auch der körperlichen Güter begründen. Verschiedene Argumente und Betrachtungen sind hier zusammengefaßt worden. Die genannten Güter ermöglichen die soziale und politische Betätigung desjenigen, der sie besitzt[128]. Ohne sie wäre die „theoretische" Lebensform nicht zu verwirklichen. Die Eudämonie ist ferner ἥδιστόν τι καὶ κάλλιστον[129]: Sie wird daher nicht auf lebenswichtige Dinge verzichten; nicht das Standhalten im Mißgeschick, sondern das Genießen der besseren Seiten des Lebens wird ihr daher angemessen sein. Trotz der Gedrängtheit dieser Betrachtungen kann man sich nicht des Eindrucks erwehren, daß der Verfasser die Annehmlichkeiten des Lebens noch höher schätzt als Aristoteles und ganz dezidiert gegen den Rigorismus des stoischen Standhaftigkeitsideals Stellung nimmt.

Ohne Beziehung zum Textzusammenhang steht die nächste Angabe über die Eudämonie da: „Wie die Kunst wird sie nicht von der Menge der Instrumente und ihrer Ausrüstung vergrößert (132, 20—21)." Dies erinnert an den Abschnitt 129, 19—130, 12, in dem hervorgehoben wird, daß die Benützung von Instrumenten die Reinheit einer Kunst nicht beeinträchtigt. Das Wesen der Kunst ist unabhängig von den herangezogenen Hilfsmitteln. Die Vermehrung solcher Mittel wird also die Kunst selbst nicht vergrößern. Ähnlich verhält es sich mit der Glückseligkeit: Sie bleibt, was sie ist, unabhängig von der Fülle der materiellen Güter, die ihr zur Verfügung stehen[130].

---

[127] Die wichtigsten Parallelstellen führt H. v. Arnim, Abriß 33 an.

[128] Vgl. u. a. EN I 9, 1099a 31—b 1; 10, 1099b 27—32.

[129] Vgl. EE I 1, 1214a 7—8; EN I 9, 1099a 24.

[130] H. v. Arnim, Abriß 35 betont mit Recht, daß hier eine ausreichende Ausstattung mit natürlichen Gütern schon vorausgesetzt wird, denn ohne diese würde ja die Glückseligkeit nicht bestehen können. Folglich kann der Satz nicht gegen Antiochos und seine Unterscheidung der *vita beata* und der *vita beatissima* gerichtet sein.

Ebenso vereinzelt steht der nächste Satz: „Die Glückseligkeit Gottes ist nicht dieselbe wie die des Menschen, denn seine Tugend ist auch nicht dieselbe (132, 21—22)[131]." Aus der bekannten aristotelischen These, daß Gott keine ethische Tugend besitzt, wird, wahrscheinlich gegen die Stoiker[132], gefolgert, daß die Eudämonie des Menschen und die Gottes nicht wesensgleich sind.

Mit dem nächsten Abschnitt (132, 22—133, 11) taucht die Frage nach dem Verhältnis zwischen Eudämonie und Glücksgütern wieder auf. Die Glückseligkeit des Tugendhaften ist nicht unverlierbar: Viele große κακά können ihn seiner Glückseligkeit berauben[133]. Deswegen sollte man einen Menschen nie vor seinem Tod glücklich preisen[134]. Ohne nähere Erläuterungen wird dann behauptet, daß der Verlust der Glückseligkeit oder deren Abwesenheit nicht gleich Unglückseligkeit (κακοδαιμονία) bedeutet: Dazwischen gibt es nämlich eine mittlere Lebensart, sowohl für den Weisen wie auch für den Nichtweisen, einen Mittelzustand, in dem man weder glücklich noch unglückselig ist. Etwas weiter unten (133, 22—134, 1) wird präzisiert, daß die Kakodämonie mit der Aus- übung der Schlechtigkeit (χρῆσις κακίας) identisch ist; im Gegensatz zur Tugend, die zur Eudämonie nicht ausreicht, genügt Schlechtigkeit allein, die Kakodämonie herbeizuführen. Wir haben es hier mit Thesen zu tun, die der nacharistotelische Peripatos gegen die Stoa aufstellte. Da die alten Stoiker die Möglichkeit eines mittleren Zustandes zwischen Tugend und Laster leugneten und andererseits die Eudämonie von der Tugend allein und die Kakodämonie vom Laster allein abhängig machten, konnte es für sie auch kein μέσον zwischen Eudämonie und Kakodämonie geben. Den Stoikern gaben die Peripatetiker zu, daß die Schlechtigkeit zur Kakodämonie ausreicht[135]. Die Möglichkeit mittlerer Zustände ergab sich aber für sie erstens daraus, daß der Tugendhafte nicht immer mit den zur Glückseligkeit erforderlichen Gütern ausgestattet ist, und

---

[131] Daß οὐδὲ γὰρ τὴν ἀρετήν noch zu diesem Satz und nicht zum nächsten gehört, hat H. v. Arnim, Abriß 37 überzeugend nachgewiesen. Als Akkusativ-Subjekt des nächsten Satzes kommt ἀρετήν sicher nicht in Frage, vielmehr muß da von der Eudämonie die Rede sein.

[132] Vgl. u. a. Stob. II 7, S. 98, 19—99, 2.

[133] Der Rest des Abschnitts zeigt, daß die Verlierbarkeit der Eudämonie, nicht die der Tugend erörtert wird. Also wird man mit H. v. Arnim in 132, 22 schreiben müssen οὐδὲ γὰρ τὴν ἀρετήν· ⟨οὔτ'⟩ ἀναπόβλητον (sc. τὴν εὐδαιμονίαν) . . .

[134] Parallelstellen aus Aristoteles bei H. v. Arnim, Abriß 38—39.

[135] Vgl. z. B. Diog. Laert. V 30 τὴν μέντοι κακίαν αὐτάρκη πρὸς κακοδαιμονίαν, κἂν ὅτι μάλιστα παρῇ αὐτῇ τὰ ἐκτὸς ἀγαθὰ καὶ τὰ περὶ σῶμα.

zweitens daraus, daß es Zwischenstufen zwischen Tugendhaftigkeit und Lasterhaftigkeit gibt[136]. Obwohl diese Präzisierungen mit dem Geist der aristotelischen Ethik im Einklang stehen, begegnen sie nicht expressis verbis bei Aristoteles selbst. Sie entsprechen wohl einem späteren Stand der Entwicklung der Schule, in dem man bemüht war, die eigenen Lehrmeinungen möglichst genau festzulegen und gegen die Stoa abzugrenzen.

Nach einem korrupten oder unvollständigen Satz[137] lesen wir, daß das Leben meidenswert ist für den Weisen, der von unerträglichem Mißgeschick verfolgt wird, und auch für den Schlechten, den das Glück zu sehr verwöhnt (134, 2—6). Also wieder einmal eine Rechtfertigung des freiwilligen Todes, die denkbar unaristotelisch ist! Im ersten Teil der Epitome[138] erschien der Selbstmord in den Fällen zulässig, in denen man an der Ausübung sozialer, politischer oder theoretischer Betätigung verhindert wird. Da diese Betätigung weitgehend von den Glücksgütern abhängt, bleibt die hier angegebene Rechtfertigung — außergewöhnliches Mißgeschick — etwa in derselben Linie; einen Widerspruch zwischen den beiden Begründungen gibt es wenigstens nicht. Das gilt für den Tugendhaften. Im Falle des Lasterhaften sind die Dinge etwas komplizierter. An unserer Stelle heißt es, sein Leben sei selbst bei übermäßigem Wohlergehen meidenswert. Das kann nur bedeuten, daß selbst die größten Glücksgaben das Leben des Lasterhaften nicht lebenswert zu machen vermögen, und daraus geht hervor, daß dieses Leben ohnehin nicht lebenswert ist, daß also der Lasterhafte jederzeit aus dem Leben scheiden darf. Niemand wird ernsthaft annehmen, daß eine solche Theorie aristotelisch oder theophrastisch sein könnte. Sie stellt wohl nichts anderes dar als einen kläglichen Versuch, eine peripatetische Lehre vom Selbstmord als Gegenstück zur entsprechenden stoischen Lehre zu

---

[136] Vgl. Alex. Aphrod., Quaest. IV 3, S. 121, 14 und Diog. Laert. VII 227.

[137] 134, 1—2 ὡς δὲ τὸν σπουδαῖον τἀγαθὰ ἔχειν καὶ αὐτῷ συμφέρειν καὶ τοῖς ἄλλοις. H. v. Arnim, Abriß 43 will ὡς δέον und συμφέρον schreiben; er betrachtet den Satz als eine Begründung dafür, daß die Tugend zur Glückseligkeit nicht ausreicht. Ich möchte eher annehmen, daß wir es hier mit dem ersten Teil eines Vergleichs zu tun haben (vgl. davor 133, 22—134, 1 ὡς δὲ ... οὕτως καὶ ... οὐ μὴν ὡς ... οὕτως καὶ ...). Der Sinn muß etwa der folgende gewesen sein: „Wie der Tugendhafte, der die Güter besitzt, sich selbst und den anderen zuträglich ist, ⟨so ist der Lasterhafte, der die Glücksgüter besitzt, sich selbst und den anderen schädlich.⟩" Exempli gratia: ὡς δὲ τὸν σπουδαῖον τἀγαθὰ ἔχοντα καὶ αὐτῷ συμφέρειν καὶ τοῖς ἄλλοις, ⟨οὕτως καὶ τὸν κακὸν τἀγαθὰ ἔχοντα καὶ αὐτὸν διαφθείρειν καὶ τοὺς ἄλλους⟩.

[138] Vgl. oben S. 327.

konstruieren oder wenigstens die stoische Lehre im Lichte der peripatetischen Güterlehre zu präzisieren und zu ergänzen. Diese Konstruktion ist nur in einer Zeit oder in einer Umgebung denkbar, in welcher der lebendige Kontakt mit den ethischen Schriften des Aristoteles abgebrochen war.

Mitten in den soeben analysierten Ausführungen über die mittlere Lebensart, die Kakodämonie und den Selbstmord werden weitere Merkmale der Eudämonie angegeben (133, 11—22), auf welche wir jetzt kurz zurückkommen wollen. 1. Als Tätigkeit der Seele kann die Eudämonie nicht bei den Schlafenden vorhanden sein, wenigstens nicht *in actu*. 2. Der Wachzustand, der für die Eudämonie erforderlich ist, muß ein naturgemäßer sein: Wahnsinn oder Ekstase verhindern nämlich die Ausübung der Tugend wie auch die Betätigung der Vernunft. Eudämonie aber ist nur bei Wesen möglich, die nach der Vernunft leben können[139]. 3. Auch bei Menschen, die nach der Vernunft leben, ist Eudämonie nur dann möglich, wenn sie ein προηγούμενον ζῆν haben, d. h. wenn sie in günstigen, erstrebenswerten Bedingungen leben, mit anderen Worten das erforderliche Maß an körperlichen Vorzügen und äußeren Gütern besitzen. Einmal mehr wird also hier auf die These angespielt, daß die Tugend allein zur Glückseligkeit nicht ausreicht.

2. Telos und Skopos

Die bereits erörterten Eudämoniedefinitionen werden mit den folgenden Sätzen eingeleitet (130, 15—18): „Das Gute teilt sich in das Schöne, das Zuträgliche und das Angenehme ein. Dies sind auch die Ziele (σκοποί) der einzelnen Handlungen. Das aus ihnen allen Zusammengesetzte ist die Eudämonie." Daß die Dreiheit *schön* (bzw. *gut), zuträglich* und *angenehm* aristotelisch ist, braucht nicht nachgewiesen zu werden[140]. Befremdlich ist dagegen der in den zitierten Sätzen vorausgesetzte Unter-

---

[139] Parallelstellen aus Aristoteles bei H. v. Arnim, Abriß 41. — Es leuchtet ein, daß die Eudämonie hier wie in der ersten Definition (130, 18) als χρῆσις ἀρετῆς τελείας oder als Betätigung der Seele (vgl. 130, 3—4) aufgefaßt wird. Die Worte ταύτῃ δὲ προστίθεσθαι τὸ „κατὰ φύσιν" (133, 13) beziehen sich jedoch nicht auf die 3. Definition (130, 20), wie H. v. Arnim, Abriß 28 vermutet: Hier ist vom naturgemäßen Charakter des Wachzustandes die Rede, dort vom naturgemäßen Charakter der Güter, deren die χρῆσις ἀρετῆς bedarf (richtig F. Dirlmeier, Oikeiosis 15).

[140] Belege bei H. v. Arnim, Abriß 22—23.

schied zwischen σκοπός und τέλος. Mit σκοπός wird sozusagen das Nahziel der Einzelhandlungen bezeichnet, während das τέλος wohl nur das
Endziel aller Handlungen, die Eudämonie sein kann (vgl. 130, 21).
Selbstverständlich unterscheidet auch Aristoteles zwischen dem Endziel
und untergeordneten Zielen, jedoch nicht unter Verwendung des Begriffspaares σκοπός — τέλος, das, wie wir gleich sehen werden, von der
Stoa geprägt worden zu sein scheint. Noch sonderbarer klingt die Behauptung, die Eudämonie entstehe — oder bestehe — aus „ihnen allen";
damit sind wohl nicht alle Ziele der Einzelhandlungen gemeint, denn
Einzelhandlungen, die z. B. nur das Angenehme anstreben und dabei das
ethisch Schöne vernachlässigen oder dagegen verstoßen, können in der
peripatetischen Perspektive nicht als Bestandteile der Eudämonie oder
als Beiträge zu ihr angesehen werden. Wahrscheinlich will der Verfasser
sagen, daß die Eudämonie „aus den drei genannten Güterarten besteht",
d. h., daß sie ethisch schön, zuträglich und angenehm ist. In der Tat
wird in den folgenden Ausführungen auf diese drei Aspekte der Eudämonie angespielt[141].

Das Begriffspaar σκοπός — τέλος taucht nach fünf Zeilen wieder auf,
unmittelbar hinter den drei Eudämoniedefinitionen, diesmal aber mit
einer ganz anderen Bedeutung. „Denjenigen, die zwischen τέλος und
σκοπός unterscheiden", schreibt der Verfasser, „kann man für ihre
Präzision in der Terminologie dankbar sein. Dennoch sollte man besser
dem Sprachgebrauch der Alten folgen . . ." Die Leute, von denen er sich
damit distanziert, bezeichneten das εὐδαιμονεῖν, das Glückseligsein, als
τέλος und die εὐδαιμονία, die Glückseligkeit, als σκοπός. Eine ähnliche
Unterscheidung machten sie zwischen „Reichsein" und „Reichtum"[142].
Unter σκοπός verstanden sie also das äußere, angestrebte Objekt (etwa:
das Geld), unter τέλος den Zustand oder die Tätigkeit, die das Subjekt

---

[141] Daß sie ethisch schön ist, versteht sich von selbst. Über ihren angenehmen
Aspekt (ἀπολαύειν, ἥδιστον) vgl. 132, 16 und 19. Über ihren Nutzen 132, 16;
134, 2. — R. Hirzel, Unters. II 712 Anm. 1 meint, daß der Vf. hier alle drei
Arten der Güter als koordinierte Bestandteile der Glückseligkeit ansah und
daß die letzten Worte nichts anderes bedeuten als τὸ δ' ἐκ πάντων αὐτῶν
συμπληρώμενον εὐδαιμονίαν. In diesem Abschnitt käme also die These des
Kritolaos zu Wort, die unmittelbar davor abgelehnt worden sei. H. Strache,
De Arii auct. 48 weist mit Recht auf die Unhaltbarkeit dieser Interpretation
hin.

[142] Den Text von 130, 21—131, 2, der sehr schwierig ist, halten viele Gelehrte für
korrupt. Wie sich noch herausstellen wird, können jedoch die meisten Schwierigkeiten mit dem Heranziehen stoischer Paralleltexte beseitigt werden.

anstrebt (etwa: reich sein). Auch Aristoteles hatte bereits in seinen Frühschriften eine ähnliche Unterscheidung gemacht, allerdings mit ganz anderen Bezeichnungen wie z. B. τὸ οὗ ἕνεκά τινι und τὸ οὗ ἕνεκά τινος[143]. Durch Areios selbst erfahren wir, daß die hier abgelehnte Unterscheidung von σκοπός und τέλος von den Stoikern stammte[144], und selbst die rätselhaften Worte ὦν χρή (131, 1) erweisen sich als ein stoischer Fachausdruck[145]. In unserem Satz, der weniger korrupt ist, als man auf den ersten Blick annehmen könnte[146], zeigt sich, daß Areios' Quelle die

[143] Arist. Phys. II 2, 194 a 35—36, mit Verweis auf περὶ φιλοσοφίας (vgl. K. Gaiser, Das zweifache Telos bei Arist., in: Naturphilosophie bei Arist. und Theophr. Verhandlungen d. 4. Sympos. Arist. Göteborg 1966, Heidelberg 1969, 97—113. A. Graeser, Arist.' Schrift ‚Über die Philosophie' und die zweifache Bedeutung der ‚causa finalis', in: Mus. Helv. 29 [1972] 44—61); De an. II 4, 415 b 2—3; Metaph. Λ 7, 1072 b 1—3; EE VIII 3, 1249 b 15. Simplikios, Phys. 303, 30—33 weist darauf hin, daß die νεώτεροι das objektive Ziel σκοπός nennen: διχῶς τὸ τέλος τὸ μὲν ὡς τὸ οὗ ἡ ἔφεσις (ὅπερ σκοπὸν οἱ νεώτεροι καλοῦσιν, οἷον ἡ ὑγίεια ἧς ὁ ἰατρὸς στοχάζεται) τὸ δὲ ἐν ᾧ τοῦτό ἐστι καὶ ᾧ περιγίνεται, ὥσπερ ὁ ὑγιαίνων. τοῦτό ἐστι τέλος ὡς τὸ ᾧ, ὃ καὶ ἡμεῖς ἐσμεν.

[144] Stob. II 7, S. 77, 1—3 διαφέρειν δὲ τέλος καὶ σκοπὸν ἡγοῦνται· σκοπὸν μὲν γὰρ εἶναι τὸ ἐκκείμενον σῶμα, οὗ τυχεῖν ἐφίεσθαι (Lücke); 77, 25—27 τὴν μὲν εὐδαιμονίαν σκοπὸν ἐκκεῖσθαι, τέλος δ' εἶναι τὸ τυχεῖν τῆς εὐδαιμονίας, ὅπερ ταὐτὸν εἶναι τῷ εὐδαιμονεῖν. Ähnliche Unterscheidung bei Galen, De sectis I 64 K. τῆς ἰατρικῆς τέχνης σκοπὸς μὲν ἡ ὑγίεια, τέλος δὲ ἡ κτῆσις αὐτῆς.

[145] Stob. II 7, S. 86, 6—7 ὦν χρὴ μὲν εἶναι κατηγορούμενα ὠφελήματα, οἷον τὸ φρονεῖν, τὸ σωφρονεῖν. 101, 7—9 τὰ . . . παρακείμενα τοῖς ἀγαθοῖς, ἅπερ ἐστὶν ὦν χρή, ὠφελήματα ὄντα, μόνοις τοῖς σπουδαίοις συμβαίνειν.

[146] Am schwierigsten ist wohl das Satzglied καὶ ὁ μὲν πλοῦτος ἀγαθόν, τὸ δὲ πλουτεῖν ὦν χρή. In der Tat enthält es nichts anderes als ein zweites Doppelbeispiel (neben εὐδαιμονία — εὐδαιμονεῖν) zur Veranschaulichung des Unterschieds zwischen σκοπός und τέλος. Rassow hat richtig gesehen, daß πλοῦτος für den σκοπός und πλουτεῖν für das τέλος dasteht. Zu den beiden Substantiven ist (wohl nur gedanklich) zu ergänzen ἐστὶ σκοπός bzw. ἐστὶ τέλος. Aber genau wie eingeschränkt wird, daß nur das πλουτεῖν ὦν χρή als Beispiel für ein τέλος gelten kann, so wird auch präzisiert, daß der gute Reichtum (vgl. Areios ap. Stob. II 7, S. 101, 14—15) einen σκοπός darstellt (ganz anders F. Dirlmeier, Oikeiosis 12—13). In 130, 23 ist also ἀγαθός zu schreiben. Im nächsten Satzglied bedankt sich der Vf. (ironisch?) bei den Erfindern der genannten Unterscheidung. Mit H. Strache, De Arii auct. 48 könnte man natürlich χάριν ⟨ἑκτέον⟩ oder ⟨ἰστέον⟩ schreiben (so auch F. Dirlmeier, Oikeiosis 12). Viel einfacher ist aber die Korrektur χάρις für χάριν. Ähnliche Nominalsätze Xen., Memor. III 3, 14 τοῖς οὖν θεοῖς χάρις . . . Cyrop. VII 5, 72 τοῖς μὲν θεοῖς μεγίστη χάρις . . . Epikur, Fr. 469 U. χάρις τῇ μακαρίᾳ φύσει. Lukian, Timon 36 σοὶ μέν, ὦ Ἑρμῆ, καὶ τῷ Διὶ πλείστη χάρις τῆς ἐπιμελείας . . . Plut., Adv.. Col. 1122 A ὑπὲρ μὲν οὖν τούτου Κωλώτῃ χάρις. Simpl., Cat. 59, 4 καὶ χάρις τῷ Βοηθῷ τὴν

von den Stoikern stammende, von Jungperipatetikern[147] übernommene
Unterscheidung von σκοπός und τέλος für überflüssig hielt; man könne
unbesorgt dem früheren Sprachgebrauch folgen. In der Tat beziehen
sich die darauf folgenden Definitionen des Telos eher auf das äußere,
objektive Ziel des Strebens, also auf den σκοπός der jüngeren Terminologie.

Wir sind auf eine doppelte Verwendung des Begriffspaares gestoßen.
Im ersten Text (130, 15—21) bedeutet σκοπός das Nahziel, τέλος das
letzte, höchste Ziel; die Unterscheidung der beiden Termini wird keineswegs beanstandet. Im zweiten Text dagegen (130, 21sqq.) erwähnt
der Vf. eine Unterscheidung, in der σκοπός das Objekt des Strebens,
τέλος die vom Subjekt angestrebte Tätigkeit bezeichnet; er will jedoch
nicht mit dieser Unterscheidung operieren und schließt sich den Alten,
die sie nicht kannten, an. Diese beiden Texte können also nicht auf denselben Peripatetiker zurückgehen. Da der zweite zwischen die Eudämoniedefinitionen (130, 18—21) und die darauf bezogenen Kommentare
(131, 14sqq.) eingeschoben ist und somit den Zusammenhang dieser
beiden Partien unterbricht, liegt die Vermutung nahe, daß er einen Nachtrag aus einer anderen Quelle darstellt.

Nachdem der Vf. dieses Nachtrages empfohlen hat, dem Sprachgebrauch der Alten zu folgen, gibt er drei Definitionen des Telos; die
ersten zwei sind echte Definitionen des Begriffs Telos in abstracto, die
dritte bezieht sich eher auf die mit dem Telos identifizierte Eudämonie.
Daß die ersten beiden (οὗ χάριν πάντα πράττομεν, αὐτὸ δὲ οὐδενός und
τὸ ἔσχατον τῶν ὀρεκτῶν) fast wörtlich mit stoischen Formeln übereinstimmen[148], ist längst beobachtet worden; dies ist jedoch kein Beweis
für eine stoische Färbung des Passus, denn inhaltlich sind die Definitionen
gut aristotelisch[149]. Die dritte Definition, die lautet: „Nach der Tugend

ἀρχὴν τῆς λύσεως ἐπιδείξαντι. Der Text von 130, 21—131, 2 soll also lauten:
εἰ δὲ τὸ μὲν εὐδαιμονεῖν τέλος, ἡ δ᾽ εὐδαιμονία λέγεται σκοπός (καὶ ὁ μὲν πλοῦτος
ἀγαθός [sc. λέγεται σκοπός], τὸ δὲ πλουτεῖν ὧν χρή [sc. λέγεται τέλος]), τοῖς μὲν
οὕτω διορίζουσι τῆς ἀκριβείας τῶν ὀνομάτων χάρις· ἀκολουθητέον μέντοι κτλ.

[147] Diese νεώτεροι werden von Simplikios erwähnt, vgl. oben Anm. 143.

[148] Stob. II 7, S. 46, 5—8 und 76, 22.

[149] Man vergleiche vor allen mit Metaph. α 2, 994 b 9—17 und Δ 16, 1021b 25—30,
worauf H. v. Arnim, Abriß 131 und F. Dirlmeier, Oikeiosis 14 verweisen. Auch
Cic., De fin. V 37 *summum bonum . . . tale esse debet, ut rerum expetendarum sit
extremum*. Allerdings ist τέλος bei Aristoteles noch nicht das höchste Gut, wie
H. v. Arnim, Abriß 26 richtig hervorhebt; Aristoteles sagt eher τὸ τέλειον
τέλος oder ähnliches.

in den leiblichen und äußeren Gütern leben, sei es in allen, sei es in den meisten und wichtigsten", ist, wie schon gesagt, eine Definition der Eudämonie, die man eher hinter 130, 21 erwarten würde[150]. Sie hebt die Unentbehrlichkeit der körperlichen und äußeren Güter hervor, ist also sicher nicht stoisch, sondern echt peripatetisch, ohne daß wir sagen können, von welchem Flügel des Peripatos sie stammt[151].

Das Telos, so heißt es weiter, ist das größte und vollkommenste aller Güter, und folglich wird es von allen übrigen (Gütern) unterstützt (131, 6—8)[152]. Was ihm förderlich ist, muß man nämlich entsprechend zu den Gütern zählen, was ihm entgegengesetzt ist, ⟨zu den Übeln, was weder förderlich noch hindernd ist,⟩ zu den Dingen, die weder gut noch übel, sondern gleichgültig sind (131, 8—12)[153]. Selbstverständlich kennt Aristoteles Dinge, die ethisch wertindifferent sind; dennoch erinnert die hier vorgetragene Dreiteilung mit dem Terminus ἀδιάφορα deutlich an die Stoa. Andererseits kann man in der Behauptung, daß alles, was für das Telos förderlich ist, zu den Gütern gezählt werden muß, eine polemische Stellungnahme gegen die Stoa nicht verkennen: Die Stoiker, die die Tugend für das einzige Gute und den einzigen Faktor der Eudämonie hielten, ordneten Dinge, denen sie einen gewissen Wert zusprachen, der

---

[150] H. v. Arnim, Abriß 26 vermutet, diese Definition sei im Text selbst ausgelassen, am Rande nachgetragen und dann an falscher Stelle in den Text wieder eingefügt worden. Die Sorglosigkeit des Kompilators und sein mangelhafter Ordnungssinn kommen aber so häufig zum Vorschein, daß wir den überlieferten Text wohl als sein Werk beibehalten können.

[151] Die Definition der *vita beata* des Antiochos ist sie sicher nicht, denn für diese *vita* reicht die Tugend aus, aber sie könnte ebensogut für Theophrast oder für Kritolaos wie für Aristoteles selbst passen. Übrigens ist der letzte Teil der Definition eine beliebte aristotelische Formel: Rhet. I 5, 1361b 6; 1362a 1; EE VIII 3, 1248b 15 (Hinweis von F. Dirlmeier, Oikeiosis 14).

[152] Selbstverständlich verweist τοῦτο nicht auf die davor stehende dritte Definition, sondern auf das Telos im allgemeinen, um welches es sich im vorhergehenden Satz handelt. Dies beweist jedoch nicht, wie H. v. Arnim, Abriß 26—27 meint, daß die dritte Telos-Definition an falscher Stelle steht.

[153] Die Ergänzung von Spengel ist zweifellos richtig. Fraglich ist dagegen, ob man in 131, 11—12 den überlieferten Text τῶν οὔτε ἀγαθῶν οὔτε κακῶν, ἀλλὰ τῶν ἀδιαφόρων beibehalten kann. Die Schwierigkeit besteht darin, daß die Klasse der οὔτε ἀγαθά οὔτε κακά identisch ist mit der Klasse der ἀδιάφορα, so daß das ἀλλά in diesem Falle nicht geht: Man würde erwarten „das heißt" anstelle von „sondern". Rassow hat deswegen οὔτε τῶν ἀγαθῶν οὔτε ⟨τῶν⟩ κακῶν, ἀλλὰ τῶν ἀδιαφόρων vorgeschlagen, und Wachsmuth hat diese Korrektur übernommen. Noch einfacher ist die Streichung von τῶν vor ἀδιαφόρων (H. v. Arnim, Abriß 27).

Klasse der ἀδιάφορα zu, bestritten jedoch, daß sie Güter seien[154]. Dagegen hebt unser Peripatetiker hervor, der peripatetischen Güterlehre entsprechend, daß alles, was zur Glückseligkeit irgendwie beiträgt (also auch die sog. leiblichen und äußeren Güter) keine bloßen προηγμένα, sondern regelrechte ἀγαθά sind[155]. Ebenfalls gegen die Stoa ist der letzte Satz gerichtet, oder wenigstens gegen Leute, welche die Glückseligkeit von der Tugend allein ableiten wollten: „Nicht jede ethisch schöne Handlung bringt Glückseligkeit hervor." Die Unentbehrlichkeit leiblicher und äußerer Güter wird damit, durchaus im Geiste der in diesem Zusammenhang vertretenen Eudämonielehre, noch einmal unterstrichen[156].

Die Analyse der Thesen und Ausführungen des zweiten Teiles der Epitome hat bisher gezeigt, daß wir es hier fast ausschließlich mit peripatetischem Gedankengut zu tun haben. Nur die Angaben über die Zulässigkeit des freiwilligen Todes und die Wertlosigkeit des Lebens unter bestimmten Umständen scheinen keine Lehrmeinung des alten Peripatos widerzuspiegeln; sie erklären sich vielmehr durch die Übernahme einer stoischen Auffassung und deren oberflächliche Anpassung an die peripatetische Eudämonie- und Güterlehre. Sonst ist alles, wenigstens der Substanz nach, durchaus peripatetisch. Dies bedeutet allerdings nicht, daß Areios hier aus einer oder mehreren altperipatetischen Quellen geschöpft hat. Die Lehren, die hier vorgetragen oder, besser gesagt, mit knappen thesenartigen Behauptungen wiedergegeben sind, haben einen viel scholastischeren Charakter als die Parallelstellen, die man etwa bei Aristoteles findet. Es gilt vor allem, die Positionen der Schule eindeutig und mit kurzen Sätzen zu definieren und gegen entsprechende Theorien anderer Schulen oder abweichender Tendenzen im Peripatos selbst abzu-

[154] Vgl. Stob. II 7, S. 80, 14—21 (mit der Einteilung der ἀδιάφορα in προηγμένα, ἀποπροηγμένα, οὐδετέρως ἔχοντα). Diog. Laert. VII 102 etc.

[155] In diesem Sinne auch H. Strache, De Arii auct. 48—49. Anders H. v. Arnim, Abriß 27, der aus ὁμολογουμένως herausliest, der Satz drücke das aus, worüber Akademiker, Peripatetiker und Stoiker einig waren. Ich halte es für wahrscheinlicher, daß mit ὁμολογουμένως χρὴ λέγειν nur die Folgerichtigkeit innerhalb des Systems verlangt wird: Wenn etwas für das Telos förderlich ist, muß man es *konsequenterweise* als gut anerkennen (und nicht wie die Stoiker in die Klasse der ἀδιάφορα relegieren).

[156] Wir haben keinen besonderen Grund, mit H. Strache, De Arii auct. 49 anzunehmen, daß dieser Satz eine Kritik an Antiochos' Lehre von der *vita beata* darstellt. Die Kritik gilt allen, die die Tugend für αὐτάρκης πρὸς εὐδαιμονίαν hielten.

grenzen. Mehrmals ist uns aufgefallen, daß solche Stellungnahmen auf eine Distanzierung von der Stoa hinzielen, selbst wenn die Stoa nicht ausdrücklich genannt oder ihre jeweilige These nicht als die abzulehnende Lehrmeinung formuliert wird. Andererseits aber hat sich die Quelle des Areios bisweilen von der stoischen Problematik und von der stoischen Terminologie beeinflussen lassen. Dieses Phänomen ist in der Geschichte des Aristotelismus sicher nicht einmalig: Zwei Jahrhunderte später wird Alexander von Aphrodisias, um nur einen berühmten Namen zu nennen, ebenfalls auf vielen Gebieten die Stoa mit Entschiedenheit bekämpfen, dieser Abwehrkampf wird aber oft dazu führen, daß die stoische Fragestellung, das stoische Vokabular und sonstige technische Mittel der stoischen Philosophie berücksichtigt bzw. herangezogen werden. Areios scheint also, wenigstens stellenweise, aus jungperipatetischen Quellen zu schöpfen, die die Notwendigkeit empfanden, die Unterschiede zwischen peripatetischer und stoischer Ethik deutlich aufzuzeigen. Daß diese Quellen sich gelegentlich auf die Ansicht der ἀρχαῖοι, d. h. der ältesten Schulgeneration, berufen, dürfte wohl als Beweis für ihren Willen zur Orthodoxie gelten.

3. Güterlehre

Nirgends ist der kompilatorische Charakter der Epitome so evident wie in den zahlreichen aneinandergereihten Einteilungen des Guten oder der Güter (134, 8—137, 12). Bevor wir diesen Abschnitt untersuchen, möchten wir daran erinnern, daß bereits im ersten Teil der Epitome von den Gütern die Rede war: Dort wurde mit einer gewissen Ausführlichkeit zwischen den drei Güterklassen unterschieden; es wurde nachgewiesen, daß die Güter dieser drei Klassen um ihrer selbst willen erstrebenswert sind, und es wurde ferner hervorgehoben, daß die leiblichen und äußeren Güter keine Bestandteile der Glückseligkeit, wohl aber unentbehrliche Hilfsmittel dazu sind[157].

Auch vor dem eigentlichen Abschnitt über die Gütereinteilungen begegnen im zweiten Teil der Epitome interessante Angaben über das Gute. Zwischen einem Abschnitt über die ἀρετή, den wir noch nicht analysiert haben (128, 11—25), und den Ausführungen über die Eudämonie (129, 19sqq.) steht ein kurzes Kapitel über das αἱρετόν und das

---

[157] Vgl. oben S. 320—327.

ἀγαθόν (128, 27—129, 17). Das αἱρετόν wird definiert als τὸ ὁρμὴν ἐφ' ἑαυτὸ κινοῦν, ὅταν ὁ λόγος σύμψηφος ᾖ. Inhaltlich erinnert diese Definition an Stellen der MM, in denen die vollkommene Tugend als ein Ineinander von natürlichem Antrieb (ὁρμή) und Rationalität (λόγος, φρόνησις) charakterisiert wird[158]; auch der Ausdruck λόγος σύμψηφος stammt aus den MM[159]. Aber obwohl Aristoteles αἵρεσις, αἱρεῖσθαι, αἱρετόν u. dgl. des öfteren verwendet, hat sich αἱρετόν bei ihm wohl noch nicht — wie später bei den Stoikern — zu einem Schlüsselbegriff der ethischen Terminologie entwickelt. Die hier angeführte Definition weist eine bemerkenswerte Ähnlichkeit mit der ebenfalls von Areios angeführten stoischen Definition auf; diese lautet: τὸ ὁρμῆς αὐτοτελοῦς κινητικόν[160]. Die Vermutung liegt nahe, daß spätere Peripatetiker von der stoischen Ethik angeregt wurden, eine eigene Definition des αἱρετόν auszuarbeiten. Die Behauptung, daß die ἀρχαῖοι, d. h. die älteren Peripatetiker, das αἱρετόν und das ἀγαθόν für identisch hielten (129, 4), entspricht ebenfalls der Tendenz zu einer scholastischen, etwas vereinfachenden Fixierung der Lehre; dennoch läßt sie sich ziemlich leicht aus verschiedenen Sätzen des Aristoteles ableiten[161]. Wir haben oben gesehen, daß Areios' Quelle sich in anderem Zusammenhang für die ἀρχαῖοι gegen die (von Simplikios zitierten) νεώτεροι aussprach[162]. Ist auch hier sein Hinweis auf die Lehre der ἀρχαῖοι eine indirekte Ablehnung jüngerer, anderslautender Thesen? Das ist durchaus möglich, obwohl uns nicht bekannt ist, daß bestimmte Peripatetiker die Gleichsetzung von αἱρετόν und ἀγαθόν bestritten haben[163].

---

[158] MM I 34, 1198a 3—9; II 3, 1199b 38—1200a 5.

[159] MM II 6, 1203b 27; 7, 1206b 25.

[160] Stob. II 7, S. 75, 2. Inhaltlich gibt es wohl keinen Unterschied zwischen den beiden Definitionen, denn die ὁρμὴ αὐτοτελής der Stoiker dürfte nichts anderes sein als eine ὁρμὴ μετὰ λόγου. Der Unterschied zwischen den beiden Systemen ergibt sich vielmehr aus der Güterlehre: Neben dem ἀγαθόν, das mit der ἀρετή identisch ist und als αἱρετόν bezeichnet wird, unterscheiden die Stoiker Dinge, die, ohne Güter zu sein, dennoch einen gewissen Wert (ἀξία) haben und Objekt einer rationalen ἐκλογή sind; sie stellen das ληπτόν im Gegensatz zum αἱρετόν dar (vgl. Stob. II 7, S. 75, 1—6). Eine solche Unterscheidung kennt die aristotelische Ethik nicht.

[161] Vgl. H. v. Arnim, Abriß 18.

[162] 131, 2. Vgl. oben S. 360—362.

[163] Auch in der Güterlehre des ersten Teiles der Epitome wird nachgewiesen, daß die Güter der drei Klassen δι' αὑτὰ αἱρετά sind. Über ἀγαθόν und αἱρετόν bei den Stoikern vgl. Stob. II 7, S. 72, 14—22.

Die Definition des ἀγαθόν als οὗ πάντ' ἐφίεται geht ebenfalls auf Äußerungen des Aristoteles zurück[164].

Danach bietet der Kompilator eine erste Diärese der ἀγαθά. Sie kann durch folgendes Schema dargestellt werden:

δι' ἡμᾶς αἱρετά

    καλά (Tugenden und tugendhafte Handlungen)

    ἀναγκαῖα

        Leben, körperliche Güter etc.

        Äußere Güter

διὰ τοὺς πλησίον αἱρετά

Die Gegenüberstellung von Gütern, die man für sich selbst, und solchen, die man für seine Mitmenschen erstreben soll, ist durchaus im Einklang mit anderen Kapiteln der Kompilation. Der altruistische Charakter der Tugend, ihr Wille, den anderen nützlich zu sein, ihre sozialen Implikationen etc. kommen in der Epitome mehrmals zum Ausdruck[165]. Vielleicht unter dem Einfluß der Stoa oder genauer gesagt im Rahmen der Auseinandersetzung mit der Stoa hat das altruistische Moment in der Ethik bei den jüngeren Peripatetikern stark an Boden gewonnen. Symptomatisch ist in dieser Beziehung der Umstand, daß auch Varro in seiner Konstruktion der möglichen Telos-Lehren die gesellschaftliche Orientierung als eines der Unterscheidungsmerkmale angibt[166]. Die Unterscheidung der καλά — d. h. der Güter, die mit der Tugend selbst zusammenhängen — und der ἀναγκαῖα — d. h. der leiblichen und äußeren Güter als Vorbedingungen zur Tugend — entspricht ebenfalls der in der Epitome vertretenen Güterlehre. Hier wie an anderen Stellen werden die leiblichen und die äußeren Güter als ἀναγκαῖα[167], ποιητικά[168] und πρὸς

---

[164] H. v. Arnim, Abriß 18—19 führt Parallelstellen an und weist darauf hin, daß auch Platon und Eudoxos sich dieser Formel bedienten. — Bemerkenswert ist bei Areios 129, 5 das Wort ὑπογράφοντες. Es scheint die später geläufige Unterscheidung zwischen der eigentlichen Definition (ὅρος, ὁρισμός) und der approximativen Charakterisierung (ὑπογραφή) vorauszusetzen. Bei den obersten Kategorien, die unter kein höheres γένος subsumiert werden, ist eine eigentliche Definition (bestehend aus *genus* und *differentia specifica*) unmöglich; man muß sich daher mit einer einfachen ὑπογραφή begnügen.

[165] In der Oikeiosis-Lehre 119, 22—121, 24. Sonst noch 125, 16—22; 127, 3—9; 134, 2.

[166] Ap. Augustin., Civ. D. XIX 1, S. 365, 5—13 Hoffmann.

[167] 130, 8; 130, 11; 132, 9 (ὧν οὐκ ἄνευ, ὧν ἄνευ ἀδύνατον, πάντως ἀναγκαῖον).

[168] 126, 21; 130, 7; 134, 19; 137, 5—6.

τὴν τῆς ἀρετῆς χρῆσιν συμβαλλόμενα[169] bezeichnet, und dies entspricht durchaus der Stellungnahme von Areios' Quelle(n), in der Mitte zwischen Kritolaos und der Stoa. Wie von Arnim mit Recht hervorhebt[170], können Güter wie Geld, vornehme Abstammung, Ruhm doch nicht als unentbehrlich für die Tugend bezeichnet werden: Sie stellen vielmehr eine nützliche Hilfe dar. Genauer drückt sich Aristoteles aus, wenn er neben dem ἀναγκαῖον auch das χρήσιμον der nicht-seelischen Güter erwähnt[171]. Dennoch muß daran erinnert werden, daß es im Kommentar zur Eudämonie-Definition heißt, es sei „absolut notwendig" (πάντως ἀναγκαῖον), daß die tugendmäßige Betätigung „mitten in den Naturgütern" stattfinde[172]. Areios' Quelle kann also absichtlich den unentbehrlichen Charakter der äußeren Güter so stark hervorgehoben haben.

Eine zweite Diärese des ἀγαθόν (schön — zuträglich — angenehm) begegnet uns, wie bereits angegeben, unmittelbar vor den Definitionen der Eudämonie (130, 15—16). Die meisten „Einteilungen der Güter" sind aber hinter dem Eudämonie-Kapitel zusammengetragen worden (134, 8—137, 12). Die verschiedenen διαιρέσεις, die diesen Abschnitt ausmachen, sind nicht nach irgendeinem System geordnet worden; der Kompilator hat lediglich Material gesammelt, allem Anschein nach aus verschiedenen Quellen.

Der erste Paragraph (134, 8—19) ist, im Gegensatz zu den folgenden, keine eigentliche Einteilung der Güter nach Gattungen und Arten, sondern eine Unterscheidung der verschiedenen Bedeutungen des Ausdruckes τὸ ἀγαθόν. Damit bezeichnen die Peripatetiker a) die Ursache der Erhaltung aller Wesen, d. h. die Gottheit, b) das von allen guten Dingen Prädizierte, d. h. das Gute als Gattung, und c) was um seiner selbst willen erstrebenswert ist, das Gute als das Ziel, auf welches wir alles beziehen, die Eudämonie. Ziemlich ähnlich hatte Aristoteles zwischen dem Guten an sich (Idee des Guten), dem Guten als Gattung und dem praktischen Guten unterschieden[173]. Hier nimmt selbstverständlich Gott den Platz der Idee des Guten ein. Daß Gott als πᾶσι τοῖς οὖσι σω-

---

[169] 126, 22; 131, 8.

[170] Abriß 20.

[171] EN I 10, 1099b 27—28; Pol. VII 14, 1333a 32—33. Vgl. auch Aspas., EN 26, 15—24. Die Gegenüberstellung mit den καλά ist echt aristotelisch: Belege bei H. v. Arnim, Abriß 19—20.

[172] 132, 8—10.

[173] EE I 8, 1217b 1—1218b 24; MM I 1, 1182b 6—14.

τηρίας αἴτιον bezeichnet wird, entspricht nicht so sehr den Vorstellungen und dem Sprachgebrauch des Aristoteles[174] als denen der pseudo-aristotelischen Schrift Von der Welt[175], also einer relativ späten Schrift, die gerade in der Lehre von der Fürsorge Gottes sich von der stoischen Problematik hat anregen lassen, obwohl sie sich unmißverständlich von der Stoa distanziert.

Nur äußerlich schließt sich die Unterscheidung der drei Bedeutungen von τὸ δι' αὐθ' αἱρετόν „das um seiner selbst willen Erstrebenswerte" an (134, 14—16). Dieser Ausdruck erscheint nämlich unmittelbar davor als die dritte Bedeutung von ἀγαθόν. Dort bezeichnet er aber das „höchste Ziel, auf welches wir alles beziehen", d. h. die Eudämonie. Nicht dieses spezielle δι' αὐθ' αἱρετόν wird jetzt eingeteilt, sondern ein viel allgemeineres. Wir hören nämlich, daß der Ausdruck dreierlei bedeutet: das Endziel jeder einzelnen Handlung, das höchste Ziel aller unserer Handlungen und drittens, was als ein Teil dieser Ziele geschieht[176]. Sind die an dritter Stelle genannten „Teile" der Einzelziele oder des Endzieles etwa die „Mittel zum Zweck", oder bezeichnet der Ausdruck nicht eher die Bestandteile eines umfangreicheren Zieles, das man nicht immer ganz, sondern nur partiell zu erreichen vermag? Der Verfasser gibt leider weder Erklärungen noch Beispiele. Wie dem auch sei, der Ausdruck δι' αὐθ' αἱρετά scheint nicht ausschließlich Ziele zu bezeichnen: Unter diesen αἱρετά sind die einen τελικά, sie stellen Ziele dar, die anderen sind ποιητικά, sie ermöglichen die Verwirklichung der Ziele; zur ersten Gruppe gehören die wunschgemäß ausgestatteten tugendhaften Handlungen, zur zweiten die materiellen Voraussetzungen der Tugend (134, 17—19). Diese Teilung der δι' αὐθ' αἱρετά erinnert an die Güterlehre des 1. Teiles der Epitome, insbesondere an die Angaben über den Beitrag der leiblichen und äußeren Güter zur Eudämonie. Sie wirft aber eine Schwierigkeit auf, die auch in einigen der folgenden Diäresen spürbar ist:

---

[174] Im Satz der Metaph. (Λ 7, 1072b 14), den H. v. Arnim, Abriß 48—49 anführt und zu dem man De cael. I 9, 279a 28—30 hinzufügen kann, heißt es zwar, daß alles Seiende von Gott abhängt, der so charakteristische σωτηρία-Begriff fehlt jedoch völlig.

[175] De mund. 6, 397b 16; 20; 398a 4 (σύμπασιν αἴτιος γίνεται σωτηρίας); 398b 10; 400a 4.

[176] Es leuchtet nicht ein, warum in 134, 16 das überlieferte τούτων in τούτου korrigiert werden müßte, wie H. v. Arnim, Abriß 49—50 vorschlägt. Nicht nur die Eudämonie, sondern auch die Einzelziele können „Teile" haben, die mit Recht als δι' αὐθ' αἱρετά angesprochen werden können.

Wenn die nicht-seelischen Güter keine eigentlichen Bestandteile der
Eudämonie sind, sondern nur Instrumente, materielle Voraussetzungen, Verwirklichungshilfen u. dgl., wie kommt es dann, daß sie dennoch zu den δι' αὐτὰ αἱρετά, zu den um ihrer selbst willen erstrebenswerten Dingen gezählt werden? Auf diese Schwierigkeit werden wir
bald zurückkommen.

Die nächste Diärese (134, 20—25) teilt die Güter in ehrenwerte Dinge
(τίμια. Beispiele: Gott, der Herrscher, der Vater), lobenswerte Dinge
(ἐπαινετά. Beispiele: die Gerechtigkeit, die Einsicht), Machtmittel (δυνάμεις, Beispiele: Geld, Herrschaft, Macht) und nützliche Dinge (ὠφέλιμα:
was die oben genannten Güter zu erlangen oder zu bewahren ermöglicht,
τὰ ποιητικὰ τούτων καὶ φυλακτικά, wie z. B. was die Gesundheit und eine
gute körperliche Verfassung hervorbringt) ein. Wie wir durch Alexander
von Aphrodisias erfahren[177], begegnete diese Klassifizierung der Güter in
der für aristotelisch gehaltenen „Einteilung der Güter"; sie wird auch in
den MM angeführt[178].

Diese Vierteilung der Güter wird in der folgenden Diärese (135, 1—10)
wieder verwendet. Dort heißt es, daß unter den Gütern die einen „an
sich" (καθ' ἑαυτά) erstrebenswert sind, die anderen „um etwas anderen
willen" (δι' ἕτερα). Zur ersten Klasse gehören die τίμια, die ἐπαινετά und
die δυνάμεις, zur zweiten die ὠφέλιμα. Bemerkenswert ist die Begründung
für die Einordnung der δυνάμεις in die καθ' αὐτὰ ἀγαθά: Es handelt sich
um Dinge, die der Tugendhafte zu erwerben sucht und richtig verwenden
kann, und gerade deswegen sind sie „an sich gut". Daß Reichtum, Macht
u. dgl. Hilfsmittel zur Glückseligkeit sind und die Rolle von Instrumenten innehaben, scheint also hier außer acht gelassen zu sein: Sie werden
als „Güter an sich" bezeichnet. Bevor wir auf dieses Problem zurückkommen, wollen wir einen Blick auf andere Diäresen werfen, in denen das
Verhältnis der Güter zu den Zielen erörtert wird.

Das ist schon bei der nächsten (135, 11—16) der Fall. Dort heißt es,
daß unter den „Gütern an sich" die einen Ziele, die anderen keine Ziele
sind. Als Ziele kommen z. B. die Gerechtigkeit, die Tugend, die Gesundheit in Frage, während Heilmittel und Therapie keine Ziele sind.

Danach (135, 17—136, 8) wird zwischen Zielen unterschieden, die für
jeden (Tugend, Einsicht), und solchen, die nicht für jeden Ziele sind

---

[177] Alex., Top. 242, 4—8.

[178] MM I 2, 1183b 20—37. Als Beispiele für die δυνάμεις werden Herrschaft, Geld,
Kraft, Schönheit, als Beispiele für das σωστικὸν καὶ ποιητικὸν ἀγαθοῦ die
gymnastischen Übungen u. dgl. angegeben.

(Geld, Herrschaft und Macht sind nicht für jeden ein Gut, und zwar deswegen, weil ihre richtige Verwendung es ist, die sie zu Gütern macht, sie aber schädlich werden, wenn man sie falsch benützt[179]). Damit ist natürlich die frühere Behauptung schwer zu vereinbaren, daß Dinge wie Geld und Macht zu den καθ' αὑτά ἀγαθά gehören.

Schließlich werden im Hinblick auf das αἱρετόν drei Klassen in den Gütern unterschieden (137, 4—7): Die einen sind nur um ihrer selbst willen erstrebenswert (δι' αὑθ' αἱρετὰ μόνον. Beispiele: Lust und Ungestörtheit), andere sind nur Hilfsmittel zur Verwirklichung (ποιητικά. Beispiel: das Geld), andere wiederum sowohl Hilfsmittel wie auch um ihrer selbst willen erstrebenswert (καὶ ποιητικὰ καὶ δι' αὑθ' αἱρετά. Beispiele: Tugend, Freunde, Gesundheit)[180].

Vergleicht man diese Diäresen miteinander, so drängt sich die Frage auf, ob sie als Bauteile einer umfangreicheren und systematischeren Einteilung fungieren können oder wenigstens eine einheitliche Güterlehre widerspiegeln, oder aber — trotz ihres unverkennbar peripatetischen Charakters — verschiedenen Tendenzen und Nuancierungen innerhalb der peripatetischen Güterlehre entsprechen. Im letzteren Fall wäre es natürlich klar, daß der ganze Abschnitt bei Areios ein Mosaik von Exzerpten verschiedener Provenienz ist.

Es dürfte nicht unwichtig sein, sich einige Aristoteles-Texte zu vergegenwärtigen, auf welche die fraglichen Diäresen zurückzugehen scheinen. Bereits in der Topik[181] wird das δι' αὑτὸ αἱρετόν, d. h. was unabhängig von seinen Folgen erstrebenswert ist, dem δι' ἕτερον αἱρετόν gegenübergestellt. Dem καθ' αὑτὸ αἱρετόν gegenüber steht das κατὰ συμ-

---

[179] Man vergleiche z. B. die Ausführungen des Nikolaos von Damaskos in seiner Autobiographie, FGrHist IIa, Fr. 138, S. 426, 10—15 (der Besitz des Geldes hat an sich keinen Wert, ebensowenig wie der einer Lyra oder einer Flöte. Die Benutzung ist das Entscheidende. Geldbesitz ist tadelnswert, wenn er zu einer schlechten Lebensführung dient, und gut, wenn er im Rahmen eines tugendhaften Lebens richtig verwendet wird). Aspas., EN 5, 27—28; 6, 7—11 nennt δυνάμεις die Güter, die man gut oder schlecht gebrauchen kann, wie z. B. Geld, Gesundheit, Rhetorik, Chrematistik, Feldherrnkunst.

[180] Auch Aspas., EN 13, 24—14, 7; 15, 19—16, 5 scheint eine ähnliche Einteilung zu kennen. Er unterscheidet zwischen Dingen, die an und für sich gut sind, solchen, die durch sich selbst und um etwas anderen willen erstrebenswert sind (z. B. Tugenden, Ehrungen, unschädliche Lust), und solchen schließlich, die nur wegen etwas anderen erstrebenswert sind. Seine Ausführungen in 13, 24 sqq. sind leider nicht ganz klar.

[181] Arist., Top. III 1, 116a 29—39.

βεβηκὸς αἱρετόν. In der EN[182] begegnet eine Zweiteilung der Güter, nach welcher die einen „für sich (καθ' αὑτά) angestrebt und geliebt werden", die anderen „jene hervorbringen und bewahren oder deren Gegensätze verhindern"; ferner wird auf die Möglichkeit angespielt, daß Güter, die wir auch dann anstreben, wenn sie isoliert dastehen (Denken, Sehen, bestimmte Lustarten, Ehren), auch um anderer Dinge willen verfolgt werden können. Diesem Text konnte man entweder die Zweiteilung καθ' αὑτὸ αἱρετόν — ποιητικά entnehmen, oder aber auch eine Dreiteilung, und zwar durch Hinzufügung eines Gliedes καὶ καθ' αὑτὸ καὶ δι' ἄλλο αἱρετόν.

Gerade diese Dreiteilung ergibt sich noch deutlicher aus einer anderen Stelle der EN[183]. Unter den Zielen gibt es solche, die wir δι' ἕτερα anstreben, z. B. das Geld oder aber die Flöte für den Flötenspieler oder die Instrumente im allgemeinen. Sie sind natürlich nicht vollkommen, denn das καθ' αὑτὸ διωκτόν ist vollkommener als das δι' ἕτερον. Nun gibt es aber etwas, was immer καθ' αὑτό und niemals δι' ἄλλο erstrebt wird: Das ist das vollkommenste Ziel, die Eudämonie. Andere Güter aber, wie Ehre, Lust, Verstand, Tugend, werden sowohl δι' αὑτά, um ihrer selbst willen, unabhängig von ihren Folgen, erstrebt als auch der Eudämonie zuliebe.

Auch in den anderen Ethiken, besonders in den MM, steht einiges, das in die Einteilungen übernommen wurde. Das ist z. B. der Fall für die vier Bedeutungen von τἀγαθόν (τίμιον, ἐπαινετόν, δυνάμεις, σωστικὸν καὶ ποιητικόν)[184]. Das ist auch der Fall für die Unterscheidung zwischen Zielen, die für jeden, und solchen, die nicht für jeden gelten[185], und schließlich für die Unterscheidung von Gütern, die Ziele sind (die Gesundheit) und solchen, die Mittel zum Ziele sind[186].

Fast für jede Diärese bei Areios läßt sich also eine ziemlich genaue Parallele bei Aristoteles entdecken. Es fragt sich aber, ob die Diskrepanzen und die echten oder scheinbaren Widersprüche zwischen den einzelnen Diäresen lediglich ähnliche Erscheinungen bei Aristoteles widerspiegeln oder ob sie anders zu erklären sind und die Schlußfolgerung rechtfertigen, daß bei Areios verschiedene Ansichten aus der peripatetischen Schule über die Bedeutungen und die Einteilungen des Guten einfach zusammengestellt worden sind, ohne daß es dem Kompilator gelang, sie aufeinander abzustimmen.

---

[182] EN I 4, 1096b 9—25.
[183] EN I 5, 1097a 25—b 6.
[185] MM I 2, 1183b 38—1184a 2.
[184] MM I 2, 1183b 20—37.
[186] MM I 2, 1184a 3—7.

Schwierigkeiten macht zuerst der Begriff ποιητικά. Damit sind 129, 12—17 diejenigen der δι' ἡμᾶς αἱρετά gemeint, die zum Ausüben der Tugend etwas beitragen, praktisch alle körperlichen und äußeren Güter im Gegensatz zu den Tugenden und ihren Betätigungen. In demselben Sinn werden 134, 17—19 die „materiellen Voraussetzungen der Tugenden" als ποιητικά bezeichnet; sie gehören zu den δι' αὐθ' αἱρετά. Gleich danach aber, in 134, 20—135, 10, wird das Wort für die Dinge angewendet, die zum Erlangen oder Erhalten eines anderen Gutes nützlich sind; diese Dinge gehören zu den δι' ἕτερα αἱρετά. Auch in 137, 4—7 werden die ποιητικά μόνον den δι' αὐτά αἱρετά entgegengesetzt.

Parallel damit läuft eine andere Schwierigkeit: Sie bezieht sich auf die Einordnung der äußeren und der leiblichen Güter oder einiger von ihnen, besonders des Reichtums. Da ihre Funktion als Instrumente zur Betätigung der Tugend vorher hervorgehoben wurde, fragt man sich, warum sie unter dem Sammelbegriff δυνάμεις zu den καθ' αὐτά αἱρετά gezählt werden (135, 1—10), und ferner, warum sie, wenn sie καθ' αὐτά αἱρετά sind, doch nicht für jeden gut sind (135, 19—136, 8). Der Reichtum wird bald (unter den δυνάμεις) zu den Καθ' ἑαυτά αἱρετά gezählt (135, 4), aber es heißt auch, daß er nicht für jeden gut ist (135, 19—136, 3), und es wird sogar abgestritten, daß er ein δι' αὐθ' αἱρετόν sei: Er gehöre zu den ποιητικά μόνον (137, 6).

Im Gegensatz zur communis opinio, die diese und ähnliche Widersprüche als Beweise für die Heterogenität der hier zusammengestellten Stücke betrachtet[187], versucht H. v. Arnim, Diskrepanzen und Widersprüche wegzudeuten oder zu bagatellisieren und dadurch den einheitlichen Charakter des Abschnittes nachzuweisen. Die angeblichen Widersprüche verschwinden weitgehend, so meint er, wenn man als Grundlage eine Einteilung annimmt, die etwa folgendermaßen aussieht:

I. καθ' αὐτά αἱρετά

    A. δι' αὐτά αἱρετά μόνον

    B. καὶ δι' αὐτά καὶ δι' ἕτερα αἱρετά

II. δι' ἕτερα αἱρετά μόνον

Die scheinbaren Unterschiede zwischen den Diäresen ergeben sich seiner Meinung nach daraus, daß die Gruppe I B, zu der u. a. die δυνάμεις gehören, auch undifferenziert unter den καθ' αὐτά αἱρετά erscheint

---

[187] Z. B. R. Hirzel, Unters. II 703—707. H. Strache, De Arii auct. 57.

(135, 1—8), und daß die Gruppe II, die auch die der ὠφέλιμα (134, 24;
135, 8) oder der ποιητικά (137, 5) genannt wird, gelegentlich unter der
unpräzisen Bezeichnung δι' ἕτερα αἱρετά erscheint (135, 8—10)[188]. Diese
scharfsinnige Konstruktion überzeugt jedoch nicht. Analysiert man die
Texte ohne Voreingenommenheit, so kommt man auf andere Ergebnisse.
Die zu klassifizierenden Dinge sind die folgenden: 1. Dinge, die in verschiedenen Telos-Lehren für das höchste Ziel gehalten wurden, etwa Eudämonie, Lust, Ungestörtheit u. dgl. 2. Die seelischen Güter, d. h. die
Tugenden und die entsprechenden Handlungen. 3. Die leiblichen Güter.
4. Die äußeren Güter. 5. Mittel, die zu den Gütern der Klassen 2—4 führen. In der beigelegten Tabelle habe ich versucht, die verschiedenen, oft
dichotomischen Einteilungen dieser Güter schematisch darzustellen.

Niemand wird wohl glauben, daß diese Diäresen sich auf einen gemeinsamen Nenner bringen lassen und daß nur kleine Ungenauigkeiten
im Ausdruck die ursprüngliche Einheitlichkeit des Ganzen undeutlich
gemacht haben. Es liegt auf der Hand, daß die großen Schwankungen in
der Verteilung der einzelnen Güterklassen wie in der Anwendung der
Fachtermini (τέλη, δι' αὐτὰ αἱρετά, ποιητικόν u. dgl.) nur dadurch er-
klärbar sind, daß wir es mit Exzerpten aus verschiedenen Quellen zu tun
haben. H. v. Arnim selbst mußte übrigens zugeben, daß das Wort ποιητικά
in einer doppelten Bedeutung gebraucht wird[189] und daß die Einordnung des Reichtums nicht immer dieselbe ist[190]: Das hätte ihn schon vom
disparaten Charakter des ganzen Abschnitts überzeugen müssen!

Über die noch nicht erörterten Diäresen können wir uns kurz fassen.
Die Dreiteilung der Güter in seelische, leibliche und äußere (136, 9—16)
braucht nicht besonders behandelt zu werden. Interessant ist lediglich,
daß im Anschluß daran (136, 16—21) die seelischen Güter wieder in drei
Klassen eingeteilt sind, je nachdem sie von Natur aus da sind (Scharfsinn, Gedächtnis, Begabung im allgemeinen), durch eine Pflege entstehen (Elementarkenntnisse, gute Erziehung) oder die Früchte einer
Vollendung sind (Einsicht, Gerechtigkeit, Weisheit). In dieser Form ist
die letztere Dreiteilung nicht bei Aristoteles bezeugt; die damit wiedergegebenen Gedanken — Rolle der Veranlagung und der Erziehung z. B.

---

[188] Damit fasse ich die ausführlichen Erläuterungen von H. v. Arnim, Abriß 58—59
zusammen.
[189] Abriß 50: 1. Werkzeugsapparat der Eudämonie, also die leiblichen und die
äußeren Güter. 2. Das, was lediglich zur Hervorbringung oder Erhaltung eines
Gutes nützlich ist, ohne selbst Objekt eines natürlichen Triebes zu sein.
[190] Abriß 59—61.

Διαιρέσεις τῶν ἀγαθῶν in Areios' Epitome

	Höchste Ziele	Seelische Güter	Leibliche Güter	Äußere Güter	Hilfsmittel
129, 9—17	καλά (φρόνησις, δικαιοσύνη)		ἀναγκαῖα (ζῆν, σῶμα, μέρη, χρήσεις)	(εὐγένεια, πλοῦτος, δόξα)	
134, 17—19	τελικά (κατ' ἀρετὴν προηγούμεναι πράξεις)		ποιητικά (τὰ ὑλικὰ τῶν ἀρετῶν)		
135, 1—10	καθ' αὑτὰ αἱρετά			(πλοῦτος, ἀρχαί)	δι' ἕτερα αἱρετά
135, 11—16	τέλη	(δικαιοσύνη, ἀρετή)	(ὑγίεια)	?	οὐ τέλη (ὑγιεινόν, θεραπεία)
135, 17—136, 8	παντὶ ἀγαθά	(ἀρετή, φρόνησις)	?	οὐ παντὶ ἀγαθά (πλοῦτος, ἀρχαί, δυνάμεις)	
137, 4—7	δι' αὑθ' αἱρετά (ἡδονή, ἀοχλησία)	καὶ ποιητικὰ καὶ δι' αὑθ' αἱρετά (ἀρετή)	(ὑγίεια)	(φίλοι)	ποιητικὰ μόνον (πλοῦτος)
56, 10—23	δι' ἑαυτὰ αἱρετά (ἀρεταί) (εὐδαιμονία)	δι' ἑαυτὰ αἱρετά (σωματικὰ κατὰ φύσιν, einige σωματ. ἡδοναί)		?	δι' ἄλλα αἱρετά

— sind ihm jedoch nicht fremd. Sehr ähnlich ist dagegen eine Stelle aus Ciceros Academica[191], auf die H. Strache[192] hingewiesen hat.

Im nächsten Paragraphen (136, 22—137, 3) werden die Güter nach der Möglichkeit eingeteilt, sie zu erwerben oder zu verlieren. Die einen kann man sowohl erwerben wie auch verlieren (das Geld z. B.), andere kann man erwerben, jedoch nicht verlieren[193], andere kann man verlieren, aber nicht erwerben (Wahrnehmungsvermögen, Leben) und andere schließlich kann man weder erwerben noch verlieren (edle Abstammung). Aristoteles bietet keine Parallelen, und aus der späteren Literatur sind mir auch keine bekannt. Selbst wenn man diese Klassifizierung eher als Spielerei betrachtet, wird man es bedauern, daß man hier keine Stellungnahme zu der Frage nach der Verlierbarkeit der Eudämonie oder der Tugend findet.

Der Abschnitt schließt mit dem Hinweis, daß man die Güter noch anders und vielfach einteilen kann (137, 8—12): Sie gehören nämlich nicht zu ein und derselben Gattung, sondern werden nach den zehn Kategorien genannt. Ἀγαθόν ist ein „homonymer" Begriff: Die ἀγαθά haben nur den Namen gemeinsam, der Begriff, den dieser Name bezeichnet, ist aber nicht in allen Fällen derselbe. In allen drei Ethiken betont Aristoteles, daß das Gute — wie das Seiende — ein πολλαχῶς λεγόμενον ist und in allen Kategorien begegnet; es kann also kein κοινόν τι καθόλου καὶ ἕν sein[194]. Aristoteles bezeichnet es aber nicht ausdrücklich als ein Homonymon; wenn die Quelle des Areios es tut, muß sie mit dem Anfang der Kategorien vertraut gewesen sein; in der Tat ist die Definition der Homonyma bei Areios identisch mit der des Aristoteles[195].

Fragt man zum Schluß noch einmal nach der Quelle des Areios in diesem Abschnitt über die Güter, so kann man folgende Punkte fest-

---

[191] Cic., Acad. post. I 20.

[192] De Arii auct. 55—56.

[193] Hier ist der überlieferte Text zweifellos korrupt. Als Beispiele für diese Klasse stehen nämlich εὐτυχία und ἀθανασία. Keine der bisher vorgeschlagenen Korrekturen überzeugt wirklich.

[194] EE I 8, 1217b 25—35; EN I 3, 1096a 23—29; MM I 1, 1183a 7—24.

[195] 137, 10—12 τὰ δὲ τοιαῦτα πάντα (= τὰ ἐν ὁμωνυμίᾳ) ὄνομα κοινὸν ἔχειν μόνον, τὸν δὲ κατὰ τοὔνομα λόγον ἕτερον ~ Arist., Cat. 1, 1a 1—2 ὁμώνυμα λέγεται ὧν ὄνομα μόνον κοινόν, ὁ δὲ κατὰ τοὔνομα λόγος τῆς οὐσίας ἕτερον. Wenn ich nicht irre, haben wir es hier mit einem der ältesten Zitate aus den Kategorien zu tun; es ist interessant zu beobachten, daß Areios die Worte τῆς οὐσίας nicht hat, die laut Porphyrios und Dexippos auch in den Texten des Andronikos und Boethos fehlten. Vgl. oben S. 102 und 150.

halten: 1. Die peripatetische Herkunft des Abschnitts unterliegt keinem Zweifel. Nirgends finden sich Einzelheiten im Inhalt oder im Wortschatz, die an die Stoa erinnern. Im Gegenteil lassen sich für die meisten Diäresen Parallelstellen aus Aristoteles anführen, die inhaltlich mit dem entsprechenden Passus des Areios übereinstimmen oder ihm wenigstens so verwandt sind, daß er irgendwie darauf zurückgehen muß. 2. Die Diäresen können nicht als Bestandteile einer folgerichtig durchgearbeiteten, einheitlichen Güterlehre angesehen werden. Die Divergenzen sind im Hinblick auf die Bewertung der leiblichen und der äußeren Güter besonders aufschlußreich: Eine Diärese zählt sie, wenigstens teilweise, zu den τέλη, eine andere bezeichnet sie als ποιητικά und stellt sie höheren, seelischen Gütern, die τελικά sind, gegenüber; eine hält sie ohne jede Einschränkung für καθ' αὑτά αἱρετά, eine andere verteilt sie auf die ποιητικά καὶ δι' αὑθ' αἱρετά und die ποιητικά μόνον, und in einer weiteren wird sogar hervorgehoben, daß wenigstens die sogenannten äußeren Güter nicht für jeden gut sind. 3. Wir haben es offenbar mit Exzerpten aus den Schriften verschiedener Peripatetiker zu tun, die sich in der Güterlehre grundsätzlich zur Auffassung des Aristoteles bekennen wollten, sich in den Formulierungen und in der Bestimmung von Einzelheiten jedoch nicht einig waren. 4. Mit einiger Wahrscheinlichkeit dürfen wir annehmen, daß nicht Areios es war, der die verschiedenen Diäresen exzerpierte und zusammenstellte. Die Anlage dieses Abschnittes hebt sich deutlich von den übrigen Teilen der Epitome ab; die Vermutung liegt daher nahe, daß der Abschnitt ‚en bloc' aus einer bereits vorhandenen Kompilation übernommen bzw. ausgezogen worden ist. Die Schriftenverzeichnisse von Aristoteles, Theophrast, Speusipp und Xenokrates zeigen, daß Sammlungen von διαιρέσεις im Peripatos und in der Akademie angefertigt wurden. Auch später wurde die Kunst des Einteilens in den philosophischen Schulen praktiziert, und wir besitzen noch διαιρέσεις-Sammlungen, die allem Anschein nach für den Schulgebrauch gedacht waren[196]. Aus einer solchen Sammlung hat Areios hier seine Information geschöpft[197].

4. Tugendlehre

Drei verschiedene, voneinander getrennte Abschnitte des 2. Teiles der Epitome sind der Tugendlehre gewidmet. A. Gleich am Anfang (128, 11

---

[196] Divisiones quac vulgo dicuntur Aristoteleae, ed. H. Mutschmann, Leipzig 1907.
[197] H. Mutschmann XXIV—XXV vergleicht einige Areios-Diäresen mit den ent-

bis 25), noch vor der Eudämonielehre, wird die Tugend im allgemeinen erörtert. B. Hinter den Einteilungen der Güter finden sich längere Ausführungen über die ethische Tugend (137, 14—142, 13). C. Nach dem Kapitel über die Lebensformen werden schließlich Definitionen mehrerer Einzeltugenden angegeben (145, 11—147, 25).

A. Im ersten dieser Abschnitte wird die ἀρετή im allgemeinen als ἡ ἀρίστη διάθεσις ἢ καθ' ἥν ἄριστα διάκειται τὸ ἔχον definiert. Diese Definition, so heißt es, erhellt aus der Induktion (ἐκ τῆς ἐπαγωγῆς. Hinweise auf die ἀρετή des Schusters und des Baumeisters) und ist allgemein anerkannt (ὁμολογούμενον). Diese Angaben decken sich inhaltlich und zum Teil auch wörtlich mit einer Passage der EE[198]. Die Tugenden, so heißt es weiter, haben sozusagen zwei Prinzipien, die Vernunft (λόγος) und den Affekt (πάθος). Die Lust- und Schmerzgefühle können nämlich zu einem Konflikt (ἀντίταξις) zwischen den beiden führen. Siegt die Vernunft, so spricht man von ἐγκράτεια. Siegt das Irrationale, weil der Antrieb (ὁρμή) sich nicht fügen will, so heißt das ἀκρασία. Die Tugend dagegen ist die Harmonie, der Einklang der beiden Kräfte, wobei die Vernunft auf das richtige Ziel (ἐφ' ὃ δεῖ) hinführt und das Irrationale fügsam folgt. Wir haben es hier mit einer stark vereinfachenden Wiedergabe aristotelischer Gedanken zu tun, und es wäre ein Leichtes, zu den einzelnen Punkten Parallelstellen aus den drei Ethiken anzuführen. Bei einem Vergleich mit den Ethiken des Corpus stellt sich aber heraus, daß die Verwandtschaft unseres Passus mit den MM besonders eng ist. In den MM werden z. B. die beiden Seelenteile, die bald in Konflikt, bald im Einklang miteinander stehen, als λόγος und πάθος bezeichnet[199]. Auch der Gebrauch von ὁρμή im Sinne von „irrationaler Antrieb" erinnert an die MM mehr als an die beiden Ethiken[200]. Die Bezeichnung von λόγος und πάθος als ὥσπερ

sprechenden Stellen der MM; er hält es für wahrscheinlich, daß Areios und MM aus einem *corpus divisionum Aristotelicarum* schöpfen.

[198] EE II 1, 1218b 37—1219a 5 und 1219a 20—23.

[199] Vgl. bes. MM II 7, 1206b 17—29 und 11, 1211a 27—36. In der EN wird das Leben κατὰ λόγον dem Leben κατὰ πάθος mehrmals gegenübergestellt, mit πάθος wird jedoch nicht ein Seelenteil als solcher bezeichnet.

[200] Die Bedeutung von ὁρμή in den aristotelischen Ethiken ist bekanntlich zum Gegenstand einer Polemik zwischen H. v. Arnim und R. Walzer geworden. Nachdem A. Trendelenburg, Einige Belege für die nacharistotelische Abfassungszeit der MM, in: Hist. Beiträge zur Philos. III (1867) 433—444, bes. 438, auf den häufigen Gebrauch von ὁρμή mit der Bedeutung von „spontaner, seelisch bedingter Bewegungsantrieb" hingewiesen und darin eine Anlehnung an die stoische Terminologie zu erkennen geglaubt hatte, untersuchte H. v. Ar

ἀρχαί τῶν ἀρετῶν scheint ebenfalls von den MM angeregt worden zu sein[201].

B. Der zweite Abschnitt (137, 14—142, 13), der den ethischen Tugenden gewidmet ist, gehört zweifellos zu den wichtigsten der ganzen Epitome. Da er ein Zitat aus Theophrast (mit Namensnennung) enthält, hat man ihn als „grundlegend für die Beurteilung des Quellenwertes der Epitome" betrachtet[202]. Umfang und Wörtlichkeit des Zitates sind, wie wir noch sehen werden, umstritten. Das Stück verdient eine sorgfältige Analyse, zumal es sich sehr eng mit der EE und den MM berührt. Schon auf den ersten Blick fällt ein beachtenswerter Unterschied zu den Güter-

nim, Die drei Ethiken 24—30 das Vorkommen von ὁρμή im Corpus aristoticum; überzeugt von der Echtheit der MM, lehnte er Trendelenburgs Schlußfolgerungen ab; in den MM habe ὁρμή in der Tat etwa dieselbe Bedeutung („innerer Antrieb") wie bei den Stoikern, dies gehe aber auf eine akademische Schulüberlieferung zurück und beweise keineswegs, daß die MM unecht seien; wie ὄρεξις anderswo könne ὁρμή auf den irrationalen Seelenteil beschränkt sein oder den Antrieb bedeuten, der aus jedem Seelenteil einschließlich des λόγος ausgehe. In der EE begegne ὁρμή ebenfalls in dieser Bedeutung (neben ὄρεξις), könne jedoch auch, wie in anderen Aristoteles-Schriften, für den Bewegungsantrieb im Unbeseelten gebraucht werden. In der EN sei ὁρμή fast aufgegeben worden. In seiner Rezension von Arnims Drei Ethiken (Gnomon 3 [1927] bes. 80) lehnte E. Kapp die Gültigkeit der chronologischen Schlußfolgerungen ab, die H. v. Arnim aus dem Gebrauch von ὁρμή gezogen hatte. R. Walzer, MM und arist. Ethik 164—167 unterzog ebenfalls Arnims Konstruktion einer scharfen Kritik: In der Frühstufe der Entwicklung des Aristoteles sei die Bedeutung von ὁρμή (Bewegungsantrieb jeglicher Art) ganz untechnisch gewesen, in der EN trete der Gebrauch des Wortes vollkommen zurück; in den MM dagegen, wo es nur mit der Bedeutung von „innerer, seelischer Bewegungsantrieb" vorkomme, verrate es den Übergang der klassischen attischen Philosophie zum Hellenismus, ohne jedoch auf eine Beeinflussung durch die Stoa zurückgeführt werden zu müssen. H. v. Arnim Der neueste Versuch 29—31 lehnte Walzers Auffassung ab und hielt sich an seine frühere Position, ohne Neues zur Debatte beizutragen. Weitere Literatur führt F. Dirlmeier, Arist. MM, 1958, 202 an. Was die ὁρμή bei Aristoteles angeht, teilt Dirlmeier, der jetzt an die Echtheit der MM glaubt, im großen und ganzen die Ansicht H. v. Arnims (vgl. S. 202—205 und 349—350). Im Peripatetikerteil der Areios-Epitome sei die ὁρμή bei genauerem Zusehen nicht zu finden, „denn entweder besteht der Verdacht stoischen Einflusses (117, 11; 142, 15; 128, 27 = 75, 2) oder die Bezeugung durch MM reicht so weit aus (128, 23), daß nicht einmal Arnim Theophrast zu bemühen brauchte". (F. Dirlmeier, Arist. MM 203).

[201] Vgl. MM II 7, 1206b 17—29.
[202] H. v. Arnim, Abriß 67.

einteilungen und ähnlichen Partien der Epitome auf: Wir haben es nicht mit einer trockenen Aufzählung aneinandergereihter Definitionen und Diäresen zu tun, sondern stehen vielmehr vor einem diskursiv fortschreitenden, ziemlich übersichtlich aufgebauten Exposé. Die erste Hälfte (137, 14—140, 6) gibt sich für ein Referat über die Lehre der Peripatetiker im allgemeinen aus[203]. Die zweite dagegen (140, 7—142, 13), die mit dem Theophrast-Zitat anhebt, ist offensichtlich die Wiedergabe oder die Zusammenfassung von Ausführungen des Theophrast selbst[204].

In einer Art Einleitung (137, 13—23) wird zunächst angegeben, daß die „ethische Tugend" sich auf den nicht-rationalen Teil der Seele bezieht. Diese Angaben stimmen inhaltlich und weitgehend auch wörtlich mit MM I 5, 1185 b 1—8 überein. Nur in einem sehr wichtigen Punkt gehen die beiden Texte auseinander: Unter den Tugenden, die περὶ τὸ λογικόν sind, nennt Areios nicht nur φρόνησις, ἀγχίνοια, σοφία, εὐμάθεια, μνήμη, die auch in den MM erwähnt werden, sondern auch die καλοκάγαθία, die in der Aufzählung der MM nicht vorkommt. Mit den Ausführungen der EE und der MM[205] läßt sich die Klassifizierung der Kalokagathie unter den dianoetischen Tugenden nicht vereinbaren. In der Epitome selbst heißt es weiter unten (147, 22—25), daß die Kalokagathie aus allen ethischen Tugenden bestehe und die vollkommene Tugend sei; sie mache die Güter nützlich und schön und erstrebe die καλά um ihrer selbst willen. Diese letzteren Angaben erscheinen als ein dürres

---

[203] Man beachte die Verben ὑπολαμβάνουσι (137, 16), ὑπέθεντο (137, 18), φασίν (137, 24), χρῶνται (138, 2), ἡγοῦνται (139, 2), φασίν (139, 3) sowie die oratio obliqua.

[204] Dies geht aus dem berichtenden Satz des Areios 140, 15—17 hervor: εἶτα παραθέμενός τινας συζυγίας ἀκολούθως τῷ ὑφηγητῇ σκοπεῖν ἔπειτα καθ' ἕκαστα ἐπάγων ἐπειράθη τὸν τρόπον τοῦτον. Die Partizipien παραθέμενος und ἐπάγων sowie das Verbum finitum σκοπεῖν ἐπειράθη können sich nur auf Theophrast beziehen; der ὑφηγητής ist selbstverständlich Aristoteles. Der Satz kündigt die Liste der συζυγίαι (140, 17—141, 2) und die Ausführungen zu den einzelnen (καθ' ἕκαστα) Gruppen (141, 3—142, 5) an. Ob der Abschnitt über die ἀντακολουθία (142, 6—13) ebenfalls dazu gehört, ist umstritten. Am überlieferten Text hat man oft Anstoß genommen, vgl. die verschiedenen Korrekturvorschläge in Wachsmuths Apparat. Änderungen sind jedoch nicht unbedingt erforderlich. Der Satz bedeutet: „Dann, als er gewisse Gruppierungen im Anschluß an seinen Lehrer aufgezählt hatte, schickte er sich an, die einzelnen Gruppen im Rahmen einer Induktion folgendermaßen zu betrachten." Im Theophrast-Referat stehen oratio recta (140, 17—141, 5; 142, 6—13) und oratio obliqua (141, 5—142, 5) nebeneinander.

[205] EE VIII 3, 1248b 8—1249a 16; MM II 9, 1207b 19—1208a 4.

Résumé des Kapitels VIII 3 der EE[206] und schließen die Möglichkeit aus, daß die Kalokagathie eine Tugend des λογικόν sein könne. Es ist nicht möglich zu entscheiden, ob die Vorlage des Areios sich in 137, 19 absichtlich von der in den aristotelischen Ethiken vertretenen Auffassung distanzierte oder ob diese Einordnung der Kalokagathie auf ein Versehen bzw. eine unglückliche Kombination eines Kompilators zurückgeht[207].

In den folgenden Paragraphen wird im Zusammenhang mit den ethischen Tugenden auf drei Punkte hingewiesen:

1. Exzeß und Mangel richten sie zugrunde, während das Mittelmaß (μετριότης) ihnen förderlich ist (137, 24—138, 20). Dies wird mit Beobachtungen über die gymnastischen Übungen und die Eß- und Trinkgewohnheiten parallelisiert und am Beispiel der Tapferkeit erläutert. Der Text stimmt fast wörtlich mit MM I 5, 1185 b 13—22 überein.

2. Die Rolle von Lust und Schmerz soll ebenfalls berücksichtigt werden (138, 21—26). Dies ist fast wörtliche Wiedergabe von MM I 6, 1185 b 33—37.

3. Wichtig ist ferner die Kenntnis von drei Gruppen psychischer Phänomene, Affekte (πάθη), Fähigkeiten (δυνάμεις) und angewöhnte Haltungen (ἕξεις). Die Tugenden sind angewöhnte Haltungen, aufgrund derer die auf die Affekte bezogenen Handlungen lobenswert sind (139, 1 bis 18). Der Anfang dieser Ausführungen (139, 1—11) stimmt mit MM I 7, 1186a 9—17 weitgehend überein. Die Erläuterung der richtigen Grundhaltung am Beispiel des Zornes (139, 11—16) hat ebenfalls ihre Parallele in den MM (I 7, 1186a 17—24), aber hier ist die Paraphrase des Areios viel freier als vorhin. Der letzte Satz schließlich (139, 16—18), in dem die Tugenden als ἕξεις, die lobenswerte Handlungen hervorbringen, definiert sind, hat keine genaue Entsprechung in den MM.

Der Verfasser kommt dann auf den Begriff der „richtigen Mitte", der die Tugend kennzeichnet, zurück, um hervorzuheben, daß es sich um die „auf uns bezogene Mitte" (μέσον τὸ πρὸς ἡμᾶς) handelt (139, 19—140,

---

[206] Vgl. bes. 1248b 10 und 34—37; 1249a 10—13 und 16.

[207] Um den Widerspruch zwischen den beiden Kalokagathie-Stellen nach Möglichkeit aufzuheben, wollte A. Trendelenburg, in: SB Akad. Berlin 1858, 157 den Text von 137, 19 so korrigieren, daß die Kalokagathie als gemeinsamer Vorzug des λογικόν und des ἄλογον erscheinen sollte. Sowohl Wachsmuth ad loc. wie auch R. Hirzel, Unters. II 708 lehnen einen solchen Eingriff mit Recht ab.

6)[208]. Auf den ersten Blick erscheinen seine Ausführungen ziemlich unklar; sie werden erst dann gut verständlich, wenn man sie mit dem Passus der EE vergleicht, der hier als Vorlage gedient hat[209]. An diese Erwähnung des πρὸς ἡμᾶς μέσον schließt sich das viel diskutierte Theophrast-Zitat an[210].

Um zu beweisen, daß die auf uns bezogene Mitte die beste ist, verwies
Theophrast auf drei Typen von Gesprächspartnern: Der eine faselt und
sagt Unwichtiges, ein anderer faßt sich kurz und sagt nicht einmal das
Notwendige; richtig verhält sich derjenige, der sagt, was gesagt werden
muß und den richtigen Zeitpunkt dafür ergreift[211]. Diese Mitte ist wirk-

---

[208] Daß die Tugend zwischen einem Zuviel und einem Zuwenig steht, ist in den
vorausgehenden Abschnitten deutlich gemacht worden, allerdings ohne daß
sie ausdrücklich als μέσον definiert wird. Der Vf. benutzte die Wörter σύμμε-
τρος (138, 7), μέτριος (138, 16) und μετριότης (138, 19).

[209] EE II 3, 1220b 21—33. — Während die vorausgehenden Paragraphen sich
nahe an den Text der MM hielten, ist der Epitomator hier anders verfahren.
Er gibt zuerst (139, 19—23) ein nicht sehr geschicktes und nicht sehr klares
Résumé der viel deutlicheren Zeilen 1220b 21—27, übernimmt dann zwei
Zeilen aus der EE ganz wörtlich (1220b 27—28, ἐν πᾶσι — καὶ ὁ λόγος), fügt
von sich aus eine Bemerkung darüber hinzu, daß nicht die quantitative,
sondern die qualitative Mitte gemeint sei, und erklärt schließlich in freiem
Anschluß an 1220b 31—33, daß Mangel und Exzeß sowohl sich selbst wie auch
der richtigen Mitte entgegengesetzt sind.

[210] Über dieses Zitat vgl. vor allem das Kapitel „Die einzelnen ethischen Tugenden
und das Zeugnis Theophrasts" bei H. v. Arnim, Die drei Ethiken, Wien 1924,
124—141 und die Rezensionen von E. Kapp, in: Gnomon 3 (1927) bes. 73—78
und A. Mansion, Autour des Éthiques attribuées à Aristote, in: Revue
Néoscolastique de Philosophie 33 (1931) bes. 80—86. Ferner H. Strache,
De Arii auct. 57—60 (hier wenig ergiebig). H. v. Arnim, Abriß 64—69; Die
Echtheit der Großen Ethik des Aristoteles, in: Rh. Mus. 76 (1927) bes.
230—239; Der neueste Versuch, die MM als unecht zu erweisen, Wien 1929,
50—53. F. Dirlmeier, Oikeiosis 4—12. O. Regenbogen, Theophrastos 1499—
1500.

[211] In 140, 10 ist der überlieferte Text οὗτος δὲ αὐτὰ ἃ ἔδει μὴ τὸν καιρὸν ἔλαβεν
sicher korrupt. Inakzeptabel ist der Rettungsversuch von E. Zeller, Philos.
d. Gr. II 2⁴, S. 860 Anm. 1, nach welchem hier „ein dritter Fall von fehler-
haftem Verhalten bezeichnet werden" soll. Am besten wird man mit Madvig
das μή tilgen. Zum Ausdruck καιρὸν ἔλαβεν vgl. Lysias 13, 6 νομίζοντες
κάλλιστον καιρὸν εἰληφέναι. In 140, 10—11 muß der überlieferte Text αὕτη
μεσότης πρὸς ἡμᾶς beibehalten werden: „Dies ist die auf uns bezogene Mitte."
(Zur Assimilation des Demonstrativpronomens im Genus vgl. Kühner-Gerth I
S. 74. Xenoph., Cyr. VIII 7, 24 αὕτη γὰρ ἀρίστη διδασκαλία. Plat., Apol. 18a
δικαστοῦ μὲν γὰρ αὕτη ἀρετή. Xenoph., Memor. III 11, 4 οὗτός μοι βίος ἐστί.)

lich πρὸς ἡμᾶς (und nicht etwa lediglich die mathematische Mitte zwischen der extrem langen Redezeit des Schwätzers und der extrem kurzen des Wortkargen), denn wir sind es, die sie mit unserem Verstand bestimmen (140, 7—12). „Deswegen", so heißt es weiter, „ist die Tugend eine ἕξις προαιρετική, ἐν μεσότητι οὖσα τῇ πρὸς ἡμᾶς, ὡρισμένη λόγῳ καὶ ὡς ἂν ὁ φρόνιμος ὁρίσειεν" (140, 12—14). Das ist Wort für Wort die Tugenddefinition aus der EN[212]. Gehört sie noch zum Theophrast-Zitat? Oder ist sie vom Kompilator an diese Stelle nachträglich eingeschoben worden? Diese letztere Hypothese dürfte die wahrscheinlichere sein[213]. Areios teilt dann mit, daß Theophrast im Anschluß an seinen Lehrer einige Gruppierungen von Fehlern und Tugenden aufzählte und sie im einzelnen erläuterte (140, 15—17)[214]. „Die folgenden Syzygien wurden als

Theophrast betont damit, daß der letzte Fall, der offenkundig der beste von allen ist, eine μεσότης πρὸς ἡμᾶς ist, denn ὑφ' ἡμῶν ὡρισται τῷ λόγῳ.

[212] EN II 6, 1106b 36—1107a 2.

[213] H. v. Arnim, Die drei Ethiken 125 meint ebenfalls, man könnte diese Worte „nicht mehr zu dem Theophrastzitat rechnen, sondern (müsse sie) für eigene Worte des Arius Didymus halten"; da aber mit 140, 15 εἶτα παραθέμενος . . . nur Theophrast gemeint sein kann, glaubt er, daß auch das, was vorausgeht, dem Theophrastzitat zugerechnet werden muß. „Die Definition der Tugend aber", fügt er später (S. 133) hinzu, „braucht Theophrast . . . nicht aus der EN selbst entnommen zu haben. Sie kann ihm auch aus einer anderen Quelle, z. B. aus einer Definitionensammlung, bekannt gewesen sein." Diese Argumentation ist aber keineswegs zwingend. Wir haben schon gesehen, daß sich der Passus 139, 19—140, 6 (unmittelbar vor dem Zitat) an EE II 3, 1220b 21—33 anlehnt. Andererseits beruht der Abschnitt 140, 17sqq. auf EE II 4, 1220b 36sqq., wie wir gleich sehen werden. Dieser Abschnitt wird aber, wie H. v. Arnim selbst zugibt, mit eigenen Worten des Areios (140, 15—17) eingeführt, und deswegen ist es zumindest plausibel, daß auch 140, 12—14 auf die Intervention des Areios zurückgeht. Andererseits wird man notieren, daß zwei wesentliche Elemente der EN-Definition, nämlich προαιρετική und ὡς ἂν ὁ φρόνιμος ὁρίσειε, in den vorausgehenden Ausführungen weder begründet noch irgendwie vorbereitet wurden, was den Fremdkörpercharakter der EN-Definition im Textzusammenhang ziemlich evident macht.

[214] Vgl. oben Anm. 204. Die Worte ἀκολούθως τῷ ὑφηγητῇ hielt P. von der Mühll, De Arist. EE auct., Diss. Göttingen 1909, 28 für eine bloße Bemerkung des Areios selbst, der damit auf die Übereinstimmung zwischen Theophrast und Aristoteles hinweisen wollte. Auch H. v. Arnim, Die drei Ethiken 125 ist der Ansicht, daß diese Worte von Areios stammen; er mißt ihnen aber eine große Wichtigkeit zu, indem er den darauf folgenden Rest des Kapitels als einen wörtlichen oder fast wörtlichen Bericht des Theophrast über die Lehre des Aristoteles auffaßt. Diese Auffassung, die E. Kapp in seiner Rezension (Gnomon 3 [1927] 73) für unmöglich erklärte, erhielt H. v. Arnim in späteren Arbeiten aufrecht. Vgl. unten S. 387.

Beispiele genommen", heißt es im Bericht weiter, und es werden dann sieben Tugenden aufgezählt, jeweils mit den entsprechenden fehlerhaften Übertreibungen und Mängeln: Mäßigung, Sanftmut, Tapferkeit, Gerechtigkeit (hier fehlen allerdings die entsprechenden Fehler, wohl einer Lücke im überlieferten Text zufolge), Großzügigkeit, Hochsinn, Großartigkeit (140, 17—141, 2). Eine ähnliche Tabelle der Tugenden mit den entsprechenden Mängeln und Exzessen begegnet nur in der EE[215]. Aus dem Vergleich dieser Tabelle mit der Aufzählung des Areios gehen folgende Punkte hervor:

1. Alle Gruppierungen des Areios begegnen, meistens mit denselben Termini, in der Tabelle der EE. Der bedeutsamste Unterschied betrifft die Gerechtigkeit, die in der EE in der Gruppierung κέρδος — ζημία — δίκαιον erscheint. Weniger wichtig ist die unterschiedliche Bezeichnung der übertriebenen Großartigkeit als δαπανηρία in der EE und σαλακωνία bei Areios[216].

2. Sieben Gruppierungen der EE fehlen bei Areios, darunter auch diejenigen, die wie die der φρόνησις und der καρτερία keinen ethischen Tugenden entsprechen und deswegen als interpoliert zu betrachten sind.

3. Die Reihenfolge der Gruppen ist nicht dieselbe bei Areios und in der EE.

4. Der Satz, der bei Areios die Aufzählung einleitet, ist fast identisch mit dem der EE[217].

Die auf die Tabelle folgenden Erläuterungen (141, 3—142, 5) sollen zeigen, daß einige der genannten Habitus den πάθη einen zu großen oder zu kleinen Platz einräumen und deswegen schlecht sind, die anderen aber gut sind, weil sie ein Mittelmaß darstellen. Trotz einiger Textlücken in den Erläuterungen selbst läßt sich das angewendete Schema leicht erkennen: Bei jeder Syzygie betont der Verfasser, daß der Tugendhafte weder in das eine noch in das andere Extrem fällt, sondern sich

---

[215] EE II 3, 1220b 36—1221a 12. In der EN II 7, 1107a 32 wird auf eine ähnliche Tabelle verwiesen; die Tabelle selbst wird jedoch nicht angegeben: ληπτέον οὖν ταῦτα ἐκ τῆς διαγραφῆς.

[216] In den Erläuterungen zur Tabelle heißt auch in der EE (II 3, 1221a 35) der Träger dieses Fehlers ὁ σαλάκων.

[217] Areios 140, 17—18 ἐλήφθησαν δὲ παραδειγμάτων χάριν αἵδε ~ EE II 3, 1220b 36—37 εἴληφθω δὴ παραδείγματος χάριν καὶ θεωρείσθω ἕκαστον ἐκ τῆς ὑπογραφῆς. Dem θεωρείσθω ἕκαστον der EE entspricht bei Areios σκοπεῖν ... καθ' ἕκαστα ... ἐπειράθη. Das überlieferte σκοπεῖν ist also nicht in σκοπῶν zu ändern. Vgl. oben Anm. 204.

durch seine mittlere Haltung auszeichnet. Die Berührungen mit der Parallelstelle der EE²¹⁸ sind geringfügig²¹⁹. Mit den Ausführungen der EN über die ethischen Tugenden hat der Areios-Abschnitt nichts Gemeinsames. Ebensowenig können die MM hier als Vorlage gedient haben, obwohl das eine oder andere Detail bei Areios an die MM erinnert²²⁰. Am interessantesten erscheint der Paragraph über die als ethische Tugend aufgefaßte Gerechtigkeit: „Gerecht ist weder derjenige, der zu viel, noch derjenige, der zu wenig für sich in Anspruch nimmt, sondern derjenige, der sich das Gleiche aneignet, und zwar das proportionale, nicht das arithmetische Gleiche (141, 16—18)." Das ist eigentlich nicht die Auffassung der EE, wo übertriebene Gewinnsucht und Gleichgültigkeit gegen Verluste als zu tadelnde Extreme erscheinen, von der Proportionalität jedoch keine Rede ist²²¹. Noch weniger entspricht es dem Geist der EN, die δικαιοσύνη einfach unter die ethischen Tugenden zu zählen²²²: Dort wird nur eine besondere Art der Gerechtigkeit, die ἐν ταῖς διανομαῖς, unter dem Aspekt der proportionalen Gleichheit analysiert²²³. Der Paragraph des Areios hat aber eine gewisse Ähnlichkeit mit den Ausführungen der MM über das δίκαιον πρὸς ἕτερον, Ausführungen, die aus EN V 6—7 abgeleitet worden zu sein scheinen²²⁴.

Das Kapitel über die ethischen Tugenden schließt mit einem Hinweis darauf, daß φρόνησις und ethische Tugenden einander implizieren

---

²¹⁸ EE II 3, 1221a 13—b 3.

²¹⁹ Wenn man von den Bezeichnungen der Tugenden und der Fehler absieht, beschränken sich die wörtlichen Anklänge auf die Charakterisierung des ἀναίσθητος (EE II 3, 1221a 21—23 ἀναίσθητος δὲ ὁ ἐλλείπων καὶ μηδ᾽ ὅσον βέλτιον καὶ κατὰ τὴν φύσιν ἐπιθυμῶν, ἀλλ᾽ ἀπαθὴς ὥσπερ λίθος ~ Areios 141, 6—7 τὸν μὲν γὰρ λίθου δίκην μηδὲ τῶν κατὰ φύσιν ὀρέγεσθαι) und des μεγαλόψυχος bzw. der entsprechenden Fehler (EE II 3, 1221a 31—33 χαῦνος δ᾽ ὁ μειζόνων ἀξιῶν αὑτόν, μικρόψυχος δ᾽ ἐλαττόνων ~ Areios 141, 20—142, 3 μεγαλόψυχόν τε οὔτε τὸν μεγάλων πάντων ἀξιοῦντα ἑαυτὸν οὔτε τὸν μηθενὸς ὅλως κτλ.).

²²⁰ Areios 141, 15: Tapfer ist nicht derjenige, der sich vor gar nichts fürchtet, κἂν ᾖ θεὸς ὁ ἐπιών ~ MM I 5, 1185b 23: Wäre jemand so furchtlos ὥστε μηδὲ τοὺς θεοὺς φοβεῖσθαι, wäre er nicht tapfer, sondern wahnsinnig.

²²¹ EE II 3, 1221a 23—24.

²²² Vgl. EN II 7, 1108b 8—10 und die Ausführungen des fünften Buches.

²²³ EN V 6—7.

²²⁴ MM I 33, 1193b 19sqq. Wörtliche Berührungen mit Areios: 1193b 20—22 ὅταν γὰρ τῶν μὲν ἀγαθῶν τὰ μείζω αὑτοῖς νέμωσι, τῶν δὲ κακῶν τὰ ἐλάσσονα, ἄνισον τοῦτ᾽ ἐστί. 1193b 37—38 ἐπεὶ οὖν ἐστι τὸ δίκαιον ἴσον, καὶ τὸ τῷ ἀναλόγῳ ἴσον δίκαιον ἂν εἴη.

(ἀντακολουθία), jedoch nicht auf dieselbe Weise: Die ethischen Tugenden werden aufgrund ihrer eigenen Beschaffenheit (κατὰ τὸ ἴδιον) von der Einsicht begleitet, denn die Einsicht ist es, die dem Verhalten etwa des Gerechten seine besondere „Form" gibt (εἰδοποιεῖ). Die Einsicht dagegen zieht die ethischen Tugenden nur *per accidens* (κατὰ συμβεβηκός) nach sich, weil der φρόνιμος nur gute und schöne Taten vollbringt (142, 6—13)[225]. Das besondere Interesse für das Problem der gegenseitigen Implikation der Tugenden, die Einführung der in den aristotelischen Parallelstellen fehlenden Unterscheidung von κατὰ τὸ ἴδιον — κατὰ συμβεβηκός und das Vorkommen zweier Termini stoischer Herkunft (ἀντακολουθία und εἰδοποιεῖν) lassen die Vermutung zu, daß dieser letzte Paragraph relativ spät konzipiert wurde, möglicherweise als peripatetisches Gegenstück zur stoischen Lehre der Antakoluthie aller Tugenden[226].

Im großen und ganzen ist die moderne Kritik der Ansicht, daß das soeben dargestellte Kapitel des Areios über die ethischen Tugenden mindestens teilweise auf Theophrast zurückgeht. Daß Theophrast bereits der ersten Hälfte (137, 14—140, 6) zugrunde liegt, wie gelegentlich angenommen wurde, läßt sich jedoch nicht beweisen[227]. Dagegen kann man

---

[225] Zu dieser Stelle vgl. E. Zeller, Philos. d. Gr. II 2⁴, 860 Anm. 1. H. v. Arnim, Abriß 68—69. Die untrennbare Verbindung der φρόνησις mit den ethischen Tugenden wird EN X 8, 1178a 16—19 und MM II 3, 1200a 8—11 hervorgehoben. An diesen Stellen fehlt allerdings die Unterscheidung κατὰ τὸ ἴδιον — κατὰ συμβεβηκός. Die Begründung ist auch nicht dieselbe. In der EN heißt es zwar, daß „die Richtigkeit der ethischen Tugenden von der Einsicht bestimmt wird", was der Angabe des Areios durchaus entspricht, von der Einsicht heißt es aber, daß ihre Anfänge bzw. Prinzipien (ἀρχαί) aus den ethischen Tugenden erwachsen, ein Gedanke, der nicht bei Areios begegnet. Die MM geben keine besondere Begründung an.

[226] Einige Jahrhunderte später bekennt sich Alexander von Aphrodisias ebenfalls zur Antakolouthie-These (De an. mant. 153, 28—156, 27; Quaest. IV 22, S. 142, 22—143, 8); er betont, daß φρόνησις und ἠθικαὶ ἀρεταί sich gegenseitig implizieren (De an. mant. 155, 38—156, 25; Quaest. IV 22).

[227] H. Diels, Dox. 71 hielt das ganze Stück 137, 14—142, 13 für theophrastisch, weil es frei vom stoisierenden Synkretismus ist, der jüngere Teile der Epitome charakterisiert, und weil die dargelegte Lehre zu dem namentlich zitierten Theophrast gut paßt. Dieser Ansicht schloß sich H. Doege, Quae ratio 8 an. H. Strache, De Arii auct. 58—60 versuchte, allerdings ohne Erfolg, diese These dahingehend zu korrigieren, daß Areios das theophrastische Gedankengut aus einer jüngeren Quelle, nämlich Antiochos, geschöpft habe. In verschiedenen Arbeiten, auf welche wir noch zurückkommen werden, trat H. v. Arnim als radikaler Anhänger der Theophrast-These hervor: Ihm schien ausschlaggebend,

nicht bestreiten, daß die zweite Hälfte vom Kompilator als ein Auszug aus Theophrast oder ein Résumé dessen Lehrmeinungen eingeführt wird[228]. Mit der Benutzung Theophrasts in diesem Teil der Epitome hängen aber so weitreichende Fragen zusammen, daß wir die Eigenart des Referats etwas näher ins Auge fassen müssen. H. v. Arnim glaubte, aufgrund seiner Interpretation des Areios-Textes, die folgenden Punkte als gesichert betrachten zu können: 1. Die ganze Darlegung über die ethischen Tugenden als μεσότητες (137, 14—140, 6) ist unmittelbar aus Theophrast übernommen. 2. Der Abschnitt 140, 17 ἐλήφθησαν — 142, 5 ist ein wörtliches Zitat aus Theophrast. 3. In diesem Zitat gibt Theophrast, zum Teil in der indirekten Rede, den Wortlaut einer Vorlesung wieder, die er bei Aristoteles gehört hat[229]. 4. Da Theophrast sich besonders im ersten Teil des Kapitels eng an die MM anlehnt, müssen die MM als eine authentische Schrift des Aristoteles angesehen werden. 5. Die Syzygien der Tugenden und Fehler sowie die Erläuterungen dazu gehen weder auf die EE noch auf die MM zurück; Theophrasts Vorlage hatte aber „alle kennzeichnenden Unterscheidungsmerkmale gegenüber der EN mit der EE und den MM gemeinsam". Diese Vorlage war also „nicht die EN, sondern eine ältere, mehr der EE oder den MM ähnliche Fassung der ethischen Vorlesungen des Aristoteles"[230]. Trotz der Ausführlichkeit von Arnims Analysen und der Fülle des Vergleichsmaterials, das er in seinen Arbeiten anführt, ist die Unhaltbarkeit seiner Schlußfolgerungen der Kritik nicht entgangen. E. Kapp wies z. B. darauf hin, daß die Prämisse,

daß die ganze Partie vor dem Theophrast-Zitat in festem Zusammenhang mit der folgenden stehe (bes. Abriß 65). Daß dieses Argument nicht stichhaltig ist, hat F. Dirlmeier, Oikeiosis 5 mit vollem Recht hervorgehoben.

[228] E. Zeller, Philos. d. Gr. II 2⁴, 860 Anm. 1 betrachtet den Abschnitt 140, 7—142, 13 als einen Auszug aus Theophrast, weil der Zusammenhang vom Zitat an ununterbrochen fortläuft. Für F. Dirlmeier, Oikeiosis 4 ist 140, 7—142, 5 „ein längerer Auszug aus einer ethischen Schrift Theophrasts..., der gleichsam urkundliche Geltung beanspruchen darf". Über die genaue Abgrenzung des Zitats spricht sich O. Regenbogen, Theophr. 1492—1500 nicht aus.

[229] Diese merkwürdige These beruht auf einer eigenwilligen Interpretation von 140, 17 ἐλήφθησαν δὲ παραδείγματος χάριν αἶδε: Diese Worte sollen soviel bedeuten wie „Es wurden von Aristoteles in der Vorlesung folgende Syzygien als Beispiele genommen". Wenn Areios selbst bemerkt, Theophrast berichte ἀκολούθως τῷ ὑφηγητῇ, so tut er es, weil im Theophrasttext Aristoteles zitiert war. So H. v. Arnim, Die drei Ethiken 133—134; Abriß 66—67.

[230] Diese Thesen vertrat H. v. Arnim zuerst in Die drei Ethiken 124—141; er wiederholte sie mehrmals gegen seine Kritiker, Abriß 66—69; Rh. Mus. 76 (1927) 113—137; 225—253; Der neueste Versuch 50—53.

25*

auf der sie beruhen, einfach falsch ist: Daß Theophrast den Aristoteles zitiert, läßt sich keineswegs beweisen[231]. Das Verhältnis zwischen Theophrast, den MM und Areios Didymos deutete R. Walzer ganz anders als v. Arnim: In Theophrast sah er eine der Quellen der MM, die er für nacharistotelisch hielt, und auch eine der Quellen für die Teile von Areios' Epitome, die rein peripatetisches, nicht stoisch kontaminiertes Gedankengut enthalten[232]. A. Mansion hob hervor, daß Arnims Beobachtungen andere Schlußfolgerungen nahelegen: Wenn Areios einerseits große Ähnlichkeiten mit den MM aufweist und wenn derselbe Areios aus Theophrast schöpft, so spricht das eher für die späte Entstehung der MM als für ihre Echtheit[233].

In der Auseinandersetzung mit Arnims gewagten Thesen scheint aber eine wichtige Frage nicht gebührend erörtert worden zu sein, die Frage nämlich, ob der ganze Passus 140, 7—142, 5 nach Abzug der referierenden Sätze des Areios als ein wörtliches Zitat aus Theophrast gelten kann. Sehen wir uns den Text noch einmal an! Die Wörtlichkeit der ersten Zeilen bis 140, 12 τῷ λόγῳ wird man sicher nicht anzweifeln[234]; dagegen ist es höchst wahrscheinlich, daß die der EN entnommene Definition der Tugend (140, 12—14), die den Zusammenhang unterbricht[235], vom Kompilator eingeschoben wurde. Danach beschreibt Areios das Verfahren des Theophrast: Im Anschluß an seinen Lehrer führte Theophrast bestimmte Syzygien an und bemühte sich dann, die einzelnen Syzygien zwecks eines induktiven Verfahrens zu analysieren; mit ἐλήφθησαν δὲ παραδειγμάτων χάριν αἵδε fängt nicht das Zitat an, wie v. Arnim behauptete, vielmehr wird der Bericht des Areios fortgesetzt[236], und erst mit der Aufstellung der Syzygien kann man das Theophrast-Zitat beginnen lassen. Einige Bemerkungen zu diesen Worten des Areios: 1. Rein äußerlich mußte Theophrasts Exposé nach dem Beispiel von EE II 4, 1220b 38—1221b 3 zwei Teile umfassen, eine Liste der Syzygien und Erläute-

---

[231] E. Kapp, in: Gnomon 3 (1927) bes. 73—81: ἀκολούθως τῷ ὑφηγητῇ beweist die Wörtlichkeit der folgenden Partie nicht; die Worte σκοπεῖν . . . ἐπάγων ἐπειράθη bereiten auf eine von Theophrast selbst unternommene Induktion vor; ἐλήφθησαν darf nicht mit ὑπ' Ἀριστοτέλους ergänzt werden.

[232] R. Walzer, MM und arist. Ethik, bes. 171—172.

[233] A. Mansion, in: Rev. Néosc. de Philos. 33 (1931) bes. 80—84.

[234] In seiner Interpretation weist F. Dirlmeier mit Recht auf die beachtenswerte Kürze des Ausdrucks hin.

[235] Vgl. oben S. 383.

[236] Zu ἐλήφθησαν ist selbstverständlich ὑπὸ Θεοφράστου hinzuzudenken, wie F. Dirlmeier, Oikeiosis 5 richtig angibt.

rungen, aus denen der μέσον-Charakter der Tugend hervorging. 2. Wahrscheinlich hat Theophrast sein Exposé mit einem Satz eingeführt, der dem Parallelsatz in der EE (II 4, 1220b 36—37) ähnelte, etwa: „Wir wollen jetzt (eventuell: dem Beispiel des Aristoteles folgend) einige Gruppen von Fehlern und Tugenden anführen; dann wollen wir versuchen, sie einzeln zu betrachten, um induktiv nachzuweisen, daß die Tugend eine mittlere ἕξις ist. Laßt uns folgende Beispiele nehmen!" Die Imperative Theophrasts[237] hat Areios bzw. seine Quelle in referierende Aoriste umgesetzt. 3. Der Ausdruck τὸν τρόπον τοῦτον, mit dem Areios das folgende ankündigt, läßt wohl kaum einen wörtlichen Auszug aus Theophrast erwarten, sondern vielmehr einen freieren, zusammenfassenden Bericht. Betrachtet man die Erläuterungen von 141, 5—142, 5 etwas näher, so wird man in der Tat schwerlich annehmen können, daß sie den Wortlaut von Theophrasts Ausführungen getreu wiedergeben. Am Anfang sind die Angaben über den σώφρων noch verhältnismäßig detailliert; die Behandlung der anderen Syzygien erfolgt aber nach einem absolut stereotypen Schema (οὔτε . . . οὔτε). Das Ganze sieht keineswegs wie ein lebendiger Vortrag, sondern vielmehr wie ein scholastisches Kompendium aus. Die Angaben über das δίκαιον sind so knapp gehalten, daß sie beinahe unverständlich blieben, wenn man nicht aus der EN und den MM wüßte, was eigentlich gemeint ist. Schließlich fehlen hier die feinen Nuancierungen, die schon in der EE und noch mehr in der EN Aristoteles zögern ließen, das eine oder das andere Wort für bestimmte Fehler zu wählen, oder ihn sogar veranlaßten, bestimmte Fehler für namenlos zu erklären. Hier gibt es kein Zögern, kein Schwanken, keine Unsicherheit: Alles wird als selbstverständlich hingestellt. Eine solche Primitivität ist Theophrast gewiß nicht zuzutrauen. Wir wissen nämlich, daß er es für besonders schwierig hielt, die einzelnen Tugenden voneinander abzugrenzen[238], und wir dürfen annehmen, daß der Verfasser der Charaktere in seinen Ausführungen über die ethischen Tugenden noch differenzierter als Aristoteles in der EN verfahren ist. Was Areios uns bietet, kann also kaum mehr sein als das Gerippe dessen, was man im Originaltext des Theophrast lesen konnte. Nicht ohne Grund ist der Kompilator von 140, 5 an in die für seine Darstellung peripatetischer

---

[237] Vgl. in der EE εἰλήφθω, θεωρείσθω.

[238] Darüber Alex. Aphrod., De an. mant. 156, 25—27 οὐδὲ γὰρ ῥᾴδιον τῶν ἀρετῶν κατὰ τὸν Θεόφραστον τὰς διαφορὰς οὕτω λαβεῖν ὡς μὴ κατά τι κοινωνεῖν αὐτὰς ἀλλήλαις, γίνονται δ' αὐταῖς αἱ προσηγορίαι κατὰ τὸ πλεῖστον.

Thesen übliche oratio obliqua zurückgefallen: Er zitiert nicht wörtlich, sondern gibt in großen Zügen das Wesentliche aus Theophrasts Ausführungen wieder.

Wenn es sich so verhält, so verlieren die gelegentlichen Berührungen mit EE oder MM beträchtlich an Bedeutung, denn es ist nicht sicher, ob sie bereits in Theophrasts Originalschrift gestanden haben oder von deren Epitomator herrühren. Letztere Hypothese wird man gewiß für berechtigt halten, wenn man sich vergegenwärtigt, wie der Verfasser des Kapitels περὶ τῆς ἠθικῆς ἀρετῆς sonst verfährt. Am Anfang decken sich die Ausführungen mit Passagen aus den MM, z. T. sogar wörtlich; danach wird die EE als Vorlage herangezogen, und zwar so, daß auf ein knapp gehaltenes Résumé eine wörtliche Entlehnung folgt, um dann einer sehr freien Inhaltsangabe Platz zu machen. Dann kommt das wörtliche Theophrast-Zitat, nach diesem die ἀρετή-Definition aus der EN, die theophrastischen Syzygien und schließlich die Zusammenfassung der theophrastischen Erläuterungen zu diesen Syzygien. Die letzten Zeilen (über die ἀντακολουθία) stammen allem Anschein nach aus einer jüngeren, nicht identifizierten Quelle. Der Kompilator, der einen Überblick über diesen besonderen Punkt der peripatetischen Ethik geben wollte, hat also offenbar aus dem ihm zur Verfügung stehenden Material geschöpft, bald zusammenfassend, bald paraphrasierend, bald wörtlich zitierend; die Vielfalt des herangezogenen Materials schien ihm wohl die Gewähr dafür zu sein, daß sein Kompendium die Ansicht der Peripatetiker wiedergab. Unter diesen Umständen dürfen wir keineswegs ausschließen, daß er Reminiszenzen an die EE oder an die MM in sein Résumé von Theophrasts Ausführungen absichtlich oder unbewußt einfließen ließ.

C. Der dritte Abschnitt, der in der Epitome der Tugendlehre gewidmet ist (145, 11—147, 25), folgt den Erörterungen über die πάθη und die βίοι (142, 15—145, 10), die ihn von den Ausführungen über die ethische Tugend als μέσον trennen. Er besteht beinahe ausschließlich aus Definitionen. Am Anfang stehen drei allgemeine Definitionen (145, 12—19), deren Interpretation große Schwierigkeiten macht, nicht zuletzt weil der überlieferte Text korrupt und lückenhaft ist. Allem Anschein nach ist der Verfasser von der aristotelischen Unterscheidung der ἠθική und der διανοητικὴ ἀρετή ausgegangen. Die ἠθικὴ ἀρετή, von der er zuerst eine allgemeine Definition geben will, betrachtet er von einem doppelten Gesichtspunkt aus, und zwar erstens als die auf das καλὸν ἢ καλόν als Ziel gerichtete ἕξις, und zweitens als die ἕξις, die zur Verwirklichung der καλά in den einzelnen Handlungen hinführt. Die erste dieser beiden Defi-

nitionen lautet: ἕξις προαιρετικὴ τῶν μέσων ἡδονῶν τε καὶ λυπῶν, στοχαστικὴ τοῦ καλοῦ ᾗ καλόν. Sie knüpft offenbar an einen Abschnitt der MM an,
in dem die Frage aufgeworfen wird, τίνος ἐστὶν ἡ ἀρετὴ στοχαστική,
πότερον τοῦ τέλους ἢ τῶν πρὸς τὸ τέλος, οἷον πότερον τοῦ καλοῦ ἢ τῶν
πρὸς τὸ καλόν[239], und die Antwort lautet δῆλον ... ὅτι τοῦ τέλους ἐστὶ
στοχαστικὴ μᾶλλον ἢ τῶν πρὸς τὸ τέλος. ἀρετῆς δέ γ' ἐστὶ τέλος τὸ καλόν[240]. Aristoteles erklärt aber mehrmals, daß Lust und Schmerz uns
von dem Guten als naturgemäßem Ziel ablenken können, eben weil
das Angenehme als gut und das Unangenehme als schlecht erscheinen;
daraus schließt er, daß ἀρετή und κακία sich auf die ἡδοναὶ καὶ λύπαι
beziehen. Für den Urheber unserer Definition der ἠθικὴ ἀρετή ist deshalb das Erstreben einer richtigen Mitte in Lust und Schmerz die
Voraussetzung für eine richtige Zielsetzung. Wohl nicht zufällig erinnert
der erste Teil seiner Definition an eine Formel der EE[241], denn gerade in
diesem Kapitel der EE geht Aristoteles auf die Ablenkung vom ἀγαθόν
infolge einer falschen Einschätzung von ἡδύ und λυπηρόν ein.

Während die erste Definition den Akzent auf das angestrebte Ziel
legt, wird in der zweiten hervorgehoben, daß die gemeinte Tugend eine
ἕξις θεωρητικὴ καὶ προαιρετικὴ καὶ πρακτικὴ τῶν ἐν ταῖς πράξεσι καλῶν ist.
Es wird also hier auf das Handeln Bezug genommen. Zur Verwirklichung
des ethisch Schönen in den Handlungen trägt die Tugend in dreifacher
Hinsicht bei, indem sie θεωρητική, προαιρετική und πρακτική ist. Worauf
der Urheber der Definition damit anspielt, läßt sich mit großer Wahrscheinlichkeit erraten: Das ethische Handeln beruht auf einer rationalen
Überlegung, auf einer Beratung; dieses intellektuelle Moment wird hier

---

[239] MM I 18, 1190a 8—10.

[240] MM I 18, 1190a 26—28.

[241] EE II 10, 1227b 8—9 τὴν ἀρετὴν εἶναι τὴν ἠθικὴν ἕξιν προαιρετικὴν μεσότητος
τῆς πρὸς ἡμᾶς ἐν ἡδέσι καὶ λυπηροῖς ...

[242] Ähnlich 128, 2—5 πάσαις γοῦν ὡς ἔοικε ταῖς ἀρεταῖς κοινὸν ὑπάρχειν τό τε
κρίνειν καὶ τὸ προαιρεῖσθαι καὶ τὸ πράττειν κτλ. Vgl. u. a. MM I 17, 1189a
28—31 δῆλον ὅτι δέοι ἂν πρότερον διανοηθῆναι ὑπὲρ αὐτῶν (= τῶν ἡμῖν
δυνατῶν ἀγαθῶν) καὶ βουλεύσασθαι, εἶθ' ὅταν ἡμῖν φανῇ κρεῖττον διανοηθεῖσιν,
οὕτως ὁρμή τις τοῦ πράττειν ἐστίν, καὶ τοῦτο δὴ πράττοντες κατὰ προαίρεσιν
δοκοῦμεν πράττειν. Bei Aristoteles sind die beiden Momente des rationalen
Überlegens und des Strebens in der προαίρεσις vereinigt; die προαίρεσις ist
βουλευτικὴ ὄρεξις, ὀρεκτικὸς νοῦς ἢ ὄρεξις διανοητική, ihre ἀρχή ist ὄρεξις καὶ
λόγος ὁ ἕνεκά τινος etc. In der von Areios wiedergegebenen Definition dagegen
scheint προαιρετική nur das Moment des Strebens zu bezeichnen, sonst wäre
die Angabe θεωρητική überflüssig; ὀρεκτική oder ὁρμητική wäre zweifellos
genauer als προαιρετική gewesen.

mit θεωρητική angegeben; dann kommt das Streben, der Antrieb zum
Handeln, und schließlich wird die Handlung selbst durchgeführt[242]. In
dieser Perspektive umfaßt die Tugend einen intellektuellen Aspekt, der es
unmöglich macht, sie auf das bloße ἦθος zu beschränken: Sie wird folglich
als κοινὴ δοξαστικῆς καὶ ἠθικῆς bezeichnet[243].

Obwohl der Text der dritten Definition korrupt ist, kann kein Zweifel
daran bestehen, daß sie sich auf die ἀρετή des rationalen Seelenteils
bezieht. Dieser rationale Teil selbst besteht nach Aristoteles aus zwei
Teilen, von denen der eine sich mit dem Notwendigen, der andere mit
dem Kontingens befaßt[244]; der eine ist auf die Theorie, der andere auf die
Praxis hin orientiert. Die ἀρετή des rationalen Seelenteils wird also, wie
in der Definition des Areios angegeben, sowohl „theoretisch" wie auch
„praktisch" sein[245].

Der doppelte Aspekt der Tugend des rationalen Seelenteils wird
durch die zwei folgenden Definitionen noch deutlicher. Die σοφία ist
„die Wissenschaft der ersten Ursachen"[246]. Die φρόνησις ist die ἕξις

---

[243] Den „praktischen" Intellekt oder genauer gesagt den auf τὸ ἐνδεχόμενον
ἄλλως ἔχειν orientierten Teil des λόγον ἔχον bezeichnet Aristoteles als δοξαστικόν in EN VI 5, 1140b 26 (δυοῖν δ' ὄντων μεροῖν τῆς ψυχῆς τῶν λόγον ἐχόντων,
θατέρου ἂν εἴη ἀρετή, τοῦ δοξαστικοῦ). Das δοξαστικόν wird in EN VI 13,
1144b 14—17 dem ἠθικόν gegenübergestellt. Die in der Definition gemeinte
δοξαστικὴ ἀρετή ist also die ἀρετὴ τοῦ δοξαστικοῦ. Die Korrektur δοξαστικοῦ
καὶ ἠθικοῦ ist nicht erforderlich.

[244] Vgl. EN VI 2, 1139a 3—17, wo die beiden Teile ἐπιστημονικόν und λογιστικόν
heißen, und MM I 34, 1196b 15—33, wo sie ἐπιστημονικόν und βουλευτικόν
genannt werden.

[245] Überliefert ist τὴν δὲ κοινὴν καὶ (so F; ἐκ P) τοῦ ἐπιστημονικοῦ κοινὴν ἀκρότητα
λογικῆς κατασκευῆς εἶναι θεωρητικὴν καὶ πρακτικήν. Nach ἐπιστημονικοῦ muß
man natürlich ⟨καὶ τοῦ βουλευτικοῦ⟩ (Wachsmuth) oder ⟨καὶ τοῦ λογιστικοῦ⟩
ergänzen. Sicher ist ebenfalls, daß eines der beiden κοινήν überflüssig ist.
Ich möchte das erste tilgen und lesen τὴν δὲ καὶ τοῦ ἐπιστημονικοῦ ⟨καὶ τοῦ
βουλευτικοῦ⟩ κοινὴν (sc. ἀρετὴν) ἀκρότητα λογικῆς κατασκευῆς εἶναι θεωρητικὴν
καὶ πρακτικήν. Nicht auszuschließen ist allerdings Useners Vorschlag, das
erste κοινήν in διανοητικήν zu ändern. Die hier angesprochene Tugend wird
nicht mehr als ἕξις, sondern als ἀκρότης λογικῆς κατασκευῆς bezeichnet. Das
Wort κατασκευή, das Aristoteles in ganz anderen Zusammenhängen verwendet,
scheint bei den Stoikern zum Terminus technicus geworden zu sein, um das
systematische Training zur Tugend zu bezeichnen. Vgl. Stob. II 7, S. 107,
16—108, 4. SVF II, S. 290, 8.

[246] Diese Auffassung ist nicht genau die der aristotelischen Ethiken. Vgl. EN VI
6—7, 1140b 31—1141a 20; MM I 34, 1197a 23—30. Sie entspricht eher dem
σοφία-Begriff von Metaph. A. Vgl. Metaph. A 2, 982a 3—b 7 und B 2, 996b
13—14.

βουλευτικὴ καὶ πρακτικὴ ἀγαθῶν καὶ καλῶν ᾗ καλά[247]. Bereits in den MM waren σοφία und φρόνησις miteinander verglichen und je einem der beiden Unterteile der rationalen Seele zugeordnet worden[248].

Von 145, 21 bis 146, 14 finden sich kurze Definitionen von 13 ethischen Tugenden, die jeweils als μεσότης zwischen zwei Extremen charakterisiert werden. Bemerkenswert ist dabei, daß die Reihenfolge dieser Tugenden genau dieselbe ist, in der sie in den MM I 20—33 behandelt werden. In den meisten Fällen hat der Kompilator die Definition, die am Anfang der einzelnen Abschnitte der MM steht, einfach abgeschrieben, gelegentlich mit geringfügigen Änderungen in der Form. Auch die Definition der δικαιοσύνη, die ausnahmsweise nicht am Anfang der Erörterungen der MM über diese Tugend steht, hat er aus den MM wörtlich übernommen[249]. Nur die ersten beiden Definitionen, die der ἀνδρεία und die der σωφροσύνη, haben keine Entsprechung in den MM. Der Anfang des Abschnitts der MM über die ἀνδρεία fehlt aber in unserer Überlieferung[250], so daß ein Vergleich unmöglich ist. Von der σωφροσύνη-Definition kann man aber mit Sicherheit sagen, daß sie weder der Form noch dem Inhalt nach aristotelisch ist. Sie lautet: σωφροσύνην δὲ ἕξιν ἐν αἱρέσει καὶ φυγῇ ἀμέμπτους ποιοῦσαν δι' αὐτὸ τὸ καλόν[251]. Auffallend ist ihre Ähnlichkeit mit stoischen Definitionen der σωφροσύνη[252]. Aus

---

[247] Diese Definition erinnert an MM I 34, 1197a 13—16 und ist dem Inhalt nach rein aristotelisch.

[248] MM I 34, 1197a 32—b 10.

[249] MM I 33, 1193b 25—26.

[250] In I 20, 1190b 9 weisen Ramsauer und Susemihl m. E. mit Recht auf eine Textverstümmelung hin. In der Definition von Areios, ἕξις ἐν θάρρεσι καὶ φόβοις τοῖς μέσοις ἄμεμπτος, wie auch in der folgenden, nicht aristotelischen Definition der σωφροσύνη kommt aber das Wort ἄμεμπτος vor, das bei Aristoteles nicht belegt ist (Hinweis H. v. Arnims, Abriß 97). ἄμεμπτος bzw. ἀμέμπτως begegnet ebenfalls bei Stob. II 7, S. 147, 12 im stoisch beeinflußten Katalog der untergeordneten Tugenden sowie in der stoischen Definition der εὐσυναλλαξία, Stob. II 7, S. 62, 5 = SVF III S. 64, 43. Es ist deswegen unwahrscheinlich, daß diese Formel aus den MM stammt.

[251] Vgl. MM I 21, 1191a 36—38 σωφροσύνη δ' ἐστὶ μεσότης ἀκολασίας καὶ ἀναισθησίας τῆς περὶ τὰς ἡδονάς. H. v. Arnim, Abriß 98 meint, daß „die Definition des Arius falsch ist, wenn nicht ἡδονῶν zu αἱρέσει καὶ φυγῇ hinzugefügt wird. Sonst wäre es nur eine Definition der Tugend überhaupt."

[252] Vgl. Stob. II 7, S. 59, 8—9 σωφροσύνην δ' εἶναι ἐπιστήμην αἱρετῶν καὶ φευκτῶν καὶ οὐδετέρων. Ähnlich Ps.-Andronikos, περὶ παθῶν = SVF II S. 65, 23. Clem. Alex., Strom. = SVF III S. 67, 39 σωφροσύνην ἕξιν εἶναι αἱρέσει καὶ φυγῇ σώζουσαν τὰ τῆς φρονήσεως κρίματα. Galen., De Hipp. et Plat. decr. =

welchen Gründen auch immer, die ersten beiden Definitionen bei Areios
scheinen stoisch beeinflußt zu sein, während die anderen auf die MM zurückgehen.

Der nächste Abschnitt (146, 15—147, 21) umfaßt Definitionen der
Tugenden, die den Haupttugenden δικαιοσύνη, σωφροσύνη und ἀνδρεία
als deren Abarten untergeordnet sind. Der Vergleich mit Paralleltexten
aus der stoischen Literatur ist hier besonders lehrreich. Wir wissen
nämlich, daß Chrysippos zwischen πρῶται ἀρεταί („Kardinaltugenden")
und ὑποτεταγμέναι unterschied. Areios selbst hat uns einen ausführlichen
Katalog dieser Tugenden mit ihren stoischen Definitionen aufbewahrt[253],
und andere Spuren davon sind bei Diogenes Laertios und im pseudo-
andronikischen περὶ παθῶν erhalten[254]. Sieht man davon ab, daß in der
peripatetischen Epitome die Abarten der φρόνησις weder genannt noch
definiert werden, so weisen die beiden Dokumente eine so verblüffende
Ähnlichkeit auf, daß sie nicht unabhängig voneinander entstanden sein
können[255]. Die Namen der Abarten der Haupttugenden sind hier und
dort fast ausnahmslos dieselben, und auch der Wortlaut der stoischen
Definitionen findet sich in den peripatetischen weitgehend wieder.
Die wesentlichen Unterschiede bestehen darin, daß der stoische Katalog
jede einzelne Tugend als ἐπιστήμη, der peripatetische als ἕξις bezeichnet,
wie es die unterschiedlichen Auffassungen der beiden Schulen verlangen,
und daß der peripatetische Katalog die zusätzliche Angabe enthält,
welches die fehlerhaften Extreme sind, zwischen denen die Tugend sich
befindet. Wie v. Arnim[256] sehr richtig hervorhebt, zeigt der Vergleich
der beiden Dokumente, „daß die Unterschiede der beiderseitigen Definitionen ... dem beiderseitigen Schulstandpunkt angemessen sind
und man keinesfalls von einem eklektischen Hineintragen stoischer Lehren in das peripatetische Dogma sprechen kann." Die Frage nach der

SVF I S. 85, 36—38 ὅταν μὲν οὖν αἱρεῖσθαί τε δέῃ τἀγαθὰ καὶ φεύγειν τὰ κακά,
τὴν ἐπιστήμην τήνδε καλεῖ (sc. Ἀρίστων) σωφροσύνην. Hier regelt also die
σωφροσύνη das Streben und Meiden schlechthin — wie auch in der Definition
des Areios. Daß die Stoiker von ἐπιστήμη sprechen, während in der peripatetischen Definition von einer ἕξις die Rede ist, entspricht durchaus den
unterschiedlichen ἀρετή-Auffassungen der beiden Systeme. Darüber gleich
mehr.

[253] Stob. II 7, S. 60, 9—62, 4 = SVF III S. 64, 14—43.

[254] SVF III S. 65, 21—67, 18.

[255] Ausführliche Analyse des peripatetischen Katalogs mit Angabe der stoischen
Parallelen bei H. v. Arnim, Abriß 98—119.

[256] Abriß 103.

Priorität wird man allerdings — anders als von Arnim — zugunsten der Stoiker lösen müssen. Die Vorliebe der Stoiker für subtile Einteilungen und Definitionen ist berühmt genug, daß wir dem Chrysippos die Urheberschaft eines solchen Dokuments zutrauen können. Irgendein junger Peripatetiker hat den Definitionen später ihre peripatetische Färbung gegeben, und in dieser Form sind sie in die Epitome des Areios gelangt.

Zum Schluß (147, 22—25) wird die Kalokagathie definiert. „Die Tugend, die aus der Verbindung aller ethischen Tugenden besteht, nennt man Kalokagathie. Sie ist die vollkommene Tugend. Sie bewirkt es, daß die Güter nützlich und edel (καλά) werden, und das Edle erstrebt sie um seiner selbst willen." Diese Angaben gehen auf das letzte Kapitel der EE zurück[257]: Dort heißt es, daß der Kaloskagathos alle κατὰ μέρος ἀρεταί besitzen muß[258]; dort wird die Kalokagathie als ἀρετὴ τέλειος bezeichnet[259]; dort wird erklärt, daß allein für den ἀγαθός Güter wie Ehre, Reichtum, körperliche Vorzüge, Gaben des Glücks, Macht etc. wirkliche Güter sind, während sie anderen schädlich werden können[260]. Darüber hinaus werden sie für den Kaloskagathos zu καλά, weil er sie im Hinblick auf die Tugend anstrebt; auch die Tugend wird um ihrer selbst willen angestrebt und nicht etwa wie bei den Spartanern im Hinblick auf die materiellen Güter, zu denen sie verhilft[261]. Man wird sich daran er-

---

[257] EE VIII 3, 1248b 8—1249a 16.

[258] 1248b 8—16.

[259] 1249a 16.

[260] 1248b 26—34.

[261] 1248b 34—1249a 16. In der Parallelstelle aus den MM (II 9, 1207b 19—1208a 4) heißt es zwar, daß der Kaloskagathos derjenige ist, ᾧ τὰ ἁπλῶς ἀγαθά ἐστιν ἀγαθά καὶ τὰ ἁπλῶς καλά καλά ἐστιν, es wird jedoch nicht einmal erwähnt, daß für ihn die ἀγαθά zu καλά werden, und es wird auch nicht erklärt, daß man — wie die Spartaner — die καλά um eines anderen Zieles willen anstreben kann, daß sie also nicht unbedingt ᾗ καλά als erstrebenswert erscheinen. Daraus geht hervor, daß unsere Passage lediglich auf die EE zurückgeht und nicht, wie H. v. Arnim, Abriß 104 behauptet, auch auf die MM. — H. Strache, De Arii auct. 59 weist auf eine Parallelstelle bei Augustin hin (Civ. D. XIX 3, S. 371, 19—23 Hoffmann, nach Varro, der selbst aus Antiochos schöpft), um seine These zu bekräftigen, daß der Kalokagathie-Abschnitt bei Areios von Antiochos stammt. Dort heißt es aber lediglich, daß nur für den Tugendhaften die (äußeren und körperlichen) Güter echte Güter sind, weil sie den anderen schädlich sein können. Dieser Gedanke begegnet aber auch in EE und MM; daraus haben Antiochos und die Quelle des Areios unabhängig voneinander schöpfen können. Ferner ist bei Augustin nur von der Tugend, den Gütern und der Glückseligkeit die Rede, mit einer Kalokagathie-Lehre hat das Kapitel nichts zu tun.

innern, daß an einer früheren Stelle der Epitome (137, 19) die Kalokagathie zu den Vorzügen des rationalen Seelenteils gezählt worden war. Die
beiden Auffassungen sind nicht miteinander vereinbar[262].

Die Ergebnisse der Analyse dieses Abschnittes lassen sich leicht zusammenfassen. Bemerkenswert ist zuerst der Anschluß an die MM in den
Definitionen der Einzeltugenden als μεσότητες: Der Kompilator hat aus
den MM die Definitionen einfach herausgeschält, die er hier brauchte.
Allerdings scheinen sich in zwei Fällen auch stoische Elemente hinein-
geschlichen zu haben. Der folgende Teil, in dem die Abarten der Kardinaltugenden behandelt werden, geht auf eine stoische Vorlage, wahrscheinlich auf Ausführungen des Chrysippos, zurück; der Kompilator war aber
bemüht, daraus Peripatetisches zu machen, indem er in den Tugenddefinitionen den stoischen Begriff ἐπιστήμη durch den peripatetischen
ἕξις ersetzte. Schließlich spiegelt sich in der Auffassung von der Kalokagathie das letzte Kapitel der EE wider.

Das Nebeneinander dieser Elemente verschiedener Provenienz in
einem Abschnitt, der in der Thematik eine ziemlich große Einheitlichkeit
besitzt, zeigt zur Genüge, daß Areios nicht aus erster Hand an den
Originaltexten arbeitet. Seine Informationen verdankt er vielmehr älteren Kompilationen, die zwar — wohl über mehrere Zwischenstufen —
aus dem Corpus aristotelicum schöpften, im Laufe der Zeit jedoch um Bestandteile weniger authentischer Provenienz bereichert worden waren.

5. Affekte und Antriebe

Die ethischen Tugenden sind Habitus, aufgrund welcher wir uns den
Affekten gegenüber richtig verhalten und löblich handeln. Deswegen
sind die Affekte in den Ausführungen über die Tugend kurz erörtert und
von den δυνάμεις und den ἕξεις unterschieden worden (139, 1—18). Nach
der ziemlich langen Abhandlung über die ethischen Tugenden kommt
aber ein besonderes Kapitel über die Affekte (142, 14—143, 23)[263]. Daß
dieses Kapitel als Ergänzung des vorher Gesagten aufzufassen ist, legt
die Verknüpfung der Affektenlehre mit der Tugendlehre nahe. Mit keinem
Wort gibt jedoch der Verfasser der Epitome zu verstehen, daß es sich
wirklich so verhält. Das Kapitel beginnt ohne jede Verbindung mit

[262] Richtig R. Hirzel, Unters. II 708.
[263] Ausführliche Analyse bei H. v. Arnim, Abriß 69—83. Vgl. auch H. Strache,
De Arii auct. 60—61.

dem Vorausgehenden; es scheint völlig isoliert und selbständig dazu-
stehen. Inhaltlich trägt es auch kaum zur Präzisierung der Tugendlehre
bei; es besteht nämlich vorwiegend, wie wir gleich sehen werden, aus
verschiedenen Einteilungen[264].

Am Anfang des Abschnittes steht eine Dreiteilung der πάθη καὶ ὁρμαί.
Es ist wahrscheinlich kein Zufall, wenn hier die ὁρμαί zusammen mit den
πάθη genannt werden. Es wird sich nämlich noch herausstellen, daß der
Urheber dieser und der folgenden Einteilungen mit der stoischen Affektenlehre (der er nicht beipflichtete) vertraut war. Für den Stoiker ist das
πάθος eine verwerfliche Art der Gattung ὁρμή[265]. In der Einteilung begegnen aber Gefühle und Tendenzen, die edel, andere, die wertneutral
sind. Unser Autor scheint Bedenken empfunden zu haben, sie als πάθη
schlechthin zu bezeichnen, deswegen hat er sich wohl für den bequemeren
Ausdruck πάθη καὶ ὁρμαί entschieden. Die Einteilung selbst sieht folgendermaßen aus:

Edel (ἀστεῖα)
   Freundschaft (φιλία)
   Dankbarkeit (χάρις)
   Gerechter Unwille (νέμεσις)
   Scham (αἰδώς)
   Zuversicht (θάρσος)
   Mitleid (ἔλεος)
Mittel (μέσα)
   Unlust (λύπη)
   Furcht (φόβος)

[264] H. v. Arnim, Abriß 69 schreibt: „Was die πάθη betrifft, so ist ihre Behandlung
in unmittelbarem Anschluß an die ethischen Tugenden dadurch gerechtfertigt,
daß es die Aufgabe derselben ist, die πάθη des ἀλόγου μέρος τῆς ψυχῆς durch
den λόγος in einen löblichen Zustand zu bringen." Diese Rechtfertigung gilt
ganz allgemein für die Zusammengehörigkeit des Themas περὶ παθῶν zu den
Erörterungen περὶ ἠθικῆς ἀρετῆς; sie mag die Reihenfolge unserer beiden
Kapitel der Epitome traditionsmäßig bestimmt haben, darf jedoch nicht als
Beweis für die Einheitlichkeit des ganzen Komplexes angeführt werden.
Der einzige Satz in περὶ παθῶν, der tatsächlich auf die Tugendlehre verweist,
steht 142, 20—22, πᾶν δὲ πάθος περὶ ἡδονὴν συνίστασθαι καὶ λύπην, δι' ὃ καὶ
περὶ ταύτας τὰς ἠθικὰς ἀρετὰς ὑπάρχειν. Er erscheint aber als eine Unterbrechung des Zusammenhanges, schon deswegen, weil ἡδονή und λύπη hier
(rein aristotelisch) als Begleiterscheinungen des πάθος angesehen werden,
während sie in der Einteilung selbst (142, 18) einfach zwei πάθη neben anderen sind.

[265] Vgl. Stob. II 7, S. 86, 6 und viele andere Texte SVF III S. 92sqq.

Zorn (ὀργή)
Lust (ἡδονή)
Begierde (ἐπιθυμία)
Schlecht (φαῦλα)
Neid (φθόνος)
Schadenfreude (ἐπιχαιρεκακία)
Übermut (ὕβρις)

Wer die Ethiken des Aristoteles kennt, weiß, daß eine solche Einteilung nicht aristotelisch sein kann. Für Aristoteles ist der Affekt ein
völlig wertneutrales psychisches Phänomen; unsere Haltung gegenüber
diesen Phänomenen ist es, die bestimmt, ob wir gut oder schlecht, tugendhaft oder lasterhaft sind. Dennoch räumt Aristoteles ein, daß bestimmte
Affekte wie Schadenfreude, Schamlosigkeit und Neid schon von sich aus
tadelhaft sind; die Ursache liegt darin, daß man mit diesen Ausdrücken
das πάθος nicht in seinem reinen Zustand, sondern bereits in Verbindung
mit einer tadelnswerten ἕξις bezeichnet[266]. Andererseits erscheinen
νέμεσις, αἰδώς und φιλία als richtige μεσότητες zwischen zwei Extremen in
der Tabelle der EE[267]; es wird jedoch hervorgehoben, daß sie eigentlich
keine Tugenden sind, weil sie ἄνευ προαιρέσεως zustande kommen; sie
sind eher eine Art von πάθος und tragen zu den φυσικαὶ ἀρεταί bei[268].
Der Urheber der Einteilung ist von diesen Angaben oder von ähnlichen
Überlegungen ausgegangen.

Vier der angeführten μέσα πάθη sind identisch mit den vier Hauptaffekten der Stoiker (λύπη, φόβος, ἡδονή, ἐπιθυμία). Dies erscheint um so
bemerkenswerter, als λύπη und ἡδονή dadurch einfach den πάθη zugeordnet werden, eine Auffassung, die denkbar unaristotelisch ist. An einen
bloßen Zufall kann man nicht denken. In jedem der Hauptaffekte unterschieden die Stoiker bekanntlich mehrere Unterarten. Werfen wir z. B.
einen Blick auf die stoischen Unterteilungen der ἐπιθυμία, so entdecken
wir unter anderen ὀργή, ἔρως, φιληδονία, φιλοπλουτία[269]. Bei Areios erscheint die ὀργή — neben den vier stoischen Hauptaffekten — in der
Liste der μέσα πάθη; etwas weiter unten (142, 22—26) befaßt sich der

---

[266] Hinweis von H. v. Arnim, Abriß 70, der EN II 6, 1107a 8—15; EE II 3,
1221b 18—23; MM I 8, 1186a 36—b 3 zitiert. Als Beispiele solcher verwerf-
lichen „Affekte" erscheinen bei Aristoteles ἐπιχαιρεκακία, ἀναισχυντία, φθόνος,
ὕβρις, als affektbeladene Handlungen μοιχεία, κλοπή, ἀνδροφονία.

[267] EE II 3, 1220b 38—1221a 12. Vgl. MM I 27, 1192b 18; 29, 1193a 1; 31,
1193a 20.

[268] EE III 7, 1234a 24—33.   [269] Vgl. SVF III Chrys. Fr. 394—397.

Verfasser mit der φιλαργυρία, der φιληδονία, der ἐρωτομανία und ähnlichen Fehlern, die er als ἕξεις ἀλλοῖαι περὶ τὰς κακίας kennzeichnet; er gibt ferner eine Einteilung des ἔρως an. Der Zusammenhang mit seinen anfänglichen Ausführungen über die πάθη wird erst dann klar, wenn man annimmt, daß er die stoische Unterteilung der ἐπιθυμία irgendwie berücksichtigt, sich jedoch nur mit kurzen, unvollständigen Angaben begnügt. Stoisch klingt ebenfalls die Bezeichnung der guten Affekte als ἀστεῖα; nicht bei Aristoteles, sondern bei den Stoikern wird ἀστεῖος oft als Äquivalent von σπουδαῖος gebraucht[270].

Die Benutzung stoischer Klassifizierungen und die Entlehnungen aus der stoischen Fachsprache bedeuten aber keineswegs, daß der Verfasser sich hier stoischen Anschauungen anschließt. Ganz im Gegenteil erscheinen mehrere seiner Angaben als eine bewußte Distanzierung von den stoischen Thesen; gegen die Stoa bekennt er sich zu Positionen, die er für typisch peripatetisch hält. Die Stoa erklärte alle Affekte für schlecht; er unterscheidet gute, mittlere und schlechte, wobei die Einführung eines μέσον hier wie in ähnlich gearteten Fällen für den peripatetischen Charakter des Ganzen bürgen soll. Die Stoa wollte alle Affekte ausrotten; er erklärt, daß einige von ihnen zu erstreben sind (αἱρετέον) und daß andere begrenzt werden sollen (ὁριστέον) (142, 19—20)[271]. Der kurze Satz über das gegenseitige Verhältnis von Affekt, Lust und Unlust und ethischen Tugenden (142, 20—22) stammt, dem Inhalt nach, aus der aristotelischen Ethik. Schließlich folgt die Einteilung der Liebe dem Beispiel der Einteilung des πάθος: Neben einer Liebe in Freundschaft, die gut ist, und einer rein sinnlichen Liebe, die schlecht ist, gibt es eine dritte Form, die aus den beiden anderen besteht und das Mittelmaß darstellt (142, 24—26)[272].

---

[270] Vgl. den Index v. Adler s. v.

[271] Selbstverständlich muß unser Autor der Meinung gewesen sein, daß die schlechten Affekte zu meiden sind. Wahrscheinlich ist diese Angabe durch Haplographie ausgefallen. Man sollte wohl schreiben (Anregung von H. v. Arnim, leicht modifiziert) τούτων δὲ τὰ μὲν αἱρετέον, ⟨τὰ δ' ἀναιρετέον⟩ καθάπαξ, τὰ δὲ ὁριστέον.

[272] Bei Ps.-Andronikos 4 = SVF III S. 96 Fr. 397 werden ebenfalls drei Arten des ἔρως unterschieden: ἔρως δὲ ἐπιθυμία σωματικῆς συνουσίας. ἄλλος ἔρως· ἐπιθυμία φιλίας. ἄλλος ἔρως, ὃν ἐπιβολὴν καλοῦσι φιλοποιίας διὰ κάλλος ἐμφαινόμενον. In diesem stoisierenden Text fehlt natürlich der μέσος ἔρως. Diog. Laert. V 31 nennt nur zwei Arten: εἶναι δὲ καὶ τὸν ἔρωτα μὴ μόνον συνουσίας, ἀλλὰ καὶ φιλ{οσοφ}ίας. Albinos, Didask. 33, S. 187, 17—27 Hermann unterscheidet drei Arten der ἐρωτικὴ φιλία: Die schlechte kümmert sich lediglich um den

Der erste Paragraph des Kapitels περὶ παθῶν besteht aus stark ge-
kürzten Auszügen aus einer umfangreicheren, spätperipatetischen Einteilung der Affekte. Durch die Epitomierung sind die Verhältnisse zwischen den einzelnen Sätzen des Paragraphen undeutlich geworden.
Wenn man sich an die stoische Klassifizierung erinnert, wird man vermuten dürfen, daß die Vorlage Angaben über die Unterarten der einzelnen πάθη enthielt. Davon sind nur spärliche Reste erhalten, nämlich
die knappen Äußerungen über φιλαργυρία, φιληδονία und ἔρως und gleich
danach die etwas ausführlicheren Erörterungen über die ersten beiden
πάθη ἀστεῖα, die Freundschaft (143, 1—16) und die Dankbarkeit (143,
17—23), mit denen wir uns jetzt befassen wollen.

Von der Freundschaft[273] werden zunächst vier διαφοραί angegeben:
ἑταιρική, συγγενική, ξενική, ἐρωτική; ob die εὐεργετική und die θαυμαστική
noch dazuzuzählen seien, müßte untersucht werden. Die ersten drei
Arten der Freundschaft sind in den aristotelischen Ethiken genannt; für
die letzten drei lassen sich Anhaltspunkte ebenfalls in den Ethiken
finden[274]. Das jeweilige Prinzip dieser sechs Freundschaftsarten wird
dann angegeben: für die Kameradschaft die Geselligkeit (συνήθεια), für
die Freundschaft zwischen Verwandten die Natur, für die Gastfreund-
schaft der Nutzen, für die Liebesfreundschaft der Affekt, für die Freundschaft zum Wohltäter die Dankbarkeit, für die auf Bewunderung beruhende Freundschaft die Fähigkeit. Drei Ziele sind es, die in der Freundschaft getrennt oder zusammen angestrebt werden: das ethisch Schöne,
das Zuträgliche, das Nützliche. Während die Aufzählung der jeweiligen
ἀρχή keine aristotelische Parallele hat, entspricht die Unterscheidung der
drei „Ziele" einem gut belegten Aspekt der Freundschaftslehre des
Aristoteles. Es braucht kaum hervorgehoben zu werden, daß diese sehr
summarischen Angaben der Epitome die wesentlichsten Aspekte der
aristotelischen Lehre völlig beiseite lassen. Wir haben es nicht mit dem
Versuch zu tun, die Hauptpunkte der Freundschaftstheorie kurz zusammenzufassen, sondern vielmehr mit einer jener zahlreichen διαιρέσεις,
die in späteren Zeiten so beliebt waren[275].

Körper, die edle lediglich um die Seele, die mittlere um beide. Daß die Definition und die Beurteilung des ἔρως bei Stoikern, Epikureern und Akademikern
unterschiedlich waren, bestätigt Alex. Aphrod., Top. 139, 21—26.

[273] Über diesen Paragraphen vgl. H. v. Arnim, Abriß 77—83.
[274] Belegstellen bei H. v. Arnim, Abriß 78—79.
[275] Man vergleiche u. a. Diog. Laert. V 31 und Divis. Arist. Nr. 2 und 58 Mutschmann.

Viel interessanter ist die zweite Hälfte (143, 11—16) des Paragraphen. Dort heißt es: „Die erste Freundschaft ist, wie ich schon früher sagte, die Freundschaft mit sich selbst, die zweite die zu unseren Eltern; dann kommen diejenigen, die wir für unsere anderen Verwandten und für die Fremden empfinden. Deswegen muß man sich in der Freundschaft mit sich selbst vor der Übertreibung, in der Freundschaft zu den anderen vor dem Mangel hüten. Die eine Haltung wird als Egoismus, die andere als Knauserei getadelt". Mit seinem ὡς προέφην verweist der Verfasser auf die Erörterungen des ersten Teils (118, 11—119, 4; 119, 22—121, 21), in denen er den Selbsterhaltungstrieb sowie die angeborene Liebe zur Familie und zu den Mitmenschen als die Keimzellen der Ethik darstellte.

Es darf also als sicher angenommen werden, daß die bei Stobaios erhaltene Darstellung der peripatetischen Ethik von ein und demselben Kompilator stammt. Dieser hat sich offenbar nicht darauf beschränkt, Materialien verschiedener Provenienz zu sammeln und notdürftig zu klassifizieren; er scheint an dem Inhalt seiner Kompilation insofern interessiert gewesen zu sein, als er gelegentlich bemerkte, der eine oder der andere Punkt sei bereits in einem anderen Zusammenhang behandelt worden. Viel mehr läßt sich aus dem Rückverweis allerdings nicht erschließen[276].

Das zweite ἀστεῖον πάθος, dem einige Zeilen (143, 18—23) gewidmet sind, ist die Dankbarkeit (χάρις)[277]. Auch hier kommt es fast ausschließlich auf die Unterscheidung der Bedeutungen des Wortes an. Darunter versteht man a) das Erweisen einer nützlichen Gefälligkeit um des Empfängers selbst willen[278], b) die Erwiderung einer nützlichen Gefälligkeit,

---

[276] H. v. Arnim, Abriß 82 legt großen Wert darauf, daß die hier vorgetragene Auffassung der Selbstliebe nicht „eine nebensächliche Einzelheit in der Lehre von den πάθη" ist, „sondern einer der Fundamentalgedanken der im Teil A enthaltenen Grundlegung dieses Systems der Ethik." Die Bedeutung unseres Abschnittes beruhe darauf, „daß er den Teil B mit dem Teil A, der nach herrschender Ansicht aus ganz anderer Quelle stammen soll, durch ein inneres Band fest zusammenschließt". So weit darf man meines Erachtens nicht gehen. Die Heterogenität des von Areios herangezogenen Materials läßt sich durchaus mit dem Umstand vereinbaren, daß dieselbe Thematik an verschiedenen Stellen der Epitome vorkommt und daß Areios gelegentlich darauf aufmerksam macht.

[277] Darüber H. v. Arnim, Abriß 76.

[278] Die Formel τὴν ... ὑπουργίαν ὠφελίμου αὐτοῦ ἐκείνου ἕνεκα dürfte, wie Wachsmuth und v. Arnim notiert haben, auf Arist., Rhet. II 7, 1385a 17—19 (ἔστω δὴ χάρις, καθ' ἣν ὁ ἔχων λέγεται χάριν ἔχειν, ὑπουργία δεομένῳ μὴ ἀντί τινος μηδ' ἵνα τι αὐτῷ ὑπουργοῦντι ἀλλ' ἵνα τι ἐκείνῳ) beruhen.

c) die Erinnerung an eine solche Gefälligkeit. Inhaltlich paßt diese Diärese allerdings schlecht in eine Erörterung über die πάθη, denn zumindest die ersten beiden Bedeutungen beziehen sich nicht auf einen Affekt, sondern auf konkrete Handlungen, die von einem Affekt herrühren[279]. Die Dreizahl der Bedeutungen erklärt es, warum die Menschen die Ansicht verbreitet haben, die Göttinnen (d. h. die Chariten) seien drei an der Zahl. Mit dieser kurzen Bemerkung wird auf eine allegorische Deutung der in Kunst und Literatur vielfach dargestellten Gruppe der Chariten angespielt. Vielleicht schon bei Aristoteles begegnen Ansätze zu einer solchen Deutung[280]; ganz vordergründig wurde der Zusammenhang zwischen den drei Hauptmomenten des Gefälligseins und der Dreizahl der Chariten allerdings erst von Chrysippos in seinem περὶ Χαρίτων ausgearbeitet[281]. Bei Areios dürfte also eine Reminiszenz an die von Chrysippos eingeleitete Spekulation über die Zahl der Chariten vorliegen, und dies dürfte ein weiteres Indiz für das relativ späte Datum des hier von Areios herangezogenen Materials darstellen. — Der Vollständigkeit halber fügt der Autor hinzu, daß man unter χάρις auch das Anmutige im Aussehen oder in der Rede versteht. Das hat mit der Affektlehre natürlich nichts zu tun.

Auf die übrigen πάθη geht die Epitome nicht ein. Es ist möglich, daß Areios' Quelle hier ausführlicher war und alle einzelnen πάθη mit deren Abarten behandelte. Wenn dem so war, sind diese Erörterungen dem Epitomierungsprozeß zum Opfer gefallen.

---

[279] Darauf hat H. v. Arnim hingewiesen, allerdings ohne darin etwas Gravierendes zu sehen; ihm lag natürlich fern, Indizien für den kompilatorischen Charakter des πάθη-Kapitels aufzudecken.

[280] EN V 8, 1133a 2—5. Proportionale Vergeltung ist es, die den Zusammenhalt des Gemeinwesens gewährleistet. Deswegen errichtet man den Chariten ein Heiligtum, offenbar um deutlich zu machen, daß Gegenleistungen erforderlich sind. Dies ist nämlich das Eigentümliche an der χάρις: Eine erwiesene Gefälligkeit soll man erwidern und das nächstemal soll man selbst mit der Gefälligkeit zuvorkommen. Ob dies allerdings eine Deutung der Dreizahl der Göttinnen sein will, wie v. Arnim behauptet (1. χαρίσασθαι, 2. ἀνθυπηρετῆσαι, 3. πάλιν αὐτὸν ἄρξαι χαριζόμενον), scheint allerdings zumindest fraglich. Von der Zahl der Chariten spricht Aristoteles nicht. Er will hauptsächlich zeigen, daß der Wiedervergeltungsgedanke für das Gemeinschaftsleben grundlegend ist; daran soll das Charitenheiligtum erinnern.

[281] Unsere Information über diese Schrift des Chrysipp stammt aus Seneca, De benef. I 3 = SVF II S. 316sqq., Fr. 1082. Die allegorische Deutung, die Seneca für *ineptiae* hält, machte den größeren Teil der Schrift aus. Unter anderem wurde die Dreizahl der Göttinnen dahingehend erklärt, daß sie den drei Momenten

6. Lebensformen

In den Diskussionen um den Abschnitt der Epitome über die Lebensformen (143, 24—145, 10) hat man sich hauptsächlich mit der Frage
nach der Einheitlichkeit des Stückes und mit dem Problem seiner Provenienz beschäftigt. Während mehrere Forscher innere Widersprüche
und Spuren einer gewissen Beeinflussung durch die Stoa in diesem Abschnitt feststellen wollten, vertrat v. Arnim[282] die kühne These, daß das
Stück frei von überflüssigen Wiederholungen sowie von Diskrepanzen
und Widersprüchen sei und die Stellungnahme Theophrasts wiedergebe.
Auf Einzelheiten werden wir gegebenfalls im Laufe der Analyse eingehen. Schon jetzt muß aber festgehalten werden, daß dieser Abschnitt
weder einen systematischen Aufbau noch einen diskursiven Gedankengang aufweist. Wir stehen vielmehr vor einer Reihe von thesenartigen
Behauptungen, die keinerlei Beweise enthalten und lediglich durch ihre
gemeinsame Thematik miteinander verbunden sind. Wir werden also
zuerst jede dieser Behauptungen einzeln betrachten, um danach die
Probleme der Einheitlichkeit und der Herkunft zu erörtern.

Die ersten Sätze (143, 25—144, 8) sind die schwierigsten des ganzen
Komplexes. Der Text von Wachsmuth läßt sich wie folgt übersetzen:
„Der sittlich gute Mensch wird die mit der Tugend verbundene Lebens-
form wählen, sei es, daß er, von günstigen Umständen getragen, selbst
zum Monarchen wird, sei es, daß er mit einem König zusammen leben
oder als Gesetzgeber wirken oder anders politisch tätig werden muß.
Wenn er nicht dazu gelangt, wird er sich der Lebensform eines einfachen
Bürgers[283] zuwenden, oder (möglich ist auch: entweder) der Forschung

---

des *dare, accipere et reddere* entsprechen sollte. Weitere Beispiele für die allegorische Deutung der Chariten nennt Escher, Art. Charites, RE III 2163.

[282] H. v. Arnim, Abriß 84—95.

[283] πρὸς τὸ δημοτικὸν τραπήσεσθαι σχῆμα διαγωγῆς. H. v. Arnim, Abriß 89
übersetzt „wendet sich ... der Lebensform eines Privatmannes zu". Ähnlich
R. Joly, Genres de vie 149 „il se tournera vers la vie privée". M. Giusta, Doss.
et. II 458 behauptet dagegen, daß δημοτικός bedeutet „riguardante il popolo",
und erklärt „il sapiente, restando sempre nell'ambito del βίος πρακτικός,
volgerà le sue cure al popolo." Äußerungen des Nikolaos von Damaskos in
seiner Autobiographie (FGrHist. IIa 90, Fr. 138, S. 426, 7 und 17 Jacoby)
tragen zur Klärung des kontroversen Punktes bei. Nikolaos erzählt, daß er
in Rom die Gesellschaft der höheren Schichten und der Geldaristokratie mied
und den größten Teil seiner Zeit μετὰ τῶν δημοτικῶν verbrachte. Die δημοτικοί
sind also die „kleinen Leute" im Gegensatz zum Adel, zu den Mächtigen und
zu den Reichen. Bei Areios dürfte daher das δημοτικὸν σχῆμα die Lebensform

oder dem Lehrberuf, der eine mittlere Möglichkeit (μέσον) ist. Denn er
wird es erstreben, das Schöne (τὰ καλά) sowohl zu tun als auch zu betrachten. Wenn er durch die Umstände gehindert wird, diese beiden
Lebensformen zusammen zu pflegen, wird er sich mit einer von beiden
begnügen; dabei wird er das theoretische Leben vorziehen, aber aufgrund seines Gemeinschaftstriebes wird er nach politischer Betätigung
trachten". Dieser Text fällt in mancher Hinsicht auf. Die Zuflucht zum
Privatleben stellt z. B. — trotz der grammatischen Konstruktion —
keinen Gegensatz zur Wahl des tugendhaften Lebens dar; sie muß vielmehr als Alternativlösung für den Fall verstanden werden, wo die politische Betätigung unmöglich ist. Dem Sinne nach erwartet man also etwas wie „Der Tugendhafte wird ein Leben des politischen Engagements
vorziehen, gegebenenfalls als Herrscher, am Hof eines Königs, als Gesetzgeber oder als Staatsmann. Gelangt er nicht dazu, so wird er sich für das
Privatleben entscheiden". Auch die μέσον-Stellung des Lehrberufs (σχῆμα
παιδευτικόν) wird dadurch klar: Der Lehrer, der die Jugend ausbildet,
führt kein reines Privatleben, er wirkt durch seinen Unterricht auf einige
seiner Mitmenschen ein, allerdings schwächer als ein Staatsmann[284]. Die
Erwähnung des „Forscherlebens" (θεωρητικόν) stört sehr; es geht wohl
nicht an, es neben dem παιδευτικόν als eine Unterart des δημοτικόν
zu betrachten[285], denn wenn das παιδευτικόν ein μέσον ist, kann es eben
nicht eine Art der Gattung δημοτικόν sein. Andererseits muß man sich
fragen, worauf die Begründung προαιρήσεσθαι μὲν γὰρ καὶ πράττειν καὶ
θεωρεῖν τὰ καλά zu beziehen ist. Sicher weder auf die Zuflucht ins Privatleben noch auf das Ausüben des Lehrberufs. Wie aus dem darauf folgenden Text ganz klar hervorgeht, kann dieser Satz nur als Beweis für
die Behauptung gedacht werden, daß der Tugendhafte jenes Leben für

bezeichnen, in der weder politische Macht noch Ehren noch Geld angestrebt
werden, die Lebensform des einfachen Bürgers oder gar des kleinen Mannes,
im Gegensatz zum Leben eines Monarchen, eines Ministers, eines Gesetz-
gebers oder eines Staatsmannes überhaupt. Von einer Fürsorge für das Volk
kann hier keine Rede sein.

[284] Es ist bemerkenswert, daß die Stoiker (Areios b. Stob. II 7, S. 109, 10—110, 8
= SVF III S. 172, Fr. 686) drei βίοι προηγούμενοι unterschieden, den des
Königs, den des Staatsmannes und den des Lehrers, die sie auch als die drei
χρηματισμοὶ προηγούμενοι, die drei besten Arten, Geld zu verdienen, betrachteten. In dieser Skala der Formen engagierten Lebens kommt natürlich
der Lehrberuf als letzter. Für den Peripatetiker aber, der das Privatleben mit-
berücksichtigt, muß er eine mittlere Stellung einnehmen.

[285] Wie H. v. Arnim, Abriß 90 tut.

das beste halten wird, in dem Forschertätigkeit und politische Betätigung miteinander verbunden sind. Kann der Tugendhafte dieses Ideal nicht erreichen, so wird er sich für die reine θεωρία entscheiden, ohne jedoch die Auswirkung seines Gesellschaftstriebs ganz ausschalten zu können. Das Bekenntnis zum Ideal des ἐκ θεωρητικοῦ καὶ πρακτικοῦ σύνθετος βίος, das der Satz προαιρήσεσθαι μὲν γὰρ κτλ. voraussetzt, ist aber in der über-lieferten Form des Textes nicht zu finden. Möglicherweise war es ur-sprünglich in dem ersten Satz enthalten. An dem Inhalt dieses Satzes muß man nämlich auch Anstoß nehmen. Daß der σπουδαῖος, der ohnehin schon tugendhaft ist, das Leben μετ' ἀρετῆς wählen wird, ist reiner Un-sinn; der Satz wäre erst dann sinnvoll, wenn wir erführen, welche be-sondere Form des βίος μετ' ἀρετῆς er wählen wird.

Wenn diese Beobachtungen nicht täuschen, so ist unsere Passage aus der ungeschickten Verschmelzung zweier ursprünglich völlig heterogener Reihen entstanden. Einerseits erkennen wir eine Reihe, in der das πολι-τεύεσθαι in seinen diversen Formen hoch eingeschätzt war, das παιδευτι-κόν die mittlere Stelle erhielt und das δημοτικόν nur als eine Notlösung erschien. Andererseits gab es eine andere Reihe, die das aus θεωρία und πρᾶξις gemischte Leben als das beste pries und daneben den θεωρητικός und den πρακτικὸς βίος unterschied. Es läßt sich vermuten, warum ein Kompilator auf den unglückseligen Gedanken kam, die eine Reihe in die andere einzufügen: In beiden war eine Lebensform als die wün-schenswerteste angegeben, hier die politische Wirksamkeit des βασιλικός bzw. πολιτικὸς βίος, dort die Kombination der theoretischen und der praktischen Lebensform. Der Kompilator hätte natürlich diese beiden δόξαι über die beste Lebensform hintereinander referieren können; das hätte aber den Eindruck erwecken können, daß zwei verschiedene Ideale damit angegeben werden. In der Auffassung des Kompilators erschienen diese beiden Ideale durchaus vereinbar, wenn nicht sogar identisch; er muß geglaubt haben, daß in der Perspektive der Peripatetiker das Ideal des σύνθετος βίος sich am besten von einem Herrscher, von einem Kö-nigsberater usw. verwirklichen läßt. Wohl deswegen hat er die beiden Ideale in einem einzigen Satz formuliert, an den er zuerst die Fortset-zung der ersten Reihe, dann die der zweiten angeknüpft hat[286].

---

[286] Zur Wiederherstellung eines sinnvollen Zustandes des Textes möchte ich in 143, 24 schreiben βίον δ' αἱρήσεσθαι τὸν σπουδαῖον ⟨τὸν σύνθετον⟩ τὸν μετ' ἀρετῆς. H. v. Arnim, Abriß 91 schlug vor . . . τὸν μετ' ἀρετῆς ⟨θεωρητικὸν καὶ πρακτικόν⟩. Um deutlich zu machen, daß 144, 4 προαιρήσεσθαι μὲν γὰρ κτλ. auf das in 143, 24 formulierte Ideal des σύνθετος βίος zu beziehen ist, sollte man

Die Erwähnung des Gesellschaftstriebes (κοινωνικόν) zieht die
nächsten Angaben über die Verhaltensweise des Tugendhaften (144,
8—15) nach sich: Aufgrund dieses Triebes wird der Tugendhafte heiraten, Kinder zeugen, sich mit Politik befassen, sich — allerdings ver-
nünftig — verlieben, gelegentlich, jedoch nicht aus Grundsatz und absichtlich, einen Rausch haben. Im allgemeinen wird er, die Tugend
pflegend, am Leben bleiben; sollten ihn aber die Umstände dazu zwin-
gen, wird er sich das Leben nehmen, nicht ohne vorher für sein Begräbnis
und andere Einzelheiten des Totenkults Sorge getragen zu haben. Inhaltlich gehören diese Angaben — trotz der relativischen Anknüpfung —
nicht mehr zum Vorausgehenden, denn die hier aufgezählten Vorschriften
sind für den σπουδαῖος immer gültig und völlig unabhängig von seiner
Entscheidung für eine bestimmte Lebensform. Das πολιτεύεσθαι, das
oben an bestimmte Lebensformen gebunden war, erscheint hier ohne jede
Einschränkung unter den Dingen, die dem Tugendhaften anempfohlen
bzw. erlaubt werden[287].

Im folgenden Abschnitt (144, 16—21) ist wieder einmal von den Lebensformen die Rede: ,,Es gibt drei Lebensformen, die praktische, die
theoretische und die aus diesen beiden zusammengesetzte. Das Genußleben liegt unter der Würde des Menschen. Von den anderen ist das theoretische Leben vorzuziehen. Auch wird sich der Tugendhafte mit Politik
befassen, und zwar grundsätzlich (προηγουμένως), nicht nur gelegentlich
(κατὰ περίστασιν). Die praktische Lebensform ist nämlich identisch mit

---

143, 25 εἶτ' ἐφ' ἡγεμονίας bis 144, 4 παιδευτικόν in Klammern setzen; damit
wäre die erste Serie von der zweiten getrennt und der Text würde an Klarheit
gewinnen. In 144, 4 ist das störende θεωρητικὸν ἤ wahrscheinlich zu tilgen.

[287] Ähnliche Verhaltensregeln begegnen in Diogenes Laertios' Darstellung der
Philosophie des Aristoteles V 31 καὶ ἐρασθήσεσθαι δὲ τὸν σοφὸν καὶ πολιτεύσεσθαι, γαμήσειν τε καὶ βασιλεῖ συμβιώσεσθαι. Vgl. P. Moraux, in: Rev. Philos.
de Louvain 47 (1949) bes. 27—29. Vergleichbare Angaben über die Stoiker
bei Diog. Laert. VII 118 (καὶ οἰνωθήσεσθαι μέν, οὐ μεθυσθήσεσθαι δέ); 120
(Eltern- und Kinderliebe); 121 (πολιτεύσεσθαι ἂν μή τι κωλύῃ ... καὶ γαμήσειν ... καὶ παιδοποιήσεσθαι); 123 (Der σπουδαῖος wird nicht einsam leben,
κοινωνικὸς γὰρ φύσει καὶ πρακτικός) und bei Areios ap. Stob. II 7, S. 94, 8
(πολιτεύεσθαι); 94, 14 (συγκαταβαίνειν καὶ εἰς γάμον καὶ εἰς τεκνογονίαν);
109, 5 (οὐχ οἷον δὲ μεθυσθήσεσθαι); 110, 9 (Selbstmord); 111, 5 (πολιτεύεσθαι
κατὰ τὸν προηγούμενον λόγον); 115, 3 (ἐρασθήσεσθαι τῶν ἀξιεράστων). Über
die Epikureer: Diog. Laert. X 118—119 (γυναικί τ' οὐ μιγήσεσθαι τὸν
σοφὸν ᾗ οἱ νόμοι ἀπαγορεύουσι ... ἐρασθήσεσθαι τὸν σοφὸν οὐ δοκεῖ αὐτοῖς·
οὐδὲ ταφῆς φροντιεῖν ... καὶ μὴν καὶ γαμήσειν καὶ τεκνοποιήσειν τὸν σοφόν ...
οὐδὲ μὴν ληρήσειν ἐν μέθῃ ... οὐδὲ πολιτεύσεται.)

der politischen." Die Unterscheidung der βίων Ιδέαι (πρακτικός, θεωρητικός, σύνθετος ἐξ ἀμφοῖν) wird hier so angegeben, als wäre dieses Thema noch nicht behandelt worden. Neu ist allerdings der Hinweis, daß das Genußleben nicht den drei (empfehlenswerten) Formen zuzuzählen ist[288]. Welche der drei Lebensformen wird hier als die beste hingestellt? Auf den ersten Blick könnte man meinen, es sei die theoretische: προκρίνεσθαι δὲ τῶν ἄλλων τὸν θεωρητικόν. Diese Interpretation macht jedoch Schwierigkeiten, denn wir hören gleich danach, daß der σπουδαῖος sich προηγουμένως, also nicht nur so am Rande oder wenn die Umstände es verlangen, sondern grundsätzlich mit den Staatsangelegenheiten zu befassen hat: Das praktische und politische Leben seien nämlich identisch. Wenn die politische Betätigumg zu den wesentlichen Verpflichtungen des Weisen gehört, so darf sie natürlich in der Definition der allerbesten Lebensform nicht fehlen. Die Vorrangstellung des σύνθετος βίος ist daher unbedingt vorauszusetzen, obwohl sie nicht expressis verbis genannt wird[289].

Ein ganz anderer Gesichtspunkt ist für die nächste Einteilung (144, 21—145, 2) maßgeblich: Nicht mehr die Orientierung zur Theorie oder zur Praxis hin, sondern Anwesenheit oder Abwesenheit der Tugend erscheinen hier als Unterscheidungsmerkmale. Das beste Leben sei das κατ' ἀρετήν, begleitet von den naturgemäßen Gütern; das zweitbeste sei das κατὰ τὴν μέσην ἕξιν, in dem die meisten und wichtigsten der naturgemäßen Güter ebenfalls zur Verfügung stehen; zu meiden sei das Leben κατὰ κακίαν. Was die μέση ἕξις eigentlich ist, wird nicht ausdrücklich angegeben, und daraus entsteht eine gewisse Unklarheit. Der Zusammen-

---

[288] Die Formel τὸν μὲν γὰρ ἀπολαυστικὸν ἥττονα ἢ κατ' ἄνθρωπον εἶναι ist nach dem Beispiel von EN X 7, 1177b 26 geprägt worden: ὁ δὲ τοιοῦτος ἂν εἴη βίος (= ὁ θεωρητικός) κρείττων ἢ κατ' ἄνθρωπον.

[289] Auch H. v. Arnim, Abriß 85sqq. kommt zu dem Schluß, daß hier nicht die theoretische, sondern die gemischte Lebensform den Vorrang hat. Er geht aber davon aus, daß diese These oben, in den ersten Sätzen des Abschnittes περὶ βίων und auch 132, 15 zum Ausdruck kommt. Methodisch ist dieses Verfahren sehr bedenklich, denn es setzt die Einheitlichkeit der Epitome voraus. Unnötig ist auch die Änderung von 144, 18 ἄλλων in ἁπλῶν (Abriß 88): Die ἄλλοι βίοι sind nicht die drei, die übrig bleiben, wenn man vom ἀπολαυστικός absieht, sondern nur der θεωρητικός und der πρακτικός. Davor muß der Urheber der Doxa den Primat des σύνθετος βίος behauptet oder zumindest als selbstverständlich betrachtet haben; der σύνθετος βίος vereinigt nämlich die Vorzüge der beiden anderen Lebensformen, kann also nur die erste Stelle beanspruchen. Es ist nicht ganz auszuschließen, daß eine Äußerung in diesem Sinne der Epitomierung zum Opfer gefallen ist.

hang zeigt jedoch, daß sie etwa auf halbem Weg zwischen ἀρετή und κακία steht[290].

Das Verhältnis zwischen Eudämonie, „schönem" (= tugendhaftem) Leben und naturgemäßen Gütern bildet das Thema der nächsten Zeilen (145, 3—7): Die Eudämonie verlangt unbedingt das Vorhandensein der naturgemäßen Güter, während ein καλὸς βίος auch ἐν τοῖς παρὰ φύσιν möglich ist; für den καλὸς βίος reicht die Tugend aus, für die Eudämonie nicht[291]. Diese Doxa ist wahrscheinlich an die vorausgehende angeschlossen worden, weil dort die naturgemäßen Güter in der Definition des βίος κατ' ἀρετήν und des βίος κατὰ τὴν μέσην ἕξιν erwähnt sind; hier wird die Rolle dieser Güter im Hinblick auf die Eudämonie präzisiert. Dennoch gibt es eine unverkennbare Diskrepanz zwischen den beiden Paragraphen: Die hier erörterte Möglichkeit eines tugendhaften Lebens ohne die naturgemäßen Güter wird dort überhaupt nicht berücksichtigt. Die beiden δόξαι waren ursprünglich unabhängig voneinander.

Im letzten Paragraphen (145, 6—10) kommt das Thema des βίος κατὰ τὴν μέσην ἕξιν, das wir bereits aus 144, 21—145, 2 kennen, wieder vor: Die ethisch vollkommenen Handlungen (τὰ κατορθώματα) entstehen im tugendhaften Leben, die schicklichen Handlungen (τὰ καθήκοντα) können auch im Leben nach der μέση ἕξις vollzogen werden, die ethischen Fehler (ἁμαρτήματα) charakterisieren das lasterhafte (κατὰ κακίαν) Leben. Der Gesichtspunkt und die Unterscheidung der drei Lebensformen sind mit denen des Abschnittes 144, 21—145, 2 identisch. Neu ist lediglich der Hinweis auf die Eigenart der Handlungen, die diesen Formen entsprechen. Daß ihre Bezeichnung als κατορθώματα, καθήκοντα und ἁμαρτήματα stoischer Herkunft ist, dürfte als ziemlich sicher angesehen werden[292]. Dies bedeutet allerdings nicht, daß die hier vertretene These

---

[290] Im letzten Paragraphen (145, 6—10) wird man mehr darüber erfahren. Vgl. auch Diog. Laert. VII 127 ἀρέσκει δ' αὐτοῖς (d. h. den Stoikern) μηδὲν μεταξὺ εἶναι ἀρετῆς καὶ κακίας, τῶν Περιπατητικῶν μεταξὺ ἀρετῆς καὶ κακίας εἶναι λεγόντων τὴν προκοπήν. Der These ὅτι δικαιοσύνης καὶ ἀδικίας καὶ ὅλως ἀρετῆς τε καὶ κακίας ἐστίν τις ἕξις μεταξύ, ἣν μέσην ἕξιν λέγομεν, widmet Alex. Aphrod. die Quaest. IV 3, die gegen die Stoiker gerichtet ist.

[291] Ähnliche Ansicht oben 132, 8—18; 133, 6—11; 133, 22—134, 1.

[292] Diese Termini begegnen allerdings auch in der Epitome der peripatetischen Ethik 119, 15—19. Vgl. oben S. 330. Nach Diog. Laert. VII 107 hat Zenon den Ausdruck καθῆκον als erster eingeführt. H. v. Arnim, Abriß 93—95 gibt zu, daß κατόρθωμα und ἁμάρτημα ebensowenig wie καθῆκον feste Termini in den aristotelischen Ethiken sind, obwohl die entsprechenden Verba κατορθοῦν und ἁμαρτάνειν und die Adjektiva κατορθωτικός und ἁμαρτητικός dort begegnen.

stoisch ist. Ganz im Gegenteil erscheint die Annahme einer μέση ἕξις im Peripatos selbst gegen die Stoa entwickelt worden zu sein.

Das Kapitel der Epitome über die Lebensformen ist von der Kritik unterschiedlich beurteilt worden. Oft hat man es „en bloc" betrachtet und auf eine einzige Quelle zurückgeführt, oder man hat höchstens zwei Teile unterschieden, zwischen denen man Diskrepanzen entdeckte und die man folglich zwei verschiedenen Quellen zuschrieb[293]. Aus unserer bisherigen Analyse scheint sich jedoch ein anderes methodisches Ver-

F. Dirlmeier, Oikeiosis 83 hebt jedoch hervor, daß καθῆκον = *officium* „in einem, freilich entscheidenden Falle bei Theophrast nachgewiesen" ist (Gell. I 3, 38). Aber selbst wenn diese Termini irgendwie aus dem aristotelisch-theophrastischen Sprachgebrauch abgeleitet wurden, kann man nicht abstreiten, daß sie von der Stoa fixiert und verbreitet wurden.

[293] H. Doege, Quae ratio 8 will z. B. das ganze Kapitel auf Antiochos zurückführen. Wenn Antiochos bald dem theoretischen, bald dem gemischten Leben den Vorrang gibt, so ist das wahrscheinlich dadurch zu erklären, daß er bald rein historisch referieren will, bald seine eigene Meinung, die nicht immer und unbedingt im Einklang mit der der *veteres* stand, zum Ausdruck bringt (Doege 11—12). H. Strache, De Arii auct. 61—65 schließt sich dieser These weitgehend an, meint jedoch, daß 145, 3—10 nicht von Antiochos stammen kann, sondern auf einen Anhänger des Kritolaos zurückgeht. R. Walzer, MM und arist. Eth. 191—192 behandelt das Kapitel als Ganzes: Wegen des Ideals des gemischten Lebens, der Zulassung des Selbstmordes und der stoischen Färbung der Terminologie könne es nicht auf Theophrast zurückgehen; es stamme vielmehr aus nachtheophrastischer Zeit. H. v. Arnim, Abriß 84sqq. geht von der Unterscheidung zweier Abschnitte (143, 24—144, 15 und 144, 16—145, 10) aus, zwischen denen man auf den ersten Blick Widersprüche und Wiederholungen zu entdecken glaube; er bemüht sich aber zu zeigen, daß diese angeblichen Widersprüche nicht bestehen und daß die scheinbaren Wiederholungen durchaus sinnvoll sind, weil sie neue Elemente zum Ausdruck bringen; das ganze Kapitel will er, wie den zweiten Teil der Epitome überhaupt, auf ein altperipatetisches, aus Aristoteles und Theophrast schöpfendes Schulkompendium zurückführen. R. Joly, Genres de vie 148—157 kommt zu dem Schluß, daß der erste Teil (143, 24—144, 15), obwohl dem Inhalt nach durchaus peripatetisch, unter Einfluß der stoischen Problematik und Terminologie stehe und demnach spätperipatetisch sei, während der zweite (144, 16—145, 10) sich als rein peripatetisch, wahrscheinlich theophrastisch, erweise. M. Giusta, Doss. et. II 456—461 betrachtet das Kapitel im Lichte seiner allgemeinen These als einen Rest der großen Sammlung ethischer Doxographien, die nach dem Plan des Eudoros angelegt war; die Analyse lasse noch zwei wesentliche Elemente einer Abhandlung περὶ βίων erkennen, nämlich a) Liste und Erläuterung der sozialen καθήκοντα und b) Liste und vergleichende Bewertung der Lebensformen.

fahren als adäquater zu erweisen. Es liegt nämlich auf der Hand, daß wir
es hier nicht mit der bloßen Kürzung einer umfangreicheren, kontinuierlichen Darlegung zu tun haben. Spuren eines diskursiven Zusammenhanges mit Argumentation, sytematischer Gliederung der einzelnen
Thesen und fortschreitender Linie im Gedankengang lassen sich nicht
wahrnehmen. Die mehr oder weniger wörtlichen Anlehnungen an die
aristotelischen Ethiken, die z. B. das Kapitel über die ethische Tugend charakterisierten, fehlen hier völlig. Schon rein äußerlich erscheint
das Stück eher mit den Einteilungen der Güter verwandt: Wir stehen
hier vor einer Zusammenstellung einzelner verschiedener, nur durch die
gemeinsame Thematik verbundener, stark an die Form der Doxographie
erinnernder Thesen. In allen ist natürlich von der Lebensführung die
Rede; dieses Thema wird aber von verschiedenen Gesichtspunkten aus
betrachtet, und diese Gesichtspunkte sind in der Regel unabhängig voneinander. Bald geht es z. B. um die Frage, ob Theorie, Praxis oder deren
Verbindung das beste sei; bald wird nach der wirksamsten Form politischer Betätigung gesucht; bald haben wir es mit einer Einstufung der
Lebensarten nach dem Grad ihrer Tugendhaftigkeit zu tun; bald steht
die Frage nach dem Beitrag der nicht-seelischen Güter zur Glückseligkeit im Vordergrund; schließlich wird auch angegeben, wie sich der Tugendhafte im Rahmen der Gesellschaft zu verhalten hat. Ein Versuch der
systematischen Koordinierung dieser verschiedenen Gesichtspunkte ist
nicht unternommen worden. Das zeigt sich unter anderem daran, daß
dieselbe Einteilung oder dieselbe Vorschrift zwei- oder dreimal wieder-
holt wird, lediglich weil jedesmal eine andere Nuance zum Ausdruck
kommt oder eine Einzelheit präzisiert wird. Hätte ein und derselbe Denker das Ganze konzipiert, so hätte er es zweifellos ganz anders angelegt.
    Die doxographische Erfassung philosophischer Systeme weist Eigen-
tümlichkeiten auf, die wir bei der Interpretation unseres Kapitels nicht
aus dem Auge verlieren sollten. Die Doxographie ist z. B. nur selten bemüht, die wirklich zentralen Punkte eines Systems zu erkennen und
unter Ausschluß des Nebensächlichen wiederzugeben. Ihr Fragenkatalog
ist meistens nicht systemintern bedingt. Vielmehr gibt es für jedes Teilgebiet der Philosophie eine Reihe von Fragen, deren Beantwortung geeignet zu sein scheint, die Position des jeweiligen Denkers zu präzisieren.
Dabei ist es ziemlich gleichgültig, ob dieser Denker sich wirklich mit der
Frage befaßt oder sie nur so am Rand berührt hat. Es sind oft dieselben
Fragen, die an die verschiedenen Systeme gestellt werden. Daher kommt
es, daß in der doxographischen Literatur die Positionen der Akademiker,

Peripatetiker, Stoiker und Epikureer oft mit denselben Formeln wiedergegeben werden. Es liegt ferner in der Natur der Sache, daß der doxographische Bericht — in der Regel eine kurze, lapidare Formel — eine dogmatisierende Vereinfachung seiner Vorlage darstellt. Das Ringen um eine Erkenntnis, das Zögern in der Stellungnahme, das Abwägen des Für und Wider, der ganze Prozeß der Argumentation, all diese so typischen Aspekte klassischen Philosophierens finden in der Doxographie keinen Platz. Diese kennt nur Schwarzweißmalerei; sie gibt bestenfalls die tragenden Gedanken eines Systems als nackte Thesen wieder; es ist aber meistens müßig zu fragen, ob diese Wiedergabe adäquat ist. Da eine etwas umfangreichere, fein nuancierte philosophische Abhandlung nicht selten mehrere Interpretationen zuläßt, je nachdem man den Hauptakzent auf diesen oder jenen Aspekt legt, kann es sogar vorkommen, daß scheinbar voneinander abweichende oder sogar widersprüchliche doxographische Nachrichten über denselben Denker Anspruch auf eine gewisse Authentizität erheben können.

Das beste Beispiel für diese Möglichkeiten liefert wohl die jahrhundertelange Diskussion über die *vita contemplativa* und die *vita activa* in akademisch-peripatetischen Kreisen. Das Leben der philosophischen θεωρία und der wissenschaftlichen Forschung hat Aristoteles zweifellos über alles geschätzt; die Texte sind bekannt und brauchen nicht angeführt zu werden. Würden wir also eine Doxographie finden, in der es hieße: „Aristoteles hielt den βίος θεωρητικός für den besten", so könnten wir nicht den geringsten Anstoß daran nehmen. Die Vorrangstellung des βίος θεωρητικός bei Aristoteles bedeutet aber keineswegs, daß der Philosoph, der die θεωρία pflegt, auf den βίος πρακτικός ganz verzichten müsse oder könne. Der Philosoph ist kein Gott, sondern ein Mensch, er lebt nicht auf den Inseln der Seligen, sondern auf dieser Erde, zusammen mit seinen Mitmenschen. Der βίος πρακτικός liegt zwar in der Wertskala des Aristoteles unter dem θεωρητικός; daraus folgt jedoch nicht, daß man ihn entbehren oder vernachlässigen könne. Wie würden wir also eine Nachricht beurteilen, in welcher es hieße, Aristoteles habe eine Synthese von θεωρία und πρᾶξις für die beste Lebensform gehalten? Auch sie wäre keine inadäquate Wiedergabe der aristotelischen Ansicht, obwohl eine solche Synthese nirgends bei Aristoteles expressis verbis genannt und als die beste Lebensform gepriesen wird. Bereits in der Generation der Aristoteles-Schüler gingen die Meinungen über die beste Lebensform stark auseinander; wir hören von einer Kontroverse zwischen Theophrast und Dikaiarch, in der jener das Ideal der *vita contemplativa* vertrat, dieser für die *vita activa* eine Lanze brach[294]; aus dieser Nachricht können wir jedoch nicht schließen, daß Theophrast sich von Aristoteles' Ansichten distanzierte, und ebensowenig, daß er ihnen in allen Punkten beipflichtete.

Bei der Auswertung doxographischer Nachrichten dürfen wir uns keineswegs damit begnügen, daß wir untersuchen, ob die jeweilige These tatsächlich von diesem oder jenem Denker vertreten wurde, um dann die Doxographie als historisch richtig zu bezeichnen. Es kommt vielmehr auf die geistesgeschichtliche Situation an, in welcher ein und dieselbe Frage an mehrere Denker oder Schulen gestellt werden konnte. Wenn wir z. B. erfahren, daß die Peripatetiker dem Weisen erlaubten zu heiraten, Kinder zu zeugen, sich zu verlieben, sich einen Rausch anzutrinken und unter Umständen aus dem Leben zu scheiden, und wenn uns vergleichbare Nachrichten etwa über die Stoiker und die Epikureer überliefert sind, so leuchtet es ein, daß diese Nachrichten aus einer Zeit stammen, in der man das Bedürfnis empfand, die Positionen der drei Systeme miteinander zu vergleichen; daran knüpft sich die Frage, auf welches der drei Systeme oder auf welche Umstände überhaupt das besondere Interesse gerade für diese Thematik zurückzuführen ist.

Areios' Quelle muß, wie wir oben sahen, eine Nachricht vorgefunden und benutzt haben, in der verschiedene Arten der politischen Betätigung eingestuft waren: aktive und direkte Betätigung als Herrscher, Minister eines Königs, Gesetzgeber oder Staatsmann überhaupt, mittlere Form der Betätigung als Erzieher, Privatleben als einfacher Bürger. Ähnliches ist in den uns erhaltenen peripatetischen Schriften nicht bezeugt, aber man könnte vermuten, daß die Nachricht aus einer verlorenen Schrift stammt. Bemerkenswert ist jedoch, daß auch die Stoiker das πολιτεύεσθαι, νομοθετεῖν und παιδεύειν als Aufgaben des σοφός betrachteten[295], daß sie ihm erlaubten, König zu sein, am Hofe eines Königs zu wirken und sich politisch zu betätigen, außer wenn er daran verhindert sei oder seine Betätigung sich als nutzlos oder zu gefährlich erweise[296], und daß sie schließlich zwischen königlicher, politischer und erzieherischer Lebens-

---

[294] Cic., Ad Att. II 16, 3. Vgl. auch Dikaiarch Fr. 30 Wehrli (Die sieben Weisen werden zu Gesetzgebern, Politikern und Praktikern gemacht); Fr. 31 (Die Philosophie ist die ἐπιτήδευσις ἔργων καλῶν. Die Alten fragten nicht, ob man politisch tätig sein soll, sie waren es; sie fragten nicht, ob man heiraten soll, sie heirateten).

[295] Areios ap. Stob. II 7, S. 94, 8—12.

[296] Areios ap. Stob. II 7, S. 111, 3—9. Diog. Laert. VII 122. Cic., De fin. III 68.

form unterschieden. Für die Stoiker hängen diese Meinungen und Empfehlungen unmittelbar mit der Auffassung zusammen, daß der Weise allein wirklich Anspruch auf den Königstitel habe, weil er allein aufgrund seiner Vollkommenheit die dazu erforderlichen Qualitäten besitze[297]. Mit gutem Grund darf man also annehmen, daß die Stoiker es waren, die diese für sie zentrale Problematik in den Interessenkreis der hellenistischen philosophischen Schulen rückten. Durch einen glücklichen Zufall wissen wir, daß innerhalb der peripatetischen Schule Kritolaos sich über ähnliche Fragen geäußert hatte. Philodem[298] polemisiert nämlich gegen ihn, weil er den Philosophen die Beteiligung an Städtegründungen verboten hatte und die Erziehung der Jugend für einen großen Dienst am Staat von seiten der politisch nicht aktiven Philosophen hielt. Das παιδεύειν als μέσον bei Areios liegt genau in derselben Linie. Daraus dürfte also hervorgehen, daß die Nachricht bei Areios, die die angeblich peripatetische Antwort auf eine typisch stoische Frage gibt, auf eine verhältnismäßig späte Quelle zurückgeht und kaum vor dem 2. Jahrhundert zu datieren ist.

Nicht anders verhält es sich mit den Hinweisen, daß der Tugendhafte heiraten, Kinder zeugen usw. wird. Wie wir oben sahen[299], ist diese Thematik nicht nur für die Peripatetiker, sondern auch für die Stoiker und die Epikureer bezeugt. Ein Blick auf die stoischen Texte zeigt, daß sie bei den Stoikern mit den Grundsätzen des Systems auf das engste verbunden ist; bei den Peripatetikern sieht sie eher wie eine sekundäre Erscheinung aus, die lediglich als Parallele, Korrektur oder Gegenstück zu den stoischen Thesen fungieren sollte. Die Stoiker erlauben es z. B., daß der Weise etwas Wein trinkt, leugnen aber, daß er einen Rausch überhaupt haben könne: Der Rausch sei nämlich ein Verstoß gegen den ὀρθὸς λόγος, und dieser könne beim Weisen keine Mängel aufweisen[300].

[297] Die wichtigsten Texte findet man in den SVF III Nr. 611—622.
[298] Vol. Rhet. II S. 154—155 Sudhaus = Kritolaos Fr. 35 Wehrli.
[299] Vgl. Anm. 287.
[300] Zu diesem Thema vgl. H. v. Arnim, Quellenstudien zu Philo von Alexandria, 1888, bes. Kap. III, S. 101—140: Das stoische ζήτημα: εἰ μεθυσθήσεται ὁ σοφός bei Philo De plantatione Noë. H. v. Arnim zeigt, daß Philo seine Ausführungen über das typisch stoische ζήτημα einer Sammlung von ἠθικὰ ζητήματα verdankt; der Vf. sei ein „eklektisch angehauchter Stoiker", der nach Poseidonios und Antiochos, aber noch vor Christi Geburt schrieb. In der stoischen Beantwortung der Frage glaubt v. Arnim, drei Etappen unterscheiden zu können: 1. Die alte Stoa (Zenon) identifiziert einfach Weingenuß und Unvernunft;

Das πολιτεύεσθαι als vorrangige Pflicht des Weisen wird damit begründet, daß der Weise im höchsten Grade Vernunft und Sozialtrieb besitzt; die Fälle, in denen er von dieser Verpflichtung entbunden ist, werden ausdrücklich angegeben. Aus seinem Charakter eines κοινωνικὸν ζῷον wird auch seine Pflicht abgeleitet, eine Familie zu gründen. Während Aristoteles den Freitod für Feigheit und Schwäche hielt[301], setzten sich die Stoiker bekanntlich für die Zulässigkeit des Selbstmordes unter bestimmten Umständen ein. Aufgrund einiger Hinweise in der Epitome der Peripatetiker[302] ist natürlich nicht auszuschließen, daß gewisse Peripatetiker die letztere Meinung geteilt haben; es kann sich aber nur um späte, von der Stoa beeinflußte Peripatetiker gehandelt haben. Auch der ausdrückliche Hinweis bei Areios, daß der tugendhafte Peripatetiker sich um sein Grab kümmern wird, bestätigt die relativ späte Entstehungszeit dieser peripatetischen Stellungnahme zum Problem des Freitodes: Sie erscheint nämlich als eine ausdrückliche Distanzierung von den Epikureern, die dem Weisen die Sorge um sein Grab verboten[303].

Auch die Einfügung eines βίος κατὰ τὴν μέσην ἕξιν zwischen die tugendhafte und die lasterhafte Lebensform erscheint als eine relativ späte Reaktion des Peripatos auf die stoische Lehre. Entsprechendes findet sich bei Aristoteles nicht, eben weil Aristoteles nicht wie die Stoiker mit einer radikalen Gegenüberstellung von totaler Tugendhaftigkeit und totaler Lasterhaftigkeit operiert. Eine solche Gegenüberstellung setzt

ein solcher Zustand der Unvernunft ist aber bei dem Weisen undenkbar (vgl. Sen., Epist. 83, 9 sqq. Stob. II, S. 109, 5—9). 2. Chrysippos meint, daß die Tugend διὰ μέθην verlierbar ist, mahnt daher vor übermäßigem Weingenuß, ohne das bloße οἰνοῦσθαι, obwohl es schon ἁμαρτήματος ποιητικόν ist, gänzlich zu verbieten (Reflex bei Diog. Laert. VII 127). 3. Poseidonios, der ebenfalls die These von der Unverlierbarkeit der Tugend aufgegeben hatte, behauptete, daß der Weise wissen wird, daß er im Rausch die Selbstbeherrschung verlieren würde; nur wichtige Beweggründe werden ihn also dazu führen. Aus dem Kurzreferat des Areios bei Stob. II, S. 144, 10—11 zieht v. Arnim den Schluß, daß die Peripatetiker, sich dem Rigorismus und den Übertreibungen der Stoa widersetzend, als erste die Behauptung aufgestellt haben, der Weise dürfe sich unter bestimmten Umständen einen Rausch antrinken (Op. cit. 117). Selbst wenn man nicht allen Ergebnissen dieser Untersuchungen beipflichtet, kann man als sicher ansehen, daß die von Areios referierte peripatetische These als Reaktion gegen die entsprechende stoische These entstanden ist.

[301] Arist., EN III 11, 1116a 12—15.
[302] Vgl. oben S. 327 und 358.
[303] Vgl. oben Anm. 287. Usener, Epicurea Fr. 578. Plut., De lat. viv. 1129a.

aber die Doxa bei Areios voraus, indem sie zeigt, wie (spätere) Peripatetiker sie überwinden wollten. Daß diese μέση ἕξις im Rahmen einer Auseinandersetzung mit der Stoa erfunden wurde, wird von weiteren Indizien bestätigt. Die Quaestio IV 3, in welcher Alexander von Aphrodisias sich für die Annahme einer μέση ἕξις einsetzt, ist unverkennbar gegen die Stoiker gerichtet. Bei Areios selbst wird die μέση ἕξις durch das Hervorbringen der καθήκοντα gekennzeichnet, während die beiden anderen Lebensformen den κατορθώματα bzw. den ἁμαρτήματα zugeordnet sind. Eine ähnliche Übernahme der stoischen Terminologie begegnet auch in der Angabe des Diogenes Laertios[304], nach welcher die Peripatetiker — im Gegensatz zu den Stoikern — die προκοπή für eine Zwischenstufe (μεταξύ) zwischen Tugend und Laster hielten[305].

In der δόξα über den Unterschied von glücklichem und schönem Leben liegt zweifellos ein Echo der Schuldiskussionen über den Beitrag der naturgemäßen Güter zur Eudämonie und die Frage vor, ob die ἀρετή αὐτάρκης πρὸς εὐδαιμονίαν sei. Inhaltlich stehen die hier vertretenen Thesen nicht im Widerspruch mit der Ansicht des Aristoteles; der apodiktisch-schulmäßige Charakter der Formulierung zeigt jedoch, daß wir es auch hier mit der Beantwortung einer topischen Frage zu tun haben[306].

Die Interpretation der Nachrichten über die Vorrangstellung der gemischten Lebensform gegenüber der theoretischen und der praktischen macht, wie bereits oben angegeben, große Schwierigkeiten. Da Aristoteles den Ausdruck σύνθετος βίος oder einen äquivalenten nicht benutzt, könnte man vermuten, daß Areios' Quelle hier aus einer verschollenen Schrift eines nicht mehr identifizierbaren Peripatetikers schöpft, der das Ideal des σύνθετος βίος als Kompromißlösung in der Kontroverse um den θεωρητικός und den πρακτικὸς βίος vertreten hatte. Das ist jedoch nicht die einzig mögliche Hypothese. Vieles spricht für die Vermutung, daß wir es hier lediglich mit der systematisierenden, doxographieartigen Formulierung dessen zu tun haben, was man für die aristotelische bzw.

---

[304] Diog. Laert. VII 127, vgl. oben Anm. 290.

[305] Albinos, Didask. S. 183, 27—30 Hermann schreibt Platon dieselbe Ansicht zu: παραδεκτέον δὲ καὶ μεταξύ τινα διάθεσιν μήτε φαύλην μήτε σπουδαίαν· οὐδὲ γὰρ πάντας ἀνθρώπους ἢ σπουδαίους εἶναι ἢ φαύλους. τοὺς γὰρ ἐφ' ἱκανὸν προκόπτοντας τοιούτους εἶναι.

[306] Antiochos kommt als Quelle wohl nicht in Frage, denn er hielt die Tugend für ausreichend *ad vitam beatam*, nicht *ad vitam beatissimam*. Diese beiden Ausdrücke decken sich nicht — trotz H. Doege, Quae ratio 36 und R. Joly, Genres de vie 156 Anm. 3 — mit den griechischen καλός und εὐδαίμων βίος. In diesem Sinne auch H. Strache, De Arii auct. 65.

allgemein peripatetische Position hielt, im Unterschied etwa zu der stoischen oder der epikureischen. Symptomatisch ist der Umstand, daß die
Stellung der Alten Akademie in dieser Debatte von der Doxographie
ganz ähnlich definiert wurde. Antiochos bezeichnete das Ideal des gemischten Lebens als ein *placitum* der *Academici veteres*[307]. In ihren Darstellungen der platonischen Dogmata heben Albinos und Apuleius hervor,
daß der βίος θεωρητικός und der βίος πρακτικός zusammen zu pflegen
sind, obwohl der θεωρητικός wertvoller ist[308]. Auch den Pythagoreern
wird in einer pseudepigraphen Schrift jüngeren Datums eine identische
Stellungnahme zugeschrieben[309]. Der Vergleich mit den Angaben des
Areios zeigt, daß auch diese aus der Placita-Literatur stammen.

Dazu kommt, daß die doxographischen Berichte über die Lebensformen gern mit einer Unterscheidung operieren, die auch bei Areios Spuren
hinterlassen hat: Es gibt eine Lebensform, die man in erster Linie und
grundsätzlich pflegen sollte, während die anderen nur unter bestimmten
Umständen in Frage kommen[310]. Diese Unterscheidung gehörte offenbar

---

[307] Augustin., Civ. D. XIX, 1sqq. faßt die *distributio sectarum* aus Varros Buch
De philosophia zusammen und erwähnt als eines der möglichen Einteilungs-
kriterien die jeweilige Entscheidung für die *vita otiosa*, die *vita negotiosa* oder die
vita ex utroque genere temperata. Vgl. XIX 1, S. 365, 28—366, 7; 2, S. 368, 21—22
und 25—26 Hoffmann. Besonders wichtig ist Augustins Bericht in XIX 3,
S. 372, 26—30 *ex tribus porro illis vitae generibus, otioso, actuoso et quod
ex utroque compositum est, hoc tertium sibi placere adseverant. Haec sensisse
atque docuisse Academicos veteres Varro adserit, auctore Antiocho, magistro
Ciceronis et suo . . .*

[308] Albinos, Didask. S. 152, 25—153, 20 Hermann. Apul., De dogm. Plat. II 23, 253.

[309] Ps.-Archytas ap. Stob. II 31, S. 230, 6—10 δύο μὲν ὦν ἔντι βίοι ἀντίπαλοι
τοὶ τῶν πρατήων ἀντιποιεύμενοι, πρακτικός τε καὶ φιλόσοφος· πολὺ δὲ κάρρων
δοκέει εἶμεν ὁ ἐξ ἀμφοτέρων κεκραμένος ποτὶ καιρὸς τὰς ἁρμόσδοντας συν-
τεταγμένος καθ' ἑκατέραν διέξοδον.

[310] Areios 144, 5 κωλυόμενον δὲ περὶ ἄμφω γίνεσθαι διὰ καιρούς . . . 144, 19 πολιτεύεσθαί τε τὸν σπουδαῖον προηγουμένως, μὴ κατὰ περίστασιν. Vgl. auch 144, 10
μεθυσθήσεσθαι κατὰ συμπεριφοράς, κἂν εἰ μὴ προηγουμένως. Über die Stoiker:
109, 15 πολιτεύεσθαι . . . κατὰ τὸν προηγούμενον λόγον. 111, 5 πολιτεύεσθαι
κατὰ τὸν προηγούμενον λόγον οἷόν ἐστι, μὴ πολιτεύεσθαι δὲ ἐάν τι ⟨κωλύῃ⟩ κτλ.
Diog. Laert. VII 121 πολιτεύεσθαί φασι τὸν σοφὸν ἂν μή τι κωλύῃ, ὥς φησι
Χρύσιππος ἐν πρώτῳ περὶ βίων. Über Platon: Albinos, Didask. 153, 13—18
unterscheidet zweierlei praktische Aufgaben, die der Tugendhafte erfüllen
wird; die einen sind περιστατικά, die anderen sind ἄριστα . . . ἐν πράξει . . . καὶ
ὡς ἐν ταύτῃ προηγούμενα. Die Ausdrücke προηγουμένως, κατὰ περίστασιν,
κατὰ συμπεριφοράν u. dgl. waren in der Stoa sehr beliebt; wahrscheinlich sind
sie sogar von den Stoikern geprägt worden. Vgl. Epict., Diatr. III 14, 7

zum Schema des Placitum über die beste Lebensform. Zur adäquaten
Wiedergabe der aristotelisch-peripatetischen Haltung in der Frage
περὶ βίων war sie vielleicht jedoch nicht ganz geeignet; nach den Ethiken zu urteilen, scheint Aristoteles nämlich nicht an die Möglichkeit
zu glauben, daß ein Mensch — wenn auch unter bestimmten Umständen
— sich ganz der einen Lebensform, etwa der theoretischen, widmet
und die andere völlig vernachlässigt. Wohl deswegen hat der Doxograph bei Areios hervorgehoben, daß bei Verhinderung des σύνθετος
βίος eine der beiden einfachen Formen zu pflegen sei, am besten die
theoretische, wobei man sich dennoch aufgrund des Gesellschaftstriebes
zu den πολιτικαὶ πράξεις hingezogen fühle (144, 4—8). Mehrere Interpreten haben Anstoß daran genommen, daß als Ersatz für den σύνθετος
βίος im Falle einer Verhinderung eine Lebensform empfohlen wird, die
im Grunde auch als eine Kombination von Theorie und Praxis erscheint[311]. Das Ganze wäre logischer gewesen, wenn es geheißen hätte:
Das gemischte Leben ist das allerbeste. Ist man daran gehindert, kommt
dann das theoretische und zuletzt das praktische in Frage. Obwohl
Aristoteles das theoretische Leben über das praktische stellt, hätte eine
solche Angabe seinen Intentionen jedoch nicht entsprochen, da das
Ideal der reinen, von der πρᾶξις losgelösten θεωρία für ihn in dieser Welt
nicht verwirklicht werden kann. Der Doxograph hat offenbar versucht,
sowohl die höhere Rangstellung der θεωρία wie auch deren unabdingbare
Verknüpfung mit der πρᾶξις in ein und demselben Satz zum Ausdruck
zu bringen.

Es ist hier nicht der Ort, auf das Nachklingen der Diskussion um den
Streit zwischen Theorie und Praxis und das Ideal des gemischten Lebens
in der Kaiserzeit einzugehen[312]. Es sei lediglich daran erinnert, daß die
Diskussion im Peripatos des 2. nachchristlichen Jh. noch sehr lebhaft
war: Das zeigen unter anderem die Ausführungen des Aspasios in seinem
Kommentar zur EN über die Probleme, ob Ethik und Politik den Vorrang gegenüber der theoretischen Philosophie beanspruchen können[313]

τῶν πραττομένων τὰ μὲν προηγουμένως πράττεται, τὰ δὲ κατὰ περίστασιν·
τὰ δὲ κατ᾽ οἰκονομίαν, τὰ δὲ κατὰ συμπεριφοράν, τὰ δὲ κατ᾽ ἔνστασιν. Andere
Texte in den SVF (vgl. den Index von Adler sub verbis).

[311] Bereits H. Meurer, Perip. philos. mor. 14 Anm. 83 hat darauf hingewiesen.
M. Giusta, Doss. et. II 458 führt die Unklarheit auf den Versuch des Epitomators
zurück, die verschiedenen Ansichten der Peripatetiker über die beste Lebensform
in Einklang miteinander zu bringen.
[312] Überblick bei R. Joly, Genres de vie 159—177.   [313] Aspasios, EN 1, 1—2, 13.

und ob die Eudämonie von der praktischen Tätigkeit oder von der Kontemplation hervorgebracht wird[314]. In seinem sich vielfach an die peripatetische Philosophie anlehnenden Didaskalikos vertritt Albinos zwar den Primat der θεωρία, er hebt jedoch hervor, daß sie nicht von der πρᾶξις zu trennen sei[315]. Selbst in der Stoa, wo Chrysippos einst die königlich-politische Lebensform gepriesen und den σχολαστικὸς βίος der Peripatetiker abgelehnt hatte[316], wurde die Auffassung vertreten, das gemischte Leben allein entspreche wirklich den Tendenzen der menschlichen Natur[317].

c) Ökonomik und Politik

Nachdem Areios die meisten Hauptpunkte der Ethik erörtert hat, hält er es für notwendig, anschließend die Ökonomik und die Politik zu behandeln (147, 26—148, 4). Dies erfolgt in zwei fast gleichlangen Kapiteln, von denen das erste (148, 5—149, 24) der Ökonomik, das zweite (150, 1—152, 25) der Politik gewidmet ist. Die allgemeine, im Überleitungssatz deutlich angegebene Disposition des von Stobaios tradierten Auszuges entspricht also der klassischen Einteilung der praktischen Philosophie in Ethik, Ökonomik und Politik[318].

[314] 8, 17—9, 2.

[315] Albinos, Didask. S. 152—153 Hermann.

[316] Plut., De Stoic. rep. 1033d = SVF III S. 176 Fr. 702.

[317] In diesem Sinn muß der Hinweis von Diog. Laert. VII 130 verstanden werden, der λογικὸς βίος sei dem θεωρητικός und dem πρακτικός vorzuziehen, weil der Mensch als λογικὸν ζῷον sowohl für die θεωρία wie auch für die πρᾶξις geeignet sei.

[318] Dies sei besonders gegen M. Giusta, Doss. et. I 184—185 und 188 hervorgehoben. Da Giusta davon überzeugt ist, daß die Disposition der Epitome im großen und ganzen identisch ist mit der Einteilung des ἠθικὸς τόπος bei Eudoros, schreibt er Ökonomik und Politik einer Rubrik περὶ βίων zu, deren ersten Teil er in 143, 24—145, 10 wiederfinden will; dieser sei der ἴδιος-Teil, der Abschnitt über Ökonomik und Politik der κοινός-Teil des τόπος περὶ βίων; dazwischen habe Areios den αἰτιολογικός (145, 11—147, 25) eingeschoben. Wir wollen lieber daran festhalten, daß Areios selbst seine Disposition, Ethik, Ökonomik, Politik, mit aller Deutlichkeit angibt. Diese aus Aristoteles gewonnene Einteilung der praktischen Philosophie begegnet u. a. bei Albinos, Isag. VI S. 151, 1—2; Didask. III S. 153, 32—36 Hermann; sie wird zum festen Bestandteil der Einteilung der Aristotelesschriften bei den Kommentatoren.

Es ist längst beobachtet worden, daß Areios' Überblick über die Ökonomik und die Politik sich viel enger an Aristoteles anlehnt, als dies für den Abriß der Ethik der Fall war. Fast für jeden Satz des Areios läßt sich eine Parallele aus der Politik des Aristoteles, bisweilen auch aus der EN, anführen. Im großen und ganzen werden die Themen in derselben Reihenfolge wie bei Aristoteles behandelt. An wörtlichen Anklängen an die aristotelische Politik fehlt es bei Areios nicht, so daß die Politik zweifellos als Primärquelle dieses Teiles der Epitome anzusehen ist. In einigen Punkten jedoch weicht Areios von Aristoteles deutlich ab. Wie wir noch sehen werden, sind gerade diese Abweichungen von eminenter Bedeutung für die Beurteilung des Schlußteiles der Epitome: Sie gehen nämlich auf eine jüngere, nacharistotelische Entwicklungsstufe der peripatetischen Staatslehre zurück, und dies schließt mit einer an Sicherheit grenzenden Wahrscheinlichkeit aus, daß Areios unmittelbar aus der Politik des Aristoteles schöpfte. Seine Information verdankt er vielmehr einem späthellenistischen Kompendium, in dem die „aristotelische" Politik nicht nur nach den Schriften des Stagiriten, sondern auch im Einklang mit der jüngeren Reflexion über die Staatstheorie dargelegt war[319].

1. Ökonomik

Zuerst begründet Areios sein Vorhaben, Ökonomik und Politik zu behandeln: Der Mensch ist von Natur aus ein politisches Lebewesen[320]; die erste Form politischen Lebens ist die gesetzmäßige Zusammenkunft von Mann und Frau zur Erzeugung von Kindern und zur Bildung einer Lebensgemeinschaft[321]. Diese Gemeinschaft von Mann und Frau be-

---

[319] Über diesen Teil der Epitome vgl. E. Zeller, Philos. d. Gr. III 1[5], 638 Anm. 1 Ende. L. Spengel, Über die Politik des Aristoteles, in: Abh. bayer. Akad., 5. Bd., 1. Abt., 1849. Grundlegend ist H. Henkel, Zur Politik des Aristoteles, Progr. Stendal 1875, bes. S. 10—17, der dem Text der Epitome die entsprechenden aristotelischen Passagen gegenüberstellt. H. Strache, De Arii auct. 65—70 befaßt sich besonders mit Areios' Abweichungen von Aristoteles. H. v. Arnim, Abriß 119 sieht von einer erneuten Untersuchung des Abschnittes über Ökonomik und Politik ab. M. Giusta, Doss. et. I 79; II 522—529. A. Dreizehnter, Arist. Politik, 1970, S. XVII—XVIII (dessen Hinweis auf die Sekundärliteratur leider nicht frei von Irrtümern sind).

[320] ~ Pol. I 2, 1253a 2.

[321] Die Formel erinnert an Pol. I 2, 1252a 26—28, wo allerdings nur die Erzeugung von Kindern als Ziel der Ehe angegeben wird. Die beiden Momente, Lebens-

zeichnet man als Haushalt (οἶκος), und sie ist das Prinzip der Polis. Von ihr soll also nun die Rede sein[322].

Die Hausgemeinschaft ist wie eine kleine Polis, und zwar in doppelter Hinsicht: einerseits weil die Polis aus ihr wie aus einem Samen entsteht, andererseits weil die Verhältnisse innerhalb der Familie den Verhältnissen im Staat ähneln. Zum ersten Punkt erklärt Areios, etwas ausführlicher als Aristoteles, wie die aus der Ehe entstandenen Kinder selbst Familien gründen und wie aus der Vereinigung der Familien ein Dorf, aus mehreren Dörfern die Polis entsteht[323]. Bemerkenswert ist, daß gerade die beiden Ausdrücke, die bei Aristoteles keine Entsprechung haben — die Familie als „Prinzip" des Staates; der Haushalt als „Samen" der Polis —, in einem auf Panaitios zurückgehenden Kapitel Ciceros vorkommen[324]. Noch aufschlußreicher erscheinen die Ausführungen zum zweiten Punkt, in denen die Herrschaftsverhältnisse in der Familie mit bestimmten Verfassungsformen parallelisiert werden. Bekanntlich behandelte Aristoteles dieses Thema — mit einigen Variationen — zuerst in einer „Jugendschrift", dann in der Politik, in der EE und in der EN[325]. Für Areios läßt sich das Verhältnis der Eltern zu ihren Kindern mit einer Königsherrschaft vergleichen; das Verhältnis des Ehemanns zu

gemeinschaft und Erzeugung von Kindern, werden erwähnt in EN VIII 14, 1162 a 16—27. Nicht aristotelisch ist dagegen der Hinweis auf den κατὰ νόμον-Charakter der Ehegemeinschaft: Aristoteles stellt die Vereinigung von Mann und Frau als die Keimzelle der politischen Gesellschaft dar; die Frage nach der Legitimität und der Gesetzmäßigkeit dieser Vereinigung kann in seiner genetischen Perspektive keinen Platz haben. Wenn Areios über die Angaben der Politik hinaus die gesetzliche Sanktionierung und die Gründung einer Lebensgemeinschaft als Merkmale der Mann-und-Frau-σύνοδος erwähnt, so wohl nur deswegen, weil er eine vollständigere Definition der Ehe angeben will bzw. eine solche reproduziert. Eine fast gleichlautende Formel kommt in einer neupythagoreischen Schrift (Phintys ap. Stob. IV 23, 61, S. 590, 15) vor: συνελεύσεσθαι ἐπὶ κοινωνίᾳ βίω καὶ τέκνων γενέσει τᾷ κατὰ νόμον. — A. Dreizehnter, Ar. Pol. XVIII Anm. 43 behauptet, leider ohne Beleg, diese Definition der Ehe sei stoisch.

[322] Bezeichnung dieser κοινωνία κατὰ φύσιν als οἶκος ~ Pol. I 2, 1252b 14. Wie die Polis aus der Familie entsteht, wird in Pol. I 2 dargelegt.

[323] Vgl. dazu Pol. I 2, 1252b 15—16 und 27—28.

[324] Cic., De off. I 54, wo es vom domus heißt: id autem est principium urbis (~ 148, 7 ἀρχὴ πόλεως) et quasi seminarium rei publicae (~ 148, 13—15 τὰ σπέρματα καθάπερ τῆς γενέσεως τῇ πόλει παρέσχεν ὁ οἶκος, οὕτω καὶ τῆς πολιτείας). Hinweis von H. Henkel 17. K. Praechter, Hierokles der Stoiker 68. H. Strache, De Arii auct. 69.

[325] P. Moraux, Sur la Justice 13—53.

seiner Frau entspricht einer aristokratischen Regierungsform; das Verhältnis der Kinder unter sich entspricht einer demokratischen Staatsform. Areios schöpft sicher nicht aus dem Kapitel 12 des ersten Buches der Politik, wo die Beziehungen zwischen den Familienmitgliedern ebenfalls mit bestimmten Staatsformen parallelisiert werden: In diesem Passus erwähnt Aristoteles nämlich die Verhältnisse zwischen Herrn und Sklaven, Mann und Frau, Eltern und Kindern, und anders als Areios betrachtet er das Verhältnis Mann—Frau als parallel mit einer πολιτική ἀρχή. In den Ethiken dagegen begegnen Ausführungen, die denen des Areios sehr ähnlich sind[326]. Nur in einem Punkt weicht Areios von den Angaben des Aristoteles ab: Das auf Gleichheit basierende Verhältnis der Kinder zueinander bezeichnet er als „demokratisch", während Aristoteles es in der EN mit einer Timokratie, in der EE mit einer Politie vergleicht; ferner bemerkt Aristoteles[327], daß diejenigen Familien, in denen es gar keine oder nur eine schwache Autorität gibt, einer Demokratie gleichen. Der Unterschied zwischen Areios und Aristoteles liegt in Wirklichkeit bei der Einordnung und der Einschätzung der Demokratie. In seinem Sechsverfassungsschema betrachtet Aristoteles die Demokratie als eine παρέκβασις, als eine Entartung jener guten, gerechten Staatsform, die auf der Gleichheit der Bürger beruht und das Gemeinwohl anstrebt; diese gesunde Form der Herrschaft der Vielen nennt er nicht Demokratie, sondern vielmehr Politie. Bei Areios dagegen wird das Wort Demokratie für die gesunde Herrschaft der Vielen, nicht für ihre Entartung verwendet. Auf diesen Aspekt der Verfassungslehre werden wir in der Analyse des Abrisses der Staatslehre zurückkommen. Schon jetzt dürfen aber folgende Punkte festgehalten werden:

1. Die Politik ist nicht die einzige Schrift, auf die der Abriß der Ökonomik und der Staatslehre zurückgeht: Areios will nicht den Inhalt einer Schrift, sondern den Inhalt einer Lehre wiedergeben.

2. Areios' Abriß ist keine sklavische Wiedergabe der aristotelischen Doktrin; gelegentlich weicht er von dieser ab.

3. Es bleibt noch zu untersuchen, ob diese Abweichungen mehr oder weniger zufällig sind und lediglich eine gewisse Freiheit des Kompilators dokumentieren oder ob sie vielmehr als Indizien für die Benutzung einer nacharistotelischen Zwischenquelle angesehen werden können.

---

[326] So z. B. EN VIII 12, 1160b 22—1161a 9 und EE VII 9, 1241b 27—32.
[327] EN VIII 12, 1161a 6—9.

Mann und Frau, die sich vereinigt haben, um Kinder zu erzeugen und
die Fortdauer des Geschlechts zu sichern[328], benötigen eine Hilfe: Sie
nehmen sich jemanden, der von Natur aus zur Sklaverei bestimmt ist,
d. h. jemanden, der körperlich stark, aber zu dumm ist, um selbständig zu
leben, so daß es seinem Vorteil entspricht, als Sklave zu dienen[329];
sie können aber auch jemanden nehmen, der nur dem Gesetz zufolge ein
Sklave ist[330]. Das Haus besteht also aus der Vereinigung von Mann,
Frau und Sklaven[331]; alle zusammen kümmern sich um das gemeinsame
Zuträgliche[332]. Von Natur aus hat der Mann die Herrschaft in der Familie
inne, denn das Beratungsvermögen der Frau ist schwächer, im Kinde ist es
noch nicht entwickelt und im Sklaven ist es überhaupt nicht vorhanden[333].

Nach diesen Ausführungen über den οἶκος wendet sich Areios der
Verwaltung des Hauses zu. Das diesbezügliche praktische Wissen
(οἰκονομικὴ φρόνησις) ist eigene Sache des Mannes[334]. Dieses Wissen umfaßt vier Gebiete: das Verhältnis des Vaters zu den Kindern (πατρικόν),
das Verhältnis des Ehemanns zu seiner Frau (γαμικόν), das Verhältnis
des Herrn zu den Sklaven (δεσποτικόν) und die Erwerbskunst (χρηματι-
στικόν)[335]. Im restlichen Teil des Abschnitts wird die Erwerbskunst
behandelt. Genauso wie die Armee ihre Ausrüstung, die Stadt ihre Einkünfte und die Kunst ihre Instrumente benötigt, benötigt auch das
Haus die Dinge, die notwendig sind[336]. Diese ermöglichen sowohl das

[328] ~ Pol. I 2, 1252a 26—30.
[329] Zu den Merkmalen des φύσει δοῦλος vgl. Pol. I 2, 1252a 32—34; I 5 im ganzen
und insbes. 1254b 16—23; 27—32.
[330] Mit der sehr umstrittenen Frage nach der Rechtfertigung der Sklaverei
κατὰ νόμον befaßt sich Aristoteles in Pol. I 6.
[331] ~ Pol. I 2, 1252b 9—10.
[332] Vgl. Pol. I 2, 1252a 34 δεσπότῃ καὶ δούλῳ ταὐτὸ συμφέρει. III 6, 1278b 39
(ἡ οἰκονομικὴ) ἤτοι τῶν ἀρχομένων χάριν ἐστὶν ἢ κοινοῦ τινὸς ἀμφοῖν.
[333] ~ Pol. I 13, 1260a 12—14.
[334] Keine genaue Parallele bei Aristoteles. Aus der Überlegenheit des βουλευτικόν
des Mannes ergibt sich jedoch, daß dieser ein solches Wissen besser beherrschen
kann als die übrigen Mitglieder der Familie.
[335] Die ersten drei Gebiete zählt Aristoteles Pol. I 3, 1253b 8—12; 12, 1259a
37—39 auf; die χρηματιστική fügt er I 3, 1253b 12—14 hinzu. Der δεσποτική
sind die Kapitel I 4—7, der χρηματιστική die Kapitel I 8—11 gewidmet.
Für die γαμική und die πατρική, die bereits in den Kapiteln I 12—13 angesprochen werden, verweist er I 13, 1260b 8—13 auf das, was ἐν τοῖς περὶ τὰς
πολιτείας gesagt werden wird.
[336] Der Vergleich mit der Kunst und ihren Instrumenten stammt aus Pol. I 4,
1253b 23—31.

Leben schlechthin wie auch das schöne Leben[337]. Der Hausverwalter wird an erster Stelle Sorge dafür tragen, daß die Einkünfte durch anständige Gewinne vermehrt und die Ausgaben gebremst werden[338]; das ist die wichtigste Angelegenheit der Ökonomik[339]. Aus diesem Grund wird der Hausverwalter über eine vielseitige Erfahrung verfügen müssen, und zwar in der Landwirtschaft, der Viehzucht und dem Bergbau, damit er die gewinnbringendsten und die gerechtesten Erträge kennt[340]. Warum hebt Areios hervor, daß der Hausverwalter die gerechtesten Erträge herausfinden muß? Eben weil es, wie er gleich erklärt, zweierlei Formen der Erwerbskunst gibt: Die bessere ist die naturgemäße, die schlechtere diejenige, die mit dem Handel verbunden ist[341].

2. Politik

Die Darstellung der peripatetischen Staatslehre will nichts anderes sein als eine Aufzählung der Hauptpunkte dieser Disziplin[342]. Die Substanz dieses Abschnittes stammt größtenteils aus der Politik des Aristoteles; dennoch lassen sich hier wie auch bei der Ökonomik bedeutsame Abweichungen vom genuinen Aristotelismus beobachten.

In einem ersten Paragraphen (150, 1—16) finden sich allgemeine Angaben über die Polis und eine leider verstümmelte Liste der Disziplinen, die zur Staatslehre im breiteren Sinne des Wortes gehören. Zwei

[337] Vgl. Pol. I 4, 1253 b 24—25.
[338] Das πορίσασθαι als Aufgabe der χρηματιστική: Pol. I 8, 1256a 10—16. Aristoteles macht einen Unterschied zwischen lobenswerten, naturgemäßen, sich auf das Notwendige beschränkenden Gewinnen und der uneingeschränkten, tadelnswerten Gewinnsucht in Pol. I 9 *passim* und 10, 1258a 38—b 4. Das Einschränken der Ausgaben nennt er nicht unter den Pflichten des Hausverwalters; der Gedanke ist jedoch zu trivial, um einen Rückschluß auf die Benutzung einer anderen Quelle durch Areios zu rechtfertigen.
[339] Vgl. Pol. I 3, 1253 b 12—13: Es gibt Leute, die die Chrematistik als das μέγιστον μέρος der Ökonomik betrachten. Stellungnahme des Aristoteles in den Kapiteln I 8—9.
[340] Dem Gegensatz γνῶσις — χρῆσις, θεωρία — ἐμπειρία bei Arist., Pol. I 11, 1258 b 9—11 entspricht der Gegensatz οἰκονομικὴ φρόνησις — ἔμπειρον εἶναι bei Areios. Viehzucht und Landwirtschaft Pol. I 11, 1258 b 12—20. Bergbau 1258 b 27—33. Erkenntnis der λυσιτελέστατα 1258 b 13 und 16. Daß die Erträge gerecht sein sollen, sagt Aristoteles nicht expressis verbis.
[341] Vgl. darüber Pol. I 9 und I 10, 1258a 34—b 4.
[342] Vgl. die Ankündigung in 150, 1 περὶ δὲ πολιτικῆς ταῦτ' ἂν εἴη κεφάλαια und den Schlußsatz in 152, 24—25 καὶ τῶν μὲν πολιτικῶν τὰ κεφάλαια ταῦτα.

Gründe erklären die Entstehung der Polis: die naturgemäße Tendenz der Menschen, sich zu Gemeinschaften zu vereinigen, und die Vorteile, die die Polis den Menschen bietet[343]. Die Polis ist die vollkommenste Gemeinschaft[344]. Bürger ist, wer an der politischen Macht teilhat[345]. Die Polis besteht aus einer Anzahl von Bürgern, die zur Sicherung eines autarken Lebens ausreicht[346]. Die obere Grenze der Bevölkerungszahl wird dadurch bestimmt, daß die Hinneigung der Bürger zueinander nicht unmöglich werden soll, die untere dadurch, daß die Polis nicht der Geringschätzung zum Opfer fällt; sie soll ferner ausreichen, die Lebensbedürfnisse der Bewohner voll zu decken und Angriffe von außen erfolgreich abzuwehren[347].

[343] Die bekannte aristotelische Formel, nach welcher der Mensch von Natur aus ein ζῷον πολιτικόν ist (Pol. I 2, 1253a 3 und 7; III 6, 1278b 19; EN I 5, 1097b 11; IX 9, 1169b 18), ist hier leicht modifiziert worden: φύσει κοινωνικὸν εἶναι τὸν ἄνθρωπον. Dazu A. Dreizehnter, Arist. Pol. S. XVIII Anm. 43: „Stoisch ist auch (bei Areios) die Bezeichnung des Menschen als ζῷον κοινωνικόν statt ζῷον πολιτικόν." Gewiß, die Stoiker haben den Menschen als κοινωνικός bezeichnet, die Formel des Areios ist jedoch aristotelisch, vgl. EE VII 10, 1242a 25 κοινωνικὸν ἄνθρωπος ζῷον. Die utilitaristische Zielsetzung der Polis wird mehrmals von Aristoteles unterstrichen, u. a. neben dem sozialen Urtrieb in Pol. III 6, 1278b 21.

[344] Vgl. Pol. I 2, 1252b 28; III 9, 1280b 40 etc.

[345] Pol. III 1, 1275a 22; b 18; 2, 1276a 4; 5, 1277b 34.

[346] Pol. III 1, 1275b 20—21, von Areios wörtlich zitiert.

[347] Auch Aristoteles hebt Pol. VII 4, 1326a 8—b 25 hervor, daß die ideale Polis weder zu viel noch zu wenig Einwohner haben sollte. Insbesondere weist er darauf hin (1326a 26—33), daß die τάξις, auf welcher die εὐνομία beruht, nicht möglich sein wird, wenn der Staat übervölkert ist. Andererseits (1326b 2—9) wird eine zu kleine Bürgerzahl die Autarkie der Polis unmöglich machen. Daran schließt sich Areios an. Eigenartig erscheint jedoch sein Ausdruck, die Größe der Bevölkerung sollte so beschaffen sein, ὥστε μήτε τὴν πόλιν ἀσυμπαθῆ... ὑπάρχειν. Nach den Parallelstellen in Pol. VII 4, 1326b 24 und 5, 1327a 1 wollte Trendelenburg, in: Monatsber. d. Preuss. Akad. 1858, S. 158 das überlieferte ἀσυμπαθῆ in ἀσύνοπτον korrigieren. H. Henkel 12 und H. Strache, De Arii auct. 68 wiesen jedoch darauf hin, daß die „Sympathie" innerhalb der Polis in der späteren Literatur erwähnt wird: Phintys ap. Stob. IV 74, 61a, S. 592, 9 δεῖ... τὰν εὐνομουμέναν πόλιν... συμπαθέα τε καὶ ὁμοιόνομον ἦμεν. Dio Chrys., Or. XLVIII 7 πόλιν ὁμογνώμονα ὁρᾶσθαι καὶ φίλην αὑτῇ καὶ συμπαθῆ κάλλιστον θεαμάτων. Der Sympathie-Gedanke erinnert wohl an Poseidonios; das Wort verrät den nacharistotelischen Charakter von Areios' Vokabular. Bereits Plat., Leg. V 738d—e hielt es für gut, daß die Einwohner der Polis einander gut kennen, μεῖζον οὐδὲν πόλει ἀγαθὸν ἢ γνωρίμους αὐτοὺς αὑτοῖς εἶναι.

Als Teildisziplinen der φρόνησις, das heißt wohl hier der Staatslehre im allgemeinen, werden die Ökonomik, die Gesetzgebungswissenschaft, die Politik und die Feldherrnkunst angegeben[348].

Die Klassifizierung der Staatsformen weicht kaum von der aristotelischen ab. Wie Aristoteles unterscheidet Areios drei Grundformen, je nachdem ein Einziger, die Wenigen oder die Gesamtzahl der Bürger an der Macht teilhaben[349]. Jede der drei Grundformen kann gut oder schlecht sein, je nachdem die Machthaber das Gemeinwohl oder ihr eigenes Interesse anstreben[350]. In einem nicht unwesentlichen Punkt gehen jedoch Aristoteles und Areios auseinander. Wie wir bereits oben in einem anderen Zusammenhang bemerkten, nennt Areios δημοκρατία die gute Form der Herrschaft der Vielen, während Aristoteles sie als πολιτεία bezeichnet[351]; die schlechte Form dieser Herrschaft heißt bei Areios ὀχλοκρατία, bei Aristoteles aber δημοκρατία[352]. Da dieser Unterschied etwas Licht auf die Vorlage des Areios werfen kann, wird es lohnen, ihn etwas näher ins Auge zu fassen. Bei Platon begegnet ein Fünfverfassungssystem: Während er eine gute und eine schlechte Form der Einzelherrschaft und der Herrschaft der Wenigen unterscheidet, bezeichnet er als δημοκρατία jede Herrschaft der Massen, ganz gleich, ob sie gut oder schlecht ist[353]. Diese Klassifizierung soll nach Platons eigener Angabe die allgemein anerkannte gewesen sein[354]. Die Systematik der Einteilung verlangte jedoch, daß man auch in der Herrschaft der Vielen die gesunde Form und die Entartung mit besonderen Namen bezeichnete. Diesen Schritt machte Aristoteles; er entschied sich dabei, wie wir sahen, für die Bezeichnungen πολιτεία und δημοκρατία. Als spätere Staatstheoretiker das aristotelische Verfassungssystem übernahmen und ausbauten, erschien es jedoch anstößig, daß das so beliebte Wort δημοκρατία eine ganz und gar verwerfliche Staatsform bezeichnen

---

[348] Diese Liste ist eine Kombination von EN VI 8, 1141b 23—33 (οἰκονομία, νομοθεσία, πολιτική) und EN I 1, 1094b 2—3 (στρατηγική, οἰκονομική, ῥητορική).

[349] Pol. III 7, 1279b 27.

[350] Pol. III 6, 1279a 17—20.

[351] Pol. III 7, 1279a 37—39.

[352] Pol. III 7, 1279b 4—10.

[353] Plat., Polit. 291d—292a, bes. δημοκρατίας γε μήν, ἐάντ' οὖν βιαίως ἐάντε ἑκουσίως τῶν τὰς οὐσίας ἐχόντων τὸ πλῆθος ἄρχῃ, καὶ ἐάντε τοὺς νόμους ἀκριβῶς φυλάττον ἐάντε μή, πάντως τοὔνομα οὐδεὶς αὐτῆς εἴωθε μεταλλάττειν. Vgl. auch 301a—c und Leg. IV 712c.

[354] Vgl. Plat., Leg. IV 714b ὅσα λέγουσιν οἱ πολλοί.

sollte; es erschien angebracht, die Terminologie des Aristoteles entsprechend zu modifizieren. Im Sechsverfassungsschema des Polybios
heißt die gesunde, an Religion, Sitte und Recht orientierte Herrschaft
des Volkes — wie bei Areios — δημοκρατία[355], während ihre Entartung,
die durch Übermut und Verachtung des Gesetzes gekennzeichnet ist,
ebenfalls wie bei Areios als ὀχλοκρατία bezeichnet wird[356]. Dieses Wort
ὀχλοκρατία kommt in der griechischen Literatur vor Polybios nicht vor,
und es ist durchaus möglich, daß es eine Schöpfung des Polybios selbst
ist[357]. In diesem Fall stellt es einen ziemlich präzisen Terminus post quem
für die Quelle des Areios dar: Das große Geschichtswerk des Polybios
wurde nämlich nicht vor 146, wahrscheinlich sogar erst mehrere Jahre
später abgeschlossen. Man kann aber auch vermuten, daß die erwähnte
Korrektur am aristotelischen Schema nicht von Polybios selbst gemacht
wurde, da er „trotz aller Schlagworte des achaiischen Bundes keine
Ursache hatte, für die Demokratie in dieser Weise einzutreten"[358]; es
läßt sich jedoch nicht feststellen, ob er in diesem Fall sein Schema einer
peripatetischen oder einer mittelstoischen Quelle (Panaitios?) verdankt[359].
Areios wird noch weniger von sich aus das aristotelische Schema geändert haben: Die bereits durch mehrere Einzelbeobachtungen be-
kräftigte Vermutung, daß er nicht unmittelbar aus Aristoteles, sondern
vielmehr aus einem späteren Kompendium schöpft, scheint hier eine neue
Bestätigung zu finden. Areios benutzte wohl eine Form der peripatetischen Verfassungslehre, in der wie bei Polybios „Demokratie" die gute,
„Ochlokratie" die schlechte Volksherrschaft bezeichnete[360].

[355] Polyb. VI 4, 5.   [356] Polyb. VI 4, 10.

[357] K. v. Fritz, The theory of the mixed constitution in Antiquity 44: „It is
quite possible that he invented the term himself, though he may equally well
have picked it up from discussions current in his time."

[358] R. v. Scala, Die Studien des Polybios 137—138. — G. J. D. Aalders, Die
Theorie der gemischten Verfassung im Altertum, Amsterdam 1968, 85 und
Anm. 3 glaubt nicht, daß Polybios selbst den Terminus ὀχλοκρατία gebildet
habe; er nimmt eine gemeinsame, wohl peripatetische Quelle für Polybios
und das Areios-Fragment bei Stobaios an.

[359] Ziemlich aus der Luft gegriffen sind die Behauptungen von O. Regenbogen,
Theophrastos 1518—1519, daß „Theophrast augenscheinlich die Aristoteles-
Terminologie als dem üblichen Sprachgebrauch entgegengesetzt empfunden
und darum die δημοκρατία den ὀρθαὶ πολιτεῖαι zugeordnet, für die Entartung ein neues Wort ὀχλοκρατία geprägt" habe; ferner: „In diesem Punkte
hat sich Polybios also der Lehre des theophrastischen Peripatos angeschlossen."

[360] Ähnliche Gegenüberstellung bei Plut., De trib. rei p. generibus 3, 826d—f

In einem anderen Punkt ist die von Areios zusammengefaßte Verfassungslehre mit der polybianischen eng verwandt. Nach der Aufzählung der sechs einfachen Staatsformen notiert Areios: „Es gibt aber auch eine Staatsform, die aus den richtigen Verfassungen gemischt ist". Gemeint ist also eine sog. Mischverfassung, die aus einer Kombination von Königtum, Aristokratie und Demokratie besteht. Diese Lehre der Mischverfassung kommt in der Politik des Aristoteles bekanntlich nicht vor, obwohl sie zweifellos älter war[361]. In der hier vorliegenden Form, d. h. als Synthese der drei gesunden Staatsformen, spielt die Mischverfassung im Staatsdenken des alten Platon eine gewisse Rolle[362]. In pythagoreischen Kreisen — allerdings wahrscheinlich erst in der nacharistotelischen Zeit — erschien die Mischverfassung als die beste[363]. In der Schule des Aristoteles war es Dikaiarch, der das Ideal der Mischverfassung rühmte[364]. Auch in der Stoa hatte es Anhänger[365]. Durch das Geschichtswerk des Polybios gewann schließlich die Lehre von der Mischverfassung eine fundamentale Bedeutung für die antike Staatstheorie: Die Stabilität des römischen Staats und seine bewundernswerten Leistungen erklärte Polybios nämlich als Früchte einer hervorragenden Staatsordnung, in welcher wie einst in der Verfassung des Lykurgos die Vorzüge des König-

(Die drei guten Verfassungen sind Monarchie, Oligarchie, Demokratie, ὧν ἁμαρτομένων παρατροπαὶ καὶ ὑπερχύσεις εἰσὶν αἱ λεγόμεναι τυραννίδες καὶ δυναστεῖαι καὶ ὀχλοκρατίαι. Nach R. v. Scala, Stud. des Polyb. 137 Anm. 1 weist das Wort ὑπερχύσεις auf stoische Beeinflussung hin). Ps.-Plut., De vit. et poes. Hom. 182 (βασιλεία, ἀριστοκρατία, δημοκρατία als gerechte, gesetzmäßige Formen, τυραννίς, ὀλιγαρχία, ὀχλοκρατία als ungerechte und gesetzwidrige).

[361] Arist., Pol. II 6, 1265b 33—1266a 1 erwähnt eine Theorie, nach welcher δεῖ τὴν ἀρίστην πολιτείαν ἐξ ἁπασῶν εἶναι τῶν πολιτειῶν μεμειγμένην und in welcher die lakedämonische Verfassung als Musterbeispiel dieser Form gepriesen war. Ihm erscheint sie besser (1266a 4) als diejenige, die eine Mischung von Demokratie und Tyrannis empfahl.

[362] Plat., Leg. III 691d—692c; IV 712c—713a.

[363] Ps.-Archytas ap. Stob. IV 1, 138, S. 85, 10—13, mit Hinweis auf die spartanische Verfassung wie auch bei Platon und Aristoteles.

[364] Dikaiarch Fr. 71 Wehrli mit dem Kommentar. Wie andere Gelehrte vor ihm hält es G. J. D. Aalders, Theor. d. gem. Verfass. 86 und Anm. 5 für plausibel, daß Polybios die peripatetische Auffassung der gemischten Verfassung dem Dikaiarch entnommen habe.

[365] Diog. Laert. VII 131 πολιτείαν δὲ ἀρίστην τὴν μικτὴν ἔκ τε δημοκρατίας καὶ βασιλείας καὶ ἀριστοκρατίας. Diese Nachricht führt H. v. Arnim, SVF III S. 175 Fr. 700 auf Chrysippos zurück. M. Pohlenz, Die Stoa II S. 102 denkt an Panaitios.

tums, der Aristokratie und der Demokratie vereinigt waren[366]. Geht das
Sechsverfassungsschema des Areios tatsächlich auf Polybios oder auf die
Spekulation seiner Zeit zurück, so ist es verlockend, auch die Erwähnung
der Mischverfassung als ein Indiz für das relativ späte Datum von Areios'
Vorlage zu deuten. Vorsicht bleibt jedoch geboten, denn diese kleine
Ergänzung der aristotelischen Theorie kann ebensogut unter dem Ein-
fluß von Platon oder Dikaiarch vorgenommen worden sein.

Areios registriert die Beobachtung, daß die Staatsformen oft einen
Wandel durchmachen. Gemessen an der Vielseitigkeit der theoretischen
Überlegungen und der historischen Beobachtungen, die in der Politik
des Aristoteles begegnen[367], erscheint jedoch seine Feststellung, daß der
Wandel ins Bessere oder ins Schlechtere führt, als äußerst oberflächlich
und nichtssagend.

Weder die gemischte Verfassung noch irgendeine der drei einfachen
war von Areios für die beste erklärt worden. Daß eine Staatsform die
beste oder die schlechteste ist, hängt in seinen Augen offenbar nicht so
sehr von den Institutionen als von ihrer ethischen Qualität ab: ,,Im
allgemeinen ist die beste Verfassung diejenige, deren Ordnung sich nach
der Tugend richtet, die schlechteste diejenige, deren Ordnung sich nach
der Schlechtigkeit richtet". Diese Formel erinnert, wenigstens äußerlich,
an den Satz, in dem Aristoteles erklärt, daß die Erörterung der besten
Verfassung einer Erörterung über Königtum und Aristokratie gleichkommt, weil jede von diesen auf die ἀρετή hin bestehen und zu ihr aus-

---

[366] Vgl. bes. Polyb. III 10 und 11, 11—18, 8. Über diese These des Polybios und die
Lehre der Mischverfassung im allgemeinen ist viel geschrieben worden. Kaum
mehr als eine Materialsammlung bietet P. Zillig, Die Theorie der gemischten
Verfassung in ihrer literarischen Entwicklung im Altertum und ihr Verhältnis
zur Lehre Lockes und Montesquieus über Verfassung, Diss. Würzburg 1916.
Unter den neueren Arbeiten seien besonders erwähnt E. Mioni, Polibio, 1949,
bes. 71—73. K. v. Fritz, The theory of the mixed constitution in Antiquity.
A critical analysis of Polybius' political ideas, 1954. F. W. Walbank, A historical
commentary on Polybios, I, 1957, bes. 639—641 (,,It . . . seems safer to treat
the question of Polybius' sources for the *mikte*, both immediate and ultimate,
as still open."). G. J. D. Aalders, Die Mischverfassung und ihre historische
Dokumentation in den ,,Politica" des Aristoteles, in: Entretiens sur l'Antiquité
Classique XI (1964) 201—244. Th. Cole, The sources and composition of Polybios
VI, in: Historia 13 (1964) 440—486. E. Graeber, Die Lehre von der Mischverfassung bei Polybios, 1968. G. J. D. Aalders, Die Theorie der gemischten Verfassung im Altertum, 1968.

[367] Vgl. darüber die Arbeit von H. Ryffel, Μεταβολὴ πολιτειῶν. Der Wandel
der Staatsverfassungen, 1949, bes. Kap. IV.

gerüstet sein will[368]. Wahrscheinlicher ist jedoch, daß sie weder dem
Königtum noch der Aristokratie gilt, sondern vielmehr der ἀρίστη
πολιτεία, wie Aristoteles sie im 7. Buch zu charakterisieren versucht[369].
Die Verteilung der Ämter in drei der genannten Staatsformen wird
wie folgt charakterisiert: „In den Demokratien werden das Regieren, das
Beraten und das Richten von Leuten ausgeübt, die aus der ganzen
Bürgerschaft durch eine Wahl oder durch das Los bestimmt werden; in
den Oligarchien liegen diese Ämter in den Händen der Wohlhabenden
und in den Aristokratien in den Händen der Vornehmsten". Diese summarischen Angaben stimmen mit den Ausführungen des Aristoteles
überein[370].

Bei den Aufständen unterscheidet Areios solche, die auf rationalen
Überlegungen beruhen (κατὰ λόγον), und solche, die durch den Affekt
bedingt sind (κατὰ πάθος). Diese Klassifizierung stammt nicht von
Aristoteles[371]; Areios, der auch sonst mit dem Begriffspaar λόγος—πάθος
operiert[372], kann sie von sich aus eingefügt haben. Aristotelisch sind
dagegen die Beispiele, die er für jede dieser Kategorien anführt[373]. Als
Ursachen für die Auflösung einer Staatsverfassung nennt Areios Gewalt
und Betrug[374]. Die stabilsten Staatsformen sind diejenigen, die sich um
das Gemeinwohl kümmern[375].

---

[368] Pol. IV 2, 1289a 30—33.

[369] Vgl. bes. Pol. VII 9, 1328b 33—38: Die beste Staatsform ist diejenige, in der die
Polis am glücklichsten ist; diese Eudämonie ist aber ohne Tugend unmöglich;
die beste Polis ist also diejenige, die die gerechtesten Bürger hat.

[370] Vgl. u. a. Pol. IV 15, 1299b 24—27; 1300a 15—19.

[371] Vgl. seine Ausführungen über die στάσεις, Pol. V 2—4.

[372] Z. B. Stob. II 7, S. 38, 18—39, 3 (Das πάθος als ἄλογος ψυχῆς κίνησις oder
κίνησις τοῦ ἀλόγου μέρους τῆς ψυχῆς. Vgl. oben S. 305—308). II 7, S. 128,
17—18 (λόγος und πάθος als die beiden ἀρχαί der Tugenden. Vgl. oben
S. 378—379).

[373] Der Aufstand ist κατὰ λόγον, wenn Leute, die gleich sind, ungleich behandelt
werden oder wenn Ungleiche dieselbe Behandlung erfahren und sich dagegen
wehren wollen. Vgl. Pol. V 2, 1302a 24—31. Der Aufstand ist affektiven
Ursprungs, wenn er wegen einer Ehre, eines Amtes (διὰ φιλαρχίαν), eines
Gewinns oder eines Vermögens erfolgt. Vgl. Pol. V 2, 1302a 21—34, wo allerdings nur κέρδος καὶ τιμή καὶ τἀναντία τούτοις genannt sind. Areios benutzt
hier das Wort φιλαρχία (φυγαρχία var. lectio im Ms. F), das zum ersten Mal
bei Theophr., Char. 26, 1 vorkommt und neben φιλαρχέω und φίλαρχος bei
Polybios bezeugt ist.   [374] Ähnlich Arist., Pol. V 4, 1304b 7—8.

[375] Etwas anders Arist., Pol. V 1, 1302a 8—15, der die Demokratie und insbesondere die auf dem Mittelstand beruhende Demokratie für die sicherste und
den Aufständen am wenigsten ausgesetzte Staatsform hält.

Der nächste Abschnitt enthält Angaben über die wichtigsten Organe des Staates. „Die Gerichtshöfe, die Räte, die Versammlungen und die Ämter sind je nach den Staatsformen verschiedenartig eingerichtet[376]." Die Liste der „gemeinsamsten" Ämter, d. h. der Ämter, die praktisch in allen Staatsformen begegnen, ist größtenteils den Angaben des Aristoteles entnommen. Areios nennt das Priestertum[377], die Strategie[378], die Nauarchie[379], die Agoranomie[380], die Gymnasiarchie[381], die Gynäkonomie, die Pädonomie[382], die Astynomie[383], das Amt des Schatzverwalters[384], die Nomophylakie[385] und das Amt des Gerichtsvollziehers und Geldeintreibers[386]. Weder die Reihenfolge dieser Ämter noch die Klassifizierung, die anschließend angegeben wird, sind die des Aristoteles: „Von diesen Ämtern beziehen sich die einen auf die Städte, die anderen auf den Krieg, andere noch auf die Häfen und den Handel". Die Klassifizierung des Aristoteles im Kapitel VI 8, auf welches die Liste des Areios zurückgeht, war eine andere: Aristoteles unterschied zwischen notwendigen Behörden und spezielleren, die nur in ruhigen, wohlhabenden Staaten begegnen. Unter jenen unterschied er wieder zwischen den notwendigen schlechthin (Agoranomen, Astynomen, Agronomen, Schatzmeister, Notare, Gerichtsvollzieher, Elfmänner), den höheren Behörden (Militärbehörde, Behörde zur Abnahme der Rechenschaft der Beamten, Rat) und sonstigen Ämtern (Priester und Kultbeamte). Zu den spezielleren gehören die Gynäkonomen, Nomophylaken, Pädonomen etc. Die Liste des Areios richtet sich weder nach dieser Klassifizierung des Aristoteles noch nach der Einteilung, die Areios selbst angibt. Diese enthält einige Elemente des allgemeinen Überblicks des Aristoteles über

---

[376] Vgl. u. a. Pol. IV 14, 1297b 37—1298a 3, wo Aristoteles die τρία μόρια τῶν πολιτειῶν πασῶν erwähnt, nämlich τὸ βουλευόμενον περὶ τῶν κοινῶν, τὸ περὶ τὰς ἀρχάς und τὸ δικάζον, und erklärt τὰς πολιτείας ἀλλήλων διαφέρειν ἐν τῷ διαφέρειν ἕκαστον τούτων. Was Aristoteles als βουλευόμενον bezeichnet, umfaßt natürlich die βουλευτήρια und die ἐκκλησίαι des Areios.

[377] ἱερωσύνη τῶν θεῶν ~ Pol. VI 8, 1322b 18—25.

[378] ~ Pol. VI 8, 1322a 39.

[379] ~ Pol. VI 8, 1322b 3.

[380] ~ Pol. VI 8, 1321b 12—18.

[381] ~ Pol. VI 8, 1323a 1.

[382] Beide Pol. VI 8, 1322b 39.

[383] ~ Pol. VI 8, 1321b 18—27.

[384] ταμιεία ~ Pol. VI 8, 1321b 31—33.

[385] ~ Pol. VI 8, 1322b 39.

[386] πρακτορία. Entspricht Pol. VI 8, 1321b 40—1322a 18.

die notwendigen Behörden[387], folgt ihm jedoch im großen und ganzen nicht. Daran kann man einmal mehr den flüchtigen Charakter der Kompilation des Areios oder seiner Vorlage erkennen.

Nach den Ausführungen über die Staatsformen befaßt sich Areios mit den Aufgaben des Staatsmannes. Dieser soll auf die Verbesserung der Staatsform hinarbeiten, was viel schwieriger erscheint, als eine neue Polis zu gründen[388]. Ferner soll er die Bevölkerung so einteilen, daß die einen die unentbehrlichen, die anderen die edlen Aufgaben erfüllen[389]; unentbehrliche Aufgaben erledigen die Handwerker, die Lohnarbeiter, die Bauern und die Händler; sie stehen nämlich im Dienste der Bürgerschaft; mächtiger sind das Militär und die beratende Instanz, weil sie die Tugend pflegen und das Edle anstreben[390]. In der letzteren Gruppe sind es die reifen Männer, die beratende Funktionen ausüben, die noch älteren, die sich mit dem Götterkult befassen, und die jungen, die für alle den Wehrdienst leisten[391]. Die genannte Einteilung der Bevölkerung (in Abhängige und Herrschende) ist sehr alt; die Ägypter haben sie nämlich eingeführt[392]. Eine staatsmännische Angelegenheit ist es ferner, die Heiligtümer der Götter an den sichtbarsten Orten zu errichten[393]. Der Grundbesitz der Privatleute soll in zwei Teile zerfallen, von denen der eine an den Grenzen und der andere bei der Stadt liegen soll[394]. Nützlich sind

---

[387] ~ Pol. VI 8, 1322b 29—37.

[388] ~ Pol. IV 1, 1289a 3—4.

[389] Die Stände im Staat erörtert Aristoteles, Pol. IV 4, 1290b 23—1291b 13; VII 8, 1328b 2—23; VII 9. Er sagt allerdings nicht, daß es die Aufgabe des Staatsmannes ist, die Bevölkerung nach Ständen aufzuteilen. Die Unterscheidung zwischen unentbehrlichen (ἀναγκαῖα) und edlen (σπουδαῖα) Aufgaben geht auf Aristoteles zurück, vgl. u. a. Pol. IV 4, 1291a 17—18 (ἀναγκαῖα — καλόν); VII 9, 1328b 33—1329a 2.

[390] ~ Pol. VII 9, 1329a 35—39. Vgl. auch IV 4, 1290b 39—1291a 6 und 1291a 26—38.

[391] ~ Pol. VII 9, 1329a 2—17; 28—34.   [392] ~ Pol. VII 10, 1329a 40—b 5.

[393] ~ Pol. VII 12, 1331b 24—30.

[394] Areios berücksichtigt hier die von Aristoteles, Pol. VII 10, 1330a 9—16 empfohlene Teilung des Landes in ein Staatsgut und ein Privatgut; das Staatsgut, das nach Aristoteles zur Bestreitung der Kultbedürfnisse und zur Deckung der Kosten für die Syssitien dienen soll, erwähnt er jedoch nicht. In seinen Ausführungen über das Privatgut folgt er fast wörtlich Pol. VII 10, 1330a 14—16. Mit dieser Disposition will es Aristoteles erreichen, daß jeder Bürger daran interessiert ist, die Grenzen zu verteidigen; Areios dagegen begnügt sich mit der Angabe ἵνα . . . ἀμφότερα τὰ μέρη τῆς χώρας εὐσύνοπτα ὑπάρχῃ, „damit die beiden Teile des Landes gut übersehbar sind"; wahr-

auch gesetzliche Bestimmungen, die gemeinsame Mahlzeiten vor-
sehen[395]. Nützlich sind ferner die Bemühungen um eine gemeinsame
Erziehung der Kinder[396]. Im Hinblick auf die Kraft und die Vollkommenheit der Leiber muß ferner dafür gesorgt werden, daß die Leute weder zu
jung noch zu alt heiraten; in beiden Fällen sind nämlich die Abkömm-
linge unterentwickelt und schwächlich[397]. Äußerst zuträglich sind
schließlich Gesetze, die das Großziehen der Krüppel, das Aussetzen der
normalen Kinder und die Abtreibung untersagen[398].

Der Vergleich der vorliegenden Ausführungen mit der Politik des
Aristoteles hat gezeigt, daß dieser Traktat zweifellos die Primärquelle für
den dritten Teil der Kompilation des Areios gewesen ist. Versuchen wir
am Ende unserer Analyse das Verhältnis des Areios zu dieser seiner Quelle
zu präzisieren, so können wir die folgenden Punkte als gesichert ansehen:

1. Im Gegensatz etwa zu den meteorologischen Fragmenten, in denen
zahlreiche Formulierungen aus der aristotelischen Vorlage begegnen,
sind hier die Zitate aus der Politik und die etwas umfangreicheren wörtlichen Anklänge an diese Schrift relativ selten[399].

2. Die meisten Thesen, die Areios hier aufstellt, stimmen inhaltlich
mit denen der Politik überein; gelegentlich scheint die EN zur Ergänzung
der Information herangezogen worden zu sein.

scheinlich erinnert er sich dabei an Pol. VII 5, 1327a 1—3, wo Aristoteles
schreibt, daß die Zahl der Bürger und das Land gut übersehbar sein sollen,
τὸ δ' εὐσύνοπτον τὸ εὐβοήθητον εἶναι τὴν χώραν ἐστίν.

[395] ~ Pol. VII 10, 1330a 3—4. Die Einrichtung der Syssitien wird historisch
behandelt in Pol. VII 10, 1329b 5—23 und von Aristoteles selbst empfohlen
in 1330a 3—10. Das Versprechen von 1330a 4 δι' ἣν αἰτίαν συνδοκεῖ καὶ ἡμῖν
(sc. χρήσιμα εἶναι τὰ συσσίτια), ὕστερον ἐροῦμεν wird allerdings in der auf uns
gekommenen Fassung der Politik nicht erfüllt.

[396] Dies ist das Thema von Pol. VIII 1. Mit dem Inhalt dieser Erziehung befaßt
sich Aristoteles in Pol. VIII 2—7. Daß sie gemeinsam sein soll, wird Pol. VIII
1, 1337a 21—2, 1337a 33 hervorgehoben.

[397] Dies entspricht den Bestimmungen von Pol. VII 16, 1334b 29—1335b 35.
Vgl. bes. 1335a 11—15 und 1335b 29—31.

[398] ~ Pol. VII 16, 1335b 19—25. Aristoteles erlaubt allerdings die Abtreibung,
wenn die Zahl der Bevölkerung über eine bestimmte Grenze hinauszugehen
droht; sie muß aber vorgenommen werden, bevor die Leibesfrüchte „Wahrnehmung und Leben" haben.

[399] Wenn man von einzelnen Vokabeln und kurzen Ausdrücken absieht, sind die
folgenden Stellen wörtlich oder fast wörtlich der Politik entnommen: 148,
3—4 (φύσει πολιτικὸν ζῷον ἄνθρωπος) = I 2, 1253a 2; 150, 5—6 = III 1,
1275b 20—21; 152, 13—16 = VII 10, 1330a 14—16.

3. In einigen Fällen artikuliert Areios Meinungen, die bei Aristoteles nicht belegt sind, oder er bedient sich einer nacharistotelischen Terminologie. Diese Abweichungen erklären sich am besten mit der Annahme einer Zwischenquelle, die von der politischen Spekulation des 2. Jh. (Polybios!) beeinflußt war.

4. Das Exposé des Areios kann, trotz aller Berührungen mit der Politik, zweifellos nicht als eine kurzgefaßte Inhaltsangabe dieser Schrift gelten. Areios (bzw. seine Quelle) richtet sich nicht nach der Gliederung und den Hauptrubriken der Politik; er versucht vielmehr, den Stoff nach einer eigenen Disposition zu ordnen. Die großen Linien dieser Disposition lassen sich etwa wie folgt darstellen:

I. Ökonomik

    A. Der οἶκος (148, 5—149, 8)

    B. Die οἰκονομικὴ φρόνησις (149, 8—23)

       1. Einzelgebiete

       2. Die Chrematistik

II. Politik

    A. Die πόλις (150, 1—10)

    B. Die φρόνησις ⟨πολιτική⟩, ihre Teile (150, 10—16)

    C. Die πολιτεῖαι (150, 17—151, 22)

    D. Der πολιτικός, seine Aufgaben (151, 23—152, 24).

Bei der Kürze von Areios' Erörterungen wäre es müßig zu fragen, ob sich eine Systematik innerhalb der einzelnen Unterteile feststellen läßt. Sicher ist auf jeden Fall, daß Areios nicht unbedingt die Anordnung der entsprechenden Kapitel der Politik übernimmt. Im großen und ganzen gehen die Ausführungen zur Ökonomik auf das Buch I der Politik zurück, der Abschnitt über die Polis auf das Buch III, die Angaben über die Verfassungen auf die Bücher III—VI und die Aufzählung der Aufgaben des Staatsmannes auf die Bücher VII—VIII. In diesen einzelnen Abschnitten ist der Stoff jedoch anders als bei Aristoteles disponiert, und bisweilen wird der eine oder der andere Punkt einem anderen Buch entnommen: Im Abschnitt über die Polis stammen z. B. die Angaben über ihre Ausdehnung aus dem Buch VII, im Abschnitt über den Staatsmann kommt ein Hinweis über die Pflicht zur Verbesserung der Verfassung

vor, der auf eine Äußerung im Buch IV zurückgeht usw. Der Urheber der
vorliegenden Synthese der aristotelischen Staatslehre war also offenbar
bemüht, wahrscheinlich der Klarheit halber, den Stoff anders als Aristoteles anzuordnen.

5. So klar und übersichtlich seine allgemeine Disposition auch sein
mag, die Interpretation und der Vergleich mit Aristoteles machen hier
und dort einen gewissen Mangel an Ordnungssinn und Folgerichtigkeit
offenkundig. Thematisch verwandte Punkte sind z. B. auseinanderge-
rissen worden. Das ist u. a. der Fall im Kapitel über die πολιτεῖαι, in denen man drei Komplexe unterscheiden kann: A. Die Verfassungsformen:
a) die sechs Grundformen, b) die gemischte Verfassung, c) die beste und
die schlechteste Verfassung. Die Punkte b) und c) sind jedoch durch eine
Bemerkung über den Wechsel der Verfassungen, die inhaltlich zum
nächsten Komplex gehört, getrennt. B. Veränderungen der Verfassungen: a) Wechsel (wird jedoch zwischen Ab und Ac behandelt!), b) Aufstände (davor kommt aber eine Angabe über die Verteilung der Gewalten
in einigen Verfassungen, eine Angabe, die inhaltlich zum dritten Komplex gehört), c) Auflösungen, d) Stabilität. C. Staatsorgane und Staats-
ämter: a) Verteilung der drei Gewalten (behandelt zwischen Ac und Bb,
vgl. oben!), b) die drei Gewalten, c) die „gemeinsamten" Ämter. Ebensowenig befriedigend erscheint die Disposition des Kapitels über die Aufgaben des Staatsmannes. Hier hätte Areios zwischen dem Politikos unterscheiden sollen, der in einem schlechten Staat lebt und diesen zu verbessern hat, und demjenigen, der an der Errichtung eines Idealstaates
arbeitet. Ferner hätten die Ausführungen an Klarheit und Präzision gewonnen, wenn die aristotelische Unterscheidung zwischen Staats- und
Privatgrundbesitz beibehalten worden wäre.

6. Im Hinblick auf die in der Neuzeit viel diskutierte Frage nach der
ursprünglichen Reihenfolge der Bücher der Politik des Aristoteles ist es
nicht uninteressant festzustellen, daß aller Wahrscheinlichkeit nach diese
Bücher dem Areios (oder seiner Quelle) in der herkömmlichen Reihenfolge vorlagen. Trotz aller Freiheit, die sich Areios bei der Anordnung
einzelner Rubriken nimmt, leuchtet es ein, daß er zuerst das Buch I benutzt hat (148, 5—149, 23), dann den Block III—IV (150, 1—151, 15)
und schließlich den Block VII—VIII (152, 1—24). Für ihn, der die
Staatslehre des Aristoteles darstellen wollte, war das Buch II ebensowenig ergiebig wie die vielen historischen Nachrichten in den Zentral-
büchern; er hat es einfach außer acht gelassen.

E. *Gesamtergebnisse*

Die Interpretation der uns erhaltenen Referate des Areios Didymos über die aristotelisch-peripatetische Philosophie hat zu wichtigen Ergebnissen geführt, die sich auf die Arbeitsmethode des Kompilators, die Beschaffenheit seines Informationsmaterials und den Quellenwert seines Exposés beziehen und es somit ermöglichen, die Epitome in der Geschichte der aristotelischen Philosophie einzuordnen.

Fragt man zuerst nach dem Verhältnis der Epitome zum Corpus aristotelicum, so dürfen die folgenden Punkte als gesichert angesehen werden. In den Fragmenten des Werkes sind inhaltliche Reminiszenzen und wörtliche Anklänge an mehrere Traktate konstatiert worden; wörtliche oder fast wörtliche Zitate aus den Aristotelesschriften begegnen relativ selten. Da unser ausführlichstes Fragment der Ethik und der Politik gewidmet ist, stammen die meisten Parallelstellen naturgemäß aus den drei Ethiken und aus der Politik; dabei sind die Berührungen mit den MM und auch mit der EE enger und zahlreicher als mit der EN. Vergleichsmaterial läßt sich aber auch aus den Kategorien, der Physik, De caelo, der Meteorologie, De anima, den Parva naturalia, der Metaphysik (vorwiegend Δ und Λ) und der Rhetorik gewinnen[1]. Nur für ein Zitat aus dem Buch X der EN wird die Quelle angegeben. Der Umstand, daß mehr als zehn Traktate aus dem Corpus Spuren in der Epitome hinterlassen haben, darf jedoch nicht täuschen: Es wäre völlig verkehrt anzunehmen, daß Areios das Corpus aus erster Hand benutzt und unmittelbar aus den genannten Schriften geschöpft hat. Mehrere Lehrmeinungen, die nicht im Corpus bezeugt und sogar dem Aristoteles fremd sind, zeigen wenigstens, daß nicht alles in der Epitome als genuin aristotelisch angesprochen werden kann. Selbst in den Partien, für die man Parallelen aus dem Corpus anführen kann, kommt eine direkte Benutzung der Originalschriften des Aristoteles fast nirgends in Frage. Daß Wortschatz und Ausdrucksweise an verschiedenen Stellen nicht aristotelisch sind, könnte man vielleicht dadurch erklären, daß Areios sich einfach des philosophischen Vokabulars seiner Zeit bedient. Andere Indizien machen es aber so gut wie sicher, daß Areios nicht aus dem Corpus, sondern aus mehreren Zwischenquellen schöpft. Hätte er Aristoteles direkt benutzt, so

---

[1] Viele der Parallelstellen sind in unseren Anmerkungen angeführt. In H. v. Arnimus Monographien wird man ebenfalls ein umfangreiches Vergleichsmaterial finden.

bliebe unverständlich, warum seine Art der Benutzung in den einzelnen
Partien der Darstellung so unterschiedlich ist. In einigen Fällen, z. B. für
die Meteorologie, gibt er eine zwar kurze, im großen und ganzen jedoch
getreue und mit vielen wörtlichen Reminiszenzen versehene Zusammenfassung der Ausführungen des Aristoteles. In anderen Fällen aber schält
er nur ein paar Definitionen heraus oder begnügt sich mit thesenartig formulierten Angaben über die Lehrmeinungen des Aristoteles. Vergleicht
man etwa die Art und Weise, wie die Physik, De caelo, die Meteorologie,
De anima, die Ethiken und die Politik in der Epitome verwendet sind,
so leuchtet es ein, daß es nicht ein und derselbe Gelehrte gewesen ist, der
diese einzelnen Schriften jeweils herangezogen hat. Allem Anschein nach
ist Areios mehreren Quellen verpflichtet, deren Verhältnis zur aristotelischen Vorlage jeweils ein anderes war. Dazu kommt, daß Areios Ansichten auf Aristoteles zurückführt, die sich in der referierten Form nur
teilweise oder überhaupt nicht bei ihm befinden: Er schreibt z. B. Aristoteles eine Definition des πάθος zu, während wir durch Aspasios wissen,
daß eine solche Definition bei keinem der älteren Peripatetiker begegnete.
Seine Erläuterungen der verschiedenen Ausdrücke, mit denen Aristoteles
die Form bezeichnet, enthalten Einzelheiten, die den wahren Intentionen
des Aristoteles offensichtlich nicht entsprechen; Areios hätte sie nicht
angeführt, wenn er mit dem Corpus besser vertraut gewesen wäre oder direkt aus ihm geschöpft hätte. Die Definition der Eudämonie, die an zwei
verschiedenen Stellen kommentiert wird, gibt zwar die Auffassung des
Aristoteles sehr korrekt wieder; die Substanz der beigefügten Erklärungen deckt sich jedoch nicht mit den Ausführungen, die bei Aristoteles
diese Definition vorbereiten und begründen: Hätte Areios die entsprechenden Kapitel der Ethiken gelesen, so wäre manches in seinem
Kommentar ganz anders ausgefallen. Am aufschlußreichsten ist wohl
eine fast überall spürbare Verschiebung der philosophischen Problematik. Viele der Fragen, die Areios interessieren, sind eben nicht diejenigen, die im Mittelpunkt der Reflexion des Aristoteles standen.
Die Lektüre der Originalschriften des Stagiriten hätte Areios gezeigt,
daß der Gründer des Peripatos bestimmte Dinge, die in der Epitome
einen relativ großen Platz einnehmen, nur so am Rande oder überhaupt nicht behandelte, während er andere Probleme ausführlich erörterte, die in der Epitome nicht gebührend berücksichtigt oder gänzlich übergangen werden.

Vergleicht man die Lebensdaten des Andronikos mit denen des Areios,
so wird man es für sehr wahrscheinlich halten, daß die epochemachende

Edition des Rhodiers bereits zugänglich war, als die Epitome des Areios verfaßt wurde. Und dennoch scheinen weder die Edition noch die Arbeiten der ersten Kommentatoren der Konzeption und der Gestaltung der Epitome zugute gekommen zu sein. Den Willen, „Aristoteles aus Aristoteles" zu interpretieren, die systematische Rückkehr zu den Texten selbst, die Tendenz, sich mit diesen Texten sorgfältig und bis in die Details auseinanderzusetzen, die Übernahme der aristotelischen Terminologie und der aristotelischen Denkweise, alle diese und ähnliche Züge, die seit Andronikos und seinen Schülern die aristotelischen Studien charakterisieren, sucht man vergeblich in den Fragmenten der Epitome. Wenn Areios tatsächlich nach Andronikos geschrieben hat, steht er noch nicht unter dem Einfluß der Leistungen des großen Rhodiers. Die Epitome stellt nicht nur eine ganz andere Form der Bemühungen um den Aristotelismus dar; von der verdienstlichen Interpretationsarbeit der Kommentatoren bleibt sie so gut wie unberührt. Der Grund dafür ist nicht schwer zu erraten: Areios' Werk ordnet sich in eine völlig verschiedene Tradition ein; es ist aus Quellen geflossen, die nach Aristoteles, aber sicher vor den Anfängen der Kommentatorenzeit anzusetzen sind.

Um Beschaffenheit und Entstehungszeit dieser Quellen zu bestimmen, muß man sowohl die literarische Form von Areios' Epitome wie auch auch deren philosophischen Gehalt näher ins Auge fassen. Der literarischen Form nach unterscheiden sich die einzelnen Kapitel der Epitome sehr stark voneinander. In seltenen Fällen haben wir es mit der Kurzfassung einer diskursiven Darstellung zu tun. Obwohl die Vorlage offenbar stark zusammengefaßt wurde, lassen sich der Gang der Beweisführung und der Aufbau einzelner Argumente noch ziemlich deutlich erkennen; etwas von der stilistischen Formung des Originals kann sogar in solchen „digestartigen" Exposés noch durchschimmern; andererseits kommt es auch vor, daß wichtige Bauteile der Vorlage dem Epitomierungsprozeß zum Opfer gefallen oder fast bis zur Unkenntlichkeit zusammengepreßt worden sind. Das beste Beispiel für diese Form liefert zweifellos die Darstellung der Oikeiosis-Lehre; auch bestimmte Kapitel der Meteorologie liegen in vergleichbaren Kurzfassungen vor; die Ausführungen über die ethische Tugend als μεσότης scheinen ebenfalls dieser Kategorie anzugehören. In anderen Abschnitten der Epitome dagegen wird auf den Beweisapparat und auf Überleitungen von einem Punkt zum anderen ganz verzichtet; der Kompilator versucht vielmehr, nur das zu bieten, was er für die wichtigsten Ergebnisse oder die charakteristischen Positionen des behandelten Textes hält; solche Stücke bestehen fast ausschließlich aus thesenartigen, aneinandergereihten Sätzen, die eine gewisse Ähnlichkeit mit den Placita der doxographischen Literatur aufweisen. In diese Kategorie fallen unter anderem die Fragmente zur Kosmographie und zur Psychologie sowie auch die Darstellung der κεφάλαια der Staatslehre. Sehr gut vertreten ist eine dritte Form, nämlich die der logischen Begriffseinteilungen oder διαιρέσεις. Die Abschnitte über die Güter, die Affekte, die Freundschaft und die Lebensformen bestehen fast ausschließlich aus Sammlungen solcher Einteilungen. Verwandt mit dieser Kategorie sind die Abschnitte, in denen die diversen Bedeutungen eines πολλαχῶς λεγόμενον unterschieden werden. Schließlich begegnen in der Epitome viele Definitionen, die entweder ohne jede Erläuterung angegeben sind oder deren wichtigste Bestandteile in einem kurzen Kommentar erklärt werden; eine der Eudämonie-Definitionen ist z. B. zweimal kommentiert worden.

Diese Vielfalt der Darstellungsformen in der Epitome zeigt, daß Areios einer Vielzahl verschiedenartiger Quellen verpflichtet ist. Hätte er z. B. als Grundlagen für seinen Abriß der peripatetischen Ethik nur ethische Schriften des Aristoteles und des Theophrast herangezogen, so hätte er gar keinen Grund gehabt, den einen Punkt nur in der Form von Diäresen zu behandeln und bei einem anderen lediglich Definitionen anzuführen, während er sich in anderen Abschnitten anderer Formen der Darstellung bediente. Die Epitome müssen wir vielmehr als ein Konglomerat von Stücken verschiedener Natur und verschiedener Provenienz betrachten. Gewiß, Areios versuchte, so gut es ging, diese verschiedenartigen Materialien einigermaßen zu ordnen; die Querverweise zwischen einzelnen Teilen der Epitome beweisen, daß er sich nicht mit der mechanischen Wiedergabe seiner Vorlagen begnügte. Dennoch beschränkte sich seine redaktionelle Tätigkeit offenbar auf ein Minimum. Wiederholungen, Unstimmigkeiten, Widersprüche und sonstige Verstöße gegen die Einheitlichkeit des Ganzen wurden nicht restlos eliminiert.

Zumindest einige der Quellen, die Areios für seine Epitome heranzog, waren selbst Sammlungen und Kompilationen. Allem Anschein nach wurden z. B. die Einteilungen der Güter als Ganzes aus einer Diäresensammlung übernommen. Die Analyse dieses Abschnittes hat aber gezeigt, daß diese Einteilungen keineswegs als Bestandteile eines Systems anzusehen sind; trotz ihrer unverkennbar peripatetischen Färbung klassifizieren sie die Güter nach verschiedenen Prinzipien und Gesichtspunkten; sie führen zu Ergebnissen, die sich unmöglich auf einen gemeinsamen Nenner bringen lassen. Der Urheber der Sammlung hat also

Materialien aus den Werken mehrerer peripatetischer Autoren zusammengetragen; seine Kompilation enthielt wahrscheinlich eine Rubrik
„Peripatetische Einteilungen der Güter", aus der Areios geschöpft oder
die er ohne nennenswerte Änderungen wiedergegeben hat. Andererseits
ist es äußerst unwahrscheinlich, wie wir oben sahen, daß die Partien,
die sich inhaltlich als aristotelisch erweisen, unmittelbar auf die Schriften
des Stagiriten zurückgehen. Nicht zu Unrecht haben mehrere Gelehrte
die Ansicht vertreten, daß Areios aus einem Kompendium der aristotelisch-peripatetischen Philosophie schöpfte. Daß er nur *ein* solches
Handbuch benutzte und daß er diesem überall folgte, erscheint jedoch
aufgrund unserer Beobachtungen wenig wahrscheinlich; vielmehr
standen ihm mehrere solche Schulkompendien zur Verfügung. Es wäre
wohl ein aussichtsloses Unterfangen, die verschiedenen Vorlagen, die in
die Epitome eingegangen sind, genauer charakterisieren und abgrenzen
zu wollen. Es liegt in der Natur der Sache, daß diese schulmäßigen
Exposés genauso wie etwa die Diäresen- und Definitionensammlungen
nicht ein für allemal und endgültig fixiert wurden; jeder Schulmeister,
jeder Halbwissenschaftler, der ein solches Handbuch benutzte, trug
neues Material bei, versuchte, den einen oder den anderen Punkt zu
präzisieren, ließ gegebenenfalls Dinge aus, die ihn weniger interessierten,
nahm die ihm erforderlich erscheinenden Anpassungen vor u. dgl. mehr.
Zwischen Aristoteles und Areios muß es also nicht eine, sondern mehrere,
in stetigem Werden und Fließen begriffene Zwischenstufen gegeben
haben, die sich selbstverständlich einer präzisen Erfassung entziehen.
Mit seinen eigenen Vorlagen wird Areios selbst, der sich offenbar in diese
Tradition einreiht, nicht anders als seine Vorgänger verfahren sein.
Wenn dem so ist, kann man schon von vornherein erwarten, daß seine
Kompilation Materialien verschiedener Natur, verschiedener Herkunft
und verschiedenen Datums enthält.

Untersucht man die Epitome auf ihren philosophischen Gehalt hin,
so kommt man zu denselben Ergebnissen. Die in der Epitome vorgetragenen Lehren erweisen sich, wenigstens in ihren wichtigsten Aspekten, als
zweifellos aristotelisch, ohne jedoch in jeder Hinsicht mit denen des
Aristoteles identisch zu sein. Wir haben es hier sozusagen mit einem
Schularistotelismus zu tun: Das heißt, daß das Moment des Suchens
und Forschens, das Ringen um die Wahrheit, das sorgfältige Abwägen
des Für und Wider und das dialektisch-diskursive Verfahren in der
Darlegung und der Beweisführung fast restlos verschwunden sind. Die
aristotelische Philosophie ist zu einer Reihe von festen Lehrsätzen zu-

sammengeschrumpft, sie ist frei von jeder Problematik, sie ist zu einem erstarrten Dogmatismus geworden. Das Interesse gilt jetzt einigen wenigen Aspekten der wissenschaftlichen und philosophischen Leistungen des Aristoteles. Viele andere Aspekte haben die Epitomatoren von Anfang an nicht berücksichtigt, oder sie sind im Laufe der sukzessiven Kürzungen und Umarbeitungen der Kompendien und mangels eines lebendigen Kontakts mit den Originalschriften einfach in Vergessenheit geraten. Was vom echten Aristotelismus herübergerettet wurde, behielt allerdings nur selten die Form und die Funktion bei, die es im ursprünglichen Zusammenhang hatte: Mehrere Formeln, vor allem in den Definitionen, wurden modifiziert, z. T. rein sprachlich zur Anpassung an die Terminologie der Zeit, z. T. auch inhaltlich, weil man mehr Genauigkeit anstrebte oder weil man sie um neue Einzelheiten bereichern wollte. Daß die Arbeiten Theophrasts oder anderer Peripatetiker der ersten Generation dazu anregten und irgendwie ausgewertet wurden, ist durchaus wahrscheinlich, obwohl in den Einzelfällen schwer nachweisbar. Die Vorliebe der Stoa für die Begriffsdifferenzierungen und ihre Virtuosität im Einteilen und Klassifizieren blieben nicht ohne Einfluß auf die aristotelische Kompendienliteratur: Bei Areios und wahrscheinlich schon vor ihm wurden Diäresen und Bedeutungslisten in die philosophischen Handbücher aufgenommen.

Der Aristotelismus des Areios Didymos geht also in seinem Kern auf die Lehre des Aristoteles zurück. Der Handbuchcharakter der Zwischenquellen und der Epitome selbst hat jedoch eine starke Schematisierung dieser Lehre mit sich gebracht. Ferner standen Areios und seine Quellen unter dem Einfluß der nacharistotelischen philosophischen Problematik, und dies hat zweifellos bemerkenswerte Anpassungen und Erweiterungen des genuinen Aristotelismus zur Folge gehabt.

Gerade die nicht echt aristotelischen Züge in Areios' Abriß der peripatetischen Philosophie haben das besondere Interesse der modernen Forschung auf sich gezogen. In Monographien und allgemeineren Werken zur Geschichte der antiken Philosophie wird Areios nicht selten als ein Eklektiker charakterisiert; seine Darstellung soll vor allem stoische Komponenten enthalten; einige Autoren sprechen deswegen von seiner „harmonisierenden Tendenz" oder sogar von seinem Synkretismus. Unsere Analyse dürfte gezeigt haben, daß diese und ähnliche Urteile nicht ohne wichtige Einschränkungen aufrechtzuerhalten sind. Von vornherein sieht es sehr unwahrscheinlich aus, daß ein Autor, der einen besonderen Teil seines referierenden Werkes dem Platonismus, einen

anderen dem Peripatos und einen dritten der Stoa widmete, die Lehr-
unterschiede zwischen diesen drei Systemen nicht wahrgenommen hätte
oder sie sogar bewußt und absichtlich verwischte. Wir haben im Gegenteil gute Gründe anzunehmen, daß die angeblichen Stoizismen, die im
Exposé der aristotelischen Philosophie begegnen, kaum etwas mit
echtem Eklektizismus zu tun haben. Die stoische Färbung bestimmter
Partien der Epitome und die Annäherung an die Stoa, die man daraus
erschließen wollte, ergeben sich hauptsächlich aus den folgenden drei
Umständen. 1. In einigen Abschnitten — bei weitem nicht überall! —
kommen philosophische Termini vor, die in der Stoa geprägt oder zumindest von der Stoa verbreitet wurden. Das bedeutet jedoch keineswegs,
daß die entsprechende stoische Lehre übernommen wurde. Nach Aristoteles war es wohl die Stoa, die den wichtigsten Beitrag zur Erweiterung
und Präzisierung der philosophischen Fachsprache lieferte, und es darf
nicht wundern, wenn Nichtstoiker sich wenigstens einen Teil des stoischen
Vokabulars aneigneten. Auch bei sehr orthodoxen Aristotelikern wie
z. B. Alexander von Aphrodisias begegnen zahlreiche Termini stoischer
Herkunft, die inzwischen zum Gemeingut der philosophischen Sprache
überhaupt geworden waren. 2. Der Einfluß bestimmter philosophischer
Methoden, welcher sich die Stoa mit besonderer Vorliebe bediente, ist,
wie bereits hervorgehoben, bei Areios Didymos unverkennbar. Wenn das
Definieren, Klassifizieren, Ein- und Unterteilen einen größeren Platz
bei ihm als bei Aristoteles einnehmen, geht daraus noch keineswegs
hervor, daß er die stoische und die aristotelische Lehre zu einer Einheit
verschmelzen wollte. 3. Mehrere Probleme, die im Corpus aristotelicum
nur kurz angeschnitten oder überhaupt nicht erörtert worden waren,
spielten in der Reflexion der Stoa eine beachtliche Rolle. Infolgedessen
fühlten sich spätere Aristoteliker verpflichtet, auch zu diesen Fragen
Stellung zu nehmen und eine „aristotelische" Antwort darauf auszuarbeiten. In der Epitome des Areios begegnen mehrere Äußerungen, die
offenbar von einer Lehrmeinung der Stoa angeregt wurden. Von einem
echten Eklektizismus kann allerdings keine Rede sein, denn die meisten
peripatetischen Thesen dieser Art erweisen sich bei näherem Zusehen als
Gegenstücke zu den stoischen. Die Fälle, in denen die stoische Lösung
unverändert oder mit nur geringfügigen Anpassungen übernommen und
als peripatetisch hingestellt wurde, bilden ganz seltene Ausnahmen. Man
denke z. B. an die These von der Zulässigkeit des Selbstmordes: Hier
ist der lebendige Kontakt mit der aristotelischen Ethik abgebrochen;
stoisches Gedankengut ist fast ohne jede nennenswerte Modifizierung

übernommen worden. In den meisten anderen Fällen sind mit mehr oder weniger Glück peripatetische Elemente in einen stoischen Rahmen hineingezwungen worden. Dabei kommt es vor, daß die peripatetische These in diametralem Gegensatz zur stoischen steht. Die Betonung der Körperlosigkeit der Materie, die Beschränkung des Einflusses der göttlichen Vorsehung auf den Himmel, die Ansicht, daß die „vollständige Mischung" sich nur auf die Qualitäten, nicht auf die Substanzen selbst bezieht, um nur einige Beispiele zu nennen, erweisen sich als Thesen, mit denen sich der spätere Peripatos von der Stoa distanzieren wollte. Oft begegnen solche Thesen in der Form von kurzen doxographischen Formeln, die ihr Gegenstück in den Berichten über die stoische Philosophie haben; wahrscheinlich stammen sie aus einer doxographischen Synkrisis der beiden Schulen. Es kommt aber auch vor, daß die Jungperipatetiker der Stoa mehr als das bloße Interesse für ein bestimmtes Problem verdanken. Sie übernehmen nicht nur die stoische Fragestellung, sondern auch mehrere Elemente der stoischen Antwort, versuchen allerdings dabei, dieser Antwort einen peripatetischen Charakter zu verleihen. Das berühmteste, wenn auch schwierigste Beispiel dafür bietet die sog. Oikeiosis-Lehre. Auch die Pathos-Lehre steht deutlich unter dem Einfluß der Stoa, ohne jedoch als rein stoisch angesprochen werden zu können. Der Katalog der Unterarten der Tugenden ist in seiner Anlage und in seinem Vokabular fast restlos stoisch; der Umstand, daß jede Tugend nicht als ἐπιστήμη, sondern als ἕξις definiert wird, zeigt jedoch, daß die stoische Vorlage erst nach der erforderlichen Anpassung übernommen wurde.

Unter diesen Umständen darf vom Synkretismus oder vom Eklektizismus des Areios Didymos wohl keine Rede sein. Selbstverständlich wäre es grundfalsch, seinen Abriß für eine getreue Wiedergabe der aristotelisch-theophrastischen Philosophie zu halten. Unter den vielen Materialien, die er in seine Sammlung aufgenommen hat, befinden sich zweifellos solche, die im Rahmen einer Auseinandersetzung mit der Stoa entstanden sind. Nicht die kritiklose Übernahme stoischer Thesen und auch nicht die Ansicht, daß Stoa und Peripatos in einigen Punkten dieselbe Meinung vertreten haben, charakterisierten allerdings diese Vorlagen des Areios, sondern vielmehr die Berücksichtigung einer gewissen Erweiterung der philosophischen Problematik durch die Stoa und gleichzeitig der Wille, die peripatetische Naturphilosophie und die peripatetische Ethik von der stoischen abzugrenzen. Diese Modernisierung des Aristotelismus brachte hier und dort eine Verschiebung der Thematik mit sich. Bisweilen wurden die Akzente nicht mehr auf die

Zentralprobleme des Aristotelismus, sondern auf die der hellenistischen Reflexion gelegt. Ferner wurden Elemente des Vokabulars, der Methoden und der Problematik der stoischen Philosophie übernommen. Schließlich blieb die Lehre selbst nicht ganz frei vom indirekten Einfluß der stoischen, gegen die man Stellung nehmen wollte.

Hat Areios hauptsächlich Handbücher, Kompendien und Sammlungen als Vorlagen benutzt, so läßt sich eine präzise Datierung seiner Quellen nur schwerlich gewinnen. Es liegt in der Natur der Sache, daß diese schulmäßige Literatur jüngere Elemente neben älteren enthält; das Vorhandensein einer einigermaßen datierbaren Einzelheit darf nicht unbedingt als Indiz für die absolute Entstehungszeit einer Quelle ausgewertet werden; sie kann nämlich auf eine spätere Ergänzung oder Umarbeitung der Vorlage zurückgehen. Immerhin läßt sich nachweisen, daß die Quellen des Areios nicht ausschließlich aus der Zeit des theophrastischen Peripatos stammen und daß infolgedessen die Abgrenzung gegen die Stoa nicht auf eine hypothetische Auseinandersetzung zwischen Theophrast und Zenon zurückgeführt werden kann. Es ist z. B. schon längst erkannt worden, daß bestimmte Aspekte der von Areios vorgetragenen Güterlehre gegen die These des Kritolaos gerichtet sind. Wir haben ferner festgestellt, daß die Lehre der Sonnenfinsternis die Arbeiten des Astronomen Hipparch voraussetzt. Dazu kommt noch, daß die Bezeichnungen der Staatsformen und die Annahme einer „gemischten" Verfassung an die Staatslehre des Polybios erinnern. Aus diesen Indizien, die auf die letzten Jahrzehnte des 2. vorchristlichen Jh. als Terminus post quem hinweisen, darf mit großer Wahrscheinlichkeit geschlossen werden, daß Areios vorwiegend aus der Schulliteratur der ersten Hälfte des 1. Jh. schöpfte. Andererseits ließen sich keine Beweise dafür finden, daß die Arbeiten des Andronikos und seiner Schule in dieser Literatur irgendwie berücksichtigt worden waren.

2. Nikolaos von Damaskos

A. Leben und Werk

Die biographische Notiz, die Suidas dem Nikolaos von Damaskos widmet, hebt die Vielseitigkeit seiner Bildung und die Universalität seiner intellektuellen Interessen hervor. Die anderweitigen Nachrichten über den Lebenslauf des Damaskeners und die umfangreichen Reste seines literarisch-wissenschaftlichen Schrifttums bestätigen und ergänzen in mancher Hinsicht das Porträt bei Suidas, in dem praktisch nur die Bildungsgeschichte zur Sprache kommt[1]. Historiker und Diplomat, Prinzenerzieher, Berater des Herodes und Vertrauter des Augustus, scheint Nikolaos die Philosophie sehr hoch geschätzt zu haben. In seiner Autobiographie, also in seinen älteren Jahren, bekannte er sich zu ihr mit folgendem Gleichnis: Die Bildung gleicht einer langen Auslandsreise; an bestimmten Orten übernachten wir bloß, an anderen speisen wir, an anderen wiederum verbringen wir mehrere Tage, und es gibt Landschaften, die wir nur im Vorbeifahren betrachten, aber schließlich kehren wir nach Hause zurück und wohnen weiterhin in unserem eigenen Heim. So auch in der Bildung: Es gibt Disziplinen, mit denen wir uns länger, und andere, mit denen wir uns kürzer befassen; es gibt solche, die wir uns nur ganz allgemein aneignen, andere, die wir Teil für Teil studieren, und noch andere, bei denen wir uns bis in die Einzelheiten hinein vertiefen,

[1] Die Testimonien zu Nikolaos' Biographie und die Fragmente und Spuren seiner historischen Schriften sind von F. Jacoby, FGrHist II A, 1926, Nr. 90, S. 324 bis 430 herausgegeben und II C, S. 229—291 kommentiert worden. Unter den modernen Arbeiten über Nikolaos, in denen meistens seine politisch-diplomatische Rolle und seine Tätigkeit als Historiker im Vordergrund stehen, seien besonders erwähnt F. Susemihl, Gesch. gr. Litt. Alex. II 309—321. R. Laqueur, Art. Nikolaos 20, RE XVII (1936) 362—424. G. Misch, Gesch. d. Autobiographie I 1³, 1949, 321—328. B. Z. Wacholder, Nicolaos of Damascus, 1962. G. W. Bowersock, Augustus and the greek world, 1965, 134—138. W. Spoerri, Art. Nikolaos 3 (v. Damaskos), im Kleinen Pauly IV 109—111. Über Nikolaos als Philosoph H. J. Drossaart Lulofs, Nicolaus Damascenus on the Philosophy of Aristotle. Fragments of the first five books translated from the Syriac with an introduction and commentary, 2. Aufl. 1969.

aber wenn wir im Besitze ihres Nutzens sind, kehren wir gleichsam in unser wahres Heim zurück und widmen uns der Philosophie[2]. In der Tat krönten die philosophischen Studien den eigenen Bildungsgang des Nikolaos. Die hohe soziale Stellung der Familie — der Vater Antipatros war ein reicher, als Redner sehr geschätzter Mann, der in Damaskos die höchsten Ämter bekleidete und eine politische Rolle spielte — ermöglichte es ihm, die beste Erziehung zu genießen, und seine eigene Begabung, sein Fleiß und seine Liebe zur Wissenschaft bewirkten es, daß er schon recht früh zur intellektuellen Elite seiner Heimat zählte. Dem damaligen Usus gemäß begann er sein Studium mit der „Grammatik" und der Poesie; er soll sogar recht gute Tragödien und Komödien gedichtet haben. Etwas später widmete er sich der Beredsamkeit, der Musik, der Mathematik und der Philosophie „in ihrem ganzen Umfang". Was er bei Aristoteles, dessen überzeugter Anhänger er war[3], besonders bewunderte, war die Vielseitigkeit seines Wissens. Er selbst pries die Wissenschaft als eine Beschäftigung des freien Mannes, betrachtete sie als nützlich für das Leben und schätzte sie vor allem wegen der Freude, die sie uns in der Jugend und im Alter bereitet.

Nikolaos, der um 64 v. Chr. geboren wurde[4], stand in den dreißiger Jahren im Dienste des Antonius oder der Kleopatra als Erzieher ihrer im J. 40 geborenen Zwillingskinder. Wir wissen nicht genau, seit wann er mit dem Judenkönig Herodes bekannt war. Im J. 14 begleitete er Herodes nach Kleinasien, als dieser dort Agrippa besuchte; damals muß er also schon lange mit dem König befreundet gewesen sein; die guten Beziehungen der beiden Männer reichen möglicherweise bis in die dreißiger Jahre hinauf, und es ist nicht auszuschließen, daß Nikolaos gerade auf Empfehlung des Herodes hin zum Erzieher der Kinder der Kleopatra berufen wurde. Wie dem auch sei, ab 14 finden wir ihn als ständigen Begleiter des Herodes, für den er auch wichtige diplomatische Aufträge übernimmt. Während der Kleinasienreise hielt er z. B. eine sehr geschickte Rede, um die von den Griechen ungerecht behandelten Juden zu verteidigen. Zwei Jahre später begleitete er Herodes nach Rom, wo er

---

[2] Suidas s. v. Νικόλαος Δαμασκηνός = FGrHist 90, F 132, 3.

[3] Suidas nennt ihn einen ζηλωτής ... 'Αριστοτέλους. In anderen Quellen (nicht nur in den philosophischen) wird er mehrmals als Peripatetiker bezeichnet: FGrHist 90 T 1 (Suidas) φιλόσοφος Περιπατητικός ἢ Πλατωνικός. T 10b (Plutarch). T 11 (Athen.). Simpl., De caelo 3, 28; 398, 36.

[4] Die Belege für die hier in aller Kürze angegebenen biographischen Daten wird man der oben Anm. 1 genannten Literatur entnehmen.

dort gelang es ihm, eine Versöhnung zwischen Augustus und dem bei diesem wegen seines Araberkrieges in Ungnade gefallenen Herodes herbeizuführen. Im J. 5 v. Chr. vertrat er die Interessen des Herodes vor dem Statthalter von Syrien Quinctilius Varus. Auch hier führten sein diplomatisches Geschick und sein rednerisches Können zum Erfolg: Der Verrat des Antipatros, eines Sohnes des Herodes, wurde entlarvt und bestraft. Als Herodes kurz darauf im J. 4 v. Chr. starb und Archelaos zu seinem Nachfolger wurde, wollte Nikolaos sich ins Privatleben zurückziehen. Archelaos, dessen Herrschaft heftig umstritten war, brauchte jedoch seinen Rat und seine Hilfe. So begab sich Nikolaos zum dritten Mal nach Rom (4 v. Chr.), und wieder einmal wurde seine Intervention von Erfolg gekrönt. Daß Nikolaos sich dann in Rom niederließ, ist zwar nicht bezeugt, jedoch wahrscheinlich. Über das Datum seines Todes läßt sich nichts Sicheres sagen.

Das umfangreichste Werk des Nikolaos war zweifellos seine Universalgeschichte in 144 Büchern[5]. Sie begann mit den Großreichen des alten Orients und bot dann eine Geschichte der griechischen Welt bis zur Gegenwart. Die Verhandlungen des Jahres 4 in Rom und die Entscheidung über die Nachfolge Herodes des Großen bildeten den Schluß dieses monumentalen Werkes. Es liegt in der Natur der Sache, daß die Historien zum größten Teil eine Kompilation waren; für den Orient wurden Ktesias und Xanthos, für Griechenland hauptsächlich Hellanikos und Ephoros herangezogen; der Anschluß an die Quellen war so eng, daß etwaige Widersprüche zwischen diesen nicht ausgeglichen wurden. Nur für die selbsterlebten Ereignisse, die er übrigens sehr ausführlich behandelte, bewegte sich Nikolaos viel selbständiger. Über die Abfassungszeit sind wir nicht genau informiert. Sicher ist, daß die Historien auf Anregung von Herodes und für ihn begonnen wurden. Die zeitgenössischen Ereignisse, die den Monarchen am meisten interessieren sollten, wurden größtenteils noch zu dessen Lebzeiten behandelt, was natürlich nicht bedeutet, daß das ganze Werk — bis auf die Schlußpartie — noch vor Herodes' Tod vollendet wurde.

Ebenfalls für Herodes wurde eine Sammlung seltsamer Bräuche (ἐθῶν συναγωγή) angefertigt[6]. Mit dieser Arbeit knüpfte Nikolaos an ihm bei der Regelung schwieriger Familienangelegenheiten behilflich war. Einige Jahre danach (8 v. Chr.) reiste er wieder nach Rom, und

---

[5] Fragmente FGrHist II A, F 1—102. Charakterisierung dieser Schrift II C, S. 230—235.
[6] Fragmente FGrHist II A, F 103—124. Charakterisierung II C, S. 255—257.

eine peripatetische Tradition an; man hat sogar vermutet, daß er hauptsächlich Aristoteles' νόμιμα βαρβαρικά benutzte, wovon er nur eine erweiterte, modernisierte Fassung geliefert hätte[7].

Die Biographie des Augustus (βίος Καίσαρος)[8] beruhte auf der Selbstbiographie des Augustus, die bekanntlich bis zum Krieg gegen die
Kantabrer (26/25 v. Chr.) reichte. Wahrscheinlich wurde die mit längeren
panegyrischen Schilderungen durchsetzte Darstellung des Kaiserlebens
in der zweiten Hälfte der zwanziger Jahre, noch vor den Historien,
verfaßt.

Besonders interessant für die Geschichte des Aristotelismus ist die
in die letzten Jahre des Nikolaos anzusetzende Selbstbiographie (περὶ
τοῦ ἰδίου βίου καὶ τῆς ἑαυτοῦ ἀγωγῆς)[9]. Der Verfasser berichtet nicht
nur — in der dritten Person — über die Ereignisse seines Lebens, er
versucht auch, ein Gesamtbild seiner Persönlichkeit zu malen. Bemerkenswert ist dabei der Umstand, daß dieses idealisierende Selbstporträt
viele Züge aufweist, die der aristotelischen Ethik entnommen sind:
Mehrere Tugenden, die Aristoteles analysiert hatte, erscheinen hier als
Charakteristika der Lebensführung des Nikolaos selbst. Die Selbstbiographie wurde ziemlich früh mit den Historien vereinigt; sie scheint
jedoch nicht als Einleitung oder als Schlußteil der Historien konzipiert
worden zu sein.

Viel spärlicher sind die griechischen Zeugnisse über die philosophischen Schriften des Damaskeners[10]. Neben Abhandlungen περὶ τοῦ
παντός und περὶ θεῶν und dem Kompendium der aristotelischen Philosophie, von denen weiter unten die Rede sein wird, zitieren die Griechen
nur noch eine Schrift περὶ τῶν ἐν τοῖς πρακτικοῖς καλῶν. Unser Zeuge,
Simplikios[11], deutet an, daß sie den Problemen gewidmet war, die andere
Philosophen in ihren Traktaten περὶ καθηκόντων erörterten; er zählt
sie zu den πολύστιχοι πραγματεῖαι, die er der sich durch Kürze und
Prägnanz auszeichnenden Behandlung des Epiktet gegenüberstellt. Die
θεωρία τῶν Ἀριστοτέλους μετὰ τὰ φυσικά, in der Nikolaos das von Andronikos und Hermippos nicht berücksichtigte Fragmentum meta-

---

[7] F. Dümmler, in: Rhein. Mus. 42 (1887) 192 Anm. 2. Diese Vermutung bezeichnet
Jacoby als naheliegend, jedoch nicht beweisbar.
[8] Fragmente FGrHist II A, F 125—130. Charakterisierung II C, S. 261—265.
[9] Fragmente FGrHist II A, F 131—139. Charakterisierung II C, S. 288—290 und
G. Misch a. a. O.
[10] Vgl. H. J. Drossaart Lulofs, Nic. Damasc. 6—19.
[11] Simpl., In Epictet. Enchir. 83, 9 sqq. Dübner.

physicum des Theophrast erwähnte, war wohl keine selbständige Schrift, sondern nur ein Teil des großen Kompendiums[12]. Weitere Titel nennen die griechischen Quellen nicht[13].

In orientalischen Quellen dagegen[14] werden Titel angeführt, die die Griechen niemals erwähnen. Neben dem bereits genannten Kompendium der aristotelischen Philosophie begegnen eine Schrift „Über die Pflanzen" und eine „Widerlegung derjenigen, die behaupten, der Intellekt sei identisch mit dem Intelligiblen". De plantis war aber, wie aus dem syrischen Fragment des Kompendiums hervorgeht, ein bisweilen selbständig tradierter Teil dieses Kompendiums, und dasselbe darf man von der Widerlegung vermuten. Ein arabisches Ms. der Qarawiyīn-Moschee in Fez, datiert vom 18. Juni 1232, enthält ferner eine Zusammenfassung der EN; der Kopist vermutet, daß sie von Nikolaos stammt; in Wirklichkeit aber muß sie, wie die angeführten Personennamen zeigen, in der Zeit nach Plotin entstanden sein[15].

Über die Abfassungszeit von Nikolaos' philosophischen Schriften besitzen wir keine präzise Information. Durch die auf die Selbstbiographie zurückgehende Notiz von Suidas erfahren wir, daß die Beschäftigung mit der „ganzen" Philosophie und besonders mit dem Aristotelismus den letzten Teil von Nikolaos' Studium bildete[16]. Daraus darf man jedoch nicht schließen, daß seine philosophische Produktion aus seinen Jugendjahren stammt. In einem anderen Auszug aus der

---

[12] Vgl. unten S. 466.

[13] 'Abdurraḥman Badawī, der den westlichen Philologen allzu leicht Naivität und Ignoranz vorwirft (vgl. seine vernichtenden Urteile über R. Walzer, L. Minio-Paluello und mich selbst in La transmission de la philosophie grecque au monde arabe, Paris 1968, 186), behauptet mit rührender Sicherheit, daß Nikolaos' Kommentare zu De anima, De caelo und De generatione et corruptione in der griechischen Fassung auf uns gekommen sind (Op. cit. 108). Davon stimmt natürlich kein Wort. Nicht einmal die Titel dieser Kommentare werden in den griechischen Quellen zitiert! τί δὲ βλέπεις τὸ κάρφος τὸ ἐν τῷ ὀφθαλμῷ τοῦ ἀδελφοῦ σου, τὴν δὲ ἐν τῷ σῷ ὀφθαλμῷ δοκὸν οὐ κατανοεῖς; (Mt. 7, 3).

[14] Testimonia bei H. J. Drossaart Lulofs, Nic. Damasc. 9sqq. Vgl. ferner H. Gätje, Stud. z. Überlieferung d. arist. Psychol. im Islam, 1971, 74—76.

[15] A. J. Arberry, The Nicomachean Ethics in Arabic, in: Bull. of the School of oriental and african Studies 17 (1955) 1—9, zitiert bei R. Paret, Notes bibliographiques sur quelques travaux récents consacrés aux premières traductions arabes d'oeuvres grecques, in: Byzantion 29/30 (1959/60) 387—446, dort 406. H. J. Drossaart Lulofs, Nic. Damasc. 13—14, mit Literatur.

[16] FGrHist 90, F 132.

Selbstbiographie, in dem von den gemeinsamen geistigen Beschäftigungen des Nikolaos und des Herodes die Rede ist[17], heißt es, daß Herodes auf seine Liebe zur Philosophie verzichtete, sich der Pflege der Beredsamkeit widmete und Nikolaos zum συρρητορεύειν aufforderte; angetrieben von Nikolaos, interessierte sich der König dann für die Geschichte; er legte sogar Nikolaos nahe, sein großes Geschichtswerk in Angriff zu nehmen; später, als Nikolaos und Herodes mit demselben Schiff nach Rom zu Augustus fuhren (12 v. Chr.), philosophierten sie gemeinsam während der Reise[18]. Aus diesem Text geht hervor, daß Herodes — natürlich unter Nikolaos' Anleitung — Philosophie getrieben hatte, noch bevor Nikolaos mit der Redaktion der Historien angefangen hatte, und daß er sich später noch auf philosophische Diskussionen mit seinem Berater einließ[19]. Schließlich hören wir[20], daß Nikolaos, als er in Rom war, den Verkehr mit einfachen Leuten liebte, die Gesellschaft der Mächtigen und der Reichen mied und „den ganzen Tag in seine philosophischen Forschungen vertieft war" (δι' ὅλης ἡμέρας ἐν ταῖς φιλοσόφοις θεωρίαις ἦν). Konkrete Anhaltspunkte für die Datierung der philosophischen Schriften enthalten diese Nachrichten eigentlich nicht. Sie zeigen wenigstens, daß Nikolaos sowohl in seiner Jugend wie auch in seinen reifen Mannesjahren und am Abend seines Lebens ein gleich starkes Interesse für die Philosophie zeigte. Es ist daher kaum möglich zu entscheiden, ob seine philosophische Produktion auf die Jahre zurückgeht, in denen sein großes Geschichtswerk und seine diplomatischen Missionen ihn noch nicht ganz in Anspruch nahmen, oder eher in den Jahren der Muße, in Rom, nach dem Tode des Herodes entstanden ist[21].

---

[17] FGrHist 90, F 135.

[18] In welchem Zusammenhang dieses Exzerpt stand, ist uns leider nicht bekannt.

[19] Vgl. R. Laqueur, Art. Nikolaos Sp. 368 und H. J. Drossaart Lulofs, Nic. Damasc. 3—4.

[20] FGrHist 90, F 138.

[21] R. Laqueur, Art. Nikolaos Sp. 373 neigt eher zur letzteren Möglichkeit, vor allem wegen der philosophisch-ethischen Färbung der Selbstbiographie. H. J. Drossaart Lulofs, Nic. Damasc. 3—5 betont, daß Nikolaos in verschiedenen Perioden seines Lebens Gelegenheit zum Philosophieren hatte; er meint, daß ἐθῶν συναγωγή, περὶ τοῦ παντός und περὶ τῶν ἐν τοῖς πρακτικοῖς καλῶν populärphilosophisch waren und deswegen wohl früh entstanden sind; auch περὶ θεῶν soll wegen der noch mangelhaften Vertrautheit mit dem Corpus aristotelicum ein Frühwerk sein. Das breiter angelegte Kompendium dagegen soll viel später, in einer Periode der Muße, und zwar in Rom um die Zeitwende,

B. Über die Götter

In seinem Kommentar zur Physik des Aristoteles erwähnt Simplikios zweimal eine Abhandlung des Nikolaos von Damaskos „Über die Götter"[1]. Die beiden Nachrichten, die Simplikios dieser Abhandlung verdankt, beziehen sich auf die Interpretation des Urprinzips des Xenophanes und des Urelements des Diogenes von Apollonia. Sicher ist also, daß Nikolaos sich mit dem Gottesbegriff einzelner Philosophen befaßte. Ob dieses Thema im Mittelpunkt seiner Erörterungen stand oder neben anderen Fragen zur Sprache kam, etwa im Zusammenhang mit der Mythologie und der Religion, entzieht sich unserer Kenntnis[2].

Trotz ihrer Kürze werfen die Angaben des Simplikios wichtige Probleme auf. Es fragt sich zuerst, woraus der Kommentator seine Information über Nikolaos schöpft. Hätte er das Buch des Nikolaos selbst zur Hand gehabt, so hätte er es sicher des öfteren herangezogen, denn es mußte manches enthalten, was für ihn, der so sehr auf historische Gelehrsamkeit bedacht war, von großem Interesse gewesen wäre. Die zwei knappen Nachrichten aus Nikolaos' περὶ θεῶν hat Simplikios wohl bei einem seiner Vorgänger vorgefunden, entweder im Physikkommentar Alexanders von Aphrodisias[3] oder bei Porphyrios[4]. Viel wichtiger als das Problem der Tradierung der beiden Fragmente ist jedoch die Frage nach Herkunft und historischem Wert der darin vertretenen Interpretationen.

verfaßt worden sein. Weder Laqueur noch Drossaart haben mich überzeugt. Es muß wohl bei einem non liquet bleiben.

[1] Simpl., Phys. 23, 14—16 (über Xenophanes); 151, 21—23 (über Diogenes von Apollonia); dieselbe Nachricht über Diogenes von Apollonia wird auch 25, 8—9 und 149, 17—18 Nikolaos zugeschrieben, jedoch ohne Angabe des Titels seiner Schrift. H. J. Drossaart Lulofs, Nic. Damasc. 8—9 und 17—19 ediert und interpretiert die Fragmente von περὶ θεῶν.

[2] A. Roeper, Lectiones Abulpharagianae, 1844, 37 meint, daß περὶ θεῶν *non fuit de diis popularibus, sed naturalibus, i. e. de rerum principiis,* περὶ ἀρχῶν. H. J. Drossaart Lulofs, Nic. Damasc. 17 teilt diese Ansicht. Bei der Vielseitigkeit von Nikolaos' Schriftstellerei kann man allerdings nicht wissen, ob er die im Titel περὶ θεῶν angegebene Thematik ausschließlich vom Gesichtspunkt des Philosophiehistorikers behandelte.

[3] Alexanders Meinung wird in unmittelbarer Nähe der Nachricht aus Nikolaos referiert, Simpl., Phys. 23, 16; 149, 11.

[4] Simpl., Phys. 149, 13—18 und 151, 21—24 berichtet, daß Porphyrios sich der Meinung des Nikolaos anschloß und gegen die communis opinio in Diogenes von Apollonia den von Aristoteles ohne Namen erwähnten Denker sah, der das Grundelement für ein Mittelding zwischen Feuer und Luft hielt.

29*

Es gilt vor allem zu klären, in welchem Verhältnis die Zeugnisse des Nikolaos zu anderen Nachrichten über Xenophanes und Diogenes sowie zu den überlieferten Fragmenten dieser Vorsokratiker stehen.

Was Nikolaos' Interpretation des Xenophanes anbetrifft, hängt die Schwierigkeit dieser Frage mit dem Umstand zusammen, daß Inhalt und Zuverlässigkeit von Theophrasts Referat über den angeblichen Gründer des Eleatismus sich nicht einwandfrei bestimmen lassen und in der modernen Forschung sehr umstritten sind. Simplikios schreibt, Nikolaos von Damaskos erwähne in seiner Abhandlung über die Götter, daß Xenophanes das Prinzip als *unbegrenzt* und *unbewegt* bezeichnete[5]. Alexander dagegen habe das xenophaneische Eine für *begrenzt* und *kugelförmig* gehalten[6]. Unmittelbar davor hatte Simplikios eine ganz anders lautende Interpretation referiert[7], die er Theophrast zuzuschreiben scheint und die man auf den ersten Blick für einen Auszug oder eine Zusammenfassung des Xenophanes-Kapitels aus Theophrasts φυσικῶν δόξαι halten könnte. Darin heißt es unter anderem, daß Xenophanes das Prinzip als ein Einziges bzw. das All-Seiende als Eins setzte und es für *weder begrenzt noch unbegrenzt, weder bewegt noch ruhend* hielt[8]. Gerade auf diese Interpretation, nach welcher das Eine des Xenophanes sozusagen jenseits der Gegensätze ‚begrenzt — unbegrenzt‘, ‚bewegt — unbewegt‘ stehen soll, beruft sich Simplikios, um die Ansichten des Nikolaos und des Alexander abzulehnen[9]. Die Analyse der Ausführungen des Simplikios führt jedoch zu dem Schluß, daß nicht alles, was vor der Erwähnung von Nikolaos steht, als theophrastisch gelten kann[10]. Ohne auf alle Einzel-

[5] Simpl., Phys. 23, 14—16 Νικόλαος δὲ ὁ Δαμασκηνὸς ὡς ἄπειρον καὶ ἀκίνητον λέγοντος αὐτοῦ τὴν ἀρχὴν ἐν τῇ Περὶ θεῶν ἀπομνημονεύει.

[6] 23, 16.   [7] 22, 26—23, 14.

[8] 22, 26—29.   [9] 23, 17—18.

[10] Die gründlichsten Analysen des Abschnittes Simpl., Phys. 22, 26—23, 20 finden sich bei H. Diels, Dox. 109—113. J. B. McDiarmid, Theophrastus on the Presocratic Causes, in: Harvard Stud. in Class. Philol. 61 (1953) 85—156, bes. 90 und 115—120. M. Untersteiner, Senofane. Testim. e framm., 1956, 54—60. Vgl. auch K. v. Fritz, Art. Xenophanes, in RE IX A (1967) 1541—1562, bes. 1551 bis 1556, der die historische Zuverlässigkeit von MXG höher schätzt, als es meistens geschieht. P. Steinmetz, Phys. Theophr. 334—351, bes. 340—341; 345—346; 348, der u. a. die These vertritt, daß Simplikios das meiste direkt aus Theophrasts Physik, nicht aus den φυσικῶν δόξαι schöpft. Eine Monographie über MXG, in der alle mit dem Xenophanesabschnitt zusammenhängenden Fragen erörtert sind, hat mein Schüler J. Wiesner als Berliner Dissertation (1973) unter dem Titel „Ps.-Aristoteles, MXG: Der historische Wert des Xenophanesreferats. Beiträge zur Geschichte des Eleatismus" vorgelegt.

neiten des ziemlich verwickelten Problems einzugehen, wollen wir an einige Punkte erinnern, die für die vorliegende Untersuchung von Bedeutung sein dürften.

Es ist längst beobachtet worden, daß der Abschnitt Simpl., Phys. 22, 30—23, 14, der scheinbar noch als theophrastisch läuft, große Ähnlichkeit mit einem Kapitel der pseudaristotelischen Schrift De Melisso Xenophane Gorgia aufweist[11]. Darin glaubte die frühere Kritik ein Argument für die These zu finden, daß MXG in Wirklichkeit eine Schrift Theophrasts sei. E. Zeller vertrat aber die Auffassung, daß die fragliche Stelle bei Simplikios nicht von Theophrast stamme, sondern von Simplikios selbst aus MXG zur Ergänzung der Angaben Theophrasts entnommen worden sei[12]. Die Gelehrten, die sich dieser Ansicht anschlossen, hoben besonders hervor, daß das Kapitel 3 von MXG und die Parallelstelle bei Simplikios mit einer Dialektik operieren, die vor Parmenides undenkbar ist und in den wörtlichen Fragmenten des Xenophanes überhaupt keine Entsprechung hat[13]. Warum Simplikios oder seine Quelle die Angaben aus MXG mit denen aus Theophrast kombinierte, hat man mit verschiedenen Hypothesen erklärt, auf die wir hier nicht einzugehen brauchen. Wichtig für uns ist, wenn die Analyse von Zeller, Diels und anderen das Richtige trifft, daß nur der Anfang des Berichtes des Simplikios, d. h. der Passus 22, 26 μίαν — 30 δόξης als echt theophrastisch

---

[11] MXG 3, 977a 14—b 20. Reihenfolge und Wortlaut der Argumente sind nicht genau dieselben bei Simpl. und in MXG, es kann jedoch nicht abgestritten werden, daß die beiden Texte irgendwie zusammengehören.

[12] E. Zeller, Philos. d. Gr. I 1[7], 624—630.

[13] Über den status quaestionis orientiert M. Untersteiner, Senofane XVII—XXII. Die Ansicht Zellers über die Unzuverlässigkeit des hier erörterten Berichtes teilen unter anderen (mit verschiedenen Nuancierungen) H. Diels, Dox. 109—112. Überweg-Praechter[12], 74. W. Jaeger, Theol. early gr. Philos. 51—54. J. B. McDiarmid, in: Harvard Stud. in Class. Philol. 61 (1953) 115—120. M. Untersteiner, Senof., XXVII sqq. Gegen diese Ansicht sprechen sich unter anderen aus K. Reinhardt, Parmenides, 1916, 92 Anm. 1, der meint, die Dialektik des MXG-Kapitels spiegele das Denken des Xenophanes in der letzten Stufe seiner Entwicklung wider, einer Stufe, in der Xenophanes sich vom jüngeren Parmenides habe beeinflussen lassen. Die Parallelstelle bei Simplikios stamme aus Theophrast. O. Regenbogen, Theophrastos 1544—1545 erkennt dem Kapitel aus MXG, dessen Materialien er für theophrastisch hält, einen gewissen Wert zu. K. v. Fritz, Xenophanes 1551—1556 ist ebenfalls bemüht nachzuweisen, daß MXG 3 nicht vollständig zu verwerfen ist, obwohl es eine kurze, prägnante Form hat, die sicher nicht als ursprünglich gelten kann und die spätere Doxographie charakterisiert.

gelten kann[14]. Dort heißt es aber, daß Xenophanes das Prinzip bzw. das als Eins und Ganzes verstandene Seiende „als weder begrenzt noch unbegrenzt, weder bewegt noch unbewegt" gesetzt hat[15]. Es fragt sich also, ob Theophrast dem xenophaneischen Seienden diese Attribute wirklich zugesprochen hat, wie man auf den ersten Blick annehmen könnte, oder ob sie nicht vielmehr eine „Ergänzung" zum theophrastischen Bericht darstellen, eine Ergänzung, die Simplikios selbst aufgrund der Angaben aus MXG vorgenommen hätte[16]. Für die letztere Möglichkeit spricht vor allem der Umstand, daß spätere Doxographen, die nachweislich von Theophrasts φυσικῶν δόξαι abhängen, dem xenophaneischen Gott andere Prädikate zuschreiben und ihn als unbewegt und unver-

---

[14] Als Indiz für die Authentizität dieses Abschnittes ist nicht nur das namentliche Zitat φησὶν ὁ Θεόφραστος zu betrachten, sondern auch die Parallelität mit Angaben des Aristoteles: Xenophanes als Lehrer des Parmenides ~ Metaph. A 5, 986 b 22. Das Eine des Xenophanes ist der Gott ~ 986 b 24. Die Erörterung der Lehre des Xenophanes bzw. des Eleatismus überhaupt gehört nicht in eine Untersuchung über die Prinzipien der Natur ~ Phys. I 2, 184 b 25—185 a 4; De caelo III 1, 298 b 14—20.

[15] Simpl., Phys. 22, 27.

[16] E. Zeller, Philos. d. Gr. I 1[7], 625 Anm. 3, dessen Interpretation W. Jaeger, Theol. early gr. Philos. 214 Anm. 64 übernimmt, vertritt die Auffassung, daß der fragliche Satzteil die Ansicht des Theophrast wiedergibt, dennoch aber anders zu verstehen ist, als man es gewöhnlich tut. Die Negationen οὔτε . . . οὔτε seien nicht auf die Prädikate, sondern auf das Verbum (ὑποτίθεσθαί φησι) zu beziehen; der Satz bedeute also, daß Theophrast sagte, Xenophanes habe sich nicht darüber ausgesprochen, ob er sich das eine Urwesen begrenzt oder unbegrenzt, ruhend oder bewegt denke; in dieser Weise verstanden sei der Satz nichts anderes als eine etwas modifizierte Wiedergabe des Hinweises des Aristoteles, Metaph. A 5, 986 b 21—25; demgegenüber habe der Autor von MXG behauptet, Xenophanes habe das Eine für weder begrenzt noch unbegrenzt, weder bewegt noch unbewegt gehalten. Andere Kritiker betrachten — wohl mit Recht — die von Zeller vorgeschlagene Satzkonstruktion als unmöglich und beziehen die Negationen auf die Prädikate selbst; in der Frage, ob der ganze Satz von Theophrast herrühren kann, sind sie sich jedoch nicht einig. Laut K. Reinhardt, Parmenides 92 Anm. 1 zitiert Simplikios hier die Interpretation Theophrasts, nach welcher Xenophanes das Eine für weder begrenzt noch unbegrenzt, weder bewegt noch unbewegt erklärt habe; gerade auf diese Prädikate komme es im Satz an, denn Simplikios führe sie als Gegeninstanz gegen die anderslautenden Interpretationen des Nikolaos und Alexanders an, die er als falsch betrachte. J. B. McDiarmid hält es dagegen für unwahrscheinlich, daß Theophrast die Bemerkung des Aristoteles, daß Xenophanes sich nicht zu diesem Problem äußerte, mißverstanden und in einen positiven Bericht („Xenophanes setzte das Eine als weder begrenzt noch unbegrenzt

änderlich, begrenzt und kugelförmig bezeichnen[17]. Ferner kann man sich kaum vorstellen, daß Theophrast von einem Eleaten behauptet hätte, er spreche dem Seienden die Unbewegtheit ab. Wenn er sich überhaupt eindeutig dazu geäußert hat, dürfte also Theophrast das xenophaneische Eine mit denselben Attributen wie später Alexander charakterisiert und es unter anderem als begrenzt und kugelförmig geschildert haben. Bei Simplikios liegt offenbar — aus welchen Gründen auch immer — eine Verwechslung vor. Auch die von Simplikios referierte Begründung der Interpretation Alexanders[18] stammt aller Wahrscheinlichkeit nach von Theophrast selbst.

Betrachten wir nun die Interpretation des Nikolaos, so können wir leicht feststellen, daß seine Bezeichnung des Einen als ἄπειρον in diametralem Gegensatz zur erschlossenen Deutung Theophrasts steht. Es ist nicht schwer zu erraten, was den Damaskener zu dieser Stellungnahme gegen die πεπερασμένον-These bewog. Ihm war zweifellos die Stelle aus De caelo bekannt, an der Aristoteles das Wort des Xenophanes erwähnt,

---

etc.") umgeformt habe; vielmehr müsse hier ein Irrtum des Simplikios in der Wiedergabe von Theophrasts Interpretation vorliegen; Theophrast habe wohl, wie auch Aristoteles, darauf hingewiesen, daß Xenophanes nicht präzisiert habe, ob das Eine im Sinne des Parmenides κατὰ τὸν λόγον (und daher begrenzt) oder im Sinne des Melissos κατὰ τὴν ὕλην (und daher unbegrenzt) zu deuten sei; durch MXG beeinflußt habe Simplikios, der ja seinen Vorgänger Alexander widerlegen wollte, daraus den positiven Bericht gemacht, den wir bei ihm als theophrastisch lesen (McDiarmid, Theophr. 117—118). H. Diels betrachtete die fraglichen Prädikate als nicht theophrastisch; in Dox. 480, 4—8 druckte er sie deswegen nicht gesperrt, wie er es für den echt theophrastischen Teil des Satzes tat. Auch P. Albertelli, Gli Eleati, 1939, 51 Anm. 2 will in den fraglichen Prädikaten kein Zitat aus Theophrast, sondern eine Ergänzung des von MXG beeinflußten Simplikios sehen.

[17] Hippol., Philos. 14, 2 = VS⁶ 21 A 33 = Dox. 565, 26 πεπερασμένον καὶ σφαιροειδῆ. Ps.-Galen., Hist. phil. 7 = VS 21 A 35 πεπερασμένον λογικὸν ἀμετάβλητον. Sext. Emp. I 225 = VS 21 A 35 σφαιροειδῆ καὶ ἀπαθῆ καὶ ἀμετάβλητον καὶ λογικόν. Theodoret., Gr. aff. cur. IV 5 = VS 21 A 36 = Dox. 284b Anm. σφαιροειδὲς καὶ πεπερασμένον ... καὶ πάμπαν ἀκίνητον. Cic., Lucull. 118 = VS 21 A 34 neque mutabile ... neque natum umquam et sempiternum conglobata figura. Daß Theophrast das göttliche Eine von Xenophanes als unbewegt, begrenzt und kugelförmig bezeichnet habe, schließen aus den angeführten Zeugnissen u. a. H. Diels, Dox. 112; vgl. 481 Anm. z. Zeile 9. J. Burnet, Early gr. Philos. 137—139, bes. 137 Anm. 2. J. B. McDiarmid, Theophr. 117. P. Albertelli, Gli Eleati 19—21 und 56 Anm. 6.

[18] Simpl., Phys. 23, 18—19: Es ist πανταχόθεν ὅμοιον. 23, 11—12: Zwei Verse über die Unbewegtheit = VS 21 B 26.

die Erde wurzle im Unendlichen[19]. Andererseits las er ebenfalls bei
Aristoteles, daß Xenophanes „im Hinblick auf das Weltall das Eine für
identisch mit dem Gott erklärte"[20]. Ihm erschien dadurch die Gleichsetzung des Urprinzips mit dem Einen, des Einen mit Gott und Gottes
mit dem Weltgebäude gesichert, und er hielt es im Rahmen dieses kosmischen Pantheismus für gerechtfertigt, die Unendlichkeit bzw. die
Unbegrenztheit des Alls auf das Urprinzip zu übertragen.

   Die Frage drängt sich natürlich auf, ob die Deduktionen, die einen
Teil der Doxographen zur These der Begrenztheit und der Kugelförmigkeit und einen anderen, darunter Nikolaos, zur These der Unbegrenztheit
geführt haben, irgendwelchen historischen Wert beanspruchen können.
Ein Versuch, diese Frage zu beantworten, würde jedoch eine eingehende
Erörterung des ganzen Materials über Xenophanes nach sich ziehen;
hier kann er selbstverständlich nicht unternommen werden. Es wird
wohl genügen, daran zu erinnern, daß die damit verbundenen Probleme
in der modernen Forschung außerordentlich umstritten sind[21]. Nicht zu
Unrecht ist von der Kritik davor gewarnt worden, streng wissenschaftliche Thesen in den Resten der xenophaneischen Dichtung zu suchen und
Anstoß daran zu nehmen, daß dem Kolophonier, z. T. im Anschluß an
seine eigenen Äußerungen, sich widersprechende Thesen zugeschrieben
werden konnten[22]. Aber gerade auf den noch archaischen Charakter
seines Weltbildes haben einige Gelehrte hingewiesen, um die These von

---

[19] Arist., De caelo II 13, 294a 21—24, bes. ἐπ' ἄπειρον αὐτὴν (sc. τὴν γῆν)
   ἐρριζῶσθαι. Vgl. die in VS 21 A 47 zitierten Parallelstellen sowie die von Achill.,
   Isag. 4, S. 34, 11 Maaß angeführten Verse

        γαίης μὲν τόδε πεῖρας ἄνω παρὰ ποσσὶν ὁρᾶται
        ἠέρι προσπλάζον, τὸ κάτω δ' ἐς ἄπειρον ἱκνεῖται.

   Auf die Unendlichkeit des kosmischen Raumes weist auch die Nachricht bei
   Aetios II 24, 9 = VS 21 A 41 a = Dox. 355, 12—14 τὸν ἥλιον εἰς ἄπειρον . . .
   προϊέναι.
[20] Arist., Metaph. A 5, 986b 24 εἰς τὸν ὅλον οὐρανὸν ἀποβλέψας τὸ ἓν εἶναί φησι
   τὸν θεόν.
[21] Vgl. die Literaturübersichten von M. Untersteiner, Senofane LXX—LXXVI
   (Begrenztheit und Kugelförmigkeit des Seienden-Gottes); LXXVI—LXXXIII
   (Unbegrenztheit und Unbewegtheit). G. Reale, in: Zeller-Mondolfo, La filos.
   dei Greci I 3, Eleati, 1967, 121—126 Anm. 45 (Le contrastanti attribuzioni dei
   caratteri di „sfericità", „finitudine" e „infinitudine" da parte dei dossografi al
   dio e al cosmo senofaneo e le posizioni della critica moderna).
[22] Vgl. z. B. E. Zeller, Philos. d. Gr. I 1⁷, 662sqq. J. Burnet, Early gr. Philos.
   137—139, § 60.

der Unbegrenztheit des All-Gottes zu erläutern und als authentisch zu verteidigen: Nicht eine streng philosophisch-wissenschaftliche Lehre vom Unendlichen sei damit gemeint; vielmehr habe Xenophanes die ungeheure Weite und Tiefe des kosmischen Raums empfunden und im Geiste der antiken Kosmogonien, wenn auch in Opposition gegen sie, zum Ausdruck gebracht; es gebe daher keinen Grund, die Interpretation des Nikolaos als inadäquat zu verwerfen[23]. Nun müssen wir aber auch berücksichtigen, daß die entgegengesetzte These, nach welcher die Welt oder die Gottheit kugelförmig und somit begrenzt ist, sich ebenfalls aus einer Äußerung des Xenophanes ableiten läßt und von modernen Forschern für richtig befunden wurde. Allem Anschein nach fanden sich also in den Texten des Kolophoniers Aussagen, die man in dem einen Sinn, und andere, die man in dem anderen Sinn deuten konnte. Dies erklärt die Ratlosigkeit des Aristoteles, der bei Xenophanes keine deutliche Äußerung über die Art und Weise fand, wie das Eine zu verstehen sei, ob eher als Form (und daher als begrenzt) oder als Materie(und daher als unbegrenzt). Vielleicht darf man auch vermuten, daß Theophrast selbst nicht einzig und allein die These von der Kugelförmigkeit und der Begrenztheit vertrat[24], sondern vielmehr, sozusagen um die Unsicherheit des Aristoteles zu belegen, Stellen und Argumente anführte, die für diese These sprachen, und andere, die die entgegengesetzte These unterstützten. Man könnte sich die Spaltung der späteren doxographischen Tradition dadurch erklären, daß dem einen Strang die Begrenztheits-, dem anderen die Unbegrenztheitsthese als die stärkere erschien und als einzige beibehalten wurde. Und wenn der Autor von MXG irgendwie aus Theophrast schöpfte, tat er dann nichts anderes, als das Entweder-Oder des Eresiers durch ein Weder-Noch zu ersetzen[25].

---

[23] In diesem Sinne etwa P. Tannery, Pour l'hist. de la science hellène, 1887, 138. R. Mondolfo, L'infinito nel pensiero del'Antichità classica, 1956, 351—361 meint, Xenophanes habe den All-Gott als eine „unendliche Kugel" betrachtet; unter Anführung mehrerer Zeugnisse aus Homer und der vorklassischen Literatur versucht er zu zeigen, daß eine solche Vorstellung durchaus der archaischen Mentalität entspricht. Auch M. Untersteiner kommt zu dem Schluß, daß Nikolaos' Interpretation die einzig glaubwürdige ist. Vgl. Senofane LXXIII—LXXVI; CLIX—CLX; CLXXXIV.

[24] Vgl. oben S. 455 und Anm. 17.

[25] E. Zeller, Philos. d. Gr. I 1⁷, 661: „(Theophrast) wird . . . wohl nur gesagt haben: daß Xenophanes das All-Eine für begrenzt halte, könnte man daraus schließen, daß er es als das beschreibe, was überall sich selbst gleich sei, denn ein solches sei die Kugel; daß er es für unbegrenzt halte, aus seinen Äußerungen über die Erd-

Die zweite Nachricht aus Nikolaos' περὶ θεῶν bezieht sich auf die Lehre des Diogenes von Apollonia. Theophrast und mit ihm die meisten Historiker der Philosophie berichten, Diogenes habe die Luft für den Grundstoff des Alls gehalten; die anderen Dinge entstünden durch Verdichtung, Verdünnung und sonstige Änderungen dieser an sich unbestimmten und ewigen Luft. Nikolaos vertrat jedoch die Ansicht, daß Diogenes eine Substanz, die ihrer Dichtigkeit nach zwischen Feuer und Luft liege, als die ἀρχή aller Dinge betrachtet habe[26]. Bemerkenswert ist zuerst, daß Nikolaos mit seiner Angabe eine von Aristoteles mehrmals erwähnte Lehre mit einem präzisen Namen in Verbindung bringen will. Unter den Physiologen, die eine einzige Ursubstanz annahmen und alles übrige durch Verdichtung und Verdünnung daraus entstehen ließen, unterscheidet Aristoteles zwei Gruppen. Für die Ursubstanz hält die eine Gruppe eines der drei Elemente (Feuer, Luft, Wasser), während die andere an etwas denkt, das dünner als Luft und dichter als Feuer ist[27]. In seinem Kommentar zur Stelle der Physik, an der die Erwähnung dieses Mitteldinges zwischen Feuer und Luft vorkommt, berichtet Simplikios, daß Porphyrios wie auch Nikolaos die Lehre vom μεταξύ-

tiefe und die Luft. Diese beiden hatte er nämlich unendlich genannt." L. Robin, La pensée grecque, 1923, 100 erwägt die Möglichkeit, daß das Denken des Xenophanes sich auf zwei verschiedenen Ebenen entwickelte. Die Forderungen der reinen Spekulation hätten ihn dazu gebracht, das Allseiende als notwendig begrenzt zu erklären; die unmittelbare Erfahrung jedoch und der Kontakt mit der wahrnehmbaren Welt (eine Art Vorstufe der parmenideischen Doxa!) hätten ihm gezeigt, daß z. B. die Sonne ins Unendliche läuft oder daß der untere Teil der Erde keine Grenzen hat. Diese Hypothese würde die Widersprüche aufheben, die in den Nachrichten über Xenophanes vorkommen. G. Reale, in: Zeller-Mondolfo, Filos. d. Greci I 3, 126 unten, hebt hervor, daß alle Versuche einer Interpretation und einer Beurteilung des widerspruchsvollen doxographischen Materials hypothetisch sind, und er schließt mit dem Satz: „Assai allettante, tuttavia, ci sembra l'ipotesi di Robin ... che potrebbe risolvere nel modo piú semplice la questione."

[26] Simpl., Phys. 25, 1—13; 151, 20—24; vgl. 149, 13—18.
[27] Arist., Phys. I 4, 187a 12—16. Die Lehre von einem Mittelding zwischen Feuer und Luft als Grundstoff erwähnt Aristoteles anderswo; er verbindet sie jedoch nirgends mit einem konkreten Namen. Vgl. De gen. et corr. II 1, 328b 35; 5, 332a 21; Metaph. A 7, 988a 30. An anderen Stellen ist es ein Mittelding zwischen Luft und Wasser, das als Urstoff genannt wird: Phys. III 4, 203a 18; 5, 205a 27; De caelo III 5, 303b 12; De gen. et corr. II 5, 332a 21; Metaph. A 8, 989a 14. Vgl. auch die Erwähnung in Phys. I 6, 189b 3, wo Wasser und Feuer die Extreme sind, zwischen denen das μεταξύ liegt.

Urstoff auf Diogenes von Apollonia zurückführte. Eigenartigerweise glaubte Porphyrios im Satze des Aristoteles eine Unterscheidung von drei Monistengruppen zu finden:

A. Das ὑποκείμενον bleibt ἀδιορίστως (Anaximander)

B. Das ὑποκείμενον wird definiert

    1. als eines der drei Elemente

    2. als ein μεταξύ zwischen Feuer und Luft (Diogenes)[28].

Diese unglückliche These findet, wie Simplikios betont, keine Unterstützung in dem Text des Aristoteles[29]. Da Porphyrios sich dem Nikolaos anschließt[30], könnte man vielleicht vermuten, daß der letztere bereits diese sehr bedenkliche Analyse des Aristoteles-Satzes vorgeschlagen hatte. Dies ist jedoch nicht der Fall gewesen: Die Dreiteilung des Porphyrios scheint vielmehr dem Bedürfnis entsprungen zu sein, einen Hinweis Alexanders mit der These des Nikolaos zu kombinieren. In seinem Kommentar zum genannten Satz des Aristoteles hatte Alexander nämlich die Ansicht geäußert, Anaximander sei derjenige gewesen, der als Urprinzip eine von den Elementen verschiedene körperliche Natur gesetzt habe[31]. Mit der ἄλλη τις φύσις σώματος παρὰ τὰ στοιχεῖα meinte Alexander allem Anschein nach das rätselhafte Mittelding zwischen Feuer und Luft, das er mit dem ἄπειρον des Anaximander identifizierte. Was das μεταξύ angeht, war Porphyrios anderer Meinung; er führte es mit Nikolaos auf Diogenes zurück; dennoch verwertete er den Hinweis Alexanders; zu diesem Zweck ersetzte er die aristotelische Zweiteilung durch eine Dreiteilung, in der es einen Platz für Anaximander gab[32].

Von Nikolaos selbst stammt also nur die Zuschreibung der μεταξύ-Lehre an Diogenes von Apollonia; nur diesen Punkt hat Porphyrios von ihm übernommen. Mit ihrer These stehen Nikolaos und Porphyrios

---

[28] Simpl., Phys. 149, 13—18.

[29] 149, 18sqq.

[30] 151, 23.

[31] Simpl., Phys. 149, 11—13. Vgl. auch Alex., Metaph. 60, 8—10 sowie 45, 18—20 und 47, 23.

[32] Man kann sich allerdings schwerlich vorstellen, wie Porphyrios diese Dreiteilung anhand des tradierten Textes begründen konnte. Er scheint den Text von Phys. I 4, 187a 12sqq. so verstanden zu haben, als hieße es dort etwa οἱ μὲν γὰρ ἓν ποιοῦντες τὸ ὂν ⟨ἢ⟩ σῶμα τὸ ὑποκείμενον ἢ τῶν τριῶν τι ἢ ἄλλο ὅ ἐστι πυρὸς κτλ. Das σῶμα τὸ ὑποκείμενον identifizierte er nämlich mit dem ἄπειρον des Anaximander, wie die Bemerkungen von Simpl., Phys. 149, 14 und 19 zeigen.

in der doxographischen Tradition allein. Theophrast und nach ihm
viele andere berichteten, daß Diogenes wie vor ihm Anaximenes die Luft
als den Grundstoff aller Dinge ansah[33]. Simplikios selbst erzählt, daß er
Diogenes' Schrift περὶ φύσεως persönlich herangezogen hat, und er
zweifelt nicht daran, daß die genannte These in dieser Schrift zum Ausdruck kam[34]. In den von Simplikios zitierten wörtlichen Fragmenten
fehlt es in der Tat nicht an Äußerungen, die seine Behauptung bekräftigen[35]. Aber noch mehr: An zwei verschiedenen, unmißverständ-
lichen Stellen[36] behauptet Aristoteles expressis verbis, daß Diogenes die
Luft für das Urprinzip hielt. Hat Nikolaos die Aussagen eines Aristoteles
und eines Theophrast nicht gekannt[37]? Oder hat er vielleicht seine
Gründe gehabt, der communis opinio über Diogenes nicht zu folgen?
Nachdem Simplikios auf die Divergenz des Nikolaos von der πλειόνων
ἱστορία hingewiesen hat, fährt er mit der Bemerkung fort, Diogenes
habe, wie aus Selbstzitaten hervorgehe, mehrere Schriften verfaßt,
wie z. B. gegen die (von ihm als Sophisten bezeichneten) Physiologen,
eine Meteorologie und eine Schrift über die Natur des Menschen; in
περὶ φύσεως jedoch, der einzigen Schrift, die auf Simplikios gekommen
sei (und aus der er längere Fragmente zitiert), sage Diogenes ganz klar,
daß das Prinzip das sei, was die Menschen Luft nennen[38]. Vielleicht
deutet Simplikios damit an, daß Nikolaos zu seiner Ansicht durch eine
ihm, Simplikios, nicht mehr zugängliche Schrift des Diogenes gekommen
sei[39]. Ob Nikolaos in der Tat über mehr Originalschriften des Diogenes
verfügte als Simplikios, können wir natürlich nicht wissen. Aber wir
brauchen wohl nicht so weit zu suchen. Die Lektüre von Diogenes'

---

[33] Über Theophrast: Simpl., Phys. 25, 1—7 = VS 64 A 5. Das war auch die
Ansicht, die laut Simpl., Phys. 151, 20—21 ἡ τῶν πλειόνων ἱστορία vertrat.
Sie ist bezeugt bei Philodem, Cicero, Aetios, Ps.-Plutarch, Alexander v. Aphro-
disias und Diogenes Laertios, vgl. VS 64 A 1; 6; 7; 8.

[34] Simpl., Phys. 25, 7—8. Vgl. 151, 28—29.

[35] Vgl. bes. VS 64 B 4 und 5 Anfang.

[36] Arist., Metaph. A 3, 984a 5—7; De an. I 2, 405a 21—22.

[37] H. J. Drossaart Lulofs, Nic. Damasc. 18 sieht in der Tatsache, daß Nikolaos
von Aristoteles und Theophrast abwich, ein Indiz dafür, daß er das Corpus
aristotelicum und die φυσικῶν δόξαι nicht gründlich untersucht hatte, als er
περὶ θεῶν schrieb; damals war er also noch ein Anfänger. Diese Schlußfolgerung
überzeugt nicht.

[38] Simpl., Phys. 151, 20—153, 17.

[39] H. J. Drossaart Lulofs, Nic. Damasc. 17 lehnt diese Hypothese des Simplikios als
unwahrscheinlich ab.

περὶ φύσεως wird wohl genügt haben, Nikolaos davon zu überzeugen, daß er die herrschende Ansicht über Diogenes revidieren und in diesem den mysteriösen Anhänger der Lehre vom Mittelding zwischen Feuer und Luft als Urelement sehen mußte. Wenn Simplikios diese Schrift noch ausfindig machen konnte, war es Nikolaos im 1. Jh. v. Chr., sei es in Alexandrien sei es in Rom, sicherlich kein großes Problem, sie persönlich zu konsultieren. Nachdem Diogenes erklärt hat, daß die Luft Seele und Geisteskraft für die Menschen ist, schreibt er z. B.: „Bei allen Lebewesen ist die Seele dasselbe, Luft, die zwar wärmer ist als die äußere, in der wir uns befinden, jedoch viel kälter als die an (oder bei?) der Sonne[40].“ Eine solche Passage muß Nikolaos auf den Gedanken gebracht haben, der als Seele und Denkkraft bezeichnete Urstoff des Diogenes sei nicht einfach die atmosphärische Luft, sondern wärmer als diese Luft, also dem Feuer näher. Gerade deswegen erkannte Nikolaos in Diogenes einen Anhänger der μεταξύ-Theorie. Selbst Simplikios gibt in aller Ehrlichkeit zu, daß er sich nach der Lektüre der ersten Zeilen von Diogenes' Buch vorgestellt hatte, Diogenes nehme als Grundstoff etwas an, das mit keinem der vier Elemente identisch sei: „Auch ich (d. h. nicht nur Nikolaos und Porphyrios) meinte, als ich auf diesen Anfang stieß[41], daß Diogenes das gemeinsame Substrat als verschieden von den vier Elementen bezeichnete, sagt er doch, daß diese sich nicht vermischen und ineinandergehen könnten, wenn eines von ihnen das Prinzip wäre und eine eigene Natur hätte, und wenn nicht derselbe Stoff, von welchem aus die Änderungen stattfinden, ihnen allen zugrunde läge[42].“ Erst später, als er weitergekommen sei, habe er die Ansicht des Diogenes richtig erkannt. Nikolaos' Korrektur an der communis opinio über Diogenes war also keineswegs unbegründet und abwegig[43].

---

[40] Simpl., Phys. 153, 4—5 = VS 64 B 5, S. 61, 14—17.

[41] Gemeint ist VS 64 B 5, ein Text, der nach Simpl., Phys. 151, 30 gleich nach dem προοίμιον kam.

[42] Simpl., Phys. 152, 8—11. Vgl. W. K. C. Guthrie, A History of greek Philos. II, 1965, 364—365 und Anm. 1 zu S. 365.

[43] E. Zeller, Philos. d. Gr. I 1⁷, 341 meint ebenfalls, daß Nikolaos und Porphyrios zu ihrer irrtümlichen Abweichung von Aristoteles und Theophrast „wahrscheinlich dadurch verleitet wurden, daß Diogenes die Seele, deren Analogie er sonst für die Bestimmung des Urwesens beibringt, für warme Luft hielt". Zeller 342 erinnert daran, daß auch H. Ritter, Gesch. d. Philos. I 228sqq. annahm, das Urwesen des Diogenes sei nicht die gewöhnliche atmosphärische, sondern eine dünnere, durch Wärme entzündete Luft. Dieser Auffassung stimmt Zeller ebensowenig wie der des Nikolaos zu.

C. Über das Weltall

In seinen Ausführungen über das Ziel der Schrift De caelo nennt
Simplikios, der sich hier offenbar nur auf sein Gedächtnis stützt, eine
Schrift des Peripatetikers Nikolaos mit dem Titel περὶ τοῦ παντός, in
welcher „alle in der Welt befindlichen Dinge" in einer systematischen
Klassifizierung nach Arten erörtert waren[1]. Der Zusammenhang, in der
diese Erwähnung steht, sowie ihre Rolle in den Ausführungen des
Simplikios sind nicht uninteressant. Besprochen werden hauptsächlich
zwei Ansichten über den Gegenstand von De caelo. Nach Alexander will
Aristoteles in dieser Schrift „die Welt und die fünf in ihr enthaltenen
Körper" erörtern. Syrian und seine Schule sind dagegen der Auffassung,
daß die Schrift dem Himmel im eigentlichen Sinne gewidmet ist, d. h.
dem ewigen, sich im Kreise bewegenden Körper; die Ausführungen über
die vier sublunaren Elemente hätten nur untergeordnete Funktion[2]. In
seinen Einwänden gegen Alexanders These hebt Simplikios unter anderem hervor, daß De caelo nicht die Welt als Ganzes und ihre Teile
behandelt, wie etwa der platonische Timaios es tut. Eigenschaften wie
Ewigkeit, Begrenztheit und Einzigkeit gehören zwar dem Weltall,
werden aber in De caelo deswegen erörtert, weil das Weltall sie der
besonderen Beschaffenheit des Himmels verdankt. Wollte man sich einen
Überblick über die Gesamtheit der aristotelischen Lehre vom Kosmos
verschaffen, so hätte man diesbezügliche Angaben aus allen naturwissenschaftlichen Pragmatien des Aristoteles heranzuziehen. Darauf
folgt die bereits zitierte Erwähnung der Schrift des Nikolaos „Über das
Weltall"[3]. Nach Simplikios' Auffassung ist also die Abhandlung des Nikolaos über das Weltall nicht mit dem Traktat des Aristoteles zu vergleichen,
in dem nicht der ganze Kosmos behandelt wird; sie steht vielmehr,
wenigstens der Thematik nach, auf derselben Linie wie der Timaios,
„in dem Platon die Prinzipien der Naturdinge, Materie, Form, Bewegung
und Zeit, sowie die allgemeine Disposition des Kosmos mitteilt, speziell
über die Himmelskörper und die unter dem Mond befindlichen Dinge
unterrichtet und von diesen die Meteora, die Metalle in der Erde, die

---

[1] Simpl., De caelo 3, 28—29 = Fr. 3 Roeper = T 1 Drossaart Lulofs ἀμέλει καὶ
Νικόλαος ὁ Περιπατητικός, εἴ τι μέμνημαι, Περὶ τοῦ παντὸς ἐπιγράψας περὶ
πάντων τῶν ἐν τῷ κόσμῳ κατ' εἴδη ποιεῖται τὸν λόγον.
[2] Simpl., De caelo 1, 2—3, 12.
[3] Simpl., De caelo 3, 16—29.

Pflanzen und die Tiere einschließlich der Konstitution des Menschen und seiner Teile eingehend behandelt⁴."

Den Ausführungen des Simplikios glaubt Usener noch mehr entnehmen zu können. Da der Kommentator schreibt, nur die Benutzung aller naturwissenschaftlichen Traktate des Aristoteles würde eine vollständige Vorstellung der aristotelischen Kosmologie verschaffen, und gleich darauf die Schrift des Nikolaos erwähnt, in der eine solche Kosmologie geboten war, nimmt Usener an, Nikolaos habe tatsächlich alle physikalischen Schriften des Aristoteles kompiliert, um seinen Traktat zu verfassen⁵. Dieser Schluß ergibt sich zwar nicht notwendig aus der kurzen Angabe des Simplikios, unmöglich erscheint es jedoch nicht, daß Nikolaos vorwiegend aristotelische Materialien zusammengetragen habe⁶. Ob περὶ τοῦ παντός ein Bestandteil des großen Kompendiums der aristotelischen Philosophie war, von dem unten die Rede sein wird, läßt sich nicht mit Sicherheit sagen. Die syrischen Fragmente scheinen allerdings diese Hypothese Useners nicht zu bestätigen⁷.

Die bereits im 16. Jh. vertretene These, Nikolaos' περὶ τοῦ παντός sei identisch mit der pseudoaristotelischen Schrift περὶ κόσμου, kann hier nur als Kuriosum erwähnt werden. P. Victorius, der sie wohl als erster formulierte, stützte sich auf die oben zitierte Simplikios-Stelle. Nachdem Muretus sie abgelehnt hatte, tauchte sie in einer anonymen Rezension in den Göttingischen Gelehrten Anzeigen gegen Ende des 18. Jh. wieder auf⁸ und kam Ende des 19. Jh. durch einen postumen Aufsatz Th. Bergks wieder ins Gespräch⁹. Bergk meinte, die Schrift von der Welt sei keine literarische Fälschung; eine Nachahmung des aristotelischen Stils liege zweifellos nicht vor. Der Inhalt zeige, daß der Verfasser ein eklektischer Peripatetiker und nicht viel jünger als Poseidonios sei. Als Adressat käme ein Fürst des jüdischen Königshauses in Frage, und zwar Alexander, der älteste Sohn Herodes des Großen und der Mariamne. Der Ver-

---

⁴ Simpl., De caelo 3, 17—22. An eine vergleichbare Disposition des Stoffes denkt Simplikios, wenn er schreibt, daß ,,alle Dinge in der Welt" bei Nikolaos κατ' εἴδη behandelt waren.

⁵ H. Usener bei J. Bernays, Gesammelte Abhandlungen II 282.

⁶ H. J. Drossaart Lulofs, Nic. Damasc. 15, der auf Useners Interpretation hinweist, meint auch, daß sie ,,may be substantially correct".

⁷ H. J. Drossaart Lulofs, a. a. O.

⁸ Mitteilung von H. Diels an Franz Buecheler, vgl. Rhein. Mus. 37 (1882) 294—295; Diels verwies auf P. Victorius, Var. lect. 25, 13, Florenz 1532, S. 305 und 1553, S. 398, Muretus, Var. lect. 2, 8 und Gött. Gel. Anz. 1792, S. 1282.

⁹ Th. Bergk, Der Verfasser der Schrift περὶ κόσμου, in: Rhein. Mus. 37 (1882) 50-53.

fasser sei Nikolaos von Damaskos, der bekanntlich peripatetischer Philosoph und Vertrauter des Königs Herodes war. Dafür sprächen die Nachricht über Nikolaos' περὶ τοῦ παντός bei Simplikios und der Umstand, daß die Schrift von der Welt auch den Titel περὶ τοῦ παντός trug[10]. Nur wenige Kritiker stimmten — wenn auch mit Einschränkungen — dieser These zu[11]. Sonst wurde sie ziemlich allgemein abgelehnt und hat heute keine Anhänger mehr[12].

[10] Bergk verweist auf Stob. I 34, 2 (in der alten Kapitelzählung. Jetzt I 40, S. 255, 10sqq. Wachsmuth), wo die Exzerpte aus περὶ κόσμου als ἐκ τῆς Ἀριστοτέλους πρὸς Ἀλέξανδρον ἐπιστολῆς περὶ τοῦ παντός bezeichnet sind. Laut Wachsmuth sind jedoch die Worte περὶ τοῦ παντός als Lemma des Kapitels zu betrachten und der Titel der Auszüge ist lediglich ἐκ τῆς . . . ἐπιστολῆς. Ohne die Bergksche These damit bekräftigen zu wollen, darf ich hinzufügen, daß etwa 10 Manuskripte von περὶ κόσμου folgenden Titel haben: Ἀριστοτέλους περὶ παντὸς κόσμου πρὸς Ἀλέξανδρον βασιλέα. Es handelt sich um Manuskripte der Klasse II von Lorimer.

[11] F. Buecheler, in: Rhein. Mus. 37 (1882) 50 und 294—295 wies auf die stilistische Verschiedenheit der Schrift περὶ κόσμου und der gesicherten Fragmente des Nikolaos hin; er schlug ferner vor, den Adressaten von περὶ κόσμου in dem Sohn des Antonius und der Kleopatra zu sehen. J. Asbach, Zu Nicolaus v. Damascus, in: Rhein. Mus. 37 (1882) 295—297 versuchte zu zeigen, daß das Argument aus dem Stilunterschied nicht stichhaltig sei; er erklärte sich bereit, Nikolaos als Verfasser von περὶ κόσμου anzunehmen, und führte als neues Argument für Buechelers Vermutung über den Adressaten den bis dahin nicht berücksichtigten Umstand an, daß Nikolaos Erzieher der Kinder von Antonius und Kleopatra gewesen ist. Laut E. Zeller, Kleine Schriften I, 1910, 333 Anm. 1 fand Heitz in seiner Fortsetzung von O. Müller, Gesch. d. griech. Litt. II b 293 die Annahme Bergks wahrscheinlich.

[12] J. Bernays, Über die fälschlich dem Aristoteles beigelegte Schrift περὶ κόσμου, in: Gesammelte Abhandlungen, hrsg. v. H. Usener II, 1885, 278—281 meint wie Th. Bergk, daß die Dedikationsepistel keine Fälschung ist. Der mit ἡγεμών angesprochene Adressat könne unmöglich Alexander der Große sein. Da der Titel ἡγεμών erst unter der Römerherrschaft vorkomme, und zwar als stehende Bezeichnung für die *praesides provinciarum*, könne der Adressat kein anderer sein als der Neffe Philons, Ti. Iulius Alexander, der 46—48 n. Chr. *procurator Iudaeae* und ab 67 n. Chr. *praefectus Aegypti* gewesen ist. Diese These fand die Billigung von H. Usener, der im Anschluß an das oben zitierte Fragment aus dem Nachlaß von Bernays (a. a. O., S. 281—282) Bergks Vermutung widerlegte. Gegen Th. Bergk und J. Bernays führte E. Zeller gewichtige Argumente an in seinem Referat Über den Ursprung der Schrift von der Welt, in: SB d. kgl. Akad. d. Wiss. zu Berlin 1885, 399—415, bes. 402—415 = Kl. Schr. I, 1910, 328—347, bes. 331—347. In unserem Jahrhundert hat sich meines Wissens niemand mehr für Bergks Hypothese ausgesprochen (vgl. F. Jacoby, FGrHist II C, S. 229 zu T 1 παίδων — διδάσκαλος). M. Pohlenz hält aber die Annahme Bernays für eine

D. Über die Philosophie des Aristoteles

Das wichtigste und umfangreichste philosophische Werk des Nikolaos von Damaskos war seine Darstellung der Philosophie des Aristoteles. Bei den Griechen ist Simplikios der einzige, der dieses Werk — unter dem Titel περὶ τῆς 'Αριστοτέλους φιλοσοφίας — erwähnt[1]. Die kurze Paraphrase einer Stelle aus De caelo, die er zitiert, läßt natürlich keine Folgerungen über Inhalt, Disposition und Tendenz der Schrift zu. Das Buch des Nikolaos wurde aber ins Syrische und ins Arabische übersetzt. Rhazes (gest. 925) kennt es. Im Fihrist von Ibn abū Ya'qūb an-Nadīm (um 1000) erscheint es unter dem Titel „Kompendium der Philosophie des Aristoteles". Ibn al-Qifṭi (gest. 1248) kennt es ebenfalls unter diesem Titel. Bar Hebraeus (gest. 1286) hat es in syrischer Übersetzung benutzt. In seinem großen Kommentar zur Metaphysik erwähnt Averroes mehrmals Ansichten des Nikolaos, die ebenfalls auf dieses Kompendium zurückgehen. Schließlich wurden 1901 im Ms. Gg. 2. 14 der Universitätsbibliothek Cambridge Reste eines Werkes in syrischer Sprache entdeckt, das sich für die Schrift des Nikolaos über die Philosophie des Aristoteles ausgibt[2]. Dank den orientalischen Bezeugungen sind wir heute in der Lage, uns eine ziemlich genaue Vorstellung von der Leistung des Damaskeners zu machen.

Unser Kronzeuge, das syrische Fragment aus Cambridge, stellt allerdings keinen vollgültigen Ersatz für das verschollene griechische Original

---

plausible Hypothese, vor allem weil der Autor περὶ κόσμου ungefähr in derselben Zeit und in der gleichen geistigen Atmosphäre gelebt haben muß wie Philon. Vgl. M. Pohlenz, Philon von Alexandrien, in: Nachr. Akad. Göttingen, 1942, 409—487, bes. 486—487 = Kl. Schriften I, 1965, 305—383, bes. 382—383.

[1] Simpl., De caelo 399, 1.

[2] In seinen Lectiones Abulpharagianae, Danzig 1844 wies A. Roeper auf die Benutzung des Nikolaos bei Bar Hebraeus hin und gab eine Sammlung der Fragmente des Nikolaos bei. Die Zitate aus Averroes wurden von J. Freudenthal, Die durch Averroes erhaltenen Fragmente Alexanders zur Metaphysik des Arist., in: Philos. Abh. d. Akad. d. Wiss. zu Berlin, 1884, 1, S. 126—127 ins Deutsche übersetzt. Das ganze Material findet man jetzt bei H. J. Drossaart Lulofs, Nicolaus Damascenus, On the Philosophy of Aristotle, Leiden 1965, ²1969 (unter anderem: Ausgabe, englische Übersetzung und Kommentar des ersten Teils des syrischen Fragments aus Cambridge, bis einschließlich Buch V; leider hat der Verfasser die Reste der Bücher VI—XIII noch nicht herausgegeben). Die ausgezeichnete Arbeit des holländischen Gelehrten ist auf den folgenden Seiten dankbar ausgewertet worden.

dar. Erstens ist der Text des syrischen Werkes nicht mehr vollständig erhalten. Zweitens war die Vorlage selbst bereits sehr lückenhaft infolge von materiellen Beschädigungen. Drittens haben wir es offenbar nicht mit einer Übersetzung des griechischen Werkes in seiner genuinen Form, sondern mit einer stark komprimierten Epitome zu tun. Die ursprünglichen Bücher des Nikolaos sind daher im syrischen Fragment jetzt jeweils mit einer oder zwei Seiten, selten mehr, vertreten. Dadurch erklärt sich wohl auch, daß sich keines der griechischen Nikolaos-Zitate in der syrischen Fassung wiederfindet. Trotz der starken Kürzungen und der Verstümmelung der syrischen Epitome darf man jedoch annehmen, daß sie im großen und ganzen die Disposition des Originals beibehalten hat. Demzufolge bestand Nikolaos' Schrift aus mehr als 13 Büchern:

I	Physik
II—III	Metaphysik
IV	De caelo I—II
V	De caelo III—IV. De gener. et corr.
VI	Meteor. I—III
VII	Meteor. IV
VIII	Hist. animal.
IX	De part. animal.
X	De anima
XI	De sensu. De insomniis
XII	De gener. animal. I—IV
XIII	De gener. animal. V. De longaev.
?	De plantis.

Allem Anschein nach sind einzelne Partien dieses Werkes als selbständige Schriften mit eigenem Titel von griechischen und orientalischen Aristotelikern zitiert worden: Ein Scholiast zur Metaphysik Theophrasts führt z. B. die θεωρία τῶν Ἀριστοτέλους μετὰ τὰ φυσικά an. Averroes spricht bald von Nikolaos' Schrift über die Metaphysik, bald von der Abteilung des Kompendiums, in der von dieser Wissenschaft die Rede ist[3]. Die Nachrichten des Porphyrios und des Averroes über die Seelen-

---

[3] Vgl. T 7, Nr. 1; 2; 3 bei Drossaart Lulofs S. 11.

lehre des Nikolaos stammen wahrscheinlich ebenfalls aus dem Kompendium[4]. Auch die Schrift De plantis war ursprünglich Bestandteil dieses Werkes.

Das Interesse des Damaskeners gilt beinahe ausschließlich der Naturphilosophie im weitesten Sinne des Wortes: Physik, Kosmologie, Elementenlehre, Meteorologie, Zoologie, Psychologie und Pflanzenkunde. Die Erste Philosophie ist so eng verknüpft mit der Physik, daß sie unmittelbar nach der Physik erörtert wird; die jahrhundertelang traditionelle Gruppierung Physik — De caelo — De generatione et corruptione — Meteorologie wird dadurch gesprengt. Die Bezeichnung der ontologisch-theologischen Abhandlungen des Aristoteles als μετὰ τὰ φυσικά erhält übrigens hier ihren vollen Sinn: Die metaphysischen Bücher werden unmittelbar nach der Physik behandelt, was weder bei Andronikos noch sonst bei den älteren Peripatetikern der Fall gewesen zu sein scheint. Bemerkenswert ist natürlich auch das Interesse für die Tierbücher des Aristoteles: In der Regel haben sich nämlich die Kommentatoren der ersten Jahrhunderte mit De anima, gelegentlich auch mit den Parva Naturalia befaßt; die eigentlichen zoologischen Traktate scheinen sie jedoch fast gänzlich vernachlässigt zu haben, wohl weil sie die erforderlichen Fachkenntnisse nicht besaßen oder weil sie diese vom engeren philosophischen Gesichtspunkt zu wenig ergiebig fanden. Um so größer ist also das Verdienst des Nikolaos, sie in seiner Darstellung der aristotelischen Philosophie gebührend berücksichtigt zu haben.

Von seinen Zeitgenossen unterscheidet sich Nikolaos auch in anderer Hinsicht: Die fast obligatorisch von allen Kommentatoren behandelten Schriften des Organon erscheinen in seinem Kompendium nicht, und wir haben keine Nachricht darüber, daß er je eine dieser Schriften traktiert habe. Selbst ein Boethos, der den Philosophieunterricht mit der Physik beginnen zu lassen empfahl, wich von der damaligen Gepflogenheit nicht ab und kommentierte die Kategorien und andere logische Schriften. Für Nikolaos dagegen sind es ausschließlich die Schriften zur Naturphilosophie und zur Metaphysik, die die Philosophie des Aristoteles repräsentieren. Die Ethik ließ er wohl nicht ganz beiseite: Wie wir durch Simplikios erfahren[5], hatte er ein umfangreiches Werk über die Güterlehre verfaßt. Da er rhetorische Übungen mit Herodes veranstaltete[6],

---

[4] T 9, Nr. 1; 2 Drossaart Lulofs S. 13.
[5] In Epict. Ench. 83, 9 Dübner = T 2, S. 7 Drossaart Lulofs.
[6] Exc. de virtut. I, 327, 3, vgl. S. 3 Drossaart Lulofs.

darf man vermuten, daß er Aristoteles' Rhetorik nicht ignorierte. Weder
die Ethik noch die Rhetorik scheinen jedoch in dem Kompendium behandelt worden zu sein.

In seiner Darstellung der aristotelischen Lehre schloß sich Nikolaos,
wenigstens in den Hauptpunkten, der Disposition der jeweils zugrunde
gelegten Schrift des Stagiriten an; trotz seiner Lückenhaftigkeit zeigt
das syrische Fragment noch deutlich genug, daß die wichtigsten Probleme
etwa in derselben Reihenfolge wie bei Aristoteles erörtert waren. Dennoch
hat Nikolaos manchmal das Bedürfnis empfunden, die nicht immer ganz
zufriedenstellende vorgefundene Disposition durch eine andere zu ersetzen, die er für besser und systematischer hielt. Dies geschah vor allem
dann, wenn inhaltlich eng verwandte Fragen von Aristoteles an weit
auseinanderliegenden Stellen erörtert worden waren. Dieses Streben
nach logischerer, systematischerer Gruppierung des Stoffes wird nicht
nur durch mehrere Passagen des syrischen Fragments dokumentiert,
sondern auch durch ausdrückliche Angaben des Averroes in seinem
Metaphysik-Kommentar besonders eindrucksvoll bezeugt.

Averroes, der den herkömmlichen Aufbau der Metaphysik für den
bestmöglichen hält, berichtet nämlich, daß Nikolaos sich gelegentlich
von der „aristotelischen" Disposition distanzierte. Der Damaskener
fand es z. B. nicht sehr glücklich, daß am Anfang der Metaphysik (im
Buch B) die Probleme zuerst zusammen aufgezählt, dann kurz erläutert
werden, um erst später (in den Büchern Γ und sqq.) ihre Lösungen zu erhalten. In der Physik dagegen sei die dialektische Diskussion unmittelbar
vor der Erörterung der einzelnen Fragen durchgeführt worden. Nikolaos
hielt diese Methode für besser und ahmte sie in seiner Darstellung der
Metaphysik nach. Von einer Umgruppierung der Bücher der Metaphysik
ist natürlich hier keine Rede. Nikolaos wollte lediglich Zusammenge-
höriges zusammen erörtern. Wir dürfen annehmen, daß z. B. im Hinblick
auf die erste Aporie (Einzigkeit oder Vielheit der Wissenschaft von den
Ursachen, B 1, 995b 5—7) die dialektische Diskussion (B 2, 996a 18—b
25) und die Lösung der Frage (Γ 1—2) nicht, wie bei Aristoteles, an verschiedenen Stellen, sondern fortlaufend dargelegt wurden. Von demselben
Prinzip ausgehend meinte Nikolaos, es sei besser, das Buch Δ nicht in
seiner Form eines philosophischen Lexikons zu behalten, sondern es zu
zergliedern und die einzelnen Termini dort zu behandeln, wo die laufende
Diskussion es erfordere[7]. Für dieses Verfahren bietet das syrische Frag-

---

[7] Drossaart Lulofs S. 12 und 30—34.

ment mehrere Beispiele; an vier Stellen des Buches über die Physik läßt sich die Verwendung von Artikeln aus dem Lexikon Metaphysik Δ zur Vervollständigung des Exposés noch deutlich beobachten[8].

Nach den erhaltenen Testimonien und Fragmenten zu urteilen, wich Nikolaos niemals von der aristotelischen Orthodoxie ab. Nirgends findet sich eine Kritik an den Thesen des Stagiriten. Nirgends wird die Gültigkeit seiner Meinungen angezweifelt. Nirgends läßt sich Nikolaos von der Spekulation anderer Schulen anregen, um das aristotelische System zu korrigieren oder zu ergänzen. Das Kompendium muß eine sachlich referierende Darstellung der aristotelischen Philosophie oder, genauer gesagt, des theoretischen Teils dieser Philosophie gewesen sein. Unter Verzicht auf jede Stellungnahme legt der Verfasser das aristotelische System in ziemlich engem Anschluß an bestimmte Schriften des Corpus dar. Die persönliche Intervention des referierenden Epitomators gilt vielmehr der Anordnung und der sprachlichen Form der Darstellung. Wie bereits hervorgehoben wurde, führt er bisweilen eine von der aristotelischen abweichende Disposition ein, um dadurch einen klareren Überblick über den behandelten Stoff zu erzielen. Andererseits ist er offenbar bemüht, seine Auszüge aus aristotelischen Schriften nicht einfach im Wortlaut des Originals wiederzugeben, sondern neue Formulierungen zu finden, die den Text einheitlicher und leichter zugänglich machen sollten und somit schon einer ersten Erläuterung gleichkamen. Dies scheint wenigstens aus dem einzigen griechischen Zitat, das wir besitzen, hervorzugehen; es handelt sich um die Wiedergabe eines Satzes aus De caelo, die sich, wie Simplikios berichtet, in der Paraphrase des Kapitels II 3 in Nikolaos' Schrift περὶ τῆς 'Αριστοτέλους φιλοσοφίας befand. Der Vergleich mit der Vorlage zeigt, wie Nikolaos verfahren ist:

Arist., De caelo II 3, 286a12—15	Simpl., De caelo 398, 36—399, 4
	καὶ Νικόλαος δὲ ὁ Περιπατητικὸς παραφράζων τὰ ἐνταῦθα λεγόμενα ἐν τοῖς Περὶ τῆς 'Αριστοτέλους φιλοσοφίας οὕτω τέθεικε τὴν λέξιν·
διὰ τί οὖν οὐχ ὅλον τὸ σῶμα τοῦ οὐρανοῦ τοιοῦτον; ὅτι ἀνάγκη μένειν τι τοῦ σώματος τοῦ φερομένου κύκλῳ τὸ ἐπὶ τοῦ μέσου, τούτου	„διὰ τί οὖν οὐχ ὅλος ὁ κόσμος τοιοῦτος; ὅτι ἀνάγκη μένειν τι περὶ τὸ μέσον τοῦ κύκλῳ φερομένου· τὸ δὲ πέμπτον σῶμα οὔτε μένειν ἠδύ-

---

δ' οὐθὲν οἱόν τε μένειν μόριον, οὔθ'   νατο οὔτε ἐν τῷ μέσῳ εἶναι."
ὅλως οὔτ' ἐπὶ τοῦ μέσου.

Um jedem Mißverständnis vorzubeugen, hat Nikolaos den Ausdruck
ὅλον τὸ σῶμα τοῦ οὐρανοῦ durch den eindeutigeren ὅλος ὁ κόσμος ersetzt.
Die nicht sehr übersichtliche Wendung τὶ τοῦ σώματος τοῦ φερομένου
κύκλῳ τὸ ἐπὶ τοῦ μέσου ist mit einer einfacheren, verständlicheren wiedergegeben worden. Der letzte Satz ist völlig neu geschrieben worden:
Während es in der aristotelischen Formulierung nicht sofort klar ist,
was mit dem Demonstrativpronomen τούτου gemeint ist, und das Satzglied οὔθ' ὅλως οὔτε ἐπὶ τοῦ μέσου ebenfalls eine Erklärung verlangt,
werden die Dinge bei Nikolaos viel einfacher ausgedrückt. Diese Technik
der erläuternden Paraphrase war damals zweifellos nicht neu: Seit der
Wiederbelebung der Aristoteles-Studien gab es mindestens ein berühmtes
Beispiel für dieses Verfahren, nämlich die Kategorien-Paraphrase des
Andronikos von Rhodos[9]. Wenn man sich ferner daran erinnert, daß
Andronikos in seiner paraphrasierenden Wiedergabe der Kategorien
ebenfalls eine Umgruppierung der Kapitel vornahm, um eine systema-
tischere Disposition zu erzielen[10], so wird man es für sehr wahrscheinlich
halten, daß Form und Stil von Nikolaos' Darstellung der aristotelischen
Philosophie unter dem Einfluß von Andronikos' Aufschlüsselung der
Kategorien gestanden haben.
    Auf eine eingehende Besprechung des philosophischen Inhalts der
einzelnen Fragmente, insbesondere der syrischen Texte, kann hier verzichtet werden. Die dort vorgetragenen Ansichten sind nämlich in der
Regel keine anderen als die des Aristoteles selbst; für die Ermittlung
der philosophischen Stellung des Nikolaos sind sie demnach völlig unergiebig. Interessant bleibt jedoch festzustellen, welche aristotelischen
Texte Nikolaos jeweils herangezogen hat. Der ausgezeichnete Kommentar von Drossaart Lulofs gibt sehr ausführliche Informationen darüber.
In Anbetracht des Überlieferungszustandes der syrischen Epitome dürfte
es kaum möglich sein, über diese Identifizierung der Quellen hinaus die
Tendenzen, die Vorzüge und die Mängel ihrer Interpretation durch Nikolaos zu präzisieren. Etwaige Unzulänglichkeiten in der syrischen Epitome
dem Damaskener selbst anzurechnen, wäre methodisch höchst anfechtbar. Materielle Beschädigungen, Kürzungen jeder Art, nicht adäquate
Wiedergabe der griechischen Vorlage und sonstige Überlieferungsum-

---

[9] Vgl. oben S. 97sqq.
[10] Vgl. oben 101.

stände haben zweifellos oft zur Entstellung und Verschlechterung des
Originals beigetragen. Nur das Positive, das sich in den Zeugnissen noch
beobachten läßt, darf also auf Nikolaos selbst zurückgeführt werden.
Im folgenden soll lediglich auf einige interessante Punkte hingewiesen
werden; nähere Einzelheiten wird man im Kommentar von Drossaart
Lulofs finden.

Das erste Buch des Kompendiums war der aristotelischen Physik
gewidmet. In diesem Traktat unterschied Nikolaos, wie nach ihm mehrere
Kommentatoren, zwei Teile: Die ersten vier Bücher, behauptete er,
befassen sich mit den Prinzipien, die letzten vier mit der Bewegungs-
lehre[11]. Da Aristoteles am Anfang der Physik[12] die Erforschung der
Prinzipien als sein erstes Anliegen betrachtet, beginnt auch Nikolaos mit
Erörterungen über dieses Thema. Aber — und dies ist charakteristisch
für seine Methode — er tut es in ziemlich engem Anschluß an das diesbezügliche Kapitel des philosophischen Lexikons aus der Metaphysik:
Zuerst führt er die allgemeine Konklusion dieses Kapitels[13] an, gibt dann
den Inhalt des Kapitels frei wieder und schließt mit der Bemerkung,
daß das Prinzip der Substanz des Alls alle übrigen Prinzipien übertrifft
und das Höchste von allen ist[14], eine Behauptung, die die weiter unten
explizit formulierte These von der Vorrangstellung der Theologie bereits
ankündigt. Darauf folgt, in vereinfachter Form, die Unterscheidung aus
Phys. I 1, 184a 16—26 zwischen den Dingen, die von Natur aus klarer
sind, d. h. den Prinzipien und Elementen, und denen, die für uns klarer
sind, d. h. den zusammengesetzten und wahrnehmbaren Dingen[15]. Danach kommt ein dem ersten Kapitel der Metaphysik entnommener Hinweis auf die verschiedenen Stufen der Erkenntnis: Wahrnehmung, Erinnerung, Erfahrung, technisches Können und Wissen[16]. Der Verfasser
unterscheidet dann, wohl in Anlehnung an Metaph. E 1, dreierlei Untersuchungen über die Prinzipien, je nachdem ob es sich um Prinzipien des
Bewegten-Körperlichen handelt, um die des Unbewegten-Unkörper-
lichen oder um die der an sich unbewegten, *per accidens* jedoch bewegten

[11] Fr. 15 Drossaart Lulofs. Ähnliche Teilung: Porph. ap. Simpl., Phys. 802, 7—13.
Philop., Phys. 2, 13—17. Olymp., Meteor. 7, 5—14. Simpl., De caelo 226,
19—23. (Simplikios scheint später allerdings seine Meinung darüber revidiert
zu haben, vgl. Phys. 801, 13—802, 13.)

[12] I 1, 184a 10—16.

[13] Δ 1, 1013a 17.

[14] Fr. 2 Drossaart Lulofs.

[15] Fr. 3.   [16] Fr. 4.

Entitäten, welche sowohl an Körperlichkeit wie an Unkörperlichkeit teilhaben. Diese drei Wissenschaften werden respektiv als Physik, Theologie und Mathematik bezeichnet[17]. Die Charakterisierung des Gegenstandes der dritten Wissenschaft scheint jedoch eher auf die „Seelen" oder „Intelligenzen" der Gestirnsphären als auf subsistierende platonische Mathematika hinzuweisen, so daß es eine Art von mathematischer Astronomie ist, die als Mittelstufe zwischen Physik und Theologie genannt wird. Die Theologie selbst stellt das höchste Ziel philosophischer Betätigung dar; sie wird also als letzte gepflegt werden; beginnen muß man nämlich mit dem Zusammengesetzten[18]. Im folgenden bietet die syrische Epitome Bruchstücke aus einer Paraphrase der Bücher II—IV der Physik. Es wird im Anschluß an den Anfang von II 1 zwischen Dingen unterschieden, die von Natur aus sind, und solchen, die nicht von Natur aus sind, und in diesem Zusammenhang wird sogar das Antiphon-Zitat[19], allerdings ohne Namensnennung, wiedergegeben[20]. Dann kommen Aufzählungen von Bedeutungen: die Natur[21], die vier Ursachen[22], die Notwendigkeit[23], das Unendliche[24], der Ort[25], die Leere[26]. Vom Kompendium der letzten vier Bücher der Physik ist äußerst wenig erhalten: ein Satz über die Unendlichkeit der Zeit[27], der bei Aristoteles Bestandteil der Argumentation über die Ewigkeit der Bewegung war und somit auf den Nachweis eines ersten Bewegers hinführte, und danach — merkwürdigerweise aus dem Buch VII, das also hinter VIII erschien — Ausführungen über die Arten der Bewegung ὑφ ἑτέρου[28]. Nikolaos scheint hier mit der Version gearbeitet zu haben, die R. Shute[29] als „den echten ersten Text" bezeichnete und die nur in einigen, späteren Handschriften[30] auf uns gekommen ist.

---

[17] Fr. 5.   [18] Fr. 6.

[19] Phys. II 1, 193a 13sqq.

[20] Fr. 8.

[21] Fr. 9, Kombination von Phys. II 1 und Metaph. Δ 4.

[22] Fr. 10, Phys. II 3 kombiniert mit Metaph. Δ 2.

[23] Fr. 11. Der Inhalt stammt aus Metaph. Δ 5 und war wohl ursprünglich Bestandteil der Paraphrase von Phys. II 9.

[24] Fr. 12 ∼ Phys. III 4, 204a 3—6.

[25] Fr. 13 ∼ Phys. IV 4, 212a 20.

[26] Fr. 14 ∼ Phys. IV 6—9, jedoch umgeordnet.

[27] Fr. 16 ∼ Phys. VIII 1, 251b 19—23.

[28] Fr. 17 ∼ Phys. VII 2, 243a 16—18 und 243b 16—244a 4.

[29] Aristotle's Physics, Book VII, 1882, 156sqq.

[30] b c j y, aus dem 14., 15. und 16. Jh.

Noch spärlicher und weniger bedeutsam sind die Reste aus den Büchern II und III, die der Metaphysik gewidmet waren. Die syrische Epitome setzt mit Einteilungen und Definitionen ein, die an den Anfang der Physik-Paraphrase erinnern und auf eine Einordnung der Theologie im philosophischen Lehrgebäude hinzielen[31]. Sie bietet dann ein kurzes Résumé des Anfanges von Metaph. A über die Stufen der menschlichen Erkenntnis[32] und im Anschluß daran eine Anspielung auf die Unterscheidung des von Natur aus Klareren und des für uns Klareren[33]. Eine willkommene Ergänzung zu diesen recht dürftigen Resten des zweiten Buches des Nikolaos stellen einige Zitate im großen Metaphysik-Kommentar des Averroes dar. Die arabische Version von Metaph. Z, die Averroes für seinen Kommentar dieses Buches benutzte, ging auf einen bereits durch Lücken entstellten griechischen Text zurück. Averroes berichtet jedoch, daß er im Kompendium des Nikolaos Ausführungen fand, die er zur Ausfüllung einiger dieser Lücken heranziehen zu können glaubte.

Die arabische Übersetzung des Nikolaos war nun so verschieden von der des aristotelischen Grundtextes, daß Averroes die von Nikolaos paraphrasierten Abschnitte nicht richtig einordnete. In der Aristoteles-Übersetzung fehlten folgende Passagen: 1032a 30—b 5; 1032b 14—20; 1032b 29—1033a 2. Die von Averroes zitierten Nikolaos-Auszüge, die diese Lücken angeblich ausfüllen sollten, erweisen sich jedoch als Paraphrasen von 1032a 26—31; 1032a 32—b 5; 1032b 5—14; 1033a 2—7.

Averroes hat also offenbar nicht erkannt, daß sich wenigstens ein Teil dieser Auszüge auf Passagen bezog, die in der ihm zugänglichen Aristoteles-Übersetzung nicht fehlten[34]. Philosophisch ist hier besonders hervorzuheben, daß Nikolaos im Anschluß an Aristoteles zweierlei Formen unterscheidet: Die eine, ursprüngliche, ist diejenige, die sich „in der Seele" des jeweiligen Urhebers des Dinges befindet (Form des Hauses in der Seele des Baumeisters, Form der Gesundheit in der Seele des Arztes); die andere existiert in Verbindung mit der Materie in dem jeweils hergestellten Ding, etwa im Hause selbst oder im geheilten, gesunden Menschen. Mit der platonischen Lehre von abgetrennten, subsistierenden Ideen scheint Nikolaos überhaupt nicht gerechnet zu haben; sein

---

[31] Fr. 18—19.
[32] Fr. 20.
[33] Fr. 21 ~ Metaph. α 1, 993b 9—11, vielleicht, wie Drossaart Lulofs vermutet, unter Hinzuziehung von Theophr., Metaph. 9b 8—13.
[34] Fr. 22, 1—4 D. L. = Fr. 3—4 Freudenthal = Fr. 11 Roeper (unvollständig).

Aristotelismus war offenbar völlig frei von jedem Einfluß des platonischen Idealismus.

Die noch dürftigeren Reste des dritten Buches beziehen sich laut der Überschrift in der syrischen Epitome auf „den restlichen Teil der Metaphysik und die mathematischen Dinge". Da Nikolaos die Erforschung der Gestirnsphärenseelen als Mathematik bezeichnet zu haben scheint[35], darf man vermuten, daß er seine Ausführungen über Metaphysik Λ 8 als mathematische Untersuchungen betrachtete. Aus diesem dritten Buch ist vor allem eine Aufzählung der Bedeutungen des Wortes Substanz erhalten[36]; der Stoff dieses Abschnittes stammt großenteils aus Metaphysik Δ 8. Die zwei nächsten Fragmente beziehen sich auf die Sphärentheorie aus Metaphysik Λ 8: Dem ersten Himmel wird eine einfache, von der ersten, unbewegten Substanz herrührende Bewegung zugeschrieben; die mannigfaltigen Bewegungen der Planeten müssen ebenfalls von einer unbewegten Substanz bewirkt werden[37]. Die Zahl der Planetensphären wird auf 47 festgesetzt, wie auch bei Aristoteles[38]. Nikolaos nimmt also die Berechnung des Aristoteles ohne Beanstandung an. Die oft geäußerte Vermutung, der Stagirit habe sich verrechnet oder es liege ein Transkriptionsfehler der Kopisten vor[39], scheint er gar nicht in Erwägung gezogen zu haben.

Eine weitere Äußerung des Nikolaos steht bei Averroes, der im Zusammenhang mit der Erwähnung der unbewegten Beweger der Planetensphären schreibt: „Deswegen sind wir der Ansicht, daß das dem Ersten Gott am meisten zukommende Wissen dasjenige ist, das sich mit der Ersten Philosophie deckt, und daß das besondere Wissen der unter ihm befindlichen Wesenheiten den einzelnen Wissenschaften entspricht, die unter der Ersten Philosophie stehen. Und dies ist eine Meinung, die der Peripatetiker Nikolaos in seinem Buch über Metaphysik bereits geäußert hat; deswegen meinen wir, daß durch Erwerbung eben dieser Wissenschaft der Mensch die Vollendung seines Wesens erreicht und daß sie die beste seiner Tätigkeiten ist, weil sie die Tätigkeit ist, die er mit der besten der existierenden Wesenheiten teilt[40]". Daß Nikolaos die einzelnen Wis-

---

[35] Vgl. oben S. 472 zu Fr. 5.   [36] Fr. 23.

[37] Fr. 24 ~ Metaph. Λ 8, 1073a 28—34.

[38] Fr. 25 ~ Metaph. Λ 8, 1074a 13—14.

[39] Vgl. z. B. Simpl., De caelo 503, 10—504, 3 und Ps.-Alex., Metaph. 705, 39—706, 15: Die Schwierigkeit war bereits Sosigenes, Alexander und Porphyrios aufgefallen.

[40] Fr. 26 D. L. = Fr. 6 Freudenthal.

senschaften bereits auf die untergeordneten Sphärenintelligenzen verteilt hatte, dürfte völlig ausgeschlossen sein. Viel wahrscheinlicher ist,
daß Averroes bei Nikolaos eine Verherrlichung der Metaphysik als der
edelsten, höchsten Betätigung des Menschen vorgefunden hat: Die Ausführungen des Aristoteles in Metaphysik Λ 7, 1072 b 15—30 und der Vergleich der menschlichen θεωρία mit der göttlichen νόησις lieferten ihm
wohl die Hauptmotive dieser Verherrlichung. Das letzte Bruchstück aus
Nikolaos' drittem Buch in der syrischen Epitome ist ein verstümmeltes
Zitat aus dem letzten Kapitel der Metaphysik[41].

Das vierte Buch des Kompendiums war den ersten beiden Büchern De
caelo gewidmet. Alle syrisch erhaltenen Fragmente beziehen sich auf
das zweite Buch dieses Traktats. Die Hauptthesen der Kosmologie und
der Gestirnslehre des Nikolaos sind rein aristotelisch; überall ist die Anlehnung an den Text des Aristoteles leicht erkennbar. Der Durchmesser
zwischen den Polen wird z. B. als Länge des Universums betrachtet. Der
unsichtbare Pol ist der obere Teil des Universums, der sichtbare sein un-
terer Teil. Die rechte Seite des Himmels ist die Gegend, in der die Gestirne aufgehen, die linke diejenige, in der sie untergehen[42]. Die Bewegung des höchsten Himmels ist regelmäßig, die der unteren Sphären ist
unregelmäßig und resultiert aus der Kombination mehrerer Bewegungen. Die jeweils höhere Sphäre vermittelt ihre Bewegung an die unter ihr
befindliche[43]. Die Gestirne bestehen aus einem von Natur aus kreisförmig
bewegten Körper, nicht aus Feuer; ihr Licht und ihre Wärme werden
durch die Reibung der Luft erzeugt[44]. Die Gestirne bewegen sich nicht
selbständig; sie sind an einer sich drehenden Sphäre befestigt, und von
dieser werden sie bewegt; ihre Gestalt ist kugelförmig[45]; ihre Bewegung

---

[41] Fr. 27 ~ Metaph. N 6, 1093a 13—15.
[42] Fr. 28 ~ II 2, 285b 8—10; 14—19.
[43] Fr. 32 ~ II 6, 288a 13—17. Über die Vermittlung der Bewegung einer höheren
Gestirnsphäre an die jeweils untere bemerkt Drossaart Lulofs 156: „This
interpretation readily suggests itself and has often been given without being
well founded. Aristotle nowhere explicitly says that each sphere imparts its
own motion to the next one inside it, and if he had done so the strange theory
of the ‚intelligences' would have been superfluous ... This is another example
of Nicolaus' readiness to decide somewhat dubious questions." Man muß jedoch
berücksichtigen, daß die aristotelische Hypothese der ἀνελίττουσαι σφαῖραι
(Metaph. Λ 8, 1073b 38—1074a 14) auf der Annahme beruht, daß die jeweils
innere Sphäre die Bewegung der unmittelbar höheren erhält.
[44] Fr. 33 ~ II 7.
[45] Fr. 34 ~ II 8.

erzeugt kein Geräusch[46]. Der Mond ist kugelförmig, wie seine Phasen zeigen[47]. Daß auch die Erde kugelförmig ist, läßt sich aus den Mondfinsternissen schließen. Die Erdkugel muß ferner verhältnismäßig klein sein, sonst würde sich das Bild des nächtlichen Himmels nicht so schnell verändern, wenn man sich in südlichere oder nördlichere Regionen begibt[48].

Das fünfte Buch des Kompendiums enthielt, wenn wir der Überschrift der syrischen Auszüge glauben dürfen, „die Lehre aus dem Buch Über Entstehen und Vergehen des Aristoteles und aus dem letzten Buch Über den Himmel". Die unter dieser Rubrik tradierten Fragmente stammen aber aus De caelo III und IV: Es handelt sich um eine Erwähnung der Frage, ob man den Feuerteilchen die Form einer Kugel oder einer Pyramide zuschreiben kann[49], und um Erörterungen über das Paradoxon, daß bestimmte schwere Körper auf dem Wasser schwimmen, während viel leichtere untergehen[50]. Danach kommen zwei Bruchstücke aus De generatione et corruptione, und zwar unter der Rubrik: „Aus dem Buch über Entstehen und Vergehen". Allem Anschein nach ist es also das dritte Buch De caelo, das in der ersten Rubrik als „Über Entstehen und Vergehen" bezeichnet wird. Da De caelo III sich tatsächlich mit der Entstehung der sublunaren Elemente befaßt, überrascht diese Bezeichnung nicht. Bereits Alexander von Aphrodisias[51] wies auf die inhaltliche Verwandtschaft von De caelo III mit De gener. et corr. hin. Leider wissen wir nicht, ob die Buchüberschriften der syrischen Epitome auf Nikolaos selbst zurückgehen oder von einem späteren Bearbeiter eingefügt worden sind.

Im zweiten Teil desselben Buches befand sich eine allem Anschein nach sehr knapp gehaltene Zusammenfassung der Schrift De generatione et corruptione. Daraus sind nur zwei wenig bedeutsame Fragmente erhalten. Das eine, in dem das Feuer als ein Übermaß an Hitze, das Eis als ein Übermaß an Kälte gekennzeichnet werden, ist ein fast wörtliches Zitat aus Aristoteles[52]. Charakteristisch für Nikolaos' Methode ist jedoch, daß einige Worte aus einer Parallelstelle der Meteorologie[53] in das

---

[46] Fr. 35 ~ II 9.
[47] Fr. 36 ~ II 11, 291b 17—21.
[48] Fr. 37 ~ II 14, 297b 23—298a 9.
[49] Fr. 38 ~ III 8, 306b 32—33.
[50] Fr. 39 ~ IV 6, 313a 16—b 16.
[51] Meteor. 2, 5—10.
[52] Fr. 40 D. L. = De gen. et corr. II 3, 330b 25—28.
[53] I 3, 340b 23 ὑπερβολὴ γὰρ θερμοῦ καὶ οἷον ξέσις ἐστὶ τὸ πῦρ.

Zitat hineingenommen worden sind. In seiner Schrift Über die Natur des
Alls zitiert der Ps.-Ocellus[54], den Harder ins 2. Jh. v. Chr. datiert, denselben Passus aus De generatione et corruptione; mehrere textliche
Unterschiede zwischen ihm und Nikolaos schließen es jedoch aus, daß
die beiden auf eine gemeinsame Zwischenquelle zurückgehen könnten[55].
Das zweite Fragment hebt die Tatsache hervor, daß die Elemente sich
ununterbrochen zyklisch ineinander verwandeln: Aus dem Feuer entsteht Luft, aus der Luft Wasser, aus dem Wasser Erde, aus der Erde wiederum Feuer, und dieser Prozeß wird niemals aufhören[56]. Der Gedanke
stammt aus den Schlußkapiteln[57] von De gen. et corr., ohne jedoch in
der Form eines wörtlichen Auszuges zu erscheinen. Nikolaos hat sich also
hier bemüht, eine auch anderswo im Traktat des Aristoteles erörterte
Lehre[58] in freier und sehr konziser Form wiederzugeben; wahrscheinlich
nannte er im Anschluß an die aristotelische These die Bewegungen der
Sonne als die wirkende Ursache des zyklischen Wandels der Elemente; im
erhaltenen Fragment heißt es nämlich, daß die Wärme das Entstehen
und die Kälte das Vergehen bewirkt.

Da der letzte Teil der syrischen Epitome mit den Resten der Bücher
VI—XIII noch nicht veröffentlicht ist, muß hier auf eine Darstellung
von Nikolaos' Ausführungen über die Zoologie des Aristoteles verzichtet
werden. Aus anderen Quellen sind uns jedoch einige Spuren seines Kompendiums der Meteorologie (die ersten drei Bücher dieser Schrift behandelte Nikolaos im Buch VI [59]) und der Schrift De anima (behandelt im
Buch X) erhalten, mit denen wir uns jetzt befassen wollen.

In einer syrischen Sammelhandschrift der Pariser ‚Bibliothèque Na-
tionale' befindet sich unter anderem eine kleine meteorologische Schrift
über die Winde, die in ihrer jetzigen Form wohl aus dem Ende des 12.
oder aus dem 13. Jh. stammt, in der jedoch griechische Philosophen und
Gelehrte wie Anaxagoras, Aristoteles, Theophrast, Nikolaos und Olympiodor zitiert werden[60]. Mit Nikolaos ist zweifellos der Damaskener ge-

---

[54] 27, S. 17, 15—22 Harder.
[55] Vgl. Drossaart Lulofs, Nic. Damasc. 168—169. Früher (JHSt 77 [1957] 76)
war Drossaart Lulofs geneigt anzunehmen, daß der von Ps.-Ocellus benutzte
Kommentar zu De gen. et corr. von Nikolaos stammte.
[56] Fr. 41.   [57] II 10—11.
[58] Bes. II 4, 331a 26—b 2.
[59] Die Reste dieses Buches befinden sich in einem relativ guten Zustand. Vgl.
Drossaart Lulofs, in: JHSt 77 (1957) 76.
[60] Paris B. N. syr. 346, aus dem Jahre 1309. Das Manuskript enthält vorwiegend
Werke des Severus Sebokt, eines syrischen Gelehrten aus dem 7. Jh., der sich

meint. Die drei Auszüge, die der anonyme Verfasser zitiert, beziehen sich auf die aristotelische Windlehre und stammen offensichtlich aus Nikolaos' Kompendium der Meteorologie[61]. Der erste lautet: „Nikolaos sagt: Was den Wind angeht, war Hippokrates der Meinung, daß eine Bewegung aus der Kälte der Luft entsteht und daß der Wind das Fließen und die Ausdehnung der Luft ist". Der anonyme Verfasser berichtet anschließend über die Einwendungen, die Olympiodor gegen diese Lehrmeinung des Hippokrates erhoben hatte[62]. Das Nikolaos-Fragment bezieht sich auf die Windtheorie, die Aristoteles, Meteor. I 13, 349 a 16—26, ohne ihren Urheber zu nennen, zusammenfaßt. Spätere Kommentatoren wiesen darauf hin, daß die von Aristoteles zitierte Winddefinition die des Arztes Hippokrates sei[63]. Durch das syrische Fragment erfahren wir, daß bereits Nikolaos die Herkunft dieser Definition festgestellt hatte.

Im zweiten Fragment wird die aristotelische Theorie von der Entstehung des Windes aus der trockenen, rauchartigen Ausdünstung in sehr gedrängter Form dargestellt; die verschiedenen Sätze oder Satzteile aus der Meteorologie, die Nikolaos hier verwendet hat, lassen sich zum Teil noch identifizieren. „Der Philosoph Nikolaos sagt: Die rauchartige Ausdünstung stammt aus der Erde und die dampfige aus dem Wasser[64]. Die letztere trägt zur Entstehung der ersteren bei, denn wenn sich der Dampf kondensiert, zu Wasser verwandelt und herunterregnet, feuchtet er die Erde an und benetzt sie[65]; er bereitet sie zur Aussendung eines Rauches vor, denn feuchte Erde erzeugt mehr Rauch, wie es auch

---

sehr eingehend mit der griechischen Wissenschaft befaßt hatte. Der meteorologische Traktat (ff. 61ᵛ—77ᵛ) trägt die Überschrift: „Abhandlung über die Seiten, aus denen die Winde wehen. Von Olympiodor." Da der Traktat jedoch den „Dionys aus Amid, der identisch ist mit Jacobus bar Salibi" (gest. 1171) zitiert, muß er in seiner jetzigen Form etwa zwischen 1171 und 1309 entstanden sein. Vgl. F. Nau, La cosmographie au VIIᵉ siècle chez les Syriens, in: Revue de l'Orient Chrétien, 2. sér., 6 (15) (1910) 225—254.

[61] Ich kenne sie durch die französische Übersetzung von F. Nau, Op. cit. 231—232.

[62] Diese Einwendungen sind diejenigen, die bei Olymp., Meteor. 98, 29—32 begegnen.

[63] Hippokr., De flatibus 571, 13 Kühn; vgl. Alex., Meteor. 53, 27—28. Olymp., Meteor. 97, 39—98, 3.

[64] Die Lehre von den beiden Ausdünstungen begegnet an vielen Stellen der Meteorologie des Aristoteles. Der Satz des Nikolaos faßt wohl I 4, 341b 6—10 zusammen.

[65] Über diesen Prozeß vgl. unter anderem I 9, 346b 23—347a 12; II 4, 359b 28—360a 2.

bei feuchtem Holz der Fall ist[66]. Nicht die Luft, sondern die rauchartige Ausdünstung ist die Materie des Windes[67], denn (?) einige Leute sagen bald, daß die Winde den Regen vertreiben, bald, daß sie ihn erzeugen[68]".
Im 3. Fragment wird das Problem des Ausgangspunktes des Südwindes erörtert: „Nikolaos sagt, der Meinung des Aristoteles folgend, daß der kalte Südwind vom Süden des Alls, aus dem anderen Teil der Erde weht und daß der warme Südwind aus dem Teil der Erde kommt, an den wir gegen Süden grenzen, d. h. aus dem in der Mitte liegenden verbrannten Teil". Dieser Text macht deswegen Schwierigkeiten, weil Aristoteles zwar annimmt, daß unser Südwind aus der verbrannten Zone stammt — was dem zweiten Teil des Fragments entspricht —, die Ansicht jedoch ablehnt, daß ein vom Südpol stammender Wind in unseren Gegenden weht[69]. Die Erwähnung eines kalten Südwindes, der aus der Antarktis stammt, scheint also in Widerspruch zu den Angaben des Aristoteles zu stehen. Möglicherweise hat Nikolaos die Existenz eines solchen Windes einer Stelle entnommen, in der Aristoteles auf die Ähnlichkeit der Windphänomene in den beiden Hemisphären eingeht: In der Oikumene der südlichen Hemisphäre, so bemerkt nämlich der Stagirit, muß ein Südwind wehen, der vom Südpol stammt (und daher unserem Wind vom Nordpol entspricht, also kalt ist); bis in unsere Gegenden kann er allerdings nicht gelangen[70]. Daraus dürfte Nikolaos seine Angaben über den kalten südpolaren Wind geschöpft haben. Er hätte natürlich hervorheben sollen, daß dieser Wind laut Aristoteles' Ansicht nur in der südlichen Hemisphäre weht und unsere Oikumene gar nicht erreicht[71].

[66] Wörtliche Reminiszenz an II 4, 361a 17—21.

[67] Die trockene Ausdünstung wird II 4, 360a 12—13 als ἀρχή καὶ φύσις aller Winde bezeichnet, b 32 als σῶμα des Windes. Vgl. auch 361a 30—32, wo es heißt, daß die ἀρχή . . . τῆς . . . ὕλης καὶ τῆς γενέσεως des Windes von unten kommt.

[68] Der Zusammenhang mit dem Vorhergehenden ist nicht ganz deutlich. Zum Gedanken vgl. Meteor. II 3, 358b 1—3 (Winde, die bestimmten Gegenden schönes Wetter, anderen Gegenden Regen bringen). Vgl. Theophr., De ventis 377, 28—38 Wimmer (mit der Länge des Weges verändern die Winde ihre Beschaffenheit und bringen schönes Wetter oder Regen). Vgl. dazu P. Steinmetz, Phys. Theophr. 27.

[69] Meteor. II 5, 362a 31—32; 363a 8—13.

[70] Meteor. II 5, 362b 33—363a 1.

[71] In der hippokratischen Schrift περὶ διαίτης II 38, S. 532, 4sqq. Littré wird erklärt, daß der Südwind vom südlichen Pol weht und daher kalt ist, weil seine Materie von den Schnee- und Eisflächen der Südkalotte ausgedünstet wird; beim Überwehen der äquatorialen Zone wird er trocken und heiß, beim Überwehen des Mittelmeeres nimmt er Feuchtigkeit auf, ist also heiß und feucht, wenn

Das Kompendium des 3. Buches der Meteorologie schließt in der syrischen Epitome mit 378 a 14 ab. Nikolaos ließ das 4. Buch mit 378 a 15 beginnen, d. h. mit jenem Schlußabschnitt unseres 3. Buches, in dem Untersuchungen über Gesteine und Metalle in Aussicht gestellt werden. Die Reste des Buches VII der syrischen Epitome bestehen jedoch in der Hauptsache aus Auszügen aus Theophrasts De lapidibus. Wir können uns leicht vorstellen, wie es dazu gekommen ist. Nikolaos hatte bei Aristoteles die Ankündigung einer Untersuchung über Gesteine und Metalle vorgefunden. Da nun das 4. Buch der Meteorologie die versprochene Untersuchung nicht enthielt, sah sich Nikolaos genötigt, eine andere Vorlage heranzuziehen, nämlich Theophrast, um die Mineralogie zu behandeln, wie es das von Aristoteles angegebene Forschungsprogramm verlangte. Dieses Verfahren ist typisch für Nikolaos: Auch in seiner Behandlung der Metaphysik und der Pflanzenlehre hat er gelegentlich einen Zusatz an Information bei Theophrast gesucht[72].

Der zweite Teil von Nikolaos' Kompendium der aristotelischen Philosophie (ab Buch VIII) enthielt, wenn wir der syrischen Epitome glauben dürfen[73], eine Zusammenfassung der biologischen Schriften. Der Fihrist kennt eine Kompilation der 19 Bücher des Aristoteles über die Tiere[74], die von Nikolaos stammt[75], und Averroes bemerkt ausdrücklich, daß er De motu animalium nur durch die Epitome des Nikolaos kennt[76]. Auch die Seelenlehre war in diesem Komplex behandelt: Hinter der Historia animalium (Buch VIII) und der Schrift De partibus (Buch IX) kamen De anima (Buch X), De sensu und De insomniis (Buch XI), und

er in unserer Oikumene weht. Vergleichbar Ps.-Arist., Probl. 26, 16, 942a 5—15 und Theophr., De ventis 3, 377, 24—26 Wimmer, der bemerkt, daß „die Notoi im Süden kälter sind als bei uns, wie einige sagen, sogar kälter als der Boreas bei uns". Wie oben bemerkt wurde, spricht sich Aristoteles gegen die These aus, daß der bei uns wehende Notos aus der antarktischen Polarzone stammt. Vgl. W. Capelle, Art. Meteorologie, RE Suppl. VI (1935) 337—338. R. Böker, Art. Winde, RE VIII A (1958) 2248 und 2254.

[72] Diese Angaben verdanke ich einer freundlichen Mitteilung von H. J. Drossaart Lulofs (Brief vom 3. 4. 1969). Vgl. auch seine Hinweise in JHSt 77 (1957) 76.

[73] Vgl. Drossaart Lulofs, Nic. Damasc. 11.

[74] Wahrscheinlich: Hist. an. 10 Bücher, De partibus 4 Bücher, De generatione an. 5 Bücher.

[75] Ibn abū Ya'qūb an-Nadīm, Kitāb al-Fihrist, S. 251, 21 Flügel. Vgl. Drossaart Lulofs S. 12, T. 8.

[76] Comm. magn. in De anima, S. 524, 59 Crawford. Vgl. Drossaart Lulofs S. 13, T. 11.

erst danach beschäftigte sich Nikolaos mit dem Traktat De generatione animalium.

Da die syrischen Fragmente noch der Veröffentlichung harren, können hier nur die anderweitig bekannten Bruchstücke erörtert werden. Die wichtigsten beziehen sich auf zwei Fragen der aristotelischen Seelenlehre. Im historischen Teil seiner Abhandlung περὶ τῶν τῆς ψυχῆς δυνά-μεων legte Porphyrios die Meinungen anderer Philosophen über das Problem dar, ob in der Seele mehrere Teile oder lediglich mehrere Kräfte zu unterscheiden seien[77]; bei dieser Gelegenheit ging er auf die Ansicht des Nikolaos ein[78]: ,,Nikolaos wollte die Teile der Seele nicht quantitativ auffassen, sondern vielmehr qualitativ, wie auch die Teile der Kunst und der Philosophie qualitativ aufzufassen sind. Bei der Quantität wird nämlich das Ganze von den Teilen ausgefüllt; wie dieses Ganze, verglichen mit einer anderen Quantität, diese übertrifft oder hinter ihr zurücksteht, ebenso wird es größer oder kleiner, je nachdem ob ihm ein Teil hinzugefügt oder weggenommen wird. Nicht in diesem Sinne aber sagen wir, daß die Seele Teile hat, denn ihre Quantität wird nicht von diesen Teilen ausgefüllt und sie ist keine Größe und hat keine Vielheit in sich. Von ihren Teilen sprechen wir vielmehr wie von den Teilen der Kunst. Aber selbst von diesen unterscheiden sie sich. Die Kunst dürfte nämlich weder vollständig noch vollkommen sein, wenn ihr ein Teil fehlte, jede Seele aber ist vollkommen. Das ganze Lebewesen ist es, das unvollständig ist, wenn es das naturgemäße Ziel nicht erlangt hat. Nikolaos will also die Teile der Seele als Fähigkeiten des besitzenden Subjekts verstehen. Das Lebewesen und allgemein gesprochen das Beseelte ist es nämlich, das dadurch, daß es eine Seele besitzt, vieles kann, wie zum Beispiel leben, wahrnehmen, sich bewegen, denken, begehren: Von allen diesen Tätigkeiten ist die Seele Ursache und Prinzip. Diese Fähigkeiten also, von denen es heißt, daß sie die genannten Tätigkeiten oder Modifikationen des beseelten Wesens hervorbringen, betrachtet er, wie gesagt, als Teile der Seele. Obwohl nun die Seele keine Teile hat, hindert uns nichts daran, daß wir ihr Erzeugen von Tätigkeiten als teilbar auffassen''.

Es ist hier nicht der Ort, auf die anderen Fragmente von Porphyrios' Abhandlung über die Teile der Seele ausführlich einzugehen. Zum Ver-

---

[77] Fragmente bei Stob. I 49, 24—26, S. 347, 19sqq.
[78] Stob. I 49, 25ᵃ, S. 353, 12—354, 6. G. Movia, Anima e intelletto, 1968, 201 übersetzt diesen Text, interpretiert ihn jedoch nicht.

ständnis der Nachricht über Nikolaos muß jedoch an einige Aspekte der
von Porphyrios aufgeworfenen Frage erinnert werden. Zunächst einmal
schienen zwei Thesen Platons in diametralem Widerspruch zu stehen.
Die Einheitlichkeit der Seele und ihre Unteilbarkeit hatte Platon mehrmals nachdrücklich hervorgehoben, andererseits aber hatte er beinahe
noch häufiger und ausführlicher dargelegt, daß die Seele aus drei Teilen
besteht, die in Konflikt miteinander geraten können. Auch der Aristotelismus war in dieser Hinsicht nicht frei von Schwierigkeiten; in den
Ethiken operierte Aristoteles mit mehreren Teilen der Seele, und auch in
De anima begegnet der Begriff ‚Seelenteil' an verschiedenen Stellen;
an anderen Stellen derselben Schrift lehnt er jedoch die Ansicht ab, daß
die Seele aus Teilen bestehe, und er zieht es vor, von den verschiedenen
Kräften oder Vermögen (δυνάμεις) der Seele zu reden[79].

Einige Platoniker glaubten den Widerspruch innerhalb des Platonismus zu beseitigen, indem sie zwischen dem eigentlichen Wesen der Seele
und ihrer Situation während der Vereinigung mit dem Körper unterschieden. An und für sich, erklärten sie, sei die Seele einheitlich und un-
teilbar. Wenn sie aber in einen teilbaren Körper eingehe, müsse sie, um
ihre verschiedenen Tätigkeiten ausüben zu können, verschiedene Teile
des Körpers einnehmen. Im Kopf handele die Seele anders als in der
Brust oder in der Leber, und diese ihre verschiedenen Tätigkeiten gehörten verschiedenen Körperteilen an. Die Teilung der Seele sei daher
eine Folge der Teilung des Körpers, in dem die Seele wohne und mittels
dessen sie wirke[80]. Diese Interpreten Platons verstanden also die Teilung
der Seele als eine räumlich-quantitative (κατὰ τὸ ποσόν). Im Gegensatz
zu ihnen wollte aber Nikolaos, so berichtet Porphyrios, die Seelenteile
nicht quantitativ, sondern qualitativ auffassen. Dies bedeutet natürlich
nicht, daß sich der Damaskener mit der platonischen Seelenlehre beschäftigte und deren vermeintliche Anstöße aufzuheben versuchte. Sein
Anliegen wird es vielmehr gewesen sein zu erklären, in welchem Sinne der
Stagirit von Seelenteilen sprechen konnte und was er in Wirklichkeit
darunter verstand. Im Quantitativen, führte Nikolaos aus, besteht ein
Ganzes aus der Summe seiner Teile, und dieses Ganze kann größer oder
kleiner werden, wenn man Teile hinzufügt oder welche abzieht. Dies
kann bei der Seele jedoch nicht der Fall sein, denn die Seele ist weder eine

---

[79] Zahlreiche Texte. Vgl. Bonitz, Ind. Arist. 207a 46—61 und 864b 8—865a 6.
  Über die Bedeutung von μέρος vgl. 455b 32—34 und 40—44.
[80] Stob. I 49, 25ᵃ, S. 353, 1—11.

Größe noch gibt es in ihr irgendwelche Vielheit. Wenn man von ihren
Teilen spricht, so ist also eher eine qualitative Unterscheidung gemeint,
etwa wie wenn man von den Teilen der Kunst oder der Philosophie
spricht. Leider erklärt Porphyrios nicht näher, wie sich Nikolaos das
Verhältnis zwischen der Philosophie und ihren Teilen vorstellte. Gerade
über dieses Problem scheinen im spätantiken Denken verschiedene Ansichten bestanden zu haben. Die Einteilung der Grammatik oder der
Philosophie begegnet als Beispiel in der Theorie der Diäretik, und zwar
als Beispiel für die Teilung eines Ganzen in seine Teile, im Gegensatz etwa
zur Teilung der Gattung in ihre Arten oder des Wortes in seine Bedeutungen[81]. Da Nikolaos nun von einer qualitativen Einteilung spricht, muß
er eine andere Ansicht vertreten haben. Vielleicht darf daran erinnert
werden, daß die Teilung der Gattung in ihre Arten als qualitative Teilung
bezeichnet wird[82]. Philosophie und Techne konnte man deswegen als
Gattungen betrachten, die sich in untergeordnete Gattungen „qualitativ" einteilen ließen[83]. Dies läßt sich aber nicht ohne weiteres auf die
Seele übertragen, wenigstens nicht in der Perspektive des Aristoteles,
denn Aristoteles lehnt es bekanntlich ab, die Seele als eine Gattung zu betrachten, deren Arten die sogenannten Seelenteile wären[84]. Deswegen hat
es Boethius in seiner Schrift De divisione[85] für richtig gehalten, mehrere
Bedeutungen des Ausdrucks „ein Ganzes" zu unterscheiden: Ein Ganzes
sei unter anderem auch das, „was aus mehreren Fähigkeiten bestehe",
wie zum Beispiel die Seele; die Seele sei nämlich keine Gattung, sondern
ein Ganzes, das sich allerdings nicht quantitativ, sondern qualitativ einteilen lasse[86].

[81] Philop. in: Gramm. Graeci I 3, Schol. in Dion. Thr. rec. Hilgard, 135, 3—12.
Severus bar Šakkū (schöpfend aus Philoponos?) in: A. Baumstark, Arist. bei den
Syrern I, 1900, 197.

[82] Boethius, De divis. 879 B *generis quoque sectio a totius distributione seiungitur,
quod totius divisio secundum quantitatem fit . . . Generis vero distributio qualitate
perficitur. Nam cum hominem sub animali locavero, tunc qualitate divisio facta est.
Quale namque animal est homo, idcirco quoniam qualitate formatur. Unde quale sit
animal homo respondens, aut rationale respondebit, aut certe mortale.*

[83] Vgl. die Ansicht der Stoiker bei Aet., Plac. I, Prooem. 2 (Dox. 273,14—20),
wo die Philosophie als μία καὶ ἀνωτάτω ἀρετή erscheint und ihre drei Teile die
drei ἀρεταὶ γενικώταται sind.

[84] De an., II 3, 414b 20—415a 13.

[85] Die Abhandlung dürfte, wenigstens zum Teil, über Porphyrios auf Andronikos
zurückgehen, vgl. oben S. 120sqq.

[86] 888 A *dicitur quoque totum quod ex quibusdam virtutibus constat, ut animae alia est
potentia sapiendi, alia sentiendi, alia vegetandi: partes sunt, sed non species.*

31*

Übrigens hat auch Nikolaos darauf hingewiesen, daß die Teilung der Seele nicht in jeder Hinsicht mit der Teilung der Techne parallelisiert werden kann. Fehlt ein „Teil" der Techne, so ist diese nicht vollständig[87]. Jede Seele aber ist vollständig. Was kann diese Behauptung bedeuten? Wenn nicht alles täuscht, nimmt Nikolaos damit Stellung in einer berühmten Debatte. Umstritten war die Frage, ob das junge Lebewesen, ja schon der Embryo sämtliche Teile seiner Seele von Anfang an besitzt oder sie nur nach und nach im Laufe seiner Entwicklung erhält. Nikolaos spricht sich für die erste Lösung aus. Er schließt sich denjenigen an, die behaupteten, daß das junge Lebewesen gleich nach der Zeugung seine vollständige Seele besitze: Gewiß, das Lebewesen erreicht nicht sofort die letzte Vollendung seiner Natur, aber die Unvollkommenheit, die es in den Anfängen seiner Entwicklung aufweist, geht nicht auf die vorläufige Unvollständigkeit seiner Seele zurück; sie erklärt sich vielmehr dadurch, daß seine organische Entwicklung noch nicht abgeschlossen ist[88].

Besonders charakteristisch für die peripatetische Orthodoxie des Damaskeners erscheinen die letzten Sätze des Referats. Dort wird mit Nachdruck hervorgehoben, daß Leben, Wahrnehmen, Sich-Bewegen, Begehren und sogar Denken (νοεῖν) Tätigkeiten des Lebewesens sind, das die Seele besitzt. Mit dem Ausdruck „Seelenteile" bezeichnet man in Wirklichkeit Kräfte oder Fähigkeiten (δυνάμεις) des Lebewesens als solchen, zum Bei-

888C *eius quoque totius, quod ex virtutibus constat, hoc modo facienda est divisio. Animae alia pars est in virgultis, alia in animalibus, et rursus eius, quae est in animalibus, alia est rationalis, alia sensibilis est. Et rursus haec aliis sub divisionibus dissipantur. Sed non est anima horum genus, sed totum, partes enim hae animae sunt, sed non ut in quantitate, sed ut in aliqua potestate et virtute.* Boethius hebt aber gleich danach hervor, daß die Teilung der Seele nicht ganz ohne Ähnlichkeit mit der Teilung einer Gattung in Arten ist.

[87] Obwohl Nikolaos keine weitere Erklärung gibt, ist seine Behauptung leicht zu verstehen. Die γραμματική läßt sich z. B. in ἀναγνωστικόν, ἐξηγητικόν, διορθωτικόν und κριτικόν einteilen (Philop. in: Gramm. Graeci I 3, S. 135, 3—12 Hilgard). Ein Gelehrter, der etwa das διορθωτικόν nicht beherrschen würde, besäße keine vollständige γραμματική.

[88] Das scheint mir der Sinn des konzisen und nicht ganz klaren Satzes 353, 22—24 zu sein. Mit der Frage nach dem sukzessiven Entstehen der Seelenteile im jungen Lebewesen werde ich mich unten (Bd. III) in meinen Erörterungen über Alex., De an. 38, 4—8 ausführlicher befassen. Wichtig sind vor allem die Aussagen Chrysipps (Fr. 756—759, SVF II S. 213), Galens (De foetuum formatione IV, 652—702 K.), Ps.-Galens (An animal sit quod est in utero, XIX 158—181 K.) und des Porphyrios (πρὸς Γαῦρον περὶ τοῦ πῶς ἐμψυχοῦται τὰ ἔμβρυα ed. Kalbfleisch 1895).

spiel des Menschen und nicht der menschlichen Seele allein. Der Anschluß an die Entelechie-Lehre des Aristoteles und die Ablehnung des
platonischen Dualismus treten hier ganz deutlich zum Vorschein.

Es mag überraschen, daß Nikolaos auch die Denktätigkeit unter die
Operationen zählt, die auf das ἔμψυχον als solches zurückgehen. Aristoteles selbst hatte nämlich die Frage nach dem Status des νοῦς immer
wieder als schwierig bezeichnet, und seinen diesbezüglichen Bemerkungen
läßt sich eher entnehmen, daß er dazu neigte, die Tätigkeit des νοῦς als
ziemlich unabhängig vom Körper zu betrachten. Nikolaos aber scheint in
dieser Hinsicht keinen grundsätzlichen Unterschied zwischen dem νοεῖν
und dem αἰσθάνεσθαι zu machen und damit eine Tendenz innerhalb des
Aristotelismus zu vertreten, die mit Alexander von Aphrodisias ihren
Höhepunkt erreichen wird.

Mit der Lehre vom νοῦς beschäftigte sich Nikolaos nicht nur im breiteren Rahmen seines Kompendiums der aristotelischen Philosophie, sondern auch in einer spezielleren, offenbar polemischen Abhandlung. Orientalische Quellen nennen unter seinen Werken eine „Widerlegung derjenigen, die behaupten, der Intellekt sei identisch mit dem Intelligiblen"[89]. Gegen welche Philosophen diese Schrift gerichtet war und wie die
von Nikolaos bekämpfte These genau lautete, wissen wir leider nicht.
Wahrscheinlich beschäftigte sich Nikolaos mit Fragen, die Aristoteles
selbst in der Form von Aporien aufgeworfen hatte und die bereits in der
ersten Peripatetiker-Generation zum Gegenstand interpretatorischer
Diskussionen geworden waren. Sowohl in De anima im Hinblick auf die
menschliche Vernunft als auch in der Metaphysik im Hinblick auf den
göttlichen νοῦς setzt sich der Stagirit mit dem Problem auseinander, inwieweit die Vernunft selbst intelligibel ist und als identisch mit ihrem Objekt angesehen werden kann[90]. Eine weitere Nachricht über die Noetik
des Damaskeners bezieht sich auf den sogenannten *intellectus possibilis*.
Sie steht im großen Kommentar des Averroes zu Aristoteles' De anima.

---

[89] Fihrist, S. 254, 1—4 Flügel. Bar Hebraeus, Historia Dynastarum Moslemicarum,
   Beirut 1890, 139. Vgl. Drossaart Lulofs 9—10.
[90] Z. B. De an. III 4, 429 b 26—29; 430 a 2—9; Metaph. Λ 9, passim. Auch Theophrast
   ist auf diese Fragen eingegangen. Vgl. die Fragmente 10 und 11 bei Hicks, De
   an. 593 und die Ausführungen von E. Barbotin, La théorie arist. de l'intellect
   d'après Théophr., 1954, 126sqq. Für die Diskussion bei den Kommentatoren
   vgl. vor allem Themist., De an. 97, 19—98, 9; 95, 19—32. Simpl., De an. 235,
   14—31; 236, 33—237, 35. Ps.-Philop., De an. 527, 5—528, 10; 532, 29—534, 7.
   Über Xenarchos vgl. oben S. 204—205 mit Anm. 33.

Um alle Formen aufzunehmen, hatte der Stagirit bemerkt, darf der
menschliche Nus selbst keine Form in sich haben, sonst würde diese bereits vorhandene Form die Erkenntnis beeinträchtigen; daraus folgerte
er, daß „er keine andere Natur besitzt als gerade diese, daß er potentiell
ist", und daß „er, bevor er denkt, keines der ὄντα *in actu* ist"[91]. Während
Alexander von Aphrodisias von diesen Behauptungen des Aristoteles
ausging, um das Wesen des *intellectus possibilis* als reine Potentialität
zu definieren, unterschieden andere Interpreten zwischen der eigenen
Natur dieses Intellektes als Seelenvermögens und seiner Situation im
Hinblick auf die zu erkennenden Objekte; seine reine Potentialität vor
dem Denkakt sei durchaus mit der Annahme zu vereinbaren, daß er *qua*
Seelenkraft etwas Wirkliches sei. Bereits Theophrast hatte diese Frage
aufgeworfen und dahingehend beantwortet, daß nach Aristoteles' Meinung
der νοῦς δυνάμει trotz seiner absoluten Potentialität gegenüber seinen Ob-
jekten eine ontologische Existenz besitzen muß[92]. Jahrhunderte später
bekämpfte Averroes die alexandrische These von der absoluten Potentialität des *intellectus possibilis* und erklärte, Theophrast, Themistios,
Nikolaos und andere Vertreter des alten Peripatos hätten Inhalt und
Wortlaut von Aristoteles' Erörterungen besser beibehalten als Alexander[93]. Während die Ansicht von Theophrast und Themistios anderweitig bezeugt ist[94], besitzen wir keine andere Nachricht über Nikolaos'
Nuslehre. Es ist jedoch sehr wahrscheinlich, daß Nikolaos' These über
den νοῦς δυνάμει gegen Interpreten gerichtet war, die wie Alexander das
Wesen dieses Intellekts mit seiner Potentialität identifizierten: Bereits
Theophrast polemisierte gegen solche Interpreten, deren Ansicht er
als „eristisch" bezeichnete[95], und einige Generationen später, im 1. Jh.
v. Chr., also zu Nikolaos' Lebzeiten, wollte Xenarchos von Seleukeia
den Äußerungen des Aristoteles entnehmen, daß der potentielle In-

[91] III 4, 429a 18—27. Vgl. auch 429b 29—430a 2.
[92] Fr. I und VII. Vgl. auch die Ausführungen Barbotins 128—141.
[93] Comm. Magnum in De an. 159C ed. Venet. 1562 = III 14, 123—129, S. 432
Crawford. Vgl. O. Hamelin, La théorie de l'intellect d'après Aristote et ses
commentateurs, 1953, 61.
[94] Vgl. Themist., De an. 107, 30—108, 7. Prisc. Lyd., Metaphr. in Theophr. 25, 28sqq.
[95] Apud Themist., De an. 107, 32—35 = Fr. I. Daß Theophrasts Polemik nicht
fiktiv, sondern gegen konkrete Persönlichkeiten gerichtet ist, hält E. Barbotin 139
mit Recht für sehr plausibel. Die Vermutung F. Grangers in: Mind, N. S. II
(1893) 310, daß Theophrast sich hier gegen eine These der megarischen Eristiker
ausspricht, läßt sich jedoch nicht nachweisen.

tellekt mit der qualitätslosen Materie identisch ist[96]. Nikolaos hatte also gute Gründe, vor diesen und ähnlichen gewagten Interpretationen zu warnen.

E. Über die Pflanzen

Die kleine Schrift über die Pflanzen, die das Mittelalter in einer lateinischen Übersetzung aus dem Arabischen kannte und für ein Werk des Aristoteles hielt[1], stammt in Wirklichkeit von Nikolaos und war vielleicht ursprünglich ein Teil seines Kompendiums der aristotelischen Philosophie. Orientalische Quellen erwähnen eine selbständige Schrift des Nikolaos über die Pflanzen[2], und eine dieser Quellen präzisiert sogar, daß es sich um einen Kommentar zu den zwei Büchern des Aristoteles über die Pflanzen handelt; Isḥāq ibn Ḥunayn habe die arabische Übersetzung besorgt, und Ṯābit ibn Qurra habe sie verbessert[3]. Der Text dieser arabischen Übersetzung, der vor etwa 50 Jahren in einem Istanbuler Manuskript entdeckt wurde[4], trägt die Überschrift: „Das Buch des Aristoteles über die Pflanzen: ein Kommentar des Nikolaos. Übersetzung des Isḥāq ibn Ḥunayn mit Verbesserungen von Ṯābit ibn Qurra".

Die Geschichte der Tradierung dieses in mancher Hinsicht rätselhaften Werkes ist ganz eigenartig. Rund 20 Handschriften, fast alle aus dem 15. Jh., enthalten einen griechischen Text[5], der nichts anderes ist

---

[96] Xenarchos ap. Philop. lat., In tertium de an. S. 15, 65—69 Verbeke. Vgl. oben S. 207—208.

[1] Vgl. A. Jourdain, Recherches sur l'âge et l'origine des traductions latines d'Aristote, Paris 1843 (Neudruck New York 1960) 173—175. Albertus Magnus und Vinzenz von Beauvais kannten schon diese Fassung. Albertus, der über einen guten Codex verfügte, benutzte sie ausgiebig in den Büchern I und IV seiner Schrift De vegetabilibus. Vgl. E. H. F. Meyer, Nicolai Damasceni De plantis libri duo, 1841, IV und XXVI.

[2] An-Nadîm, Fihrist S. 254, 1sqq. Flügel. Al-Qifṭī, Tariḫ al-ḥukamā, S. 336, 5sqq. Lippert. Bar Hebraeus, Hist. Dynastarum Moslemicarum, Beirut 1890, 139. Vgl. Drossaart Lulofs 9—10.

[3] Haǧǧi Ḥalīfa, Lexicon Bibliographicum V, S. 162, Nr. 10564, zitiert von Drossaart Lulofs 13.

[4] Yeni Cami Nr. 1179. Vgl. M. Bouyges, Sur le De Plantis d'Aristote-Nicolas. A propos d'un manuscrit arabe de Constantinople, in: Mélanges de l'Université Saint-Joseph, Beyrouth, IX 2 (1923) 71—89.

als eine wertlose Rückübersetzung der mittelalterlichen lateinischen Version[6]. Diese Version selbst, die in mehr als 160 Manuskripten auf uns gekommen ist, wurde von Alfred von Sareshel in der 2. Hälfte des 12. Jh. angefertigt und Roger von Hereford gewidmet[7]. Als Vorlage benutzte Alfred eine arabische Übersetzung des Isḥāq ibn Ḥunayn, die man für verschollen hielt, bis M. Bouyges sie in Istanbul wiederentdeckte[8]. Ebenfalls aus dem Arabischen wurde der Text im Jahre 1314 von Qalonymos ben Qalonymos ins Hebräische übersetzt[9]. Wahrscheinlich geht Isḥāqs arabische Übersetzung auf eine syrische Vorlage zurück, die ihrerseits auf einem verlorenen griechischen Original beruhte. Von der syrischen Übersetzung besitzen wir nur einige Fragmente: einen Auszug aus dem 1. Buch in dem Candelabrum Sanctuarii des Bar Hebraeus[10] und einige in Unordnung geratene Sätze, ebenfalls aus dem 1. Buch, im syrischen Ms. Cambridge Gg. 2. 14, das, wie wir oben sahen, auch die

---

[5] Mehrmals herausgegeben, z. B. von I. Bekker, Aristoteles graece 814a 10—830b 4. O. Apelt, Arist. quae feruntur De plantis etc., Leipzig 1888.

[6] Der Urheber dieser griechischen Retroversion hatte offensichtlich eine sehr schlechte lateinische Vorlage zur Verfügung; dazu kommt noch, daß er des Arabischen nicht kundig war; die vielen Arabismen der lateinischen Übersetzung hat er nicht erkannt; ebensowenig konnte er Fehler beseitigen, die sich vom Arabischen her erklären lassen. Schwierigere Stellen wurden daher oft mißverstanden oder einfach übersprungen. Nach dem Zeugnis des Ermolao Barbaro (1454—1492), In Dioscoridem corollariorum lib. I, cap. 28, Venedig 1516, f. 6ᵣ, zitiert von E. H. F. Meyer S. III, war der griechische Übersetzer ein gewisser Maximos. Ob es sich um Planudes oder um einen anderen handelt, konnte bisher nicht entschieden werden. Vgl. L. Labowsky, in: Medieval and Renaissance studies 5 (1961) 137—138. B. Hemmerdinger, Le De plantis, de Nicolas de Damas à Planude, in: Philologus 111 (1967) 56—65.

[7] Editio princeps: Gregorius de Gregoriis, Venedig 1496. Grundlegend: E. H. F. Meyer, Nicolai Damasceni de plantis libri duo Aristoteli vulgo adscripti. Ex Isaaci Ben Honain versione arabica latine vertit Alfredus, Lipsiae 1841. Vgl. Aristoteles Latinus. Cod. descr. G. Lacombe, I, 1937, S. 91. Eine andere, jüngere lateinische Übersetzung ist in vielen Aristoteles-Ausgaben abgedruckt worden (z. B. Bekker III 395sqq.). Sie erweist sich als die Übertragung der griechischen Rückübersetzung, der sie ganz wörtlich folgt. Der anonyme Übersetzer scheint jedoch die ältere lateinische Version herangezogen und ihr gelegentlich einige Ausdrücke entlehnt zu haben. Vgl. E. H. F. Meyer IX.

[8] Vgl. oben Anm. 4. Editionen: A. J. Arberry, An early Arabic translation from the Greek, Kairo 1933/34. ʿA. Badawī, Aristotelis De anima etc., Kairo 1954 (Islamica 16).

[9] M. Steinschneider, Die hebräischen Übersetzungen des Mittelalters 140—143.

[10] Ed. J. Bakoš, Patrol. Orient. XXIV 3, Paris 1933, 320—325.

Reste des Kompendiums der aristotelischen Philosophie enthält[11]. Obwohl das Blatt des Cambridge-Manuskripts, das die syrischen Fragmente von De plantis enthält (f. 383), keinen Titel hat und jetzt an falscher Stelle steht, ist es ziemlich wahrscheinlich, daß es aus dem Kompendium der aristotelischen Philosophie stammt. Ursprünglich kann also Nikolaos' Abhandlung über die Pflanzen ein Bestandteil seines Kompendiums gewesen sein, wo sie hinter den zoologisch-psychologischen Kapiteln stand. Bemerkenswert ist in dieser Hinsicht ein Verweis auf die Meteorologie im 2. Buch von De plantis, der zweifelsohne als Selbstzitat des Nikolaos zu verstehen ist[12]: Anstatt anzunehmen, daß man es mit einem Fälscher zu tun hat, der sich für Aristoteles ausgeben will und Aristoteles' Meteorologie als sein eigenes Werk zitiert, kann man heute mit Sicherheit sagen, daß Nikolaos mit diesem Satz auf das 6. Buch seines Kompendiums verweist, in dem die Bücher I—III der Meteorologie behandelt waren[13]. Die Wahrscheinlichkeit, daß die Abhandlung über die Pflanzen und die Zusammenfassung der Meteorologie ursprünglich zu einem umfassenden Komplex, dem Kompendium, gehörten, wird dadurch noch verstärkt. Wie die Angaben der arabischen Bibliographen zeigen, wurde die Pflanzenschrift von diesem Komplex jedoch abgetrennt und als eine selbständige Schrift behandelt. Das geht vermutlich darauf zurück, daß sie der einzige Abschnitt des Kompendiums war, für den man das epitomierte Original des Aristoteles nicht mehr besaß. Schon Isḥāq ibn Ḥunayn muß sie als die einzige verfügbare Quelle über Aristoteles' Pflanzenlehre betrachtet und aus diesem Grund ins Arabische übersetzt haben[14].

Die systematische Untersuchung dieser recht verschiedenartigen Textzeugen steht noch aus. Daß sie besonders schwierig sein wird, versteht sich von allein. Es gilt zunächst, die stellenweise bis zur Unverständlichkeit fehler- und lückenhaften Textzeugen so zu korrigieren, daß man hinter den vielfältigen Entstellungen eine möglichst genaue Vorstellung des verschollenen Originals wiedergewinnen kann. Dies setzt nicht nur voraus, daß man mit der antiken Pflanzenlehre gut vertraut ist, sondern auch, daß man orientalische Sprachen beherrscht und sich

---

[11] Über diese verschiedenen Textzeugen vgl. H. J. Drossaart Lulofs, Aristotle's Περὶ φυτῶν in: JHSt 77 (1957) 75—80.

[12] II 2, 27, 29sqq. Meyer *praemisimus autem generationes fontium et fluviorum in libro meteorum.*

[13] Bereits E. H. F. Meyer hatte diese Erklärung, S. 108, ad p. 28, l. 1, vorgeschlagen, obwohl er das syrische Fragment des Kompendiums nicht kannte.

[14] H. J. Drossaart Lulofs, JHSt 77 (1957) 79; Nic. Damasc. 40.

in der Überlieferungsgeschichte der orientalischen Wissenschaft genügend auskennt. Ferner stößt die Interpretation und die historische Einordnung von Nikolaos' Schrift über die Pflanzen auf ein Problem, das mit ausreichender Sicherheit wohl kaum zu lösen ist. Das Verhältnis der übrigen Teile des Kompendiums zu den benutzten aristotelischen Vorlagen läßt sich ziemlich leicht bestimmen, wenigstens bei den nicht allzu verderbten Resten des Kompendiums. Mit der Pflanzenschrift steht man aber vor einer ganz anderen Situation: Eine Monographie des Aristoteles über die Pflanzen besitzen wir nicht mehr, und wir können nicht einmal mit Sicherheit feststellen, ob es je eine solche gegeben hat. An mehreren Stellen des Corpus stellt Aristoteles zwar eine Untersuchung über die Pflanzen in Aussicht[15], und an zwei anderen Stellen scheint er sogar auf eine bereits vorliegende Pflanzenschrift zu verweisen[16]. Dennoch bleibt es fraglich, ob Aristoteles selbst dazu gekommen ist, eine spezielle Monographie über die Pflanzen zu schreiben. Hat er es tatsächlich getan, so muß die Schrift verhältnismäßig früh untergegangen sein, wohl weil die botanischen Schriften Theophrasts sie verdrängten. In seinem Kommentar zu De sensu bemerkt Alexander, daß ein περὶ φυτῶν des Aristoteles nicht erhalten sei; Theophrast habe dagegen eine ‚Pragmatie‘ darüber verfaßt[17]. Michael Ephesios hielt die aristotelische Schrift über die Pflanzen für verschollen und empfahl deswegen, die Arbeiten des Theophrast zu benutzen[18]. Der bei Diogenes Laertios erhaltene Pinax der Aristotelesschriften enthält zwar einen Titel περὶ φυτῶν α' β'[19], der Wert

---

[15] Z. B. im Arbeitsprogramm am Anfang der Meteorologie, I 1, 339a 5—8. In De sensu 4, 442b 24—26 bemerkt er, nachdem er vom Geschmackssinn und dessen Objekt gesprochen hat, daß Untersuchungen über weitere Eigenschaften der „Säfte" (χυμοί) ihren eigenen Ort ἐν τῇ φυσιολογίᾳ τῇ περὶ τῶν φυτῶν haben. Am Ende von De longaev. stellt er einen Vergleich zwischen Tieren und Pflanzen an, den er mit der Ankündigung abschließt, daß darüber ἐν τοῖς περὶ φυτῶν διορισθήσεται (467b 4—5). Ähnliche Ankündigungen De iuv. 2, 468a 31—b 1; De part. an. II 10, 656a 2—3; De gener. an. I 1, 716a 1—2; V 3, 783b 20—21.

[16] De gener. an. I 23, 731a 28—30: In den Pflanzen sind Weibliches und Männliches nicht von einander getrennt, ἀλλὰ περὶ μὲν τούτων ἐν ἑτέροις ἐπέσκεπται. De part. an. V 1, 539a 20—21 ... ὥσπερ εἴρηται ἐν τῇ θεωρίᾳ τῇ περὶ φυτῶν. Der letzte Verweis könnte jedoch interpoliert sein, und es ist nicht ganz auszuschließen, daß im ersten ursprünglich ἐπισκεπτέον gestanden hat.

[17] Alex., De sensu 87, 11—12 καὶ ἔστι Περὶ φυτῶν Θεοφράστῳ πραγματεία γεγραμμένη· Ἀριστοτέλους γὰρ οὐ φέρεται.

[18] Michael, Parv. Nat. 149, 6—8.

[19] V 25, Nr. 108.

dieses Zeugnisses ist jedoch sehr fraglich. Während der Grundstock dieser Liste vorandronikisch ist und wahrscheinlich aus dem 3. Jh. v. Chr. stammt, begegnen hier und dort Titel unechter Werke und solche, die nachträglich und ohne Berücksichtigung der noch erkennbaren systematischen Gliederung des Verzeichnisses eingeschoben wurden. Nun steht die Angabe περὶ φυτῶν α′ β′ unmittelbar vor den Titeln φυσιογνωμονικὸν α′ und ἰατρικὰ β′, die sich auf Pseudepigrapha beziehen und allem Anschein nach unter einer der ursprünglichen Spalten der Liste ergänzt worden sind[20]. Es ist daher nicht auszuschließen, daß sie einen späteren Nachtrag darstellen könnte. Andere Quellen erwähnen allerdings ein aristotelisches περὶ φυτῶν, ohne seine Echtheit anzuzweifeln[21], aber offenbar auch ohne es in der Hand gehabt zu haben. Die wenigen Zitate aus Aristoteles' περὶ φυτῶν[22] sind zu kurz und zu wenig charakteristisch, um ein Urteil über die Echtheit der Schrift, aus der sie stammen, zu ermöglichen. Es ist daher schwer zu entscheiden, ob es je eine echte Abhandlung des Aristoteles über die Pflanzen gegeben hat, die Nikolaos unter Umständen noch heranziehen konnte. Schließt man sich Zellers Meinung an[23], der mit der gebotenen Vorsicht die Existenz einer solchen Schrift anzunehmen geneigt ist[24], so wird man sich natürlich fragen müssen, inwieweit Nikolaos Teile dieser Schrift in seine eigene Abhandlung eingearbeitet hat.

Ganz unabhängig von diesem schwer zu lösenden Quellenproblem weist die Analyse von Nikolaos' Pflanzenschrift fast unüberwindliche Schwierigkeiten auf. Die Untersuchung der syrischen Bruchstücke und der arabischen Übersetzung muß selbstverständlich den Orientalisten überlassen werden. Die mittelalterliche lateinische Version, auf die der Altphilologe angewiesen ist, ist zwar etwas besser als die spätere griechische Rückübersetzung[25], sie stellt den Leser jedoch vor so viele Rätsel,

---

[20] Zu diesen Fragen vgl. P. Moraux, Listes anciennes, bes. 186—193.

[21] Belege bei V. Rose, Arist. Pseudepigr. 261sqq. und E. Heitz, Fr. Arist. 163. Unter anderen: Simpl., De caelo 3, 4; Cat. 4, 12. Olymp., Meteor. 1, 13; 4, 4. Philop., De gen. et corr. 2, 16; De gener. an. 64, 14.

[22] Vgl. V. Rose, Aristotelis Fragmenta, 1886, Fr. 267sqq.

[23] Phil. d. Gr. II 2⁴, 98 Anm. 1.

[24] Ähnlich auch O. Regenbogen, Theophrastos 1449: „An der Existenz eines besonderen Pflanzenwerkes, das unter dem Namen des Aristoteles neben dem des Theophrast umlief, wird man nicht ... zweifeln dürfen". Anders G. Senn, in: Philologus 85 (1930) 113—140, der es für unwahrscheinlich hält, daß Aristoteles einen Traktat über die Pflanzen geschrieben habe.

[25] Der hier gebotene Interpretationsversuch stützt sich grundsätzlich auf den

daß eine einigermaßen gesicherte Interpretation von vornherein ausgeschlossen erscheint. Auf lange Strecken hat man den Eindruck, sich vor einem Mosaik zusammenhangloser Angaben zu befinden. Was der Gedankengang gewesen sein mag, läßt sich nur in wenigen Fällen einigermaßen bestimmen. Das Ganze ist außerordentlich konfus und disparat, und es grenzt nicht selten an Unverständlichkeit. Man kann der Vermutung nicht widerstehen, daß die Schrift von syrischen oder arabischen Bearbeitern übel zugerichtet worden ist. Nur ungeschickte Kürzungen, sinnlose Umstellungen, unpassende Interpolationen und allerlei sonstige Änderungen können das zweifelsohne klare und logisch gegliederte Original derart entstellt haben. Versucht man trotzdem, einiges über Aufbau, Inhalt und Quellen der Schrift festzustellen, so kann dies natürlich wegen des heillosen Überlieferungsstandes nur anhand einer zum Teil konjekturalen Beseitigung der zahlreichen Anstöße sowie einer ebenfalls konjekturalen Rekonstruktion des Originalzustandes erfolgen. Die Analyse, die hier geboten wird, kann allerdings unmöglich auf sämtliche Schwierigkeiten eingehen. In den meisten Fällen wurde daher stillschweigend versucht, Struktur und Inhalt des kleinen Werkes in seiner ursprünglichen Form hinter den vielfältigen Entstellungen wiederzuentdecken, die eine Interpretation der auf uns gekommenen Fassung oft unmöglich machen. Wo der Gedankengang sich mit einiger Wahrscheinlichkeit wiedergewinnen ließ, wurde er so dargelegt, wie er im Original aussehen mußte. In das Nebeneinander von scheinbar nicht zusammenhängenden Behauptungen wurden, so gut es ging, die logischen Verbindungen wieder eingesetzt, die bei den mehrmaligen Übersetzungen, Überarbeitungen und Abkürzungen der Schrift verloren gingen. Den Anmerkungen wird man entnehmen, auf welchen Stellen aus Aristoteles und Theophrast die Äußerungen des Verfassers beruhen oder wenigstens mit welchen Lehrmeinungen dieser beiden Autoren sie sich vergleichen lassen. Die Klärung mancher Fragen kann allerdings nicht im Rahmen dieser Analyse erfolgen und muß dem laufenden Kommentar vorbehalten werden, der uns von fachmännischer Seite versprochen wird.

lateinischen Text in der Ausgabe von E. H. F. Meyer, 1841. Die englische Übersetzung von E. S. Forster (The Works of Aristotle VI, 1913), die auch auf dem lateinischen Text basiert, wurde gelegentlich herangezogen. Dagegen hat sich der griechische Text als nutzlos erwiesen. Um dem Leser den Vergleich zu erleichtern, sind hier in den Zitaten sowohl die Seiten und Zeilen der griechischen Akademie-Ausgabe (Bekker) als auch die der Ausgabe des lateinischen Textes (Meyer) angegeben.

In ihrer heutigen Fassung scheint die Schrift aus drei Hauptteilen zu bestehen: In dem ersten Teil, der für uns auch der interessanteste ist, wird die Frage erörtert, inwieweit die Pflanze als ein Lebewesen betrachtet werden kann, was sie mit dem Tier gemeinsam hat und wie sie sich von ihm unterscheidet. Der zweite Teil, der in einem trümmerhaften Zustand auf uns gekommen ist, enthält Erörterungen über die Morphologie der Pflanzen, ihre Klassifizierung, ihre Entstehung und ihre Veränderungen. Der dritte schließlich, der das zweite Buch umfaßt, behandelt die Lebenserscheinungen des Pflanzenkörpers vom kausal-erklärenden Gesichtspunkt aus.

Im Zusammenhang mit der Frage, ob die Pflanze ein Lebewesen ist, will der Verfasser hauptsächlich vier Probleme erörtern. Erstens soll untersucht werden, ob die Pflanze eine Seele besitzt und insbesondere ob sie Begierde, Lust und Schmerz empfinden kann, zweitens, ob sie einen Wechsel von Wachen und Schlafen kennt, drittens ob sie atmet, und viertens, wie es um ihre Geschlechtlichkeit bestellt ist[26].

Das Leben manifestiert sich bei der Pflanze nicht so deutlich wie beim Tier, es ist in ihr gleichsam verborgen[27]; dennoch kann nicht daran gezweifelt werden, daß die Pflanze zu den Lebewesen gehört und sich von den leblosen Dingen ganz klar unterscheidet; sie wird nämlich geboren, sie ernährt sich und wächst, sie wird älter und geht schließlich ein[28]. Kann sie aber darüber hinaus wahrnehmen, begehren, Lust und Schmerz empfinden? Empedokles und Anaxagoras schrieben ihr nämlich solche Empfindungen zu, jener wohl in Verbindung mit seiner Auffassung der Geschlechtlichkeit, dieser weil er im Welken der Blätter eine Äußerung solcher Gefühle sah[29]. Auch Platon war der Ansicht, daß die Pflanze

---

[26] Dieses Programm wird 815a 10—29 = 5, 4—6, 5 M. angegeben. Die Behandlung des ersten Punktes begegnet in 815a 31—816b 23 = 6, 7—9, 16 M.

[27] 815a 10—12 = 5, 4—6 M. Vgl. darüber H. J. Drossaart Lulofs, in: JHSt 77 (1957) 79. Vgl. Arist., Hist. an. VIII 1. Am deutlichsten sind die Erscheinungen des Seelenlebens bei den Menschen. Bei den anderen Tieren sind viele dieser Erscheinungen nur „als Spuren" zu beobachten. In dem allmählichen Übergang vom Leblosen zum Lebendigen stellen die Pflanzen die unterste Stufe dar: Verglichen mit der leblosen Materie scheinen sie am Leben teilzuhaben, verglichen mit den Tieren scheinen sie jedoch unbeseelt zu sein. Von gewissen Lebewesen, die im Meer begegnen, weiß man sogar nicht, ob sie als Pflanzen oder als Tiere zu betrachten sind. Über die Schwierigkeit, die Grenze zwischen dem Pflanzen- und dem Tierreich zu ziehen, vgl. auch Part. an. IV 5, 681a 9sqq.

[28] 815a 30—35 = 6, 7—10 M.

[29] 815a 15—21 = 5, 9—14 M. Über Anaxagoras vgl. Plut., Aet. Phys. 1, 911C

Begierde empfindet, und zwar nach der Nahrung, die sie aufnimmt[30].
Anaxagoras, Demokrit und Empedokles sollen sogar behauptet haben,
daß die Pflanzen mit Verstand und Vernunft versehen sind[31]. Nikolaos
hält jedoch diese Ansichten für falsch. Die Pflanze besitzt keine Wahr-
nehmungsorgane, und sie hat nicht die Fähigkeit, ein Ziel anzustreben
und sich zu diesem Ziel hin zu bewegen; die Organe, die sie besitzt, sind
lediglich der Ernährung und dem Wachstum zugeordnet[32].

Da sie nun weder wahrnimmt noch empfindet, könnte man vielleicht
geneigt sein, ihr die Eigenschaft eines Lebewesens überhaupt abzusprechen, scheint doch nur das mit Wahrnehmung versehene Tier ein
Lebewesen in vollem Sinne des Wortes zu sein[33]. Ist also die Pflanze ein
Lebewesen, so muß sie eo ipso dem Tier gleichgesetzt werden. Will man
das aber nicht annehmen, so bleibt keine andere Möglichkeit übrig, als
die Pflanze eben für eine Zwischenstufe zwischen dem Leblosen und dem

ζῷον γὰρ ἔγγαιον τὸ φυτὸν εἶναι οἱ περὶ Πλάτωνα καὶ 'Αναξαγόραν καὶ Δημό-
κριτον οἴονται. Empedokles (und Platon): Aet., Plac. V 26, 1 (Dox. 438), wo
die handschriftliche Überlieferung allerdings zwischen 'Εμπεδοκλῆς und Θαλῆς
schwankt. Über die Phytologie des Empedokles und des Anaxagoras vgl.
E. H. F. Meyer, Gesch. d. Botanik I, 1854 (Nachdr. 1965), 46—61.

[30] Die Nachricht über Platon geht auf Tim. 77 b—c zurück, wo es von dem dritten
ψυχῆς εἶδος heißt, es habe teil an αἰσθήσεως δὲ ἡδείας καὶ ἀλγεινῆς μετὰ ἐπι-
θυμιῶν, die Pflanze lebe und sei nichts anderes als ein am Boden befestigtes
ζῷον.

[31] Diese δόξαι sind möglicherweise aus Arist., De an. I 2, 405a 8—19 erschlossen
worden. Über Empedokles vgl. Sext. Emp., Adv. Math. VIII 286 (VS⁶ 31 B
110). Für Demokrit befinden sich νοῦς und ψυχή in der eingeatmeten Luft
(Arist., Resp. 472a 7—10). Wenn er angenommen hat, daß auch die Pflanzen
atmen (er scheint sich allerdings nur mit der Atmung der Menschen befaßt
zu haben, Arist., Resp. 470b 28—30), so müssen diese auch einen νοῦς gehabt
haben.

[32] 815b 18—35 = 6, 19—7, 8 M.

[33] Aristoteles unterscheidet sehr sorgfältig zwischen dem einfachen ζῆν, das mit
den Fortpflanzungs- und Ernährungsfunktionen gekoppelt ist, und dem ζῷον
εἶναι, das durch den Besitz des Wahrnehmungsvermögens gekennzeichnet ist.
De an. II 2, 413a 25—b 9; De sensu 1, 436b 8—12; De iuv. 467b 18—27;
Part. an. II 10, 655b 32—656a 7; Gen. an. I 23, 731a 24—b 8; II 1, 732a
11—13; Inc. an. 4, 705a 29—b 11. Wenn er (De an. I 2, 403b 25—27) Ortsbewegung und Wahrnehmung als die wichtigsten Merkmale erwähnte die das
ἔμψυχον vom ἄψυχον unterscheiden, so ist das nur eine vorläufige Feststellung,
die er weiter unten korrigieren wird. Die hier von Nikolaos erörterte Möglichkeit beruht dagegen auf der Gleichsetzung von ζῆν und ζῷον. Sie wird durch
die Wiederherstellung der aristotelischen Unterscheidung widerlegt werden.

Lebendigen zu halten[34]. Aber auch diese Lösung hält Nikolaos für unmöglich. Die erwähnte Annahme einer Zwischenstufe zwischen Leblosem
und Lebendigem erscheint ihm besonders unglücklich; sie beruht auf
einer falschen Auffassung vom Lebewesen. Organismen, die man dem
Tierreich zuordnet, besitzen nicht unbedingt alle Charakteristika der
höchsten Vertreter dieses Lebensbereiches: Bestimmte Tiere können
z. B. weder berechnen noch denken, sind jedoch Tiere[35]; anderen, wie
etwa Seemuscheln, fehlt die Ortsbewegung; man würde sie fast für
Pflanzen halten, dennoch sind sie Tiere, weil sie wahrnehmen[36]; einigen
Tierarten fehlt das weibliche Geschlecht[37], andere pflanzen sich nicht in
der üblichen Weise fort[38], trotz dieser Unvollständigkeit sind sie aber
Tiere, weil sie die Wahrnehmung besitzen, die das Charakteristikum des
Tieres ist. Worauf Nikolaos mit diesen Ausführungen abzielt, dürfte
völlig klar sein, obwohl die Funktion des Analogiebeweises im erhaltenen
Text nicht expressis verbis hervorgehoben wird: Genau wie ein Tier
nicht unbedingt alle Eigenschaften der vollkommensten Vertreter der
Gattung „Tier" besitzen muß, so braucht ein Lebewesen nicht alle
Lebenserscheinungen der höchsten Lebewesen aufzuweisen, um ein
Lebewesen zu sein. Die Wahrnehmung ist das Merkmal des Tieres. Ähn-
lich reicht das Ernährungsvermögen aus, um das Lebewesen zu charakterisieren. Die Pflanze ist also zweifelsohne ein Lebewesen.

[34] Diese Hypothese ist natürlich nicht identisch mit der Ansicht des Aristoteles,
nach welcher die Pflanzen eine Zwischenstufe zwischen der leblosen Materie und
dem Tierreich darstellen. Vgl. Part. an. IV 5, 681a 12—15; Hist. an. VIII 1, 588b
4—6.

[35] Der Besitz der Vernunft charakterisiert hauptsächlich den Menschen: Arist.,
De an. II 3, 414b 18—19; III 3, 427b 6—8.

[36] Bei einigen niedrigeren Tierarten scheinen pflanzliche Merkmale mit tierischen
gekoppelt zu sein. Gen. an. I 1, 715b 16—21; 23, 731b 8—14; III 11, 761a 15—32;
b 26—762a 3; Part. an. IV 5, 681a 10—b 8; Hist. an. VIII 1, 588b 12—21.
Nicht allen diesen Tierarten schreibt Aristoteles ein Wahrnehmungsvermögen
zu.

[37] 816a 17—18 = 7, 25—8, 1 M. Meines Wissens spricht Aristoteles nie von Tierarten, die nur aus Männchen bestehen. Dagegen erwähnt er mehrere Tierarten, bei
denen der Unterschied zwischen Männchen und Weibchen nicht vorhanden ist
und die einzelnen Individuen fähig sind sich fortzupflanzen, ohne daß Begattung
in irgendeiner Form dazu erforderlich ist. Hist. an. I 3, 489a 12—13; IV 11,
537b 22—538a 8; Gen. an. I 1, 715a 30—b 2; 715b 16—21; 2, 716b 1; 18, 724b
10—12; 23, 731b 8—13.

[38] Anspielung auf die Urzeugung. Vgl. Gen. an. I 1, 715b 4—16; II 1, 732b 12; III
11, 762a 8sqq.

Nikolaos geht dann auf eine scheinbare Schwierigkeit kurz ein. Betrachtet man die Wahrnehmung als das Merkmal des tierischen Lebens, so wird man sich fragen müssen, wie es um die edelsten aller Lebewesen, die Gestirne, bestellt ist. Die Wahrnehmung ist nämlich eine Reaktion auf einen Kontakt mit der Außenwelt; eine solche Beeinflussung von außen ist aber bei den Himmelskörpern völlig ausgeschlossen[39], so daß sie überhaupt nicht wahrnehmen[40]. Die Lösung der Aporie scheint Nikolaos darin gefunden zu haben, daß die Wahrnehmung das Leben im Gegensatz zum Tod charakterisiert[41]. Nun stehen die Gestirne als ewige Lebewesen jenseits dieses Gegensatzes von Leben und Tod; die Wahrnehmung brauchen sie also nicht. Nikolaos unterscheidet damit drei Stufen des Lebendigen: die Gestirne, die ewig leben und keine Wahrnehmung haben, die Tiere, die während ihres Lebens wahrnehmen, und die Pflanzen, die nur einen Teil der Seele, nämlich das Ernährungsvermögen, nicht aber die Wahrnehmung und das Empfinden besitzen[42]. Daß die Pflanze weniger vollkommen als das Tier ist und die unterste Stufe des Lebendigen darstellt[43], zeigt sich unter anderem an folgenden Eigentümlichkeiten. Im Gegensatz zum Tier, dessen Tod punktuell eintritt, geht die Pflanze allmählich ein, und es gibt daher bei ihr eine Phase, in der sie sich wirklich in einer Mittellage zwischen Leben und Leblosigkeit befindet[44]. Ferner besitzt das Tier Organe, die (in Form und Zahl) genau definiert sind, dagegen herrscht bei der Pflanze große Unbestimmtheit[45]. Drittens besitzt die Pflanze keine Ortsbewegung; die ihr eigentümliche Bewegung ist diejenige, die den Ernährungsprozeß bewerkstelligt[46]. Viertens erfolgt die Ernährung der Pflanze ohne irgendwelche Beteiligung der Wahrnehmung und der Begierde[47], beinahe mechanistisch, aufgrund der Urqualitäten des Warmen und des Kalten.

---

[39] Das πρῶτον σῶμα, aus dem die Gestirne bestehen, ist nach Aristoteles' Meinung ἀναλλοίωτον und ἀπαθές: De caelo I 3, 270a 25—b 4.

[40] Die Frage, ob die Gestirne, die Lebewesen sind, auch wahrnehmen können, wurde in der neuplatonischen Zeit häufig erörtert und meistens positiv beantwortet. Vgl. unten Bd. III. Nikolaos sprach, wie wir sehen, den Gestirnen das Wahrnehmen ab.

[41] Vgl. Arist., De somno 454a 1—7.   [42] Vgl. oben S. 493—494.

[43] Dies entspricht durchaus der Rangordnung der Lebewesen bei Aristoteles.

[44] Diese Unterscheidung begegnet meines Wissens nicht bei Aristoteles.

[45] Das Tier ist ein geschlossenes System, die Pflanze ein offenes. Vgl. unten Anm. 70.

[46] Rein aristotelisch.

[47] Im Gegensatz zu dem, was im Tierreich geschieht: Vgl. De an. III 12, 434a 30—b 2.

Fünftens ernährt sich die Pflanze ununterbrochen, während ihrer ganzen Existenz, im Gegensatz zum Tier, das nur von Zeit zu Zeit Nahrung aufnimmt[48].

Das zweite Problem, das Nikolaos angekündigt hatte, wird mit zwei Zeilen erledigt: Die Pflanze atmet nicht, obwohl Anaxagoras das Gegenteil behauptet[49]. Übrigens fehlt die Atmung auch bei manchen Tieren[50]. Das dritte Problem wird ebenfalls verhältnismäßig kurz erörtert[51]. Daß die Pflanze weder schläft noch wach wird, läßt sich ohne Schwierigkeit beobachten. Der Grund dafür ist, daß Wachsein und Wahrnehmung gekoppelt sind und daß der Schlaf eine Abschwächung der Wahrnehmung darstellt[52]. Der Schlaf wird bei den Tieren durch die Ausdünstung hervorgerufen, die während der Verdauung von der Nahrung in den Kopf steigt[53]; er ist gekennzeichnet durch die Bewegungslosigkeit des schlafenden Tieres. Ist die Ausdünstung verbraucht, so wird das Tier wach[54]. Da nun die Pflanze weder Wahrnehmung noch Ortsbewegung hat und der Ernährungsprozeß bei ihr ganz anders geartet ist als beim Tier, leuchtet es ein, daß sie einen Wechsel von Schlafen und Wachen nicht kennt.

Ausführlicher sind die Erörterungen über die Geschlechtlichkeit im Pflanzenreich[55]. Leider läßt aber der erhaltene Zustand des Textes oft an Klarheit und Verständlichkeit zu wünschen übrig[56]. Empedokles soll

---

[48] Diese Beobachtung hat Aristoteles nicht formuliert.

[49] 816b 25—27 = 9, 19—22 M. Über die Behauptung des Anaxagoras: Arist., Resp. 470b 30—471a 2.

[50] Tiere, die keine Lungen haben, atmen nicht: Arist., Resp. 470a 10; 25; 471a 20—b 23; 475a 29—b 1.

[51] 816b 28—40 = 9, 22—10, 5 M. Hauptquelle ist Arist., De somno.

[52] Daß die Pflanzen den Wechsel von Schlaf und Wachen nicht haben, bemerkt auch Aristoteles (De somno 454a 15—18; b 27—32; Gen. an. V 1, 778b 31—779a 4). Der Wechsel dieser Zustände findet nämlich nur bei Lebewesen statt, die die Sinneswahrnehmung besitzen (De somn. 454a 1—7; 21—24; b 27—32; Gen. an. V 1, 778b 31—35). Der Schlaf ist eine ἀδυναμία, ein πάθος τοῦ αἰσθητικοῦ (De somno. 454b 5; 10; 456b 9—10; 18), eine Zwischenstufe zwischen Leben und Leblosigkeit (Gen. an. V 1, 778b 29—30).

[53] Die Erklärung stammt aus De somno 456a 32—458a 25, wo diese Theorie im Einzelnen dargelegt ist.

[54] Über das Erwachen siehe Arist., De somno 457b 10—25. Mit „verbraucht" meint Nikolaos den Abschluß der Verarbeitung der Nahrung zu Blut sowie die Auflösung der warmen Dämpfe, die während der Verdauung den Kopf beschweren.   [55] 816b 40—817b 13 = 10, 6—12, 7 M.

[56] Hauptquelle dieses Abschnittes dürfte Arist., Gen. an. I 23, 731a 1—29 gewesen

die Frage aufgeworfen haben, ob die beiden Geschlechter in den Pflanzen
getrennt sind oder jede Pflanze die beiden Geschlechter in sich vereinigt;
diese zweite Möglichkeit war auch wohl diejenige, für die er sich aussprach[57]. Geschlechtlichkeit setzt aber für Nikolaos die selbständige
Existenz der beiden Geschlechter voraus: Das Männliche „zeugt in einem
Anderen", das Weibliche „empfängt von einem Anderen"[58]. Es lassen
sich aber keine Merkmale beobachten, aufgrund derer man männliche
Pflanzen von weiblichen unterscheiden könnte[59]. Wenn es also keine
getrennten Geschlechter gibt, wird man dann annehmen, daß jede
Pflanze die beiden Geschlechter in sich vereinigt? Auch mit dieser
Lösung kann sich Nikolaos nicht einverstanden erklären. Die Vereinigung
der beiden Geschlechter deutet er als Begattung; er erschließt daraus,
daß vor und nach der Vereinigung die beiden Partner getrennt existieren
müßten, was sich nicht beobachten lasse. Ferner weist er darauf hin, daß
eine bisexuelle Pflanze beim Zeugungsakt gleichzeitig aktiv und passiv
wäre (was jeder Aristoteliker für eine Absurdität halten wird). Das Vorhandensein der beiden Geschlechter in einer einzigen Pflanze würde
ferner bedeuten, daß die Pflanze vollkommener ist als das Tier, denn die
Mitwirkung einer äußeren Ursache wäre für ihre Reproduktion nicht
erforderlich[60]. Wie läßt sich also das Problem lösen? Nikolaos erinnert

sein; eine exakte Wiedergabe der aristotelischen Lehre enthalten Nikolaos'
Ausführungen allerdings nicht, wenigstens nicht in der Form, in der sie auf uns
gekommen sind. Aristoteles nimmt z. B. als gesichert an, daß die Geschlechter
bei den Pflanzen nicht geschieden sind. Im Gegensatz zu den Tieren befinden sich
die Pflanzen im Zustand beständiger Geschlechtsvereinigung (vgl. auch Hist. an.
IV 11, 538a 18—19; Gen. an. I 20, 728b 32—36; III 10, 759b 27—31; IV 1, 763b
24). Nikolaos formuliert jedoch mehrere Einwände gegen diese Ansicht.

[57] 816b 40—817a 4; 817a 9—11 = 10, 6—9; 10, 15—17 M. Vgl. auch 815a 20—21
= 5, 13—14 M. Diese empedokleische Fragestellung ist sonst nicht belegt. Unser
Autor kann sie daraus erschlossen haben, daß Empedokles die Früchte mit Eiern
verglich (siehe unten Anm. 63). Über die Vereinigung von Männlichem und Weib-
lichem in den Bäumen laut Empedokles vgl. Aet., Plac. V 26 (Dox. 439a 2—4).

[58] Aristotelische Lehre und Formulierung: Gen. an. I 2, 716a 14—15; 20—23.

[59] Weiter unten werden jedoch — im Anschluß an Theophrast — die Merkmale
männlicher und weiblicher Pflanzen erwähnt und die künstliche Befruchtung der
Palmen geschildert. Aristoteles wußte schon, daß bei bestimmten Pflanzenarten
die einen Früchte tragen und die anderen die Befruchtung begünstigen; daß es
sich um Pflanzen verschiedenen Geschlechtes handelt, sagt er allerdings nicht
(Gen. an. I 1, 715b 21—25).

[60] Aristotelisch ist in diesen Einwendungen nur das Prinzip, daß ein und dasselbe
Ding in derselben Beziehung nicht gleichzeitig aktiv und passiv sein kann, sowie

an die Rolle, die Jahreszeit, Sonnenlicht und richtige Temperatur beim Wachsen der Pflanze spielen. Das zeugende Prinzip stammt also von der Sonne, während die Erde die Ernährung darbringt[61]. Anaxagoras und andere haben das bereits angedeutet[62]. Die Kombination dieser beiden Prinzipien trägt zur Entstehung des Pflanzensamens bei. Der Samen läßt sich mit dem tierischen Embryo oder noch besser mit dem Ei vergleichen: Er umfaßt in sich die Kraft, die das junge Lebewesen erzeugt, und die Nahrungsreserve, von der es eine Weile leben wird[63]. Die beiden Geschlechter sind also im Samen irgendwie vereinigt, allerdings nicht in der Form einer vorübergehenden Begattung, sondern vielmehr dadurch, daß die beiden Prinzipien, das männlich-zeugende und das weiblich-ernährende, gleichzeitig im Samen zugegen sind[64].

Im letzten Abschnitt des ersten Teils setzt sich Nikolaos mit einer These auseinander, nach welcher die Pflanze ein vollständiges und vollkommenes Lebewesen sei[65]. Die Vereinigung des Männlichen und des Weiblichen in der Pflanze, die Einfachheit und bequeme Art ihrer Ernährung[66], ihre lange Lebensdauer[67], ihre jährliche Verjüngung, wenn

die Ansicht, daß das Tier in der *scala viventium* höher steht als die Pflanze. Für Aristoteles selbst bietet die permanente Geschlechtsvereinigung bei der Pflanze keine Schwierigkeit. Woher die Einwände des Nikolaos gegen diese Ansicht stammen, wissen wir nicht.   [61] Vgl. Arist., Gen. an. I 2, 716a 15—17.

[62] Vgl. Theophr., HP III 1, 4, S. 32, 46—48 Wimmer (Didot); CP I 5, 2, S. 169, 24—26.

[63] Der Vergleich der Pflanze mit dem Tierembryo steht schon bei Ps.-Hippokr., De natura pueri (vgl. E. H. F. Meyer, Gesch. d. Botanik I, 1854, Nachdr. 1965, 64—70). Doxographisch wird er auch Empedokles zugeschrieben (Aet., Plac. V 26 [Dox. 439a 4—7]). Er ist natürlich auch aristotelisch, Gen. an. II 4, 739b 33sqq. Vergleich der Früchte mit Eiern bei Empedokles: Arist., Gen. an. I 23, 731a 4—5. Theophr., CP I 7, 1, S. 171, 51—172, 7. Auch Aristoteles meint, die Samen von Lebewesen, bei denen es keine Geschlechterscheidung gibt, seien wie Embryos oder Eier; sie enthielten sowohl den Keim der jungen Lebewesen als auch ihre erste Nahrung (Gen. an. I 20, 728b 32—36; 23, 731a 1—9).

[64] Nicht aristotelisch ist darin die Ablehnung der These von der Bisexualität der Pflanze. Die Ansicht, daß der Samen der Pflanzen das männliche und das weibliche Prinzip enthält, entspricht dagegen der Lehre des Aristoteles.

[65] 817b 13—818a 4 = 12, 8—13, 10 M. Wir wissen nicht, aus welchen Kreisen das ἐγκώμιον φυτῶν, gegen das hier polemisiert wird, stammen mag.

[66] Darüber Arist., De an. III 12, 434b 1—2; Part. an. II 3, 650a 20—23 (die Nahrung, die die Pflanzen mit ihren Wurzeln aus der Erde ziehen, ist bereits verarbeitet, deswegen scheiden sie keine Verdauungsreste, περίττωμα, aus). Ähnlich 10, 655b 32—36.

[67] Mit der Langlebigkeit der Pflanzen, insbesondere der Bäume, befaßt sich Aristoteles ausführlich Longaev. 467a 6—b 3.

sie neue Blätter bekommt und Früchte trägt[68], die Tatsache, daß sie keine Exkretion ausscheidet[69], und der Umstand, daß sie keines Schlafes bedarf, das sind einige der Argumente, die man zugunsten dieser These anführte. Diese Ansicht teilte aber Nikolaos nicht. Wenn die Pflanze nicht zu schlafen braucht, antwortete er unter anderem, so stellt das keinen Vorteil dar; es geht vielmehr auf Mängel zurück: Die Pflanze ist im Boden festgewurzelt, sie ist unfähig, sich zu bewegen, ihre Teile sind unbegrenzt[70], sie besitzt keine Wahrnehmung, keine freiwillige Bewegung; ihre Seele ist eben unvollständig, sie ist nur eine Teilseele. Dazu kommt, daß sie um des Tieres willen da ist, nicht umgekehrt[71]. Gewiß, ihre Nahrung ist leicht zu finden und billig; dieser scheinbare Vorteil wird aber dadurch aufgehoben, daß die Pflanze sich regelmäßig und ununterbrochen ernähren muß. Wenn man ferner die Pflanze als dem Tier überlegen betrachten wollte, so müßte man entsprechend meinen, daß die leblosen Dinge besser sind als die lebendigen, was offensichtlich absurd wäre. In Wirklichkeit besitzt das Tier alle Lebensfunktionen der Pflanze und darüber hinaus noch manche anderen: Es ist also der Pflanze überlegen. Möglicherweise hat Empedokles diese Situation richtig erkannt und die Unvollkommenheit der Pflanze zu unterstreichen versucht; er sagte nämlich, Pflanzen seien entstanden, als die Welt noch jung und nicht vollständig entwickelt war; die Tiere dagegen seien später geboren

---

[68] Vgl. Arist., Longaev. 467a 13—18.

[69] Gemeint ist offenbar nur das περίττωμα ἄχρηστον, das bei den Tieren übrigbleibt und ausgeschieden wird, wenn die Nahrung verarbeitet worden ist. Da ihre Nahrung sofort assimilierbar ist, gibt es bei den Pflanzen keine unbrauchbaren Verdauungsreste, die ausgeschieden werden müßten. Vgl. Arist., Part. an. II 3, 650a 21; 10, 655b 32—36; IV 5, 681a 33—34; b 7—8; Hist. an. IV 6, 531b 8—10. Theophr., CP VI 11, 5, S. 304, 13—14 (der allerdings eine gewisse Verarbeitung der Nahrungsstoffe bei den Pflanzen anzunehmen geneigt ist). Eine edlere Form des περίττωμα gibt es allerdings bei den Tieren (z. B. das Sperma); eine solche stellen Samen und Früchte bei den Pflanzen dar: De sensu 445a 18—20; Part. an. II 10, 655b 34—36; Gen. an. III 1, 750a 29—31. Über die beiden Arten des περίττωμα vgl. W. K. Kraak in: Mnemosyne, 3. Ser., 10 (1942) 253—254.

[70] Im Gegensatz zu den tierischen Organismen, die sich durch eine feste und konstante Zahl der Glieder und Organe charakterisieren (geschlossenes System), ist die Zahl der Teile pflanzlicher Gewächse unbegrenzt und variabel (offenes System). Auf diesen Unterschied zwischen Tier- und Pflanzenreich macht Theophrast aufmerksam HP I 1, 2; 4, S. 2, 4—7. Vgl. darüber G. Senn, Die Pflanzenkunde des Theophr., 1956, 47—52.

[71] Arist., Pol. I 8, 1256b 16.

worden, als die Welt ihre Vollkommenheit erreicht hatte[72]. Seine Erklärung ist natürlich falsch, denn sie beruht auf der Annahme, daß die Welt entstanden ist. In Wirklichkeit ist aber die Welt ewig, und ewig sind auch das Tier- und Pflanzenreich sowie ihre verschiedenen Spezies[73].

Es braucht nicht hervorgehoben zu werden, wie eng sich Nikolaos mit diesen Ausführungen an den echten Aristotelismus anschließt. Fast jede seiner Behauptungen läßt sich bei Aristoteles belegen oder von aristotelischen Lehrmeinungen ableiten. Dies gilt ganz besonders für die Erörterungen über die Pflanzenseele und deren Funktionen. Auch die Lehre von den Gestirnen und die These von der Ewigkeit der Welt und der Spezies sind unverkennbar aristotelisch. Ebenso typisch ist die Geisteshaltung, aus der heraus er argumentiert. Man erinnere sich zum Beispiel an die Erörterungen über die Geschlechtlichkeit bei den Pflanzen: Spezifisch botanische Beobachtungen fehlen so gut wie ganz; statt dessen wird mit spekulativen Konstruktionen operiert, die entweder von Aristoteles selbst herrühren oder durchaus in der Linie seiner dialektisch-aprioristischen Beweisführungen bleiben. Empirie und sorgfältige Beobachtung des Realen treten hinter der logischen Konstruktion und der wirklichkeitsfremden Spekulation noch sehr stark zurück.

Im zweiten Teil der Schrift über die Pflanzen beschäftigte sich der Verfasser mit drei Gebieten der beschreibenden Botanik: Er behandelte zuerst die Teile der Pflanzen, ging dann auf die Unterschiede zwischen den verschiedenen Gewächsen ein und erörterte schließlich die Entstehungsarten der Pflanzen und andere verwandte Fragen, wie Mutationen, Pflege und Wartung[74]. Beim heutigen Stand des Textes enthalten diese verschiedenen Rubriken kaum mehr als sehr summarische Angaben allgemeiner Natur mit wenig konkreten Beispielen. Das Ganze ist noch dürftiger als der erste Teil.

---

[72] Vgl. Aet., Plac. V 26, 4 (Dox. 438a 21sqq.). Nach Empedokles' Meinung sind die Bäume vor den Tieren aus der Erde hervorgekeimt, noch bevor die Sonne ihren Lauf genommen hatte und Tag und Nacht geschieden wurden. Ähnlich Lukrez V 780—792.

[73] Typisch aristotelische Lehrmeinungen. Ewigkeit der Welt besonders De caelo I 10—II 1. Ewigkeit der Arten im Bereich des Lebendigen Gen. an. II 1, 731b 31—732a 1.

[74] 818a 4—821b 30 = 13, 11—25, 9 M. Disposition und Stoff dieses Teiles stammen weitgehend aus den ersten beiden Büchern von Theophrasts Historia plantarum. περὶ μορίων = HP I 1—2. περὶ διαφορῶν = HP I 3—14. περὶ

Nach einigen zusammenhanglosen Bemerkungen über Teile, die in einigen Gewächsen begegnen, in anderen nicht[75], sowie über den Unterschied zwischen einfachen (homöomeren) und zusammengesetzten (anhomöomeren) Teilen, d. h. Geweben und Organen[76], wird das Problem der Analogie zwischen den Teilen der Pflanze und den Organen der Tiere kurz und oberflächlich erörtert: Die Ähnlichkeit zwischen Rinde und Haut, Wurzel und Mund, Fasern und Muskeln wird einfach erwähnt[77]. Dann wird der wichtige Unterschied zwischen homöomeren und anhomöomeren Teilen erläutert: Die Teilung der ersten ergibt gleichartige Teile; aus der Teilung des Fleisches entstehen Fleischstücke; die zweiten dagegen, d. h. die Glieder des Tieres oder die Organe der Pflanze, zerfallen nicht in gleichartige Teile. Die Frucht, die Olive z. B., besteht aus Haut, Fleisch, Kern und Samen[78].

Eine erste Schwierigkeit entsteht bei dem Versuch zu bestimmen, was man eigentlich als Teile einer Pflanze betrachten sollte. Im Unterschied zum Tier, das in der Regel die ihm eigenen Organe und Glieder sein ganzes Leben lang behält, hat die Pflanze neben dauerhaften Bestandteilen wie Rinde und Stengel auch solche, die jedes Jahr neu entstehen

γενέσεων καὶ μεταβολῶν = HP II 1—4. Die wichtigsten Parallelstellen aus Theophrast sind im Kommentar von E. H. F. Meyer, Nicolai Damasceni De Plantis libri duo, Leipzig 1841, angegeben. Den Abschnitt 818a 4—36 analysiert H. J. Drossaart Lulofs in: JHSt. 77 (1957) 77—78.

[75] 818a 4—9 = 13, 11—16 M.

[76] 818a 9—17 = 13, 16—14, 2 M. Vgl. HP I 1, 12—2, 1, S. 3, 23—40. Ähnliche Unterscheidung bei Aristoteles im Hinblick auf die Teile der Tiere Hist. anim. I 1, 486a 5—14; De part. anim. II 1 passim.

[77] 818a 17—22 = 14, 3—8 M. Die Analogie zwischen den Organen der Tiere und denen der Pflanzen hebt Aristoteles des öfteren hervor: De an. II 1, 412b 1—4; 4, 416a 3—5; De longaev. 6, 467b 2—5; De iuv. 1, 467b 32—468a 12; De part. anim. II 10, 655b 29—656a 3; IV 7, 683b 18—21; 10, 686b 31—687a 2; De inc. anim. 4, 705a 29—b 8; 5, 706b 3—10; De gener. anim. II 6, 741b 34—37. Sie beruht auf der Ähnlichkeit der physiologischen Funktionen (Aufnahme der Nahrung durch den Mund und die Wurzel). Möglicherweise hat Aristoteles diese Auffassung im Laufe seiner wissenschaftlichen Entwicklung modifiziert (vgl. W. K. Kraak in: Mnemosyne, 3. Ser., 10 (1942) 251—262). Sicher ist auf jeden Fall, daß Theophrast zögerte, Analogien zwischen Tier und Pflanze anzunehmen: HP I 1, 3, S. 1, 24—27; 4, S. 2, 4—5 und 9—10; CP VI 11, 5, S. 304, 7—15. Vgl. R. Strömberg, Theophrastea. Studien zur botanischen Begriffsbildung, Göteborg 1937, 59. G. Senn, Die Pflanzenkunde des Theophr., 1956, 48—53.

[78] 818a 22—b 2 = 14, 8—26 M. Über die Unterscheidung zwischen homöomeren und nicht homöomeren Teilen vgl. Anm. 76. Die Angaben über die Bestandteile der Früchte stammen aus HP I 10, 10—11, 1.

und später abfallen, wie Blüten, Früchte, Blätter[79]. Trotz ihres unbestimmten Charakters will der Verfasser die letzteren jedoch auch als
Teile der Pflanze betrachten[80]. Die Unterschiede zwischen den Teilen
der einzelnen Pflanzen beziehen sich auf Zahl, Größe und Stärke, sowie
auf Form, Farbe, Festigkeit, Beschaffenheit der Oberfläche etc.[81].
Grund für diese Unterschiede ist die jeweilige Beschaffenheit des Saftes[82]. Auch in der Stellung der Früchte, Blätter und Sprosse lassen
sich Unterschiede von Art zu Art beobachten[83]. Als Teile, die ziemlich
allen Gewächsen gemeinsam sind, werden Wurzel, Stamm, Sprosse und
Äste genannt und kurz charakterisiert[84]. Die Analogie mit den Gliedern
des Tieres wird noch einmal hervorgehoben[85], und sie erscheint wieder in
dem Satz über die homöomeren Teile, Rinde, Holz und Mark; das Mark
soll nach einigen der Mutterleib der Pflanze, nach anderen ihre Einge-
weide, nach anderen wieder ihr Herz sein[86].

Nach diesem raschen Überblick über die Teile wendet sich der Verfasser der Klassifikation der Pflanzen zu[87]. Morphologisch lassen sich
pflanzliche Gewächse in Bäume, Sträucher, Leguminosen und Gräser
einteilen[88]. Auch andere Gesichtspunkte können für die Gruppierung

---

[79] 818b 2—18 = 14, 26—15, 15 M. Aus HP I 1, 2, S. 1, 5—23. Zur Aporie vgl.
Senn, Op. cit. 47—48 und 66—67.

[80] Der Hinweis, daß es auch bei den Tieren einjährige Gebilde gibt (818b 18—28
= 15, 15—22 M.), stammt ebenfalls aus HP I 1, 3, S. 1, 29—32.

[81] 818b 30—33 = 16, 1—4 M; 819a 1—6 = 16, 13—17 M. Vgl. HP I 1, 6, S. 2, 22—47.

[82] 818b 33—38 = 16, 4—9 M. Wärme und Feuchtigkeit sind wesentliche Prinzipien
des Lebendigen, sowohl bei den Tieren (Arist., Longaev. 5, 466a 18—19) als auch
bei den Pflanzen (HP I 2, 4—5, S. 4, 23—33).

[83] 819a 8—15 = 16, 20—17, 4 M. Vgl. HP I 1, 7—8, S. 2, 32—45.

[84] 819a 15—27 = 17, 4—14 M. Ähnlich HP I 1, 9—11, S. 2, 48—3, 19.

[85] 819a 18—19 = 17, 7—8 M.

[86] 819a 33—35 = 17, 19—21 M. Ähnlich HP I 2, 6, S. 4, 48—52.

[87] In seiner Klassifikation (HP I 3—14) benutzt Theophrast zuerst Unterschei-
dungsmerkmale, die sich auf die ganze Pflanze beziehen (I 3—4), behandelt
dann die κατὰ μέρος διαφοραί, d. h. die Unterschiede der einzelnen Teile der
Pflanzen (I 5—14), und zwar in dieser Reihenfolge: Stengel (I 5, 1), Rinde
(I 5, 2), Holz (I 5, 3—5), Mark (I 6, 1—2), Wurzel (I 6, 3—7, 3), Augen
(I 8, 1—9, 2), Blätter (I 9, 3—10, 10), Samen (I 11, 1—6), Saft (I 12, 1—4),
Blüten (I 13, 1—5), Früchte (I 14, 1—2). Einige Spuren derselben Disposition
sind in De plantis noch sichtbar, von den umfangreichen Erörterungen Theophrasts über die κατὰ μέρος διαφοραί sind jedoch nur winzige Bruchstücke in
unsere Schrift aufgenommen worden.

[88] 819a 42—b 24 = 17, 27—19, 1 M. Entspricht z. T. wörtlich HP I 3, 1—3,
S. 5, 13—43.

der Pflanzen berücksichtigt werden. Besonders wichtig erscheinen der Unterschied zwischen wildwachsenden und Kulturpflanzen sowie die Merkmale, die mit dem Ort zusammenhängen, an dem die Pflanze jeweils wächst[89]. Ferner lassen sich in der Beschaffenheit der einzelnen Teile Unterschiede feststellen; auf die unterschiedlichen Eigenschaften der Säfte und der Früchte geht der Verfasser etwas ausführlicher ein[90].

Auf diese Ausführungen über Klassifikation und Gruppierung der Pflanzen folgen Angaben über ihre Erzeugung[91]. Der Verfasser zählt drei Arten der Erzeugung, und zwar Pflanzung, Aussaat und Urzeugung. Die Pflanzung erfolgt nicht nur, indem man die ganze Pflanze oder Teile der Wurzel, des Stengels oder der Äste in die Erde steckt, sondern auch durch Pfropfen, indem man ein Reis in eine andere Pflanze steckt[92]. In diesem Zusammenhang wird auch die Befruchtung der Palmen, der Feigenbäume und der Oliven erwähnt[93]. Die dabei hervorgehobene deutliche Unterscheidung der männlichen und weiblichen Pflanzen steht in krassem Widerspruch zu dem, was früher über die Geschlechtlichkeit der Pflanzen gelehrt worden war[94]. Ausgehend von der Erzeugung kommt man naturgemäß auf die Veränderungen zu sprechen, die sich aus dem Altern der Pflanze, aus ihrem Ortswechsel oder aus verschiedenen Ein-

[89] 819b 24—820a 14 = 19, 1—20, 5 M. Auszüge aus HP I 3, 4—4, 4, S. 5, 46—7, 15.

[90] 820a 14—b 28 = 20, 5—22, 7 M. Der Abschnitt über die Säfte (820a 29—37 = 20, 19—21, 2 M.) entspricht ziemlich genau HP I 12, 1, S. 17, 42—48. Weitere, wenn auch ungenauere Reminiszenzen an Theophrast bieten: 820a 37—b 3 = 21, 2—8 M. ~ HP I 10, 10—11, 11, S. 46, 19—33; 820b 6—12 = 21, 12—15 M. ~ HP I 11, 1—3, S. 46, 33—50; 820b 23—25 = 22, 1—3 M. stammt aus HP I 12, 1, S. 17, 41—42; 820b 26—28 = 22, 4—7 M. ~ HP I 12, 4, S. 18, 26—30.

[91] Hauptquelle dieses Abschnittes ist HP II, wo Theophrast zuerst die γενέσεις (II 1—2, 4) und anschließend die μεταβολαί (II 2, 4—4, 4) behandelt; im zweiten Teil des Buches werden die φυτεῖαι (II 5—6) und sonstige Pflegearbeiten, ἐργασία, θεραπεία, (II 7) behandelt.

[92] 820b 28—821a 14 = 22, 8—23, 6 M. Der Anfang (Erzeugungsarten) entspricht ziemlich genau HP II 1, 1, S. 21, 8—12. Der Abschnitt über die Veränderungen ist eine dürftige Kompilation aus HP II 2, 4—4, 4. Die theophrastische Unterscheidung zwischen den verschiedenen Ursachen der Veränderungen (Entartung der aus Samen entstehenden Bäume, Einfluß von Boden und klimatischen Verhältnissen, menschliche Pflege, spontane Umschläge etc.) ist allerdings nicht berücksichtigt worden. 821a 12—14 = 23, 4—6 M. stammt aus HP II 7, 6, S. 30, 34—37; vgl. auch Arist., De iuv. 470a 32—b 21.

[93] 821a 14—26 = 23, 6—17 M. Aus HP II 8, 1—4, S. 31, 4—49.

[94] Vgl. oben S. 497sqq. Über die Unterscheidungsmerkmale der männlichen und weiblichen Pflanzen (821a 18—23 = 23, 9—15 M.) vgl. HP II 6, 6, S. 28, 15—27.

griffen des Menschen ergeben[95]. Angaben über die Zeiten der Pflanzung, des Sprossens und der Fruchtentwicklung sowie über den Unterschied zwischen männlichen und weiblichen Pflanzen gehören in denselben Zusammenhang[96].

Im letzten Abschnitt des ersten Buches[97] werden zwei Gruppen von Untersuchungen angekündigt. Zuerst stellt der Verfasser Erörterungen über die einzelnen Arten der Bäume und sonstiger Gewächse in Aussicht. Dazu seien die Äußerungen der Älteren zu berücksichtigen und ihre Bücher heranzuziehen, man werde sich jedoch mit einem knappen Überblick begnügen und nur das Wesentliche exzerpieren. Die ölhaltigen Gewächse, diejenigen, die Samen hervorbringen, diejenigen, aus denen man Wein gewinnen kann, die Heil- und Giftpflanzen, das seien die Themen der noch ausstehenden Untersuchung. Solche Eigentümlichlichkeiten der Pflanzen seien aber gut bekannt. Allem Anschein nach war also der Verfasser mit seinen allgemeinen Erörterungen fertig geworden und wollte im folgenden einzelne Pflanzenarten gesondert behandeln. Auch Theophrast hatte in seiner Pflanzengeschichte die Dinge bald von einem universalen Gesichtspunkt aus (καθόλου), bald in der Form spezieller Untersuchungen (καθ' ἕκαστον) behandelt[98]. In der auf uns gekommenen Fassung von De plantis fehlen jedoch diese καθ' ἕκαστον-Untersuchungen völlig. Der Hinweis, daß diese Materie gut bekannt ist, soll offenbar den Verzicht auf diese Erörterungen entschuldigen. Wahrscheinlich hatte Nikolaos ihnen einige Kapitel gewidmet; bei einer späteren, kürzenden Bearbeitung seines Werkes wurden sie einfach gestrichen, die Ankündigung ließ man jedoch versehentlich stehen.

Als Thema der nächsten Untersuchungen nennt dann der Verfasser die Ursachen der Pflanzen. Die Entstehung der Pflanzen sei kausal zu klären. Insbesondere solle man sich mit der Frage befassen, warum bestimmte Gegenden und bestimmte Zeiten für die Pflanzen günstig oder ungünstig seien. Die Pflanzungen sollten untersucht werden. Unter-

---

[95] 821a 28—b 2 = 23, 17—24, 7 M. Vgl. besonders HP II 4, 1, S. 25, 3—5 und II 2, 11—12, S. 24, 3—9.

[96] 821b 2—26 = 24, 7—25, 9 M. Zu vergleichen sind HP II 4, 2—3, S. 25, 15—30; CP III 2, 6—3, 3. Die Angaben über wildwachsende und zahme Pflanzen stammen aus HP III 2, 3, S. 34, 3—9. Ihre Merkmale werden aber irrtümlich den Geschlechtscharakteren gleichgesetzt, wohl aufgrund von HP III 8, 1, S. 41, 16—23.

[97] 821b 26—822a 9 = 25, 10—26, 4 M.

[98] Über diesen charakteristischen Aufbau von Theophrasts Historia plantarum vgl. O. Regenbogen, Theophrast-Studien I, in: Hermes 69 (1934) 75—105; 190—203.

schiede im Geschmack und Geruch der Säfte, in der Haltbarkeit der
Früchte und in anderen Eigentümlichkeiten und Wirkungen der Pflanzen
seien zu erforschen. Dieses Programm läßt Erörterungen erwarten, die
sich mit Theophrasts De causis plantarum berühren: Nach der deskrip-
tiven Phytologie des 1. Buches soll jetzt eine Art Kausalerklärung verschiedener Erscheinungen des Pflanzenlebens geboten werden. In der
Tat scheint das zweite Buch De plantis eine solche Kausalerklärung zu
enthalten: Trotz des heillosen Zustandes, in dem es auf uns gekommen ist,
kann man noch feststellen, daß der Verfasser bemüht war, verschiedene
Phänomene des Pflanzenlebens auf ihre Ursachen zurückzuführen. Seine
Ausführungen sind aber, wenigstens in der uns zugänglichen Fassung,
derart verworren und dunkel, daß ihre Interpretation ein fast hoffnungsloses Unterfangen darstellt. Nirgends wird eine Disposition angegeben; man erfährt nicht, wohin die Erörterungen führen sollen; überall herrscht ein unvorstellbares Durcheinander, und selbst bei Abschnitten, die in sich betrachtet eine gewisse Einheitlichkeit besitzen, läßt sich
oft nur schwer erraten, was der Verfasser eigentlich gemeint haben kann.
Der Vergleich mit Theophrast hilft nicht weiter: Eine direkte oder entfernte Anlehnung an De causis plantarum scheint nämlich nicht vorzu-
liegen.

Wenn man von mehreren Exkursen, Einschüben und sonstigen Entstellungen absieht, kann man im zweiten Buch drei große Komplexe noch
verhältnismäßig genau erkennen. Im ersten[99] behandelt der Verfasser die
Kräfte, die Ernährung und Wachstum der Pflanzen bedingen; Vergleiche
aus dem Bereich des Anorganischen und der Meteorologie veranschau-
lichen die phytologische Theorie; nicht selten nehmen sie das Ausmaß
eines selbständigen Exposés an. Zu den Hauptquellen dieses Teiles gehört
die aristotelische, vielleicht auch die theophrastische Meteorologie. Im
zweiten Teil[100] wird der Einfluß von Boden, Lage und Klima auf die Flora
erörtert. Die Beschaffenheit der an verschiedenen Orten wachsenden
Pflanzen wird nicht nur geschildert, sondern auch aitiologisch erklärt.
Dem Thema nach läßt sich dieser Abschnitt mit De causis plantarum
II 2—7 vergleichen, inhaltlich aber ist eine präzisere Anlehnung an
Theophrast nicht feststellbar. Der dritte Teil[101] umfaßt eine Reihe von
kleinen, ziemlich selbständigen Kapiteln, die einzelnen Erscheinungen
des Pflanzenlebens gewidmet sind.

[99] 822a 11—824b 35 = 26, 6—32, 19 M.
[100] 824b 35—827a 6 = 32, 20—38, 3 M.   [101] 827a 7—830b 3 = 38, 4—46, 10 M.

Den Prozeß der Verarbeitung der Nahrungsstoffe stellt sich Nikolaos als eine „Kochung" vor. Die Pflanze, so erklärt er, besitzt drei Kräfte, die von den Elementen Erde, Wasser und Feuer herrühren. Dem Element Erde verdankt sie ihren Charakter eines festen Körpers. Das Wasser bindet den erdigen Stoff zu einer einheitlichen Masse, etwa wie es bei der noch nicht gebrannten Töpfererde der Fall ist. Die Wärme schließlich bewirkt die Erstarrung dieser Masse, etwa wie das Brennen die Töpfererde verfestigt. Das Eigentümliche dieser „Kochung" bei Tieren und Pflanzen ergibt sich daraus, daß ihre Gewebe nicht ganz dichtgefügt, sondern porös und durchlässig für die Flüssigkeit sind: Überflüssige Feuchtigkeit kann deswegen ausgeschieden werden, und andererseits ermöglichen die in den Geweben vorhandenen Zwischenräume das Zunehmen und Wachsen des Lebenwesens[102]. Wie die Verarbeitung der Nahrungsstoffe durch diese Kochung durchgeführt wird, erklärt der Verfasser vorläufig nicht näher. Stattdessen befaßt er sich ziemlich ausführlich mit der Bewegung der Flüssigkeit in der Pflanze und erklärt, was das Zirkulieren des Saftes hervorruft. Diese Saftzirkulation erscheint ihm offenbar als Vorbedingung für die Verarbeitung und Verteilung der Nahrungsstoffe. Kleine Pflanzen wachsen rasch, und im allgemeinen ist das Wachsen einer Pflanze schneller als das eines Tieres; da die Organe der Pflanze weniger kompliziert sind als die des Tieres, andererseits aber die Pflanze ihre Nahrung schon weitgehend verarbeitet vorfindet, kann diese Nahrung ohne langwierige Umwandlungsprozesse gleich dahin gebracht werden, wo sie benötigt wird[103]. Wie aber kommt es, daß die nahrhafte Flüssigkeit in die Pflanze steigt? An einer Stelle erwähnt der Verfasser die Anziehungskraft, die das Erdige in der Pflanze auf das Flüssige ausübt[104], eine andere Erklärung legt er jedoch viel ausführlicher dar: Die Lebenswärme ist es, die das Aufsteigen der Flüssigkeit bewirkt[105]; eine vergleichbare Erscheinung läßt sich in Baderäumen beobachten; unter Einwirkung der Hitze verdampft das Wasser; der Dampf steigt nach oben bis zur Decke und von dort aus tropft er wieder herunter[106]. Auch das Hervorbrechen

---

[102] 822a 11—b 1 = 26, 6—27, 3 M.   [103] 822b 1—25 = 27, 3—23 M.
[104] 822b 1—4 = 27, 3—6 M.   [105] 822b 16—19 = 27, 15—18 M.
[106] 822b 19—22 = 27, 18—20 M. Der Hinweis auf die Kondensation des Wasserdampfes an der Decke der Baderäume erinnert an Theophr. ap. Olymp., Meteor. 80, 31—81, 1 (bes. 80, 36sqq.). Vgl. P. Steinmetz, Phys. Theophr. 218; 220; 228; 241—242. E. Wagner und P. Steinmetz, Der syrische Auszug der Meteorologie des Theophrast, Wiesbaden 1964 (Abh. Akad. Mainz, Geistes- und sozialwiss. Kl. 1964, 1) 28 (352 b 32—34); 51—53.

von Quellen und Flüssen im Gebirge weist eine gewisse Ähnlichkeit mit
diesem Phänomen auf: Wenn sich Wasser unter der Erde ansammelt,
bildet sich Dampf; infolge des eintretenden Überdrucks sucht sich das
Wasser einen Ausgang durch die Erddecke und quillt schließlich hervor[107].

Die Erwähnung der Entstehung von Gebirgsquellen bringt den Verfasser gedankenassoziativ auf ein verwandtes Phänomen, das Erd- und
Seebeben. Dieses findet statt, wenn große Luftmassen sich in der Erde
ansammeln und infolge der Beschaffenheit des Bodens keinen Ausgang
haben; um sich zu befreien, zerbrechen sie mit Gewalt die Erdkruste,
die sie gefangen hielt; dort aber, wo der Boden sandig ist und die
eingekesselte Luft allmählich durchläßt, finden keine Erdbeben statt[108].
Ebensowenig platzt eine Pflanze unter dem Druck der inneren Flüssigkeit: Ihre Gewebe sind nämlich, wie schon gesagt, nicht dicht, sondern lockergefügt.

Von seinem eigentlichen Thema entfernt sich der Verfasser noch mehr,
wenn er erklärt, warum bestimmte Körper auf dem Wasser schwimmen
und andere versinken: Das Vorhandensein von Luft in der Zusammensetzung der einen bewirkt es, daß sie an der Oberfläche des Wassers liegen-
bleiben, während die anderen, die nur wenig oder gar keine Luft enthalten, auf den Grund sinken[109]. Diese Ausführungen haben mit der Ernährung der Pflanze nichts zu tun. Wahrscheinlich handelt es sich um
einen erratischen Block, in dem die Eigenschaft bestimmter Holzarten,
auf dem Wasser zu schwimmen, erörtert war. Der Exkurs kann dadurch
veranlaßt worden sein, daß bereits im vorhergehenden Abschnitt von
dem „lockeren" Charakter pflanzlicher Gewebe die Rede war.

---

[107] Obwohl Nikolaos 822b 33—34 = 27, 29—28, 1 M. auf seine Ausführungen über
die Entstehung der Quellen und Flüsse *in libro meteorum* verweist, wo er wahrscheinlich Aristoteles folgte, deckt sich seine hiesige Theorie der Gebirgsflüsse
nicht ganz mit der des Stagiriten. Dieser lehnt bekanntlich die Hypothese ab,
daß das Regenwasser sich in unterirdischen Seen ansammelt und von dort aus
herausquillt (Meteor. I 13, 349b 2—19). Er glaubt vielmehr, daß dunstartige
Luft in der Erde von der dort herrschenden Kälte kondensiert wird und sich in
Wasser verwandelt, wie es auch in der Atmosphäre bei der Bildung der Regen-
wolken der Fall ist (Meteor. I 13, 349b 19—350a 15).

[108] 322b 35—323a 16 = 28, 1—16 M. Entspricht der in Meteor. II 8 dargelegten
Erdbebenlehre des Aristoteles.

[109] 823a 19—b 18 = 28, 18—29, 25 M. Vgl. Meteor. IV 7, 384b 15—19. Aus dieser
Stelle stammt auch der Hinweis, daß das Ebenholz nicht auf dem Wasser
schwimmt, weil es nur wenig Luft enthält. Über das Untergehen des Ebenholzes

Ebenso unerwartet erscheinen auf den ersten Blick die Erörterungen über die Bildung des Sandes und die Salzhaltigkeit des Meeres. Nach der Auffassung des Verfassers — dessen Ausführungen allerdings alles andere als klar sind — scheinen die beiden Phänomene zusammenzugehören. Von Natur aus ist das Wasser süß. Die Erde aber, die sich unter dem stehenden Meereswasser befindet, erwärmt sich nach und nach (die Ursache dafür wird nicht angegeben); infolgedessen trocknet sie immer mehr aus und wird schließlich zu Sand. Auch der Wüstensand verdankt seine Entstehung einem Austrocknungsprozeß: Die pralle Sonnenhitze war es, die normale Erde in Sand verwandelte. Die Erwärmung der Erde unter dem Meer hatte aber eine weitere Konsequenz: Bestimmte Bestandteile der Erde wurden von dieser während des Austrocknungsprozesses ausgeschieden und vom Meereswasser aufgenommen; das ursprünglich süße Wasser erhielt also einen gewissen Anteil an erdigen Stoffen und wurde eben deswegen salzig[110]. Der erdhaltige Charakter des

vgl. auch Theophr. HP V 3, 1, S. 89, 23—25. Nikolaos 823a 31—41 = 29, 1—9 M. erklärt anders als Arist., Meteor. IV 7, 383b 20—384a 2, warum das Öl leichter ist als das Wasser. Entstehung des Bimssteins aus dem Schaum des Meeres: 823b 11—18 = 29, 20—25 M. Anspielung darauf bei Theophr., De lapid. 19 sub fine. Vgl. P. Steinmetz, Phys. Theophr. 266 und 318.

[110] 823b 18—824a 7 = 29, 26—30, 19 M. Nikolaos' Erklärung für den Salzgehalt des Meeres erinnert, wenn auch sehr unpräzise, an die aristotelische Theorie. In Meteor. II 2—3 bespricht Aristoteles zuerst Meinungen, die er für nicht ganz befriedigend hält, obschon sie einen Kern der Wahrheit enthalten. Seine eigene Theorie beruht auf der Annahme, daß es eine gewisse Analogie zwischen den Ausscheidungen der tierischen Körper (bes. Urin und Schweiß) und dem Meerwasser geben muß. Solche Ausscheidungen sind Reste der Nahrungsstoffe, genauer gesagt, unvollständig „gekochte" (d. h. verdaute) Überbleibsel der Speisen (Meteor. II 2, 355a 32—b 14; 356a 35—b 3; 3, 357a 28—b 9). Ihr salziger, bitterer Geschmack erscheint als die Folge einer Beimischung (Meteor. II 3, 358a 4—11). Auch die Überbleibsel einer unvollständigen Verbrennung, wie z. B. Asche, besitzen einen ähnlichen Geschmack (II 3, 358a 12—14). Natürlich wäre es absurd, das Meer einfach für verbrannte Erde zu halten (II 3, 358a 14—15). Die richtige Erklärung soll vielmehr in der Lehre von den beiden Ausdünstungen gesucht werden: Die trockene, aus der Erde stammende Ausdünstung ist als Produkt einer unvollständigen „Kochung" salzig; sie vermischt sich, etwa in den Wolken, mit der feuchten Ausdünstung, so daß das Regenwasser, das auf die Erde fällt, das Prinzip der Salzhaltigkeit in sich enthält (II 3, 357b 23—26; 358a 15—27). Nikolaos' Theorie geht wahrscheinlich nicht direkt auf Aristoteles, sondern auf Theophrast zurück. Dieser lehrte nämlich, die unter dem Meereswasser befindliche Erde sei als Ursache für den Salzgehalt des Meeres anzusehen (Olymp., Meteor. 156, 26—157, 1. Vgl. P. Steinmetz,

Salzwassers zeigt sich daran, daß es schwerer ist als Süßwasser: Ein Ei
schwimmt auf der Oberfläche einer salzigen Lösung, geht aber im Süßwasser unter[111]; das Wasser des Toten Meeres ist so salzig — d. h. so erd-
haltig und schwer —, daß nicht einmal Tiere dort auf den Grund versinken[112]. Die Funktion dieses langen Exkurses wird erst dort angegeben,
wo der Verfasser seine Ausführungen über die Entstehung und Ernährung der Pflanzen wieder aufnimmt: Der Prozeß, durch welchen sich der
Stoff der Pflanzen bildet, weist eine gewisse Analogie mit der Entstehung des Sandes und des Salzes im Meer auf. Auch hier lassen allerdings
die Erklärungen des Verfassers sehr viel an Klarheit zu wünschen übrig.
Wahrscheinlich will er sagen, daß die Pflanze aus dem Boden eine Flüssigkeit sui generis herauszieht; diese steigt in die Pflanze, wird dort „gekocht" und in die Substanz der Pflanze verwandelt. Auch die feuchte
Luft, die in den Boden eindringt und ihn durchtränkt, sowie der „mäch-
tige Einfluß der Gestirne" werden unter den Kräften erwähnt, die zur
Keimung des Samens und zur Entwicklung der Pflanze beitragen[113].

Anknüpfend an die Bemerkung, daß die Verdampfung des Salzwassers
die Trennung des Süßwassers von den salzigen Stoffteilchen bewirkt[114],
erklärt dann der Verfasser, warum keine Pflanzen aus dem Salzwasser
wachsen können: Dieses Wasser sei zu kalt und zu „trocken"[115]. Mit
diesem Hinweis sind wir bereits bei dem zweiten Hauptthema des Buches
angelangt. In den folgenden Kapiteln wird dargelegt, welche Auswir-
kungen jeweils die Beschaffenheit des Bodens oder der Lage auf Entstehung, Wachstum und organische Entwicklung der Pflanzen hat. Wir
hören z. B., daß die Pflanzen, die im Schnee entstehen, keine Blätter
haben, weil ihnen keine günstige Bodentemperatur zugute kommt. Wir
finden verschiedene Angaben über die Vegetation in trockenen, salzigen
Landschaften, in günstigen, warmen Lagen, in den Wüsten, an der Ober-

Phys. Theophr. 296—298). — Eine Theorie über die Entstehung des Sandes
begegnet meines Wissens weder bei Aristoteles noch bei Theophrast. — Die Anspielung auf die Meinung, nach der das Meer Prinzip aller Gewässer sei (824a
10—13 = 30, 22—24 M.), geht auf Arist., Meteor. II 2, 354b 2—16 zurück.

[111] 824a 16—27 = 31, 2—8 M., aus Arist., Meteor. II 3, 359a 11—14.
[112] 824a 27—29 = 31, 8—10 M., aus Arist., Meteor. II 3, 359a 16—21.
[113] 824b 3—24 = 31, 22—32, 10 M.
[114] 824b 24—35 = 32, 11—19 M. Kochendes Salzwasser erzeugt süßen Dampf.
Vgl. auch Arist., Meteor. II 3, 358b 16—23.
[115] 824b 35—825a 1 = 32, 20—24 M. Vgl. Theophr., CP II 5, 1—2, der allerdings
bemerkt, daß allerlei Tiere und Pflanzen im Meer wachsen. Nach Arist., Gen. an.
III 11, 761a 24—25 wachsen fast keine Pflanzen im Meer.

fläche stehender Gewässer, in fließenden Gewässern, in schwefelhaltigem Boden, auf Felsen etc.[116]. Auch die Entstehung von Schmarotzerpflanzen wird behandelt[117]. Die Eigentümlichkeiten der Vegetation in diesen diversen Fällen werden mit der Beschaffenheit und der Temperatur des Bodens, seiner Feuchtigkeit, den Luft- und Sonnenverhältnissen etc. in Verbindung gebracht, leider in einer Weise, die uns oft ziemlich rätselhaft bleibt. Merkwürdigerweise scheint der Verfasser in den meisten Fällen nach den Bedingungen zu fragen, unter denen pflanzliche Gewächse spontan entstehen können. Nicht die Fortpflanzung durch Samen, Ableger und dgl. dürfte also hier sein Hauptanliegen gewesen sein, sondern vielmehr die verschiedenen Arten der Urzeugung. Nun zählt er am Ende dieses Abschnittes fünf Entstehungsarten der Pflanzen auf: Die Pflanzen stammen aus Samen, entstehen aus der Fäulnis oder aus einer Flüssigkeit, werden gepflanzt oder entwickeln sich als Parasiten anderer Pflanzen[118]. Im zweiten Abschnitt des zweiten Buches haben wir es also wahrscheinlich mit den Trümmern eines systematischeren Exposés zu tun, in dem diese fünf Entstehungsarten erörtert waren. In den erhaltenen Resten wird hauptsächlich auf die Urzeugung aus Fäulnis und Flüssigkeit sowie auf den Parasitismus eingegangen. Nur kurze Bemerkungen gelten fruchttragenden Kulturpflanzen und lassen erraten, daß auch die übrigen Entstehungsarten in der ursprünglichen Fassung des Textes behandelt waren.

Noch weniger systematisch erscheint der Aufbau des dritten Teiles des zweiten Buches. Hintereinander werden folgende Fragen angeschnitten: 1. Die jeweilige Beschaffenheit der Pflanzen, bei denen sich die Früchte vor den Blättern oder gleichzeitig mit ihnen oder nach ihnen entwickeln; die These, nach welcher Früchte und Blätter grundsätzlich identisch seien[119]. 2. Die Entstehung der Dornen[120]. 3. Die grüne Farbe der Pflanzen[121]. 4. Die äußere Gestalt der Pflanzen[122]. 5. Blattausfall und immergrüne Pflanzen[123]. 6. Farbe und Gewicht des Holzes[124]. 7. Blüten[125]. 8. Pflanzenmilch, Harz u. dgl.[126]. 9. Geschmack der Früchte[127]. Es soll den Historikern der Botanik überlassen bleiben, die An-

---

[116] 824b 35—827a 6 = 32, 20—38, 3 M.
[117] 826b 32—827a 2 = 37, 18—25 M. Ausführlicher Theophr., CP II 17.
[118] 827a 3—6 = 37, 26—38, 3 M.   [119] 827a 7—b 5 = 38, 4—39, 15 M.
[120] 827b 6—16 = 39, 16—25 M.   [121] 827b 17—32 = 39, 26—40, 13 M.
[122] 827b 32—828a 31 = 40, 14—41, 21 M.   [123] 828a 32—b 15 = 41, 22—42, 16 M.
[124] 828b 15—30 = 42, 17—43, 5 M.   [125] 828b 30—41 = 43, 5—15 M.
[126] 828b 41—829a 35 = 43, 16—44, 19 M.   [127] 829a 36—830b 4 = 44, 20—46, 10 M.

sichten unseres Autors über diese spezielleren Probleme in der Geschichte
der Pflanzenkunde einzuordnen und auf ihre Quellen hin zu untersuchen.
Den parallelen Ausführungen bei Theophrast scheinen sie nicht sehr
viel zu verdanken; die aitiologischen Erklärungen der einzelnen erörterten Erscheinungen zeichnen sich fast ausnahmslos durch große
Primitivität aus. Mit E. H. F. Meyer wird man wohl sagen dürfen, daß
der Autor De plantis weder als Denker noch als Beobachter besonders
hervorragt[128].

Möglicherweise würde das Urteil günstiger ausfallen, wenn wir das
Werk des Nikolaos noch in seiner ursprünglichen Form besäßen. Die
Schuld an der Unzulänglichkeit der erhaltenen Fassung tragen vor allem
die orientalischen Bearbeiter, die oft planlos exzerpiert, zusammen-
geflickt und interpoliert haben müssen. Aber auch in diesem letzten Teil
des Buches schimmert gelegentlich die gute Qualität der Originalfassung
durch. Hochinteressant erscheint in dieser Hinsicht eine Bemerkung über
die „Kochung" der Nahrungsstoffe bei den Pflanzen. Es gibt, so heißt es
im Kapitel über die Gestalt der Pflanzen, eine doppelte Verarbeitung der
Pflanzennahrung; die erste findet unter der Pflanze statt, die zweite
erfolgt in der Pflanze selbst, und zwar im Mark; danach können die
Nahrungsstoffe sofort auf die ganze Pflanze verteilt werden. Bei den
Tieren aber ist eine dritte Verarbeitung erforderlich, weil die Organe und
Glieder des Tieres stärker differenziert sind als die der Pflanze. Die
Gleichartigkeit der pflanzlichen Gewebe ist nämlich größer als die der
tierischen, und die Pflanze wird ferner dadurch gekennzeichnet, daß bei
ihr die gleichen Teile immer wieder entstehen können[129]. Der aristotelisch-
theophrastische Ursprung dieser Ausführungen leuchtet ein. Die Opposition zwischen dem Tier als geschlossenem und der Pflanze als offenem
System haben wir schon als theophrastisch kennengelernt[130]. Die Unterscheidung einer dreifachen Verarbeitung der Nahrungsstoffe bei Tieren
erscheint als eine Systematisierung diesbezüglicher Angaben des Aristoteles[131]: Eine erste „Kochung" der Speisen im Magen versetzt sie in den

---

[128] Gesch. d. Botanik I, 1854 (Nachdr. 1965), 329.

[129] 828a 6—16 = 41, 1—9 M.   [130] Vgl. oben S. 500 Anm. 70.

[131] Die wichtigsten Texte sind Part. an. II 3, 650a 2—b 13; IV 4, 678a 4—20;
Gen. an. II 4, 732b 33—740b 12; 6, 743a 1—745b 20. Besonders lehrreich ist
der Vergleich des Embryos mit einem keimenden Pflanzensamen; der Embryo,
der noch keine Nahrungsstoffe verarbeiten kann, erhält von der Mutter seine
fertige Nahrung, d. h. Blut, durch die Nabelschnur, genau wie die Pflanze durch
ihre Wurzeln die Nahrung aus der Erde zieht. Vgl. oben Anm. 63.

flüssigen Zustand, in dem sie dem Herzen zugeführt werden; dort werden sie zu Blut „gekocht", und als Blut fließen sie dann den verschiedenen Körperteilen zu, in deren jeweilige Gewebe sie sich schließlich verwandeln. Was der Magen bei den Tieren leistet — die erste Zubereitung der Nahrung und ihre Aufbewahrung — erfolgt bei den Pflanzen in der Erde, denn die Erde bietet der Pflanze flüssige Nahrungsstoffe, die gleich zu Lebenssaft verarbeitet werden können. Eine weitere Differenzierung dieses Lebenssaftes erübrigt sich, weil, wie schon gesagt, alle pflanzlichen Gewebe ziemlich gleichartig sind.

Mit der Feststellung, daß die erhaltene Fassung von De plantis auf eine Schrift zurückgeht, die aristotelisch-theophrastisches Gedankengut enthielt, sind wir wieder bei dem schwierigen Problem angelangt, ob dem Verfasser dieser Schrift, also Nikolaos, die genuine, heute verschollene Abhandlung des Aristoteles über die Pflanzen noch vorlag und ob sie von ihm als eine seiner Hauptquellen benutzt wurde. Die frühere Kritik hielt es für ausgeschlossen, daß Nikolaos sich an das authentische Pflanzenwerk des Aristoteles angelehnt habe. E. H. F. Meyer hatte, wie er selbst berichtet, anfänglich gehofft, die Analyse von De plantis würde vielleicht zeigen, daß Nikolaos die Abhandlung des Aristoteles noch vor Augen gehabt und exzerpiert hatte; in dieser seiner Hoffnung sah er sich aber gänzlich getäuscht[132]; in Nikolaos' Werk könne man weder einen Kommentar noch eine Epitome des aristotelischen Traktats erkennen; vielmehr handele es sich um eine eilige Kompilation aus verschiedenen Quellen[133]. Auch O. Regenbogen äußerte sich sehr skeptisch über die Möglichkeit auszumachen, in welchem Zusammenhang mit der aristotelischen Abhandlung die beiden Bücher De plantis des Nikolaos stehen[134]. Vor einigen Jahren vertrat jedoch H. J. Drossaart Lulofs eine andere Ansicht. In einer Vorstudie zu der von ihm geplanten kommentierten Ausgabe analysiert er zwei kurze Abschnitte aus dem ersten Buch von De plantis auf ihre Komposition und ihre Quellen hin[135]. Zuerst fällt dabei die weitgehende Benutzung von Theophrasts Historia plantarum auf. Sie ist, wenigstens am Anfang, so erfolgt, als habe Nikolaos kleinere Auszüge aus verschiedenen Teilen des Werkes des Eresiers zusammengetragen und damit einen als Grundlage benutzten und exzerpierten

---

[132] Gesch. d. Botanik I, 1854, 329.
[133] Nicolai Damasceni De plantis, 1841, XXIV.
[134] Art. Theophrastos, RE Suppl. VII, 1449 unten.
[135] JHSt 77 (1957) bes. 77—79 über 818a 4—36 und 816b 28—817a 9.

Grundtext zu erläutern und zu ergänzen versucht. Dieser Grundtext selbst scheint typisch aristotelisches Lehrgut enthalten zu haben, das in ziemlich systematischer Form dargelegt war. Drossaart vermutet daher, daß dieser Grundtext, zu dem theophrastisches Material beigesteuert wurde, eben aus Auszügen aus dem genuinen aristotelischen Werk περὶ φυτῶν bestand. Auch anderswo in der Epitome des Damaskeners lasse sich dieselbe Methode der Kompilation beobachten; Nikolaos zeige sich oft bemüht, Teile aus einem aristotelischen Traktat durch Heranziehung verwandter Texte aus dem Corpus und aus Theophrast zu ergänzen. Daß es ihm gelungen sei, die wohl wenig verbreitete kleine Schrift des Aristoteles über die Pflanzen aufzutreiben, könne nicht übermäßig verwundern: Wir wissen nämlich, daß er auch das metaphysische Fragment Theophrasts erwähnt und als theophrastisch nachgewiesen hatte, während bekannte Pinakographen wie Hermippos und Andronikos diesen Text in ihren Verzeichnissen der Schriften Theophrasts überhaupt nicht aufführten[136]. Verglichen mit den umfangreichen Pflanzenwerken des Eresiers müssen die Erörterungen des Aristoteles über die Pflanzen ziemlich kurz gewesen sein, meint Drossaart Lulofs ferner. Um so stärker sei das Bedürfnis des Nikolaos gewesen, sie mit Hilfe theophrastischen Materials zu erweitern. Als er jedoch feststellte, daß dieses Verfahren es kaum ermöglichte, den Stoff in angemessener Weise zu erfassen, habe er sich nunmehr fast ausschließlich Theophrast zugewandt und ihn über eine längere Strecke (ab 818a 36) exzerpiert.

Es ist wohl noch zu früh, um die Aussichten einer Rekonstruktion von Aristoteles' De plantis anhand von Nikolaos' Traktat zu ermessen. Zweifellos liegen in der Schrift des Damaskeners Brocken aristotelischen Gedankenguts vor, wenn auch oft von heterogenen Überlagerungen entstellt. Sollte einer sorgfältigen Analyse der Nachweis gelingen, daß die aristotelischen Bauteile einst ein kohärentes, logisch gegliedertes Ganzes ausmachten, so wäre die Möglichkeit, daß dieses Ganze eben mit Aristoteles De plantis identisch war, natürlich nicht von der Hand zu weisen. Aber wird bei dem heillosen Zustand unseres Textes ein solcher Nachweis jemals gelingen? Selbst dann hätte man immer noch mit der Möglichkeit zu rechnen, daß Nikolaos es war, der die verschiedenen Angaben über die Pflanzen aus dem ganzen Corpus aristotelicum zusammentrug und systematisch ordnete, wie er es auch bei anderen Fachgebieten der aristotelischen Philosophie nachweislich getan hat.

---

[136] Vgl. die Subscriptio in einigen Handschriften der Metaphysik Theophrasts, ed. W. D. Ross und F. H. Fobes, S. 38.

ANHANG

Literatur

Verzeichnis der in Abkürzung zitierten modernen Schriften

Arnim, H. von, *Arius Didymus' Abriß der peripatetischen Ethik*, Wien—Leipzig 1926 (S.-Ber. Akad. Wien, philos.-hist. Klasse 204, 3) = Abriß.

Arnim, H. von, *Die drei aristotelischen Ethiken*, Wien—Leipzig 1924 (S.-Ber. Akad. Wien, philos.-hist. Klasse 202, 2) = Die drei Ethiken.

Arnim, H. von, *Der neueste Versuch, die Magna Moralia als unecht zu erweisen*, Wien—Leipzig 1929 (S.-Ber. Akad. Wien, philos.-hist. Klasse 211, 2) = Der neueste Versuch.

Bignone, E., *L'Aristotele perduto e la formazione filosofica di Epicuro*, 2 Bde., Firenze 1936 = Arist. perd.

Birt, Th., *Das antike Buchwesen in seinem Verhältniss zur Litteratur*, Berlin 1882 = Ant. Buchwesen.

Bocheński, I. M., *La logique de Théophraste*, Fribourg en Suisse 1947 = Log. Th.

Brink, K. O., Art. *Peripatos*, RE Suppl. VII (1940) 899—949 = Peripatos.

Bruwaene, M. van den, *La théologie de Cicéron*, Louvain 1937 = Théol. de Cicéron.

Croenert, W., *Kolotes und Menedemos. Texte und Untersuchungen zur Philosophen- und Literaturgeschichte*, Leipzig 1906 = Kol. und Mened.

Diels, H., *Doxographi graeci*, Berlin 1879 = Dox.

Dirlmeier, F., *Die Oikeiosis-Lehre Theophrasts*, in: Philologus, Suppl. XXX 1, 1937 = Oikeiosis.

Doege, H., *Quae ratio intercedat inter Panaetium et Antiochum Ascalonitam in morali philosophia*, Diss. Halle 1896 = Quae ratio.

Drossaart Lulofs, H. J., *Nicolaus Damascenus on the Philosophy of Aristotle. Fragments of the first five books transl. from the Syriac with an introduction and commentary*[2], Leiden 1969 = Nic. Damasc.

Düring, I., *Aristoteles. Darstellung und Interpretation seines Denkens*, Heidelberg 1966 = Arist. 1.

Düring, I., Art. *Aristoteles*, RE Suppl. XI (1968) 159—336 = Arist. 2.

Düring, I., *Aristotle in the biographical tradition*, Göteborg 1957 = Biogr. trad.

Düring, I., *Notes on the history of the transmission of Aristotle's writings*, in: Acta Universitatis Gotoburgensis 66 (1960) 35—70 = Notes.

Effe, B., *Studien zur Kosmologie und Theologie der Aristotelischen Schrift „Über die Philosophie"*, München 1970 = Studien.

Fritz, K. von, Art. *Xenophanes 1*, RE IX A (1967) 1541—1562 = Xenophanes.

Giusta, M., *I dossografi di etica*, 2 Bde., Torino 1964—1967 = Doss. et.

Gottschalk, H. B., *Notes on the wills of the Peripatetic scholars*, in: Hermes 100 (1972) 314—342 = Notes on the wills.

Grant, A., *The Ethics of Aristotle*[4], 2 Bde., London 1885 = Ethics of Arist.

Harder, R., *,Ocellus Lucanus'. Text und Kommentar*, Berlin 1928 = Ocell. Luc.

Heinemann, I., *Poseidonios' metaphysische Schriften*, 2 Bde., Breslau 1921—1928 = Poseidonios' metaph. Schr.

Heinze, R., *Xenokrates. Darstellung der Lehre und Sammlung der Fragmente*, Leipzig 1892 = Xenokrates, Fr.

Heitz, E., *Fragmenta Aristotelis coll. disp. illustr. Aemilius H.*, Paris 1869 = Fr. Arist.

Heitz, E., *Die verlorenen Schriften des Aristoteles*, Leipzig 1865 = Verl. Schriften.

Hirzel, R., *Untersuchungen zu Cicero's philosophischen Schriften*, 3 Teile, Leipzig 1877—1883 = Unters.

Jaeger, W., *Studien zur Entstehungsgeschichte der Metaphysik des Aristoteles*, Berlin 1912 = Stud. Metaph.

Jaeger, W., *The theology of the early Greek philosophers*, Oxford 1947 = Theol. early gr. philos.

Joly, R., *Le thème philosophique des genres de vie dans l'Antiquité classique*, Bruxelles 1956 (Mém. Acad. Belgique, Cl. des Lettres 51, 3) = Genres de vie.

Littig, F., *Andronikos von Rhodos*, 1. Teil, Progr. München 1890. 2. Teil, Progr. Erlangen 1894. 3. Teil, Progr. Erlangen 1895 = Andron.

Luck, G., *Der Akademiker Antiochos*, Bern—Stuttgart 1953 = Antiochos.

McDiarmid, J. B., *Theophrastus on the Presocratic causes*, in: Harvard Stud. in Class. Philol. 61 (1953) 85—156 = Theophr.

Mariotti, *Aristone, d'Alessandria*, Bologna 1966 = Aristone.

Meurer, H., *Peripateticorum philosophia moralis secundum Stobaeum enarratur*, Progr. Weimar 1859 = Perip. philos. mor.

Moraux, P., *Les listes anciennes des ouvrages d'Aristote*, Louvain 1951 = Listes anciennes.

Moraux, P., *A la recherche de l'Aristote perdu: Le dialogue „Sur la Justice",* Louvain—Paris 1957 = Sur la Justice.

Movia, G., *Anima e intelletto. Ricerche sulla psicologia peripatetica da Teofrasto a Cratippo,* Padova 1968 = Anima e intelletto.

Patzig, G., *Die aristotelische Syllogistik. Logisch-philol. Untersuchungen über das Buch A der „Ersten Analytiken"*[3], Göttingen 1969 = Die arist. Syllogistik.

Plezia, M., *De Andronici Rhodii studiis Aristotelicis,* Kraków 1946 = De Andron. stud.

Pohlenz, M., *Grundfragen der stoischen Philosophie,* Göttingen 1940 (Abh. d. Gesellsch. d. Wissensch. zu Göttingen, philos.-hist. Klasse, 3. Folge, Nr. 26) = Grundfragen.

Pohlenz, M., *Poseidonios' Affektenlehre und Psychologie,* in: Nachr. Gesellsch. Göttingen 73 (1922) 164—194 = Poseidonios' Affektenlehre.

Pohlenz, M., *Kleine Schriften,* hrsg. von H. Dörrie, 2 Bde., Hildesheim 1965 = Kl. Schr.

Pohlenz, M., *Die Stoa. Geschichte einer geistigen Bewegung,* 2 Bde., Göttingen 1948—1949 = Die Stoa.

Prantl, C., *Geschichte der Logik im Abendlande,* 1. Bd., 1855 [Nachdruck Darmstadt 1957] = Gesch. d. Logik.

Ravaisson, F., *Essai sur la Métaphysique d'Aristote,* 1. Bd., Paris 1837 = Essai.

Regenbogen, O., Art. *Theophrastos 3,* RE Suppl. VII (1940) 1354—1562 = Theophrastos.

Reinhardt, K., *Kosmos und Sympathie. Neue Untersuchungen über Poseidonios,* München 1926 = Kosmos und Sympathie.

Reinhardt, K., *Parmenides und die Geschichte der griechischen Philosophie*[1], Bonn 1916, [2]Frankfurt am Main 1959 = Parmenides.

Rohde, E., *Kleine Schriften,* 2 Bde., Tübingen—Leipzig 1901 = Kl. Schr.

Rose, V., *Aristoteles pseudepigraphus,* Leipzig 1863 [Nachdruck Hildesheim 1971] = Arist. Pseudepigr.

Rose, V., *De Aristotelis librorum ordine et auctoritate commentatio,* Berlin 1854 = De Arist. libr. ord.

Scala, R. von, *Die Studien des Polybios,* Stuttgart 1890 = Stud. des Polyb.

Shute, R., *On the history of the process by which the Aristotelian writings arrived at their present form,* Oxford 1888 = History.

Stahr, A., *Aristotelia,* 2 Teile, Halle 1830—1832 = Arist.

Stark, R., *Aristotelesstudien,* 2., überarbeitete und erweiterte Aufl., aus dem Nachlaß hrsg. von P. Steinmetz, München 1972 = Aristotelesstudien.

Steinmetz, P., *Die Physik des Theophrastos von Eresos*, Bad Homburg—Berlin—Zürich 1964 = Phys. Theophr.

Strache, H., *De Arii Didymi in morali philosophia auctoribus*, Diss. Göttingen 1909 = De Arii auct.

Sullivan, M. W., *Apuleian Logic. The nature, sources and influences of Apuleius's Peri hermeneias*, Amsterdam 1967 = Apuleian Logic.

Susemihl, F., *Geschichte der griechischen Litteratur in der Alexandrinerzeit*, 2 Bde, Leipzig 1891—1892 = Gesch. gr. Litt. Alex.

Susemihl, F., *Die Lebenszeit des Andronikos*, in: Jahrb. f. class. Philol. 151 (1895) 225—234 = Lebenszeit.

Szlezák, Th. A., *Pseudo-Archytas über die Kategorien*, Berlin—New York 1972 = Ps.-Archytas.

Untersteiner, M., *Senofane, Testimonianze e frammenti*. Introd., trad. e comm. a cura di M. U., Firenze 1956 = Senofane.

Usener, H., *Ein altes Lehrgebäude der Philologie*, in: S.-Ber. d. Bayr. Akad. 1892, 582—648 = Lehrgebäude.

Usener, H., *Unser Platontext*, in: Nachr. Gesellsch. Göttingen 1892, 2, 25—50; 6, 181—215 = Platontext.

Usener, H., *Kleine Schriften*, 4 Bde., Leipzig—Berlin 1912—1914 = Kl. Schr.

Walzer, R., *Magna Moralia und aristotelische Ethik*, Berlin 1929 = MM und arist. Eth.

Wilamowitz-Moellendorff, U. von, *Antigonos von Karystos*, Berlin 1881 = Antig. v. Kar.

Wilpert, P., *Zwei aristotelische Frühschriften über die Ideenlehre*, Regensburg 1949 = Zwei arist. Frühschriften.

Korrekturnachträge

(in den Indices nicht berücksichtigt)

In der vorliegenden Darstellung des Aristotelismus im 1. Jh. v. Chr. weisen die Ausdrücke „Aristoteliker", „Peripatetiker", „Peripatos" und dgl. lediglich auf eine philosophische Richtung hin, die sich an Aristoteles anschließen will. Das Problem, ob die von Aristoteles in Athen gegründete Schule als Institution bis in die Kaiserzeit hinein, ja bis zum Ausgang des Altertums fortbestand, wurde absichtlich ausgeklammert. Es wird im zweiten Band zusammen mit den Nachrichten über die Errichtung besoldeter Lehrstühle für peripatetische Philosophie zur Sprache kommen. In diesem Zusammenhang sei jedoch hier daran erinnert, daß die von K. Zumpt (in: Philol. u. hist. Abh. d. kgl. Akad. d. Wiss. zu Berlin, 1842, 27 sqq.) rekonstruierte und von Ueberweg(-Praechter[12], 663 sqq.) übernommene Reihenfolge der Scholarchen in Athen insofern irreführend ist, als namhafte Vertreter der peripatetischen Philosophie ohne ausreichende Belege zu Schulhäuptern gemacht wurden. Mit dieser und verwandten Fragen befaßt sich J. P. Lynch in einem Buch, das während der Drucklegung erschien und nicht mehr berücksichtigt werden konnte: Aristotle's School. A Study of a Greek educational Institution, Berkeley — Los Angeles — London 1972. Seine Untersuchungen gelten nicht der Geschichte der aristotelischen Lehre, sondern der Schule des Aristoteles als Institution (Lokalisierung der Schule. Anfänge des höheren Unterrichts in Athen. Gründung der peripatetischen Schule. Rechtsstatus. Verfall nach Theophrast. Fortdauer und Niedergang). Auf einige Ansichten Lynchs, die meine eigene Darstellung berühren, wird hier unten hingewiesen.

Zu S. 3 Anm. 1. R. Bodéüs, Contribution à l'histoire des oeuvres morales d'Aristote: les Testimonia, in: Rev. philos. de Louvain 71 (1973) 451—467 hebt (S. 463 Anm. 43) mit Recht hervor (gegen D. J. Furley,

Two Studies in the Greek Atomists, Princeton 1967, 159—237), daß die
Polemik Epikurs zwar auf einer guten Kenntnis der peripatetischen
Ethik beruht, die direkte Benutzung der EN jedoch nicht unbedingt
voraussetzt, da zahlreiche andere, heute verschollene Schriften zur Verfügung standen.

Zu S. 4 Anm. 2. Trotz Dürings Widerlegungsversuch hält J. P.
Lynch, Op. cit. 148 mit Anm. 23 meine Einwände gegen die Hermippos-
These für überzeugend.

Zu S. 13 Anm. 20. E. A. Parsons, The Alexandrian Library 14 hält es
für wahrscheinlich, daß Neleus die Büchersammlungen von Aristoteles
und Theophrast nach Alexandrien verkaufte, aber einige, vielleicht sogar
viele Originalmanuskripte der Werke der beiden Philosophen für sich
behielt.

Zu S. 14 Anm. 34. Gegen die These, nach welcher die alexandrinische
Bibliothek eine rein peripatetische Schöpfung gewesen sei, wurde darauf
hingewiesen, daß die großen orientalischen Tempelbibliotheken wohl
das Hauptmodell für das Museion gewesen sind. Vgl. z. B. H. J. de
Vleeschauwer, Les bibliothèques ptoléméennes d'Alexandrie, in: Mousaion
1 (1955) 13—18. J. P. Lynch, Op. cit. 121—122. Andererseits ist Demetrios
von Phaleron wegen seiner Beteiligung an der Organisation der alexandrinischen Bibliothek nicht selten als das Bindeglied zwischen peripatetischer und alexandrinischer Wissenschaft betrachtet, und die alexandrinische Gelehrsamkeit selbst als die Fortsetzung der aristotelischen hingestellt worden. Genauere Untersuchungen haben jedoch gezeigt, daß
diese These nicht ohne große Einschränkungen angenommen werden
kann. Es sei z. B. an die Ergebnisse der Arbeit von K. O. Brink erinnert,
Callimachus and Aristotle. An inquiry into Callimachus' πρὸς Πραξιφάνην,
in: The Class. Quart. 40 (1946) 11—26: „... the transition from Aristotle's
school to Alexandria has been over-simplified. The Museion is not a specia-
lized form of the Peripatos. Despite close personal contact in the early years,
despite likenesses in organisation and method, one cannot say that the
younger school is a product of the older. Once the Museion was fully established its anti-Aristotelian features became apparent ... Callimachus
himself is not an Aristotelian in spite of the Peripatetic character of his
scholary work. "Vgl. auch R. Pfeiffer, History of Classical Scholarship.
From the beginnings to the end of the Hellenistic Age,1968, 99 sqq. und 137.

Zu S. 20 Anm. 52. Auch R. Bodéüs, Op. cit. 460 Anm. 35 meint, daß Strabon, der bei Andronikos gehört hatte, in seinem Bericht über die Aristoteles-Bücher versuchte, die Leistung des Andronikos aufzuwerten.

Zu S. 26 Anm. 60. J. P. Lynch, Op. cit. 146—149 hebt gegen Strabons Behauptung hervor, daß der Verlust der Aristoteles-Bibliothek gewiß nicht die einzige Ursache für den Verfall des Peripatos nach Theophrast gewesen sein kann.

Zu S. 26 Anm. 61. R. Bodéüs, Op. cit. 460 Anm. 35 schließt ebenfalls die Hypothese aus, die den Fund aus Skepsis zu alleiniger Grundlage für die Arbeiten von Tyrannion und Andronikos macht.

Zu S. 30. Aus Strabons Zeugnis glaubt J. P. Lynch, Op. cit. 201 schließen zu können, daß der Peripatos ein gewisses, vorübergehendes Wiederaufblühen unter Apellikon erlebte. Aber alles, was wir von Apellikon wissen, spricht eher dagegen. Trotz seines Geldes und seines Sammeleifers war Apellikon sicher nicht die Persönlichkeit, von welcher der Peripatos einen neuen Aufschwung erhalten konnte.

Zu S. 46 Anm. 2. J. P. Lynch, Op. cit. 192—193 versucht nachzuweisen, daß die peripatetische Schule von Athen in der frühen Kaiserzeit nicht mehr bestand. Rom sei zum Zentrum der aristotelischen Studien geworden. Mit Düring glaubt er, daß Andronikos und wohl auch Boethos in Rom wirkten, und er betrachtet es als sicher, daß es in Rom war, wo Alexander von Aphrodisias einen besoldeten Lehrstuhl für peripatetische Philosophie innehatte. Die als Beleg angeführte Widmung von De fato enthält jedoch keine Angabe darüber. — R. Bodéüs, Op. cit. 457 Anm. 23 folgt Düring und datiert Andronikos' Ausgabe in die Jahre 40—20 v. Chr.

Zu S. 53 Anm. 20. J. P. Lynch, Op. cit. 140 Anm. 12 befaßt sich mit der Reihenfolge der Scholarchen im Peripatos in der vorchristlichen Zeit und weist auf die bekannten Fehler und Lücken unserer Quellen hin. Ohne neue Argumente anzuführen spricht er sich (203—204) für die These von Düring aus, nach welcher Andronikos niemals Scholarch des Peripatos gewesen sei.

Zu S. 58 sqq. Die Ausgabe des Andronikos charakterisiert R. Bodéüs, Op. cit. 453—454 als eine Gruppierung von bis dahin selbständigen Abhandlungen eher als eine eigentlich textkritische Arbeit; diese sei vorher von Tyrannion geleistet worden.

Zu S. 67 Anm. 27 (vgl. S. 144 Anm. 4 und S. 151 Anm. 15). Ich weiß immer noch nicht (29. 10. 1973), wann und unter welchem Titel die Festschrift für A. M. Mansel erscheinen wird.

Zu S. 77—78. Die These, daß die Dialektik ein „Instrument" (ὄργανον) der Philosophie ist, wird von Plotin I 3, 5, 10 H.-S. abgelehnt. Boethius, In Isag. Porph. comm. ed. sec. (CSEL 48) I 3, S. 140, 13—143, 7 befaßt sich ebenfalls mit der Frage, ob die Logik *pars* oder *instrumentum* der Philosophie sei. Nachdem er einige Argumente für jede der beiden Ansichten dargelegt hat, behauptet er, daß sie sowohl Teil als auch Instrument der Philosophie ist.

Zu S. 81 Anm. 82. Die sechs Vorfragen werden auch von Boethius, In Isag. Porph. comm. ed. prima (CSEL 48) I 1—6, S. 4, 10—15, 21 erörtert (σκοπός, χρήσιμον, τάξις, ἐπιγραφή, γνήσιον, εἰς ποῖον μέρος φιλοσοφίας ἀνάγεαι). Die letzte Frage, die nicht zum herkömmlichen Schema gehört, wird auch von Ammon., In Porph. Isag. 21, 10; 23, 19—24 und von David, In Porph. Isag. 94, 7—10 angeschnitten.

Zu S. 191 Anm. 21. Diese Stelle behandelt P. Krafft, in: Wiener Studien 82 (1969) 161—165. In 193, 15—16 Thomas sei die Lesart *VIIII et XX* der codd. APL und B die authentische: Zu den vom Autor konzedierten 19 aristotelischen Modi (9 universalen und 10 partikulären) seien noch die 10 indefinierten Schlußmodi hinzuzuziehen. Unabhängig von mir hat P. Krafft erkannt, daß der hier auf S. 190—191 besprochene Passus (193, 21—194, 22) kein Fragment des Ariston ist. Er schreibt (164 Anm. 10): „Bereits hier [d. h. 193, 13—16] setzt also der Autor die 19 *modi* umfassende Tafel der gültigen Schlüsse voraus, die er später (193, 21ff.) im Kalkül entwickelt und (193, 24) auf Aristoteles zurückführt. Die Zuweisung dieses Kalküls an Ariston von Alexandria . . . und seine Beurteilung als wörtliches Zitat aus Ariston erscheint daher bedenklich."

Zu S. 227. J. P. Lynch, Op. cit. 204—205 kommt unabhängig von mir, aber aus denselben Gründen zu dem Schluß, daß Kratippos nicht Leiter des Peripatos war, sondern eher ein Privatlehrer, der sich zur aristotelischen Philosophie bekannte.

Indices

Die nachstehenden Indices erheben keinen Anspruch auf Vollständigkeit. Nur in Belegen und Literaturangaben vorkommende Autorennamen wurden in der Regel nicht aufgenommen. Das Sternchen hinter einem modernen Autorennamen bedeutet, daß dieser Name auch anderswo erscheint. Der dritte Band wird ein ausführliches Gesamtregister mit einem Index der eingehender besprochenen Stellen enthalten.

I. Allgemeiner Index

Adrastos v. Aphrodisias: 84. 85. 92. 94. 100. 102.

Aetios, Placita: 277. 278⁸.

Affekt (πάθος), bei Andronikos: 135. 307. 308.   bei Ps.-Andronikos: 138 bis 141.   bei Areios: 305—308. 352¹¹³. 396—402.   als ein Prinzip der Tugend bei Areios: 378.   bei Aristoteles: 398.   bei Boethos: 176 bis 178. 307.   bei den älteren Peripatetikern: 307.   bei den Stoikern 307. 308.

Akroamatika, ihre Einteilung: 76. 77.

Akzidens, bei Boethos: 152.   Teilungen *secundum accidens*: 121. 122. 125. 126. 131.

Albinos, Definition des Affekts: 307⁸.   über die διαίρεσις: 124.   über die Materie: 278⁸.   Primat der θεωρία: 418.

Alexander von Aphrodisias, Komm. zu Anal. Pr.: 165. 169.   über Anaximander: 459.   über Bejahung und Verneinung: 125.   Komm. zu De caelo: 213. Gegenstand von De caelo: 462. Verwandtschaft von De caelo und De gener. et corr.: 476.   über die διαίρεσις: 126.   über den Ge-meinsinn: 301.   Gütereinteilung: 370.   über die Hypomnemata: 75.   über den Intellekt: 208. 485. 486.   Echtheit von De interpr.: 117.   Gegenstand von Kat.: 149.   Medium bei der Wahrnehmung: 305.   Mischungslehre: 282.   Oikeiosis-Lehre: 209.   Kommentar zur Phys.: 451.   über Aristoteles' Pflanzenschrift: 490.   Psychologie: 133. 207.   stoische Termini, stoische Fragestellung: 345. 365.   Universalienfrage: 156. 205.   und Xenarchos: 199. 213.   über Xenophanes: 452. 454.

Alfred von Sareshel: 488.

ALLAN, D. J.*: 342.

Ammonios, über die vollkommenen Syllogismen: 165—167.

Ämter, im Staat: 429.

Anathymiasis: 290. 292. 299.

Anaxagoras: 493. 494. 497.

Andronikos, Definition des Affekts: 307.   und Areios Didymos: 436. 437.   Briefsammlung: 64. 73. 88.   Edition und Pinakes: 58—94. Athetese von De int.: 117—119.   Paraphrase der Kat.: 97—113. 470.   und Kratippos: 226. 227.   Ort und Zeit seiner Tätig-

keit: 45—58. zur Physik: 113—116.
und Plotin: 147. Psychologie: 132
bis 136. über das Teilen: 120—132.
und Theophrasts Metaph.: 448. 514.
und Tyrannion: 18.

Ps.-Andronikos, Paraphrase der EN:
136—138. περὶ παθῶν: 138—141.
394.

Antigonos von Karystos: 75.

Antiochos: 43. 179. 181. 209. 218. 219.
225. 226. 272. 273. 334—338. 343.
350. 355. 416.

Antipatros, der Stoiker: 346.

Antiphon: 472.

Antrieb, siehe ὁρμή.

Apellikon: 18. 28. 33. 57. 64.

Ps.-Apuleius, περὶ ἑρμηνείας: 186.

Areios Didymos, Affekte und Antriebe:
396—402. Altersgenosse des Xenarchos: 197. Epitome der peripatetischen Philosophie, Problematik:
271—276. ihre literarische Form: 437
bis 439. philosophischer Gehalt: 439
bis 443. Epitome der stoischen
Ethik, Affekte: 139. Eudämonielehre: 353—359. Fragmente in der
modernen Forschung: 259—271.
Güterlehre: 365—377. Kosmographie: 285—289. Lebensformen: 403
bis 418. Meteorologie: 289—299.
Oikeiosis-Lehre: 209. 272. 316—350.
Ökonomik: 419—423. Physik: 277
bis 285. Politik: 423—434. Prolegomena zur Ethik: 305—316.
Psychologie: 299—305. Quellen:
349. 350. 376. 377. 433—443. Datierung seiner Quellen: 289. 413. 433.
443. Einheitlichkeit, Aufbau der
Quellen im ersten Teil: 332. 333.
Eklektizismus?: 338. Telos und
Skopos: 359—365. Tugendlehre:
377—396.

Ariston von Alexandrien: 57. 58. 223.
Chronologie: 181—182. Kommentar zu den Kat.: 182—185. Syllogistik: 186—191. Zweifelhaftes:
192. 193.

Ariston von Keos: 17.

Aristoteles
Einzelschriften: *Analytik*, in
Alexandrien: 15. 83. bei Ariston: 186—191. bei Boethos:
164—170. *De anima*, bei Areios:
300—305. *De caelo*, bei Nikolaos:
469. 470. 475. 476. Einwände des
Xenarchos: 198 bis 202. über
Xenophanes: 455. 456. *EE*, bei
Areios: 355. über Mantik: 239—241.
von Xenarchos herangezogen: 210.
EN, arabische Zusammenfassung:
449. bei Areios: 313. 383. 388.
419. 432. dem Andronikos zugeschriebene Paraphrase: 136 bis 138.
Einteilung der Güter: 372. *De
gener. et corr.*, bei Nikolaos: 476.
De interpr., Athetese des Andronikos: 65. 74. 75. 99. 117—119.
in den Schriftenverzeichnissen: 74⁴⁶.
101¹⁴. *Kat.*, in Alexandrien: 15.
Paraphrase des Andronikos: 84. 97
bis 113. Zitat bei Areios: 376.
Kommentar des Ariston: 182—185.
Kommentar des Boethos: 147—164.
Echtheitsproblem: 83. zweite
Fassung: 102. verschiedene Ansichten über ihren Gegenstand:
148—150. in den Schriftenverzeichnissen: 74⁴⁶. 101¹⁴. = πρὸ
τῶν τόπων?: 92. 100. 101. *MM*,
Bedeutungen von ἀγαθόν: 372.
MXG: 453. 454. 457. *Metaphysik*: 8. 9. 25. bei Averroes: 468.
bei Boethos: 145. bei Nikolaos:
467. 473—475. *Meteor.*, bei Areios:
284. 289—299. bei Nikolaos:
477 bis 479. Einwände des
Xenarchos: 201. *De mundo*:
369. 463. 464. νόμιμα βαρβαρικά,
und Nikolaos' ἐθῶν συναγωγή:
448. *Parva naturalia*: 237. bei
Areios: 300. *De philosophia*, und
Kratippos: 231. 232. *Physik*,
bei Andronikos: 65. 84. 113—116.
bei Boethos: 170. 171. und Eu-

dem: 10. bei Nikolaos: 471. Titel bei Andronikos: 115. 116. *Pol.*, von Areios' Quelle benutzt: 419. 421. 423. 429—434. Reihenfolge der Bücher: 434. in den Schriftenverzeichnissen: 63. *Rhet.*, Affektenlehre: 307. bei Cicero: 37. 38. 41. bei Nikolaos: 468. *Staatsverfassungen:* 73. 74. 88. τεχνῶν συναγωγή: 41. *Top.*, bei Cicero: 38. 41. 42. Einteilung der Güter: 371. in den Schriftenverzeichnissen: 63. Siehe ferner Organon, Postprädikamente. Sonstiges: Benutzung der Lehrschriften in Alexandria: 15³⁶. ihre Benutzung bei Areios: 273. 274. 277. 350. 435. 436. ihre Benutzung in der hellenistischen Zeit: 3¹. 10²¹. die zoologisch-biologischen Schriften bei Nikolaos: 467. 480. Sammlung von Diäresen: 377. über Diogenes von Apollonia: 460. Einteilung der Güter: 371. 372. Lebensformen: 417. eigene Manuskripte des Aristoteles: 6. A.' Ethik und Nikolaos' Selbstbiographie: 448. A. über die Pflanzen: 487. 490. 491. 513. 514.

ARNIM, H. von *, über Areios Didymos: 269. 274. 352. zur Güterlehre des Areios: 373. 374. zu den Lebensformen bei Areios: 403. Theophrast als Urheber der Oikeiosis-Lehre: 340. 342. zum Theophrast-Zitat bei Areios: 387. 388. zur Definition der untergeordneten Tugenden bei Areios: 394. 395.

ars (τέχνη), Definition bei Ariston?: 192. 193.

Artemon, Briefsammlung: 64. 73. 88.

Aspasios, über die Affekte: 135. 176 bis 178. 307. 308. über Bejahung und Verneinung: 125. über die Güter: 371¹⁷⁹. 371¹⁸⁰. über den Streit zwischen Theorie und Praxis: 417.

Athenaios von Seleukeia, Peripatetiker: 197.

Athenion: 28. 57.

Athenodoros: 150. 159.

Aufstände: 429.

Averroes, kritisiert Alexander von Aphrodisias: 305. zitiert Nikolaos: 465—468. 473—475. 480. 485.

BADAWĪ, 'A.: 449¹³.

Bar Hebraeus: 488.

BAUMSTARK, A. *: 68. 88. 89. 129⁵¹. 131⁶⁷.

Bestandteil (μέρος), verschieden von Instrument (ὄργανον): 329²⁹. 354.

Beweger, erster B.: 160. erster B. von Xenarchos abgelehnt: 204. 205. erster B. bei Areios: 286.

Bewegung, Definition bei Andronikos: 113. 114. Akt und Potenz in der B. bei Andronikos: 114. 115. B. und Ruhe bei Boethos: 163. 164. B. als Kategorie: 160. B. der einfachen Körper bei Xenarchos: 199—201.

Bewegungsvermögen: 302. 305.

Bibliotheken, in Alexandrien: 12. 25. 83. des Lucullus: 39. 40. in Pergamon: 18. Sullas: 37—39.

Boden, Einfluß auf die Flora: 506. 510. 511.

Boethius, über die Athetese von De int.: 118. Gliederung von De divisione: 121. 122. über die Postprädikamente: 99¹². über das Teilen: 120. 483. B. und Porphyrios: 127. 128.

Boethos von Sidon (Peripatetiker): 50. 51. 53. 56. Definition des Affekts: 307. zu Anal. pr.: 164—170. Datierung: 143. 197. Ethik: 176—179. Kommentar zu den Kat.: 147—164. Naturphilosophie als erste Disziplin: 78. 143—146. 467. zur Physik: 170. 171. und Plotin: 147. 163. Lehrer Strabons: 54. 55.

Boethos von Sidon (Stoiker): 143¹. 172.

Briefwechsel, zwischen Theophrast und Eudem: 65.

BRINK, C. O. *: 347.

Chrysippos, über die Chariten: 402. Mantik: 235. Oikeiosis: 339. extra- kosmischer Raum: 202. Ablehnung des σχολαστικός βίος: 418. Kardi- naltugenden, untergeordnete Tugen- den: 394. 395. Voraussetzungs- schlüsse: 168. 169.

Cicero, Academica: 376. und Areios: 333—338. über Aristoteles: 42. 43. Einteilung der Dialektik: 302[143]. Diäretik (divisio, partitio): 127. De divinatione, über Kratippos: 229 bis 237. Kratippos, eine der Primär- quellen von De divisnatione ?: 247— 256.De divinatione, über Poseidonios: 253. 254. Einteilung der platonisch- aristotelischen Philosophie: 77. De finibus: 39. 43. 218. 219. 272. 273. 335. 336. 342. 343. über Kratippos: 223. 224. 226—228. Orator: 37—38. De oratore: 38. 41. über Staseas: 217—219. über Tyrannion: 36.

Cicero, Marcus (der Sohn), und Kratip- pos: 224. 225.

Clemens Alexandrinus, siehe Klemens von Alexandrien.

commentarii aristotelii : 40.

Cornutus (Kornutos): 150. 159.

Corpus aristotelicum, Strabon und Plutarch über seine Wiederentdek- kung: 18sqq.

Damas: 115. 116.

Dankbarkeit (χάρις): 401. 402.

Definitionen, bei Areios: 351. der Affekte: 135. 139. 140. 176. 305 bis 308. der ars : 192. der Bewegung: 113. der Eudämonie: 308—312. 355. 356. der γραμματική: 192. der Homonyme: 150. des πρός τι: 108. 157. 185. des Schönen, des Zuträglichen, des Angenehmen: 312. 313. der Seele (Xenokrates): 132.

(Xenarchos): 207. des Telos: 362. 363. der Tugend, der Tugenden: 378. 383. 390—396.

Demetrios von Phaleron: 5. 11. 14.

Demokratie: 421. 425. 426.

Demokrit: 494.

DIELS, H.*, über Areios Didymos: 262. 263. 267. 277. 334. 335. über Sto- baios: 268.

Differenzen, trennende und konstitu- ierende: 154.

DIHLE, A.*: 69—70.

Dikaiarch, Kontroverse mit Theophrast: 411—412. Mantik und Seelenlehre: 243—246. 255. 256. Mischverfas- sung: 427.

Diogenes von Apollonia, bei Nikolaos: 458—461. περὶ φύσεως: 460. 461.

Diogenes von Babylonien: 346.

Dion von Alexandrien: 181.

Dionysios Thrax, Scholiast zu D.T. über Einteilung der προσῳδία: 130. 131.

DIRLMEIER, F.*, über Areios Didymos: 275. 276. 332. 342. 355. Oikeiosis- Lehre: 179. 210. 341.

DOEGE, H.*: 337.

Doxographie, Eigentümlichkeiten: 410 bis 412.

DROSSAART LULOFS, H. J.*: 465[a]. 470. 513. 514.

DÜRING, I.*: 65[22]. 69. 70. 92.

Einleitungen, neuplatonische E. in das Studium des Aristoteles: 67.

Eins, des Xenophanes: 452. 454. 457.

Einteilungen, der Affekte: 397—400. bei Areios: 351. neuplatonische E. des Corpus aristotelicum: 70sqq. 93. der Güter: 314. 315. 352. 359. 365 bis 377. der Lebensformen: 406 bis 409. der praktischen Philo- sophie: 418. der Verfehlungen: 330. 331.

Elias: 72. 144. 145.

Empedokles: 493. 494. 500.

Epikur, Epikureer, Benutzung von Ari- stoteles-Schriften: 3[1]. 11. Kriterio-

logie: 302. Nützlichkeit der Freund-
schaft: 323. Telos-Lehre: 331. 340.
Verhaltensregeln für den Weisen: 414.
Erdbeben, bei Areios: 291—294. bei
Nikolaos: 508.
Erwerbskunst (χρηματιστική): 422. 423.
Erymneus: 28.
Erzeugung, der Pflanzen: 504. 505.
Ethik, bei Nikolaos: 467. Siehe ἠθικὸς
τόπος.
Eudämonie, bei Areios: 352—360. 362.
363. 368. Definitionen: 308—312.
355. 356. Verhältnis zu den Gütern:
328. 329. 336. 337. 408.
Eudemos: 8. 9. 10. 25. 115. 116. 164.
Eudoros: 181. 182. 261. 264. 266. 267.
317. 318.
Euripides: 25.
Exoterika: 6. 76.

Fälschungen, für die Ptolemäer: 83. 84.
Feuer, geradlinige Bewegung: 287.
Kreisbewegung: 201.
Form, bei Areios: 277—280. bei Boe-
thos: 156. bei Nikolaos: 473.
Freundschaft, bei Areios: 400. 401.
Früher und Später: 156.

Galen, über διαίρεσις: 125. Fach-
sprache der Logik: 169. Mischungs-
lehre: 282. 283. Seelendefinition
des Andronikos: 133. 134.
Gebirgsquellen: 508.
Gemeinsinn: 299—301.
Gerechtigkeit, bei Areios: 385. 393.
Geschlechtlichkeit, im Pflanzenreich:
497—499. 501.
Gestirne, bei Areios: 285—287. Seelen
der Gestirnsphären bei Nikolaos:
472. 474. Wahrnehmung: 496.
Giusta, M.*, über Areios: 264—269.
418³¹⁸.
Gott, als ἀγαθόν: 368. Fürsorge: 369.
Glückseligkeit, Tugend: 357. als
σωτηρίας αἴτιον: 369. das Wissen
Gottes bei Nikolaos: 473. G. des
Xenophanes: 454. 456. 457.

grammatice (γραμματική), bei Ariston?:
192. 193.
Güterlehre, bei Areios: 314. 315. 349.
354. 363. 365—377. äußere und
leibliche Güter bei Areios: 321—324.
336. 337. 356. 373. seelische Güter
bei Areios: 324. 325. 374. Nützlichkeit der Güter bei Areios: 327.
Güter und Eudämonie bei Areios:
328. 329. 356. 357. Güterlehre des
Kritolaos: 218⁹. des Staseas: 218.
219. Theophrasts: 218⁹.

Haben (ἔχειν), als Kategorie bei Boe-
thos: 162. 163.
Habitus (ἕξις), ethischer H.: 315.
Halo: 294. 295.
Hausgemeinschaft, bei Areios mit der
Polis parallelisiert: 420.
Hebdomadenlehre, des Staseas: 220.
Hedonisten: 323.
Heliodor von Prusa: 137. 138.
Hermippos: 4². 448. 514.
Herodes, und Nikolaos: 445—447. 450.
467.
Herrschaftsverhältnisse, in der Familie:
420. 421.
Hipparch (Astronom): 288.
Hippokrates: 478.
Hirzel, R.*: 337.
Homonyme, Synonyme, Paronyme: 102.
150. 151. ἀγαθόν als homonymer
Begriff: 376.
Howald, E.*, über Areios: 263. 264.
269.
Hypomnemata, hypomnematische
Schriften: 74—76. 88. 89. 351.

Iamblich: 97. 106. 154.
Idee des Guten: 368.
Instrument (ὄργανον), verschieden von
Bestandteil (μέρος): 329²⁹. 354. I.
der Kunst: 356.
Intellekt (νοῦς), bei Aristoteles: 245.
246. I. und Weissagung bei
Kratippos und Dikaiarch: 223. Nus-
lehre des Nikolaos: 485—487. po-

tentieller I. bei Xenarchos: 207. 208.
486.
Ioannes Damaskenos: 129—131.
Ioannes Kantakuzenos: 137.
Ioannes Philoponos, gegen die Ätherlehre: 213. 214. über Boethos: 144.
145. Einteilung der προσῳδία: 131.
syrisches Fragment über διαίρεσις:
129.
Isḥāq ibn Ḥunayn: 488. 489.
Iulian, über Xenarchos: 203—206.

Kakodämonie (κακοδαιμονία): 357.
Kallimachos: 75.
Kalokagathie: 380. 381. 395. 396.
KAPP, E.*: 387.
Karneades: Mantik: 235. Oikeiosis:
339. Telos-Lehre: 343. 346. 350.
Klemens von Alexandrien, über διαί-
ρεσις: 126.
Klima, Einfluß auf die Flora: 506.
Kochung, der Nahrungsstoffe: 507. 512.
513.
Kompendien, als Quellen des Areios:
289. 304. 338. 340. 419. 426. 439. 440.
Konstantinos Palaiokappa: 137.
Körper, und Größen bei Areios: 283.
284. schwimmende und versinkende
K.: 508.
Kratippos von Pergamon: 43. 53²¹. 55
bis 58. 181. 223—256.
Kriteriologie: 302.
Kritolaos: 328. 335. 354. 368. 413.

Lage, Liegen (κεῖσθαι), als Kategorie bei
Boethos: 161.
Lebensformen: 352. 403—418.
Leiden und Tun (πάσχειν, ποιεῖν), bei
Andronikos: 110. 111. bei Areios:
284. bei Boethos: 160.
Liebe: 322. 336.
Livia: 261.
LITTIG, F.*: 68. 85. 90. 98. 119. 120.
122. 123.
Logik, Instrument oder Teil der Philo-
sophie?: 77. 78. 329²⁹. Erste Diszi-
plin: 78. 79.

Lucius, über die Kat.: 99. 105. 150.
Lucullus: 181.
LUEDER, A.: 344.
Luft, bei Diogenes von Apollonia: 458.
460. 461.
Lukrez: 25.
Lust: 315. 335. 391. bei den Pflanzen:
493.
Lykon: 16. 17.

Macht: 323.
MADVIG, J. N.*: 334.
MAIER, H.*: 119. 166⁵.
MANSION, A.: 388.
Mantik, bei Aristoteles: 238—241. bei
Chrysippos: 225. 248. bei Kratip-
pos: 229—256. bei Platon: 241. 242.
bei Xenophon: 242. 243.
Materie, bei Areios: 277. 278. bei
Boethos: 155. 156. 170.
Medium, der Wahrnehmung: 303—305.
Meer, Salzhaltigkeit: 509—510. Totes
M.: 510.
MEINEKE, A.: 259. 260. 268. 276.
MERLAN, Ph*.: 342.
MEURER, H.*: 334.
MEYER, E. H. F.*: 512. 513.
Michael Ephesios: 490.
Mischungslehre: 280—283.
Mischverfassung: 427. 428.
Mittelzustand, zwischen Tugendhaftig-
keit und Lasterhaftigkeit: 357. 358.
Monade: 107. 155.
MORAUX, P.*: 68.

Naturphilosophie, bei Areios: 276—305.
als erste Disziplin bei Boethos: 78.
143—146. 467.
Nebel: 290.
Neleus: 12. 13²⁹. 18.
Niederschläge, atmosphärische N. bei
Areios: 290. 291.
Nikolaos von Damaskos, Biographie des
Augustus: 448. über De caelo: 103.
ἐθῶν συναγωγή: 447. 448. 450²¹.
über die Güter: 371¹⁷⁹. Gegen die
Identität des Intellekts und des

Intelligiblen: 449. 485—487. Rede
für die Juden: 446. περὶ τῶν ἐν
τοῖς πρακτικοῖς καλῶν: 448. 450²¹.
467. Kompendium der aristotelischen Philosophie: 448. 449. 450²¹.
465—487. Leben und Werk: 445
bis 450. Theoria der Metaphysik:
448. 449. περὶ τοῦ παντός: 448.
450²¹. 462—463. De plantis: 467.
487—514. Selbstbiographie: 448
bis 450. περὶ θεῶν: 448. 450²¹.
451—461. Universalgeschichte: 447.
450.

Nikostratos: 99. 102. 105. 106. 150.

Nilschwelle: 182.

Nominalismus, bei Xenarchos: 205.

Nützlichkeit, der Freundschaft, der
Liebe: 322. 323. der Güter: 327.

Ps.-Ocellus: 477.

Ökonomik, bei Areios: 419—423.

Oikeiosis-Lehre, bei Areios: 272. 316
bis 350. bei Boethos: 178. 179.
bei Xenarchos: 208—210.

Olympiodoros, gegen Hippokrates über
den Wind: 478. Paraphrase der
EN: 138.

Organe, des Staates: 430.

Organon, von Areios nicht behandelt:
467. Anordnung der Schriften des
O. bei Ptolemaios: 91—93.

Ort, als besondere Kategorie bei Andronikos: 105. 111—113. bei Areios:
284.

Orthodoxie, und Kritik im Peripatos:
198. des Nikolaos: 469. 484.

Panaitios: 343. 420.

Paraphrase, De caelo bei Nikolaos: 469.
470. Kat. bei Andronikos: 97—113.
470.

Parhelien: 296. 297.

Pasikles: 83.

PATZIG, G.: 166⁵. 187⁵. 188⁶.

Pflanze, Atmung: 497. Entstehungsarten: 511. Ernährung und Wachstum: 506. Erzeugung: 504. 505.

Geschlechtlichkeit: 497—499. 501.
Klassifikation: 503. 504. als Lebewesen: 493—495. Samen: 499.
Schlaf: 497. Teile: 502. 503. Vergleich mit dem Tier: 496. 499—503.
512. 513. Ursachen: 505. 506.
Verschiedenes: 511.

PHILIPPSON, R. *: 209. 210. 275. 337.

Philodem, Kritik an Kritolaos: 413.
und die pseudoarist. Ökonomik: 41.
σύνταξις τῶν φιλοσόφων: 182.

Philon von Larissa: 317.

Pindar: 347.

Platon, Begierde bei den Pflanzen: 493.
494. Eudämonielehre: 310²¹.
Nikolaos' περὶ τοῦ παντός und der
Tim.: 462. das sittlich Schöne: 315.
Seelenlehre: 482. Soph., Kommentar des Porphyrios: 120. Staatsformen: 425. Tim., über das Angenehme: 313. Xenarchos über
Tim.: 206.

PLEZIA, M. *, Andronikos über das Teilen: 120. 123. Andronikos' Pinax
und die neuplat. Einteilung des
Corpus: 68. Anordnung der
Schriften des Organon: 91.

Plotin: 149. 155. 160. 161. 163. 213.

Plutarch, über das Schicksal des Corpus: 18sqq. Oikeiosis-Lehre: 341.
Tyrannion: 35.

POHLENZ, M. *: 343—345. 350.

Polemon: 340. 341. 343. 344.

Polis: 423. 424.

Politik, bei Areios: 423—434.

Polybios: 426—428.

Pompeius, Gespräch mit Kratippos:
223. 228. 229.

Porphyrios, über Andronikos: 93. gegen
die Seelenlehre des Boethos: 172.
174. 175. über die Lehren vom
kosmischen Grundstoff: 459. Isagoge: 127. 128. Kommentar zu
den Kat.: 68. 82. 97. über Nikolaos?: 451. über Seelenlehre des
Nikolaos: 466. 467. περὶ τῶν τῆς
ψυχῆς δυνάμεων: 481. 482. über

die Qualität: 109.   Kommentar zu
Plat. Sophistes: 120—124. 126.
zitiert Theophrast: 344. 347—349.
Poseidonios, über Apellikon: 28—31.
über die Mantik: 234. 250. 251. 253.
254. Meteorologie: 299. Definition
des Regenbogens: 296. P.-Bild von
K. Reinhardt: 251. 252.
Postprädikamente, bei Andronikos: 65.
84. 99. 101.   bei Boethos: 163.
Prädikationsregeln: 104. 153.
PRAECHTER, K.*: 68.
PRANTL, C.*: 154³². 188⁶. 190. 191.
Proklos, Einleitung in das Aristoteles-
Studium: 70. und Xenarchos: 206.
213.
Psychologie, siehe Seelenlehre.
Ptolemaios (Astronom): 213.
Ptolemaios (Pinakograph): 64sqq. 70.
85sqq. 89sqq. 94.
Ptolemaios Philadelphos: 12.
Punkt: 107. 155.
Pythagoreer: 416. 427.

Qalonymos ben Qalonymos: 488.
Qualität: 108. 110.
Quantität: 103—105.

Raum, extrakosmischer R.: 202.
REGENBOGEN, O.*, Areios Didymos:
276. Oikeiosis: 342. Pinakes: 69.
De plantis: 513.
Regenbogen: 296.
Reichtum: 323. 373. 374.
REINHARDT, K.*, über Kratippos: 248
bis 256.
Relation (πρός τι), bei Andronikos: 107.
108. 157.   bei Ariston: 183—185.
zweite Definition bei Aristoteles:
108. 185.   bei Boethos: 157—160.
Umkehrbarkeit: 183—185.

Saftzirkulation, in den Pflanzen: 507.
Samen, der Pflanzen: 499.
Sand: 509. 510.
Schlaf: 497.
Schmecken, Medium des —: 303. 304.

Seebeben: 508.
Seelenlehre, Andronikos: 132—136.
Areios: 299—305. 306. 318.   Boe-
thos: 172—176. Diogenes von Apol-
lonia: 461.   Kratippos: 229—231.
246. 247. — und Mantik nach Karl
Reinhardt: 249—251.   Nikolaos:
481—487. Xenarchos: 207.
Sehen: 295.
Selbstmord: 327. 328. 341. 342. 347.
358. 414.
Severus bar Šakku: 129⁵¹.
Sextus Empiricus, διαίρεσις: 125.
Fachsprache der Logik: 169.
Simplikios, Kommentar zu De an. un-
echt: 172¹.   über den Gegenstand
von Arist. De caelo: 462.   über die
Differenz: 154.   über Diogenes von
Apollonia: 458. 460. 461. über die
Kommentatoren der Kat.: 97. über
Nikolaos: 451. 452.   über Nikolaos'
περὶ τοῦ παντός: 462. 463.   über
Porphyrios: 459.   über Xenarchos:
198—202. 214.   über Xenophanes:
453—455.
Skepsis, in der Troas: 18.
Sonnenfinsternisse, bei Areios: 288.
Vorausberechnungen des Hipparch:
289.
Speusippos: 151. 155.   Bibliothek: 5.
διαιρέσεις-Sammlung: 377.
Spiegelungen, atmosphärische — bei
Areios: 294. 295.
Staatsformen: 425—429.
Staatsmann, Aufgaben: 431. 432.
Staseas von Neapel: 217—221.
STEINMETZ, F. A.: 348.
STEINMETZ, P.*: 290. 291⁷⁵. 291⁷⁶. 292.
292⁷⁸. 293⁸⁷. 294. 295⁹⁹. 297¹¹². 297¹¹⁶.
299.
Stichometrie: 65.
Stobaios: 259. 268. 271.
Stoiker, Affektenlehre: 307. 308. 397
bis 400.   das αἱρετόν: 366.   und
Areios: 271. 272. 335. 338—350. 354.
357—359. 361—369. 393—395. 397
bis 400. 403. 440—442.   Kritik der

peripatetischen Eudämonielehre: 354. Kriteriologie: 302. über die Materie: 278. Mischungslehre: 282. Relationslehre: 158. 159. Seelenlehre: 173. Syllogistik: 168. 169. Verhaltensregeln für den Weisen: 412. 413.

Strabon, über das Schicksal des Corpus aristotelicum: 18sqq. über Tyrannion: 35. Schüler des Boethos: 54—55. und des Xenarchos: 197.

STRACHE, H.*: 335. 337.

Straton: 12. 14. 16.

Substanz, bei Boethos: 155.

Substrat (ὑποκείμενον), bei Boethos: 170.

Suidas, über Nikolaos: 445. 446. 449.

Sulla, Bibliothek: 37.

SUSEMIHL, F.*: 334.

Syllogismen, echte, gültige: 166—168. subalterne Modi bei Ariston: 186 bis 189. vollkommene und unvollkommene S.: 165—168. Umstellung der Prämissen: 187⁵.

Synonyme und Polyonyme: 151.

Syntagmata: 74.

Syrian, über den Gegenstand von De caelo: 462.

Syrische Fassung von Nikolaos' Kompendium: 465. 466. 468. 470. 472.

Syzygien, der Tugenden: 383. 384. 389.

Tasten: 303. 304.

Teilen, Andronikos über das Teilen: 120—132. Teilung der Seele, der Grammatik, der Philosophie: 482. 483. Siehe Einteilungen.

Telos, bei Areios: 308. 310. 312. 313. 328. 336. bei Cicero: 333. 334. bei Eudoxos: 313. T. und Skopos: 312. 313. 359—365.

Tendenzen, naturgemäße T. des Menschen: 319.

Testamente, Lykons: 17. der Peripatetiker: 5⁹. Stratons: 16. Theophrasts: 11. 12.

Textkritisches: 99¹². 102. 113. 114. 119. 134⁹. 145⁹. 150. 159⁵⁵. 173⁵. 177⁵. 177⁶. 186³. 190. 204³⁰. 277. 298¹¹⁹. 301¹³⁹. 309¹⁷. 309¹⁹. 313⁴⁰. 322¹⁴. 327²³. 327²⁴. 328²⁶. 353¹⁷. 357¹³³. 358¹³⁷. 361¹⁴⁶. 363¹⁵⁴. 369¹⁷⁶. 382²¹¹. 392²⁴⁵. 393²⁵⁰. 399²⁷¹. 405²⁸⁶. 424³⁴⁷.

THEILER, W.*: 275.

Themistios: 305.

Theophrast, Aporien: 211. und Areios: 274. 440. T.-Zitat bei Areios: 379 bis 390. Bibliothek: 6. Briefwechsel mit Eudem: 116. botanische Schriften: 490. 505. 510. De causis plantarum: 506. διαιρέσεις-Sammlung: 377. Kontroverse mit Dikaiarch: 411. über Diogenes von Apollonia: 458. 460. Erdbebentheorie: 292. 293. Eudämonie: 355. 356. Halo: 294. Historia plantarum: 84⁹³. 513. über den Intellekt: 486. De lapidibus, von Nikolaos benutzt: 480. Fragmentum metaphysicum: 448. 449. 514. Scholion zu T.-Metaphysik: 466. Meteorologie: 506. Oikeiosis-Lehre: 179. 338. 340—345. 347—349. Titel der Physik: 115. φυσικῶν δόξαι: 452. 454. Stäbe: 297. Syllogistik: 164. 165. 168. 189. über Xenophanes: 452—455. 457.

Transzendenz, abgelehnt von Xenarchos: 204—206.

Träume, bei Aristoteles: 237. 238. bei Platon: 241. 242.

Tugend(en), bei Ps.-Andronikos: 139. 140. bei Areios: 310. 311. 318—320. 324—326. 328. 331. 332. 336. 345. 354. 377—396. als Merkmal der besten Verfassung: 428. 429. bei Xenarchos: 210. Siehe βίος.

Tyche: 343.

Tyrannion: 18. 33—44. 52.

Universalienfrage, bei Boethos: 146. 152. 155. 156. 169. bei Xenarchos: 204—206.

Ursachen, der Pflanzen: 505—507.

USENER, H. *, über das Corpus aristotelicum in Rom: 36—38. 41—44.
über Nikolaos' περὶ τοῦ παντός:
463.

Varro: 367.
Verfehlungen: 330. 332.
Verhaltensregeln, für den Tugendhaften,
den Weisen: 406. 406²⁸⁷. 412. 413.
Verwaltung, des Hauses bei Areios: 422.
423.
Verzeichnisse der Aristotelesschriften:
4². 16. 490. 491.
Vita, beata, beatissima: 336. 337. 356¹³⁰.
415³⁰⁶. *activa, contemplativa:* 411.
Siehe Lebensformen, βίος.
Vorfragen, bei der Interpretation von
Aristotelesschriften: 81—83.
Vorsehungslehre: 286⁴⁶.
Vorstellungsvermögen (φαντασία), bei
Areios: 301. 302.

Wahrnehmungslehre, bei Areios: 299
bis 305.
WALZER, R. *: 274. 275. 388.
Wann (Kategorie), bei Boethos: 161.
162.
Wasser, Eigenschaften: 297—299.
Kondensation in Baderäumen: 507.

508. Salz- und Süßwasser: 297¹¹⁶.
509. 510. Siehe Meer.
Weingenuß: 413³⁰⁰.
Welt (κόσμος), Ewigkeit: 501.　als
Korrelat: 183. 184.
Wind: 478. 479.

Xenarchos von Seleukeia: 99.　und
Areios: 275.　Ethik: 208—210.
Leben: 197.　Nachwirkung: 212
bis 214.　Oikeiosis-Lehre: 338⁶⁰.
philosophiegeschichtliche Stellung:
210—212.　Seelenlehre: 207. 208.
486. 487.　Gegen die fünfte Sub-
stanz: 198—206.
Xenokrates: 103. 344.　Definition der
Seele: 133. 134.　διαιρέσεις: 377.
Xenophanes, bei Nikolaos: 452—457.
Xenophon: 242. 243.

Zahlen, intelligible Z. bei Boethos: 155.
Zeit, bei Andronikos besondere Kategorie: 105. 111—113. 161.　bei Areios:
284. 285.　bei Boethos: 161. 162.
164. 170. 171.
ZELLER, E. *: zur Schrift des Aristoteles
über die Pflanzen: 491.
Zenon (Stoiker): 340. 344.　Pathos-
Definition: 306.　Tugend: 336.

II. Index griechischer Wörter

ἄγνοια: 345. 346.
ἀδιάφορα: 363. 364.
αἱρετόν: 366. 367. 371.
ἀμαρτάνειν, siehe Verfehlungen.
ἀμάρτημα: 408. 415.　Siehe Verfehlungen.
ἀναγκαῖα: 367.
ἀντακολουθία: 386.
ἀπεκλογή: 339. 341. 346.
ἀρετή, siehe Tugend.
ἀρχαῖοι: 366.

ἀσώματος, ἀσώματοι λόγοι in der
Mischungslehre: 283.　ἀσώματοι
δυνάμεις: 284.

βίος, θεωρητικός: 405. 407. 411. 415.
416.　κατ' ἀρετήν: 407. 408.　κατὰ
τὴν μέσην ἕξιν: 407. 408. 414. 415.
417.　μετ' ἀρετῆς: 405.　πρακτικός:
405. 407. 411. 415. 416.　σύνθετος:
405. 407. 415.　Siehe Lebensformen.

δημοτικός: 403²⁸³. 404. 405.
διαστροφή: 346.
δι' αὐτὸ αἱρετόν: 318. 322. 325. 326²³.
    369—371. 373. 375.
δυνάμεις „Machtmittel": 370. 371¹⁷⁹.
    „Kräfte der Seele, des Menschen":
    482—484.

ἐκλογή: 339. 341. 346.
ἐπαινετός: 370.
ἕξις, siehe Habitus.
ἔχειν, siehe Haben.

ἠθικὸς τόπος, Gliederung bei Philon
    von Larissa: 317. bei Eudoros:
    317—318.
ἦθος, aus ἔθος abgeleitet: 318.

καθῆκον: 319. 339. 341. 408. 415.
κακοδαιμονία: 357.
καλοκἀγαθία, siehe Kalokagathie.
κατορθοῦν, κατόρθωμα, κατόρθωσις:
    320. 330. 332. 339. 341. 408. 415.

μερικά: 73. 89. 90.
μέσος, βίος κατὰ τὴν μέσην ἕξιν: 407.
    408. 414. 415. μέσα πάθη: 398. 399.
    μέσον πρὸς ἡμᾶς in der ethischen
    Tugend: 381—383. 389.
μεταξύ, als Schriftengattung: 73. 89.
    90. Urstoff als —: 458. 459. 461.

νεώτεροι: 361¹⁴³. 362¹⁴⁷. 366.
νοῦς, siehe Intellekt. — θύραθεν 231.

οἰκειότης: 347. 348. 349.
οἰκείωσις, der Tugend: 324. 325. Siehe
    Oikeiosis-Lehre.
ὄργανον, siehe Instrument.

ὁρμή: 317. 319. 339. 352¹¹³. 366. 378.
    378³⁰⁰.
οὗ ἕνεκά τινος, τινι: 361.
ὀχλοκρατία: 425. 426.

παθήματα τῆς ψυχῆς: 117—119.
παιδευτικός: 404.
πλεονάζειν, πλεοναστικός: 306. 308.
ποιεῖν καὶ πάσχειν, siehe Leiden und
    Tun.
ποιητικός, ποιητικὰ τῆς εὐδαιμονίας:
    329.   Bestimmte Güter als ποιητι-
    κά: 367. 369. 371. 373. 374. 375.
προηγούμενος: 309¹⁷. 353¹¹⁷. 359.
πρός τι, siehe Relation.
πρὸ τῶν τόπων: 92.

σοφία: 392. 393.
συμφιλοσοφεῖν τινι: 54. 54²⁵.
σωφροσύνη: 393.

τελικός: 369.
τέλος, siehe Telos.
τέχνη, siehe ars.
τίμιος: 370.

ὑπογραφή: 367¹⁴⁴.
ὑποκείμενον, siehe Substrat.

φαντασία, siehe Vorstellungsvermögen.
φιλία, siehe Freundschaft, Liebe.
φρόνησις: 330. 332. 333. 385. 386²²⁵.
    386²²⁶. 392. 393. 422. 425.

χάρις, siehe Dankbarkeit.
χρηματιστική, siehe Erwerbskunst.

ὧν χρή: 361.
ὠφέλιμος: 370.